东陆职教论坛

2011年

（上册）

主　编　康耘坤
副主编　马克力

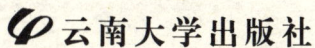
云南大学出版社

前　言

《东陆职教论坛》2003年出版以来，受到了全国各地职业教育同行的关注，为广大职教工作者提供了一个展示理论研究成果、交流实践经验的高层次平台。带着大家的鼓励和期待，《东陆职教论坛（2011年）》与读者见面了。

云南大学1999年9月被云南省教育厅确定为"全省重点建设职教师资培养培训基地"，并于2000年5月被教育部批准为"全国重点建设职教师资培养培训基地"，承担高等职业教育全日制本科、中等职业学校专业骨干教师国家级、省级培训任务和中等职业学校教师在职攻读硕士学位培养工作。中等职业学校师资培训工作是我校的重要工作之一，在教育部职业教育与成人教育司、省教育厅职成教处的大力支持下，我校职教师资培训工作进展顺利。2007—2010年，中等职业学校教师素质提高计划开展以来，职业与继续教育学院共举办中等职业学校教师素质提高计划专业骨干教师国家级培训班8期，包括会计、计算机及应用、市场营销、旅游服务与管理等四个专业，共18个班469人；省级培训班2期，分别是中等职业学校现代管理培训班、职业指导与心理咨询培训班，共200人。2009—2010年，承担了3期培训任务，有会计、旅游服务与管理专业，共计154人。

根据《教育部、财政部关于实施中等职业学校教师素质提高计划的意见》(教职成〔2006〕13号)，及《教育部办公厅、财政部办公厅关于组织实施中等职业学校专业骨干教师培训工作的指导意见》(教职成厅〔2007〕4号)的精神，培训结束时，参训教师按规定完成教学研究论文。2007—2008年培训学员论文集——《东陆职教论坛(2008年)》、《东陆职教论坛(2009年)》已分别于2008、2009年由云南大学出版社正式出版。

　　《东陆职教论坛(2011年)》由云南大学举办的2009、2010年度中等职业学校专业骨干教师国家级培训班154位参训教师的127篇论文集结而成，内容涉及会计、旅游服务与管理等学科，对中职学校的教育教学改革、教学方法、教材建设、课程设计、教学设计、学校管理、学生管理等诸多方面作了深入广泛的探讨，充分展现了培训的效果。本书的出版凝聚着各位参训教师的辛勤努力，得到了云南大学出版社的大力支持。本书在编辑出版过程中，云南大学职业与继续教育学院的各位院领导给予了大力支持；学院招培办的各位教师、培训班的各位班主任做了大量工作。本书由康耘坤担任主编，马克力担任副主编。由于时间仓促，书中难免有错漏之处，恳请读者指正。

编　者
2011年5月

目 录

（上册）

旅游服务与管理

关于中职学生礼仪基础的调查报告
　　——以重庆市黔江区民族职业教育中心为例分析
………………………………………… 李小燕（3）
对我国旅游业可持续发展战略的思考 ……… 李瑞章（16）
"模拟导游"教学方法浅论……………………… 李　岷（23）
酒店管理专业人才流失及对策 ……………… 李　鉴（30）
论楚雄民族文化发展与保护 ………………… 李梓瑜（37）
浅议如何培养中职旅游专业学生的服务意识 …… 景鹏飞（52）
提高学生"餐饮服务与管理"专业技能水平问题的探究
………………………………………… 郭海燕（59）
浅议如何提高中职学生的学习兴趣
　　——以旅游专业为例论述 ……………… 龚　婧（69）
栽得梧桐树　引来金凤凰
　　——道真县旅游业发展浅析 …………… 付　勤（75）
旅游开发对民族服饰的消极影响 …………… 付慧兰（81）

我国海滨休闲度假旅游的SWOT研究 …………… 丁　玲（90）
对中等职业教育发展的思考 ………………… 茶春芬（96）
职业教育发展之我见 ………………………… 曹月玲（102）
小议乡村旅游的生态保护对策
　　——以贵州省黔东南苗族侗族自治州为例论述
　　………………………………………… 文凌霞（110）
湘西凤凰旅游地形象初探 …………………… 文　振（118）
浅议导游专业实操课程与信息技术的整合 … 魏　颖（126）
贵州省发展乡村旅游的可行性 ……………… 王　毅（138）
酒店员工流失问题及对策研究 ……………… 王　翠（147）
角色扮演法在旅游法规教学中的应用
　　——以"旅游合同法律制度"为例解析 … 盛　嘉（160）
初探中职学校旅游专业地方特色课程的开设
　　——从民族文化进校园的可行性去思考 … 卢泰梅（169）
浅谈项目教学法的研究与实践 ……………… 卢锦平（175）
中职生顶岗实习的问题与对策 ……………… 娄慧轩（184）
浅析我国饭店业的品牌战略 ………………… 刘　燕（192）
基于旅游地生命周期理论的旅游产品开发研究
　　——以武夷山为例分析 ………………… 刘　爽（203）
金融危机背景下中国旅游业可持续发展研究 … 刘青峰（211）
南靖土楼景区游客行为引导的现状与对策研究
　　………………………………………… 刘黎燕（225）
浅谈广东长隆集团主题公园开发的成功经验 … 刘锦红（237）

浅谈中职学校德育教育的有效途径
　　——从主题班会的开展进行探讨 …………… 刘卫东（243）
浅析"餐饮服务与管理"操作课的教学评价方法
　　………………………………………… 林　佳（252）
中国石门柑橘节的发展现状及对策研究 ………… 周晓华（257）
小议恩施旅游业的可持续发展策略 ……………… 周川鄂（265）
中职学校教师职业礼仪教育的实践与研究 ……… 张艳中（273）
礼仪教学初探 ……………………………………… 张喜明（283）
旅游专业学生技能培养策略 ……………………… 叶美君（288）
中职学校有待加强"双师型"教师的培养 ……… 杨晓凌（295）
浅谈中职导游专业学生历史知识能力的培养
　　…………………………………………… 严小蓉（300）
结合"任务引领"要求在旅游地理教学中尝试
　　"对话教学"模式 …………………………… 徐　鹰（307）
以创新为导向，走多元化之路
　　——旅游概论课程教学模式探讨 ………… 吴东霞（317）
职业学校班级文化建设存在的问题及对策 ……… 吴　瑶（325）
关于在旅游企业中实施品牌战略的思考 ………… 邹　敏（332）
对中职学校课程设置现状的几点思考 …………… 鲍茂红（340）
浅析行动导向教学法在教学中的应用 …………… 邱　蕾（346）
如何培养中职学生的责任意识 …………………… 向　群（352）
如何提高中职课堂的教学质量 …………………… 朱玉良（357）

旅游服务与管理

流初期の含む理

关于中职学生礼仪基础的调查报告
——以重庆市黔江区民族职业教育中心为例分析

重庆市黔江区民族职业教育中心　李小燕

摘　要： 我校94%的学生是农村学生，他们毕业后将走向不同的工作岗位，但是这些岗位都有共同的要求：要有良好的工作技能，还要具有集体意识、亲和力、应变能力，其中突出地表现在对交往礼仪的掌握和运用。以便了解和掌握学生的文明礼仪情况，指导教学。通过问卷调查对学生的礼仪基础进行调查了解、归纳分析，得出：学生认识到礼貌礼仪的重要性，并认同学校礼仪教育的方式和效果，但是学生的要求与学校礼仪教育的要求有一定的差异，学校更重视学生行为规范的养成，而学生则更重视如何灵活运用这些规则，而且二年级学生对礼仪文化的需求要比一年级学生强烈和具体。

关键词： 中职生　礼仪基础　调查报告

一、问题的提出

黔江区民族职业教育中心的前身是黔江区综合中专，在16年的办学历程中，由小到大，2003年被评为市级重点中职学校，2008年被评为国家级重点中职学校，学生也得到了用人单位的好评，学校形成了自己的特色。对学生的一式两化和双身份管理加强了教育和管理，而文明礼仪、遵纪守法、一技之长的培养目标的主要特色就是学校对学生进行的礼仪教育，这种教育不但使学生掌握了为人处世的行为规则，还为学生较为顺利地走上社会奠定了基础。

作为山区学校，我们的学生基本上是农村孩子，比例达94%。因为城乡差距，加上农村留守儿童现象，农村学生的家庭教育基本是空白。而中职学生毕业后，旅游服务专业学生将走向旅游行业的导游服务、旅行社服务、饭店前台接待、餐饮服务、客房服务、会议服务、康乐服务、办公文秘、收银等窗口服务岗位，以规范的、热情的、适度的言行举止为每一位顾客服务。其他专业的学生将走向各类企业和用人单位，这些岗位既要求从业人员要有良好的工作技能，还要具有集体意识、亲和力、应变能力，其中突出地表现在对交往礼仪的掌握和运用。农村的学生较城区的学生质朴、勇敢、坚强、独立，但是礼仪状况如何？如何走进学生的心灵，了解学生的实际情况？有的放矢地开展教育教学，为学生的培养和健康成长打下基础，就是此次调查的目的。

同时，为了验证学校礼仪教育的效果，逐步完善校本礼仪教材，2010年上半年我们进行了礼仪知识问卷调查。

二、调查方法和对象

（一）调查方法

本次调查采用无记名的问卷调查结合个别访谈的方法进行。在调查活动前，先向学生进行调查目的、意义和重要性的说明，打消学生的顾虑，以便更好地了解学生的真实情况。而调查后的个别访谈，则在一定程度上弥补了调查问卷设计的有限性和学生在理解上的歧义，更多地了解学生的思想情况。调查结果证实了两种方法结合的必要性。

调查问卷一共有50道题，分为社会礼仪、学校礼仪、家庭礼仪三大类，考虑到这种分类方法显得笼统，不便于细致分析，在统计过程中，加上了服饰卫生、环境保护和爱护公物、公共秩序、助人为乐、电话礼仪、人际交往和礼仪关注等专题礼仪方面进行调查分析。

在统计过程中发现,由于我校注重学生礼貌礼仪的教育,非旅游服务专业也开设了礼仪课。加上调查问卷题的设计,注重学生礼仪基础的了解,旅游专业方面的题目不多,两个专业学生的成绩差异不是很大,总体的趋势是一年级学生和二年级学生的差异比较明显,同年级学生的共性较多。我们需要确认他们在进入中职学校经过一年教育后呈现出的变化,并找出其带共性的特点。所以,我们不从专业角度分析,仅从年级学生角度进行对比分析,以便从中找出学校礼仪培养与学生需求之间的差异,为我们的学校培训打下基础。

(二) 调查对象

调查对象分为两个层面:一是旅游服务专业一年级和二年级学生,二是电子专业一年级和二年级学生。

三、调查的过程设计及要求

第一阶段:完成调查问卷的编制和论证。

第二阶段:完成问卷调查并分析、统计调查结果。

第三阶段:进行个别访谈,并对问卷和学生进行研究,发现学校和学生礼仪的特点及薄弱环节。

第四阶段:根据调查问卷和访谈进行分析,撰写"关于我校学生礼仪基础的调查报告"。

第五阶段:在教学中实践应用,通过礼仪知识竞赛、事例分析、礼仪故事会、礼仪队训练等活动,收集归纳总结,逐步形成和完善校本教材《中职学生礼仪规范》。

第六阶段:与用人单位沟通,进行交流合作,把校本教材在实践中应用,进一步完善《中职学生礼仪规范》,使其更具实践性和可操作性。

四、对问卷调查、个别访谈的分析

问卷调查从"目前您学习礼仪知识的途径是什么"着手，了解学生学习礼仪的途径和常用的方式。学生目前的礼仪知识来源：一年级学生礼仪学习没什么途径的占10%，是长辈的教诲的占7%，由学校教育的占20%，依靠看电视的占37%，看一些礼仪图书的占23%，参加礼仪培训的占3%；二年级学生礼仪学习没什么途径的占3%，是长辈的教诲的占10%，由学校教育的占39%，依靠看电视的占23%，看一些礼仪图书的占10%，参加礼仪培训的占15%。由此分析得出：对学生的礼仪教育途径，两个年级家庭教育占的比重都不高。在与学生交流中了解到，一方面原因是父母在外打工较多，家庭教育对学生来说是空白；另一方面原因是家长的教育方式不被子女接受，引起反感和抵制，因而不能理解和接受父母的教育和礼仪要求。而学生主动学习礼仪的途径，一年级学生注重电视、礼仪书籍，而二年级学生偏重于学校教育及参加礼仪培训；通过看电视了解礼仪在两个年级的比重都较重。这说明，我们可以采用学生能够接受讲练结合、图文并茂、通俗易懂的方式对学生礼仪加强教育。

（一）社会礼仪

社会礼仪是学生由家庭走向社会所进行的社会交往礼仪。英国教育学家洛克认为，"大多数的青年人入世的时候都因为不持重，缺少礼仪，而吃了苦头"，因为不能遵守社会生活中的礼仪要求，被视为缺乏修养的人，受到人们的排斥。这就需要通过对学生进行礼仪培训，使其自觉地遵守社会礼仪规范。符合社会要求，成为大家公认的"成熟的人"，顺利地走入社会。在调查中发现，多数学生对开放的公共社会生活有一定的认识，知道在与人交往中注意使用礼貌用语，遵守社会秩序，在意和关注自己在他人心目中的印象，关注公共事件和问题。如礼貌用语的应用方面：一年级学生会和有时会使用礼貌用语的达到78%，而二年级学生达到了100%，呈现出良性增高的态势。礼貌用语是旅游服务作业的一门基本功，但是也有一些问题：比如抽烟，一年级学生有40%抽烟，二年级学生有33%曾经抽烟和经常抽烟，而两个专业女生居多，这与学生的职业需求不相称，也不利于学生的身心健康，需要班主任和教师在以后的教育教学中注意。而学生用QQ聊天时，就网名的原因回答，选择为了为所欲为的一年级学生占47%、二年级学生占41%；而选择为了培养自己的网络自律精神的一年级学生仅有5%、二年级学生仅有2%。网络已经日渐成为学生经常使用的工具，如何教育学生遵守在互联网上交往所需要遵循的礼节，培养自律意识，塑造自己的网络形象，更充分、更有效地发挥互联网的功能和效率，也是礼仪教育的一个全新的问题。

（二）学校礼仪

学校是学生所处的公共场所，是学生学习知识、技能，培养与人相处的场所，走入社会的前一站。多数学生能遵守学校的规章制度，遵守课堂纪律，能够较文明地与教师、同学相处，学习态度较端正，学习习惯较好。一年级学生比较喜动，喜欢在课间与同学打闹奔跑，对于自己或者同学之间发生的冲突，较多的采用了沉默。同学打架与我无关，不管不问的占24%；不交流，如对班主任的安排不满意，从来没有提出的占33%；忍气吞声的处理方式，如同学不小心打了自己一下，选择自认倒霉的占35%，少数采用以牙还牙的方式交流，非要对方说对不起，也打他一下的占21%；同学间打架的和会帮好朋友打架的占16%，极少数是高兴，有热闹可以看的占24%；对于与人交流还有一定的消极心态，希望不发生，比如在校外见到教师，远远地趁他没看到溜掉的占43%，头一低装没看到的占24%，希望不要碰到的占19%。二年级学生显得文静得多；遇到事情，也会思考采用积极的方式进行处理；注意同学之间的礼仪礼貌，认为是搞好同学关系的基本要求。

统计数据显示，学校的礼仪教育发挥了积极的作用。比如在校外见到教师，一年级学生主动热情打招呼的占14%；二年级学生主动热情打招呼的占79%。二年级学生在接受学校师生礼仪教育后，遇到教师主动问好、打招呼，在我校已逐渐成为一种习惯。对有事情必须耽搁学习时，会按制度请假的一年级学生占66%，二年级学生达到91%。如果你的座位在里面时，你要出来，你会对同桌说什么？选择说"对不起，请让一下"的一年级学生占24%，二年级学生达到84%，呈现出逐渐变好的趋势。回答老师问题时，选择会和经常会的一年级学生占67%，二年级学生占94%。进入教师办公室，选择"没有人，直接进入"的一年级学生占20%，二年级学生为0。对"你有迟到、早退现象吗"，选择经常有的一年级学生占32%，二年级学生占19%。集合（上课）时，态度认真的一年级学生占25%，二年级学生占37%。遵守课堂纪律是学生最基本的礼貌，需要继续加强对学生的教育。同学之间打架，选择会劝解或告诉教师的一年级学生占36%，二年级学生上升到70%。

（三）家庭礼仪

家庭礼仪的基本特点主要表现在以血缘关系为基础，以感情联络为目的，以相互关心为原则，以社会效益为标准。家庭教育是学生礼仪教育的第一站，家长如果能够抓紧关键期对学生进行礼仪教育，注重平时言传身教，则学生的礼仪基础和行为习惯往往很好。调查中，多数学生知道尊重父母，感恩父母，主动为父母承担家务劳动，如在尊敬父母方面，出门时会与父母告别的一年级学生有35%，二年级学生有92%，没有的比例较少。对于学生做家务的调查，一年级学生做家务和经常做家务的达到85%，二年级学生做家务和经常做家务的达89%，不喜欢做和认为家务劳动与自己无关的比例不高。在访谈中得知，部分同学不仅经常做家务，而且在假期还要承担一些高强度的体力劳动。学生对待家长的批评和教育，选择"顶嘴"的比例不高，但是与没有顶嘴的同学进行访谈发现，不顶嘴的原因是顶嘴也没有用，家长专制，后果就是挨打，所以家长说什么不会按照家长的要求做，私下用行动来反抗。而在统计你的家庭成员一问中，出现了问题，本意是通过了解与学生一起居住的家庭成员来了解分析学生家庭教育的特点和影响因素，但却被学生误解，多数全选。后来在访谈中了解到，学生与爷爷奶奶或者外公外婆一起居住的多，父母外出打工、单亲家庭比较多。

（四）服饰卫生

良好的卫生习惯，大方得体的服饰，是打造文明人形象的重要组成部分。多数学生有较强的卫生要求和自我美化意识，喜欢佩戴饰品，对于服装有自己的审美要求，有较好的卫生习惯。如"与他人在一起时，突然要打喷嚏"，选择会用手捂住鼻子的一年级学生占70%，二年级学生占97%。总体来看，对于服饰卫生礼仪，二年级学生掌握得比一年级学生好一些。如对"男同学校服纽扣不扣好，拉链不拉，敞胸露怀的行为"持的态度，选择反对的一年级学生占48%，二年级学生占80%，而选择"男生这样，酷"的二年级学生为0。正确佩戴学生证的一年级学生占28%，二年级学生占70%，而不知道正确的佩戴学生证的学生，也有一定的比例。对常常佩戴的饰品，二年级学生选择的种类、比例明显地比一年级的多。学校的校服（班服），选择按照自己的意愿修改的一年级学生占22%，二年级学生占34%，而二年级同学喜欢穿校服的比例比一年级下降了6个百分点。吃饭前，选择"一定洗手才吃饭"的一年级学生占48%，二年级学生占72%。一个人的卫生习惯和服饰选择，与形成和保持端庄、大方的仪表有着密切的关系。教育学生养成自然得体，协调大方，遵守某种约定俗成的服饰原则的习惯，使服装不但要与自己的具体条件相适应，还必须与客观环境、场合对人的着装要求相适应，随时对学生进行旅游服务职业意识的熏陶。

（五）环境保护和爱护公物

保护环境、爱护公物人人有责，这是对全人类的生存发展利益的维护，是对社会共同劳动成果的珍惜和爱护，也是每个学生应该承担的社会责任和义务。它既显示出个人的道德修养水平，也是整个社会文明程度的重要标志。

统计中，学生的环保意识、公物意识比较强，如"在已打扫过的自习室里有一张废纸"，"会主动捡起来"的一年级学生占24%，二年级学生占82%；选择"不会主动捡起来"的一年级学生占15%，二年级学生为0；选择"看情况"的一年级学生占61%，二年级学生占18%。"在校园里闲逛，你突然发现一种自己非常喜欢的花"，选择"不会去摘"的一年级学生占45%，二年级学生占64%。当"在路上要吐痰"时，选择"会直接乱吐"的一年级学生占25%，二年级学生占3%。看到不关水龙头的现象，选择"会立即上前关好或立即报告物管处修理"的一年级学生占16%，二年级学生占73%。觉得搬水时将水桶在地面滚动的行为，认为"太不文明，不应该"的一年级学生占48%，二年级学生占85%。作为学校礼仪教育的一部分，要继续加强学生环境保护和爱护公物的意识和行为教育。

（六）公共秩序

公共秩序也叫做公共场所的秩序，它与人们的公德意识密切相关。在正常情况下，公德意识是公共秩序的保证，公共秩序是公德意识的体现。如果一个学校重视对学生公德意识的教育和培养，这个学校的秩序必然会较好；反之，则秩序必然是一片混乱。

统计显示，通过一年的礼仪教育，二年级学生的公德意识强于一年级学生，如升国旗的时候，你听到国歌响起，可你还没有进入班级队伍，选择"站在原地行礼"的一年级学生占5%，二年级学生占56%；选择"不知道该如何做"的一年级学生占12%，二年级学生占3%。过马路时，选择"前后左右看清楚才走"的一年级学生占72%，二年级学生占85%；而选择"没有车就快速地冲过去"的一年级学生占10%，二年级学生占12%。交通安全中，学生遵守交通秩序的比例较高，但是也有少部分学生没有安全意识，横穿马路，这将是安全礼仪教育的重点。平常在学校楼道内，选择"没有想过，想怎么走就怎么走"的一年级学生占42%，二年级学生占12%；选择"从右边上、下"的一年级学生占30%，二年级学生占70%。当你正在上课时，外面走过的人常常，选择"大声喧哗走过"的一年级学生占40%，二年级学生占30%；选择"没有注意"的一年级学生占51%，二年级学生占54%。认为造成如今交通拥堵的主要原因是，选择"客观原因（马路太窄、汽车太多、汽车经常出故障）"的一年级学生占49%，二年级学生占40%；选择"主观原因（交通管理水平太差、司机不懂得礼让）"的一年级学生占51%，二年级学生占60%。在思考交通问题时，学生会从客观和主观上找原因，针对交通拥挤的现状，应该引导学生如何在现有的客观条件下，积极思考问题，从礼仪中找寻答案，注重交通秩序礼仪和安全教育。

（七）助人为乐

冰心的作品《咱们的五个孩子》中有："在我们的新社会里，这种助人为乐的新风尚，可以说是天天在发生，处处在发生。"在助人为乐方面，我们的学生也做得很出色。遇到他人有困难，会帮助和主动帮助的一年级学生占92%，二年级学生占100%。对于无偿献血，不想献的一、二年级学生各占12%，比例不高。而乘坐公交车，当你也很累想坐着休息时，选择"会为长者或儿童让座"的一、二年级学生各占32%，"不会让座"的比例较低。捡到东西，选择"交给老师、交给父母、寻找到失主"的一年级学生占68%，二年级学生占84%。助人为快乐之本，在社会公共生活中每个人都会遇到困难和问题，总有需要他人帮助和关心的时候，因此在社会公共生活中倡导助人为乐精神，是社会主义道德建设的核心和原则在公共生活领域的体现，也是社会主义的基本要求。我们要引导和强化学生助人为乐的美德，坚持助人要从日常小事做起，不因善小而不为，从而升华学生的人格，构建学生科学的世界观、价值观。

（八）电话交往

电话在学生中持有的比例较高，二年级学生甚至达到74%。而且随着手机持有量的增多，学生对于手机的依赖程度提高，二年级学生使用手机的时间明显高于一年级学生。对学生带手机态度的选择，认为"会影响学习，还是不带为好"的一年级学生占25%，二年级学生占14%；选择"还是带手机好"的学生比例不低；而访谈中，选择"可带可不带"的学生的态度也不确定，倾向于"还是带好，不然不方便"。在手机的使用上，学生虽然能够较好地考虑到所处的环境，如在图书室里尽量不用手机、压低声音接电话或走出图书室后再接电话，可是"选择照常使用"的一年级学生依然为8%，二年级学生上升为40%。在手机接听方法和语言礼仪中，方言严重，喜欢用"喂"来称呼对方，而且经常因为上课手机响影响到自己和他人的上课注意力。这就需要在学校纪律和礼仪教育中正确要求，引导学生文明使用手机，掌握手机使用常识，掌握通话的技巧和礼仪规范，树立良好的电话形象。

（九）人际交往

人际交往也称人际沟通，指个体通过一定的语言、文字或肢体动作、表情等表达手段将某种信息传递给其他个体的过程。人际交往是学生适应社会、与人交流的必修课，但是在调查中发现，学生在与人交流中，存在一定的问题，表现出明显的不自信，处理问题的方式也欠妥。在交流中能够自信地看着对方的一年级只有26%，二年级为37%；而且很多学生选择看其他，并有摆弄衣角、头发、脚发抖等体态动作，是不自信的表现，说明学生与人交往还存在一定的障碍。在人际交往原则方面，不能够做到诚实守信，言行一致，从不说谎、不骗人、不弄虚作假的比重较小，需要加强对学生诚信教育。在对于自己做错事情的表现上，多数学生选择了主动承认或者经教育后承认错误，而在与不承认的同学交流中发现，一部分同学是认为自己并没有错，是被误解和冤枉的。在对待别人不小心误解自己上，一年级学生能够正确处理的只有39%，二年级学生只有47%；而其他的同学表现出两个极端，一种是必须讨个说法，一种是不表现出来，害怕把事情闹大，很生气。在人际交往中，学生常不知道如何正确地、恰当地处理问题，因此需要加强学生的心理健康教育，引导学生树立健康、积极的处理人际问题的方法和心态。

(十) 礼仪关注

从学生的调查中得知，关于本市（区/县）"城市精神"的内容，选择"知道和知道一些"的一年级学生占51%，二年级学生占85%；而选择"不关心、不知道"的一年级学生占49%，二年级学生占12%。学生认为，最需要加强的是朋友交往中的礼仪（一年级学生占48%，二年级学生占72%），其次是师生间的礼仪（一年级学生占45%，二年级学生占69%），再次是家庭礼仪（一年级学生占42%，二年级学生占69%）。而对于服务行业礼仪工作往来中的礼仪，餐饮礼仪，手机、网络等现代交往中的礼仪，公众场合中的个人礼仪，婚礼、丧礼、成年礼仪、生日礼仪等学生都比较关心，并在调查问卷上备注说明了很多需要解决的礼仪问题，提出了不少的礼仪建议，说明学生已经意识到礼仪的重要性。

五、问题及思考

(一) 调查收获

1. 礼貌礼仪的重要性被学生认可

通过对问卷调查及访谈的统计和分析,我们比较清晰地掌握了学生礼仪常识的现状和对礼仪知识的基本情况。学生认识到成为一个文明礼貌、受人欢迎和尊重的文明公民,就必须约束自己的言行,遵守社会公德,养成讲究礼貌礼节的好习惯。这是社会交往中必然的道德要求,是调整和规范人际关系的行为标准,也是社会大家庭里每一个成员都应该做到的,与我们每个人的日常生活息息相关。而对于即将走上的工作岗位,即成为旅游的未来前台接待、旅游服务、会议服务、康乐服务、办公文秘、收银等窗口服务岗位的接班人对礼貌礼仪的要求,对于礼仪重要性的认识都很明确,认为只有做到礼貌服务,才能够使宾客满意,才能给宾客留下美好的印象,也可以弥补某些设施条件方面的不足,是以后顺利走上工作岗位的迫切需要。

2. 学生对于学校的礼貌礼仪认可度较高

通过对调查问卷的统计分析发现,学校的礼仪教育效果较为明显,也得到了学生和家长的认可。通过礼貌礼仪教育的学习,二年级学生认为自己的礼貌修养提高很多,家长也认为孩子在接受学校的礼仪教育后在文明守纪、感恩父母方面的变化较大,这是对教师教学的激励、认可和鼓励,教师在以后的礼仪教育中继续加强礼仪知识的普及,使学生按照所选择的正确的理论来指导、约束自己的行为,逐渐固化为行动习惯,达到礼仪教育的目的。

3. 学生对礼貌礼仪的要求与学校教育有一定的差异

调查统计中得出,学生对礼貌礼仪的重要性认识很一致,认为学校对于礼貌礼仪的具体知识的教学开展得比较好，对于学生的日常行为礼仪非常重视，尊师爱生使校园里充满关爱。但是，学生对于即将步入社会职场礼仪的要求强烈，认为必须先掌握相关的礼仪知识，才能够更加顺利地步入社会，而学校课堂教育在这一块比较薄弱。学校课堂教育着重于礼貌礼仪具体知识点的教育，对于礼貌礼仪知识的实际运用则比较薄弱，即学校更重视学生行为规范的养成，而学生则更重视如何灵活运用这些规则，而且二年级学生对礼仪文化的需求要比一年级学生强烈和具体。

（二）结果应用及思考

根据调查的结果，下一步将是在教学实践中应用，通过礼仪课堂教学、知识竞赛、事例分析、礼仪故事会、礼仪队训练等多种形式的活动，培养和训练学生的礼貌礼仪，并对教材教案和作业资料收集归纳，总结讨论教学反思和教学经验，逐步形成和完善校本教材《中职学生礼仪规范》。

为了实现理论与实践的更好结合，提高校本教材的实效性，学校还计划联系用人单位，与用人单位沟通，进行交流合作，把校本教材在实践中应用，融合行业、社会对服务的具体要求，进一步完善《中职学生礼仪规范》，使其更具实践性和可操作性。

参考文献：

[1]冯广珍.270种应用文写作方法.重庆：重庆出版社，2005.

[2]英格丽·张.你的形象价值百万.北京：中国青年出版社，2007.

对我国旅游业可持续发展战略的思考

福建省安溪茶业职业技术学校　李瑞章

摘　要： 随着社会的发展，旅游业已成为全球经济中发展势头最强劲和规模最大的产业之一。旅游业在城市经济发展中的产业地位、经济作用逐步增强，对城市经济的拉动性、社会就业的带动力以及对文化与环境的促进作用日益显现。因此，旅游业得到了前所未有的发展，但在我国旅游业迅速发展的同时，各种问题也随之出现了，其中环境问题尤为突出。因而，走可持续旅游发展道路是一个正确的选择。据此，本文正是以可持续旅游发展为主旨，来探讨旅游业的发展状况。首先，提出了可持续旅游发展的相关概念，作出相应的分析。接着，剖析我国旅游业发展过程中存在的各种环境问题，说明可持续旅游发展战略的重要性。

关键词： 旅游业　可持续发展　必要性　可能性

改革开放以来，我国旅游业一直以高于国民经济总体发展速度的强劲势头向前发展，已取得了举世瞩目的成就，为我国经济的发展作出了重要贡献，并且有着巨大的进一步发展潜力。但在快速发展的同时，也存在着种种问题，其中环境问题尤为突出。旅游业是一项对环境依赖程度很高的产业，环境质量的下降对旅游业的不利影响比对其他产业更为显著，也更为直接。于是，旅游业的发展呼吁一种更为完善的发展战略，走可持续旅游发展之路，是旅游业发展的正确途径，是旅游业健康持续发展的唯一选择。所谓可持续旅游发展，即旅游业可持续发展是在不损害环境持续性的基础上,既满足当代人高质量的旅游需求,又不妨碍满足后代人高质量的旅游要求,既保证旅游经营者的利益,又保证旅游者、旅游地居民的利益,实现旅游业长期稳定和良性发展。其实质就是不断保持环境资源和文化的完整性,并能给旅游区的居民公平地分配旅游业的社会效益、经济效益。

尽管许多独特的自然景观和历史文化遗址,为我国旅游业的开发和发展提供了丰富的旅游资源和相当程度的自然生态支持,但我国旅游业所面临的实际环境问题不容乐观,在一些地区,生态破坏和环境污染直接影响甚至限制了旅游业的进一步发展。

一、我国实行可持续旅游发展战略的必要性

第一,旅游设施建设项目的规划不当或开发过度,会使旅游地原有的景观环境遭到破坏。前者主要是指旅游项目开发者在规划时,只考虑迎合其主观上认定的旅游者的兴趣所在和审美特点,忽视甚至根本不顾及该项目建设同周围景观环境的协调,从而造成了对该地景观环境的侵害。后者则主要指由于无控制的商业性开发,使当地的自然景观环境遭到难以复原的永久性破坏。

第二,旅游活动的大规模开展会加剧对自然环境和生态系统的侵害和破坏。植被会因人们的过度践踏而被破坏;旅游者丢弃的大量废弃物不仅破坏了环境的美感,有些废弃物甚至还会危及动植物的生存安全。

第三,旅游城市的生态环境呈现不断恶化的现象。旅游业的兴旺使旅游接待地的流动人口增加,旅游接待地人满为患的状况则加重了当地基础设施的负担。飞机、汽车、游艇等交通工具废气排放量的增大,致使旅游接待地的空气污染、噪音污染和水质污染加剧。

第四,旅游者环保意识差,加重了旅游景点的人为破坏,少数旅游者竟在旅游区狩猎、采集、露营、野炊,这既加重了旅游区的生态负担，又可能造成物种减少，甚至灭绝，使旅游区的生态平衡受到严重破坏。

旅游可持续发展是我国旅游业发展的必由之路和唯一正确选择，但目前我国旅游业还存在着许多不良因素制约着旅游业的可持续发展。这些问题的解决依赖于市场的竞争协调促进作用，依赖于政府的正确领导作用和各种机制的规范，依赖于全体公民的共同行动，依赖于科学技术的大力支持。

二、可持续旅游发展需要发展环境——市场的作用

在市场经济条件下，任何事物的发展都离不开市场的影响作用，都应在市场的协调下进行，不能盲目，也不能逆行。只有竞争才能得到最好的发展，而市场是唯一且最棒的战场。旅游的发展也是如此，鉴于政府财政资金的有限和使用效率，决定了旅游业的发展不可以完全依赖政府，发展旅游业应重视市场的作用，只有以市场为基础，扩大市场主体企业的行为，才能使企业成为旅游产品开发的主体。政府在做好宏观调控和统筹规划、规范市场竞争环境的同时，企业要增强市场意识，加强开拓创新精神，增强营销观念，变"守候"经营为积极经营，树立良好的旅游市场形象，提高旅游产品和旅游服务的知名度。

各国旅游业发展的事实也证明了市场可以建立有效的互利机制，推动旅游业的发展。由于旅游业门槛限制较低，对技术要素的要求不高，技术经营难度相对较低，各行业部门都可以凭借自身的某种优势在其中立稳足跟求得发展。进入20世纪80年代后，旅游业发达国家，由于私人投资交通、饭店、旅行社等旅游基础建设的迅速增加，使旅游业获得了巨大的发展。从世界旅游业的发展趋势可以看出，旅游业的发展越来越重视市场机制的作用。

三、可持续旅游发展依附于好的制度环境——政府的引导作用

政府对旅游业的发展采取干预政策的原因如下：

第一，目的地总体旅游产品构成的复杂性使得该地单靠旅游实业界的力量不可能满足旅游者的全面性需要。

第二，旅游企业所有权的分散性及其出于对自身狭隘利益的追求而自行其是的自由性，决定了各旅游企业之间不存在自动的协调，而这种协调的实现恰恰是一个目的地旅游业成功发展的必要条件。

第三，考虑到旅游的伴生性影响的存在，一个旅游目的地，特别是一个国家的旅游政策目标会涉及经济、社会、环境等诸多方面，而单靠市场力量自身不可能使这些众多方面的目标得以实现。

所以，旅游业本身的种种特性决定了其需要政府的正确引导，为旅游业的发展建立公平、公正的市场秩序，营造良好的环境。

第一，制定保证旅游业健康稳定发展的法律、法规，设置必要的执法机构，对旅游业实行法制化管理，加强立法工作，加大执法力度，以法律手段保证旅游业的可持续发展。

各级地方政府和旅游主管部门应认真学习和贯彻执行国务院颁布的《风景名胜区管理条例》、《旅行社管理条例》和国家环保总局、国家旅游局联合发出的《关于加强旅游环境保护工作的通知》等法律法规，增强法制观念，加大执法力度，严格依法管理和保护旅游环境，保障旅游业可持续发展。

第二，加强环境保护和可持续发展的宣传、教育，提高公民的环保意识和可持续发展的意识。旅游可持续发展是一项浩大繁杂的工程，需要全民齐心协力才能做到。因此，我们应加强环

保护和可持续发展的宣传教育，使全体公民树立可持续发展意识。这就需要政府及旅游主管部门甚至旅游企业经常性的向旅游者、旅游地居民公布环境质量信息及污染对健康和经济的损害，并及时宣传报道自然资源持续利用的典型事例；政府应制定相应的法律法规来规范公民的行为，并对破坏环境者进行法律制裁；还应将自然资源持续利用宣传教育纳入国家教育计划，在小学、中学到大学的国情教育中增设这方面的教育内容，使我们的后代从小就开始重视旅游资源与生态环境的可持续利用。

第三，在旅游基本建设、旅游环境的营造上依赖于政府的主导作用。旅游是综合性的活动，依赖性非常强，同时其影响也涉及社会生活的各个方面。旅游活动所需要的基础设施都依赖于旅游地的公共基础设施。基础设施的建设不能依靠个别的旅游企业而要靠政府的力量。旅游的发展不仅是一个经济问题，而且是一个社会问题，进行旅游活动除了必要的资金外，还需要有一定的余暇时间，需要社会各方面的大力支持，这就需要政府以适当的方式宣传旅游活动对国民经济和社会发展的重要意义，就国民的劳动时间和社会福利问题作出相应的安排，为旅游的发展创造有利的条件。

第四，根据旅游业发展计划，引导社会资金增加对旅游业的投入。各级政府应尽量避免直接投资，靠制定优惠政策措施，吸引社会资本对旅游业的投入，这样既能保证旅游业发展的资金需要，又能使政府很少牵涉其中的利害关系，从而保持政府行为的公正性。

四、可持续旅游发展需要良好的社会环境——旅游各界的共同努力

第一，旅游经营者是旅游活动的直接操作者，在开展业务过程中应注意自觉保护当地的环境和文化遗产，节约利用资源；在开发旅游产品时,要保证当地生态环境的完整,野生动植物不应该受到威胁;应尊重旅游目的地居民,特别是注意尊重当地土著或少数民族的文化传统习惯;应加强对导游人员的培训和管理,使他们具备一定的自然科学和人文科学知识,并要求他们主动向游客宣传和普及环境保护知识。

第二,旅游者作为旅游活动的主体,应积极了解自己所访问地区旅游资源和自然环境的特征,充分认识因自己来访活动的开展而对当地环境和资源有可能产生的影响,自觉地接受有关当地环境质量和珍惜自然环境和人类文化遗产的责任感。

第三,当地居民是旅游接待地区的真正主人,既是环境效益的直接受益者,更是环境代价的最终承担者。所以他们应从社区的根本利益出发,积极参与本地旅游发展的规划和开发;在参与分享旅游收益的同时,更应以身作则,切实履行维护当地环境和爱护当地旅游资源的责任。

第四,旅游项目开发者在规划有关的项目建设时,除了迎合旅游者的兴趣所在和审美特点,还应顾及该项目建设同周围景观环境的协调。

五、可持续旅游发展依赖于科学技术的大力支持

"科技兴国"是我国社会经济可持续发展的重要内容,旅游业要可持续发展,也必须走"科技兴旅"之路,在开发和经营中将科技和教育放在重要位置,重视知识,重视人才,使旅游业朝规范化、质量型发展。为此,我们应加快旅游业科技转化为生产力的步伐,积极推广电子信息技术、清洁卫生技术、资源保护技术、能源节约技术;提高旅游产品科技含量,利用声光电技术建设高科技旅游景点;加强旅游基础科学研究,在旅游资源规划与开发、生态环境质量评估、旅游区环境容量等方面进行深入的研究与探讨;强化旅游大中专教育体系,尽快使旅游业各个重要岗位人员均接受系统教育与培训，发挥教育和人才在旅游业发展中的作用。

总之，加快发展旅游业，使旅游能可持续发展，是各地区、各部门的共同任务。我国旅游业的可持续发展虽任重道远，但前途无限光明，只要全国上下共同努力，我国旅游业必将更加欣欣向荣，蒸蒸日上。各级地方要为我国旅游业发展创造一个良好的环境，让旅游业这轮朝阳在促进国民经济发展和社会进步中放射出更加夺目的光芒。

参考文献：

[1] 彭希喜. 生态旅游可持续发展对策研究. 旅游经济，1998 (4).

[2] 程文栋. 旅游业可持续发展的原则与战略. 旅游调研，1998 (11).

[3] 李天元. 中国旅游可持续发展研究. 天津：南开大学出版社，2004.

[4] 宋振春. 当代中国旅游发展研究. 北京：经济管理出版社，2006.

"模拟导游"教学方法浅论

海南省海口市海南省旅游学校 李 岷

摘 要: "模拟导游"课程是中等旅游职业学校的一门常规教学课程,也是旅行社与导游服务管理专业的学生为参加海南省旅游局组织的导游资格证考试必修的考试课程,更是此专业学生必须具备的基础知识和专业素养。在多年的教学过程中,笔者针对课程的特点和所教学生的特点,摸索和总结出了一些经验和方法。虽然因为在地区的学生文化素质和教材内容不同的基础之上,不一定具备广泛的普遍性,但在一定程度的教学技巧、方法和专业素质培养是存在相通之处的。

关键词: 模拟导游 课堂理论讲授 实际演习操作

由海南省旅游局人教处编著并监制、南海出版社出版的《模拟导游》教材,是目前被海南省中等旅游职业学校普遍采用的权威教材。该教材的最大特点是针对性较强,所编入的内容都是海南旅游资源中的代表性景点,并与导游员资格考试的内容紧密相关。这门课程的不足之处是,在景点涵盖全面的同时,内容显得粗枝大叶,不够详细和生动。因此,在教学过程中必须取其之所长、补其之所短。另外,学生的特点也会左右教学时的方法采用。近年来中等职业学校的学生文化基础日渐薄弱,学生的心理素质也不够好,因此"模拟导游"的教学特点是由这门课程在考试中采用面试的形式这一特点所决定的,既要有课堂理论讲授(要求逻辑性强,深入浅出,做好归纳总结),又要有课堂下的实际操作（要求加强普通话表达的训练强度，特别是临场讲解的心理承受力和调节力度）两方面完成的。

笔者在长期的教学过程中，总结出针对教材和学生的特点的教学方法，归结为两方面入手去讲授和完善教材，并适合学生所学和接受。

一、课堂理论讲授

"模拟导游"课程的内容都是由一个个现实中的景点组合而成，即一篇景点就是一个独立的章节，看似内容单一，其实不然，特别是内容跨度大、跳跃性强，并与现实脱离较大。学生接受起来，感到非常的生涩并抽象，找不到头绪，所以必须对教材的内容逻辑清晰化。要想做到这一点，所选用的方法有：

（一）分类并归纳总结

三亚市概况
- 1. 基本地理概况
  - （1）中国最南端的城市
  - （2）位于北纬18°9′至19°，与美国夏威夷的南端纬度相当
  - （3）属热带海洋性季风气候
  - （4）年平均气温25.4℃，其中1月平均气温21.7℃，7月平均气温28.3℃
  - （5）海水温度在22~28℃，透明度达8~12米
- 2. 城市特色
  - （1）中国度假休闲游处于"金字塔的塔尖"
  - （2）我国天然大温室，南方育种、冬季瓜菜基地
  - （3）避寒冬泳，开展潜水旅游
  - （4）海南人均寿命居全国之冠，而三亚又是海南人均寿命最长的地方
- 3. 城市有关象征
  - （1）市花：三角梅
  - （2）市树：酸豆树
  - （3）昵称：鹿城（源自鹿回头的传说）、崖城（历史上的称谓）、丽城（世界小姐比赛各国佳丽云集）

针对教材内容所出现的知识点凌乱无序，应为知识点找到其所属的方位和部分。例如"三亚市"这篇导游解说词，在对三亚市的总体情况概述中，知识点多而且杂乱无章，要想让学生接受起来清晰有序，在教学中笔者作了如上的处理。

（二）理清讲解思路并逻辑化

学生在讲解的过程中，常常因为死记硬背而卡壳，究其原因主要是脑子里没有形成景点讲解的思路，只是依靠停留在大脑里短暂的记忆来进行，这样机械式的背诵，不是我们要求的讲解，而且在导游资格证考试中的面试环节，根本就不可能拿高分，还有可能通不过。因此，笔者会根据不同的景点讲解词的特点，在上一个方法的基础上对其列出很清晰并逻辑性强的讲解思路。例如"三亚市"这篇讲解词的讲解思路如下：

讲解思路：一、三亚概况（要点有哪些）→二、三亚的发展历程（要点有哪些）→三、三亚的旅游资源优势（要点有哪些）→四、结束语（怎么结束）

每篇导游词列出讲解思路会让学生一目了然，许多散乱而繁杂的知识点就有了思维和理解的可能。

（三）利用多媒体和各种图片进行教学

这种方式可以把许多景点讲解中的有关事物由抽象、枯燥变得具体、形象和生动。例如本教材中自然景点的代表"兴隆热带花园"，这篇景点导游讲解词中，涉及许多热带雨林植物的学习，如果不配以多媒体图片的辅助，学生理解起来就会非常的生涩并抽象，根本无法从视觉上去直观领略文中具体的植物品种，也体会不到景点中花草树木美丽的真正内涵，造成讲解中无法发自内心的去渲染热带雨林植物的魅力。另外，人文景点中的代表"天涯海角"这篇景点导游讲解词，它教学的重点和难点是如何让学生领会和理解它所蕴涵的文化内涵，由于学生文化底子薄，无法跨越时间和空间的多重间隔，会有非常严重的知识断层，所以笔者把它制作成课件，利用电脑进行多媒体教学，真正地把知识信息点和厚重而深刻的文化内涵利用图片和音乐两者有机结合，通过电脑和幻灯片的教学，非常有效地把天涯海角文化内涵的三方面（传统文化、流放的亚文化、真挚的相思情怀）淋漓尽致地体现出来。

（四）教师现场模拟示范讲解

这点主要是在课堂上理论讲授完后，趁热打铁地把学生的记忆加以巩固和夯实，并为下堂课的实际演习操作作一个衔接，起到承上启下的作用，让学生对自己的导游词再创作和现场模拟找到一个基本的目标和初步的方向。这已经算是课堂教学讲授部分的最后环节，也是必须的环节之一。

二、实际演习操作

这部分可以说是模拟导游教学的重点和难点。在导游资格证考试中，面试这一环节决定是否能顺利通过考试，同时也是对课堂讲授内容被学生吸收和消化程度高低的最好检验，并且是最能直接和综合发现学生问题所在的难得机会。教师与学生的比例悬殊，一对一的考核学生，每个学生一学期下来最多只有不到十次。就因为面试涉及面较广，包括仪容仪表、心理素质、内容讲解、回答问题等，因此在教学中必须根据考试和培养的目标进行针对性的教学。

（一）提高心理素质

第一步就是重点考察学生的心理素质。心理素质是讲解的基础，否则知识掌握得再好，也没有相应好的心理平台来发挥，讲解效果就是零。讲解过程中，学生经常由于胆怯而严重影响发挥，如何提高心理适应能力就变得非常重要。笔者经过摸索总结出以下几个方面：

1. 常变换讲解操作课的地点（对物、相对客观上的心理调适）

操作课的地点不能只局限于教室，可以把学生带到校园的一些公开场合，比如操场、草地、露天舞台、舞蹈室、学校大门口等。这样让学生在不同的场合有完全不一样的感觉，必须高度集中精力和注意力，争取做到不论外界环境如何，内心始终如一，即以不变应万变，在客观的条件下不断地去调节和适应，无形中渐进有序地获得自信与进步。例如在露天舞台，常常会有路过的学生驻足观看，让讲解的学生心理上有了自信心和意志力锻炼的机会。又如舞蹈室的镜子，也可以帮助学生边讲解边注意自己的仪态，发现并及时地改正不足之处，变得更加从容自如。

2. 评委变更的频率要高（对人、相对主观上的心理调适）

学生讲解时所面对的评委过于单一，会形成习惯的依赖心理。为了让学生能做到无论面对的对象是谁，都可以做到悉心讲解，熟视无睹，必须让不同的人去充当评委，例如班主任、学校领导、任课教师、不同班的同学，这样更可以加强学生的自我心理调节能力。

（二）提高模拟的真实性

利用景点相关图片按照现实景点内容的顺序，让学生在讲解中，边拿图片边讲解，并有其他同学充当游客，边听的同时边就疑问进行提问并要求讲解的学生回答，这样能让讲解的学生逐渐找到讲解的感觉、心态和自己的风格，真正体会到讲解和背诵的区别。

（三）利用录音进行分析矫正

这样的方法可以使学生在讲解完之后，能及时地发现自己的长处和短处，特别能检验的是语音语调、语速和普通话方面。教师可以边回放边分析和点评，让学生能及时并直观地发现这方面的问题，并从自己的音质中找到讲解的心态与感觉。

（四）分组记录，写出评语

一名教师通常面对的是上百名学生，很难对每一个学生的讲解保持长期的跟踪，从而丧失这方面的信息，就不可能给出学生完整而客观的点评和指导。对学生进行分组，每组一般人数不能超过 8 人，以便提高任课教师跟踪质量，并找出具有责任心同时水平较好的 2 名学生负责记录。记录的项目（一般按正式的模拟导游考试的标准）由任课教师给予负责的学生，这样就让任课教师有了对全体学生讲解情况的宏观把握和后续的跟踪监督，也是任课教师在做学生后期成绩表格化统计分析的主要素材，所以必须在这个环节上严格把关。

（五）学生成绩表格化统计分析

这一步是在以上方法都使用的基础上进行的归总和分析，利用表格把学生在上述每种方法过程中的表现进行统计，并反馈给学生，让学生看完后给自己写出评语和整改方案，交回任课教师处，以便进一步的跟进。下表是一份表格样本，以供说明。

姓名＼点评项目	普通话（包括错别字）	讲解内容的完整性	讲解的流畅程度	讲解的生动程度	心态表现	表情	礼貌礼仪	主要问题	备注
王晓明									
丽娟									
小红									
吴征									
月月									
海子									
凤鸣									
梁子									

三、总 结

通过以上环节，使得整个教学比较系统且严谨，既能比较完整地监控学生的进展程度，又不会妨碍学生的自由发挥，使得学生能长期保持学习的兴趣和劲头。主要体现在以下两方面：

（一）课堂理论讲授

（1）从点到面：分类并归纳总结——理清讲解思路并逻辑化。

（2）从抽象到具体：利用多媒体和各种图片进行教学——教师现场模拟示范讲解。

（二）实际演习操作

基本平台构筑 ｛（1）平台搭建 A：提高模拟的真实性｝
提高心理素质 ｛（2）平台搭建 B：利用录音进行分析矫正｝
——平台评价：分组记录写出评语——平台效果呈现：学生成绩表格化统计分析

本文主要从这两个方面作为重点进行了阐述。由于课程在教材和学生主体上是不断变化的，因此对课程教学在基础上还应保持一个相应的随机变化和不断学习改进的心态，才可以谈得上历久弥新。

酒店管理专业人才流失及对策

重庆市巴南职业高级中学 李 鉴

摘 要：近几年旅游业的快速发展刺激了酒店业的发展。职业学校酒店管理专业为酒店提供了大量的从业人员，然而到酒店后流失率极高。本文分析其造成的原因，提出了主要对策及建议。即通过专业思想教育，改变传统思想认识及观念，争取社会的理解和支持；重视学生毕业前的教育；不断提高教师队伍素质；加强实习阶段的管理和控制；酒店为人才提供发展空间。

关键词：酒店管理专业人才 流失 对策

中等职业教育在我国的发展正日益受到重视，它主要以培养本地区的一线技术人才为目标，它的专业设置必须适应社会发展的需要，而酒店管理专业正是为适应社会发展的需要所设置的专业之一。近几年，部分学校的酒店管理专业正在萎缩，酒店管理专业人才流失严重，现就酒店管理专业谈谈存在的问题及对策。

一、酒店人才流失现状

（一）酒店服务人才供需矛盾突出

据国家旅游局统计资料显示，到2007年底，中国星级酒店已有14 326家，其中星级酒店直接从业人员超过160万人。[①] 酒店平均每年以300家左右的速度增长，每年需新增从业人员几十

---

① 参见陈非《酒店人力资本转化方略》。

万。面对迅速增长的现代酒店业，要使它们能在21世纪跟上国际酒店业的管理步伐，离不开管理型人才及服务型人才的配合，而大量服务型人才正是由中等职业学校酒店管理专业培养的。目前由于旅游教育体制滞后，培养的人才数量与旅游行业的需求量不成比例，学校数量少，学生少，师资匮乏，限制了人力资源的供应量，服务型人才严重匮乏。以武汉为例，2005年武汉餐饮服务业出现严重"工荒"，缺口多达5万人。

（二）学生就业方向与学校培养目标的矛盾

酒店管理专业是为酒店培养一线服务型人才，在当前供需矛盾突出的情况下，该专业学生容易就业。但出乎意料的是，据笔者对本校酒店管理专业学生就业的问卷调查了解到，学生择业时，有10%左右的学生根本不愿意到相应的酒店工作，只要条件允许，他们宁可在家中待业，等待时机，另辟蹊径。有30%的学生面对多项选择，如公司职员、文秘等职务时，他们宁愿"跳槽"，放弃所学专业；另有30%的学生无可选择，被迫进入酒店行业工作，反馈回来的信息，大多数是希望尽快能脱离酒店这个"苦海"；只有20%的学生能真心实意地到酒店中去，品尝酒店工作的苦与乐，坚守岗位，为酒店的发展献出自己的光和热。从这一现象中我们可以看到该专业潜伏的危机，有大批一线优秀技能型人才正悄然流向其他领域。

（三）酒店人员流动过频

据中国旅游协会资源开发培训中心的调查统计，2003—2006年我国酒店业员工流动率分别为24.16%、22.35%、23.78%和24.89%，四年流动率均为23.795%，个别酒店的流动率超过40%。在这些被调查的酒店当中，高星级酒店员工流动率要高于低星级酒店，2003—2006年，我国四星级、五星级酒店员工流动率为 24.76%，二星级、三星级酒店为 20.32%。[1] 由此可见，越是高档的酒店，员工流失问题就越严重，许多经营者发出了"人才咋就留不住"的困惑和无奈。

二、酒店管理专业人才流失的原因

（一）传统意识的影响

"饭店是碗青春饭，过了三十就完蛋"，它被普遍认为是吃青春饭的行业，技术含量不高，所以有些学生为了寻找一个稳定的工作而另谋高就。

学生在饭店工作还要过面子关，中国传统观念认为服务是侍候人的工作，从事服务工作的职业是低人一等的，这种旧意识、旧观念至今还不同程度地影响着学生择业。

（二）酒店通则的影响

不管你多么有能力，酒店工作都是从基层服务员做起，擦地板、铺床、端盘子等，必须要有这方面的经历，才能成为酒店管理人才，这是酒店业的通行做法，让学生们无法一下子看清自己未来的发展机会。

酒店业的工作具有简单重复性的特点，容易使学生感到疲惫、单调、乏味、郁闷、压抑、无价值，这也是造成人才流失的原因之一。

（三）教学的影响

中等职业教育旅游类专业教材，在"客房"和"餐饮"方面，重视学生的技能训练，学生学起来容易、简单。但"旅游心理学"、"公共关系学"、"旅游概论"等课程让学生感到枯燥，而且学生从中掌握的知识也不多，学一样丢一样。这样的学习，无法激发学生的学习兴趣，从而影响学生从事酒店服务工作的

---

[1] 参见李梅《我国酒店员工流失问题浅析》。

信心。

(四) 实习的影响

对于酒店专业的学生,有一年的实习时间,实习主要是将理论知识与实践相结合,将理论知识应用到实践中去,让学生毕业后能立即上岗。但好的出发点未必能换来预期的效果,学生往往在实习期间就想离开酒店行业。主要原因是:

(1) 有的学生在实习时遭到少数客人的有意刁难,甚至是人格的侮辱,而主管领班层管理素质又不高,不尊重实习生的劳动成果,对实习生呼来唤去,甚至动不动就吼骂,把气撒在实习生身上,片面地认为实习生理所当然地服从他。这样实习生的意见不能表达,又得不到应有尊重和重视,难以调动积极性,更谈不上主人翁责任感、归宿感和价值认同感,所以导致实习生不愿在酒店行业久留。

(2) 很多酒店存在部门关系过于复杂,人际关系过于紧张,老员工排挤新员工,本地人排斥外地人,这些经历让实习生产生"不是久留之地"的感慨。

三、防止酒店管理专业人才流失的对策

(一) 通过专业思想教育,改变传统观念,争取社会的理解和支持

第一,旅游专业的教师在教学中要向学生灌输专业意识,改变学生的传统意识,让学生热爱自己的专业,培养学生的职业意识,以饱满的热情去对待自己的学习和将来的工作。

第二,通过各种途径,让学生能正确认识服务行业。正如美国,当经济高度发达时,从事服务业的人员占据了整个劳动力市场80%以上的比例,任何行业都是服务于社会,服务于大众。可见服务是一种高尚、正当的行业,只有"我为人人,人人为我",我国的旅游服务行业才会呈现出新风貌。酒店是一个小社

会，在那里可以见到各种各样的人，学到许多东西，而且只要有能力就会有用武之地。

第三，构建校企对接人才培养新体系。"巧妇难为无米之炊"，为摆脱人才短缺及流失的局面，吸引更多酒店管理专业的优秀毕业生加入到饭店行业中去，学生在校学习时就将企业人力资源计划渗透到学校教育中去，当学生进校时，聘请酒店精英到学校办专题讲座、节假日组织学生到企业参观或实习锻炼，灌输职业意向、激发职业自豪感、培养职业精神和职业素质，及早培养他们对酒店行业的职业热情。如美国希尔顿酒店与餐饮学院早就实施一种叫"高中与旅游业"的项目研究，目的是如何从高中毕业生中吸引人才到酒店行业中去。校企合作，也可让学生在校时就能看到就业的希望，提前让学生吃定心丸，提前进行企业文化渗透。

（二）重视学生毕业前的教育

学生在毕业前特别要注意五个方面的教育和修炼：一是激发生活和工作的热情；二是强化艰苦创业、从基层做起的思想；三是训练不畏困难、不怕挫折的心理素质；四是培养从大处着眼、小事入手的工作作风；五是培养学生能屈能伸的从业理念，发扬敬业、埋头苦干的精神，在平凡工作中展现自己的才华，从工作的成就中寻找乐趣。

毕业前应指导学生进行一次职业生涯设计，告知他们酒店的一般晋升制度和路线，同时结合学生的要求及个人特长和能力，帮助学生设计自己的职业发展道路，帮助学生确立奋斗目标，找到目标的差距，继续完善自我。同时让学生对自己目前拥有的技能进行评估，给自己一个准确的定位，对今后努力方向有一个清楚的认识，从而看清未来。

（三）不断提高教师队伍素质

在我国，从事旅游专业教育的教师队伍，特别是中职专业的师资队伍，大部分是从文化课转行来的。因此对整个旅游专业的综合知识结构认识不足，同时教师理论不能与实践相结合是天然缺陷，这就很难让学生对该专业保持浓厚的学习兴趣，更好地达到我们教育的目的。因此，为了加强当前旅游专业师资队伍建设，对教师要多加培训，接受新的教育理念，组织教师到酒店参观、考察、实习。教师队伍的提高是培育旅游专业人才的保证，也是留住旅游类人才的前提条件。

（四）加强实习阶段的管理和控制

实习阶段酒店不能只是"廉价用工"，校企双方应紧密配合，加强对实习生的心理引导和协调管理，采取有效措施提高实习生对饭店工作的适应性，以保证合适的人选能顺利度过"准职业人"的实习期，并争取毕业后能留在酒店继续工作。

再者，饭店应当是学校教育的延伸。毕业生开始工作的1~2年是最不稳定的职业期，酒店可不让学校完全脱钩，以利用校方特别是指导老师与学生特有的亲和关系和信赖感，聘请其以"中间人"的身份沟通、协调，继续配合酒店开展新入店学生职业生涯初期的教育引导工作。笔者在数年酒店实习生的指导工作中深深体会到，这种双向教育有利于增强毕业生职业初始阶段对酒店及社会现实的认识和适应性，能有效减少学生的过早流失。

（五）酒店为人才提供发展空间

酒店要把实习生看做是酒店最宝贵的财富和最重要的资源，充分尊重每一位实习生，维护他们的权益，为他们创造良好的工作氛围，增强他们的自信心，激发他们的工作热情，提高他们对酒店的满意度和忠诚度，从而降低流失率。

酒店要重视人才，关心人才，尊重人才，为他们实现自身价值提供发展空间，采取事业留人、待遇留人、感情留人的方式留住优秀实习生，让酒店管理专业的学生都能学有所用，都能加入到酒店行业。

职业教育中酒店管理专业当前的首要任务是"培养人才，更要留住人才"，愿我们共同担起这个神圣的责任。

参考文献：
[1]王兴琼．论酒店实习对旅游管理专业学生择业倾向的影响．四川烹饪高等专科学校学报，2008(4)．
[2]陈非．酒店人力资本转化方略．人力资源，2009(13)．
[3]李梅．我国酒店员工流失问题浅析．大众商务，2009(6)．
[4]王晓燕．如何提高酒店实习生的管理办法．饭店世界，1998(3)．

论楚雄民族文化发展与保护

云南省楚雄市职业高级中学　李梓瑜

摘　要：楚雄彝族自治州历史悠久、民族众多，文化生态多姿多彩，地理单元的独特性和相对的封闭性造就了一方天地的文化品格，历史的连贯性和连续性延伸着本区域生生不息的民族文化传统。全球化进程中优势文化的强大辐射是毋庸置疑的，楚雄民族文化在西方所谓"优势文化"的辐射、冲击下，少数民族地区农民的传统观念、宗教信仰、价值观念正在发生前所未有的变化，数千年传承下来的一些民族文化正迅速消失。楚雄民族文化在吸收了外来文化的同时，须坚持从自己的历史现状出发，从民族传统、人文精神出发，根据各民族经济文化发展的需要来发展，形成独立的具有区域特色的民族文化。

关键词：民族文化生态　变迁　传承　保护

一、楚雄民族文化生态

楚雄彝族自治州地处滇中高原北部，是我国31个少数民族自治州中仅有的2个彝族自治州之一。在这块古老而神奇的土地上，由于历史悠久和民族众多，文化生态多姿多彩，地理单元的独立性和相对的封闭性造就了一方天地的文化品格，历史的连贯性和连续性延续着本区域生生不息的民族文化传统。楚雄的地理空间虽然不大，但它的人文空间却很大。民族文化已经形成完整的历史和现实的文化体系。

滇中楚雄这片神秘的土地,是生命诞生和繁衍的摇篮之一。在武定县狮子山附近,曾出土距今 5~6 亿年的原始生命三叶虫化石和硬骨鱼化石。此外,在楚雄、禄丰、双柏、永仁、牟定等地也留下了恐龙的足迹。因此,楚雄有"恐龙之乡"的美誉。在禄丰,还发现距今 800~1 400 万年的"腊玛古猿化石"。特别是在元谋县发现的两枚牙齿化石,被定为"直立人种元谋新亚种",简称"元谋人",距今约 170 万年,是我国乃至亚洲迄今最早的人化石,楚雄也因此被称为"人类摇篮地"和"人类起源地"之一。

楚雄是古代南方丝绸之路的文化交汇地,各种文化在此交融发展,形成了丰富多彩的古代文化。其有明显的氐羌文化特点,重要的有元谋大墩子遗址、永仁菜园子遗址等,留下了鸡形陶壶、土掌房构架等文化遗物。而春秋到西汉时期的青铜文化,不仅文化遗址多,器皿丰富,而且更具有地方特色。特别是世界上最古老的万家坝铜鼓的发现为世人所瞩目,赢得了"铜鼓之乡"的美誉。楚雄在不同程度、不同侧面反映了爨文化、南诏大理文化及彝族古文化遗迹。楚雄的一些原始信仰是历史现象、文化现象,无时无刻不潜移默化地产生着影响和作用。

楚雄民族文化的现实形态至今保存在各民族之间,并且还具有强大的生命力,其对各民族社会的发展有积极作用的文化形式,包括生产生活方式、婚姻家庭、衣食住行、宗教、文学艺术、节日、社会制度等方面,是一种完整的社会体系。不同的地理特点形成了独具特色的民族服饰特点。楚雄彝族支系较多,因而各地服饰的款式、图案和选色都有区别。据不完全统计,楚雄彝族服饰种类近百种之多,其共同特点是以黑、红、绿三色为主,装饰品以银器为主。在精神形态方面,少数民族生产禁忌较多,渗透到生产生活的各个领域,有些是迷信的影响,有些则是人们生产实践的概括。楚雄少数民族在长期的生产生活实践中,逐渐认识了人们的一些病症和药物，积累了一些医药知识，并发现了一些常用药物标本。彝族的村落多依山而建，坐落在向阳背阴的半山坡上，村中住房，大都依地势分布，没有固定的格局。

(一) 楚雄民族文化的特点

楚雄民族文化是经过几百年甚至几千年的时间积累而发展起来的，各民族在这里和睦相处，长期并存，构成了极为丰富的多文化共生地带。以宗教为例，不仅存留着种类繁多的原始宗教、佛教，而且在儒、道教等众多教派中产生了形形色色的宗教类型和流派，并形成了民间广泛信奉、三教合流的特色世俗宗教。不同的生活方式造就了不同的文化传统，勇猛的民族习气，深厚质朴的民族风俗，异彩纷呈的民族节日，独树一帜的民族历法，五彩缤纷的民族服饰，文明世界的民族史诗，曲调悠扬的民族歌舞，独特的民族生活方式，生成于民族生活之中的民族文化，皆有鲜明的民族风格和文化个性。这些民族文化的历史和民族一样悠长、一样重要、一样珍贵，因而是楚雄各民族世代相传的民族标志。

对楚雄民族文化形态作研究，可以一层层地进行分解，它不仅是物质的，也是精神的。就楚雄的彝族文化为例，可以将其概括为多个方面，应该说，楚雄民族文化的始元、根基基本上是属于内发型的。但千百年来其不断受外来文化的影响，在长期的碰撞、交流、融合、重组过程中，整合形成了具有鲜明地域特点的民族文化。

从历史上看，楚雄始终处于滇池、洱海两大文化交替辐射和渗透的边缘地带，没有形成文化中心；又处于灵关道与朱提道汇合处，南来北往的各种外来文化都在此留下踪迹，并或多或少地渗入当地土著文化之中，呈现出多文化交融的状态，处于各种文化的边缘。由于历史上各民族间的迁徙、交流、融合以及战争冲突等因素，使楚雄民族文化不断吸纳、融合各种外来文化因素，呈多元化、多层次复合发展,形成了主体文化和非主体文化并存的格局。由于特殊的地理位置,楚雄民族文化始终是开放型的,从古到今一直对外来文化开放,一次次接受外来文化的冲击、影响,不断吸收、融入外来文化,使本地民族文化始终处于转型之中,形成了今天相互依存的开放性民族文化格局。

总之,楚雄民族文化是各民族在与自然和社会相互作用的时间中形成的集体智慧的结晶,既有自己独特的文化,同时又不断整合、吸取外来的文化因素,从而使楚雄民族文化特别是彝族文化既保留了传统文化的精髓,又吸纳了外来文化,促使其很好的发展方向。

(二)楚雄民族文化多样性与文化共生

任何资源都是一个定数,楚雄民族文化资源也不例外,如果不切实地维护民族文化的多样性,资源的危机是不可避免的。从一个民族的短期经济利益出发,从民族的感性和意愿出发,不管是有意还是无意地损害民族文化的多样性,都将会给民族文化建设造成极大的危害,文化的单一化必然导致在不适宜的环境中无法生存,引发严重的生存危机。要重建民族文化生态系统,保持楚雄生态环境的稳定平衡,没有文化的多样性,绝对不可能造成民族文化生态系统的良性循环。正是民族文化的多样性,造就了楚雄各民族千姿百态的生活方式,使我们在民族文化资源的利用、保护上呈现出不同的趋向和模式。这也是我们重新认识楚雄民族文化资源,实现楚雄民族传统文化现代转型的凭借。从这个意义上讲,没有民族文化的多样性,就不可能有楚雄民族文化的发展;没有多样性文化的互动与提升,绝对造就不了新型的楚雄民族文化。

楚雄民族居住的特点是混居的不多,大多数是小聚居大分散。在民族聚居的生活环境中,更是突出了本民族文化特征的多样性。这种多样性不但体现了各个民族在文化上的千姿百态,而且还反映了同一民族在居住区域和生态环境中体现出的文化差异。楚雄是生物多样性安身的乐土之一,从生物多样性延伸到民族文化多样性,对解释文化多样性能够在楚雄共存共生很有启发。虽然由于人类对自然的干预使得物种灭绝的速度是自然状态下的上千倍,自然的多样性受到威胁,且人类文化的多样性也随着人类的干预而变得单一化和一体化,但对于楚雄来说,人与自然的变迁始终处于一种平衡的状态,这与各民族多种文化生态意识的消长有着密切联系。

文化多样性代表了族群和地域的文化特征。而地域的多样性,从自然和物种的角度来看,楚雄几乎包括所有的气候和地理及物种生态类型。生存于楚雄的少数民族,具有社会生产力发展程度及经济发展水平的差异,从而大大丰富了民族文化的复杂性和内容。从楚雄少数民族的适应方式来说,千姿百态的民族文化是各民族适应各种环境过程中产生出来的。楚雄民族的传统文化,尤其是反映在生态的文化观念上,有着很强的生命力。人类适应性是以主动的方式去适应环境的,同其他生物的适应不同,而人类的文化体系和文化环境则是建立在群体的需要和环境的动态平衡上。人类的文化适应包括了与自然的关系,人与人、人与社会、人与种种文化因素的关系,涉及的范围是无所不在的。从文化的角度来说,楚雄人文生态特点特别明显,以民族立体性为基础的人文生态特征,既有地域因素的特点,也有在同样地域和地理环境下所呈现的文化特征。文化多样性在演变的过程中,与原有文化圈周围的文化发生的衍生、吸取和融合,不可避免地使这些多样性文化带上浓郁的地方和民族特点。因此,楚雄少数民族所体现出的生态意识,尤其体现在原始宗教、理论、生活方式等方面有着传统的生态适应及共生关系观念。我们特别关注的是环境变化对生物生存和繁殖的影响程度,一些发达文化带来的征服自然、人定胜天的文化观在楚雄少数民族文化意识中还很难看到。楚雄少数民族的自然生态观,更多的是遵循自然规律,有节制地开发自然资源,处于"天人合一"、人与自然和睦相处的状态。虽然楚雄各民族的文化有较大的差异,但对生态依存的文化观却具有共性。彝族有保育山林的良好传统,对一些山林常以公有的名义乃至借用神的权威严禁砍伐;大部分山林虽为私有,但使用时也采取分片砍伐、保留可成林树木的形式,让山林常在。

　　一个民族的繁荣和发展不能只以经济为衡量标准,民族的传统文化是一个民族区别于其他民族的最本质特征。民族文化是当地民族在与自然环境共存的过程中,认识环境、对人类与环境相互关系认识的文化体现。因此,民族文化要得到保护和传承,在某种程度上能促进生态环境的协调发展。

二、楚雄民族文化的变迁及未来的发展趋势

(一) 楚雄民族文化的变迁

　　每一个民族的文化发展都不可能是封闭式的,或多或少地受到其他民族文化的影响,或者以某种特殊的方式去影响其他的民族文化,这个影响和被影响的过程必然引起民族文化的变迁和发展。居住在山区的彝族,由于所处外部环境的封闭,其文化的发展几乎是完全因袭着过去的传统,尽管近几十年受外来文化的冲击,文化变迁较快,尽管走向了另一个极端,那就是在本民族传统文化与现代文化的接触中,本民族成员特别是一些青少年认为本民族文化是滞后的,是羞于见人的。这种要么全盘认可传统,要么全盘否定传统的做法,都是不可取的,这也是大部分山区彝族地区之所以发展滞后的原因之一。相对于半山区、交通较便利的彝族地区来说,由于很早就受汉文化及其他外来文化的影响,其传统文化在与外来文化的碰撞中发生很多的变迁,接纳并吸取了大量的外来文化因素,并融合于本民族文化之中,成为本民族文化的重要组成部分,使传统文化变得复杂化。

在楚雄民族文化发展演变上，存在着多种不同发展样式的文化类型。楚雄至今都可以看见处于人类社会早期的原生文化形态（包括原始宗教信仰、原始氏族组织、原始母系婚姻等），可以看到不少已经发展进化到相当衍生的程度形式，甚至可以看到受现代文明熏陶，经过文化重建的民族新文化。从文化进化的观点来看，这些不同的文化类型都处于不同的发展阶段，因为文化总是在不断进化的。但是文化在进化的方式、方向、结果等方面存在着极为复杂的情况，并不是按一个传统的模式进行的。民族文化的变迁与民族的发展是息息相关的，直接关系到民族文化的未来走向和价值重构，它所引起的文化变迁不仅是持久的，也是深刻的，不仅涉及物质方面也涉及精神方面。因而从文化发展的角度说，民族文化变迁是一种不可逆转的普遍规律，是民族自身发展变化的必然结果。

不论是事物的变化，还是文化的变迁，都要遵循一定的规律。也就是说，民族文化的变迁不是杂乱无章的，而是有规律可循的。简单地说，文化的变迁是从局部到整体、从内到外的过程。民族文化除了发生在物质文化层面以外，更为重要的还在于观念、行为、心理等方面的变迁。

实例1：楚雄彝族宗教的主要形式是以祖先崇拜为核心，它是融合了自然崇拜、鬼魂崇拜、图腾崇拜等多种形式的原始宗教。由于楚雄彝族分布广，千百年来与周围许多民族杂居，经济上互相往来，文化上相互交流、借鉴和影响，尤其受到文化较高的汉民族的影响较大，在宗教信仰上分别吸收和融合了外来文化因素，促使其原始信仰发生了一次又一次的文化变迁。道教崇尚巫术鬼魂，与彝族的原始宗教有许多相同的地方，加上当时统治者的推崇，使得道教与彝族的原始宗教相互融合，道教及其神仙彝族化。佛教于南诏时期传入楚雄彝族地区，南诏初期还没有形成强大的势力，中期在统治者的推崇下站稳脚跟，彝族原始宗教在与佛教进行长时间的斗争中吸纳了部分佛教文化。至于儒学，自南诏阁罗凤以来早已流行。汉族文化的传入，使彝族的宗教信仰发生了剧烈的变化。

实例2："梅葛"是楚雄民族文化的标志之一，为一种曲调，讲述的是彝族的创世及万物的起源等，被彝族视为"根谱"，在罗罗、俚帛两个支系中广为流传。过去多在葬礼、原始祭祀场合由毕摩吟唱，内容冗长，吟唱场景庄严肃穆。随着彝族的不断迁徙及定居，"梅葛"不断向外扩散，传承场也逐渐扩大，内容扩充，不仅涉及创世及万物起源，还涉及婚姻、节日等场合随口演唱的民间小调，甚至还出现了在婚娶、节日、喜庆中专门演唱"梅葛"的歌手，神圣性内容逐渐式微，世俗性内容不断膨胀。

总之，民族文化的变迁是楚雄民族传统文化发展中的一个带有普遍性的重要问题，也是当代楚雄民族文化发展的主题。无论哪个民族的文化都是处在不断的发展变迁之中，都不同程度地经历着由生长、发展、变迁、衰朽和再生的过程，而民族文化变迁的结果必然引起民族文化的现代转型。

（二）楚雄民族文化的未来发展趋势

在探索楚雄民族文化未来发展趋势之前，我们先来看看楚雄民族文化过去、现在、未来发展的一般规律。文化变迁是楚雄民族文化发展的规律，是一种量变的过程，而文化转型是楚雄民族文化发展的质变形式。

楚雄传统文化的延伸和发展，是在继承和扬弃传统文化基础上生长出来的，离不开对楚雄民族文化的重组和构建，而重组和构建必须以现代为参照进行创造性的转换，在楚雄民族传统文化的重组和构建过程中，关键是要找到民族文化传统在面对未来发展变化中新的生长点，以此去培育民族文化新质，使民族文化传统在这种新质的培育过程中得到改造，促成文化传统与新质的相互吸收、融会和整合，从而实现楚雄民族文化的创造性转换。实际上，对楚雄民族传统文化的重组就是一个创造新传统、构建新文化的过程，它是在肯定和否定的双重价值选择中去实现这一目标的。楚雄民族文化要面向未来发展只能以一种积极回应的姿态去迎接时代的种种挑战。在全球经济化的今天，楚雄的民族文化离不开经济的支持。

三、楚雄民族文化保护的内容及对策措施

（一）楚雄民族文化保护的内容

西部大开发对人文资源的开发首先强调的是保护，没有保护就没有开发，保护是开发的重点。之所以要开发运用民族文化，是因为这些文化具有独特性，具有"唯我独有"的历史和现实意义。只有具有独特意义的民族文化才有差别，只有具有差别的民族文化才会被外界吸收、接纳、赏识，才具有开发的价值。对于楚雄来说，彝族文化有与众不同的品格，必须进行及时的保护。

我们把楚雄民族文化保护的对象进行细分，如下所见：

1. 历史文化古迹

楚雄不仅有省级历史文化名镇，而且在各县的历史文化古迹，包括古生物化石遗址及其出土器物，旧石器、新石器、青铜器时代遗址及其出土器物，古墓葬及其出土遗物，古城池、关卡旧址、古碑刻摩崖、古塔、桥梁、寺庙、革命纪念地等，都属于文物和民族文化保护的范围和内容。

2. 居住文化

以民居为主的建筑文化是楚雄民族文化中最为基本、最直观、最具个性特色的部分，垛木房和闪片房是楚雄彝族主要的两种古老宅居建筑形式。

3. 服饰文化

服饰文化是民族文化中最为外在的、直观的和最具有审美特

色的部分。楚雄彝族服饰近200种，各地区、各支系服饰各具特色，甚至羊皮褂、火草衣、贯头衣等古老服饰仍有保存，构成民族文化中最为亮丽的风景。加强楚雄民族服饰文化资源的保护，对于进一步提升、展示楚雄民族服饰文化，推动楚雄民俗旅游业将会起积极的推动作用。

4. 饮食文化

楚雄少数民族饮食文化内容丰富，风味独特，具有鲜明的地域特点和民族特色。牟定的乳腐、双柏的妥甸酱油、禄丰的酸醋、姚安的蜂蜜、大姚的粉丝等在云南都很出名，彝族的苦荞粑粑、骨头生、全羊汤锅，元谋的凉鸡等都具有独特的民族风味。

5. 民族歌舞文化

楚雄素有"歌舞之乡"的美称，各民族均能歌善舞，尤其是彝族人民的歌舞，更以欢快热烈的民族特色而闻名。如彝族的歌与舞相伴，有歌就有舞，有舞就有歌；很具有代表的羊皮鼓舞、跳老虎、跳丝、三弦舞、打猎舞、大刀舞等就有30多种。在乐器方面独具一格的有芦笙、竹笛、唢呐、四弦等。民族歌舞文化在楚雄各民族中具有广泛的群众性和生活性，已经成为展示民族文化和各族人民对远方客人美好感情的一个重要窗口。

6. 节日文化

民族节日是民族文化最盛大、最吸引人的活动，同时也是民族文化和民族风情的集中展示点。因此，民族节庆不仅被本民族所重视，也为其他民族所瞩目。彝族的节日有如赛装节、插花节、三月会、跳虎节、三月三、马缨花节、杨梅节、十月年等等，透过这些民族传统节日，可以看到楚雄各民族古往今来的生活礼俗和社会发展的某些痕迹。

7. 婚恋文化

婚恋文化是民族文化中最为美好动人的部分。以彝族婚嫁习俗为代表的民族婚恋文化，质朴动人，独具特色，成为楚雄的一道美丽风景。至今彝族还保留着姑娘房,社交、恋爱以对歌、跳脚、"说日子"等方式来进行,以哗鲁和吹树叶来表达感情。

8. 丧葬文化

丧葬是生活方式的重要组成部分,同时也是一种宗教性质的社会现象。它同生育、婚姻一样,是各民族都具有的生活习俗。但由于楚雄各民族所处的自然环境、社会形态不同,以及普遍存在的灵魂不灭观念,因而形成了千奇百怪的治丧殡葬文化。

9. 民族宗教文化

宗教文化同样是民族文化的组成部分。彝族以祖先崇拜为核心,兼信奉自然界各种神灵。

10. 毕摩文化

毕摩在彝族社会中起重要作用,特别是在宗教活动中,更是具有至高无上的权威和充当人神的中介,以至在彝族的民族文化中形成了一种毕摩文化。

11. 语言文字与民族文学

彝族有自己的文字,历史上称为爨文、罗罗文,是中国最古老的文字之一。至今在民间仍流传有大批用古彝文写的经书,其收录了彝族的历史和文化,是彝族的百科全书。彝文作为彝族人民的宝贵遗产,一直受到彝族人民的珍视。

12. 民族民间工艺

民族民间工艺是民族文化的有机组成部分。民族民间工艺来源于民族民间生活,反映民间生活,服务于群众的物质和文化生活需要,具有浓厚的乡土生活气息、鲜明的个性特征和民族艺术风格,并为群众所喜闻乐见。彝族先民在漆器、竹器、木制器皿、皮革等制作方法上有较高的技艺,至今在民间仍有流传。彝族妇女从小就学习刺绣技术,长大后刺绣技艺已十分娴熟。她们刺绣时,不描样、不画线,凭着聪慧的头脑和灵巧的双手绣出色彩斑斓、形态各异的图案。

以上罗列的是楚雄彝族文化的主要内容和大致范围。对于楚雄民族文化的保护难以面面俱到，但是可以选择并发展楚雄文化中那些有代表性的、有价值的加以重点地保护与发展，使之成为民族的标志与象征，也就树立了民族文化的品牌，从而带动全面的保护和发展。

（二）楚雄民族文化保护的对策措施

楚雄民族文化正处于文化的转型时期，保护好民族传统文化赖以存活的文化生态系统，与开发并重，实现民族传统文化的现代转换，是当务之急。要实现对楚雄民族传统文化资源和文化生态的有效保护，笔者认为应该从以下方面入手：

1. 坦然地接受现实，更新观念

近几年，楚雄民族文化资源之所以流失，破坏严重，与人们对保护民族文化和民族文化生态重要性的认识不足有关。要使楚雄民族文化资源得到有效保护，首先必须提高认识，承认自己的一些错误观点。一是保护民族文化资源。楚雄民族文化是千百年来少数民族人民创造的精神财富和积淀，尽管有的内容与当代社会不适应，但有相当的成分在今天和今后都会发生积极的作用。对民族文化资源进行保护，是为了促进民族的发展进步。二是保护不是一成不变的。对民族文化资源的保护并不是原封不动地保护，而应该根据不同情况采取不同的方法。楚雄民族文化的内容比较复杂，有精华也有糟粕，既有积极的一面，也有消极的成分。我们的态度应该是弃其糟粕，取其精华。对于积极向上的民族文化事项，要保护、要弘扬；对于那些价值不大的民族文化事项，则可以让其自生自灭；对于较复杂的文化事项，则要保护积极的那面，去除消极的部分。三是在保护民族传统文化的同时也不要排斥外来文化和现代化。我们之所以要学习外来文化，是因为其有许多积极因素；我们之所以要保护民族传统文化资源，是因为其中有许多有利于现代化建设的内容。所以，我们要在保护传统文化资源的同时，积极吸纳外来文化和现代化先进文明，使之互相促进。四是保护手段要与现代科技结合。要有效保护楚雄文化资源，保护的手段应该体现现代的科技进步，要将先进的科技方法和技术运用于保护过程中，达到事半功倍的效果，省去一些不必要的麻烦和人力资源的流失。

2. **加强教育**

要重视对全州各民族的教育，在教育的过程中开展一些民族文化活动，并在课程中加设民族文化知识课，以增进学生民族文化和乡土文化的观念和知识，培养爱故乡的思想。

3. **强化民族文物保护工作**

民族文化资源是楚雄经济发展的持久动力，是我们的优势所在，因而要强化民族文化保护意识，坚持"保护为主，抢救第一"的方针，加强民族文物保护的工作。强化民族文物的保护意识，使所有人都意识到民族文物是民族文化资源，民族文化就是经济优势，从而自觉地保护民族文物。同时也应该培养一批民族文物保护、研究专业人士，抓好文物博物馆、楚雄州博物馆、十月文化太阳历文化园等民族文物的管理，减少民族文物的流失和破坏。

4. **加大政府保护力度**

政府对于保护楚雄民族文化要彻底负起责任，采取一定的管理措施，切实保护楚雄民族文化资源。要加大对文化建设的投入，大力发展民族文化事业。楚雄民族文化的抢救、保存、挖掘、维护、整理、研究和利用都需要大量的资金投入，人民政府要加大对文化建设的投入，在建立和发展文化产业上舍得花钱；要满足毕摩、民间艺人的基本生活，要建立健全民族文化资源管理机构，建立一支民族文化保护和管理的队伍。

5. **加强立法保护**

将民族文化资源通过立法的形式加以保护是最有效的保护。

虽然楚雄也制定了一系列的立法，但仍是有不健全的地方，如对民族服装、饮食、手工业、民间艺人等这些部分的保护还不够完善。

6. 开展民族文化资源再调查

可以应用文字、录音、摄像、摄影手段保存民族文化资料，并利用现代化的媒体进行宣传和传播。

7. 进一步做好彝族文献的翻译、出版的工作，用心打造楚雄民族文化品牌

只有加大对彝族文献的整理、研究，才能推动楚雄民族文化的保护，才能将楚雄民族文化推向全国乃至全世界。

8. 大力倡导民办传统节日，弘扬民族文化

民族传统节日是民族文化的载体，也是民族文化的重要保存途径。只有通过引导、支持民办传统节日，充分展示本民族的历史、民俗和风情，推出本民族的独特优势品牌，才能很好地挖掘民族文化资源，提高各民族保护本民族的自觉意识，从而很好地做民族文化的宣传、民族特色的展示，以及保护、弘扬民族文化。

9. 培育民族文化产业体系

只有发展民族文化产业，才是实现民族文化资源经济价值的重要途径。楚雄应该重点培育和开发利用与民族文化资源相关的旅游业、生物药业和艺术文化业，使民族文化融入经济。一个地方只有对外宣传发展经济，才能更好地融入现代化。

楚雄民族文化保护一定要与开发、提升结合起来，使民族文化在开发中获取经济利益的同时，逐渐建立起民族文化的保护机制。民族文化保护的目的是为了开发利用，为当地各民族经济社会发展服务；而民族文化的开发，应有利于强化民族传统文化中的民俗事项、民族风情的存活、提升，使之更具有民族特色，包含更深厚的民族内涵。

参考文献：

[1]陈九彬，同永源. 新编楚雄风物志. 昆明：云南人民出版社，1999.

[3]周永振. 旅游文化概论. 武汉：武汉大学出版社，2000.

[3]楚雄旅游网.

浅议如何培养中职旅游专业学生的服务意识

甘肃省平凉机电工程学校　景鹏飞

摘　要：本文强调了中等职业学校在对旅游专业学生的教育和培训中应特别重视服务意识的教育，阐述了服务及服务意识的内涵，分析了服务意识的培养对旅游专业学生的重要性，并对如何培养中职旅游专业学生服务意识的途径和方法提出了自己的看法。

关键词：旅游专业　学生　服务意识

每年都有五星级酒店到我校招聘，需要前台服务员、中餐厅服务员、客房服务员等，学生报名应聘时几乎全部报前台服务员，问其原因都说不愿意侍候人，不愿意低人一等。通过做思想工作，有较多同学去当中餐服务员，不到半个月就回来了，大半忍受不了"客人坐着，我站着；客人吃着，我看着；客人叫着，我干着；客人骂着，我笑着"。去做导游，第一次就被投诉，为什么？学生根本不是去为游客提供服务，只顾自己游玩，游客提意见，她反倒生气大哭不上车，最后要游客来哄她。虽然这些是特例，但明显地反映出部分学生服务意识淡薄，有待培养。

一、培养中职旅游专业学生服务意识的重要性

服务是指为集体或他人工作，满足其需要并实现自我价值的活动。中职旅游专业的学生毕业后不管做导游还是酒店服务员，或者从事其他与旅游有关的岗位，都是为客人提供服务，所以培

养他们的服务意识非常重要。

服务意识是指能自觉、主动、发自内心地为他人和社会提供有偿劳动的意识。需要说明的是，服务员即使具备了业务知识和技巧，熟悉了程序标准，也不能保证服务质量一定会提高，因为还存在着服务员愿不愿做，能不能发自内心、主动去做的问题。所以说，在掌握了业务技巧，把握了服务的本质和规律的同时，服务意识要求服务人员具有主动服务的兴趣、热情等个性品质并形成心理上成熟的行为习惯。因此，我们说服务意识是旅游专业极为重要的理念。学生只有在良好的服务意识指导下才能发挥工作热情，提高对旅游工作的兴趣，为顾客提供优质周到的服务，从而为旅游业带来良好的社会效益和经济效益。因此，对旅游从业者来说，服务意识至关重要，决定着其是否拥有上岗资格。服务意识是旅游专业学生必须具备的基本素质。旅游专业学生的素质是多方面的，包括思想素质、知识素质、专业素质、职业素质等等，缺乏任何一种素质都不可能成为合格的旅游工作者。但在众多的素质中，服务意识是基础，只有具备服务意识，其他素质才能发挥作用。因此，旅游专业应该把服务意识的培养作为学生必须具备的基本素质加以重视。旅游行业是一个特殊的行业，在对游客服务方面有着很高的要求。因此，为了体现旅游专业学生不同于其他专业的特点，使之具有更强的专业性，旅游专业教学中应该把服务意识的培养、训练作为一种专业技能有意识、有目的地训练，从而提高其在旅游专业教学中的地位。

二、培养中职旅游专业学生服务意识的途径与方法

（一）优化学校育人环境，加强教师服务意识的培养

在旅游教育中，学生服务意识的培养与教育不仅取决于班主任或专业课教师及有关领导的教育水平如何，也取决于学校全体教育工作者对学生进行教育时的服务意识如何。所以，学校要营

造出教书育人、服务育人、管理育人、环境育人、技能育人、活动育人的整体氛围，以出色的服务为学生创造良好的学习环境。因此，教师的服务意识教育也不容忽视。在教学中，教师是育人的主导，教师的素质如何会直接影响到其对学生教育的效果。在对某职业学校教师的调查问卷中，有80%的教师从来就没有"学生是上帝"的观念；有76%的教师认为教师职业就是塑造学生的灵魂；有68%的教师认为职高学生根本不值得教，做职高教师没有任何价值感、自豪感、成就感。由此可见，教师在职业观、教育观及为学生服务的意识上还存在偏差。那么，他们中的一些人怎么可能尊重学生？怎么可能教育和培养好学生？又怎能为学生树立榜样？服务是双向的、互动的，重在过程，如果只要求学生有服务意识而教师却没有，这样的教育是不平等的，也绝不会有好的效果。所以，对教师服务意识的教育同样需要加强。在学校提出服务意识或多或少会有一点不自觉的排斥，一是教书似乎离商业很远，二是我们的潜意识里还有点权威的影子。现在的社会更开放，更需要具有活力、创造精神与能力的人，学校、教师要为学生提供这样的条件，不然，我们的教育与学生的实际情况和需求会有距离。提高教师服务意识不能缺少一个"真"字，如果教师做的一切都出自自己内心的"真"，那么很多问题便有了很好的解决途径，这是教师一切行动的源泉。我们应不断强化这个意识，时刻提醒自己，改变观念，改变传统做法。我们真正地理解学生，倾听他们的心声，了解他们的困惑，并能给予他们支持和帮助。我们应树立服务意识，把服务意识真正贯彻到教师的日常工作中去，让教师的真诚如春雨——"随风潜入夜，润物细无声"。

（二）转变服务观念，树立以人为本的服务理念

在旅游教学中我们常常给学生灌输这样一种理念："客人总是对的"、"顾客是上帝"、"客人第一"，要求学生具有宽容、忍

耐、服从、敬业的品格和意志力。学会服从不是知识、学识的多少能够决定的,而是由思想感情、情操、品质和精神境界所决定的。人的境界不同,他对周围的人和事的态度、处理问题的方式方法就有很大的差别。古代有一个"楚人丢伞"的故事很能说明问题:一位楚国人有一把精致的雨伞,有一天不慎丢失了,邻人十分替他惋惜,他却很不在意地说"楚人所失,楚人所得",邻人很佩服他的胸怀,认为他的境界很高。孔子知道了这个故事却大不以为然,说道"人所失,人所得"超越了楚人的境界。老子更不以为然,"所失即所得,所得即所失",境界又高出了一个层次。在旅游教学过程中,我们就应当从职业道德和职业精神角度向学生阐明这种观念。服务质量的提高不是靠简单的技能,而是靠一种意识,一种理念,一种精神境界,靠人生的哲学和处世艺术。如在对待个人得与失的关系,在对待客人的态度问题上,就需要这样一种境界。如果说得是取,是一种获得、一种能力的话,那么失就是舍,是一种给予、一种人生的哲学和艺术。人的成功不在于他知道自己能做什么,而在于他清醒地知道自己不能做什么;不在于他知道自己能得到什么,而在于他清醒地知道自己应该放弃什么。一个不懂得放弃的人是永远不可能取得成功的人。学生在心理上理解、接受了这种思想,进入了这种境界,在对待客人的态度上便会真正贯彻"客人永远都是对的"的服务观念,从而无论在任何时间和场合,对待任何一位客人,都会笑得更甜、更美、更自然,因为,他是由衷的、发自内心的。

同时,在旅游业中,百分之百的规范服务并不能换取百分之百的客人的百分之百的满意,这是因为服务需求的随意性很大,尽管服务员已经尽心尽责,但客人会因其自尊、情绪、个人癖好、意外情况、及时需求等原因,提出服务规范以外的各种需求。标准化的规范是死的,而人的需求是活的,服务必须满足客人形形色色的需求。所以我们要教育旅游专业学生树立以人为本的服务理念,追求尽善尽美的服务效果,从给客人创造惊喜中获取自己的服务人生,在客人的惊喜中找到富有的人生。只有拥有坚实的思想基础,树立职业使命意识,消除雇佣观点,以主人翁的态度和高度责任感,对待自己所从事的职业,才能做好本职工作。改善服务质量要从点点滴滴做起,要从提高认识入手,不断地模仿、实践,从情感上、方法上全面解决服务质量的问题,要使每一点改善都能带给客人更大的方便与满意,这就是旅游业生命的源泉。

(三)学校教育与岗位培训应在注重学科理论渗透的同时,培养服务意识

在理论课教学中要注意发挥学科渗透的主渠道作用,适时地对学生灌输服务的思想,培养服务意识。专业课教学应结合具体的教学内容,教会学生如何运用相关知识来解决服务中具体问题的方法。例如,在"导游业务"教学中,通过创造现实情境、模拟情境、交流情境让学生体验做导游应掌握的规范化程序,让学生扮演游客提问在旅游过程中发生的事故情况,让扮导游的学生现场作出回答与处理,让学生体会到提供优质导游服务的成就感。在"客房服务"教学中,就要在模拟客房室中让学生成为真正的客房服务员,真正体验"客人入住我做房,客人睡觉我铺床,客人如厕我涮桶,客人洗澡我擦缸"等程序及其心理承受能力,随时为客人提供其他客房服务,从中体会到劳动服务的艰辛与乐趣。在"旅游心理学"教学中,要运用心理学知识教会学生在服务中如何对客人进行鉴貌辨色,适时地进行个性化服务。在"旅游礼仪"教学中,要使学生懂得注重仪容仪表和言谈举止是打开与人交往的钥匙,就好比商品的外包装,包装好就容易被人接受和认可,要教会学生在对客人服务中怎样才能更热情、到位,更富有人情味,给人以美的享受。在"饭店服务"

教学中，要让学生掌握如何运用饭店服务技巧为客人提供规范的、周到的服务；培养学生的道德情感，加强其道德修养，使其追求高尚的精神境界，准确地认识自己所从事职业的职责、作用，认清职业角色对自己的要求。总之，要通过各科教学实现以服务增智、以服务益美的服务意识的教育功能。

（四）通过校内劳动服务与校外实习的实践锻炼，强化服务意识

学校教育应坚持以德育为首，发挥学生的主体作用，化被动接受教育为主动参与。利用值日、值周、社区义务劳动，不定期为用人单位提供无偿服务，如为期几个月的旅行社、宾馆、景点实习等，规范学生的服务内容，强化学生的服务意识，使学生在服务中渐入角色。这样既增强了学生的体质，又培养了学生的劳动态度以及奉献精神、进取精神和团队精神。下面所示是我校在劳动值周中建立的宾馆化管理组织系统（模拟宾馆的组织机构）：学校对于达到规范服务，工作认真负责，劳动主动积极，操作规范，礼貌待人的学生，由总经理推荐，经评议其分数，推选为每周"服务之星"记入档案。

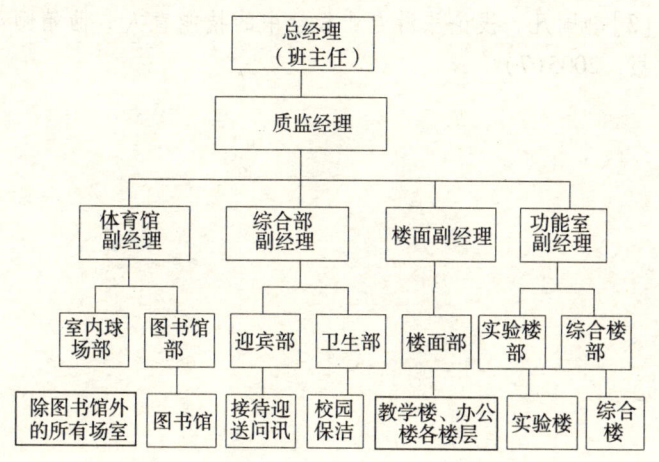

在劳动值周过程中，通过学生规范化示范与服务，提高了学生自我管理、自我教育、自我服务及为他人服务的意识和能力，达到了教育、管理、服务都到位。

三、结　语

中职旅游专业建设既要重视专业知识学习，操作技能训练，更要重视服务意识的培养。服务意识教育必须贯穿于学校教育的全教程，要让学生在学习、生活、工作当中真正意识并体验到旅游从业人员特别是服务员工作的最高宗旨和最高境界是创造愉悦的人，是"愉悦天使"，这样我们才能培养出让旅游业用人单位满意的毕业生。

参考文献：

[1]李爱平．旅游管理专业要强化服务意识培养．机械职业教育，2004(3)．

[2]叶萍．树立牢固的服务意识是旅游职业道德教育的重心．福建地理，2003(12)．

[3]冯国凡．浅论旅游专业教学中的技能育人．曲靖师范学院学报，2005(7)．

提高学生"餐饮服务与管理"专业技能水平问题的探究

河南省辉县市职业中专　郭海燕

摘　要：通过对职业中学"餐饮服务与管理"教学现状的调查和分析，认识到培养学生的实践能力、操作水平和创新意识是目前最紧迫的任务，唯有提高专业技能水平，才能为今后就业打下良好的基础。具有创新意识和创新能力，才能推陈出新地推动餐饮业向前发展。笔者根据教育学、心理学原理创新教育理论，探讨了"餐饮服务与管理"教学中培养学生实践能力、操作能力和创新能力的方法与途径，通过具体实践，取得了初步成效。

关键词：餐饮服务与管理　实践能力　操作水平　创新能力　专业技能

随着人们消费水平的不断提高和旅游事业的蓬勃发展，吃、住、行、游、购、娱为一体的多元化服务部门就显得越来越重要。餐饮部又是饭店的主要生产部门，餐饮服务与管理质量的好坏直接关系到饭店的声誉和形象，也直接影响到饭店的客源和经济效益。因此，培养更多的懂业务、会经营，有专业特长，适应社会发展需要的服务管理人才已是非常必要和必不可少的。

然而受传统教育和实习条件的影响，"餐饮服务与管理"教学中还存在着一些问题。因而，对怎样提高学生的动手能力和专业技能水平更具有必要性、紧迫性。为了了解"餐饮服务与管理"教学现状，2006年10月在我校旅游专业高一、二年级进行了调查。

一、现状调查与分析

我们抽出 200 名学生进行了"餐饮服务与管理"教学状况问卷调查，其中部分调查项目和结果如下表所示：

调查内容	选项及百分数
1. 你对学习旅游专业的兴趣	A. 感兴趣（12.8%） B. 不感兴趣（62.4%） C. 一般（24.8%）
2. 你对《餐饮服务与管理》的学习兴趣	A. 感兴趣（15.5%） B. 不感兴趣（51.7%） C.（一般2.8%）
3. 老师在课堂上的讲解与演示	A. 讲多演示少（66.2%） B. 讲少演示多（9.2%） C. 适中（24.6%）
4. 学生在课堂上的参与	A. 参与多（8%） B. 参与少（82%） C. 不参与（10%）
5. 技能和市场的联系	A. 有谋职市场（42%） B. 无谋职市场（48%） C. 挑战、创新（10%）
6. 课堂上能否主动向老师提问	A. 经常有（24.5%） B. 偶尔（43.4%） C. 很难想到该提什么问题（32.1%）
7. 你很少参与课堂讨论的原因是	A. 不习惯参与讨论（24.5%） B. 对老师所提的问题不感兴趣（3.8%） C. 问题难度太大，难以及时回答（54.7%） D. 老师很少在课堂上组织讨论（17%）

续　表

调查内容	选项及百分数
8. 老师的关注对自己学习的影响	A. 很重要（50.9%）B. 能起到一定的促进作用（43.4%）C. 无关紧要（5.7%）
9. 课堂上是否感受到老师的关注	A. 经常（11.3%）B. 较少（39.6%）C. 几乎没有（49.1%）
10. 当你的观点与老师或教材不相符合时，怎么办	A. 继续坚持不轻易改变（15%）B. 观点保留，但在语言或书面表达时，还是遵从老师或教材的观点（70%）C. 没有必要较真，随大流就行（15%）

从上述调查结果看，专业课教师往往脱离不开普高的教学模式，习惯于课堂上照本宣科，干巴巴地讲述那些对专业技术操作的规范性文字叙述。纸上谈兵多，实际动手少（3中A占66.2%，2中B占51.7%）。课堂时间被大量的知识讲授所占据，很少留有学生发挥创新思维和想象机会的余地（7中D占17%）。即使老师提出问题让学生讨论，难度也较大，思考的时间比较少，学生很难回答出来。师生之间的互动交流少，发表个人意见的很少，不能达到预期效果（7中C占54.7%，A占24.5%）。师生问答往往沿着预定路线进行，侧重于趋同思维。即使有些观点与老师的不同，学生也很少坚持自己的理念，发表自己的见解（10中B占70%）。教学重点放在讲解上，忽视了学生的参与（4中B占82%），技能和市场脱节（5中B占48%），使学生对就业前景感到渺茫，进而失去了学习旅游专业的兴趣（1中B占62.4%）。学生个性受到压抑，未形成有利于个性发展的良好心态，慑于挑战不敢创新（5中C占10%）。

这是"餐饮服务与管理"教学的较大失误，相当程度上与教师有着直接和密切的关系，并且教师中普遍存在这样的问题。

（一）师生认识不到位

职业教育兴办这些年来，部分教师仍把自己高高置上，认为自己的职业是象牙塔艺术，而技能课，特别是餐饮服务是很低微的工活，因而重知识轻实践、重理论学科轻实用学科；认为学科教育和职业教育、理论教育和实用教育有明显的高低贵贱之分。这种思想作祟，使部分教师不去精练自己的专业技能，也就演示不出多高的技能来，照本宣科、纸上谈兵多，学生对自己所选学专业不感兴趣，更无心学习理论知识。

（二）提高学生技能水平，就是要提高学生技能素质

大多数教师对素质教育的内涵缺乏了解和认识，表现为理解的多样和困惑。不少人认为素质教育就是要创新，而创新是要有大成就，要发明创造出新产品、新作品。最一般的看法是把创新视为"提出不同观点和看法的思考能力，产生新思想的能力"，"在各种观点之间建立新的联系等"，但大多数教师对自己的理解表示不确定和没把握。

（三）"餐饮服务与管理"要走在时代前头

作为学科带头人，急需要高档的实习条件，而作为以教育为目的的学校很难提供这些条件，只能纸上谈兵。

（四）在教育观念和教育思想上没有把应试教育真正向素质教育转轨

在教学方法的改革中未能落实和遵循教与学的辩证统一规律。学生被动应付学习者多，自主创新的少，他们的创作潜能受到抑制。课堂教学侧重于教师的主导作用，忽视了学生的主体作用和个人意识的发展，学生缺乏独立性和自主创新精神。

二、提高学生专业技能的策略

(一)转变教育思想,更新教育观念

正确理解理论和实践的关系,转变工种有贵贱之分的思想,将理论知识和实用主义结合起来,更多关心知识的效用和应用,满足个人与社会经济与物质方面的需求。面对现实,提高自身专业技能无愧于"人民教师"这一神圣称号。让学生学会谋生与生存,在如今充满竞争的社会中,应该是十分合理的事情。没有生存这一前提,一切价值都无从谈起。同时也应该认识到,在科学和人文高度发展的今天,就连木工技能的获得,也有可能要引入科学的因素和审美的鉴赏。科学的发展使职业技能再也不是仅限于物质和体力劳动之中,而与精神和脑力劳动存在着密切的关系。因而新形式下提出新要求,教师要重视自身的专业技能修养,学生也要重视理论课的学习,为提高自身的专业技能打下理论基础,使技能创新有思维的源泉。

(二)营造宽松氛围,发挥学生主体作用

教师的教育行为受其教育思想观念的影响,因而教师的教育活动及其效能、质量会影响到人才培养的质量和规格。因此,教师首先要有一个正确的教育教学观。素质教育把开发学生的创新能力作为教育目的,认为教学的核心应该是理解知识信息和解决问题的过程。所以,在教学方法上应重视学生思维的激励,尽可能展现自己,进行开放式启发,教会学生学习,教会学生发现真理。教学中,教师应引导学生独立思考、大胆质疑,勤于动手、积极探索。创新教育重视个性的发展,强调非智力因素的作用,要求教师尊重学生的独立人格和独创精神,引导学生积极个性的发展。教师只有理解这些思想要求,并内化为教学活动的指南,才会真正有利于培养高素质人才。教师对学生的期望和关注,对学生的创造力开发有重要作用,著名的罗森塔尔效应就证明了这

一点。此外，宽松的学习环境、学生之间的相互激励和教师对学生的关爱包容，对学生素质等都有影响。美国哈佛大学心理学教授丹尼尔·戈尔曼在《情感智力》一书中，认为在对个人成功起作用的要素中智商占20%，情商占80%。在课堂教学中，只有师生不断进行情感交流，特别是教师要以情激情，以自己对学生的热爱、尊重、要求和期待去激发学生爱师的情感，才能收到"亲其师，信其道"的迁移和升华的效果。因此，笔者在课堂教学中，努力创造使学生获得成功的机会，以提高学生的自尊心和自信心；接纳学生的优缺点，尊重学生的人格；允许学生发言不举手或对教师的观点提出批评，以营造宽松愉快、民主和谐的教学氛围等。这样可以避免学生在上课时过于拘谨，从情感上缩短了师生之间的距离；有利于学生启动脑筋、活跃思维，尽可能地多发现问题；能给学生积极情绪之影响，别人往往会感到课堂秩序有点"乱"，但仔细观察后，看到的却是学生精神振作，注意力集中，发言踊跃的一幕。学生提出的问题有时可能很简单或没有意义，但老师必须认真作答，并注意抓住时机引导学生怎样做才有意义。对于学生提出的富有思考性的问题，可根据情况因势利导，及时组织大家讨论。对于那些一时难以解答的问题，教师要实事求是地向学生讲明原因，并在课下给学生解答清楚。通过愉悦性教学活动，激发学生奋发向上求知的主动性，变"要我学"为"我要学"，为学生专业技能水平的提高奠定了基础。

（三）优化实验教学，提高学生操作技能，力求学生创新

在教学改革中，笔者尝试了自导自演法、演示法、模拟实习法和生产实训法等多种教学方法，并依据不同的课程选择相应的教法进行授课，教学效果好，使学生受益匪浅。

1. 自导自演法

自导自演法是指教会学生阅读理解书本中对专业技能操作要领的文字叙述，在理解的基础上自我设计操作规程、进行演练的

一种教学方法。在操作演练过程中，相互比较循次模仿，得出正确的操作手法。让学生启动脑筋，亲手操作，似游戏式的氛围之中，去培养学生的自学能力和自我组织表演能力。

例如：在传授中餐宴席服务"倒茶斟酒"技法时，先让学生把书上内容认真看两遍，仔细琢磨其中的技术要点。然后挑人逐次演示观摩，让其他同学参照对比找毛病。接着向学生归纳以下几点：①实施"以右为上"礼节，应右手操作，顺时针绕台。②桌斟操作重心要低，捧斟操作要离开桌面，给客人以安全感。③三步走法，侧身操作，微笑服务。④左手操作，逆向绕台极不礼貌。如必要时，可先向顾客声明再开始操作。通过各自不同的见解与做法，扬长避短，归纳总结，正确的操作方法就得出来了。

2. 演示法

演示法是指专业课教师根据所传授专项技能的规范操作程序，先示范性地向学生边操作边讲解一遍后，再抽学生模仿演练的一种教学方法。此法重点、难点突出，强调技能可操作的规范性以及注意事项。以老师的演练为前提，引导学生启动脑筋，现场观察对比，判断出学生的模仿是否和老师的示范相一致。通过模仿演练，规范学生手工操作的标准，缩小手工操作的差异性，培养学生的观察能力和模仿能力。

3. 模拟实习法

模拟实习法是指专业课教师根据教学计划与教学大纲的要求，参照阶段化技能鉴定标准，组织人力、物力对学生进行综合能力测评的一种教学方法。运用此法有计划、有目的地对学生的全面能力进行测评，是本学科教学从课堂型转向企业型、由学生职能转变为技工职能的过渡阶段。通过这一活动的具体开展，确实能够培养学生的业务管理能力与业务应变能力。

4. 生产实训法

生产实训法是指在技能实践课教学活动中，有组织地分派学生深入到企业生产一线中去，以企业职工的姿态从事经营管理。在师傅们的亲手指导下，厉行岗位职责，完成岗位生产任务的一种教学方法。让学生走出校门深入企业实地锻炼，体验生活和工作。从直觉上受到启发，从实践中获得真知。缩小课堂教学与企业经营、校内实训与校外实践，以及学生做作业与工人完成任务之间的具体判别。通过劳动锻炼，培养学生的社会适应能力和生产能力。

例如：河南省某干休所是个服务设施、接待水准、客源素质和地理位置都相当理想的实训场所。利用这些比较完备的实训条件，14年来每年一度学校都将定期派送实习生和带队老师到那里进行为期5个月的高素质、高技能、高水平的强化训练。通过实训活动联系工作实际，增加在生产实训中发现问题、解决问题的透明度，收集改进专业课教学的第一手素材。不断提高技能培训活动的实用性，从而强化学生的业务适应能力与生产能力。十几年来在同去的5个职校中，唯用我校的学生，并且还获得了最高评价。

在生产实训中，面对一些现实的问题和具体困难都需要学生各自独立解决，这无意中就娴熟了他们的处事技巧，增强了他们的组织纪律性。他们对待工作的态度有了质的变化，也学会了照料自己和关心他人，针对不同的顾客能够及时调整自己的服务节奏与服务方式。遇到出乎意料的突发事件，需要学生冷静待之，机智灵活地找到解决问题的办法。在不断发现问题、解决问题的实训中，使学生的思想素质和业务素质得到了全面升华。不仅如此，通过这些活动也促进了专业技术向生产力的直接转变，让专业产业化、办学有活力、企业增效益。

三、教学改革成效

经过一学期的教学改革探索,取得了一些初步成效。学生不再为自己是服务员而自卑,一个个苦瓜似的脸笑了起来,所教班级课堂气氛明显比以前活跃,学习"餐饮服务与管理"的兴趣浓起来。课堂上不少学生敢于提出自己的观点,敢于指出教材中的不足之处。他们已经感知理论知识对实践活动的指导作用,很多同学能把所学的知识与实践联系起来,去解决实际中的许多问题,初步形成了以一个管理者、服务者双重角色解决问题的理念。学习习惯有很大改善,逐渐突破老师的模式,产生自己的学习方法。在实习课社会实践中,学生把所学书本知识发挥得淋漓尽致,并随机应变,不犯教条主义,不死搬硬套。热情周到的服务态度和灵活机动的服务方法,深得客户的好评。本专业曾多次代表新乡市组队参加省级大赛,均取得好成绩。2004年10月在郑州职业旅游学院举办的专业技能大赛中,我校参赛队取得团体第三名,有四位老师获得优秀教师辅导奖。

四、新的教法给我们的启示

教育教学改革成功的关键是教师。没有一支高素质、富有创新能力,掌握一定教学策略与方法的教师队伍,提高学生素质便无从谈起。新世纪的教育工作者必须自觉而努力具备以下基本素质。

(1) 具有现代价值观念。要把个人价值融入社会价值中去,有社会责任感、崇高的思想境界和道德修养。

(2) 掌握教育学、心理学理论,不断研究教材教法。掌握教育教学规律,大胆创新办学理念,锐意改革技培方法。

(3) 具有扎实的专业知识功底和专业技能操作基本功,不断增加学科前沿知识。更要注意与相关学科的渗透,拓宽知识面。

（4）树立现代教育的质量观、人才观，注重学生个性特长的发展。注重对学生综合素质和能力的形成，培养能够适应未来有持续发展能力的人才。

（5）具有过硬的操作技能，要有良好的操作习惯。不断加强操作的改进和创新，增强实验效果。

（6）具有精湛的教学艺术，加强对学生的情感交流。正视学生的差别，重视学法指导，优化课堂结构。

（7）具有较强的科研能力，勇于开拓进取，敢于创新的精神。深入课题研究，把教育与科学研究结合起来，实现由经验型向学者型、专家型教师的转化。

加强职业教育是时代的呼唤，提高学生技能水平是社会的需求。创新向我们提出了挑战，为了国家昌盛、民族振兴，我们要不断地进行教育改革，探索提高学生技能水平和综合素质的方法和途径，加快市场人才培养，服务当地经济建设，推动教育事业向更新、更深更优的方向发展。

参考文献：

[1]周谷平．国外关于创造性培养的若干研究．课程教材教法，2001(11)．

[2]毕华林．教学中问题情景的创设．教育周刊，2000(6)．

[3]烹饪教学实践教改与探索．山西烹饪，1999(5)．

[4]袁振国．当代教育学、心理学．北京：教育科学出版社，2004．

[5]赵志群．职业教育与培训学习新概念．北京：北京科学出版社，2003．

浅议如何提高中职学生的学习兴趣

——以旅游专业为例论述

四川省巴中市职业中学 龚 婧

摘 要： 如何激发中职学生学习兴趣，提高学习主动性、积极性，是很多中职教育工作者面临的一个难点问题。本文以旅游专业为例，分析中职教师应该如何激发学生的学习兴趣。笔者经验尚浅，希望通过本文与从事旅游专业课程的老师共同研究，共同学习，共同进步。

关键词： 中职学生 旅游专业 学习兴趣

近年来，由于高等院校及普通高中扩招，中职学校的生源大幅度下降，中职学生基础较差、学习兴趣不高已成普遍现象。一些学生进入学校后学习没有目标，对为谁学、为什么学、如何学感到困惑，因而产生了厌学情绪。还有一部分学生主观愿望是想好好学习，然而受客观因素的影响，也丧失了学习的积极性。种种因素造成学生理论素养不高，也给教师完成教学任务提出了更高的要求。

目前中职学生的学习兴趣不足主要表现在以下几方面：一是注意力不集中，学生上课不专心听讲；二是学习情绪低落，对学习冷漠、厌倦，对课堂学习感到无聊，经常体验到学习失败带来的痛苦；三是不懂学习方法，上课前不预习，上课不认真听讲，不记笔记，课后不复习，考前死记硬背，应付了事。

造成学生学习兴趣不足的原因有很多，综合起来，主要包括以下几个方面：

（1）学生对理论学习理解难度大，提不起学习兴趣。

（2）学习目的不明确。一部分学生不知道为什么学习、学习什么和怎么样学习，缺乏学习的动力。

（3）教学的内容要么过难，要么过易，不适应学生原有的知识水平，没有引起学生的兴趣。

（4）教学的语言不生动，教师讲课没有激情。

（5）教学的计划太强，教学的方法呆板、单调，教师照本宣科，缺乏启发性。

（6）学生的学习基础差，没有体会到学习成功的快乐。

（7）没有好的学习方法。

面对这种现状，中职学校的教师应当想方设法激发学生的学习兴趣，使学生从被动接受知识转变为主动吸取，去掌握相关的专业技能知识。笔者在此就以旅游专业为例，简单谈谈如何激发中职学生的学习兴趣。

一、建立良好的师生关系

师生关系是学校环境中最基本的人际关系。建立良好的师生关系，就是为师生提供一种心情舒畅、气氛融洽的心理环境。在这样的环境中，教师与学生彼此之间会具有更大的心理相容性，双方的相互作用会更加积极主动。这样教与学就能以较高的效率展开，收到预期效果。

那么，如何才能建立良好的师生关系呢？

首先，教师要提高自身的素质。教师良好的师德形象，敏捷的思维，丰富的知识，都能唤起学生强烈的学习欲望。一个充满激情、兴趣广泛、时常妙语连珠的教师肯定会受到学生的喜欢，只有学生喜欢上这个教师，才会对这个教师所教授的内容感兴趣。因为作为一个教师，首先必须注意自身素质的提高。笔者教授的是旅游专业，要求学生的知识面要很广，但是中职学生大部分基础都比较差，根本提不起兴趣学习。为了让学生对本专业感兴趣，笔者平时很注重自身的学习，经常会给学生讲一些生活上的小常识、学习上的一些方法、奇闻轶事等等，学生不但喜欢听我讲，慢慢地也会自己去找一些相关的内容学习。这样，他们的学习兴趣不知不觉就提高了。

其次，教师要深入到学生中去。作为教学活动的组织者，教师应把自己始终置身于学生群体之中，成为学生一员，深入细致地了解学生，真心实意地关心学生，充分尊重、信任学生，严格要求学生。所谓"亲其师，信其道"，与学生建立和谐的人际关系，对激发学生的兴趣和情感，往往有意想不到的效果。我在学校的时候，平时下课以后都会在教室里跟学生聊天，讲讲他们感兴趣的东西，跟他们一起开开玩笑，关心一下他们的生活学习情况，学生都拿我当朋友一样，愿意跟我分享他们的想法，也很喜欢上我的课。

再次，积极培养学生的成就动机，树立学生的信心。学生学习的兴趣只能是建立在自信的基础上，而积极培养学生的成就动机，树立学生信心就是激发学生学习兴趣的源泉。受传统观念的影响，学生就读中职学校，周围甚至其本身常作出消极性的评价。因此，需要我们教师多给学生一点爱心和耐心，在和学生的接触过程中，要处处注意自己的言行，避免伤害学生的自尊心。要激发学生的学习积极性，必须要减少、消除学生的挫折感、焦虑、压抑等消极的情绪，通过适时的表扬和鼓励增强他们的信心。经常会有学生在跟我聊天的时候把他们的一些想法告诉我，其中很多想法都是比较消极的，在这时候我都会想办法引导他们寻找这些消极想法的根源，尽力去帮助他们重新找回自信。如果有学生做成功了某件事情，哪怕是很小的一件事，我也会很真诚地祝福他，鼓励他再接再厉。

二、采用多种多样的教学手段

在教学过程中,多种多样的教学手段是吸引学生兴趣的最根本因素。一个教师如果只会照本宣科,那么学生是提不起任何兴趣的。教师都可以采取哪些教学手段呢?

(一)多媒体教学

现在都提倡使用多媒体进行教学,多媒体教学形式能大大弥补传统黑板书写教育的缺陷,促进学生学习由被动型向主动型转变,提高教学效果。一般地讲,黑板只能写些死板的文字,最多配些教师手绘的图案,或张挂教学用图,比起多媒体可以播放教学课件、展示图文材料、播放影音文件的形、声兼备的教学手段来说,显然逊色多了。同时,多媒体的运用能大大节约时间,省去不少板书之累,从而可以有较多的时间来展示更多的信息给学生。我们学校教学硬件设施不完善,无法使用多媒体进行教学,但是我会尽量把一些跟教学相关的东西刻成光盘,自己带上DVD机去给学生播放,起码给了学生一个直观的印象。

(二)实施启发式教学

启发式教学要求教师充分调动学生学习的主动性,引导他们生动活泼地学习,使学生经过自己的独立思考,融会贯通地掌握知识,提高分析问题和解决问题的能力。"良好的开端,是成功的一半",好的开端可以诱发学生产生与学习内容、学习活动相联系的直接学习兴趣,使学生从一开始上课就产生强烈的求知欲望。在上课的时候,我通常会给学生讲一些小故事,然后通过故事引出课程,学生从这些故事中可以得到启发,从而深入地思考,得出一些结论,再从结论中引出新的问题,然后又想办法解决问题。这样,学生的学习兴趣越来越高,越学越想学。

(三)培养学生的实践能力

中职学生学习的一个最主要目的就是就业,学生对于专业技能学习的兴趣远远大于理论学习。这就决定了教师在教学过程中要多注重学生实践能力的培养。比如在上"餐饮服务"的时候，多给学生练习的时间，让他们练习折餐巾花、摆台，反复练习，互相找出不足的地方，学生的兴趣就自然而然地提高了。

（四）进行情境教学

创设情境，学生参与表演，在轻松活泼的气氛中让学生体味学习的快乐。情境教学以促进学生整体能力的和谐发展为主要目标，只有在一种原始、生活、活动、游戏的情境中，才能诱发学生思维的积极性，引导学生更多的联想，比较容易调动学生自主参与知识的获得过程、问题的解决过程，从而对问题深入地理解。课堂上适当地创设一些与教学内容有关的情境，可以激发学生的学习兴趣。比如在上模拟导游的时候，让学生分成小组进行扮演，每个人写不同的导游词，轮流模拟导游，其他人做游客。然后大家来评分，看看谁导游得最好，谁的导游词写得最好，谁的表情最好等。这中间，教师可以给一些建议，最后作总结，指出好的和不好的地方，学生自己也可以反思总结，从而体会中间的快乐，增进师生之间的互动。经常做这样一些情境教学，学生就会积极地去准备、去参与，同时锻炼了学生的胆量，为他们今后进入社会作好准备。

三、指导学生学会学习

不会学习是学生缺乏学习兴趣的一个重要表现，传统的课堂教学是"教师讲，学生听；教师问，学生答；教师写，学生抄"。教师在课堂唱独角戏，学生一般处于消极被动的地位，缺乏学习的主动性、创造性，学习兴趣受到压抑。因而，要想培养学生浓厚的学习兴趣和良好的学习习惯，发展学生的智力，培养学生的创新精神和实践能力，全面提高学生素质，教师就不仅要重视自己的教法，而且必须重视并加强对学生学习方法的指导。

比如，我在上"旅游地理"的时候，因为课程内容又多又杂乱，学生不知道从什么地方入手去记忆。我就指导学生把每一章节的内容进行梳理，边整理边在笔记本上记录，在重要的地方做上符号，然后每天晚上睡觉前把当天整理过的东西在脑子里像放电影一样回想一遍。刚开始需要我做一些指导，慢慢地学生就养成了习惯，学习兴趣也就提高了。

总之，培养中职学生的学习兴趣对于提高教学效果有着重要的作用，作为一名中职教师应有义务、有责任去帮助和指导学生提高学习兴趣。在平时的学习生活中，教师要克服传统的偏见，投入极大的热情，发掘学生的潜力，让学生树立战胜自我、发展自我、完善自我的信心，使之不断地为获得成功而努力。中职生的学习兴趣是一个逐步提高的过程，切不可操之过急，也不可过于降低学习要求。只有处理好老师与学生之间的关系，不断激发引导学生的学习兴趣，才能使学生学到知识，成为合格、有用人才。

参考文献：

[1] 如何培养中职生的学习兴趣．中国职业教育与成人教育网．

[2]〔美〕麦库姆斯．学习动机的激发策略——提高学生的学习兴趣．北京：中国轻工业出版社，2002．

栽得梧桐树　引来金凤凰

——道真县旅游业发展浅析

贵州省道真县职业高级中学　付　勤

摘　要： 道真县地处黔北，毗邻重庆，境内资源丰富、气候宜人，有着独特的区位、资源、文化优势。目前道真县的旅游产业仍属起步阶段，如何加快全县旅游资源的开发和利用，使之真正成为富民兴县的支柱产业，仍有待探索。本文从道真县旅游资源的特点、旅游发展的现状和存在的问题入手，提出发展的对策和建议。

关键词： 道真县　旅游　产业　对策

　　道真仡佬族苗族自治县地处贵州省北部边缘，与重庆直辖市的南川、武隆、彭水毗邻。总面积2 156平方公里，辖14个乡镇，87个村（居），总人口33万。距遵义市213公里，贵阳市374公里；距重庆170公里，西北至重庆南川101公里，北至武隆97公里，是黔渝经济走廊的"结合部"和贵州融入长江经济带的"桥头堡"。道真县山川秀丽，资源丰富，享有"黔蜀门屏"、"仡佬故里"、"银杉之乡"、"傩戏王国"的美誉。厚重的人文历史、奇特的自然风光以及丰富的绿色资源，使这里充满生机与活力，也为大力发展少数民族旅游提供了广阔的舞台。

　　道真县发展仡佬族旅游对优化农村产业结构调整，增加群众收入，促进民族地区经济发展，实现可持续发展目标，促进脱贫致富工作的开展和返乡农民工的就业、创业，推动民族旅游文化事业的发展及提高旅游市场竞争力,都有着极其重要的意义。

一、道真县旅游资源的特点

旅游资源丰富。道真县境内属典型的喀斯特地貌,原生态的山、水、林、瀑独具特色,天子坟、铧耳山崖棺、梦幻天城、仙米洞、芙蓉江十里峡等地风光旖旎。自然资源十分丰富,森林覆盖率达46.4%,仅国家一、二类保护植物就有16种之多,如银杉、珙桐、红豆杉、香果树、银杏等珍稀树木,其中大沙河银杉王就吸引了众多的游客前往观摩。同时,道真草场资源丰富,万亩以上的就有24片,共47万亩,开发潜力巨大。

民族景观独特。道真县世居仡佬族长期以来创造的丰富多彩、形式多样的村落文化得到了很好的传承,先后打造的大磜民族文化新村、顺河民族文化村和洛龙大塘仡佬族民族文化村、雷家坝仡佬民居、洛龙古镇等体现了未经雕饰的原始风貌,淳朴浓郁的仡佬族风情,其风格与毗邻的重庆市迥然不同,这也使道真县旅游业更具开发价值和市场潜力。

文化底蕴深厚。道真县历史悠久,文化源远,有列入首批国家非物质文化遗产名录的道真傩戏、仡佬民俗、勾氏祠堂、古墓石刻;有省级文物保护单位明真安州古城遗址;有列入省级非物质文化遗产名录的三幺台、哭嫁歌、高台舞狮。其中,道真傩戏被誉为"中国古文化的活化石",共有冲傩、打保福等130多种,50多个坛班,630多人活跃在傩戏舞台上。

二、道真县旅游业的现状及存在的问题

道真县作为全国仅有的两个仡佬族自治县之一,有着较为厚重的民族文化底蕴。近年来,道真县委、县政府高度重视旅游业发展,把旅游业作为新的经济增长点来抓,全力打造"特色生态文化旅游强县",先后出台了招商引资优惠办法、重点企业挂

牌督办保护办法等一系列优惠政策，引进了重庆耀涪投资有限公司、贵州黔源电力股份有限公司等企业发展旅游业，有效地推动了全县经济又好又快发展。2008年，全县共接待旅客22.15万人次，实现旅游综合收入1.86亿元。

随着周边城市的发展，在重庆"一小时经济圈"的辐射带动下，道真县旅游开发已有了新的发展，但由于基础设施建设相对滞后、财政基础薄弱等各方面因素制约，全县旅游资源开发和利用还有待进一步加强。由于市场经营观念保守，旅游景区、景点（乡村旅游）形象塑造不高，酒店等配套设施不完善，民族民俗旅游内涵挖掘不够，旅游商品研发不足等，导致了旅游开发形式单一，经营管理水平不高，抗风险能力低，服务质量参差不齐，旅游行业整体处于"缓行"状态。

三、道真县旅游发展的对策与建议

（一）充分发挥政府主导

道真县旅游业发展现状表明，仅凭市场调节是难以在短时间内实现跨越式发展的，旅游业的发展必须按照"政府主导，市场推动，全民打造"的原则，政府在力所能及的范围内适度增加财政投入，建立工作协调机制，不定期召开联席会议，及时解决旅游发展中存在的各种问题，形成各方面齐抓共管旅游的工作格局，实现整合资源，共同促进全县旅游业的大发展。

（二）加速完善配套设施

一是科学规划道真各旅游景区、景点到县城的公路，以及各景区、景点相互通连的公路，并早日立项。通过出台优惠政策，招商引资、吸纳社会闲散资金等方式多渠道组织民间力量进行投资建设。通过申请国家专项资金，如扶贫开发资金，进行公路等基础设施建设，要依据就近原则和最具开发价值的思路，加快景区、景点公路建设。同时，在相应的区域还应设置"旅游中转站"等，积极为游客、"驴友"提供服务。加快星级酒店和乡村旅馆建设。在科学评估我县酒店接待能力、消费能力、服务质量的基础上，争取设置一座三星级以上酒店。同时，在环境较好的"农家乐"、"民族文化村"开设乡村旅馆。这样，既有利于提升道真县的旅游形象，又有利于缓解目前的接待压力，还有利于吸引不同层级的消费群体前来消费。

（三）科学制定营销策略

在营销方面不能"墙内开花、墙内香"，要实行"走出去、请进来"的战略，要组织专业人员、营销能手到毗邻的遵义、重庆、南川、武隆宣传，在生态环境、消费服务、民族民俗方面做文章。一是打好"空调牌"。在火炉重庆搞好避暑休闲的宣传，吸引重庆人，特别是老人、小孩、居家人士到道真"乘凉"，并提供接送、食宿、娱乐一条龙服务。二是打好"消费牌"。要让重庆及周边游客在物美价廉上尝到甜头，让"花很少的钱就能享受到优质服务"的理念深入人心，以此吸引周边县、区、市旅客到道真消费、旅游，并做好游客的电话回访工作，以期有更多的回头客。三是打好"民族民俗牌"。利用好"中国古文化的活化石"这张名片，把道真傩戏推向外界；编排好"煞铧"、"上刀梯"、"高台舞狮"、"打篾鸡蛋"等融杂技、观赏、健身为一体的民族体育节目，策划好三幺台等民俗节目，拍摄专题片对外宣传，吸引旅客前来道真游芙蓉江、攀铧耳山、穿仙米洞、跨大沙河、泡三合泉、赏民族风、品三幺台。

（四）快步推进人才培养

一是招贤纳才，实行"人才引进计划"，通过一定的激励机制，把具有开拓性、创新性和应变能力的复合型的中高级旅游管理人才引进道真，积极为开拓旅游市场、搞好旅游开发作贡献。二是定向培养，依托县中职教育或相关大中专院校，培养一批仡佬族旅游从业人员，积极为家乡建设服务。三是内部挖掘，将县内有旅游工作潜能或学习旅游专业的干部集中起来开展培训,并通过竞聘上岗的方式,选拔一批优秀的旅游管理干部,积极为全县旅游发展大业献技出策。同时,还要保护性挖掘各种傩戏、傩技人才和民族语言、服饰、习俗等傩文化,培养一支精通民族历史、能歌善舞的民族民俗旅游从业队伍。

(五)全面提升旅游品质

道真的旅游业发展需要"内强品质、外塑形象"。内强品质,就是要着力打造几个如"梦幻天城"等观赏价值、休闲价值高的旅游景区、景点,并辐射拉动周边景区的开发、投产;着力打造出一两个旅游龙头企业,并充分发挥示范带动作用,实现资源共享、互惠互利;着力打造具有道真特色的旅游文化品牌,让游客在安全舒适、清洁卫生、服务优质的环境下感受道真旅游所带来的无穷魅力。外塑形象,就是要搞好宣传,定期在县内外媒体进行宣传,提高外界的可信度;定期通过互联网,如政务网站等开设专栏进行景点、民俗风情的视频宣传;不定期到毗邻县、区、市进行流动宣传,通过发放旅游图册、旅游优惠券等方式吸引游客。同时,还要在在读大学生、研究生、在外人士中礼聘旅游大使,积极宣传道真的旅游文化资源,让外界进一步知晓道真、了解道真、走进道真,切实让"黔蜀门屏"、"银杉之乡"、"仡佬故土"、"傩戏王国"的道真走出深山、走向世界。

2009年,贵州省第四届旅游发展论坛在遵义市召开,要以此次活动为契机,一方面积极参展,制作好宣传画册和光盘,并组织精彩的节目,要用自然景观打动人、用民族民俗吸引人、用热情好客感动人、用物美价廉和优质服务争取人;另一方面积极备战,面向重庆大市场,通过开展大沙河定向赛、自驾游、民俗体验等活动,与有关媒介、旅行社等部门协作,以多种方式全方位展现和宣传道真,促进道真旅游产业大发展。

参考文献：
[1] 道真县旅游发展规划.
[2] 道真县公众信息网.
[3] 多彩贵州. 网站资料.

旅游开发对民族服饰的消极影响

江西省婺源茶叶学校 付慧兰

摘 要：民族服饰作为一项独特的旅游资源，吸引了众多旅游者的眼光。然而，旅游开发给民族服饰带来诸多的消极影响和负面效应。正确认识、分析旅游开发对民族服饰人文资源产生的消极影响，研究其预防和解决的对策，对于促进旅游业的发展，保护旅游地民族服饰资源具有重要的现实意义。

关键词：旅游开发 民族服饰 消极影响

一、引 言

世界上，居住在不同地域的各个民族，都有自己的历史和文化。民族服饰是在长期的历史发展中形成的，它是各民族社会经济、文化生活的一个侧面反映，具有各自的民族特点和艺术特色，体现了各民族文化艺术的精湛造诣和独特风格，因而引起了人们的重视和兴趣。衣装对于人们的实用功能是不言而喻的。但除去避暑防寒之外，每个民族的服饰都有其独特艺术审美要求，表现出不同的民族特点，因而形成了风貌各异、富于个性的民族服装。

民族服饰越来越以其独特的民族特征吸引着世界人民的眼球，特别是在2003年10月，在法国举办的"中国文化年"开幕期间，作为重点文化交流项目活动，"多彩中华"在罗浮宫的成功演出赢得了法国文化界、服装界乃至高层政要的一致赞誉，宣传了我国民族,展示了我国民族艺术,为我国民族服饰登上世界服装舞台开辟了先河。2004年,"多彩中华"再次应邀赴法国、比利时、意大利三国进行文化交流,并引起了轰动,人们称"民族服饰征服了欧洲"。所谓越是民族的就越是世界的,这就是我国民族服饰得到世界肯定的一个最有力的证据。

二、我国民族服饰的概况

服饰是人类最基本的物质文明之一,是人们从生产生活中创造出来的生活所必需的物质产品,它包括服装及与之相匹配的饰品和相关装饰。它是一个民族社会意识的反映,联系着社会生活的各个方面,在一定程度上,直接体现了和民族服饰紧密相连的政治制度、宗教信仰、道德观念、风俗习惯的某些特点。[①] 我国是一个统一的多民族国家,由于分布地域辽阔,自然环境的差异,生产方式的不同,审美情趣的差异,形成的少数民族服饰形式多样、色彩缤纷、图案丰富,更有说不完道不尽的文化意蕴,是各民族传统文化的外在表现形式。不仅南方民族与北方民族有别,草原民族与山区民族异样,就是同一地区的各民族也各不相同,甚至一个民族的不同支系也各有不同的特点,在世界上,没有哪个国家还像中国一样保存有如此丰富的民族服饰——具有丰富的色彩,独特的造型,精湛的织、绣、染技艺。我国民族服饰文化是历代各民族人民创造的,既拥有丰富物质成果,又深刻体现中华民族性格、精神和风采的珍贵资源,它不仅是华夏文明中的璀璨明珠,而且是世界民族服饰文化宝库中的奇葩,同时也是旅游开发中的一项重要旅游资源。

穿衣戴帽不仅出自生理需要,更多的是出自心理的、社会的

---

① 刘军:《中国少数民族服饰》,中央民族大学出版社1999年版,第15~17页。

精神满足。服饰在满足物质需要的同时所带来的精神愉悦,除来自服饰的审美功能外,还可以从中解读到社会的、历史的、宗教的、民俗的文化内涵。从我国少数民族的发展史看,精神文化对服饰的渗透更为明显、广泛、深刻和持久,它能够承载民族的兴衰,包容民族的历史、宗教、民俗等。

在我国少数民族服饰中,从服装服饰到色彩图案到每一件首饰,几乎都能为我们叙述一个动人的传说或一个关于历史和英雄的故事,作为包装躯体的服装以外的如头饰、胸饰、背饰、腰饰、腿饰、腕饰等装饰,其精神功能已远远超越了其物质功能,他们披的是对神的乞求,戴的是对上苍的崇敬,挂的是对他们心目中的圣明的膜拜!他们把心中所有对生活的美好渴望和追求都物化在身体最美的,能够较持久地感受和触摸到的服饰现实中了。但是,随着社会经济的进步,旅游业的不断开发与发展,在给人们的传统观念带来一定冲击的同时,也给传统的民族服饰带来一系列的消极影响。

三、旅游开发对民族服饰的消极影响

近年来,高速发展的旅游业和外来服饰文化对当地民族服饰影响较大。在一些民族地区,除节日以外,我们已经很难看到身着当地民族服饰的人们,民族服饰资源的保护已迫在眉睫。随着改革开放的逐步深入和社会主义市场经济体制的建立,一些散落在民间的传统服装、服饰逐渐流失,特别是一些民族服饰的传统制作技术后继无人,少数民族服装服饰、配饰等生活用品逐渐受到现代文明的冲击。具体说来,民族旅游开发对民族服饰文化的消极影响主要表现在以下几个方面:

(一)传统文化价值观的退化以至遗失,导致民族服饰的消退

一个国家、一个地区的人们在历史长河中所形成的生产方

式、生活方式和思维方式，如果没有受到外界的影响，该地区的文化就能长期保留其固有的特征，而无实质性的变化。但是，旅游地的文化传统遭到异地强势文化的冲击和同化，地方文化的独特性逐渐消失。文化的独特性与地理环境的封闭性紧密相连，而旅游的发展却与当地的可进入性息息相关。随着交通的改善，地理的封闭性被打破，旅游地文化的独特性也必然受到冲击。

1. 外来文化加速了旅游地民族传统文化的变异

旅游开发实际上是多元文化的交汇行为，大量旅游者带来的思想观念、生活方式以及外界信息的进入，破坏了旅游地社会生产和生活现有的和谐与平衡，外来文化与民族地区本土的民族传统文化产生碰撞，甚至出现局部的对立，从而干扰了民俗文化原有秩序和发展进程。在外来文化对民族地区传统文化的冲击下，当地的居民对于时尚的追求将会使他们的思想意识、价值观念发生转变，进而影响其行为习惯，一些体现着高尚伦理道德规范的传统礼仪习俗被逐渐废弃，丰富多彩的民族服饰也在日常生活中慢慢消退。旅游开发打破了原来的文化封闭氛围，加速了服饰等民族传统文化的变异，最后将导致某些传统民族文化特征被同化或消失。伴随着现代化进程的加快和民俗旅游开发的推进，民族文化资源和文化生态将会受到更加强烈的冲击，民族传统文化在现代化推进过程中面临着严峻的挑战，对于民族传统文化的保护就显得比任何时期更重要。

2. 传统价值观退化，民族服饰也随之消退

价值观是传统文化的本质内涵，是民族文化的核心，是一个社会或群体中的人们所共有的区分事物的好与坏、对与错，符合或违背愿望，以及可行与不可行的观念。尽管各少数民族价值观的具体表现有所差异，但在核心内容上仍有许多共同之处，如热情好客、忠诚朴实、吃苦耐劳等。但是，随着旅游活动的开展，旅游资源特别是民族旅游资源的开发，外地甚至外国众多游客的

大量拥入，有意无意地带来了各自不同的价值标准、道德观念和生活方式，势必引起以往相对封闭的接待地居民价值观念上的急剧变化，其中当然不乏进步的积极因素，但也引起当地居民传统的社会心理与行为方式等多方面的退化与遗失，古老的风俗习惯、伦理道德、乡规民约以及心理素质都发生了变异，从而导致了诸如传统失落、道德失范、秩序失控等现象发生，给人一种人心不古、世风日下的消极印象，极大地损害了民族地区原本良好、规范的旅游环境氛围，直接影响其社会的可持续发展。如金钱万能、铜臭弥漫、商贩围追堵截，商品质次价高、分量不足、数量不够、嫌贫爱富、乱拉客、宰客等等，甚至出现了坑蒙拐骗、强买强卖、敲诈勒索的事件。盲目崇洋媚外，由于本身就存有那种洋人特殊、种族优越等旧时代的余毒，再加上看到旅游者具有闲情逸致以及富有时髦的外表，故而造成民族地区有些居民具有自卑心理和媚外思想，认为外面的一切事物都比本地好，从而不加区分地"照单全收"，由模仿旅游者的生活方式，进而接受他们的价值观、人生观、道德观，以至于完全抛弃了自己的传统文化。

（二）民族服饰的同化

1. 异质文化的冲击造成传统民族服饰文化的弱化，以致同化

民族服饰的同化是指原来的民族服饰文化在内部和外部因素的作用下逐渐消失，被异族异地文化所取代的现象。当民族旅游接待地区是一个较小的、朴实的、封闭的社会时，外来游客的到来会给他们以社会和心理上的极大影响。如接待地社会是一个技术十分发达的社会，则外来游客与当地居民之间的沟壑不会很大，接触对当地居民造成的影响也比较小，即文化的同化往往是弱态势的文化被强态势的文化所同化。许多少数民族地区，由于其社会、政治、经济、交通等方面的原因与外部世界交往较少，

生活具有相对封闭的特点,因此独特的民俗文化和风情民俗得以保存下来。然而,随着现代社会的发展,特别是旅游业的发展,旅游者大量拥入旅游地,异族以及同族异地的文化艺术、思想意识、生活习俗的引入,旅游接待地的人们在服饰、生活方式等方面逐渐汉化。

2. 民俗服饰失去了原本的民族特征而被现代化

(1) 民族服饰汉化。民族服饰的汉化主要表现在三个方面:第一,男子服装和妇女服装相比,男子服装绝大部分甚至全部汉化。由于服饰在一个民族的内部常常是和性别相联系的,女性服饰相对来说是保存比较完整、稳固和持久的。而男性因其与外界接触更多,社会化活动比妇女更为频繁,其服饰相对地简化和主流化了。第二,在妇女的民族服饰中,青年妇女的服装比老年妇女的服装较多的汉化。在如今大部分少数民族地区,依照服饰来判断人们的民族已经不太容易。少数民族身上的民族服装悄然转变成西装、夹克和套裙,高跟鞋、挎包、牛仔服在少数民族妇女的身上屡见不鲜。随着改革开放的不断深入,青年妇女相比于老年妇女接受教育、接受外部信息、接受外来思想的机会更多,其服饰也就更多地汉化了。第三,在距离城市远近不同的地区,服饰的改变程度不同。距离城市近的少数民族,其服饰工艺有着极大的变化,生活在城市中的少数民族,几乎完全改变了自己的装束。即使是同一民族中的同一支系,由于居住的地理环境不同,其服饰的改变程度也不同。

(2) 装饰简单化。装饰简单化表现在三个方面:第一,一些制作工艺并不像上一辈那样精细,出现了简单甚至粗俗的现象。第二,一些刺绣品并不像上一辈那样倾注了无限的心血与情感,而是购来现成的花边镶贴上去。第三,一些刺绣针法并不像上一辈那样复杂,而是简化而单一,有的甚至用缝纫机代替传统的手工制作,这无异于是对传统民族服饰的亵渎。

（3）纹样的现代化。纹样的现代化表现在：第一，纹样风格上，有的已失去古朴雄厚的特色，而追求华丽明艳的效果，在流行时尚的前提下再做民族文章成了时尚主导下变异的民族服饰。第二，纹样形式上，有的已放弃概括变体的追求，而表现出细腻与具象。在流行的民族风格中不同文化的融合，朦胧色调的印花、色彩浓郁的绘画图案和精巧的绣花纹样变成时下十分迎合旅游者消费心理的流行服装装饰图案，但是却违背了传统民族服饰艺术的宗旨。第三，纹样内容上，有的已不表现传统的题材与纹样，而表现的是现代的纹样。

（4）材料的高级化。有的面料已不是使用自纺自织的家居土布，我国古代利用的麻类纤维有大麻、芝麻、简麻，都是十分优良的纺织原料，而现在的民族服饰面料多用灯芯绒、平绒、花布、缎料等。在装饰上，过多地使用金线、银条、亮片，使艺术风格发生了较大的差异。

（三）经济利益的驱使，致使民族服饰庸俗化

由于旅游接待地的社会关系深受旅游活动的影响，造成过于重视短期经济的增长及政绩效能，而丝毫不顾当地社会人文资源的特征，进行完全趋从于旅游者口味的运作。大多数旅游者不可避免地造成了接待地传统文化在旅游发展过程中被不正当的舞台艺术化、程序化、商品化，进而庸俗化。传统的民族服饰标上价格，"待价而沽"，传统文化也仅仅只是简单地为经济服务，民族文化原有的文化价值完全被商业价值取代。从表面上看，接待地的传统民族文化依然存在，至少在外部形式上没有发生多大变化，但实际上其存在的目的与过去有了根本的区别，即传统文化的功能已经转移。由于在旅游大潮中越来越失去了赖以自然生存的土壤，再加上为迎合游客而导致某些文化因子的移植，其功能和价值必定会发生变化。

1. 民族服饰概念的曲解

我国是个多民族国家，各民族服饰既相互影响又相互联系，既自成体系又独立发展，从而形成了具有独特东方韵味的服饰体系。民族服饰经过了时间的考验，是民族文化的结晶，少数民族服装是少数民族习俗中的一个重要方面，具有代表性，每个民族服装在形成的过程中无论是在款式还是在图案和色彩上都体现着该民族的民俗特征。但是，如果曲解了民族服饰的概念，将中国民族服饰文化与现代时装产业结合在一起，迎合现代都市人的喜好，假借民族文化的土壤，结合西方的现代设计理论和工艺，设计用现代文明解读出来的与现代流行时尚相结合的所谓新型"民族服饰"，将具有浓厚民族特色的传统服装驱繁就简，面目全非，将面临丢失中国传统民族服饰文化精髓的危险。

2. 民族服饰过分商品化

旅游业进入民族地区之后，以现代艺术形式包装民族服饰的现象屡见不鲜，虽然这种开发模式在特定的时间和环境里，能有效刺激游客，使之产生旅游消费的作用，但它的致命弱点就是使民族文化失去了原本的文化内涵，失去原有传统民族服饰的韵味而日益商品化。当民俗旅游被高度组织化、机构化、舞台化之后，我们不得不承认这么一个现实：民俗旅游越来越抛离原有的文化生存环境，而有了商品化的倾向。当民俗生活失去其生存土壤，被抛置在戏剧化、仪式化的场景之中时，我们也不得不担忧：民俗旅游由于注入过多的商业因素和权力因素，越来越成为承载原有意义的形式外壳。[①]

如果用经济价值的观点来衡量民族服饰艺术，那么其艺术价值就会走向衰退。具有淳朴感情的民族服饰艺术，一旦沦入商业

---

① 刘小春：《民俗旅游的意识形态》，载《旅游学刊》，2001年第1期。

的范畴,它的真挚情感就会大大减弱,留下来的至多是形式的美。而当民族服饰的范围只限于自做自用时,它仍然有着淳朴的情感和美好的愿望。年轻的母亲为将要出世的小孩缝制衣帽时,一针一线,认真细致,倾注了母亲对子女深沉的爱。无论是猪头帽、虎头鞋还是长命富贵等吉祥语,都可以看到深沉的母爱。尚待出嫁的姑娘,用几年甚至十几年的时间为自己绣制花衣花鞋、龙凤呈祥等纹样,也渗透了姑娘纯真的爱情和对新生活的向往。小伙子往往根据姑娘的绣花工艺作为选择心灵手巧的伴侣的依据,原来的少数民族服饰工艺,由于倾注了少数民族妇女太多的心血和期望,因而极少拿出去出售,就算偶有出售,也像送自己的子女出远门般恋恋不舍。

参考文献:

[1]沈从文.中国古代服饰研究.广州:广东人民出版社,2004.

[2]刘军.中国少数民族服饰.北京:中央民族大学出版社,1999.

[3]巴兆祥.中国民俗旅游.福州:福建人民出版社,1999.

[4]郭斐.从旗袍的变革看中国传统服饰文化走向.北京综合大学学报,2001(4).

[5]刘小春.民俗旅游的意识形态.旅游学刊,2001(1).

[6]郑向敏.旅游对风情民族资源的消极影响及对策研究.旅游学刊,1996(3).

[7]刘军.我国少数民族传统服饰的区域性特征.中央民族大学学报(哲学社会科学版),1992(1).

我国海滨休闲度假旅游的 SWOT 研究

安徽省六安市第二高级职业中学 丁 玲

摘 要： 海滨休闲度假旅游是依托于海滨地区发展起来的以休闲、度假、娱乐为主要目的一种专项旅游形式，正被广大旅游者普遍接受和喜爱。在我国，海滨旅游业已经成为我国海洋经济的三大主导产业之一，并且海滨旅游已经成为旅游体系中的热点。本文利用管理学中的 SWOT 方法分析了我国海滨休闲度假旅游的现状，并在此基础上提出了若干建设性建议。

关键词： 海滨旅游 休闲度假 SWOT 分析法

在我国，随着人民生活水平的提高和带薪休假的增多，旅游日益成为人们的一种生活方式。人们对旅游的需求从最初的观光旅游逐渐转变为求新求异、追求休闲舒适的旅游方式，因而休闲度假旅游应运而生。其中，海滨休闲度假旅游成为我国度假旅游的主要方式之一，在目前的各项旅游活动中有着十分重要的地位。

一、海滨休闲度假旅游的概念

海滨休闲度假旅游是指以依托海滨游憩系统开展的以休闲度假为主体的旅游活动。海滨休闲度假又是一种以休闲度假为主体的综合性旅游产品，具有形式丰富多样，集知识性、娱乐性、参与性为一体的鲜明特色。20 世纪 50 年代以来，其成为世界休闲度假旅游的主导产品。

海滨休闲度假旅游以阳光（Sun）、海浪（Surf）、沙滩（Sand）、伴侣（Sex）、风景（Scenery）、安全（Safe）、服务（Service）、舒适（Satisfaction）、风格（Style）等九个"S"的优势，形成了深远的市场影响，保持着强劲的发展态势。

二、我国海滨休闲度假旅游的SWOT分析

（一）优势（Strengths）

1. 海滨旅游资源丰富

我国拥有约18 000千米的陆地海岸线和约14 000千米的海岛海岸线，其中分布着大大小小众多的海滨城市，它们跨着热带、亚热带和温带三个气候带。具体说来，可以把我国的海滨旅游带分为：环渤海海滨旅游带、长三角海滨旅游带、海峡西岸海滨旅游带、珠三角海滨旅游带、海南海滨旅游带。不难看出，在我国漫长的海岸线上，各色海滨度假风光令人流连忘返，既有海天一色的壮丽景观，又有波澜不惊的海滨浴场，为我国海滨旅游的发展提供了广阔的空间。

2. 稳定的旅游客源市场

在我国，发展海滨度假旅游所依托的五个旅游带中，由于地理区位的不同，形成了不同的海滨旅游空间布局，并且吸引了不同的目标客源市场。如以海口、三亚为代表的海南海滨旅游带主要是以东南亚为主要目标市场；以福州、厦门为代表的海峡西岸海滨旅游带则主要是以台湾、东南亚作为其旅游客源市场；以上海、连云港、杭州为代表的长三角海滨旅游带则主要是以长三角本地游客为主要市场；以大连、秦皇岛、青岛为代表的环渤海海滨旅游带主要是以日本、韩国为客源市场的。

（二）劣势（Weaknesses）

1. 产品开发不到位，类型单一

就我国现有的海滨度假旅游区而言，其开发尚处于初级阶

段，在产品开发上更多的强调海水、沙滩、阳光传统的"3S"海滨开发定位上，而没有真正地将本地区的海滨特色进行深度挖掘，并以此作为其海滨休闲度假旅游的卖点和亮点，吸引旅游者的注意，从而导致了我国海滨度假旅游产品同质化现象非常严重，表现为产品专业化水平不高，旅游活动项目单一，产品档次较低。产品开发的低层次与同质化不仅导致了价格等内部不良竞争，而且对我国海滨度假旅游国际竞争力的提升造成了负面影响。

2. 配套设施滞后

对度假旅游区经营管理认识的不足造成了我国现有海滨度假旅游区配套设施的不完善。现阶段，相当一部分度假村的投资者、经营者只是沿用一般酒店的模式对其进行管理，致使其在硬件设施和软件服务方面均与现代海滨休闲度假旅游者在康体、娱乐、健身等个性化需求方面存在较大差异，通常不能满足度假旅游者的要求。并且，突出的季节性供求矛盾是导致海滨度假旅游区配套服务设施滞后的又一主要原因，由于淡季持续时间较长，对投资者是一个较大的负担，因而配套设施问题往往得不到应有的重视。

3. 缺乏专业管理，市场秩序较混乱

目前我国海滨度假旅游由于市场大、见效快、收益高，因而吸引了大批资金的投入，对各地海滨旅游资源进行不同层次的开发。但是，现在普遍存在的问题是开发后的管理力度不够，缺乏严格的管理制度、专业的管理人才，各景区的管理水平低、秩序混乱，造成的后果是资源得不到最佳的开发利用，开发出来的旅游产品鱼龙混杂，严重破坏了宝贵的海滨资源。而无序的市场无法形成旅游品牌，同时也缺乏竞争力。

(三) 机遇 (Opportunities)

1. 中国成为世界旅游大国

2005年，中国入境旅游人数在2004年突破1亿大关的基础上达到1.20亿，同比增长10.3%，旅游外汇收入达到292.96亿元，入境过夜游客人次和创汇分别居世界第4位和第6位。国内旅游人数为12.12亿，比上年增长10.0%；全国国内旅游收入5 286.0亿元，增幅12.2%。全年出境人次数超过3 100万，比2004年增加了7.5%，这一增长速度几乎相当于平均增长水平的一倍。

2006年，我国入境旅游人数为12 491.21万人次，同比增长3.9%；同期旅游外汇收入为339.49亿美元，同比增长6.6%。国内旅游人数达13.94亿人次，比上年增长15.0%；全国国内旅游收入为6 229.74亿元，增长17.9%；全年出境人次数预计超过3 450万人次，比上年增长11%，继续保持世界十大客源国的地位。

2. 海滨度假旅游服务消费需求趋旺

伴随城市化进程的加快、中国经济的飞速发展、人民生活水平的普遍提高，度假旅游在城市中产阶级家庭开始流行，并逐步成为人们生活中的重要组成部分。在城市中忙碌的上班族，以及厌恶了城市快节奏生活的人们，为了摆脱现代"城市病"的困扰，开始学会用休闲度假来缓解疲惫的身心，海滨休闲度假旅游成为休闲度假旅游很好的选择。海滨美丽的自然风光，各种美味可口的海鲜大餐，以及特有的少数民族风情，都可以使人们放松心情，调节情绪，缓解压力，亲和自然，因而海滨度假旅游受到越来越多的都市人的青睐，迅速成为都市时尚。

3. 海滨休闲度假旅游发展前景看好

世界海滨休闲度假旅游以独占鳌头的姿态，在世界旅游市场上占有举足轻重的地位，如夏威夷群岛、马尔代夫群岛、巴厘群岛、布里斯班黄金海岸等等，是各国旅游者心中的休闲度假旅游胜地。随着世界文明的进程，海滨休闲度假旅游在全世界范围内越来越受到游客的追捧和喜爱。中国也融入了这一世界热潮，海滨休闲度假旅游的前景同样看好。随着人们对大海美丽风光的向往，我国海滨度假旅游必然会成为旅行社和游客关注的热点，将在我国旅游市场中占有独特的地位。

（四）威胁（Threats）

1. 休闲理念有待发展

我国虽然已初步进入小康社会，人民生活水平有了很大的提高，闲暇时间和可自由支配的收入逐步增多，但是休闲度假的观念在全社会范围内还没有普遍形成，休闲并没有成为人们的生活方式。"休闲学之父"亚里士多德说："休闲是人的生命的状态，工作的目的是为了休闲，只有在休闲的时候才有幸福可言。"而我国目前还只是停留在"走马观花"的价值观上，商人的功利主义牵制或误导了休闲体现人本理念的发展进程，以人为本的休闲价值观并没有真正的形成。

2. 周边及其他国家的挑战

世界上中低纬度的海滨城市多为旅游胜地，如西班牙的四大旅游区，都是以温润空气、明媚阳光和碧海金沙而著称，还有意大利的500个旅游中心、6 000个海滨浴场和不胜枚举的文化遗产，令世界旅游者心向往之。中国周边低纬度的巴厘岛、塞班岛、芭缇亚等海滨休闲度假目的地对一部分富裕的中国人来说都具有很强的诱惑力。并且，由于近年来海滨度假旅游的兴盛，这些地方的海滨度假旅游有了很大的发展，人气高于中国的其他地区，因此中国要在全球海滨休闲度假旅游市场上占有一席之地，还有很长的路要走。

3. 生态环保不力，海滨旅游存在危机

海滨旅游的核心旅游产品是海滨，但是目前对海滨的破坏严重威胁到了海滨休闲度假旅游的进一步发展。一方面，在利益的驱使下，政府以及相关部门放宽了对各房地产商的限制条件，在海滨地区大搞海滨别墅、度假村等，使得海滨随处可见钢筋混凝土，同时还导致了交通堵塞、噪音污染等一系列问题；另一方面，特别是在海滨度假旅游旺季的时候，白色垃圾随处可见，海水中各种瓶罐漂浮，严重影响了海滨的美观，造成了对海滨生态环境的破坏。

海滨旅游的发展离不开优美的海滨环境，二者相辅相成，海滨旅游的不合理开发和发展会给海滨环境带来破坏，而环境的破坏又会导致旅游业的衰退，这是恶性循环。因此，海滨旅游的发展必须走可持续发展的道路。在海滨旅游的开发过程中，要正确处理保护与开发的关系，不能以牺牲环境的代价来发展旅游业，在开发过程中不能只注重短期经济效益，而忽视长远的环境效益，要维持海滨生态系统中各要素协调有序的发展，做到海滨旅游开发的经济、社会、生态效益的统一，保持其可持续发展。

参考文献：

[1] 张广瑞, 刘德谦. 2007年中国旅游绿皮书. 北京：社会科学文献出版社, 2007.

[2] 王富玉. 国际热带滨海旅游城市发展道路探析. 北京：中国旅游出版社, 2000.

[3] 张红霞, 苏勤. 中国海滨旅游研究进展. 资源开发与市场, 2005(3).

[4] 李志强. 广东省海滨旅游现状与发展初探, 海洋开发与管理, 2004(4).

[5] 张景, 曹阳. 新兴滨海城区旅游开发研究——以上海为例. 社会科学家, 2007(5).

对中等职业教育发展的思考

云南省怒江州泸水县职业技术学校 茶春芬

摘 要: 中等职业教育处于职业教育中的基础性地位,是职业教育体系中的重要组成部分,是培养社会主义现代化技术人才的重要基地。因此,必须重视中等职业教育的发展。文章从政府、社会和中等职业教育学校两个角度分析了影响中等职业教育发展的因素,并提出了相应的发展对策,以为我国中等职业教育的发展提供有益的参考。

关键词: 中等职业教育 发展 思考

我国职业教育层次分为高等职业教育、中等职业教育、初等职业教育三类。中等职业教育是指招收初中毕业生或具有相当文化基础者进行中等层次的职业技术教育。中等职业学校主要是指普通中专(含高职院校的中专部)、职业高中、技工学校、成人中专这四类学校。中等职业教育可以培养出高素质有技能的劳动者,可以解决政府经济发展的问题,可以解决家庭民生问题,可以解决学生就业问题,可以给企业带来利润。大力发展中等职业教育,不仅是全面落实科学发展观、实施科教兴国战略、促进经济社会协调发展、提高国家竞争力的重要途径,也是促进社会就业和解决"三农"问题的重大举措,是加快实施人才强国战略和科教兴国战略、建设人力资源强国的必然要求,是完善现代国民教育体系的必然要求。中等职业教育的发展程度和普及状况,是衡量一个国家和地区现代化程度的重要标志。

一、影响中等职业教育发展的因素

（一）一些地方政府和教育部门、社会对中等职业教育认识存在一定的偏见

我国的一些地方政府和教育部门对中等职业教育的认识存在一定的偏见，仍然存在"重普教、轻职教"的思想，认为中等职业教育只是普通高中的补充而已。对中等职业教育的经费投入较少，致使中等职业教育的基础设施建设较差，严重制约着职业教育教学质量的提高。社会对中等职业教育认可程度不高，用人准入意识淡薄。

（二）中等职业教育学校本身也存在一些问题

目前，有些中等职业学校自身也存在一些问题，例如专业设置不合理，不重视学生德育工作教育，教师安于现状不思进取，办学模式陈旧，职业教育的就业宣传不到位等。

二、中等职业教育发展对策的探讨

（一）政府和教育部门、社会要转变对中等职业教育的认识

1. 要转变政府和教育部门对中等职业教育的认识

各地各级政府要正确认识中等职业教育的地位和作用，强化政府对中等职业教育管理职能，制定利于中等职业教育发展的政策，例如经费扶持、招生就业、学生的实习安排、教师的聘用和继续教育培训。教育部门要根据当地经济发展的需要和人才需求情况，建立结构优化、特色鲜明、专业合理的现代中等职业教育体系，以培养高素质技能型劳动者。中等职业教育是以实验实习为主的投入型教育，其设施设备直接影响教学质量，决定着学生的素质和能力，进而决定着学校的生存与发展。所以对中等职业教育投入的资金要及时落实到位，为中等职业学校硬件条件的建设和完善提供资金保证。

2. 要转变社会对中等职业教育的认识

就业准入制度和职业资格证书制度是促进中等职业教育全面协调可持续发展的重要条件。劳动和社会保障部门与教育部门之间要加强沟通与协调,其他社会相关的部门应加大执法监督力度,严格执行就业准入制度和实行持证上岗制度,以为职校毕业生提供广泛的就业平台。

(二) 逐步改进中等职业学校存在的问题,增强自身办学实力

1. 职校要做好国家对中等职业教育支持的政策工作

认真落实国家关于《中等职业学校国家助学金暂行办法》中补助农村户籍中职学生每人每年1 500元生活费的补贴政策。中等职业学校全日制正式学籍一、二、三年级在校生中的部分农村家庭经济困难学生和全部涉农专业学生免除学费。除国家助学金外,各中等职业学校也要积极开展好家庭经济困难学生资助工作,主动争取扶困资金,帮助更多的学生减免学费,保障家庭贫困学生完成学业。

2. 职校要积极探索中等职业学校创新办学模式

职校要坚持面向社会、面向市场办学,不断创新办学模式,积极探索适合自身发展的具有特色的办学新思路,增强面向就业市场的核心竞争力,提高服务经济社会发展的水平。例如在招生制度上,各中职学校根据自身实际,可实行春、秋两季招生。积极探索校企联合办学模式,让企业接受师生实践实习,发挥企业技术能手的传、帮、带作用,提高师生专业技能水平,创新人才培养模式。通过联合办学,借助外地优质资源不仅缓解了校舍不足、实训基地缺乏等难题,进一步拓宽了毕业生的就业渠道。根据地区和学校的优势,形成区域品牌专业。加强创业教育,培养学生的创业精神、创业意识和创业实践能力。

3. 职校要加强师资队伍建设，打造高素质动手能力强的教师队伍

针对中等职业教育的特点和需求，鼓励和支持广大教师参加职业技术资格学习和相关资格证书考试，努力成为"双师型"教师。制订中等职业教育教师培训计划和鼓励中等职业学校教师在职攻读硕士学位，不断提高教师的学历层次、专业水平和改善知识结构。有计划地安排职校教师到企事业单位进行专业实习和考察。聘请企事业单位工程技术人员和有特殊技能的人员到学校担任专职或兼职教师，充实实训指导教师队伍，逐步提高中等职业学校师资队伍整体水平。

4. 职校要根据自己的实际情况逐步推进教学改革

中等职业学校应根据当地的实际情况积极推进中等职业教育教学改革，不断总结近年来职业教学改革的经验，分析研讨职业教育改革面临的形势，做好教学改革工作。积极推行"双证书"制度，使毕业生在取得学历证书的同时获得相应的职业资格证书。职校应积极组织多种形式的教研教改活动和技能操作比赛，以提高职校教师的教学水平和学生的职业操作技能。

5. 职校要重视学生的德育教育

中等职业学校应坚持育人为本、德育为先，结合中职学生的实际和特点，健全德育工作机制，丰富德育内容，改进德育方法。组织开展形式多样的教育活动，切实加强和改进中职学生思想道德教育工作，初步形成了以学校德育为主体、企业德育为补充、家庭德育为基础、社会德育为依托的中等职业学校德育工作模式。帮助学生确立正确的世界观、人生观、价值观和生命观、生存观、生活观。

6. 职校要做好学生实训基地的建设工作

中等职业学校应清楚地认识到中等职业教育以实际动手操作为主的教育，其实训的设施设备直接影响教学质量，决定着学生

的实际动手能力，从而决定着职校的生存与发展。因此，职校应积极主动争取中央财政支持的职业教育实训基地建设项目，切实做好中等职业教育实训基地的建设。

7. 职校要认真做好学生的就业指导工作

职校要利用劳务市场、人才招聘会和互联网等渠道及时向毕业生发送本地和异地的劳动力需求信息，为毕业生就业或创业提供咨询指导和各种便利条件。要强化服务意识，成立专门组织，派出专门人员，做好毕业生就业服务工作，做到早安排、早联系，保证就业渠道畅通。要建立毕业生就业档案，做好跟踪服务。要派人深入用人单位，了解毕业生的工作、学习和生活情况，及时帮助他们解决存在的困难和问题，同时做好信息反馈，为学校调整专业和课程提供科学依据。要认真做好中等职业学校学生中全面推进学生实习责任保险工作，让学生在实习期间免除后顾之忧，确保学生在实习期间人人参保。

8. 职校要做好农村劳动力培训工作

职校要做好农村劳动力培训工作，贯彻落实《国务院办公厅关于进一步做好农民工培训工作的指导意见》，加强农村"三教统筹"，促进农、科、教结合。广泛开展农业生产技术培训和外出务工技能培训，努力培养有文化、懂技术、会经营的新型农民和技能型农民工。认真做好"农村实用技术培训工作"和"农村劳动力转移培训工作"，以提高职校的知名度和社会效益。

9. 职校要重视中等职业教育的宣传工作

职校充分利用报纸、电视、网络等媒体宣传中等职业教育的重要性，把国家大力发展职业教育的方针，资助政策宣传到村、深入到户、落实到人。正确引导广大家长和学生转变传统的"读高中考大学"教育观念，鼓励更多的适龄学生和青年进入职校学习。宣传中等职业教育的先进典型和先进人物，形成全社会关心和支持中等职业教育发展的良好社会氛围。

总之,中等职业教育是新时期新时代发展的要求,是经济社会发展的需要,是实现农村劳动力转移的战略措施,是历史赋予我们教育工作者的使命。目前,中等职业教育正在迎来一个前所未有的发展机遇,希望在我国各地各级政府、教育部门和中等职业学校的共同努力下,把中等职业教育发展得更好,为我国的教育事业作出一定的贡献。

参考文献:

[1]高玉峰.中等职业教育发展面临的形势及改革思路探析.新课程改革与实践,2009(4).

[2]李云飞.中等职业学校教师发展问题探析.河南教育,2009(2).

[3]刘媛媛.中职教育的发展前景与中职学校的发展.素质教育论坛,2009(10).

[4]于洪姣.免费中等职业教育与财政保障措施.江苏技术师范学院学报(职教通讯),2009(6).

[5]徐兆淑,王培章,胡良余.关于加强中等职业学校师资队伍建设的几点思考.现代农业科技,2009(1).

[6]尚守恭,李海珍.制约农村中等职业教育发展的因素与对策.教育科学文摘,2009(4).

[7]何萍.我国中等职业的发展成就、问题及趋势.中国培训,2009(10).

[8]廖晨君.谈中等职业教育发展机制的构建.教育探索,2009(7).

职业教育发展之我见

河北省衡水工业学校 曹月玲

摘　要： 中等职业教育目前在中国日益得到重视，国家也花了大力气来扶持职业学校的发展，然而在实际推行过程中却遇到了诸多的难题与尴尬。如国家对职业教育的投入不能满足当前职业教育发展的需要，职业教育制度尚未完善，学校教育滞后于当前社会的实际需求，办学特色不明显，专业设置具有盲目性、不科学性等。这无形中给职业教育的健康发展设置了一道又一道门槛。

关键词： 职业教育　存在的问题　发展对策

目前，各地职业教育的发展都遇到了一些困难，出现了一些新情况和新问题。比较突出的反映在两大问题上，一是受"普高热"的冲击，职业学校招生难，生源减少且质量下滑，致使中等职业教育在校生的比例下滑。二是毕业生就业难。职业学校培养的学生找不到适合的工作。上述问题对应的是随着我国社会经济的快速发展，企业对技能型劳动人才的需求大幅增加，对技能型劳动人才的综合能力也提出了更高的要求，职业学校的学生不能满足企业的用工要求，出现了企业招工难的现象。

为了适应我国经济发展的客观需求，近年来国家对职业教育的发展也越来越重视，投入也越来越大。《中华人民共和国教育法》强调："职业教育是国家教育事业的重要组成部分，是促进经济社会发展和劳动就业的重要途径。"教育部前部长把当前教育存在的问题总结为"三不适应":不适应经济社会发展的新形势,不适应国家对人才培养的新要求,不适应人民群众的新期待。在2007年3月举行的第十届全国人民代表大会第五次会议上,国务院总理温家宝在《政府工作报告》中指出:"要把发展职业教育放在更加突出的位置,使教育真正成为面向全社会的教育,这是一项重大变革和历史任务。重点发展中等职业教育,健全覆盖城乡的职业教育和培训网络。"并对教育提出了"三个亟待":当前我们国家教育体制亟待改变,教育投入亟待增加,教育水平亟待提高。"三不适应"与"三个亟待"点明当前我国职业教育的现状,总结性地概括了我国职业教育存在的问题,并为我国职业教育的改革指明了方向。

一、当前我国职业教育存在的问题

(一)国家对职业教育的投入不能满足当前职业教育发展的需要

由于我国是发展中国家,长期以来国家对教育的投入比例都比较低,中国统计年鉴数据显示:2004—2008年我国财政性教育经费增长23.7%,占GDP比例由2.79%增加至3.48%,要达到教育的发展目标此比例至少应达到4%,而发达国家教育经费在2002年平均水平就达到了5.73%。世界银行有关调查数据显示,我国初、中、高等教育的经费投入比例为1:3:52,在教育经费中高等教育所占的比例很大,但对职业教育的投入相对不够,未能满足当前职业教育发展的需要。比如,当前我国的职业教育特别是西部经济落后省份的职业教育,绝大多数学校还存在师资不足,教学设施、设备不足,教育素质低及教学陈旧、落后等情况。教育投入不足造成的后果是严重的,学校抱怨:"有学生没有设备,有设备没有教师。"学生则抱怨:"在学校学的跟不上社会用的,早两年打工多两年工作经验。"用人单位反映:

"新招来的毕业生都要进行重新培训才能上岗。""上学贵"与"学无所长、学无所用"是社会上对职业教育最主要的抱怨。

(二) 职业教育制度尚未完善

我国的职业教育实行部门办学的方针,条块分割,各校独自为战,学校之间不但缺少学分互认,也缺少教学资源上互通有无等有效的交流、沟通手段。各学校间为了自己的生存与发展抢夺生源,在争取国家下拨的有限教育经费方面进行着不规则的竞争。在办学过程中,有的学校存在"浑水摸鱼"的现象。比如,有个别学校喊着"免费入读"的口号,打着"校企合作,顶岗实训"的旗号,把新招来的学生直接输送到企业打工,学生根本没有在学校学习或者很少在学校学习,学校变成了"职介所";有的学校把"2+1"学制模式变成了"2+0=3",第三年学生名义上是"顶岗实训",实则是通过学校推荐或自己择业离校工作了,只是学费还要交足三年。另外,我国的职业教育制度在中等教育通向高等职业教育及高等职业教育通向普通高等教育之间缺少有效的衔接,一些学习优秀的、想向更高层次发展的学生求学无门。而在发达国家普教与职教之间就没有鸿沟,可以双向分流。美国实行的是普教与职教一体化的模式,德国职教与普教之间可以根据学生的意愿灵活分流。在国内中等职业教育的优秀毕业生鲜有机会走向高等职业教育,高等职业教育的优秀毕业生也难有机会升大学。目前大家普遍认为,职业教育是中考、高考失利者之流的就业前教育,给人以职业教育低人一等的感觉。

(三) 学校教育滞后于当前社会的实际需求

周济部长说的"三个不适应"充分说明了我国当前职业学校教育普遍滞后于当前社会实际需求。一方面是学生感到学无致用,毕业即失业,另一方面是广大用人单位感到人才难得,新招来的毕业生大多用不上,必须经过再培训才能上岗。造成学校教育滞后于当前社会的实际需求的原因与以上谈到的几点都有关。

国家对教育的投入本来就少，但学校在开支时，大部分经费都用在基建与招生上，再除去教师工资与日常教学开支，真正用于购买教学设备及对教师进行培训提高的经费就很少了。再者，因为教师穷于应付日常教学工作，几乎没有时间用于跟踪、学习、研究新的专业知识。当然，国家近几年加大了对中职教师师资力量的培训，提高了部分中职教师的业务水平，但还有一大部分人没有接受过系统的理论和实践培训，需要引起各级政府和中职学校本身的重视。

（四）办学特色不明显

由于我国以学历规范各类教育，一定程度上影响了职业教育的特色，职业学校无论在培养目标、专业设置还是在教学实践上都未能体现特色，以高职教育最为明显。高职与普通大专两者在培养目标上没有本质的区别，都是培养大专层次、一线服务的应用型人才，是"殊途同归"；在专业课程设置上，高职与普通大专区别不大，只不过是大学的"压缩饼干"；培养出的学生在实际操作能力方面也未显示出多么大的优势。那么我们不禁要问：为何还要"另起炉灶"发展高职？其实，当前高等职业教育在实践中只是作为缓解普通高中升学压力的措施手段，属于新生事物，职业技术教育的特色尚不明显。比如会计专业，无论是中专、大专、本科在课程设置、教学内容上都基本相同，只是在知识的层次上稍有区别，中专学校本该突出的技能特色没有充分体现出来。

（五）专业设置具有盲目性、不科学性

职教应该根据自己培养人才的市场需求设置专业，而不可盲目仿效高校，但我国现有的职业教育专业设置明显不符合这种要求。可以看到，在职业学校中，专业类同现象十分严重，尤其是热门专业，无论是什么性质、类别的学校，不管具不具备条件，你上我也上，由于培养目标不明确，培养的学生未能达到预期要求,以至生存能力差。比如一些传统的师范类学校,本身不具备开设工科类专业的能力,却不顾自身的条件开设了诸如机电、工民建、汽修等专业。再有,很多职业学校为了好招生、好分配,频繁替换专业,专业设置周期过短,严重违背了职业教育规律,浪费了教育资源。总的来讲,我国职业教育专业设置的缺点主要有:

(1) 专业过细,学生知识及能力范围都较狭窄,不易适应技术的快速变更。

(2) 过早的职业分化,使学生失去职业试探的机会,影响其潜能的发展。

(3) 学校各自为政,专业类同现象严重,缺乏沟通。

(4) 缺乏远见,专业变换过于频繁。

除此以外,在高职教育中还存在这样的问题,那就是课程设置属于本科课程的缩减,职业特色不明显,未体现出技能的特别之处,致使学生毕业后技能水平不高,距离经济发展所需的高技能、外向型要求甚远。

二、我国职业教育的发展对策

中等职业教育需要国家继续加大投入,更需要中等职业学校转变办学观念。中等职业教育在很大程度上是就业教育,这就要求中等职业学校的办学思路必须以市场需要为中心,在专业课程设置、师资队伍建设等方面,都要围绕市场旋转。提高中等职业教育质量和效益、满足市场需要是当前中职教育发展的必由之路。中职学校教育应把培养适应"广泛就业需要"的多功能复合应用型人才作为己任,在新形势下,坚持以就业为导向,走产教结合、校企合作的路子,拓宽学生的就业渠道和增加学生的就业岗位,提高其就业能力和适应职业变化的能力。

（一）教法改革——突出教法的适用性

正确认识当前学生现状，采用符合学生认知水平的教学方法，才能增强中职教育的实效性。针对现有中职学生结构复杂、参差不齐的实际情况，通过不同的考核方式，摸清学生的入学基础和能力状况，结合中职学生自身的努力目标，分别进行"学习型"、"技能型"、"服务型"人才的培养。"因材施教，分类教学"，让各层次学生可以"量力而行"，帮助中职学生树立自信心，确立学习目标，挖掘中职学生潜在能力，提高学习主观能动性。

对"学习型"学生，主要是进行学历教育，为该类中职学生升高职打基础。对"技能型"学生，主要通过一系列有效的教育教学手段，全面提高中职学生的智能，使他们能够掌握和运用一些原理与实验手段，学会科学研究的基本方法。对"服务型"学生，主要面向企业中的一般操作工，可以通过基础与特色模块教育相结合的方式，有针对性地开展教学工作，尤其强调了职业技能的培训。教师要尽可能地把教学过程设计成发现问题—分析问题—解决问题的创造型模式，着力营造"情感共鸣沟通，信息反馈畅通，思维活泼流畅，创造精神涌动"的最佳意境。在学习过程中对不同层次中职学生的创造性思维，应及时给予鼓励，以充分调动其参与教学活动的积极性。

（二）专业特色改革——形成具有鲜明特征的中等职业教育特色

中等职业教育的办学特色除了可以形成德育、智育、体育、艺术、教育思想、教研教改、学校管理等特色以外，还应努力形成具有鲜明特征的中等职业教育特色。笔者认为可以从以下几个方面寻找突破口，形成学校的办学特色。

1. 培养目标特色

中等职业学校培养的是技能型人才，培养的目标是与现代化建设相适应的德、智、体、美全面发展，具有综合能力，在生产、服务、技术和管理第一线工作的高素质劳动者和中、初级专门人才。它的人才定位是培养具有熟练操作技能的人才，学校要紧扣这一人才培养方向，依据社会与经济发展的需求和学生实际情况，形成学校的办学特色。

2. 专业特色

形成专业特色，一是要在专业设置上改变传统的"供给驱动"模式为"需求驱动"模式，即不要以学校学科水平和师资力量、设备状况为依据来设置专业，而是以满足社会与经济的发展需求变化为出发点、立足点设置专业。二是要加强专业的内涵建设，提高学生的专业水平，使学校的某些专业在一定范围内具有领先与示范效应，得到社会的认可和欢迎。

3. 教学模式特色

中等职业学校培养的人才是技能型人才，它的职业能力的培养，是教学设计的起点，是教学评价的重点，又是教学的最高目标。为了更好地增强学生的职业能力，在教学实践过程中要探索以提高学生职业能力为核心、以职业资格为导向的教学模式，改变传统的以教师和课本为中心的教学模式。同时学校要借鉴国外先进的教学模式，并结合各自学校的特点，形成具有鲜明个性的教学模式。

（三）专业课程设置改革——突出课程的基础性和实用性

中职教育专业和课程必须根据地方及企业需要设置，这也是由中职教育发展的规律所决定的。只有当中职教育满足了地方和企业的需要，才能得到支持；有了支持，中职教育发展才有坚实的基础。课程的基础性是强调传授给中职学生的普通文化知识以及专业基础知识，实用性是强调传授中职学生专业技能，既能为中职学生长远的发展奠定基础，同时又能为中职学生毕业后的谋生提供帮助。在此基础上，课程设置还要突出对中职学生"关键能力"的培养,即学生胜任工作岗位的必备能力。由于技术进步导致产业结构和组织劳动的变化,还要求劳动者能独立地进行学习、计划、实施、控制和评估工作。所以,劳动者除了拥有精湛的专业技术能力以外,还应具备其他多种能力,如自主学习的能力、社交能力、职业道德、责任感和组织纪律等等。教学过程中,唯有这样,中职学校才能受到学生和家长的欢迎。当中职学校受到欢迎时,中职学校也就有了发展的原动力。

参考文献:

[1] 雷正光等. 面向21世纪职业教育管理研究. 北京: 科学普及出版社, 1999.

[2] 余祖光, 孙琳. 新世纪初我国职业教育发展. 北京: 高等教育出版社, 2005.

[3] 国务院关于大力发展职业教育的决定. 职业技术教育, 2006(1).

小议乡村旅游的生态保护对策

——以贵州省黔东南苗族侗族自治州为例论述

贵州省麻江县职业高级中学　文凌霞

摘　要： 乡村旅游发展迅速，已经成为反贫困战略的实践，为经济创收和促进就业作出了积极贡献，但其发展仍存在一些问题。本文以贵州省黔东南苗族侗族自治州原生态旅游业的发展为例，提出实施乡村旅游生态保护的必要性及相应的对策建议。

关键词： 乡村旅游　生态保护　对策建议

随着社会经济的迅速发展，人们的生活和工作压力与日俱增。都市人已逐渐厌倦城市中快节奏的生活，渴望回归自然，放松身心。而以自然、清新的田园风光和浓郁的乡村民俗文化为特色的乡村旅游正满足了人们的需求，"乡村旅游"这个全新的概念也逐渐成为新世纪旅游的热点。

一、黔东南乡村旅游发展概况

乡村旅游特指在乡村地区开展的，以特有的田园风光、森林景观、农林生产经济活动、乡村自然生态环境和乡村民俗文化为基础的旅游活动，是以城市居民为主要目标市场，吸引旅游者观赏、休闲、体验、健身、科考、习作、绘画、摄影、购物、度假的一种新型的旅游形式。①

黔东南属于山地亚热带季风气候,境内峰峦起伏,江河纵横,山清水秀,景象万千。黔东南3万多平方公里的土地上,生活着33个民族、450多万人口。黔东南在历史上属于较晚开发的地区,原始的自然风光、原生的民族文化、原貌的历史遗存是黔东南与其他地区的主要区别,也是黔东南乡村旅游业在近年得以迅猛发展的主要因素。世界旅游组织秘书长弗朗西斯科·弗朗加利体验黔东南生态旅游后,兴奋地留言道:"在当今这样一个完全工业化、技术化和现代化的世界,能看到黔东南这样经历了岁月变幻,还保存着传统生活方式和习俗的地方,真是令人兴奋,黔东南必将成为世界上最具吸引力的旅游胜地。"原生态黔东南已成为人文学家关注的重要地区,越来越成为国内旅游界一道亮丽的风景线。细数黔东南乡村旅游的类型,主要分为以下几种:

(一)休闲娱乐型

以休闲娱乐为主,其中以一般性"农家乐"为代表。此类乡村旅游大多以中心城市周边的民族村寨为主,例如镇远的铁溪、雷山的西江苗寨、麻江的下司镇清水江风景区等,这些旅游目的地距离中心城市最多不超过20公里,旅客也大多利用周末或小长假的时候进行游玩,消费的主要形式是饮食和住宿。

(二)农耕文体型

以特色餐饮美食,或采摘、垂钓等为主,以"采摘游"、"垂钓世界"等为代表。麻江的下司镇就是利用该镇的区位优势和清水江的资源优势,推出了江边宿营、草莓采摘等旅游项目,此类旅游大多是游客自己与农户联系,带给地方的利益就是提高

---

① 邓映红:《贵州乡村旅游商品开发的对策研究》,载《理论与当代》,2007年第2期。

农产品的附加值。

（三）运动养生型

以山野及水体运动、乡村自然环境疗养健身等为主，以"溪水漂流"、"温泉别墅"等为代表。像剑河和黄平的温泉养生馆，施秉和黄平的野外漂流，麻江下司的激流回旋漂流，都是黔东南运动养生旅游的代表项目。

（四）观光审美型

以特色风光、农事活动或村落名胜等的观光旅游为主，其中包括现代农村观光、科技农业观光、古村落民居观光、临近名胜观光等。黔东南的天下第一苗寨——雷山西江、天下第一侗寨——黎平肇兴、中国最后的枪手部落——从江邑沙等民族风情独特的村寨，历来都是旅游探访苗侗秘境的首选目的地。

（五）认识学习型

以学校或家长等安排的有目的的旅游与考察、写生、实习等为主，以学生远足、夏令营等为代表。此类旅游多以暑期学生社会考察和实习为主，旅游主体也大多是发达城市的学生群体。

（六）综合型

不过分偏重以上的某一类型，而是某几种类型兼而有之；像黎平的肇兴侗寨，有保存完整的民族历史风貌，有堪称侗族建筑奇迹的侗家鼓楼，还有世界复调音乐神话的侗族大歌，这些旅游项目并非只属于上列的其中之一，而是涵盖了乡村旅游的各种形态。

根据现代旅游发展的趋势和旅游市场发展的趋势，特别是国际旅游市场发展的趋势，旅游已逐渐从一般自然风光的观光性旅游转向深度的体验性旅游，特别是文化了解和文化比较的体验性旅游。旅游者的旅游心理和旅游动机更倾向于具有文化价值的旅游产品、旅游项目和旅游目的地，而黔东南这个"苗乡侗寨"正好符合现代乡村旅游的发展要求：黔东南有民族村寨3 296

座,20个文化旅游乡镇,100个民族文化旅游村寨。"苗乡侗寨"珍藏着19项国家级非物质文化遗产,40项省级非物质文化遗产保护项目,其中有2个国家级生态博物馆,3个中国民间艺术之乡,3个中国民间绘画之乡,4个国家级重点文物保护单位,使"苗乡侗寨"既成为黔东南民族文化的象征,又是民族建筑画廊。吊脚木楼、鼓楼花桥成为黔东南独具特色的建筑文化。风格独特的建筑形式,高低错落的科学布局,展现了苗、侗等各族人民无穷的智慧,为人类保存了一份珍贵的建筑文化遗产。"苗乡侗寨"是民族服饰博物馆,它是中国民族服饰种类最多、保存最好的区域,有64大类、200多个品种,其中以"苗族盛装"、"侗族淡装"为代表。"苗族盛装"雍容华贵,被称为"穿在身上的史诗";"侗族淡装"清新淡雅,展示了朴实自然的审美理念。"苗乡侗寨"是民族民间节日活动载体,是歌舞海洋,"大节三六九,小节天天有",一年四季有重大节日200多个,素有"百节之乡"的美称。重要民族节日有芦笙节、姊妹节、龙舟节、苗年节、摔跤节、大歌节、萨姆节、鼓藏节、盘王节等。节日活动内容丰富多彩,有唱歌跳舞、斗牛赛马、吹芦笙、踩铜鼓、赛龙舟、玩龙灯等,芦笙舞、锦鸡舞、木鼓舞、板凳舞等,极具魅力,蜚声中外。2000年以来,黔东南强势推介"苗乡侗寨",举办民族节日,巧卖"苗乡侗寨",其已成为黔东南乡村文化旅游的驰名品牌。

二、乡村旅游给黔东南带来的生态影响

乡村旅游的兴起对于黔东南的发展来说是一把"双刃剑",对黔东南的自然生态和人文生态都带来了不可低估的影响。

(1)它给黔东南原生民族文化带来了新的发展机遇:

一是增强村民自我保护、建设文化生态环境意识。开展乡村旅游使村民能够意识到其文化生态的价值所在,能够自觉保护其文化生态。以民族文化为主体的乡村旅游的开展，使村民认识到自己文化的重要性，产生自豪感和自信心。当地人民参与到旅游开发中，开始懂得自觉地保护自己的文化。当地人民是乡村旅游的主人，应当是旅游和文化保护的参与者与管理者。

二是外来旅游者对村民行为的影响。旅游活动是一种综合性的社会文化活动，旅游者以其自身的行为方式、生活习惯、价值观念介入黔东南各乡村旅游目的地的村民生活中，会对当地居民，尤其是青少年产生示范效应。这些效应可能会起到改善和提高旅游地居民的卫生条件、生活习惯、生存意识及当地居民文化水平等功效。有例为证，丛江小黄的乡村旅游开发后，青少年读书和升学才真正实现了男女平等。

三是乡村旅游的发展给黔东南文化生态环境保护和建设带来了新机遇。通过旅游资源开发，黎平、从江、榕江、雷山等一些苗侗古建筑、古遗址、具有历史纪念意义的纪念馆得以修复和重建；宗教信仰活动、苗侗文化活动（如从江邑沙的祭树、黎平的侗族大歌、苗族的长桌饭等）在旅游开发中的价值进一步凸显，一批苗侗非物质文化遗产得到了保护和发展。

（2）乡村旅游也给黔东南的原生态民族文化的生存环境带来了挑战，表现在：

一是在自然生态环境上。由于乡村旅游的兴起会导致一些原始生态环境良好的村落开始盲目发展，新开发一些景点，新建一些娱乐与接待设施，由于缺乏统一的规划和必要的理论指导，新的建筑有可能破坏原来乡村聚落的自然格局；或者新的建筑风格十分城市化，与原有建筑的风格不统一，甚至五花八门。在雷山西江千户苗寨的寨子门口就是一幢三星级的现代宾馆，以前的迎客牌坊现在被查票岗亭所取代，不知道这是一种进步，还是对传统文化的扭曲？伴随着双休日所造成的城市人的集中进入，汽车尾气、噪音、白色垃圾等生活污染正严重地冲击着乡村的自然环境。如何保护乡村环境，如何保持乡村的"清纯"，这个问题不可回避。

二是在人文生态环境上。大量的外来游客带来的新的生活形态，对当地淳朴的民风和价值观造成冲击，可能对本地自然生态环境质量造成影响，可能导致当地生活物资价格上涨、行业经营风险加大、贫富差距加大、商业气息越来越重、社会经济对旅游发展的依赖性越来越大等风险；旅游产业的快速发展会导致乡村居民原有的生活方式、生活节奏、生活环境发生改变，村民或去简单地模仿外地人的行为方式，以期抹杀两者之间的差异，大量的传统文化被淡化、冲击，甚至被扭曲。另外，由于旅游业的发展规律，开发商追求利益的最大化，无原则性地尽量满足游客的各种需求，往往把纯洁的原生文化生态环境庸俗化，改变了文化生态环境的真实面貌，使原有民俗的内涵和存在价值改变了或消失了，失去了真实的存在环境和意义。以雷山西江为例，如今在西江苗寨夜里的娱乐活动已经不再是行歌坐月，取而代之的是遍布小山村的 KTV 和酒吧。如果连乡村旅游最原始、最原生态的旅游资源都放弃了，这样的乡村旅游发展之路也不会长远。

三、如何实现乡村旅游中的生态保护

利用原生民族文化资源开发旅游业，同时又要成功地保护文化遗产，不仅是贵州黔东南所面临的难题，也是一个世界性的难题。开发和保护本身就是一对矛盾，因为任何一种资源的开发都会对原先的状态造成变化或者破坏。黔东南自然景观和文化遗产既丰富又脆弱，一些不可再生的自然和历史文化遗产，一旦破坏，很难恢复。如何既能利用自然和文化资源发展旅游业，又能最大限度地保护和利用自然和文化遗产，在两者之间寻找一个契合点是我们面临的最大难题。笔者认为可以从以下几个方面着手在开发中保护：

(一) 建立乡村旅游保护开发准入制度

乡村旅游的原始资源不仅是农村的青山绿水,还有乡村特有的原生民族文化,乡村旅游能够长远发展的关键是把原有的生态和文化保护下来。开发乡村旅游产品时必须注意自然环境、民俗风貌和人类遗产的保护,坚持资源保护与开发利用相结合,使旅游资源持续利用。乡村旅游项目的开发建设,必须正确处理好资源开发与保护的关系,按照可持续发展的原则,坚持先规划、后建设,有重点、分层次地进行。要加强对乡村旅游规划和旅游项目的监督管理,防止盲目开发和低水平重复建设。乡村旅游规划区内,凡不符合规划要求的建筑物和其他设施、项目,都要限期改造和拆除。结合退耕还林、还草、还果等项目,加强乡村生态建设。建立起乡村旅游保护开发准入制度:即对环境改造大的项目不上、对原生态民族文化冲击大的项目(或者叫外来旅游文化项目)不上、当地群众无法参与的旅游项目不上等制度,坚持生态保护优先,环境利益优先。

(二) 科学策划,合理开发乡村旅游

在乡村旅游开发上,政府要当好引路人,避免出现"村村寨寨民族村、家家户户旅游社"这种无限复制的现象。政府要坚持"因地制宜、布局合理、特色突出、发展协调"的原则,在充分考虑投入能力、市场容量和环境承载能力的基础上,结合当地总体规划:土地利用总体规划、村庄建设规划、产业发展规划、旅游发展规划和生态保护规划等相关规划,从当地独特的自然资源、生态资源、产业资源和人文资源出发,精心编制各具特色、切实可行的乡村旅游业发展总体规划和相应的布局建设规划。从辐射范围考虑一个区域的乡村旅游点的规划布局,从产业结构引导旅游点民众参与的能力和容量。例如,一个区域周边可以分布不同功能的旅游点如休闲观光型、户外健身型等,而一个乡村旅游村寨,村民可以40%从事旅游食宿接待,20%从事旅游商品经营，40%从事旅游次生产业（如生活必需品的生产加工等），只有合理规划布局，乡村旅游才会活力无限。

（三）创新旅游产品，在乡村旅游保护上探索补偿机制

要通过系统规划，有机整合乡村旅游资源，认真科学地策划好旅游开发项目。在乡村旅游产品项目的开发和设计中，要在乡村民俗、民族风情和乡土文化上做文章，使乡村旅游产品具有较高的文化品位和艺术格调。将民俗文化融入旅游产品，提高民俗文化的价值认同，实现人文生态系统的保护性旅游开发。同时，可以探索开发自然生态补偿机制，从旅游收入中划出专项经费用于旅游点的生态修复，或者直接让旅游者参与旅游目的地的生态修复，从动作机制上最大限度地保护乡村旅游资源的可持续性。

乡村旅游不仅是一种生活方式，更是一种思维方式，关注乡村旅游的生态保护就是强调以一颗平常心去尊重和感受自然，强调用耳朵、用眼睛去充分体验和审美自然。只有这样，才能够真正发现大自然赋予我们的最独特的美！

参考文献：

[1]罗布龙，赵世钊.乡村旅游规划的理论与实践探索.贵阳：贵州人民出版社，2005.

[2]杨胜明.乡村旅游——反贫困战略的实践.贵阳：贵州人民出版社，2006.

[3]郭焕成.休闲农业与乡村旅游发展.北京：中国矿业大学出版社，2005.

[4]杨敏.也论乡村旅游与乡村生态旅游.昆明大学学报（综合版），2005(Z1).

湘西凤凰旅游地形象初探

湖南省株洲市中等职业学校　文　振

摘　要： 区域旅游竞争已经进入形象竞争的阶段，旅游形象定位是区域旅游竞争的关键环节。以湘西凤凰为研究区，提出了区域旅游形象定位原则，通过对凤凰地理文脉及受众分析，初步研究了凤凰的区域旅游形象。

关键词： 旅游地　旅游形象　形象定位　凤凰县

20世纪90年代中期以来，国内旅游业蓬勃发展，旅游地的知名度、美誉度、认可度以及影响旅游地形象的其他因素，对旅游者决策的影响越来越大。区域旅游的竞争已进入形象的竞争，旅游发展地区要在日趋激烈的区域旅游业竞争中脱颖而出，就必须拿出自己具有特色的旅游精品，介入旅游地形象的竞争。旅游地形象是指人们对旅游地的感知、印象、信念、观念的综合。它反映的是整个旅游地及其服务作为旅游产品的特色与其表现出来的综合价值等级。

一、湘西凤凰旅游地概述

凤凰县地处湖南西部边缘，与张家界风景区、吉首德夯苗寨、永顺猛洞河、贵州梵净山相毗邻，是怀化、吉首、铜仁三地之间的必经之地，交通极为便利，全县总面积1 758.5平方公里，总人口36.7万，是一个以苗族为主体的多民族聚居的山区贫困县。凤凰于2001年12月17日被国务院列为中国历史文化

名城。凤凰风景优美,人杰地灵,名人辈出。其旅游资源的特点有:

(一) 凤凰境内自然资源丰富

林牧用地面积大,县境内有大小溪河156条,总长709公里,最大的河流沱江长96.6公里,流域面积为732.42平方公里。矿藏资源丰富,铅锌储量居全省第二位。

(二) 凤凰县山水风光秀丽

东有官庄绿洲;南有都罗古寨、飞水岩景区;西有雷洞界林场;北有星天山、万溶洞景区。有坐落古城边的万亩青山国家森林公园南华山;有集奇、秀、幽、峻于一身,全长6 000多米的奇梁洞;有绕城而过、清澈亮丽的沱江风景带以及腊尔山苗族聚居的民族风情和高原台地自然风光。

(三) 名胜古迹众多,民俗风情独特

凤凰古城风貌完整,名人名居众多,由于交通闭塞,受战争影响小,众多文物至今保存完好。凤凰古城楚巫文化特色鲜明,主要体现在日常生活的语言、服饰、饮食、民间工艺、神祇与信仰、戏曲与风俗等六个方面。

(四) 凤凰历史悠久,人文蔚起

凤凰县人杰地灵,名人众多。著名政治家、慈善家、民国第一任内阁总理熊希龄先生,现代著名文学家沈从文,皆诞生在凤凰,并在国内外享有很高的声誉。凤凰古城曾被新西兰著名作家路易·爱黎称赞为"中国最美的小城"。

凤凰历史悠久,山水风光秀丽,人文资源丰富,民俗风情独特,享有"画乡"及"中国最美丽的小城"之誉。

二、湘西凤凰旅游地形象调查分析

(一) 湘西凤凰旅游地形象调查

旅游地形象的调查往往采取社会学的市场调查方法和技术,

基本的调查过程包括：确定调查目标，明确调查目的，明确调查对象，选择抽样方法，拟定调查问卷。现对凤凰旅游地形象进行调查，调查方案如下：

1. 调查目标

了解来湘西的游客对凤凰旅游形象的认知，调查凤凰旅游形象的现状，了解不同旅游者对旅游形象的认知差异，调查旅游者对旅游地认知的途径。

2. 调查对象

针对凤凰的游客发放调查问卷，并对当地居民进行调查、咨询。

3. 调查方法

现场访问调查和问卷调查。

4. 调查问卷

问卷对人口学统计学信息、年龄、职业与受教育程度、游客信息来源、凤凰旅游地形象的认知内容等几个方面设计。

（二）对调查结果进行统计并分析

在凤凰八大景点，向游客发放调查问卷300份，收回有效问卷292份，在各景点抽样。游客的数量分布如下表：

景点	凤凰古城	黄丝桥古城	南长城	奇梁洞	沈从文故居	沱江	杨家祠堂	熊希岭故居
百分比（%）	18	13	14	12	14	11	10	8

1. 本底感知形象

依据调查问卷，通过统计分析，发现游客对凤凰的本底感知形象是：将其定位为"神秘悠闲"的游客比例最高，见图1，绝大部分游客认为凤凰知名度一般，见图2；大部分游客是通过电视和旅行社了解凤凰的,见图3。

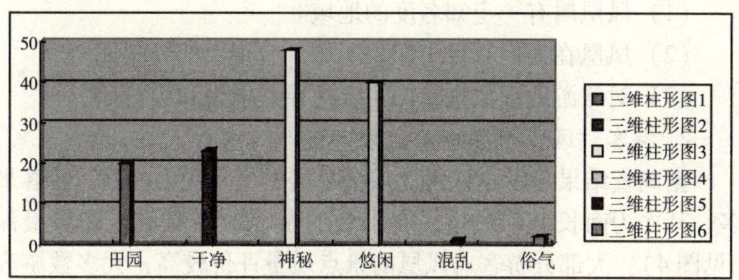

图1 游客对凤凰的本底感知形象

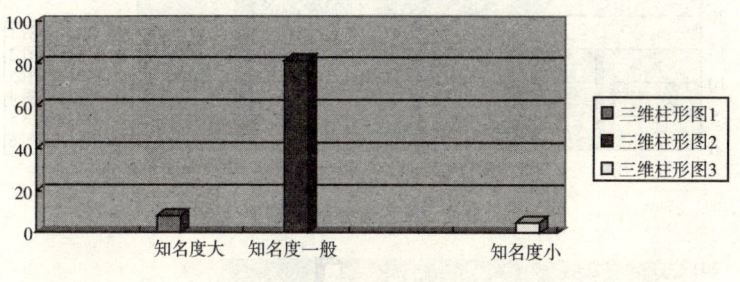

图2 凤凰的知名度

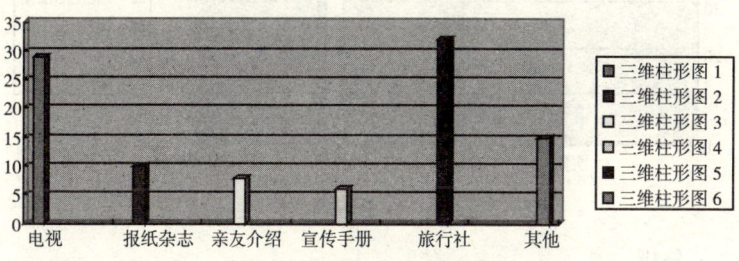

图3 以何渠道了解凤凰

分析：

(1) 凤凰属有一定知名度的地域。

(2) 凤凰在人们心目中印象不坏，有很大的可塑性。

(3) 对旅游地形象宣传的主要途径是电视和旅行社。

2. 游客对凤凰旅游的直接感知形象

据调查结果显示：认为沈从文故居是最具代表性的，游客最多，其次为南长城和民俗，有半数的游客对凤凰民俗印象最深（见图4）。大部分游客对凤凰的景点质量评价较高，大多数游客对凤凰的基础设施和娱乐设施不满意（见图5）。

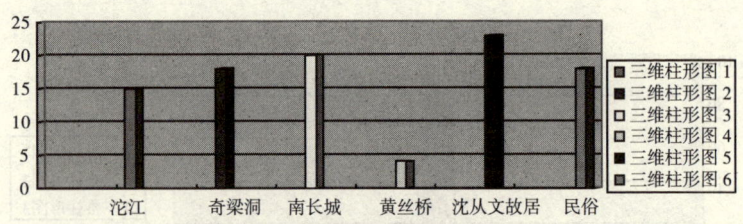

图4 游客最多的风景区

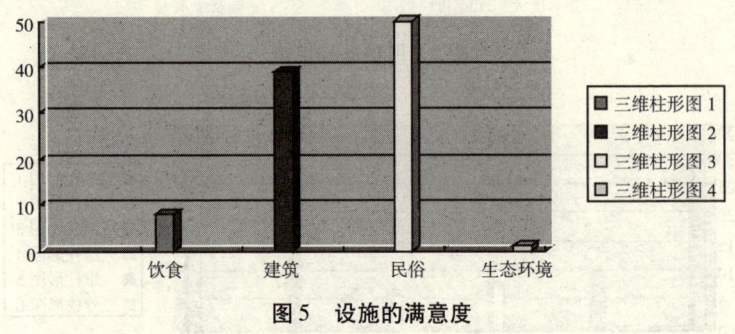

图5 设施的满意度

分析：

(1) 游客对凤凰的人文资源比较看好，对凤凰历史文化较感兴趣。

(2) 凤凰的景点具有较强的可开发性。

(3) 凤凰的基础设施可能会给凤凰旅游的发展带来不利影响。

三、湘西凤凰旅游地形象定位

(一) 湘西凤凰地理文脉分析及受众分析

1. 凤凰地理文脉分析

(1) 古城悠久的历史已形成了旅游的品牌景点。国务院正式将凤凰古城列为101座国家级历史文化名城,这在很大程度上无疑提高了古城本身的品位,形成湘西及周边地区无可比拟的旅游品牌景点。古城这一块,是凤凰的风水宝地,也是打造凤凰旅游品牌的重中之重。

(2) 浓厚的文化底蕴,使凤凰旅游优势明显。凤凰古城文化深厚,地杰人灵,现在世界各地有许多研究沈从文的机构,他们每年都要组织大量的沈从文研究者到凤凰来。根据调查分析表明,慕名凤凰古城和名人效应而来的人占有相当大的比例。

(3) 众多的文物古迹以及独具特色的民族风情,使凤凰旅游具有极强的生命力和吸引力。古城保护范围内现有省、州、县级文物68处,近郊文物价值重大,且与古城关系密切。

(4) 绚丽的自然景观是凤凰旅游的又一特点。

2. 凤凰旅游地形象受众分析

凤凰旅游地形象受众可分为四个层次:

(1) 凤凰县城乡居民是领略自然风光、感受历史文化、体味民风民俗等旅游活动的主体。

(2) 凤凰旅游从业人员、管理人员。

(3) 湖南及毗邻地区观光、考察、游览的游客。

(4) 全国及海外游客。

目前,凤凰主要客源来自省内,周边省市也有一定的客源,其他省市和国外的客源市场并未得到全面开发。随着我国加入

WTO，我们独特的资源优势可吸引大批国外的游客到凤凰来。如美国以及东南亚、欧洲的沈从文研究机构，他们会组织大批沈从文研究者到其故乡去寻访。

(二) 湘西凤凰旅游的形象定位

1. 旅游形象主题定位——理念定位

在凤凰旅游形象系统中，旅游形象定位理念是最高的决策层次，它决定了旅游形象系统的方向。根据以上的分析，凤凰旅游形象分层次的定位理念应该是一级理念：凤凰古城、南方长城；二级理念：沈从文等名人故居；三级理念：民俗风土人情。

2. 旅游形象定位——各细分市场的形象定位

凤凰旅游资源丰富，类型多样，既有历史文化名胜，也有自然风光，还有民族风情，但各类旅游资源的等级和地位并不相同，凤凰旅游开发应重点抓住历史文化这条主线、民族风情和自然风貌，可整合到历史文化中一并考虑。依据形象定位原则，结合凤凰旅游客源市场，在未来旅游发展中凤凰的形象应定位在文化旅游上，可以这么说："打凤凰古城、南方长城品牌，做沈从文等名人文章，唱风土民情戏。"其具体形象为：

(1) 针对国际（入境）市场，突出文物景点、地方文化的特色和名人故居的影响，同时利用凤凰多年来对历史文化积淀的宣传影响。其形象定位为：名人故里，人文古军事之乡，"一街两馆三城"。

"一街"——以东正街为中心，辐射古城区二十多条小巷，应极力展现其明清时代文化的风韵，使其正式成为历史文化街区。

"两馆"——凤凰民族博物馆和沈从文图书馆。沈从文图书馆是一座与沈从文广场浑然一体、建筑风格民族化的景点。凤凰民族博物馆可设立历史馆、文物馆、名人馆、民俗馆、古军事馆等，同时应以翔实的资料展示凤凰丰厚的历史、人文资源，馆内可置放历史文化名人的青铜雕像,以提升凤凰人文景观的文化品位。

"三城"——凤凰古城、黄丝桥古城、南方长城,这是凤凰国家级历史文化名城精品中的精华,在抢救保护第一的原则下,进一步按规划维护、整治或重建,应充分遵循其历史文化原貌,以展现其品位的时代文化内涵。

(2) 针对湖南毗邻市场,将民族风情和自然风貌整合到历史文化中去。其形象定位为沱江泛舟,奇梁洞,"一村三戏"。

"一村"——建立苗族民俗文化村,它集苗族文化、服饰、建筑、工艺、习俗、节庆、婚嫁等民族风情于一村,形成风味浓郁的民族风情场所,以满足游客休闲、观光、参与和对民族文化吸收体验的消费需要。

"三戏"——阳戏、傩堂戏、辰河高腔。应积极挖掘提升具有"戏剧活化石"之称的传统傩戏品牌,使凤凰地方文化的"三颗明珠"大放异彩。

参考文献:

[1] 宋小冬,叶嘉安. 地理信息系统及其在城市规划与管理中的作用. 北京: 科学出版社, 1995.

[2] 李蕾蕾. 旅游点形象设计探讨. 旅游学刊, 1998(1).

[3] 能允泰. 北京市地下管网图形数据库系统研制技术报告. 北京: 科学出版社, 1995.

[4] 李蕾蕾. 旅游地形象策划理论与实务. 广州: 广东旅游出版社, 1999.

[5] 黄大勇. 城市旅游形象广告策略. 旅游学刊, 1998(3).

浅议导游专业实操课程与信息技术的整合

甘肃省兰州旅游职业学校　魏　颖

摘　要： 随着旅游业的飞速发展，很多学校都开设了导游专业，目的是培养旅游服务人才，但传统的教学模式不能适应当今学生的学习，也不利于培养创新型人才和提升学生的专业素质。信息技术的应用为导游专业教师课堂教学带来了新的挑战，而信息技术与课程的整合，也为职业学校专业课程提供了新型的教学模式。

本文以导游专业实操课程为切入点，从理论和实践上论述了信息技术与课程整合的必要性和重要性。在信息技术环境下，信息技术与导游实操课程的整合可以深化教学内容，提高教学效率，激发学生学习兴趣，培养学生自主学习技能以及协作学习技能。

关键词： 信息技术　课程整合　导游实操课程

随着信息时代的来临，信息技术给教育带来了深刻的变化，职业教育也面临和基础教育一样的教育改革使命。应用先进的教育思想和理念，来深化职业教育改革，推进职业技术人才的培养，为国家的经济发展提供人才储备，是职业学校面临的问题。

信息技术与中职导游专业课程的整合能够改变传统的教学方式，培养社会需要的导游服务人员。

一、信息技术与导游专业实操课程整合的内涵

(一) 信息技术与课程整合

信息技术不等同于计算机技术。信息技术包括计算机技术，计算机技术只是信息技术的一部分。但是在当前的教学观念中，很多一线的教师误解信息技术的含义，将信息技术等同于计算机技术，信息技术与课程也就被"合理"地理解为计算机技术与课程整合了。其实，联合国教科文组织（UNESO）对信息技术的定义是：应用在信息加工和处理中的科学、技术与工程的训练方法和管理技巧以及方法和技巧的应用；计算机及其人、机的相互作用；与之相适应的社会、经济和文化等诸事物。广义的信息技术是指凡是能够用来扩展人的信息功能的所有技术，包括计算机技术、网络技术、微电子技术、光电子技术、大规模集成电路技术、激光技术乃至生物计算机技术等许多方面。但是，其中只有计算机技术和网络技术在最近几年走近大众。为了更有助于教师和学生基于过去的信息实践接受新的信息实践，我们认为信息技术不应该仅仅指大众性的计算机技术和网络技术，还应该包括当前社会信息环境中的所有侧面。对于学生来说，不仅包括计算机技术和网络技术，还包括来源于图书馆、社会实践、传统媒体甚至是教师的各种数字化的信息。

所谓课程整合，是指对课程设置、各课程教育目标、教学设计、教学评价等诸要素作系统的考虑与操作，也就是要用整体的、联系的、辩证的观点来认识、研究教育过程中各种教育要素之间的关系。

(二) 信息技术与导游专业课程整合的内涵

信息技术与导游专业课程整合是指信息技术与指导学生学习的教学过程的结合，在导游课程教学过程中把信息技术、信息资源、信息方法、人力资源和课程内容有机结合，共同完成课程教

学任务的一种新型的教学方式。也就是通过课程把信息技术与课程教学内容有机地结合起来，从根本上改变传统教和学的观念及相应的学习目标、方法和评价手段。

信息技术与导游课程整合的本质和内涵是要求在先进的教育思想、理论的指导下，把以计算机及网络为核心的信息技术作为促进学生自主学习的认知工具与情感激励工具、丰富的教学环境的创设工具，并将这些工具全面运用到各个课程教学过程中，使各种教学资源、各个教学要素和教学环节，经过组合、重构，相互融合，在整体优化的基础上产生聚集效应，从而促进传统教学方式的根本变革，达到培养学生创新精神与实践能力的目标。

二、信息技术与导游专业实操课程整合的特点

（一）导游课程的特点

随着社会的发展，旅游业已成为全球经济中发展势头最强劲和规模最大的产业之一。旅游业在城市经济发展中的产业地位、经济作用逐步增强，对城市经济的拉动性、社会就业的带动力以及对文化与环境的促进作用日益显现。旅游业是中国经济发展的支柱性产业之一。随着旅游业的发展，社会需要大批具有专业素养的导游人才。导游，作为一项职业，普遍地为人们所接受，并转而成为年轻人向往的工作之一，不过是最近20年的事情。导游队伍和我国旅游业同时产生，随着旅游业的发展而迅速壮大起来。职业学校开设导游专业，为社会输送了大量的导游人才。

与其他课程相比，导游专业课程最大的特点是：综合性、实践性、文化性。在教学方法上表现为：实践性、发展性。在学习过程中则表现为集书本知识与社会实践于一体，对景点知识的理解、记忆和实际的演练并重。但是，在学校的教学过程中并不能为学生提供机会将课本提及的所有景点进行实地考察和模拟。随着多媒体技术的发展，信息技术和导游课程的整合能充分解决这

一问题,把实践过程带进课堂,把景点带进课堂,充分发挥信息技术的优势和特点。

(二) 信息技术与导游课程整合的特点

信息技术与导游课程整合是实现学生能力多样化的手段。随着社会产业结构的调整和经济的发展,信息技术运用于社会的各行各业,企业对职业人才的要求从综合素质、知识结构、个人能力趋于多样化,以往职业教育单一的培养目标已经跟不上时代的需求,因此职业教育从教学模式、教育目标都发生了很大的变化。导游专业属于服务行业,随着社会信息化,导游服务行业对导游人员提出了新的要求。中职导游专业的教学也应适应市场经济的发展,在培养学生综合素质、知识结构和个人发展能力方面给予重视,用信息技术手段提升学生综合职业素养。

信息技术与导游课程整合强调人的全面发展和可持续发展。所谓人的可持续发展主要是指"既能满足当时的需要,又能保证其身心和谐、均衡、持久的发展力不受损害的发展。也就是说,谋求肉体与精神的和谐,身心发展的有序、均衡、协调,以保持全面的、长久的、强劲的发展能力"。联合国教科文组织副总干事鲍维尔曾指出:"今后必须实行可持续发展模式,未来的职业技术教育与培训(TVET)不仅要培养适应在信息社会就业的人,而且要使他们成为负责任的公民,他们必须关注环境保护和他人的福利。TVET 计划不仅是靠'需求驱动的',而且还应当为'发展需求驱动'。在这里发展包括了社会的、经济的、个人的以及环境的诸多方面。"个人化的可持续发展的职教就是指个体在职业技术教育中的终身学习,终身学习的实现是人和社会持续发展的基础。信息技术与导游课程的整合将影响学生的学习方式、思维方式,教会学生如何学习,改变原有的职业人员的培养方式,在细微之处关注学生的发展,让学生进入社会后有能力和意识去学习,并懂得如何获得所需要的技能和知识。

信息技术与导游课程整合具有许多传统教学无可比拟的优越性，能使抽象知识具体化、复杂知识简单化、书面知识情景化、难点知识浅显化。具体为：

1. 通过创设教学情景，深化教学内容，提升学生综合素质

根据建构主义教学理论，学生的学习是自身内在的知识建构过程。在一定的教学情景中，学生学习的过程是知识在自身大脑中内化的过程。学习者是积极主动地进行学习的，教师的角色发生了变化，由一名知识的传授者变为学生学习的辅助者、指导者。导游学科教学中景点的介绍仅限于纸上谈兵，学生也只是死记硬背景点介绍，通过信息技术手段，可以模拟景点分布、景点建筑物、景点游览地图，以及细化景点中的特殊部分。例如，建筑物屋檐的设计就有很多种，龙生九子，这九子分别在中国的建筑物上应用了哪些，形象有什么区别等。如果要学生机械地记忆这些知识，那需要很多的时间，就是真正到了建筑物的面前，学生也未必能分辨得清楚。如何解决这一问题呢？通过信息技术实现模拟具体物体，或展示照片资料，或播放教师自身拍摄的视频资料，把具体的事物呈现给学生，并制作成游戏小软件。学生通过游戏记忆建筑物的特点，可以大大改善学习，提高学习的兴趣。通过这种教学方式，我们也在潜移默化地教学生如何利用信息技术获得自身所需要的知识以及运用何种学习方法掌握知识。

2. 突破传统的教学方式，实现教学在时间和空间的延续

经过数次的实际调研，笔者发现在关于实践性很强的"甘肃导游"课程中，学生的学习存在着理论与实践相脱节的现象。"甘肃导游"主要以甘肃境内的旅游景点为主要内容，因为学生不可能游历所有的景点，而教师的讲解也是言传、口授，在黑板上画出相关景点，部分学生也只是凭借想象来理解和消化知识。有些学生对教师的讲解不能很好地理解，部分学生在课堂上不能保持很好的学习状态。例如，对景点分布讲解、景点的特点等，

教师的经典讲解不能及时地进行记录,会造成学生学习兴趣下降,学习效率低下。信息技术和课程整合很好地解决了这一问题,信息教研室和导游专业的教师积极实践和探索,收集了大量本省旅游景点的相关资料,例如景点地图、景点图片和景点的DV资料,制作成适合本校学生导游课程的学习网站、课件,编辑有讲解的视频课件,放映相关景点的图片或视频让学生边讲解边录音,然后发邮件给教师,教师用电子邮件或者QQ等方式反馈指导学生的学习。通过这种方式,学生可以自由支配学习的时间、学习的地点、学习的内容,改变了传统的教学方式,实现了教学在时间和空间上的延续。

3. 增强实践能力培养,注重个性发展

导游专业是实践性很强的服务性行业,学生的执业能力主要来自于实践。信息技术与导游课程的整合不仅提供实践的可能性,更能提供很好的学习支持。例如,创设景点地图,学生可以自制旅游线路,编写导游词,并可以通过录音软件录制讲解内容,并传给教师,由教师来分析讲解的内容,给予评价反馈。教师通过分析学生的讲解即可得知学生属于知识型的导游、服务型的导游,还是其他类型的导游。并且,教师可以刻意从学生的长处出发,培养个性特点突出的职业导游人员。在课件中可以插入随机事件,例如,游客突然提问或游客不小心受伤等事件,要求学生在最短时间内想到解决的办法,加以讨论,让学生在学校做好实际中的工作,把生活与学习联系起来,也就是把课堂变成了实训的场地,这样的教学才能为社会培养高素质的导游服务人员。

4. 实现导游专业技能与信息技术的双赢

信息技术与导游专业课程整合的最大优点,是改变了以往单调的教师讲学生听的学习方式。而现在学生观看演示文稿或者光盘资料,使学生在学习理论的同时,多重感官受到刺激,并通过浏览网页、观看自己编辑的视频资料，吸引学生的注意力，以调动学生的学习积极性。同时使原来枯燥的信息技术能力、机械的打字操作，变为一种工具，一种学习的动力。

三、信息技术与导游专业课程整合的实践

（一）实践经验

信息技术与导游课程整合实践证明，有效的整合可以深化教学内容，改善学生学习，提高学生学习兴趣和学习效率，是培养具有综合素养的导游人员的有效途径。

1. "主体"要到位，"主导"须有方

职业学校学生在学习能力、自控能力和学习兴趣方面都有很大的差异，很多学生缺乏自信心，学习方面表现出强烈的依赖性。如果教师给予关注、辅导和鼓励，那学生会在一两周内表现出对课程的兴趣，也会努力学习。但是，假如学生遇到困难得不到教师的帮助，那么很快就会失去学习的欲望和兴趣，继而放弃学习。一个班集体人数或多或少，在短短的 45 分钟内，教师能照顾到的学生是少数部分。信息技术与课程整合虽然能够调动学生学习的兴趣和解决教师授课内容中的难点和重点，但是如果在学习过程中，学生不能投入自己的思想，学习动机不明确，主动性缺乏，这样的整合也是无效的。同时，教师如果忽视了教学过程中这种不和谐的情况，不及时发挥主导的作用，仅仅把主导的含义理解为帮助学生解决技术方面的问题，安排学生在什么时间做什么事情，仅仅关注表现好、能力强的学生，那整合的目的就不能实现。

"主体"要到位，"主导"须有方。信息技术与课程整合的关键是要在实质上充分发挥学生学习的积极性、主动性和创造性，使学生在学习过程中真正成为信息加工的主体，主动进行知识的意义建构，从而促进学生自主、探究式学习习惯的形成和

发展。

2. 处理好继承与创新的关系

用"双主"教学模式很好地实现了继承与创新的关系。导游课程教学不同于其他文化基础课，其内容广博，涉及文学、历史、地理、政治、美学等，只依赖书本内容是不能够让学生成为一名具有自我风格特色的导游人员的。传统的教学形式突出了教师的作用，而忽视了学生的学，但是在导游课程的学习过程中，恰恰需要教师表现自我职业素养，成为学生导游职业生涯起步的启蒙者。在课堂上，教师应充分展现自我魅力，精辟的解说，幽默的语言，落落大方的仪态，才会成为吸引学生注意力的有力法宝，传统"传递—接受"式的教学方式的优势才得以充分体现。而教师讲授的同时，在现代教育思想、理念指导下将信息技术与导游课程融合，创新课堂教学，更能事半功倍。例如"甘肃省境内各民族介绍"这节课，教师选择了大教室，播放了各个民族特点的视频后，组织学生把凳子放在教室四周，播放不同民族特色的音乐，让学生跟着音乐翩翩起舞，不同舞蹈传递了不同民族的特点。课后，教师让学生写出总结报告，作业完成得很好。

传统的不都是陈旧的，创新也不是没有科学依据。我们要把握课程内容的特点，选择适合的教学方式，发挥信息技术优势，创新思路，在信息技术与导游课程整合的探索过程中大胆创新，体验不同的教学。

3. 注重资料的收集、整理、加工和存储

在信息技术与导游专业课程整合过程中，提供大量的图片、视频资料有助于学生的学习。我们的导游教师应利用假期亲自出行考察，取得第一手资料，回来后由信息技术教师进行编辑、整理，并加上解说，放在校园网上供学生随时观看、学习。这种方式能大大丰富学校教学资源库，为形成学校专业特色教学储备资源。

4. 学校制定鼓励政策，注重组织团队协作，实现人力资源整合

虽然每年都进行信息技术培训，举办信息技术与课程整合课比赛，但是很大程度上教师是为了应付比赛。让各专业教师掌握图片处理、网页制作、声音处理、视频编辑等多媒体技术，在繁重的教学任务之下是有难度的，很不利于教育教学的信息化以及学校长远发展的需要。在调研过程中，有教师就谈到信息技术的能力很大程度上限制了信息技术与学科课程整合的层次，只停留在计算机辅助教学。因此，学校领导要注重鼓励教师进行团队协作，整合专业教师和信息技术教师组成团队，发挥人力资源的最大优势，共同探讨信息技术运用于专业教学中的方式方法，实现职业学校信息技术与专业课程的深层次整合，形成不同专业特色的教学模式，不拘一格地培养社会需要的各种类型人才。

5. 创建和谐课堂，情感连通，发展学生非智力因素

加强师生之间的情感交流，"以爱施教，以情育人"。不论是在传统课堂教学还是在课程整合的教学中，师生情感的交流都是十分重要的。教师一个鼓励的眼神，一个赞许的动作，都会使学生在精神上得到莫大的鼓舞。这种情感的交流有助于学习，易于形成课堂民主、平等、和谐的气氛。在信息技术与课程整合中，这种情感的交流更加多样化，除了面对面的交流外，还可以通过电子邮件、QQ、BBS进行。

信息技术与课程整合是从另一个角度建立新型的师生沟通方式。在这个过程中，学生开始关注教师的网络生活，经常询问教师上网喜欢做什么、经常做什么、是不是玩游戏、是否喜欢聊天、和谁聊等等，教师都欣然回答。网络拉近了师生之间的距离，让学生在信息环境下感受教师的个人魅力。教师在互联网上的行为，是带动学生学习知识、进行网络道德教育很好的方式。信息技术与课程的整合，在知识普及过程中渗透情感教育，这样

的整合才是有效的。

(二) 整合过程中存在的一些误区

1. 将信息技术等同于计算机技术

在研究过程中发现，有许多教师认为信息技术就是计算机技术，简单地把上课的内容投影给学生，就认为作了信息技术与学科课程的整合。部分教师不能积极深入研究和探索信息技术与课程整合的理论与方法，尝试新型的教学模式，误认为"信息技术与课程整合"就是"计算机技术与课程整合"，在整合过程中一味追求技术的高难度，但却无益于解决课堂中的问题，其实这种理解和做法是非常狭隘的。"信息技术"远远比"计算机技术"的概念大，除了我们接触最多的计算机之外，投影机、视频展台、数码相机、数码摄像机、扫描仪、光电阅卷机等都属于信息技术产品，互联网、无线通信网也属于信息技术，运用这些技术也属于"信息技术与课程整合"。

2. 只要有网站、课件就等于作好了信息技术与课程的整合

在进行信息技术与课程整合的过程中，我们很清楚地认识到信息技术不是什么灵丹妙药，能解决教学中所有的问题，不合实际需要的整合，不依据科学理论的整合，不符合学生认知水平的整合，是达不到整合目标的。最初制作的"美丽的黄河风情线"课件内容集旅游景点导航图、图片、文字介绍、视频资料、录音功能于一体，教师上课应用课件后发现教学效果有明显的改善，但是后来通过与学生的交流又发现，学生认为如果在讲解的过程中加上配景点的视频（无配音解说），更能够让他们融入情景中。因此，信息技术与学科课程的整合不是简单的图片资料展示、视频资料放映，更不是教学内容在网站上的简单呈现。整合必须根据课程特点，经过教师精心的教学设计，要符合学生的需要和认知规律，符合本地导游市场的需要，教学资料才能发挥应有的作用。

3. 教师高估信息技术与课程整合的效果

在进行了信息技术与导游课程整合的设计制作后,作为设计者和教学的实施者都在心理上存在自满的现象,认为已经基本解决了以往教学中存在的不足和难点,也武断地认定信息技术与课程的整合达到了改善学生学习的目的,不再深入探索教学的效果。而恰恰相反,学生主动提出了教学过程中课件中的不足等问题,例如课件中视频的播放控制问题,学生希望能随机控制视频播放的节奏,能掌控学习,而教师却没有想到这一点。因此,好的教学要倾听学生的心声,不断改进整合中的不足,真正做到以学生为本。

信息技术与导游课程教学整合的实质是关于如何利用信息技术的一种理念,其核心是根据教育技术确定信息技术在导游课程教学中的研究策略;整合也是课程发展的一种理念,意义在于把信息技术的教育有机地融合到导游课程教学之中去。整合是一个动态的实践过程,由无序向有序,由点到面,由浅层向纵深不断发展。我们需要注意的是信息技术与导游课程整合,其主体是导游课程而非信息技术,切忌为使用技术而使用技术,甚至从不惜牺牲导游课程目标的实现为代价。应该以课程目标为最根本的出发点,以改善学习者的学习为目的,选用合适的技术。切忌在使用传统教学手段能够取得良好效果时,还生硬地使用信息技术。

总之,信息技术与导游课程整合,是指信息技术有机地与导游课程的课程结构、课程内容、课程资源以及课程实施等融合为一体,成为导游课程的有机组成部分,成为与导游课程内容和课程实施高度和谐自然的有机部分。

参考文献:

[1]范如涌,项晓乐. 职业教育信息化的概念、内涵及其发展模式分析. 电化教育研究, 2003(9).

[2] 徐万胥. 信息技术与课程整合的理念与策略. 电化教育研究, 2003(2).

[3] 张雄, 孙立文. 关于信息技术与学科教学整合的策略性的探索和思考. 中小学电教, 2004(5).

[4] 朱若非. 关于整合有效性的认识. 中小学电教, 2004(11).

[5] 姚晓慧, 王洪录. 信息技术与课程整合的理性思考. 中小学电教, 2004(11).

[6] 张筱兰. 信息技术与课程整合的理论与方法. 北京: 民族出版社, 2004.

[7] 何克抗, 林君芬, 张文兰. 教学系统设计. 北京: 高等教育出版社, 2006.

[8] 纵论信息技术与课程整合——访北京师范大学现代教育技术研究所何克抗教授. 中小学电教, 2004(2).

[9] 曾祥霖, 张绍文. 论信息技术与课程整合的内涵、层次和基础. 电化教育研究, 2006(1).

[10] 宋诚英. 信息技术与资源环境学科课程的整合. 中国林业教育, 2005(6).

[11] 贾志斌, 杨巧玉. 职业学校信息技术与课程整合的实践与反思. 职业教育研究, 2006(6).

[12] 汪秋英, 陈峰巨. 信息技术与服装设计课程的整合. 职业教育研究, 2006(4).

[13] 陈晓燕, 冯秀棋. 寻求信息技术与学科整合的整合点. 中国远程教育, 2005(3).

贵州省发展乡村旅游的可行性

贵州省绥阳县职业高级中学 王 毅

摘 要：贵州省乡村旅游资源丰富，乡村旅游开发工作在国内起步较早。近年来，贵州省政府制定了相关积极政策，有效地推动了乡村旅游的发展。贵州省作为经济欠发达地区，应当更加注重借鉴国内外成功经验，利用其独特的乡村风景、民风民俗、民族艺术等旅游资源发展乡村旅游，进一步推动农业与旅游业的结合，以达到农民增收、农村环境改善和游客满意的结果。

关键词：乡村旅游 发展 民族文化

旅游业是典型的资源依托型产业。贵州省拥有神奇的瀑布溶洞、美丽的温泉湖泊、罕见的高山峡谷、浓郁的民族特色、神秘的民间文化、奇特的民俗民风、奇异的服饰风格、古朴的风土人情，是乡村旅游资源丰富的地区，这些保持较好的原生态自然风景和民族文化，使得贵州具有全国性乃至世界性的独特资源，为贵州开发世界性乡村旅游产品创造了条件。同时，乡村旅游迎合了旅游者回归自然的心理，少数民族地区原始神秘的特点能激发旅游者强烈的好奇心，符合世界旅游求新、求异、求知、求乐的旅游需求，因此开发贵州的乡村旅游具有可行性。

一、丰富独特的资源是发展乡村旅游的先天禀赋

（一）乡村旅游的发展拥有充足的资源供给

贵州旅游业近年来取得了跨越式发展，旅游资源丰富，旅游

景点和线路日益完善,形成了以喀斯特岩溶风光和多民族风情文化相结合的旅游网络。目前贵州已形成以贵阳旅游区为中心,辐射全省的五大旅游区。

表 1　贵州省旅游资源分布①

以贵阳为中心的黔中旅游区	以湖上星罗棋布的小岛而著称的国家级风景名胜区红枫湖和百花湖风景区;以"真山真水到处是,花溪布局更天然。十里河滩明如镜,几步花圃几农田"闻名的高原明珠花溪公园;融岩溶、瀑布和民族风情为一体的天河潭景区;以"民族自然生态博物馆"而著称的镇山村布依族景区;以及南江峡谷、六广河峡谷、青岩古镇等。
以名山名水和民风民俗为特色的东部旅游区	以舞阳河国家级风景名胜区和梵净山、雷公山国家级自然保护区为辐射形成的旅游带;以镇远高过河、镇远古镇和青龙洞、岑巩龙鳌河、郎德上寨、西江苗寨、九摆苗族独柱地鼓楼、麻江下司、丹寨排牙苗寨、黎平八舟河、榕江古榕风景、从江增冲鼓楼和信地鼓楼、邑沙苗寨、龙里古镇、剑河温泉和阔叶原始森林、铜仁九龙洞、石阡温泉和佛顶山、松桃寨英古镇、沿河麻阳河黑叶猴自然保护区和红军渡、乌江画廊等为辐射的旅游带。

---

① 王旭:《贵州乡村旅游发展与反贫困选择》,载《贵州民族研究》,2005 年第 6 期。

续 表

以喀斯特生态旅游为主的西部旅游区	除了黄果树国家级风景名胜区和龙宫国家级风景名胜区外，主要以织金洞、马岭河峡谷、威宁草海、普定梭筛、紫云格凸河、花江大峡谷、安龙招堤、兴义泥凼石林、贞丰三岔河、盘县大洞竹海和坡上草原风景区、百里杜鹃、九洞天、大方猓朵河、纳雍总溪河景区为辐射源的旅游带。
以原始生态寻秘为特色的南部旅游区	以荔波樟江国家级风景名胜区和一批省级风景名胜区为辐射源，主要以都匀剑江、独山深河桥、平塘风景名胜区、龙里猴子沟、福泉洒金谷和古城垣、瓮安江界河、惠水万燕洞、长顺杜鹃湖白云山、罗甸大井、三都引郎石棺墓群和水族板庙寨为辐射源的旅游带。
以红色之旅为主题的北部旅游区	以历史名城遵义、国酒茅台以及国家级风景区、国家级自然保护区、国家森林公园以及一批省级风景名胜区为辐射源，有遵义景区、娄山风景名胜区、四渡赤水遗址、习水中亚热带常绿阔叶林国家级自然保护区、绥阳宽阔水、余庆大乌江风景名胜区为辐射源的旅游带。

（二）少数民族风俗具有独特的吸引力

贵州是少数民族聚集的山区，生活着苗、布依、侗、回、水、壮、满、白、土家、彝、仡佬等17个少数民族，少数民族人口占全省人口的38%，其中人口在10万人以上的少数民族就有9个，[1] 主要分布在黔东南、黔西南地区，这些地区完好地保

---

[1] 资料来源：贵州统计年鉴2004年。

存着许多"鲜活"的人类文化遗产。各个少数民族都有着独特的文化和生活习俗,极具旅游吸引力,苗族游方、彝族歌舞、侗族拦路歌、布依族酒歌与铜鼓都很有魅力。据统计,这些少数民族每年的民族节日就达1 000多个,仅在黔东南一带每年就有135个民族盛会,其中三月三、四月八、火把节、龙舟节、六月六、歌酒节等都是典型民族盛会。这些宝贵的节庆活动,为体验式旅游活动的开展提供了丰富的素材。

贵州少数民族地区建筑风格独特,有侗家人的风雨桥和鼓楼,苗家人的吊脚楼,布依族的石板房,彝族的土司庄园等等,还有精湛的银饰花边,绮丽的挑花蜡染,多彩的民族服饰,侗族大歌,傩戏歌舞,壮观的斗牛大赛,惊险的上刀山下火海,以及独特的饮食文化、酒文化、茶文化,其产品具有不可替代性,形成了五光十色的"千岛文化"。

(三)民族历史文化资源是发展的亮点

贵州省是一个多民族的省份,也是拥有多民族文化的省份,各民族在各自发展的历史进程中,创造出灿烂的民族历史文化,留下了丰富的文化遗产与文物古迹。其中有堪称世界奇观的古人类文化遗址,如普定穿洞遗址、黔西观音洞遗址、桐梓岩灰洞遗址、盘县大洞古人类遗址等;有体现民族古建筑文化的民族民俗建筑物,如镇远青龙洞、从江增冲鼓楼、大屯土司庄园、安顺府文庙等。民族文化的多样性与多种文化的积淀,使贵州形成了多元文化并存的格局,成为天然的"民族文化博物馆"。继1997年我国政府与挪威政府联合在贵州六枝梭嘎苗寨建立了第一座生态博物馆后,我国政府还在贵州再建了贵阳市的布依山寨"镇山村"、锦屏县"隆里古城"、黎平县"堂安侗寨"三座民族生态博物馆。黔东南苗族侗族自治州还被联合国评为全球"回归自然、返璞归真"的十大圣地之一。可见,在这片经济发展滞后地区,丰富多彩的民族传统文化获得了完好的保留,各民族融洽相处，有着厚重的文化积累。这些文化出自乡村，保存在乡村，是贵州发展乡村旅游的后发优势之所在。

二、良好的发展契机是重要的推动力

随着国内居民收入的增加和假日的不断增多，人民生活水平得到较大的改善，符合现代人心理需求的旅游业成为最热门的行业之一。已经厌倦了城市生活的人们，向往远离都市喧嚣的乡村，对返璞归真、回归自然的愿望和要求越来越强烈，使得乡村旅游逐步升温。贵州历史文化和自然风貌的原生性正好符合了当代人的旅游审美需要，在国内外旅游需求旺盛的背景下，贵州的乡村旅游业获得了良好的发展契机。

由联合国世界旅游组织和国家旅游局、贵州省政府联合主办的"2006年乡村旅游国际论坛"，使贵州乡村旅游走向国际化趋势。在世界旅游组织和国家旅游局的帮助下编制完成的《贵州省旅游发展总体规划》中，明确提出将乡村旅游作为贵州旅游业发展的一个重点，由此确立了贵州乡村旅游重要的战略地位。

贵州省紧紧抓住这个难得的机遇，近三年来不断增加乡村旅游在国内外的宣传活动以扩大其知名度，对乡村旅游的发展起到了积极的推动作用。在总结前几年宣传推广活动的经验上，2008年贵州省继续以"多彩贵州"的形象在国内外加以推广，先后邀请了日本、韩国等国外媒体和我国台湾媒体、旅行商赴黔考察，组织省内的旅游部门、旅游企业参加境内外主要客源市场的旅游宣传促销活动，省领导亲自带团赴韩国以及上海、南京、杭州、北京、济南、长沙、武汉、太原、郑州等地开展形式多样的旅游宣传活动，产生了积极的影响。

同时，贵州省加强与国际旅游组织的广泛合作，为贵州乡村旅游的发展提供了人才和资金的支持。在世界旅游组织秘书长弗朗加利先生和贵州省旅游局的大力宣传下，越来越多的外国旅游者开始关注贵州的乡村旅游,他们的到来给贵州乡村旅游带来了新的活力,为乡村旅游的发展提供了更加广阔的空间。在立足国内乡村旅游市场的前提下,国际乡村旅游市场为贵州提供了更大的舞台。

三、可靠的客源市场提供了需求保障

乡村旅游为贵州旅游业的发展释放出新动力,客源市场前景广阔。就国内旅游市场来说,贵州省传统的国内三大旅游客源地市场,长江三角洲赴黔游客所占比例最大,其次是珠江三角洲地区,以北京为重点的京津唐地区排第三位(见表2),发展潜力巨大,增长速度快。2007年,北京到贵州的游客达53.67万人次,山东游客40.25万人次,分别较上年增长35%和15%。[①] 2008年6月,由贵州省省委、省政府组团,继续以"多彩贵州"的旅游形象到北京、山东等重要的客源市场进行推介活动,为贵州进一步挖掘潜在旅游市场发挥了重要作用。

就国际旅游市场来说,到贵州的外国游客来自许多国家,各国的游客数量不一,但数量不大,其中前10位客源国占总量的72%。洲内市场明显,前5位都是亚洲国家,其中最具潜力的市场是日本、韩国和一些东南亚国家,加上目前主要的客源市场——我国港澳地区,共占市场总量的47%。[②] 近几年来,日本平均每年都有超过1.3万人次的游客到贵州旅游。2005年,贵州接待日本游客近1.6万人次。[③] 位置较远的欧洲及美国、澳大利亚也将成为今后关注的焦点。

---

① 《贵州旅游重要的客源市场》,载《贵州日报》,2008-03-27。
② 《2006年贵州乡村旅游规划》(专著),贵州人民出版社2006年版。
③ 《日本旅游界看好贵州旅游》,载《贵州日报》,2007-06-07。

表2 2006年贵州客源地构成（%）

	省内	周边地区	京津唐	长三角	珠三角	其他省份	国外
贵州省	64.6	12.6	2.5	10.4	2.0	7.0	0.5
贵阳市	89.8	3.1	1.6	0.8	—	4.7	—
黔东南	36.7	9.5	4.8	29.3	4.1	14.3	1.4
黔南	67.4	25.3	2.1	1.1	2.1	2.1	0

资料来源：2006年贵州乡村旅游规划。

从客源市场分析来看，贵州正在逐步形成其相对稳定的市场格局，新的市场不断开拓，旅游业发展成绩显著。2008年，全省旅游业持续增长，1~8月全省接待入境游客26.47万人，接待国内旅游者4 664.32万人，实现旅游总收入292.57亿元，同比增长46.64%。[1] 2008年1~6月，贵州省旅游业实现接待3 768.92万人次，增长16.09%；旅游收入达252.06亿元，增长32.4%。[2]

四、便捷的交通是可进入性的前提条件

发达的旅游业离不开便捷的交通，目前贵州省已基本形成以航空、铁路、公路相结合的立体旅游交通网络。为了提高周边省区旅游的可进入性，2007年下半年，贵州省委、省政府作出了建设贵阳至广州快速铁路和高速公路的重大决策，这对开拓珠江三角洲广阔的旅游市场具有重大战略意义。这两条快速通道沿线地区旅游资源富集，在合理规划和开发的基础上，有可能成为贵

---

[1]《当代贵州》，2007年第19~20期。
[2]《积极应对贵州上半年旅游接待、旅游收入实现双增长》，贵州新闻中心，2008-07-08。

州旅游新的观光路、致富路。可以预见,随着交通条件的逐步改善,贵州省旅游业的发展将呈现出新的格局,为贵州乡村旅游的快速发展创造良好的前提条件。

从省内旅游交通构架来看,贵州省东西长595公里,南北长509公里,贵阳处于全省的中心区位,建好贵阳机场,将贵阳与各市(州、地)中心城市和各个重点景区用高速公路连通,基本可实现贵阳到各个市(州、地)3个小时的旅游行程。为此,2008年贵州省还将调整全省高速公路路网规划,力争使所有重点景区都有高速公路连接。2008年6月,贵阳机场向境外航空公司开放,贵州入境旅游发展速度将进一步提升,吸引更多的境外游客。

景区外部的交通改善对景区客流增加具有决定性作用,黄果树景区就颇具典型性。在清镇至镇宁高速公路修通之前,黄果树景区每年接待游客人数一直在100万人次以下,高速公路修通之后,2004年当年就突破了100万人次,2005年和2006年又先后突破了200万人次和300万人次。[①]可见,可进入性是贵州旅游业发展的先决条件和关键因素。

五、宜人的气候资源提供了舒适的环境

把空气和气候视为旅游资源,是当今国内外旅游的新观念、新时尚、新追求,是完全符合现代人的旅游需求新取向。贵州广大农村,空气质量的优良指数和空气宜人程度,为贵州乡村旅游的发展提升了品牌效应。贵州属亚热带温湿气候区,拥有得天独厚的气候和丰沛的降雨量,其气候特征可概括为:立体气候明显,气候温暖湿润,无霜期长,冬无严寒,夏无酷暑,雨量充

---

① 《黄果树在全国推行"品牌化"宣传》,载《贵州日报》,2008-03-25。

沛，四季明显。大部分平均气温在 15.6 摄氏度，年降雨量在 1 300 毫米左右，日照时数全年 1 300 小时，具有光、热、雨同季的特点。例如，贵州省会城市贵阳空气质量优良，宜人气候使贵阳成为国内公认的"避暑之都"、"天然大空调"、"第二春城"。贵阳平均海拔 1 250 米，年平均日照数 1 354 小时左右，相对湿度 75.5%，全年无霜期 270 天左右，年平均气温 15.3 摄氏度，最热的月份平均气温 24 摄氏度，最冷的月份平均气温 4.6 摄氏度。环境优势和气候优势使贵州可常年开展旅游，是旅游者观光、采风、度假、休闲、疗养、科考、探险的理想之地。

参考文献：

[1] 王旭. 贵州乡村旅游发展与反贫困选择. 贵州民族研究，2005(6).

[2] 当代贵州，2007(17~20).

酒店员工流失问题及对策研究

山东省德州信息工程职业中等专业学校　王　翠

摘　要：酒店业是劳动密集型行业。旅游产业的蓬勃发展为酒店业的发展提供了广阔舞台。酒店行业的竞争，其实质是人才的竞争。但是酒店员工流失率的居高不下是困扰酒店业的一大难题，严重阻碍了酒店的可持续发展。本文在分析酒店员工流失的现状及其影响的基础上找出高流失率的原因，并采取相应的对策来解决员工高流失率的问题，从而促使酒店业的可持续发展。

关键词：酒店　员工流失率　对策

据世界旅游组织预测，到2020年中国将成为世界旅游大国甚至是旅游强国。酒店业作为旅游业的三大支柱产业之一，发展前景广阔。但是，随着酒店业的迅猛发展，业内竞争加剧，这种竞争越来越体现为人才、员工整体素质的竞争，实际上是酒店所拥有的人力资本的较量。服务是酒店业的精髓，服务来自于人，所以酒店经营成功与否关键因素就是员工。对于酒店员工的流动问题，从整个社会的角度来看，它有利于实现人力资源的合理配置，从而提高人力资源的使用效率；从酒店的角度来看，适度的人员流动，可优化酒店内部人员结构，使酒店充满生机和活力。合理的人员流动，无论是对社会还是酒店来说，都是必须的，但是目前我国大部分地区存在着酒店员工流动率过高的现象。酒店留不住员工的现象日趋严重，其造成的直接后果是酒店的服务质量降低，酒店人力资源管理成本增加，严重影响酒店正常的经营管理活动。因此,如何有效防范和控制酒店员工流失问题已成为酒店管理者急需解决的问题。

一、酒店员工流失现状及其影响

(一) 酒店员工流失现状

现代酒店业员工的高流失率成为困扰酒店管理者的难题。一项统计表明,北京、上海、广东等地区的酒店员工平均流动率在30%左右,有些酒店甚至高达45%。流动率是指一定时期内从业人员的调入、调出之和与从业人员平均人数之比。在其他行业,正常的人员的流动率一般在5%～10%左右,作为劳动密集型企业,酒店的流动率也不应超过15%。但据中国旅游协会人力资源开发培训中心对国内23个城市33家二星级到五星级酒店人力资源的一项调查反映,近5年酒店业员工流动率高达23.95%。江苏省旅游局的一份调查表明,2001～2005年间,江苏旅游酒店经营管理人员流失率在35%左右,基层工作人员流失率高达80%。由此可见酒店员工流失问题的严重性。

(二) 酒店员工高流失率对酒店的影响

适度的人员流动,可优化酒店内部人员结构,使酒店充满生机和活力,但目前如此高的员工流动率显然已给我国酒店业的整体发展带来了不利的影响。具体表现为:

1. 导致经营费用增加

酒店招聘、培训人才,都要进行人才资本的投资,这些投资会随着员工的流失而流出酒店,流入到其他酒店或其他行业。酒店为维护正常的经营活动,在原有员工流失后,需要重新招聘合适的人才来填补空缺职位,从而需要支付一定的更替成本。许多酒店管理人士认为,损失的可能只是一些招聘费用,其实不然。酒店放任员工流失而不予控制,从表面上看是节约了薪资支出,其实是因小失大。我们先来了解一下员工流失成本的计算:员工流失成本＝员工离职成本＋岗位空缺成本＋替换成本＋损失的生产率成本－节约的成本。由此可见，一方面，酒店损失的并不仅仅是重新填补岗位所需要的招聘费用和培训费用，酒店原先培养员工的成本也随之被浪费；另一方面，酒店因为职位空缺所造成的效率低下，也影响到酒店的利润回报，这些都将被计入员工流失成本中。如果是一线员工短时大批量流失，会严重涉及酒店的业务开展，不但使酒店经济上蒙受损失，在信誉上也会大打折扣，从而降低酒店的经营利润，实在不可小觑。

2. 影响服务质量和效率

人员的高比例流动，骨干不断地流失，不仅会给酒店企业造成经济上的影响，还会给酒店的服务质量带来很大的影响。当员工有离开的念头时，就不会再像以前一样努力工作，那么他的工作质量就会大大下降，容易引起客人投诉等问题，从而使酒店服务质量和效率下降。另外，人员流失后酒店为保证正常运行需要及时招聘新员工，他们的业务熟练程度需要一个过程，而这过程中的服务质量和离开的老员工的优秀服务质量差距是很大的，所以也间接地给酒店带来了影响。如果是中层管理人员的流失，在服务质量上造成的影响就更大了。

3. 造成客源流失

一线员工跳槽，可能只影响到酒店的日常业务开展，给酒店造成损失最大的往往是销售人员。一家酒店老总面对销售经理带走了客户资料跳槽，气愤地说："现在的员工真是没良心，一名员工在销售部干了5年，送出去学习，培养成经理，结果翅膀硬了就攀高枝，还是跳槽了，把一些客户也带走了。"一般来讲，销售人员都会在自己开展工作的同时掌握相当的客户资源，这些人员的流失，将会直接造成客户因为联系不到销售人员，又不想再一次谈判而寻求另外的酒店；也可能销售人员将这些客户带到新的酒店重新发展关系。这样，酒店不仅损失了大批量的客户资源,又增加了竞争的对手。酒店中高层管理人员离职,也同样会带走一些客户。

除以上所述,一个酒店员工的频繁跳槽也会影响到其他在职人员的士气和情绪,一部分员工的流失对其他在岗人员的情绪及工作态度会产生不利的影响。这是因为一部分员工的流失可能会刺激更大范围的人员流失,而且向其他员工提示还有其他的选择机会存在。特别是当人们看到流失的员工得到了更好的发展机遇或因流出而获得更多的收益时,留在岗位上的人员就会人心思动,工作积极性受到影响,也许从前从未考虑过寻找新的工作的员工也会开始或准备寻找新的工作。

二、酒店员工高流失率的原因

(一) 员工个人原因造成其跳槽或辞职

1. 寻求更高的薪酬收入

目前酒店业的薪资水平早已不具备行业优势,据国家统计局公布,2007年全国城镇单位在岗职工年平均工资为24 932元,月平均2 078元;而调查显示,即使是旅游业发展相对较好的北京、上海等地,其普通员工的月工资水平也仅2 000元左右,甚至1 500元以下。可见,目前我国酒店业薪资水平明显偏低,在社会劳动力市场薪酬水平中处于中下水平。当员工寻找到了能够为自己提供更高报酬、能够更好展示自身才华与价值的企业时,就有可能抵制不住诱惑而选择离开。同时,不同星级、不同档次酒店之间的薪酬差异,也为酒店人员跳槽提供了动力和欲望。

2. 追求更好的环境

酒店员工,尤其是身处第一线的服务人员,工作量大,工作辛苦,有时还要遭受少数客人的有意刁难甚至人格侮辱。有些酒店,出于管理者自身素质不高或管理方法欠妥,致使员工感觉没得到应有的关心和尊重;有些酒店,特别是老国有酒店,存在着内部人员关系过于复杂的问题,一些员工因无法忍受这种压抑的工作环境而跳槽。离开压抑的工作环境,寻找更轻松的工作氛围,成了不少酒店员工特别是进酒店工作 2~3 年员工的跳槽原因。据北京旅游局统计,因这个因素引起的流动占由于个人原因而产生流动的人员的 21%。

3. **受传统观念的影响**

传统观念的影响主要来自于社会和家庭等方面。一些员工认为自己所从事的服务工作低人一等,因而,一旦有机会,他们就会想方设法地到其他行业中工作。另外,在我国酒店行业中,大部分酒店人才认为自己从事的职业没有社会地位,工作缺乏稳定性,与其他行业从业人员相比不体面。大部分旅游企业又不能提供长期性、稳定性的工作,这与中国人传统的就业观念相背离,造成大部分酒店管理专业高校毕业生不愿意到酒店企业工作,在岗职工只要外部条件成熟就转到其他行业去了。尤其是酒店女员工居多,认为是吃青春饭的行业,由于自身心理和生理原因,也较容易产生波动。在海南有的酒店新招聘的大学生,工作不到两年全部流失,主要原因在于他们心理预期与现实工作存在较大差距。

(二) 酒店的管理政策和措施不当造成员工流失

1. **酒店招聘误区**

酒店在招聘员工的时候,只要缺人就急招,很少考虑员工的个人情况及酒店的需要。一方面,酒店没有考虑员工是否能满足酒店工作和岗位的需要;另一方面,酒店没有考虑员工个体内在的特征如性格、职业取向等是否与酒店的基本特征相一致。酒店各部门没有科学的专门的员工考核程序,招聘员工靠的是部门负责人的感觉,往往员工上岗后发现工作不适合自己,而招聘进来的员工也不符合部门的要求,因此,员工极易流动。

2. 酒店与员工之间的沟通不畅

沟通是酒店员工管理中的重要环节，除了与客人讲求沟通外，酒店工作人员之间也应讲求沟通，特别是上下级之间，如果缺乏沟通或沟通不好则往往会出问题或事故。员工的怨气没得到发泄，就会抱怨，还会把这种抱怨带给身边的人而引起大家的共鸣，整个酒店企业的士气就会低迷，工作效率就会大大降低。如果酒店信息沟通渠道不畅，缺乏必要的反馈，就会引起很多误解与矛盾，降低员工满意度。

三、解决酒店员工高流失率的对策

随着酒店吸引力的日趋下降和酒店人才竞争的日趋激烈，如何吸引和留住员工，越来越成为每个酒店最为关心的问题。著名哲学家黑格尔有一句名言："凡是存在的都是合理的。"其核心思想是说，凡是客观存在的事物都有其存在的必然性。对于酒店人员流动的认识也应如此。由于人力资源市场调节带有自发性，因此，不可能是规则的、有序的、理性的。我们要做的是适应人才流动，研究人员流动的特点和规律，总结和探索面对酒店员工流失问题的对策，趋利避害，限制其消极作用，发挥其积极作用。

（一）把握好招聘环节

招聘是酒店获得员工的重要环节。招聘面试中，酒店可先通过职位分析问卷、工作任务问卷和关键事件技术等方法，分析各个岗位需要的知识、技能和能力等相关特征，然后对求职者的价值观、应聘目的、人格特征等进行分析，再对酒店组织文化等进行分析，判断应聘员工与组织是否匹配。如果匹配，还需要做好员工入店后的组织社会化工作，努力寻求双方都认可、都接受的共通之处，实现员工的组织社会化。

1. 招聘的注意事项

(1) 简历并不能代表本人。酒店招聘人员可以通过简历大致地了解应聘者的情况，初步地判断出是否需要安排面试。但招聘人员应该尽量避免通过简历对应聘者作深入的评价，也不应该因为简历对面试产生影响。

(2) 工作经历比学历重要。对于有工作经验的人而言，他以前所处的工作环境和他以前所从事的工作最能反映出他的需求特征与能力特征，还可以反映出他的价值观和价值取向，这些信息远比学历信息更重要。

(3) 不要忽视求职者的个性特征。首先要考察应聘者的性格特征在这个岗位上是否有发展潜力，有些应聘者可能在知识层面上适合该岗位的要求，但个性特征却不适合。

(4) 让应聘者更多地了解酒店。应聘者对酒店不切实际的期望过高，在他进入酒店后，他的失望也就会越大，这种状况会导致员工对酒店的不满，甚至离职。

2. 返聘

酒店返聘就是指酒店将解雇、提前退休、已退休或下岗待业的员工再召回酒店来工作。对于那些因酒店原因遭解聘离职的员工，可以与他们保持联系，当酒店需要招聘员工时，主动联系他们并优先录用。这些人大多对酒店工作非常熟悉，不需要酒店进行过多的培训就可以直接上岗，既节省酒店的经营成本且他们往往十分珍惜再次就业的机会，并且可以塑造酒店良好的形象，增强酒店的凝聚力。

(二) 实施人才储备

1. 酒店管理集团与院校合作，培养专门人才

在国内，上海锦江国际酒店集团和瑞士理诺士酒店管理学院合作，2003年底设立了"锦江理诺士酒店学院"，为中国酒店业人才培养模式开了先河。我国酒店业可以与国际知名院校和企业

合作办学，培养高层次的实用型人才。这种酒店管理集团人才培养的模式，适合与教育部门合作，联合办学，有计划地培养和储备酒店管理人才。酒店管理专业毕业的大专院校学生，是酒店业人力资源的重要组成部分，也是今后酒店发展的生力军。酒店可以与这些院校建立合作伙伴关系，一方面为学院的教学提供良好的实习场所，使学生能在实践中磨炼成长；另一方面，酒店可以根据实习生的工作情况、学习态度、领班的评价等建立后备人才数据库，在为毕业生提供就业机会的同时，挑选到适合酒店的专业人士。例如，2002年，杭州国际假日酒店与浙江经贸职业技术学院进行了校企合作，首批学生在各部门进行了为期一年的实习，通过考评，酒店对一部分学生表示了留用意向，这些毕业生将成为该酒店人才的后备力量。

2. 实施战略性的人才储备

所谓战略性的人才储备，即在每位骨干员工包括管理者的背后都备有一位替代性的人才，这些员工可以由骨干员工推荐，并由骨干员工负责培养。这样，一旦出现职位空缺，可以及时找到合适的人才，而且，晋升内部员工也有利于留住员工，留住人才，鼓舞每个员工用更大的热情对待酒店事业。另外，交叉培训、轮岗培训、外派学习等等都是酒店留住员工、吸引人才的有效措施。

（三）实施员工的职业发展规划管理

职业发展，是指一个人遵循一定的道路或途径去实现所选定的职业目标。酒店管理岗位是有限的，相当多的员工不可能得到升迁，实施多重职业发展路径无疑是满足员工多重需要的有效措施。酒店为员工制定个人发展规划，协助员工学习各种知识和技能，通过个人职业发展规划，使每位员工对自己目前所拥有的技能进行评估，并考虑酒店发展的需求，使自己的特长及发展方向符合酒店变化的需求，帮助员工适应酒店多方面的工作及未来发展的需要。酒店通过为员工制定良好的个人发展规划，给予员工丰富的教育和培训机会，能够促进员工个人和酒店的共同发展，降低员工的流动率。同时，要给那些学历水平较低，但是服务技能和服务经验很好的员工以好的出路。酒店也可推出"首席服务员"等岗位，给优秀员工以合理的预期，从而留住员工。

1. 重视员工培训

目前，国内酒店有些管理人员只强调短期积极效益，缺乏长远观点，认为培训工作只会增加酒店的成本费用，从而降低利润数额而忽视对员工的培训。有些酒店管理人员担心员工早晚会跳槽而不愿意花大力气进行员工培训。美国国际数据公司有一项最新调查显示："如果企业缺少培训机会，44%的员工会选择在一年之内更换工作。"因而，酒店管理者应本着"员工第一"的原则，重视员工的培训工作，给他们提供各种再充电的机会。首先，加强员工的培训有利于员工摒弃世俗观念，树立正确的工作认识，培养良好的职业道德。其次，员工培训有利于增强员工的自信心。再次，为员工晋升创造条件，促进员工的职业发展。

2. 鼓励内部"跳槽"

南京金陵酒店就鼓励他们的员工在一个岗位上干上一两年后就可以在内部流动，不断学习和掌握新的技术。为了方便员工在酒店内流动，酒店还专门建立了一个在线数据库。这样，各部门经理就可以很容易地从酒店内部找到合适的人选，这就是所谓的内部"跳槽"。我们都知道，当一个人长期从事某项工作，就容易麻木僵化，看什么都习以为常，反应也会越来越迟钝，到最后甚至产生厌倦情绪，当然也就谈不上什么压力和动力了。作为劳动密集型企业，酒店的岗位是比较多的，因此，酒店完全有条件改变让员工长期在一个工作岗位的旧观念，不妨学学南京金陵酒店的做法，创造条件让员工有机会跨岗位、跨部门工作和发展，从而大大地减小他们向外看、向外奔的可能性，降低员工的流动率。经历是一种财富,内部"跳槽"对提高员工素质、留住员工,同时对酒店改善各部门的沟通与协调大有益处。如此做法就很值得同行业借鉴。

(四) 健全激励机制

科学地进行员工激励,激发员工工作热情和创造性,提高员工忠诚度和提升企业竞争力,这是酒店发展的根本途径。

1. 物质激励

特质激励是一种最基本的激励手段。

(1) 薪酬激励。薪资报酬是激励员工的基础。科学地设计企业员工的薪酬结构,且把员工的薪酬与绩效挂钩,从而更好地激励员工的积极性。

(2) 福利激励。酒店的福利激励是指酒店的管理者根据酒店的经济效益制定有关福利待遇的发放标准,确保员工生存与安全的需要,激励员工为酒店作更多的贡献。福利的形式多种多样,如养老金、失业金、退休金、医疗保险、保健补助等。对连续工作满一定年限的员工,可享受带薪休假和其他更多的福利;根据贡献和业绩,可以每月评出优秀员工,给予奖励旅游等。福利政策要落实,不能偷工减料,才能发挥激励作用。

(3) 共享成果。一是分享酒店业绩增长的成果。员工为酒店付出、提高了业绩,酒店应适当地跟员工分享成果,让员工享受到努力所带来的收获,更加努力工作以期获得更多的收益;酒店也从中获益,实现双赢。二是分享成本减少的成果。酒店是物资消耗较大的企业,减少物资浪费就能降低经营成本,而接触消耗品的是员工。酒店应设置减少消耗奖励计划,鼓励员工共同节约,并把节约成果与员工分享。为酒店节约就是为自己增加收入,员工将会自觉地减少浪费。

(4) 名衔奖励。设置荣誉奖项并给予一定的物质奖励,如创新奖,鼓励员工发明节约的方法,改进服务的方法。还有优秀员工奖、最佳服务奖、服务质量奖、突出贡献奖、客人满意奖、微笑奖等，名号和头衔可增强和满足员工的荣誉感。

2. 非物质激励

非物质激励中首推感情激励。唐代诗人白居易说过："感人心者，莫先乎情。"感情激励是指企业的领导者要加强与员工的感情沟通，尊重员工，关心员工，帮助员工解决实际困难，与员工建立亲切感情，使酒店的员工体会到酒店的关心和温暖，从而激励他们的积极性和责任感，促使他们保持良好的情绪和工作热情。比如说，当员工生日的时候在酒店挂个标有祝他生日快乐的横幅，并在吃饭时特意给他送上一个小小的生日蛋糕，成本虽不大，但心意足以让人感动；为员工建个小小的员工影院，丰富员工生活；等等。

（1）加强与在职员工之间的沟通。人类除了睡觉，70%的时间都是用在人际沟通上。"沟通不好"也是现在员工跳槽的主要原因之一。从现代酒店的经营理念考虑，坚持顾客第一是没有错的，但是从酒店管理的角度看，我们更应重视员工，"有了快乐的员工，才会有快乐的顾客"。所以，酒店管理者应当充分重视员工的利益，关心员工的生活，支持员工的工作，尊重员工的人格，注重与员工的平等沟通。切实做到让员工冤有申处，怒有撒处，用情感的纽带将员工与管理者、员工与酒店连接在一起，让他们充分感受到酒店的温暖，这样他们就不会轻易离去。

（2）做好员工离职管理。员工的离职面谈是目前很多酒店还未重视的方面，甚至很多酒店都没有设立这一项工作内容，员工辞职只要办完相关手续就走人了，也没有去研究员工离职背后存在的原因，其实做好了离职员工的面谈工作可以为避免今后更多员工离职提供许多有益的经验。首先，了解员工离职的真正原因，有些员工平常不会说的话或提的意见往往在离职的时候会说出来，可以帮助管理者了解工作中存在的一些问题和漏洞。其次,及时处理和解决离职员工反映的且目前工作中很可能仍存在的问题,防止产生更大的损失。再次,即使员工要离职,仍能感受到酒店的关心和温暖,很可能产生两种结果:一是最终被酒店的诚意所感动而继续留下来;二是即使离职后,对酒店仍有好感而不会对外丑化酒店形象。

四、结 语

水能载舟,亦能覆舟。酒店员工是酒店得以生存与发展的重要基础,所以酒店管理者要正确认识员工的重要性,真正地把员工放到酒店核心位置,经常激励、关心员工。只有这样,才能使酒店在激烈的行业竞争中始终处于不败之地,才能为酒店企业的发展吸引更多更好的人才,使自己永远处在竞争中的最前端。

参考文献:

[1]孙刚.迎难而上,争取我国酒店经营情况的进一步好转.旅游学刊,1999(3).

[2]杨惠文.酒店员工流失的原因、影响与对策分析.企业家天地,2007(7).

[3]殷红卫,祝晔,赵志霞.星级酒店员工流失诊断与对策.商场现代化,2008(3).

[4]周坚.浅析酒店员工流失问题.经营管理者,2008(11).

[5]耿煜.新编现代酒店人力资源开发管理实务全书.北京:企业管理出版社,2007.

[6]徐文苑,荷湘辉.酒店人力资源管理.北京:清华大学出版社,2005.

[7]钟华.深圳酒店业人力资源战略.改革与战略,2005(3).

[8]吕君,曹文继.浅谈酒店员工流失的现状与原因.内蒙古财经学院学报,2008(4).

[9]吕敏,王显成.酒店员工高流失率成因探析.北方经贸,2009(1).

[10]胡朝举,黄响报.论酒店员工激励对策.商场现代化,2008(34).

角色扮演法在旅游法规教学中的应用

——以"旅游合同法律制度"为例解析

湖南省商业技术学院 盛 嘉

摘 要：角色扮演法是中职旅游与酒店服务教学中值得探讨的新的教学方法。在职教事业"以就业为导向"的指导思想下，其发挥着桥梁作用，真正做到了理论联系实际。旅游法规课程对于中职学生而言，难度较大。这就需要新的教学方法，能在发挥教师的引导作用的同时，更能帮助学生提高主体意识，让学生在"做中学"。角色扮演法通过简单的情景模拟，使学生借助角色的设计、演练、分析和讨论，在模拟实践中发现问题，更好地理解、掌握知识，提高运用知识的能力。

关键词：角色扮演法 旅游法规应用

一、背 景

一直以来，我们的教育方法都是在讲授法的基础上进行简单的延伸。学生的学法也就在识记、理解中，不断地单调重复。课堂一直是老师为主体，学生被动接受。这就与我们需要培养学生积极主动地学习的宗旨相违背。学生的依赖性越来越强，学习缺乏趣味性；部分学生懒于学习，甚至产生厌学情绪。

这种教学模式对于学习能力、自控能力差的那部分学生来说，无异于就是淘汰的开始。我们中职的学生大部分就属于此类，他们在传统的应试教育中败下阵来，犹犹豫豫地走进了职校。如果我们不改变教学方法，不但学生学不进知识，锻炼不出能力，还会使学生进入新一轮的恶性循环，进而我们的企业得不到合格的人力输入，职业教育走入瓶颈阶段。

旅游酒店专业实践性很强，培养目标是具有一定的专业理论基础，掌握专业技能的实用型人才。面对文化基础差，又缺乏社会实践经验的中职学生，旅游酒店专业教学必须采用新的更灵活的教学方法。因此，我们将角色扮演教学法适时引进了课堂。

二、角色扮演教学法

角色扮演为心理学家莫雷诺（J. D. Moreno）所创。其于1920年创设心理剧后，角色扮演也就成为团体辅导、咨商以及教学上的重要技术。角色扮演教学法乃由 Fannin Shaftel 和 George Shaftel 于1967年所建立，借由表演问题情景和讨论表演来探索感情、态度、价值、人际关系问题和解决策略。

角色扮演教学法适用于一些需要亲身体验学习的知识，它先让学生在与真实生活情景相类似的剧中去了解、揣摩、体会与感受，并配合过程中的讨论与事后的省思，加强学生对问题情景了解的深度，借此激发学生的学习动机与学习兴趣，使学习效果能够提升。

角色扮演教学法表现了以行动来掌握真实情景的教育意义，并且提供了一个问题情景，使学生有机会在体验中去学习，并且培养出新的行为模式与技巧。通过固定程序的演练，使学生在共同讨论的基础上，得到了充分的思考与反思，培养了专业价值观和专业技能，学会了沟通、包容，真正掌握了知识并能灵活运用。

三、角色扮演教学法在"旅游法规"课程中的应用

角色扮演教学法的应用过程一般包括：暖身准备——选择情

景——设置角色——安排分工——角色扮演——讨论、评鉴。

下面，以"旅游合同法律制度"这一"旅游法规"课程中的重难点章节为例：

（一）暖身准备

暖身准备是角色扮演必不可少的环节。通过此环节，能使学生对即将进入的情景建立初步的了解与认识。由教师事先根据教学内容，预先要求学生做好准备工作。准备的途径有很多，比如说预习教学内容；可以在专业书籍或报纸杂志、专业网站搜集相关案例；寻找旅游合同的范本；甚至可以到旅行社实地观摩等。这些都是知识资料准备。

（二）选择情景

情景的设置选择必须与教学内容相符，且更需要贴近旅游工作的实际安排。好的情景的创设，不仅影响到角色的扮演和探讨，专业能力的表演和展现，最终还影响到对扮演者的评价。在"旅游合同法律制度"这一章中，大多数情景都选择为旅行社内各相关部门，当然，也可以扩展为与旅行社有关的业务单位。由于受到教学时数的限制，在课堂上我们主要将前者作为首选情景，将后者作为课后的拓展情景，从而达到举一反三的良好教学效果。

（三）设置角色

在学习的初期阶段，教师可以借用教材上的案例来设置角色，简单易行、可操作性强；进入学习的中后期时，如果学生已经充分认识了角色扮演教学法，并能熟练操作，教师可以放心由学生自行讨论设置角色。在"旅游合同法律制度"这个章节中，教师一般将角色设置为旅行社的接待人员和客人（咨询类、陪同类、旅游者）等。

（四）安排分工

依据教学目的，每一个角色还需要分析特征，设计任务。教师可以独立完成,或者若时间允许,由教师和学生共同完成,如旅游合同的设计、订立、变更,承担违约责任等。

实际上,在教学过程中,学生可分为三个部分,一部分自愿扮演角色,一部分担任观众,一部分充当评委。观众负责提问,评委负责打分,扮演者表演之后要答疑。

(五)角色扮演

学生进行角色扮演,必然要有几个同学一组合作学习、分析讨论、排练改进。教师除了事先指导之外,关键要能控制好扮演时的状况,及时处理好各类突发状况。运用专业知识技能处理解决好突发状况,会给学生留下更深刻的印象。如旅行社的接待人员与旅游者商讨愉快,但合同订立时,旅行社拿出的却是无法更改的格式条款,怎么办?

(六)讨论、评鉴

当每一小组进行本组的表演后,其他小组可以提问或提出意见,由小组成员进行解答。所有的小组表演完毕后,由教师进行最后的点评。各组反思,取长补短,从而达到知识与技能共享的最终效果。

评价则由互评和师评两部分组成。评鉴的项目要符合职业标准,分数比例要合理,才能够体现出表演者的表演差异。

各小组的自评部分则放在作业中完成,给学生留下思考反思的空间,充分尊重学生的心理需求。

四、优点与缺陷

自从教师在课堂上采用角色扮演法组织教学后,教学效果有了很大的改观。说明角色扮演法有如下优点:

(1)使学生更清楚地认识到教学目标,教学任务明确,能学以致用。

(2)在寻找情景、设置角色的过程中,师生关系从传统的上下单项关系演变成合作交流的双向关系，开创了课堂教学的新局面。

（3）在这样的课堂中，学生变被动为主动，教学形式的活泼生动，大大调动了学生的积极性和创造性，使学生能主动学习思考，勇于突破创新。

（4）任务、角色的设计安排与实际工作相结合，将死的知识变成活的，学生更容易理解与掌握。相当于将企业搬进了学校，实现了零距离接轨。

然而，教学方法没有完美的，操作起来总有难度：

（1）教师的准备工作任务重。

（2）教师对于专业企业的认识了解要深，角色认识要清晰。

（3）评价的标准与细化。

（4）学生对专业、课程、角色的认识和学生自身素质的认识要透彻。

（5）表演难易程度的控制。

（6）课堂节奏的把握。

（7）企业标准与教学标准怎样才能更好地结合起来。

总之，角色扮演教学法尽管进入课堂教学的时间不长，还处在尝试阶段，但不可否认的是，这是一种实用的、学生接受并喜欢的新型教学方法，值得推广。

附1：《旅游合同订立》教学设计

一、教学设计思路

旅游合同的订立是旅行社业务工作的重要环节与内容。学生在掌握什么是旅游合同的基础上，设置学生模拟客人在旅行社签订旅游合同的情景，请各个学习小组根据所学的知识，进行角色扮演练习。由小组成员分别扮演不同角色，并根据客人的需要进行合同订立，由扮演旅行社接待人员的同学进行服务，让学生在亲身体验的过程中掌握知识要点，并运用服务接待用语进行接待服务，进而有效地掌握合同订立的内容。练习完成后请每个小组分别就其操作过程进行互评，并在课后自评中说出本小组各角色的不足之处。从而培养学生发现问题、解决问题的能力，为今后进入旅行社工作作好知识与能力的准备，培养学生的专业素质。

二、教学内容

第二章"旅游合同法律制度"和第一节"旅游合同的订立"。

三、教学目的

1. 知识目标——通过学习，了解合同的概念，代订合同。掌握合同订立的基本原则、公民（自然人）的民事行为能力。

2. 技能目标——学会订立有效的旅游合同。

3. 情感目标——通过模拟情景练习，调动了学生的积极参与性；小组合作的学习形式，可以增强同学们相互交流、合作的意识，培养学生学习的主动性，培养学生与他人合作交流、研究创新的能力。

在角色扮演练习中，了解客人的心理需要，在服务中学会主动、热情、耐心、周到，并切实为客人着想的良好服务态度，培养学生的服务意识和应变能力。

四、重　点

合同订立的基本原则。

五、难　点

公民（自然人）的民事行为能力。

六、教学过程设计

1. 准备工作。

（1）案例准备：由教师事先选好案例以学案的形式分发给各组。

暑假期间，某旅行社在当地媒体刊登广告，组织中小学生夏令营活动，有许多小学生在家长的陪同下，来到旅行社门市部报名参加夏令营。其中两位四年级（9周岁）的小学生结伴来到旅行社门市部，也要求参加夏令营旅游团。门市部业务人员查看这两位小学生提供的有关户口资料后，就和他们签订了夏令营旅游合同，并收取了小学生交纳的旅游团费。就在夏令营旅游团准备出发的前两天，两位小学生的家长发现了他们签订的旅游合同，不同意自己的小孩独自参加夏令营。第二天，家长来到旅行社门市部，要求与旅行社解除旅游合同，并退还全额旅游团款。旅行社门市部负责人得知情况后，首先说明旅行社已经作了精心准备，夏令营绝对安全可靠，劝说家长放弃解除旅游合同的念头。在家长的一再坚持下，旅行社只得解除旅游合同，但要求家长承担违约责任。请问：

①旅行社是否可以直接和这两位小学生签订旅游合同？为什么？

②旅行社是退还家长全额旅游团款，还是可以向家长收取违约金？为什么？

答：①旅行社不可以直接和这两位小学生签订旅游合同。根据《民法通则》的规定，未满10周岁的未成年人是无民事行为能力人，他们不能通过自己的独立行为进行民事活动并独立承担民事责任。他们签订旅游合同的民事行为应当由他们的法定代理人（家长）代理，旅行社与两位小学生直接签订旅游合同的行为欠妥。

②旅行社应当退还全额旅游团款。因为民事行为具有法律效力的条件之一，是行为人具有相应的民事行为能力和权利能力。两位不满10周岁的小学生没有相应的民事行为能力，他们的民事行为就不具备法律效力，即他们和旅行社所签订的旅游合同无效。他们的家长可以要求解除合同，并取回全额旅游团款。

（2）学案准备。

选择情景：旅行社门市部的接待部门。

角色安排：旅行社门市部业务员、旅行社门市部负责人、学生、家长。

要求：A. 小组合作，自行分配角色。

　　　B. 表演情节的设计、对话的编写必须以案例为蓝本（案例的答案学生事先不知）。

　　　C. 表演的时间限制在 5～7 分钟。

(3) 教具准备。

教具：桌椅一套。

学生准备：A. 旅游合同范本可于网络查找。

　　　　　B. 小组自己事先到旅行社门市部观察学习。

　　　　　C. 根据情节准备服装、道具。

　　　　　D. 对话底稿。

2. 表演过程。

抽签决定表演顺序。

每组派一名同学当观众，进入互评组。

每组在表演前将角色安排板书在黑板上。

表演完后为一分钟提问时间（下一组准备）。

3. 评鉴总结。

附2：评分表

合同订立服务的评价表

上课时间：　　月　　日　　第　　周　　第　　节　　星期

组长：　　　　　组员：

评价内容	分值	互评			师评		
		组1	组2	组3	组1	组2	组3
仪容仪表、服务姿态大方得体，符合服务要求	15						
言语表达清晰有礼	10						
合同清楚、正确	20						
过程编写符合逻辑	20						
处理结果正确	20						
情景创设符合现实，有思考性	15						
分工明确，友好合作	5						
备注：							

参考文献：

[1] 谢念儒，张景缓. 角色扮演教学法. 教学新知电子报，2006(22~23).

[2]〔美〕L. H. 克拉克，I. S. 斯塔尔. 中学教学法. 北京：人民教育出版社，1985.

[3]〔美〕加里·德斯勒. 人力资源管理(第六版). 北京：中国人民大学出版社，1999.

[4] 青年人网. http://www.qnr.cn/zy/dy/kng/baodian/201006/478658.html.

初探中职学校旅游专业地方特色课程的开设

——从民族文化进校园的档口行性去思考

贵州省荔波县职业高级中学 卢泰梅

摘 要： 加强地方特色课程开发是中等职业学校适应社会经济科技发展、深化课程教学改革的重要举措。在地方特色课程开发过程中，要以培养具有综合职业能力和全面素质的技术应用人才为目的，以服务地方经济为目标，以就业为导向。本文结合笔者所在学校开设地方特色课程的一些经验，分析地方特色课程开设的必要性、可行性及亟待解决的问题。

关键词： 中职 特色课程 民族文化

职业教育是在基础教育的基础上，面向生产、建设、管理及服务一线，培养具有综合职业能力和全面素质的技术应用人才的一种教育类型，它是以全面素质教育为基础，以能力为本位的教育。加强地方特色课程开发是中等职业学校适应社会经济科技发展、深化课程教学改革、实现其培养目标的重要举措。

一、地方特色课程开设的必要性

地方特色课程是丰富学校教育资源，满足学生多样化学习，促进学校教育内涵发展的重要举措。地方特色课程都是讲授家乡的自然、环境以及民族传统文化，地方特色课程的开设可以培养学生了解家乡、热爱家乡、研究家乡的情感。因为内容丰富，贴近学生生活,学生学起来有味道,在体验中认识家乡,在实践中感受家乡,逐步融入社会,增强社会适应能力,地方特色课程很受学生的欢迎。中职旅游专业通过地方特色课程的开设既可以培养具有综合职业能力和全面素质的旅游从业人员,又可以服务地方旅游经济。

二、地方特色课程——民族文化进校园的可行性

环视地球北纬25度,除了大海、城市和荒漠外,在中国却有一处原始森林。联合国组织的专家学者组实地考察后评价:"这里是世界同纬度上最后一块绿宝石。"这块"绿宝石"就是地处贵州省黔南布依族苗族自治州的荔波县。荔波县地处贵州南部,位于贵州、广西两省(区)交界处,森林覆盖率53.96%,总人口16.68万人。这里的自然风光有山水田园画卷般举世闻名的国家级茂兰喀斯特森林自然保护区和风光秀丽的荔波樟江国家重点风景名胜区。

荔波还是个多民族聚居县,其中少数民族人口14.51万人,人口较多的少数民族有布依族、水族、瑶族等。由于多民族杂居,使荔波县充满了异族他乡的情调,各民族世居于此,和睦相处,又都保持着本民族的传统文化,"原生态"的民族风情十分浓郁。每年农历四月初八举办的布依族斗牛节和布依山歌,让人感受精彩、刺激、愉快和歌声的魅力;农历五月、六月的辛卯日举办的水族卯节,让人欣赏水族盛装和感受歌会的情韵。有被外国友人誉为"东方的卓别林艺术"的滑稽诙谐、幽默、令人捧腹的布依族矮人舞,有被誉为文字的"活化石"的水族文字。被列为国家级非物质文化遗产的瑶族猴鼓舞、铜鼓舞,尤其白裤瑶族原始生态大型舞蹈节目《欢歌喊太阳》,分别展示了白裤瑶、青瑶、长衫瑶不同的文化,通过木鼓手击打出的鼓点节奏鲜明,20位姑娘小伙组成的表演队还展示了三支瑶族不同的服饰和农耕文化。瑶族妇女们的"两片衣"表演，令人当场陶醉，流连忘返，而瑶族小伙子的原始、粗犷、豪迈的舞蹈，又带给人无穷的遐想。还有传承两百多年的傩事、傩戏等。这样的"原生态"不是橱窗里的展示品，不是华而不实的歌舞表演，而是实实在在的当地老百姓的生产、生活场景和方式，是这山水田园画卷的有机组成部分，是民族悠久历史文化的灿烂辉煌诗篇。

随着旅游业的蓬勃发展，旅游者素质的不断提高，以及人们对生存环境认识程度的不断加深，现代旅游者和经营者的追求已出现从传统旅游向生态旅游转变的趋势。"生态旅游"是以保护旅游区内的自然资源、环境和民族文化，促使当地经济文化得以发展为目的的旅游。人们在生态旅游中欣赏自然风光、感受民族风情、陶冶自身情操，充分认识自然和社会。生态旅游使旅游区内的民族传统文化得到传承和发展。因此，生态旅游是可持续发展的旅游，是未来旅游业发展的方向。这就需要培训一批具有民族文化知识的优秀旅游从业人员，而学校，特别是没有"高考指挥棒"的中等职业教育学校就顺其自然地担当起了传承和发展民族文化的载体。

综上所述，"民族文化进校园"这一地方特色课程在荔波高级职业学校就有了广阔的开发市场。

荔波高级职业中学于2007年在县民宗局、县旅游局、县文化局以及县教育局的大力支持下，以旅游专业为试点，以课外兴趣小组活动的形式开设了"荔波旅游"、"民族舞蹈"、"布依山歌进校园"等地方特色课程。"民族文化进校园"内容贴近学生生活实际，贴近学生群体，从而提高了职业教育的灵活性、针对性和时效性。在荔波县第四届中小学艺术节文艺演出评比活动中，本专业学生表演的民族舞蹈节目《青瑶情韵》、《大山里的情，大山里的爱》获得一等奖，小合唱《阿哥，阿妹赶表去》、民族舞蹈节目《月亮山下的儿女》获得三等奖。其中，本专业学生参演的节目《荔波荡漾》、《精灵舞》、《角鼓舞》、《年年有余》在2007年荔波举办的贵州省第二届旅游发展大会晚会上表演，深受各界人士好评。

为了能进一步深化民族文化进校园的内涵，2008年学校聘请了地方民族艺人进课堂，并增加每周两课时的课堂教学开设"民族音乐"。2008年，本专业学生莫响院、覃阿婷、蒙燕、廖壮花、莫玲花参加由文化部民族民间文艺发展中心和中国妇女儿童事业发展中心共同举办的"中华青少年民族艺术展演活动（贵州赛区）"，全省总决赛获得音乐类声乐专业少年组一等奖，学校获得"中华青少年民族艺术展演活动（贵州赛区）"组织一等奖。2009年，学校进一步把课时增加到三课时，再聘请各民族文艺表演专业人士到校指导。

近几年，学校为当地经济建设培养了大批的实用型人才，旅游班学生经常活跃在荔波县各级各类的艺术表演中，特别是在"五一"、"十一"黄金周以及周末的广场文化文艺表演活动中，充分展现了民族文化的魅力。

三、民族文化进校园亟待解决的问题

通过近几年的实践教学，探索了民族文化进校园的一些可取的方法，也取得了一定的成效，但是如何将其纳入有正常秩序保证的常态化教学中，还是存在一些值得思考的问题。笔者认为主要表现在以下几方面：

（一）民族文化进校园教学内容欠科学

教学内容不统一。荔波是一个多民族聚居的边远山区，各民族的传统文化差异很大，就是同一民族，不同村寨都存在差异，如布依族民歌就有六种不同腔调，同时掌握六种调子的艺人几乎没有，要规范统一教材和内容很困难。

教学方法不统一。民族文化的主要形式还是艺术和文化，利于校园教学的主要形式又是艺术,即民族民间音乐、民族歌舞等。由于民族文化的根在民间,掌握这些文化和运用这些经验的人大多在民间,没有接受过该类教育的学校教师很难适应民间文化艺术的传授任务。

教学课时分配不统一。课时是教学质量的基本依据,一定的教学要求必须有相应的课时作为教学保障。

(二) 民族文化进校园师资奇缺

目前学校的民族文化教学师资来源渠道是:学校教师自身充当、聘请本地专家和民间艺人。但学校经费有限,聘请专职教师远远不能满足教学需要。

(三) 民族文化进校园教学活动欠质量

教学内容缺乏系统性,教学活动安排随意性,再加上专业教师的短缺,本校教师大多不具备民族文化知识,把民间艺人请进课堂又不懂教学,所以从目前情况来看很难达到教学效果应有的实质要求。

四、民族文化进校园今后发展的对策

(一) 加强专业师资的培养

教师是教育质量是否提高,教育目标是否实现的关键因素。加强校内教师的民族文化知识培训和民间艺人的教学理论培训,从而提高教师的整体教学水平。另外,特聘教师政策也开辟了一条解决中等职业学校技能型教师短缺或临时稀缺的渠道。

(二) 编写有效的实施性教学计划

有效的实施性教学计划是实施教学管理的重要依据,是指导教学工作的基本文件。具有科学性、严密性、整体性、可行性和超前性的实施性教学计划可避免教学内容的随意性,使其系统化,以便于教学成果的预测。

（三）多开展校园文艺活动

"学中做，做中学"是现代职业教育的有效教学模式，是现代学习的一个根本性思想。开展校园文艺活动可以加深、巩固和扩大学生所学到的民族文化知识。它既是课堂教学的必要补充，又是丰富学生精神生活的重要组成部分，同时也是教师、学生教学成果展示的平台。

在"民族文化进校园"地方特色课程的开设过程中，我校在很多方面还存在或多或少的问题，但本着传承和发扬民族传统文化、服务地方经济建设的方向，本着对学生的健康成长和发展高度负责的原则，通过不断的实践和改进，笔者相信我们的工作会越来越有成效。

参考文献：

[1] 贵州省荔波县地方志编纂委员会. 荔波县志. 北京：方志出版社，1997.

[2] 邓泽民，侯金柱. 职业教育教材设计. 北京：中国铁道出版社，2006.

[3] 邓永进，薛群慧，赵伯乐. 民俗风情游. 昆明：云南大学出版社，2007.

浅谈项目教学法的研究与实践

福建省福州交通职业中专学校　卢锦平

摘　要：文章针对目前中职教学中存在的一些问题，提出了项目教学法教学模式课题，阐述了项目教学法的操作流程，详尽阐述了对项目教学法的研究及实践的全过程，同时对实施项目教学法所取得的成果进行了分析，对中职学校的教学具有指导意义。

关键词：项目教学法　中职教育　研究　实施　成果分析

为了贯彻落实《国务院关于大力发展职业教育的决定》的精神，坚持"以服务为宗旨、以就业为导向"的办学方针，我校在省（市）职成教处、职教中心领导的关怀和指导下，于2004年开始，以课题研究为载体，积极促进教育教学改革，逐步推进项目教学法，加大实践技能教学力度，不断提高技能教学水平，为社会、为海峡西岸经济区建设培养和输送素质较高的强技能型人才。

一、深入调研，学习借鉴，确定课题

（一）课题背景

纵观目前的中等职业教育，存在以下三个方面的问题：

1. 教育理念滞后

职业教育依然沿袭着传统的教育理念，沿袭着普教的教育模式，依然只注重课本纯理论知识的讲解与灌输，而忽略了实践能力的培养。

2. **教师观念落后**

广大职业教师观念落后，大多从高校毕业进来，缺乏实践动手能力；他们自身知识结构也比较落后。

3. **教学方法传统**

依然采用传统的讲授方法，教师"一言堂"、"满堂灌"，课堂上依然以教师为主体。

如何建立一种崭新的教学模式：在课堂上，真正以学生为主体，让学生在寓教于乐的氛围里主动参与学习，做学习的主人翁。

(二) 课题依据

(1) 依据《国务院关于大力发展职业教育的决定》中"加强职业院校学生实践能力和职业技能的培养"的精神。

(2) 借鉴了德国职业教育的办学经验和理念。我校于2004年选派了4位汽车专业和数控专业的骨干教师到德国考察和培训。

(3) 依据福州市开展的"建构'综合化、模块化'课程体系"课题改革精神。

(4) 依据我校以工科为主的专业特点。

(5) 市场对人才培养的需求。

根据以上五点，我们提出并确定了汽车技术运用与维修专业和数控专业先行试验"项目教学法"的改革研究课题。

(三) 项目教学法的含义及操作流程

1. **含 义**

项目教学法是通过师生共同实施一个完整的项目而进行教学的一种方法。它把教学对象分成若干小组，由教师确定工作任务，此任务必须以实现教学内容的技能目标为前提，并且与岗位职业能力相关联，从信息的收集，方案的设计，直到任务的完成,都由学生自己完成,教师充当指导者、参与者,最后由教师组成项目评定小组或师生共同完成评价。

2. 操作流程

(1) 确定项目任务。

通常由教师提出一个或几个项目任务设想,然后同学生一起讨论,最终确定项目的目标和任务。

(2) 制订计划。

由学生制订项目工作计划,确定工作步骤和程序,并最终得到教师的认可。

(3) 实施计划。

①按计划获取信息,完成引导课文。

②学生确定各自在小组中的分工以及小组成员合作的形式,并按照计划规定的时间、内容、方法和步骤完成工作任务。

③质量控制:学生和教师对每一关键步骤进行质量监督,及时认识错误和发生错误的根源。

(4) 检查评估。

先由学生对自己的工作结果进行自我评估,再由教师进行检查评分。通过对比师生评价结果,找出造成结果差异的原因,对各组学习成绩作出全面合理的评定。

(5) 归档或应用。

项目工作结果应该归档或应用到企业、学校的生产教学实践中。例如,作为项目的维修工作应记入维修保养记录;作为项目的工具制作、软件开发可应用到生产部门或日常生活和学习中。

二、扎扎实实,逐步推进课题研究

(一) 课题分阶段推进

1. 课题准备阶段

2005年5月—2005年8月,主要是对资料及信息的收集、研究内容和课题组成员的确立、制订实施方案及人员分工等准备工作。

2. 课题实施阶段

2005年9月—2007年8月，主要进行课题的具体实施：理论的学习、制度的建立、实施环境的建设与完善、精品项目教学的设计与运用。

3. 课题总结汇报阶段

2007年9月—2007年12月，主要是通过总结课题实施以来所取得的各种材料和数据、撰写结题报告，总结在实施过程中取得的成果，以及确立今后课题研究的方向。

4. 课题的深化及推广阶段

2008年1月至今，主要是对这个课题的研究成果进一步深化，并向其他专业推广。

（二）课题的实施

1. 组织学习，更新理念

（1）理念是一切行动的先导。课题确立伊始，学校利用教工大会、教工业务学习、教务会、教研集备活动、参观考察等机会，采用多渠道、多形式层层组织教师学习和领会国家、省、市有关职业教育会议的重要精神，明确学校课题的内涵及研究的目的意义，树立了"一切为了每一位学生的发展"，让每一个学生在实践操作中愉快地学习的理念。

（2）举行项目教学法的示范观摩课。学校特别安排了从德国培训回来的数控专业老师举办项目教学法的示范观摩课（项目：国际象棋的制作），使老师们熟悉项目教学法的操作流程。

（3）组织课题组的主要成员对德国"双元制"的教学模式进行了系统化的学习，熟悉并了解项目教学法的实施与运用环境条件的标准。

2. 建立保障机制

2005年开始，我校根据职业教育的特点将实训工作凸显出来，单独设立了实训中心，同时出台了专业科的管理机构，使学校管理更具职教特色，如"专业科报批年度计划"制、"实训工作周例会"制等等；学校先后召开了以下教改工作会议：①三次实训专题工作会议：会议进一步明确了实训中心的工作内容和目标要求；②三次教改推进会：会上探讨并确定了《关于加强技能教学的意见》、《关于课程设置改革的意见》、《关于加强学校毕业生就业工作的意见》、《积极推进学校职教管理体制改革的建议》。这些都对推进项目教学法的课题研究起着重要的促进和保障作用。

3. 加大投入建设实验室、实训基地

学校在确定了实验室实训基地建设的方案后，采取了一系列有力措施，节约不必要、不急需的开支，甚至减少教职工的福利补贴，并多方、多渠道筹措资金，以确保资金按时投入到实验室的建设。按计划投入建成4大专业，36个专业实验室、实训基地，其中汽车技术运用与维修专业实训基地被教育部确定为"中央实训基地"。现在，我校设备先进、精良，近7 000平方米的实训大楼的设备价值近千万元，其中汽车专业为500多万元，拥有29间国家标准实训室，实训基地的规模当属全省首家；数控专业约为300万元。

4. 加大力度建设专业教师队伍

多年来，中职学校的专业教师一般是只会理论教学，实践动手能力较差。项目教学法的实施迫使教师必须同时具备专业理论知识和实践技能。事实证明，同时具有较好的理论知识和实践技能的"双师型"教师对驾驭专业课教学具有极好的支持作用，因此学校提出了培养"双师型"教师的目标。为了实现培养目标，学校采取了多形式、多渠道的一系列有力措施，来强化专业

教师的实践动手能力。①制订各专业师资培训计划，分期分批派往各高校、企业进行培训。如清华、浙大、厦大、丰田汽车、东南汽车、华夏汽车城、厦门林德叉车有限公司等；②继续选派汽车、数控专业骨干教师参加国家级专业教师培训及派往国外培训；③鼓励专业教师积极参加各种培训学习，并要求取得职业资格证书，凡具有"双资格证书"的专业教师在评先进、职称晋级评聘等方面都给予倾斜。

5. 组织精品项目设计的公开交流与研究

2005年9月，学校组织了第一次项目教学法校级教学公开周，开展好集备活动，进一步加强了文化课与专业课教师间的沟通，做到同伴互助。全校教师进行互动听课300余节，各自交流了心得，强化了职业教育教学新理念，明确了课题研究的方向。

同年12月学校又组织了第二次项目教学法校级教学公开示范课活动，经过一段时间的准备，各专业都拿出了精品项目进行公开交流与研究，开课教师熟练演示了项目教学法的五个操作流程。

2006年4月26日，学校筹备了第三次项目教学法市级教学公开观摩课和项目教学法课题校长论坛活动。我校邀请了市局有关领导、企业嘉宾、全省各地市中职学校领导及教师共400多人参加了课题研究汇报活动，这次活动展示了两年的课题实践成果，得到了来宾的高度肯定，新闻媒体也专题报道了开展活动的情况。

三、项目教学法成果分析

(一) 项目教学明显优于传统教学

通过实施项目教学法，笔者深切感受到这种教学方法凸显了中职教育的特色，符合了中职学生的特点，具有传统教学方法不可比拟的优点。

项目教学与传统教学的区别

传统教学	项目教学
重在传授知识和技能	重在运用知识和技能
以教师为主体,学生被动地学习	以教师为主导,学生主动地学习
学生听从教师的指挥	学生可以根据自己的兴趣,主动作出选择
学生在外在动力驱动下进行学习	学生发挥内在动力,主动性得以充分调动
教师依据教材,作为授课的主要内容	教师根据学生的特点开展不同项目的活动
教授内容取之于教材,枯燥、抽象	与现实生活紧密联结,学生熟悉、感兴趣

(二) 项目教学的精髓是让学生快乐学习

项目教学法是指通过师生共同实施一个完整的项目而进行的教学活动。它将一个相对独立的项目交给学生独立完成,从信息的收集、方案的设计与实施,到完成后的评价,都由学生具体负责,教师在教学过程中只起到咨询、指导与解答疑难的作用。

项目教学法的精神实质(核心)是学生通过完成这个项目的全过程,学会独立地确定目标,制订、实施和检查计划,使学生成为学习的主人,让学生愉快地学习,并最有效地掌握职业知识和实践技能,培养学生的综合职业能力。

(三) 项目教学,凸显成效

1. 开发了以能力培养为主的综合项目教材

项目教学法的关键是项目的开发,而项目的开发最重要的是必须从科技发展需要、地方经济发展需要和学生实际情况之间找到结合点，编写出具有特色的项目教材。到目前为止，我校已开发的项目教材有汽车专业和数控专业的相关教材2套，汇编了《项目教学论文集》及《项目教学设计方案集》。

2. 建设了工厂模式的实训基地

为了确保实训设备能满足教学内容穿插的需要，我校教师根据学校设备情况和学生的认识发展，开发并制定了各专业技能项目与标准。为了能让学生快速适应企业生产环境，我们设立了教学工作站以及配套的教学资源，改变了专业技能的环境，与企业接轨，这既是一个职业学校的发展趋势，也是企业方面的需求。

3. 拥有了一支综合素质强的师资队伍

项目教学法课题对教师素质提出了较高的要求，它要求教师要有极大的创造性和应变能力。通过这两三年的课题实施和实践，我校教师在以下方面能力得到了锻炼和提高：独立计划、实施和改进实践教学过程的能力；收集、整理和评价教学资料的能力；参与开发教材的能力，使专业教师既会教书，也会编书；与同事、学生沟通、协作的能力；对小组工作过程分析与评价的能力。

4. 培养和提高了学生的多种能力

项目教学法的实施，最大的受益者就是学生。学生在以下七个方面的能力，都得到了不同程度的提高：①独立思考、自主学习的能力；②获取资料并处理资料信息的能力；③发现问题、解决问题的能力；④自我评价能力、自省能力及质量意识；⑤运用技术的能力；⑥团队合作能力、交际能力；⑦动手实践能力。近几年，我校参加国家、省、市各级技能竞赛活动，都取得了可喜可贺的成绩。2006年以来，我校汽车专业学生在全国、省、市各级职业院校汽车专业技能大赛中，都取得了一、二、三等奖的优异成绩，为我省该项目在全国竞赛中争取了一席之地。学校毕业生在就业岗位上得到了很好的展示，深受用人单位的好评。

5. 推动和深化了教学改革工作

项目教学法的引用帮助了教师实施整体教学，推动了教研教改及课程设置改革。项目活动的实行要求教师灵活掌握时间，仔细观察每个学生的学习进展及兴趣发展，掌握每个学生的特点，并相应提出或设计出既发展个性又注重全面平衡的教与学方案，从而提高学校教学质量的整体水平。

总之，项目教学法是一项教学方法的改革，它的实施要有完善的课程、教材、设备、师资、制度等与之相配套。几年来，我们坚持能力培养，深化教学改革，在专业课程教学模式改革方面作了许多有益的探索，也取得了可喜的成绩。但是，仍有许多不成熟、不完善的地方有待今后进一步改进。

参考文献：

[1] 现代职业教育教学参考丛书. 中国职业技术教育, 2006.

[2] 何克抗. 建构主义革新传统教学的理论基础. 电化教育研究, 1997(3~4).

[3] 吴言. 项目教学法. 职业技术教育, 2003(7).

[4] 杨长虎. 职业教育项目课程实施研究. 职教通讯, 2003(3).

[5] 赵志群. 职业教育与培训学习新概念. 北京：科学出版社, 2003.

中职生顶岗实习的问题与对策

河南省郑州工业贸易学校　娄慧轩

摘　要：本文分析了目前中等职业教育学生顶岗实习环节中存在的一些问题，指出了配套政策、校企合作、教学改革等方面对顶岗实习的影响，并从以上几个方面入手提出了更好地解决中职学生顶岗实习问题的对策。

关键词：顶岗实习　问题　对策

中等职业学校按照专业培养目标要求和教学计划的安排，组织在校学生到企业等用人单位进行的教学实习和顶岗实习，是中等职业学校专业教学的重要内容，通过顶岗实习可以很好地解决中职生理论与实践相结合的问题，并且在实习过程中不断地提高学生的职业技能与职业素养。根据教育部《中等职业学校学生实习管理办法》的要求，中等职业学校三年级学生要到生产服务一线参加顶岗实习。

中职生到生产服务一线参加顶岗实习有利于培养学生的实践动手能力，有利于提高学生的专业技能，有利于企业选择合适的人才。目前大多中职学校都对三年制中专采用了"2+1"的教学模式，即两年理论学习，一年顶岗实习，但有一些学校在顶岗实习实施过程中，由于诸多因素的影响，出现了一些问题。

一、目前中职学生顶岗实习中存在的问题

(一) 配套政策不完善，企业配合不力

目前没有相应有效的政策来激励企业积极与学校配合吸收学生到生产一线参加顶岗实习。在教育部、财政部制定的《中等职业学校学生实习管理办法》中，对接收学生实习的实习单位的范围、权利与义务等规定不是很完善，特别是如何提高企业配合学校完成实习活动的积极性问题不明确，企业可以接受学生，也可以不接受。站在企业的立场上考虑，如果学生到企业实习，可能会打乱企业正常的生产经营秩序，会给企业带来人力、物力投入的增加，而学生短期内又不会给企业创造效益，因此企业出于自身利益的考虑，往往不愿意接受学生。

学校在安排学生顶岗实习时，往往利用各种关系求助于企业，而企业碍于情面可能会接受学生，但安排的都是边缘性的工作，学生的专业技能得不到真正的提高，导致实习一段时间后出现学生流失的现象。

(二) 理论与实践脱节，专业对口程度低

一方面，有些学校的教学改革滞后，仍然沿用传统的学科体系的教学模式，从理论到理论，缺乏真正的"双师型"教师，实践教学环节薄弱，学生专业动手能力得不到提高，到了实习单位，学生的动手能力与单位的要求有差距；另一方面，学校大都缺乏第一时间将生产的新技术、新方法吸收并在一定程度上传授给学生的工作机制，学生学习的内容有的可能在实际生产中已经不应用了。这些都使得企业对毕业生的需求脱节，造成工与学的不协调。

再有，有些学校为了提高学生的实习率和就业率，不对企业招收实习生的类别和时间作一定的甄别。当有些企业向学校大批要学生时，学校会将不同专业的学生推荐给企业。比如学会计、

营销、计算机等专业的学生可能大批地被一些加工企业招为生产线上的工人，学生在学校所学习的专业和将要从事的工作关联度很低，从事的只是简单重复性劳动。另外，企业大批用人的时间大都在每年的三、四月份，有的学校为了不失去机会，提前让学生参加实习，而二年级的最后一学期正是学习核心专业课的时候，导致学生没有完成学业就走上了社会，这样可能暂时解决了学生的实习和就业的问题，但对学生长期发展是非常不利的。

（三）企业往往忽视实习生正当权益，学生权益得不到有效保障

多数企业往往把实习的学生当成廉价的预备工人来看待，只从自身利益出发，对学生的正当权益不是十分关注。其一，分配给学生的工作任务重，工作时间长，超出了学生可以承受的范围，学生很难完成任务，加班是家常便饭，而教育部的文件规定实习生每天工作时间不得超过 8 小时。其二，报酬低。企业以学生是实习为由，给学生的报酬与工厂员工的工资差距很大。有些企业通过第三方的劳务代理公司代理，代理费用很高，发到学生手上的劳务费更少。其三，安全防护措施和医疗措施不到位，顶岗实习的学生普遍年龄还小，社会经验少，容易受到伤害，但当学生受到工伤时，企业往往以操作不当等为由少付或拒付医疗费。其四，以简单的体力劳动代替实习，学生根本学不到技术。其五，顶岗实习企业与学生签约比例较低。学生顶岗实习结束后，企业考虑到还有后续的学生前来实习，往往不按照当初与学生的约定，以各种理由拒绝大部分学生转为正式员工，只留下少量的非常优秀的学生，给学生造成比较大的损失。

（四）对学生的管理难度加大，不利于学生成长教育

学生离开校园到企业参加实习，学校目前很难做到派老师入驻企业跟生管理，最多定期前往企业巡视，了解学生的生产和生活情况，而企业往往对学生只关注生产环节，对学生工作以外的

生活情况、思想品德教育等漠然处之,对这些学生来说,非常不利于他们的健康成长。

对学生来说,顶岗实习后,环境与在校时不同,学生就有一种从学校里的严格管理中解放出来的感觉,从心理上放松了对自己的要求。到企业后,社会上的一些不良行为和思想容易对他们产生腐蚀,在就业实习中获得报酬之后,学生缺乏理财和自制能力,请客吃饭、不理性消费等浪费和奢侈的现象不在少数。同时,在工厂住宿或在外租房住宿的实习生,作息时间由自己支配,自控能力差的学生,抽烟、酗酒、通宵上网等不良习气随之产生,管理上的不到位造成较大隐患,不利于学生健康成长。

由于对实习单位不满意,家长为学生另外联系单位等因素,学生的实习岗位不太稳定,不辞而别现象时有发生。学校发现顶岗实习开始一段时间以后,学生的实习点逐渐分散;也给管理造成一定困难。

(五)对学生顶岗实习阶段成绩的客观评价难度较大

学生最后一年顶岗实习的成绩应该是学生整个成绩档案中非常重要的一部分,它反映了通过一年的顶岗实习后学生专业实践能力的水平,而由于对学生过程管理难度的加大、企业配合不力、学生实习单位不稳定等因素,导致实习生实习成绩的评定失真度很高。

二、解决中职生顶岗实习问题的对策

上述中职生顶岗实习中问题的存在,一定程度上影响了中等职业教育的健康发展,不利于我国整个教育战略目标的实现。目前,我国正在大力发展职业教育,针对以上问题,应该制定出相应的解决办法,扭转这种不利的局面。

(一)建立政府宏观调控下的校企合作运行机制

20世纪90年代中期以前,由于我国计划经济体制下,企业的性质多为公有制,隶属于政府主管部门,在行政手段的调控下,解决职业学校实习生的实习工作是一项必然承担的工作,中职生顶岗实习是比较容易解决的。90年代中期以后,随着我国改革开放的深入,随着我国公有制经济形式的变化以及民营、私营经济的蓬勃发展,对职业学校而言,一方面,企业发展需要大量优秀的技工人才作为支撑,对于中等职业教育的发展起到了极大的推动作用;另一方面,市场经济的飞速发展打破了公有制经济固有的模式,使职业学校发展所需要的行政资源从此丢失,企业主的现实主义思想使他们希望不花成本即可更多地招收到熟练技工,而其社会责任感的缺失又使许多企业不愿意承担培养中职生的社会责任。

要改变目前"校方热、企业方冷"的尴尬现象,解决中职生顶岗实习出现的问题,政府应该承担起重要的角色,但在市场经济条件下不可能像过去一样单纯依靠行政命令,而应该从发展规划、政策上着手,采取相应措施建立政府宏观调控下的校企合作运行机制。

首先,在地方经济发展的人力资源规划中,将中职教育纳入其中,并通过行政手段加以推动。

中职教育与地方经济的发展具有极其密切的关系,产业的发展必须要有大量的产业技术工人,这就要求学校培养的人才在结构和数量上与其大致相对应,这样学校培养的学生才有出路,企业需要的人才才有保障,而这种对应完全依靠企业与学校来自觉完成,或完全依靠市场的调节都是不太现实的。政府在制定地方经济发展的人力资源规划时,应该结合产业发展的状况将一定时期内中职教育应该培养学生的结构、数量与布局提出一个指导性意见,用于指导和调控地方中等职业教育发展。

其次,指导和鼓励学校和企业创新合作模式。

在市场经济条件下,传统计划经济体制下靠行政命令促成的校企合作已经不现实了，在政府指导下成立职教集团是一种可行和值得探索的校企合作模式。

职教集团是一种由多个成员主体自愿结盟、资源共享、互惠互利、优势互补的组织方式，它以专业和行业为纽带，以骨干示范职业院校为核心，以相关职业院校为成员，联合行业、企业、事业单位以及其他相关组织，推进校企合作、城乡合作、区域合作与校校合作。职教集团化办学是职业教育管理体制、运行机制和人才培养模式的一种创新形式。集团内联合招生扩大了规模和范围，集团内校企合作促进了顶岗实习和教师实践，缓解了基础条件不足，打破了条块分割，拓展了经费渠道，且其优势互补体现了利益双赢。

职教集团内的学校和企业之间形成了一种契约合作关系，双方已经成为利益共同体，学校为企业输送人才，提供技术支持、行业培训等，而企业与学校合作统筹安排学生的教学实习和顶岗实习也成为企业的一种责任和义务。

再次，完善税收等优惠政策，进一步鼓励企业参与顶岗实习的积极性。

在教育部、财政部发布的《中等职业学校学生实习管理办法》中规定：企业与职业院校签订3年以上合作协议支付给学生实习期间的报酬，在计算缴纳企业所得税前扣除。本规定在一定程度上鼓励了企业参与顶岗实习的积极性，但在如何认定实习期间的报酬及企业在安排学生实习的责任等问题上需进一步明确，并完善相关实施细则。

此外，可以制定在企业用于实训场地建设等加强实习力量方面的投入给予税收上的优惠，也可以在财政支持力度、人力资源政策等方面做文章，多方位鼓励支持校企合作。

（二）进一步深化职业学校教学改革

职业学校要确立以服务社会为宗旨，以促进就业为导向，以技能培训为核心的办学思想，要面向社会、面向市场办学。要深化教学改革，加强课程改革和教材建设，改进教学方法，不断提高教育教学质量。要面向市场调整专业设置，优化专业设置结构。要高度重视实践和实训环节教学，要定期开展职业技能竞赛活动，提高职业院校学生的实践能力。要加强以敬业、诚信为重点的职业道德教育，培养学生掌握必要的文化知识和熟练的职业技能，提高学生就业和创业能力。要加强职业指导和就业服务工作，切实提高毕业生就业质量。

与企业密切合作，制订出顶岗实习的详细计划，明确顶岗实习的目的、步骤、要求等，这一点，在目前各学校的专业教学计划中是一个弱项，一般都是轻描淡写地一笔带过。

（三）改革评价学生标准和方式

改变以考试成绩作为唯一标准的评价方式，加大实践环节评价的比重。中职生文化基础差，如果单纯用学习成绩作为衡量标准不符合职业学校教育的规律，应该建立双重的评价体系，实习成绩等的评定由学校实习管理部门会同实习单位一起负责评定。对在顶岗实习中纪律上、思想上、工作上表现突出的学生，学校应给予表彰并予以一定的物质奖励，同时优先推荐工作。

（四）完善实习管理办法，保障学生权益

加强学生实习管理，建立和完善中职生顶岗实习的管理制度。学校要妥善选择实习单位，安排学生到生产技术先进、管理严格、经营规范、遵纪守法和社会声誉好的企事业单位实习，并就实习事宜与实习单位签订协议，明确双方的权利、义务以及学生实习期间双方的管理责任。学生在工作期间，学校应派专人经常下厂巡查，听取企业对学校实习工作的意见和对学校提出的要求，了解实习期间实习学生的意见、要求以及存在的问题，并及时向学校传达，以便妥善解决。顶岗实习班级的班主任要探索班级管理的模式，有计划地定期通过电话、书信、短信、班会、下厂巡视等形式与学生进行交流，关心和了解学生的生活、实习及思想情况，督促学生注意实习过程中的安全，严格要求学生模范遵守实习纪律，及时表扬好人好事，批评违纪现象，对情节严重的要及时向学校汇报，以便学校及时处理；及时传达学校对学生实习期间的相关要求，认真解答学生在实习中提出的问题；实习结束后要检查学生的实习报告并批阅，协助学校对其进行成绩考核，全面做好实习总结。为方便对实习学生的了解与沟通，及时反馈情况，学校对每个实习单位任命1~2位实习生负责人协助学校进行实习管理。这样，就形成了一个学校、班主任、学生和企业联动的管理网络，加大了对顶岗实习学生的监控力度。

总之，要抓好解决中职生顶岗实习工作，必须按照遵循职业教育规律，坚持教育与生产劳动相结合，培养学生职业道德和职业技能，形成政府、企业、学校齐抓共管的局面，建立学生顶岗实习的规划、实施、监督、评价的完整工作体系，才能促进学生全面发展和就业，提高教育质量。

浅析我国饭店业的品牌战略

河南省信阳市淮滨县中等职业学校 刘 燕

摘 要：我国饭店业有着巨大的发展潜力，要想将其潜力充分地挖掘出来，实现良好的经济、社会效益，就必须走品牌战略，针对自己饭店的特点，进行品牌定位，扩充品牌的价值含量，寻求竞争优势。既要考虑品牌的立足之地，又要考虑品牌的发展余地，借助于品牌增强饭店企业的抗压性。在此基础上，依靠品牌的内涵，拓展企业的活动领域，形成服务的品牌群，依靠品牌的文化，在市场上立于不败之地。本文着眼于饭店品牌战略的定义，阐述了品牌战略的重要意义，从而提出饭店进行品牌战略的实施过程。

关键词：饭店 品牌战略

饭店业品牌战略是饭店企业在市场营销过程中，树立长期的品牌意识，以打造强势品牌、维护名牌为目标，要有战略意识和竞争观念，真正做到外树品牌，内树形象，重视名牌延伸和拓展，在滚动中寻求发展的战略。

饭店品牌是指饭店为了识别其饭店或产品并区别于其他竞争者所用的一种具有显著特征的标记，在某种程度上又是一种标准和承诺，它是饭店进入市场的通行证和连接消费者的桥梁。品牌的外形要素通常由名称、标志和商标组成，而品牌的内涵要素则是饭店经营理念、经营方针、经营方式、服务理念、服务特色、服务质量等方面的有机组合。中国饭店业的品牌战略理论和实践近年取得了长足进步和发展,但与西方发达国家相比还有很大差距。大力推行品牌战略,有助于树立饭店先进的市场观,强化饭店的市场主体意识。

事实上,许多知名企业往往都把品牌发展看成是企业开拓市场的优先战略。可口可乐、百事可乐、麦当劳等等无一不是先从抓品牌战略开始的,即创立属于自己的名牌产品,并把它作为一种开拓市场的手段,最终占领市场。一个企业的品牌是靠产品的质量、良好的顾客关系、细致入微的销售手段和能使顾客满意的售后服务等组成的,而品牌一旦形成,它将成为企业发展的重要标志和体现。现在饭店业的竞争已经从价格竞争阶段转向质量竞争阶段并进入到品牌竞争阶段,可以说饭店品牌是饭店成功的驱动力。饭店产品是一种以服务为主体的商品,具有无形性的特点,消费者在初次购买时,无法通过查看产品实体获得可靠的保证。这种情况下,品牌就成为消费者是否采取购买行为的首要影响因素。饭店业只有加强品牌建设,实施品牌经营战略,才能创造优势,增强竞争能力。

一、我国发展饭店业品牌的战略现状

就我国发展饭店业品牌的战略现状来说,主要存在以下几个方面:

(一) 缺乏品牌竞争意识

很多饭店都不关注品牌。近年国际饭店品牌大举进军中国市场,但国内饭店品牌没有作好准备,品牌影响力很弱,成熟品牌尚未出现,中国本土具有国际影响的品牌更是没有。我国大多数旅游饭店都没有建立完整的品牌经营系统,而与我们竞争的国际饭店集团不仅拥有先进的品牌经营理念和丰富的经验,而且具备成熟的品牌经营体系。

在 2002 年美国《商业周刊》全球最有价值品牌的排行榜

中，美国占65席，日本占6席，韩国占1席，而中国却为零。中国企业联合会依照世界500强排列惯例，也推出了2002年中国企业500强的排行榜，按36个行业进行评估，旅馆、旅游、娱乐仅1家，占总数的0.2%，这与中国作为世界第五大旅游国的地位极不相称。① 特别是当前国际市场生产力已经处于过剩状态，所有开放市场经济国家都不同程度地进入了买方市场，市场竞争的环境、手段与过去相比都发生了很大的变化。在这种新情况下，企业取胜的主要手段已不再单纯以产品本身来竞争，还包括品牌的竞争。可以说，未来国际市场竞争的主要形式将是品牌的竞争，品牌战略的优劣将成为企业在市场竞争中出奇制胜的法宝。

（二）品牌定位缺乏科学性与长远性

我国的饭店还没有形成一定的规模，大部分都是中小型饭店，除少数企业品牌定位比较清晰外，其他大多数品牌还处于发展阶段，定位还不是非常清晰。我们周围的企业，百年老店太少了，有的企业只是昙花一现，品牌特色普遍模糊化，使其差异化优势难以突出。品牌定位上的失误，造成其品牌属性的淡化，因而在市场上缺乏持续的竞争力，在管理上缺乏科学性。不少企业技术有所进步，比如用高新技术企业来装备传统工业，传统工业产品在世界市场上销路越来越好。我们有自主知识产权的产品还是比较少，好多产品虽然是中国制造，但是核心技术还是从国外引进。作为一个市场后来者，想在一朝一夕之间撼动占据市场统治地位的强势品牌，几乎是不可能完成的任务，这就需要饭店有打持久战的准备。另外，很多饭店对品牌认识不足，一味地追求经济效益。我国有些品牌一定时期在国内外市场有一定名气，但

---

① 周静莉：《浅析我国饭店品牌化建设》，载《商场现代化》，2006年。

是不能与时俱进，缺乏持久性、持续性，在世界市场上不能长期稳定地发展，这是目前品牌管理方面比较突出的问题。

(三) 品牌效应模糊

一些饭店有较强的品牌意识观念，在经营管理、服务质量、服务意识、人员形象等方面非常重视，但是在品牌的推广和保护方面还是显得有些欠缺，这主要由于我国旅游业起步较晚，对品牌的管理缺乏经验所致。许多饭店由于没有品牌或品牌感召力弱，只能借助星级的效应打星级的招牌，而星级并非品牌，其可读性仅是档次的识别。有的地方为了品牌效应，热衷于引入国际饭店品牌，并不注重扶持本土自主品牌，客观上无非起到协助跨国集团瓜分国内市场的作用，实非上策。目前人们的消费意识已不仅关注产品质量，也开始关心产品的服务和文化价值，这为饭店企业进行自主品牌塑造提供了成熟的时机和市场条件。饭店业的产业和产品高度同构化与同质化，使得差异化的竞争策略成为寻求竞争优势的必然选择，而品牌塑造正是实现产品差异化竞争的重要手段，这就要求饭店领导人要有明确的品牌定位意识。

消费者的品牌观念初步形成，但品牌消费仍不成熟。虽然中国整体消费水平一再升级，人们有了一定的品牌意识，但对品牌的理解还不深，理性消费渐成主流，品牌遭遇忠诚瓶颈。最让中国企业头痛的就是"广告一停火，温度立马就会降下来"，这反映了消费者的品牌忠诚度仍较低。我国大城市消费者已有很强的品牌消费意识，中小城市及农村市场品牌意识也渐渐增强。年轻人以追求知名品牌的消费来实现自我价值已成为一种时尚，但他们从小在消费外国品牌如雀巢、麦当劳中长大，以至于发展成以追求外国品牌为时髦，这不能不让有识之士为国内民族品牌担忧。在中国市场，外资品牌通过合资、独资或兼并收购等多种方式，创造了一个个成功的本土化品牌，而我国真正的强势品牌几乎没有。如果再不加强注重品牌的保护，促进品牌成长，这些领域的企业将不可能和国外企业进行竞争,不能够获得发展。

二、实施饭店品牌战略是市场经济发展的必然结果,它对饭店的发展有着重要的战略意义

首先,饭店品牌可以提升企业的凝聚力,产生内敛效应。品牌是企业文化的集中体现,企业员工的团队精神和对企业的忠诚度可以通过品牌的树立而提高。在一个品牌企业中工作,成为员工的一种荣誉,员工自我价值的实现,使员工队伍增强了成就感和归属感,而员工积极性和工作效率的提高,反过来又促进了企业品牌价值的迅速提升。在饭店这个员工流动率较高的行业里,优秀的饭店品牌可以借助其高的美誉度和强大的社会影响力使生活、工作在这个企业中的员工充满自豪感和工作热情,并形成一种企业文化和工作氛围,使企业的目标和员工的精神状态得到提升。饭店品牌的内敛效应聚合了员工的精力、智力、体力甚至财力,使企业得到了全方位的提升。

其次,实施品牌战略可以促进饭店业早日跻身于国际品牌竞争之列,提高饭店的核心竞争力。品牌的差别是竞争对手难以仿效的,它融多种差别化利益于一体,是企业综合实力和素质的反映,是饭店竞争的重要筹码。可以说,谁拥有著名品牌,谁就能在市场竞争中占据主导地位,赢得优势。特别是国际市场竞争已日趋激烈的今天,企业有没有建立自己的品牌战略,有没有自己的品牌、品牌形象如何已变得十分重要。

再次,可以培养一支业务素质高、经营能力强的员工队伍。品牌战略实施的过程,就是市场经济理论、企业经营战略理论与实践结合的过程,是理论在实践中运用的过程。通过品牌战略的实施,既增强广大员工在工作实践中的运用能力、市场敏锐力、洞察力、驾驭市场的能力,又增强了自己的业务素质,培养了经营管理能力,积累了经营管理经验;要使品牌战略发挥其应有的

作用,就要不断学习、不断实践,再在实践中不断提高自己的业务素质。

最后,品牌战略可以使商业企业掌握经营主动权。品牌战略实施的前提是市场的差异与消费需求的多变性,品牌战略实施的四个步骤,即调研品牌、培育与推广品牌、考评与调整品牌、开发品牌,都有一个共同点,就是企业自己主动积极地研究品牌、分析市场,积极培育与推广品牌,对阶段性工作进行考评与调整,都充分反映了主动性。组织资源不是盲目的,而是以需来确定进程的,需要什么、数量多少、什么时候订货、从何地订货、计划销量等都有一定的目的性与主动性。

三、中国饭店大都缺乏品牌

即使像广州的白天鹅宾馆、南京的金陵饭店等著名饭店,若与国际品牌相比,无论在经营规模、市场占有额、市场全球化程度、品牌知名度、品牌价值等方面,均有较大差距。那么,对于我国饭店业的品牌如何进行战略实施呢?

(一)要树立现代品牌战略意识

品牌的意识源于产品的市场占有率的竞争,但是现阶段我国有些饭店由于受传统思想的影响,仍然对品牌有忽视的态度,饭店经营者要树立强烈的品牌战略意识,就要学习现代商业知识,了解国内与国际商业发展的形势,审时度势,及时抓住机遇,实施和推进本饭店的品牌战略,深刻认识到实施品牌战略是现阶段争夺市场份额,求得饭店生存与发展的根本手段之一。饭店领导人在作重大决策时,要考虑到品牌,要看到品牌也和有形资产一样是公司的宝贵财富,树立起强烈的品牌开发战略意识,以高度的政治责任心和紧迫感实施和推进本企业的品牌战略,企业领导要树立现代品牌战略意识,重视品牌工作。

通过深入学习、总结经验,提高现任决策者的品牌意识,要对企业和企业所有员工进行品牌意识培育。充分认识品牌创建是一个极其复杂而艰难的系统工程,要靠全体员工的共同努力,要有丰富的资源投入。要树立起强烈的品牌开发战略意识,以强烈的责任感和紧迫感实施推进饭店的品牌战略。只有品牌搞上去了,产品的销路才会好,饭店才能站住脚,才会在消费者的心里留下良好的印象,最终树立起饭店良好的品牌形象。

(二)要注重品牌定位

选准市场定位,确定战略品牌。有针对性地面对目标市场,通过市场细分,让饭店发现市场机会,从市场机会入手,然后进行市场细分化、目标化,最后完成定位,从而使饭店在设计塑造各自独特的产品或品牌时有客观依据。确认潜在的竞争优势,准确选择竞争优势,向市场传播企业定位观念。品牌定位的成功与否并不一定取决于饭店的综合实力,而在于谁能将自己的优势有效融合到品牌定位的过程中,从而塑造出个性化的品牌。饭店进行品牌定位,关键是要结合自己的长处、规模、技术水平和实力等相关因素,选准市场上的空缺,树立一个独特、鲜明、新颖的形象。要抓住消费者的心,必须考虑目标消费群的特征,与目标消费群的需求相吻合,有针对性地提炼出自身的特色,将其融入自身品牌之中,吸引那些可能成为潜在顾客群体的客户关注,及时将潜在需求变成市场供给,从而打开进入国际化市场之路。

而今,随着饭店集约化的发展,不少产品已进入了"同质化"时代,产品的内在差异愈来愈不明显,而创造品牌差异,其目的在于寻求差异点和提炼个性。需要关注的是,现代饭店品牌已经超越其基本职能,知名的品牌已成为饭店形象和文化的象征。

(三)要重视人才的培养

我们看到有不少产品实际上与其他产品无大的区别,尽管它的价格高,但人们还是愿意买。有人曾做过试验,将某种中国厂家生产的可乐与可口可乐分别装在没有任何标记的透明玻璃杯中,请些外国人和中国人品尝,结果几乎没有人能分辨出来哪些是可口可乐。那么,为什么人们还要喝可口可乐呢?这就是由于可口可乐已经有了较强品牌,人们对它的品牌已经有了较深的印象。而创造这个品牌和品牌质量的却是人,是人才。要加速人才培养,使酒店品牌战略后继有人,因为无论是要提高服务质量、管理水平,还是将高科技应用于饭店等,采取的任何决策都需要人去实际操作。21世纪饭店的竞争将是品牌的竞争,但是品牌需要人去运作。哪个饭店拥有了人才,哪个饭店就能在竞争中获胜。

当今世界,酒店所面临的最激烈的竞争莫过于人才的竞争,造就人才、保护人才、使用人才是每一家酒店都不可忽视的问题。要提高品牌战略的参与人对品牌战略的认识,提高实施品牌战略的自觉性和积极性,加强实践和理论学习,提高驾驭市场的综合能力,真正实施品牌战略,充分调动全体员工对实施好品牌战略的主观能动性。通过大力加强人才的培养,对酒店工作人员,包括基层员工都要进行多层次、多规格、时间不等的短期或长期培训。经过培训,使员工对企业的价值观、经营理念、服务程序、质量标准有了准确、清晰的理解,保证了整个企业高规格、高水平的服务质量,也维护了整个企业高品质的形象,同时还提升了员工素质,有利于员工开拓更广阔的发展空间,为企业持续发展奠定坚实的基础。

(四) 要提高服务质量

突出饭店服务的特色和开发新的服务项目。服务质量对饭店品牌创建有着至关重要的作用,它是饭店的生命,是提升品牌竞争力最直接的途径。质量是品牌的基础,没有精益求精的质量保证,就不可能有成功的品牌。服务产品的质量主要表现在四个方面:有效性、可靠性、可接受性和可控制性。在既定品牌理念的引领下，着力在服务设计质量和行为质量上下工夫，强化饭店的经营方向和服务产品及其质量控制标准的组合，不断提高员工的外在表现水准、对顾客的热情及对工作的忠诚等，牢固树立服务质量意识，将更多的宾客牢固地凝聚在品牌的旗帜下。着力在员工身上下工夫，这就需要企业管理者关心每位员工的个性，最大限度地发挥他们的潜能，对每个岗位、每道程序，制定出具体的操作性强的标准规范。

酒店产品具有服务无形性的特点。着力从产品的内容、产品的表现形式、产品的功能等方面进行创新，要根据市场需求进行新产品的策划，并通过对酒店员工进行培训，提高员工的服务技能，从而增加酒店产品的价值，提高服务质量。用个性化服务打造出独特的饭店品牌个性，通过"量体裁衣"的方式，为每一位消费者提供最能满足其个性需求的产品或服务。

（五）要注重品牌文化的建设

饭店品牌的核心是注重文化内涵，创造自身特色。品牌文化是酒店在长期的经营管理实践中逐步培育形成的，占据着主导地位，并为全体员工所认同和恪守的企业价值观、企业精神、经营思想以及行为规范等的总和，其内容包括物质文化、行为文化和酒店制度文化，还有处于核心地位的酒店精神文化。在进行品牌文化建设时，对酒店精神文化的准确定位就显得尤为重要，这就需要全方位搜寻优秀的文化素材，包括中国传统文化中的优良成分、国外先进企业文化的经验等，并及时进行修正总结，不断完善品牌文化的内容，重视企业文化建设，坚持"以人为本"的科学管理思想，以诚信赢得顾客，并且从企业价值观、企业精神、企业形象、团队意识方面来约束企业的经营行为。

品牌文化体现在酒店环境的布置中，体现在客人的口头宣传中，更体现在酒店员工，特别是管理人员的日常管理行为中。注重饭店品牌建设中的文化内涵，要注重建筑设计上的文化性，建筑外形、色彩设计、照明设计、建筑材料选择、装饰风格和艺术品的选择布置均应有明确的文化主题作为基本的设计理念，并以此主题作为贯穿其中的纽带，使饭店外观建筑成为品牌文化的重要载体，充分展现具有特色的文化氛围。要注重营销活动的文化性，在产品设计和销售过程中，注重研究享受文化、宗教文化、时尚文化等，增强饭店产品和营销的文化内涵，寻求不同的文化卖点。要注重服务中的文化内涵，提高饭店从业人员的文化涵养，逐步从"佣人式"的服务转向"绅士式"的服务。只有有了一定的品牌文化，才可能全面地满足消费者的需要。要关注以价值观和饭店精神为核心的精神文化，始终强调核心层的精神文化，通过中介层的管理文化来实现表层文化产品和服务的创新。企业文化建设应该注重提高企业文化的质量和层次，尤其是企业价值观念、精神风貌、视觉形象、质量文化、服务文化、企业信誉等方面，都是建设和提高的重点。这是一个长期过程，企业不能急于求成，必须持之以恒。企业文化建设根据企业发展实际情况，有针对性、选择性地逐步建立自己的企业文化，而不是一蹴而就。举例来说，海尔最初的企业文化蓝图是什么？说起来很简单，就是建立"不准随地大小便"等最简单的规定制度。正是这样低的起点适合当初企业的实际情况，依靠着海尔人多少年不断的建设、发展，铸就了今天为世人所认同的海尔企业文化，也建设成新时代中世界性的海尔。如今海尔的分公司已拓展到日本、美国等国外市场，海尔与众多世界知名企业一同获得世人的关注。

品牌代表着酒店产品和酒店本身，更体现着酒店顾客的利益。它是酒店竞争力的重要体现，谁拥有更知名的酒店品牌，谁就能更快地抓住消费者的视线，形成"眼球经济"，抢占更大的国内外酒店市场。

面对激烈的市场竞争，企业要想谋生存、求发展，把企业做强并保持竞争优势,必须根据企业所处的市场环境、竞争能力和自身的经营条件,结合不同品牌竞争路径特点,扬长避短,走有利于企业发展的品牌竞争路径,通过实施品牌战略,促进自身的可持续发展壮大。

参考文献:

[1]黄清霞.浅议我国中小型饭店品牌战略.中国集体经济,2008(8).

[2]周静莉,陆朋.浅析我国饭店品牌化建设.商场现代化,2006.

[3]李中梅.国内企业品牌战略的现状与实施.现代企业文化,2008(6).

[4]邹益民,韩振华.试论饭店可持续发展的经营理念.桂林旅游高等专科学校学报,2002(1).

[5]李飞.关于我国饭店品牌创建的思考.产业与科技论坛,2008(4).

[6]张峰.基于服务质量的饭店品牌建设.现代农业,2008(7).

[7]梁宇,夏洪胜.浅议我国经济型酒店品牌建设.产业观察,2006(3).

[8]景曦.浅析旅游饭店品牌建设问题.中国集体经济,2008(10).

基于旅游地生命周期理论的旅游产品开发研究

——以武夷山为例分析

河南省信阳职业技术学院 刘 爽

摘 要：旅游地生命周期最早于20世纪30年代被国外学者提及，是研究旅游地发展演化的重要理论基石，被广泛用于解释旅游地的演化。本文在分析武夷山旅游地发展阶段的基础上，有针对性地提出全新旅游产品开发的建议，以期获得较长的生命周期。

关键词：旅游地生命周期 旅游产品开发 武夷山

一、引 言

近年来，随着经济的发展，各地的旅游业在当地政府的重视下迅猛发展起来，旅游产品的销售也由以前的卖方市场转变为买方市场，竞争非常激烈。由于缺乏理论指导和足够的规划，一大批著名旅游地已经处于停滞期甚至衰退期，面临着过快发展导致的一系列问题。旅游地生命周期最早于20世纪30年代被国外学者提及，它是研究旅游地发展演化的重要理论基石，被广泛用于解释旅游地的演化，近年来一直是旅游研究的热门话题。如何运用该理论，明确其发展的限制因素，对旅游产品进行开发并延长旅游地的生命周期有重要意义。

二、文献综述

"生命周期"最早用于生物学,用以阐述一种生物从产生到灭亡的过程,后来被人口学、市场学等学科引用。旅游地生命周期的概念最早是由德国学者克里斯塔勒在研究欧洲旅游发展时提出的。他研究了地中海沿岸旅游乡村的演化过程,认为旅游乡村生命周期可以分为三个阶段:发掘阶段、增长阶段和衰退阶段。加拿大地理学家巴特勒(Butle R. W,1980)在1980年首先把PLC理论(即生命周期理论)应用于旅游研究,提出了著名的旅游地生命周期理论。此外,还把旅游地生命周期划分为5个阶段,且4阶段的划分也被广泛接受,即分为引入期、成长期、成熟期和衰退期。国外旅游地生命周期研究涉及周期阶段划分、周期阶段特征的描述、影响周变因素和理论的应用性评价等。

旅游地生命周期理论的研究在国内也取得了一些进展,学者们的研究主要集中于以下三个方面:一是对国内旅游地生命周期的理论引入和评述。如张文(1990)发表的《对旅游区生命周期问题的看法》最早讨论了旅游区生命周期问题。二是对国内旅游地生命周期的实证研究。如保继刚(1995)将旅游地生命周期理论应用于广东丹霞山的拓展开发,并探讨了喀斯特洞穴和主题公园的生命周期特征;陆林(1997)对黄山、九华山旅游地生命周期进行了实证研究。三是旅游地生命周期理论与其他理论的结合应用。如戴光全(2002)将生命周期理论与市场营销学的TPC理论相结合,对旅游产品的再开发进行了研究,等等。

三、理论基础

(一)旅游地生命周期理论

目前,得到旅游界多数学者公认的旅游地生命周期理论是由巴特勒于1980年提出来的,其主要观点为一个旅游地的发展变化过程一般要经历六个阶段：探索（exploration）、起步（involvement）、发展（development）、稳固（consolidation）、停滞（stagnation）、衰落（decline）或复兴（rejuvenation），经过复兴以后的旅游地，又重新开始前面某几个阶段的演变。巴特勒还引入了一条"S"型曲线来表述旅游地生命周期的六个阶段。

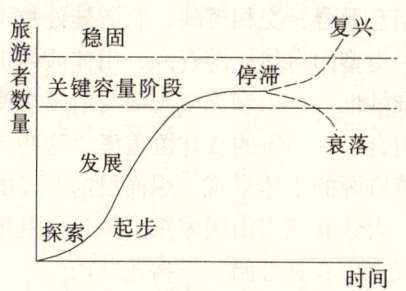

图1 旅游地生命的周期曲线

（二）旅游地与旅游产品

旅游产品是指由实物和服务综合构成，向旅游者销售的旅游项目。旅游地是旅游产品的空间载体，是一种综合的旅游产品。不同生命周期的旅游产品综合变化作用构成了旅游地生命周期的变化。旅游地生命周期的变化是旅游产品生命周期变化的具体体现，是其综合作用的结果。不能仅仅以个别旅游产品的生命周期代替旅游地生命周期，任何一个单项旅游产品的生命周期都可能影响到整个旅游地生命周期。在国内外研究中，通常用旅游者人数作为旅游地生命周期各阶段的衡量标准，而旅游者数量主要受旅游产品吸引力的影响。通常旅游地拥有几个甚至多个旅游产品，精心设计旅游产品的开发和组合是延长旅游地生命周期的关键。

旅游产品结构调整贯穿于旅游地生命周期的每个阶段，是旅游地演化的基本力量。

四、武夷山生命周期分析

（一）武夷山概况

武夷山市位于福建省西北部、闽赣两省交界处，是全国有名的旅游城市之一。其众多的名胜古迹，丰富的人文景观和秀丽多姿的自然景观相互融合，交相辉映，旅游佳处数不胜数。武夷山市内云集了各种类型的自然旅游资源，山体峻峭挺拔，山峰姿态优美，造型石惟妙惟肖，山涧流泉飞瀑与清晰碧潭、晶莹卵石和森林植被巧妙组合，96.3%的森林覆盖率。这些自然景观构成了武夷山自然旅游资源的主体景观，因而目前开发的产品主要都是山水观光产品，大致有武夷山国家重点风景名胜区、武夷山国家自然保护区、武夷山森林公园、下梅龙井山。

武夷山人文旅游资源也相当丰富，大致可概括为朱熹文化、闽越文化、茶文化、柳永文化、宗教文化、民俗文化等六种旅游文化，目前已经开发的文化产品主要有：武夷宫、武夷山市博物馆、古汉城遗址及博物馆、武夷书院（紫阳书院）、五夫紫阳楼、华夏民族城、下梅古民居、自然博物园、南源岭民俗旅游等十几处景点。总体而言，武夷山目前开发的产品从结构上来看，主要是观光型产品，其比例占了75%左右，另外包括休闲度假在内的带有体验性质的产品，其比例占25%左右。

（二）武夷山生命周期分析

武夷山接待旅游人数情况表

	1998	1999	2000	2001	2002	2003	2004	2005	2006	2007	2008	2009
年接待旅游人数（万）	165	193	192	220	290	273	320	362	443	543	567	628

数据来源：武夷山市国民经济和社会发展统计公报。

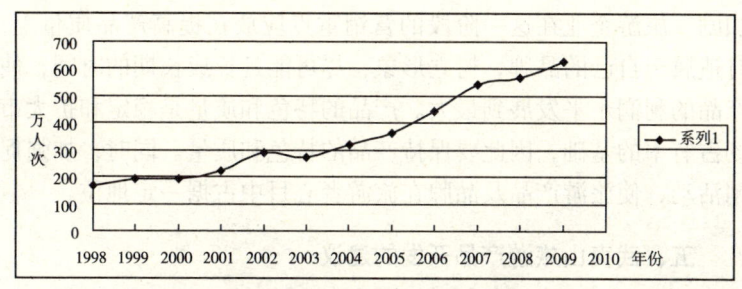

图 2　武夷山旅游地生命周期图

上表是武夷山 1998—2009 年接待旅游人数，根据表中的数据绘制出武夷山旅游地生命周期曲线图（见图 2）。从整体上来看，武夷山作为旅游目的地，除 2003 年受"非典"影响有些波动外，旅游接待人数总体呈上升趋势。根据 DLC（旅游目的地生命周期）理论，武夷山目前正处在产品的成长期，属于旅游目的地中的"热点"地区，是旅游业的黄金时期。

武夷山旅游业的发展经历了生命周期中的形成时期，现在正处于成长时期。形成期的时间段是 1979—1994 年，成长时期的时间段是 1995 年至今。从历史的角度对武夷山旅游产业的这两个时期进行考察可知，武夷山旅游产业生命周期是通过四个具体的阶段来实现的。它们是酝酿起步阶段（1978—1986 年）—初步发展阶段（1987—1994 年）—整治提升、打造品牌阶段（1995—1999 年）—新层次上全面发展、经营品牌阶段（2000 年至今）。前两个阶段属于生命周期中的形成期，后两个阶段属于生命周期中的成长期。其特点是：旅游景点、旅游地开发已基本上粗具规模，旅游设施、服务逐步配套，旅游产品基本定型并形成一定的特色。这时前期的宣传促销效果开始显现，产品在市场上拥有一定的知名度，销售量迅速增长，消费者对产品已有所熟悉，促销费用相对减少，单位成本大幅下降，利润迅速上升。在利润的吸引下，新的竞争者将会进入该市场，竞争趋势会逐渐加剧。旅游企业在这一阶段的营销重点应放在提高产品质量上，打造属于自己的品牌，树立形象，尽可能延长成长期的时间，使产品的利润水平发展到最大。产品的特色和质量是稳定和扩大市场占有率的基础，因此要保持产品的特色和质量。同时，加强促销活动，使旅游产品及品牌在旅游者心目中占据一定地位。

五、武夷山旅游产品开发的建议

（一）提高旅游产品质量，调整旅游产品结构

武夷山作为"双世遗"，具有良好的旅游资源赋存格局，但目前开发的产品从结构上来看，主要是观光型产品，其比例占了75%左右，另外包括休闲度假有25%左右是带有体验性质的产品。总之，仍以自然观光型旅游为主，形式单一、同质性强；文化旅游产品开发不够，休闲旅游产品的开发力度不足，旅游产业没有得到全面发展。武夷山旅游业要想在世界旅游业的激烈竞争中立于不败之地，延长其生命周期，吸引更多的游客，必须充分认识人文旅游资源的价值，大力发展高品位的文化旅游。确立自然旅游资源和人文旅游资源共同开发战略，将文化元素融入旅游产品中，强化人文旅游资源开发，增加旅游文化内涵。

武夷山人文旅游资源个性十分鲜明，可以结合人文旅游特点，着重开展以下旅游资源项目：儒、释、道三教文化旅游，摩崖石刻文化旅游，访古科考文化旅游，武夷岩茶文化旅游，古建筑文化旅游，民俗文化旅游，红色革命文化旅游等。单纯的观光产品，导致游客停留时间不长，一定程度上影响了当地旅游经济的效益。因此应进行深度发掘，更新改造，充实观赏内容，增加参与性、互动性的旅游项目的开发。比如：武夷漂流观光，单纯的一小时观光游客很难尽兴，可以在保留现有传统漂流的基础上，延伸漂流线路，在上游开发惊险的橡皮筏漂流，丰富旅游体验。在淡季时，延长漂流时间，并将武夷茶文化和竹筏漂流结合

起来,增加竹筏品茗等项目内容,让旅游者能够在竹筏上欣赏武夷美景的同时,还能品味武夷岩茶的芳香醇厚,成为武夷山旅游的新项目。同时,还可以开辟小型竹筏的制作参观项目,增加相关的参与性项目。

(二)合理设计旅游线路,优化旅游线路组合

人们外出旅游时,在有限的资金和闲暇时间的条件下,总是希望游览更多的景点,感知更丰富的信息,获得更大的收益,但又不能太过紧张疲劳。因此,设计旅游线路时要坚持市场导向、突出主题、游程多样、合理搭配、机动灵活等原则,从科学合理的角度使景点丰富,游览紧凑,松紧结合,最大限度满足游客的需要,及时推出新产品、新路线。对武夷山现有旅游线路进行整合,对旅游资源进行分类,把特色明显、产品性质相似的几个景区串联起来形成特色旅游线路,进行对外推广,如历史文化旅游线路、古民居观光旅游线路、陶瓷文化旅游线路、茶文化旅游线路、民俗旅游线路、朝圣观光旅游线路、红色旅游线路、自然保护区生态旅游线路。同时,针对国内自驾车旅游不断发展的趋势,重点策划自驾车旅游线路,设计省内各县(市)进入本地的线路,邻近省进入武夷山的线路。通过市场分析,对原有景观、项目、线路的质量、特性、形态、服务进行调整、增加、减少、组合和改良,成为新的产品和线路,以巩固老市场,开拓新市场,从而使旅游产品的生命周期不断实现再循环。

(三)打造旅游品牌,塑造旅游形象

旅游形象是指旅游者对某一旅游接待国或地区总体旅游服务的看法或评价。旅游形象是吸引游客最关键的因素之一,是旅游地区别于其他旅游地的标志。根据上面的分析,可知武夷山处于旅游生命周期的成长期,这个时期竞争非常激烈。武夷山要在激烈的市场竞争中立于不败之地,旅游经营者要改变传统的经营意识,树立品牌宣传意识,确立武夷山旅游的优秀品牌,特别是要

塑造核心景区的品牌，使每一位到武夷山来的游客，甚至尚未到武夷山来的潜在客人都知晓。走品牌发展的道路，充分利用品牌的带动作用。品牌的带动作用可表现为：第一，品牌带动营销。利用大型的品牌旅游活动的策划过程，利用品牌打造的过程作为宣传炒作的热点，从而达到提高知名度的目的。第二，品牌带动客源。通过品牌塑造、品牌打造，强化公众宣传，不断提升旅游地的美誉度和知名度，进一步开拓客源市场，从而将品牌优势转化为市场优势。第三，品牌带动保护。通过争创品牌，激发当地人对旅游开发的热情，促进其对旅游资源和环境的爱护和保护；也可以使旅游地的旅游开发活动处于相关组织的监管及更多旅游者的舆论监督之下，使旅游资源走可持续发展的道路。除了通过品牌的建立树立旅游形象，在目前竞争激烈的市场环境中，从业人员的素质，也是能否树立优秀旅游城市形象的关键。因此，武夷山经营者需提高旅游从业人员的素质和服务质量。尤其是要着力提高导游队伍、服务人员的素质，建立一批高品位的文化导游队伍。并且，要注重软环境的改善。

参考文献：

[1]阎友兵.旅游地生命周期理论辨析.旅游学刊，2001(6).

[2]邹伟，吴希冰.武夷山旅游产品开发的问题及对策研究.农业与技术，2008(7).

[3]王学峰.旅游产品创新的基本研究探析.山东师范大学学报，2002(4).

[4]郑耀星，刘少艾.试析县域旅游开发新思路——"泰宁现象"的原因与启示.湖南财经高等专科学校学报，2008(10).

金融危机背景下中国旅游业可持续发展研究

江西省太阳能高级职业学校 刘青峰

摘 要：金融危机的影响不是局部的，而是全球性的。在全球经济一体化的大背景下，旅游业作为敏感行业，其所受到的影响已显端倪。本文就金融危机背景下，基于旅游业、金融危机、旅游业可持续发展等相关概念分析了中国旅游业发展的现状，对中国旅游业在金融危机的影响下出入境旅游及国内游出现的问题提出了一些建议和对策，以求能够抓住有利于旅游业发展的机遇，积极采取有利于旅游业发展的措施，达到促使中国的旅游业长远发展的目的。

关键词：金融危机 旅游业 出境旅游 入境旅游 国内旅游

金融危机向实体经济蔓延，全球旅游业需求减少、价格下滑、增速下降，国际经济形势与全球旅游市场对中国旅游业的发展影响越来越大。中国旅游业在国务院常务会议上确定的十项措施和国家旅游局确定的八大计划下受益，奥运会的成功举办和上海世博会将吸引更多的国内外游客。但金融危机对中国旅游业的负面影响不可避免，表现在中国入境旅游市场人数和收入明显下降、出境旅游增长缓慢、国内旅游发展困难三方面。本文就此三方面问题进行论述。

一、相关概念

依笔者对旅游业的理解,旅游业就是在旅游者和交通、住宿及其他有关单位之间,通过办理旅游签证、中间联络、代购代销,通过为旅游者导游、交涉、代办手续,此外也利用旅行社的交通工具和住宿设施提供服务,从而取得报酬的行业。可持续发展既要以满足当代人的需要为目的,同时也要有不损害后代人满足其自身需要而进行发展和开发的能力。可持续发展的提出,要求人们以长远的眼光从事旅游活动并对经济不断增长的必要性提出质疑,实现代际平衡。①旅游业可持续发展就是既要顾及现时游客及旅游地区的需要,同时亦要保障和增加未来发展的机会。为达到这个目标,在管理资源时同时满足经济、社会的需要,保存该地的文化传统、基本生态发展、生物品种及生态系统。②

金融危机又称金融风暴,是指一个国家或几个国家与地区的全部或大部分金融指标,如短期利率、货币资产、证券、房地产、土地、商业破产数和金融机构倒闭数的急剧、短暂和超周期的恶化,未来预期更加悲观,整个区域内货币币值将出现幅度较大的贬值,经济增长受到打击。社会普遍出现经济萧条,甚至有时出现社会动荡或国家政局的动荡。③ 2008年金融危机引发了全球金融动荡,而且对实体经济也产生了影响,世界经济步入停滞甚至衰退的局面。金融危机及其所带来的经济衰退必然会对中国入境旅游、出境旅游和国内旅游消费产生不同程度的影响。

---

① 李天元:《旅游学概论》,南开大学出版社2003年版,第147~149页。

② 吴易明:《中国生态旅游业研究》,暨南大学出版社2007年版,第242页。

③ 韩薇薇:《论金融危机生成与防范》,对外经济贸易大学,2007年。

二、金融危机背景下中国旅游业的发展现状及存在的问题

(一) 金融危机背景下旅游业发展的有利条件

1. 国家宏观调控拉动旅游业发展

国家在宏观调控方面推出的"十项措施"和"八大计划"有力地拉动了国内旅游市场。2008年11月5日,在国务院常务会议上,确定了当前进一步扩大内需、促进经济增长的十项措施,大抵划为四类:加大投资、增加收入、减少税收、放松信贷。这些措施与旅游有直接或间接关联,尤其是决定对西部干线铁路和中西部干线机场、支线机场等重大基础设施的建设给旅游业带来的影响最为直接。基础设施和交通条件的改善,有利于旅游业的长期发展。这些措施的主要目的是解决居民,特别是低收入人群、农村居民等人群的后顾之忧。相对于高收入人群来说,这些人均旅游消费数额较少,但具有更高的边际消费倾向,加之人群基数较大,因此在某种程度上国家的宏观调控能拉动中低端旅游市场的发展。

"八大计划"刺激旅游消费。为了配合国家扩大内需政策的需要,确保旅游业发展,国家旅游局提出了"国民旅游休闲计划"、"全国乡村旅游倍增计划"、"地震灾后旅游恢复重建计划"、"藏区旅游发展推动计划"、"旅游服务质量提升计划"、"入境旅游发展计划"、"上海世博会全球推广计划"、"全国十万导游培训计划"等一系列计划。这些计划在鼓励福利旅游、奖励旅游、修学旅游、银发旅游、乡村旅游、农民旅游等旅游活动发展的同时,还提出了许多增加国民旅游数量与质量、提升旅游服务等诸多方面的具体政策和措施。以广东省落实国民旅游休闲计划为例,广东省国民旅游休闲计划确定具有广东省户籍的居民以及办理了广东省暂住证或者居住证的居民为国民旅游休闲计划主体,共提出了18项政策措施,主要包括推行"国民旅游休闲

卡",持卡人员凭卡参加旅游休闲活动可以获得相应的便利服务和价格优惠;鼓励城市休闲公园、科普教育基地、红色旅游景点等,实行免费或以优惠价格向社会开放;推动旅游休闲示范旅行社和基地对在校学生、农村进城务工人员、残疾人、低保救助对象、五保户及年满60周岁的老年人等特定群体参与国民旅游休闲计划给予特别优惠等,① 这些措施的实施有力地拉动了整个旅游市场的发展。

2. 居民消费信心相对乐观

金融危机冲击全球经济,而中国经济的基本面目依然良好,居民消费信心相对乐观。AC 尼尔森于 2008 年 11 月 13 日发布的全球消费者信心调查显示,72% 的中国消费者认为本国目前没有进入经济衰退期,而 56% 的中国受访者对未来 12 个月的个人财政状况持乐观态度。调查还显示,超过 1/3 的中国消费者表示未来一年会是消费的时机。其中,度假旅游最受青睐,53% 的中国受访者表示在有闲钱的情况下愿意花钱旅游。② 该调查虽然不能全面反映出金融危机背景下国人的消费心态和经济预期,但在某种程度上说明居民消费意愿乐观。

中国消费者协会对来自 31 个省(市、区)的 6 078 位 18 岁以上的消费者进行调查,2009 年 3 月 12 日公布的结果显示,六成的消费者对中国今年的经济形势持相对乐观态度,超过 2/3 的消费者对家庭收入的预期相对乐观,表明中国消费者的消费信心较为充足;42.4% 的消费者认为今年中国经济保持平稳,16.7% 的消费者认为经济将逐渐繁荣,33.1% 的消费者认为将出现经济

---

① 《广东省试行国民旅游休闲计划新闻发布会实录》,新浪广东(www.sina.com),2009 - 02 - 23。

② 《中国消费者信心高于全球》,中国金融咨询网(www.jrgp.com),2008 - 11 - 14。

放缓或下行,只有7.8%的消费者回答是不清楚。① 从以上两项调查结果得知,中国在金融危机背景下的消费信心相对乐观。

3. 奥运效应和上海世博会刺激旅游消费

"奥运效应"长期存在。北京奥运会的成功举办,给世界展示了全新的国家形象,在全球范围内掀起了"中国热",国外了解中国、领略中国的意愿普遍增强。大量人流的涌入有效地扩大了旅游公司的业务量,也为酒店服务业、餐饮业和商业的飞速发展创造了有利条件。奥运会期间的旅游者分为奥运会直接旅游者和间接旅游者两大类,直接旅游者主要是参与奥运会比赛的运动员、教练员、随队工作人员、各国的记者等。间接旅游者是在奥运信息宣传效应下,通过对奥运主办地旅游资源的了解,决定到当地去旅游,进而成为主办地的参观旅游者。奥运会给各领域带来了巨大的机遇,因筹备奥运会而建的鸟巢体育馆、水立方等体育设施为中国体育旅游提供了发展空间。北京体育设施的完善加强了中国跟其他国家的体育事业的交流,为拉动更多的人来中国旅游提供了基础。

2010年,中国迎来"上海世博会",围绕世博会进行的宣传以及专门的旅游营销已在2009年全面展开,有助于吸引国内外游客。针对海内外旅游者不同的旅游需求,上海设计开发了会展节庆旅游、邮轮旅游、古镇旅游、民俗旅游、体育文化旅游、美食购物旅游等"世博之旅"系列旅游产品,并加大了宣传力度。共有214个国家和国际组织确认参加上海世博会,60个国家和国际组织已签署了《参展合同》。② 所以中国经济发展总体趋势

---

① 汪明明:《近六成消费者对我国今年经济持相对乐观态度》,新华网(www.xinhuanet.com),2009-03-12。

② 《上海世博会已有214个国家和国际组织确认参展》,新华网(www.xinhuanet.com),2009-05-09。

不会发生根本改变，长期发展充满希望。

(二) 金融危机背景下旅游业发展存在的问题

金融危机背景下中国入境、出境、国内三大旅游市场都出现了一定程度的萎缩，旅游价格下滑、人气不旺，使得许多旅游企业面临业务量下降、利润率下降、人才流失等困难。金融危机所带来的一系列新问题，与旅游业发展中的深层次矛盾交织在一起，使旅游业发展的形势面临严峻考验。其问题表现在以下三个方面：

1. 入境旅游出现下滑

中国入境旅游客源主要来自于我国香港、澳门、台湾以及韩国、日本、俄罗斯等周边地区和国家。作为中国第一大入境客源国，韩国的经济也受到显著影响，经济增长率降至 4.5% ~ 4.9% 以下。在远程市场方面，中国入境客源的主体是美国、英国、德国、加拿大和法国等国，目前这些国家股市下跌，企业投资缺乏信心，私人消费普遍缩减。在此背景下，公务旅游和消遣旅游都受到影响，使得入境旅游增长放缓。2008 年金融危机后的第四季度，中国入境旅游人数及外汇收入增长放缓更加明显。具体如表 1 所示：

表 1　2008 年第四季度入境旅游人数及外汇收入统计

	2008 年 10 月	增长 (%)	2008 年 11 月	增长 (%)	2008 年 12 月	增长 (%)
入境旅游人数 (万人次)	1 122.82	-3.22	1 055.09	-4.87	1 095.09	-4.9
过夜旅游人数 (万人次)	473.61	-5.95	427.02	-8.18	428.61	-9.07
入境旅游收入 (亿美元)	36.80	-8.11	32.53	-9.24	31.42	-10.15

数据来源于：《金融危机与中国饭店业发展分析报告》，中国旅游网 (www.saohotel.com)，2009 - 02 - 01。

从表1来看，入境旅游人数、过夜旅游人数以及入境旅游收入均表现出下滑趋势。其中，入境旅游外汇收入下滑速度超过入境旅游人数下滑速度。2008年，中国旅游市场入境旅游人数近年来首次出现负增长，降幅1.5%，其中游客2 433万人次，降幅6.8%；港、澳、台游客10 570万人次，降幅0.1%；过夜旅游者5 305万人次，降幅3.1%。

具体如表2所示：

表2 2005—2008年中国入境旅游人数统计

	入境人数（亿人次）	增长（%）	外国人（万人次）	增长（%）	港澳台（万人次）	增长（%）	过夜旅游者（万人次）	增长（%）
2005	1.202 9	10.3	2 026	19.6	10 003	8.6	4 681	12.1
2006	1.249 4	3.9	2 221	9.7	10 273	2.7	4 991	6.6
2007	1.318 7	5.5	2 611	17.6	10 576	2.9	5 472	9.6
2008	1.300 3	-1.4	2 433	-6.8	10 570	-0.1	5 305	-3.1

数据来源于：《金融危机与中国饭店业发展分析报告》，中国旅游网（www.saohotel.com），2009-02-01。

以上两个表都显示出中国受金融危机影响，入境旅游发展整体上面临着严峻考验。随着国际经济形势的进一步恶化，全球失业率进一步攀高，居民收入增长率进一步下降，直接导致国际旅游需求和消费的缩减，中国入境旅游面临继续下滑的可能。

2. 出境旅游增长滞缓

中国出境旅游人数虽然在2008年依然增加了489万人次，同期增长率为11.9%。但与以前的高增长相比，下滑非常严重。具体如表3所示：

表3 2005—2008年中国出境旅游人数统计

	出境人数（万人次）	同期增长率（%）
2005	3 410.30	5.50
2006	3 452.36	14.5
2007	4 095.00	18.6
2008	4 584.00	11.9

数据来源：《金融危机与中国饭店业发展分析报告》，中国旅游网（www.saohotel.com），2009-02-01。

从表3可以看出，2008年的出境人数相对去年同期增长率下滑了6.7%。金融危机的进一步蔓延引致中国经济增长趋缓，国内经济形势的压力增大不支持出境旅游的高增长，尤其是国家财政税收和GDP的增速减慢。据统计，2007年国内生产总值246 619亿元，比上年增长11.4%；2008年国内生产总值300 670亿元，比上年增长9.0%；2007年国内生产总值的增长速度突破11%，而金融危机之后下降至9%，世界经济的变化，特别是外部需求的减少对中国的经济已经产生了严重影响。[①]GDP出现大幅度回落，各种因公出国考察与商务活动大幅缩减，中国出境旅游的人数滞缓。

3. 国内旅游发展困难

金融危机存在的诸多不确定因素和潜在风险，也使得人们风险厌恶程度普遍上涨，当居民收入预期不佳时，首先压缩的就是旅游等非必需性消费。受国际金融危机影响，消费者也会变得更加理性和冷静，旅游消费会严重缩水。具体如表4所示：

---

① 《金融危机与中国饭店业发展分析报告》，中国旅游网（www.saohotel.com），2009-02-01。

表4 2005—2008年中国国内旅游情况

	国内出游人数（亿人次）	增长（%）	国内旅游收入（亿元）	增长（%）
2005	12	10	5 286	12.2
2006	13.9	15	6 230	17.9
2007	16.1	15.5	7 771	24.7
2008	17.1	6.3	8 749	12.6

数据来源：《金融危机与中国饭店业发展分析报告》，中国旅游网（www.saohotel.com），2009-02-01。

从2008年看，国内出游人数增长速度明显放缓，由15.5%降至6.3%；国内旅游的收入降低幅度也很显著，由24.7%下降至12.6%。受金融危机的影响，当前中国经济运行中的困难明显增加，股市、楼市、车市持续走低。据统计，2008年，城镇失业人口突破5 000万人，农村突破2亿人；上半年中国有6.7万家中小企业倒闭，就业压力增大。在这些情况的冲击下，国内旅游出游费用下降，出游行程缩短，使今后一段时期内国内旅游的发展面临困难。

三、金融危机背景下旅游业可持续发展对策

（一）大力发展入境旅游

1. 积极引进外资和先进技术设备

旅游企业应积极引进外资和先进技术设备，以完善与西方发达国家旅游服务相关联的各项配套设施，包括宾馆饭店、景点、娱乐、交通、购物等配套设施都应做到尽善尽美和富有特色。中国目前对旅游业是少量投资，在这种情况下，中国要发展旅游业及相关设施的庞大需求与资金短缺的现实形成尖锐的矛盾。因此，只有在更大范围内扩大对外开放面，积极引进外资和先进技

术设备及管理经验,通过合资、租赁等多种形式,扩大旅游产品的花色品种,提高商品质量,以满足国外旅游者的需要。

2. 加大开拓目的地市场的力度

金融危机对全球的影响程度不同,欧美国家受到的影响比较明显。就目前而言,我国港澳台、东南亚、中东与欧美相比影响相对小一些。因此,要着力挖掘近邻和亚洲市场,提高市场推广的有效性。韩国一直是湖南重要的客源市场,受金融危机影响,韩国市场出现下滑。湖南在继续巩固韩国市场的同时,加大了开拓日本、东南亚市场的力度。2008年底,长沙开通了至日本大阪的航线,对湖南而言,开拓日本市场是一大时机。日前,湖南省领导率80人的代表团赴日进行宣传促销,争取2009年接待日本游客由2008年的6万人次增加到10万人次。① 此外,要抓住海峡两岸关系缓和的有利时机,特别关注并大力开拓台湾市场,使之成为入内游新的增长点。

3. 加强旅游宣传,招徕旅游客源

重视旅游宣传尤其对主要客源国的宣传,是旅游业赖以生存发展的重要手段。世界旅游发达国家都十分重视旅游宣传投资,因此,中国应加强对旅游业的宣传工作,每年划出一部分经费,其来源可从各级政府税收拨款,也可敦促各有关旅游企业支付一定的宣传费用。对主要客源国,宣传应有的放矢,具有针对性,如中国对日本可以在"文化古迹、民族特色、佛教圣地"等三方面进行宣传。在宣传方式上,也宜采取多样化,如举办旅游产品展销会、各行业交流会、缔结友好城市、组织友好访华团,以及各种图文并茂的印刷宣传品。除了要做好上述工作,还要不断地培养出一批批熟悉国际旅游业务、外语水平高和作风过硬的导

---

① 《大力开发出境游目的地》,如家快捷酒店网(www.rujiakuaijiehotel.com),2009-02-18。

游及相关的领导干部,这是加强旅游宣传、招徕客源的保证。

(二)鼓励国民出境旅游

1. 丰富旅游形式

针对中国出境人数增长缓慢,国家旅游局和各个国际旅行社需细分客源,不断丰富旅游形式,满足不同游客的特殊需求。目前欧元贬值很厉害,众多著名品牌在打折促销,中国游客有意愿去欧洲购物,旅行社推出了"意大利服装购物团",既可以出国旅游,也能满足游客的购物心理。比利时马斯梅赫伦购物村,就是适应金融危机而出现的"购物团"首选之地。北京凯撒国际旅行社推出的欧洲主题亲子游计划受到游客的青睐:以绘画为主题的"法、荷、比亲子之旅"、以音乐为主题的"德、奥、瑞亲子之旅"等,这些线路从不同角度为家长和孩子们打造了多样化的精彩假期。亲子游产品不仅开拓了孩子的视野,也为家长和孩子的融洽相处搭建了平台。

2. 简化签证手续

中国国家旅游局按照"入出挂钩,合理分布,循序渐进,动态结合"的原则来管理出境旅游。在金融危机影响下,一方面,国家鼓励出境进行商务活动;另一方面,简化签证手续、缩短签证日期鼓励出境旅游。如吉林出入境管理局推出简化办理相关手续,对出国劳务、境外就业及涉及"三农"、出境签订合同、物资紧急商务活动的都实行"绿色通道",办证时限从原来的15个工作日缩短到7个工作日内。浙江中旅、杭州海外等旅行社获得了浙江首批 ADS 版旅游目的地国家版送签权,浙江游客赴英国旅游将更方便,免去了烦琐的面试,签证也由长达2周时间缩短至7~10天。① 目前,借着签证的东风,各大旅行社重

---

① 《大力开发出境游目的地》,如家快捷酒店网(www.rujiakuaijiehotel.com),2009-02-18。

新包装英国系列线路。各个省、市可以借鉴吉林省出入境管理局推出的"绿色通道",鼓励国民出境旅游,从而促进中国出境旅游人数增加。

(三) 加快发展国内旅游

1. 认真贯彻国家政策

面对金融危机对整个旅游业的冲击,国家作为调节机制中最重要的环节,颁布和实施的一系列政策对国内旅游业的发展起到了重要作用。认真贯彻中央经济工作会议提出的"保增长、扩内需、调结构"的战略部署,以发展国内旅游为基本立足点,大力激发国民旅游消费,积极开发适应城乡居民消费需求的旅游产品。

2. 推出旅游惠民措施

各地通过政府出资与企业让利相结合的方式,推出多种旅游惠民措施。主要有三类:

首先,旅游接待单位直接打折让利。主要有优惠打折、针对特定人群免费优惠、本地人游本地活动以及旅游年票和一卡通等形式。

其次,发放旅游消费券。目前长江三角洲地区的十余个城市共发放各类旅游消费券已超过 10 亿元,黑龙江、河南、贵州、湖南等地的城市也开始陆续发放多种形式的旅游消费券。旅游消费券是在金融危机影响大背景下衍生出来的一种刺激消费的形式。集中大范围地赠送旅游消费券,直接展示了一座城市的旅游产品,解决了群众的出游困难。现代旅游已不仅仅是观光,它包含吃、住、行、游、购、娱等诸多环节。旅游消费券的发放,必然带动相关产业各个方面上的联动,经济、社会效应巨大。

再次,丰富旅游服务形式。如吉林鼓励旅行社规范设立门市部和分社、鼓励灵活多样的信用消费方式、推广便利旅行支付手段、发行便利旅行者的差旅交通卡和游览连锁优惠卡等;河北、湖北等地鼓励城市公交部门开通至景区景点的公交专线,以方便市民出游。

3. 积极培育旅游新热点

各地积极研究培育假日旅游消费热点。中国从 2008 年开始实行新的假日,2009 年春节、清明、五一、端午、国庆、中秋等小长假给中国旅游业带来了契机。如各地围绕民俗文化展开的端午假日主题活动内容丰富、参与性强,为旅游业注入了生机。上海豫园商城举办的豫园中国日——2009 端午文化节、四川省的 2009 中国成都天府水城龙舟节等系列特色民俗活动,各地旅行社编排了端午民俗文化相结合的旅游线路,通过包粽子、赛龙舟、放河灯等传统形式,突出了端午假日旅游活动的主题,彰显了传统文化及亲情回归,吸引了大量游客参与,深受广大旅游者喜爱。[①] 各省、市应根据民俗文化发展中国的假日旅游,积极推动中国旅游业的发展。

四、结　语

本文在介绍旅游业、旅游业可持续发展、金融危机三个概念的基础上,分析了在金融危机背景下中国旅游业发展的现状,同时分析了中国出境旅游、入境旅游及国内旅游在金融危机背景下受到不同程度的冲击,提出了相应的对策。这场危机造成的实际影响还没有完全释放出来,金融危机给旅游业带来更深刻和更广泛的问题,在我国这个资源大国应充分地利用好各个方面来发展旅游行业,即使金融危机的确带了一些负面影响,危机也是良机。笔者学术水平有限,若有阐述不对之处还望指出。

---

① 覃展辉:《中国假日旅游市场发展探讨》,载《经济参考报》,2009 年 6 月 5 日。

参考文献：

[1]李天元．旅游学概论．天津：南开大学出版社，2003．

[2]吴易明．中国生态旅游业研究．广州：暨南大学出版社，2007．

南靖土楼景区游客行为引导的现状与对策研究

福建省南靖第一职业技术学校 刘黎燕

摘 要：对客家人来说，土楼已不仅仅是一个遮风挡雨的场所，它更凝聚着他们的文化。土楼表现出来的向心性、匀称性，以及血缘性聚居的特征，正是中国传统儒家文化和道家文化的一个缩影。然而随着南靖土楼成为世界文化遗产，游客与日俱增，因此对景区游客行为的引导十分必要，它不仅能够给游客提供良好的旅游经历，保证游客在景区的旅游体验质量，而且能够防止旅游资源破坏和旅游产品退化。本文以世界文化遗产——南靖土楼为例，从景区的角度，分析游客在南靖土楼景区当中的不文明行为的表现及原因，从而得出南靖土楼景区应如何加强对景区游客行为的引导。

关键词：南靖土楼 景区游客引导

2008年7月，福建土楼被列入世界遗产之后，吸引了海内外游客前来一睹土楼的风采，这给福建永定、南靖以及华安等土楼分布地区带来了巨大的经济和社会效应。据了解，2009年1月，土楼景区接待游客成倍增长，其中南靖景区接待游客10.8万人次，游客量增长超过去年同期4倍以上。随着游客的与日俱增，游客在景区中的一些不文明行为可能对景区环境造成污染，使景观质量下降。如果不对游客加以引导，必然会造成景区整体吸引力下降、旅游价值降低。为了使景区得到更好的保护，为了满足更多游客的需求,对前来游览的景区游客的行为进行引导和管理就显得十分必要。

一、南靖土楼景区概述及游客行为规划

土楼是用土夯建而成的民居,主要集中在中国福建、广东和江西三省的交界地带。土楼的出现,原为千百年前,在动乱的年代,客家先民历尽千辛万苦,南迁落脚福建境内,为了抵御匪盗的侵袭和野兽的威胁,用当地生土、砂石、竹木将他们的房子夯筑成一个浑然一体、精巧奇特的庞大建筑,兼具安全防卫、通风采光、抗震防火、防潮保温、隔音隔热、冬暖夏凉等种种功能,是他们生存居住的理想"乐园"。福建土楼作为植根于东方血缘伦理关系和聚族而居的民族传统文化的重要历史见证,因符合联合国《保护世界文化与自然遗产公约》的第三、四、五条标准,而于2008年获准列入《世界遗产名录》。

(一)南靖土楼群的概况

据统计,南靖县共有土楼1.5万多座。其中3层以上的圆楼386座,方楼1 751座,历时500年以上的有20多座。南靖的土楼群中,被列入世界文化遗产名录的有田螺坑土楼群、河坑土楼群、和贵楼、怀远楼。田螺坑土楼群的5座土楼是客家土楼的典范,是闽西南土楼中最壮观的一群。田螺坑土楼群的精美建筑组合,构成人文与自然巧妙之成的绝景,给人强烈的观赏冲击,令人叹为观止。河坑土楼群位于书洋镇境内,站在狮子地冻山顶,可以从三个方位看到不同造型的三个土楼群共有27座。和贵楼占地1 547平方米,5层,高21.5米,140个房间,是南靖最高的土楼。它建于沼泽地上,没有桩基,颇为罕见。怀远楼位于南靖县梅林镇坎下村东部,是建筑最精美、保存最完好的双环圆形土楼。

(二) 南靖土楼景区的概况

依据南靖土楼旅游区旅游资源的格局,确定旅游区发展"一心四点两片三环"的空间结构。

"一心"就是游客服务中心——"开发的土楼"。功能主要是游客集散中心土楼旅游的引导区。土楼元素与现代元素的完美结合。成为"土楼走向世界、走向未来"的标志性土楼文化景观建筑,让游客从这里开始感受土楼文化的气息。主要项目有游客服务中心、土楼酒店、土楼商业街、自驾补给中心、土楼景观园、户外运动俱乐部。

"四点"分别是印象土楼田螺坑、精致的土楼博物馆怀远楼、沧桑的沼泽浮城和贵楼、古老的风雨土楼裕昌楼。田螺坑的主要功能是作为土楼核心观光、主题印象区。其作为土楼中绝对经典的"落地梅花"、建筑奇葩,无可替代的土楼传奇代言,是游客土楼之旅中不得不看的一个景点;由下而上的观光旅程,带给旅客的是土楼景观的无比震撼,从布达拉宫式的敬仰到精美布局的赞叹,让人仿佛进行着一次虔诚的土楼朝觐之旅。怀远楼的主要功能是作为博览学习、土楼工艺体验的场所。它是最精致的土楼,加上最高创意的土楼博物展览,可让游客来一次和土楼工艺的最亲密接触。和贵楼的主要功能是作为土楼历史凭吊、沧桑文化感怀的地方。高耸入云的方楼、轻软欲陷的沼泽庭院、龟裂沧桑的墙体,都让人肃然起敬,游客在这里感受到的是土楼那充满沧桑而厚重的历史。裕昌楼的功能主要是作为观光和感情体验区。摇摇欲坠的百年土楼,抒发了历尽风雨毅然而立的倔强,没有人不为之惊叹。

"两片"分别是梦里家园塔下土楼群和生活田园河坑土楼群。塔下土楼群的主要功能是作为土楼水乡、风情体验、夜里休闲的地带。如梦家园的意境使游客感同身受地体味客家人几个世纪的飘零所换来的惬意休闲。它安静地诉说着悠远的历史,加之潺潺流水、优美桥影，为游客展现了土楼水乡的意境。其主要项目是塔下水乡、灵秀夜市和裕德云水楼。河坑土楼群的主要功能是作为乡村桃源、民俗体验、客家风情的场所。其充满诗意的田园风光，弥漫着土楼生活的亲切气息，展现着原真的生活场景，带给游客心灵的涤荡体验。清净整洁的清溪石板街、蜿蜒的溪流、整齐划一的田埂，结合客家集市、民俗演绎、农家餐饮，让游客沉湎于土楼惬意生活之中。其主要项目有桃源人家、客家集、河坑园、民俗演绎、清音休闲茶廊、清溪石板街。

"三环"分别是三条旅游环线。第一条：游客中心—和贵楼—怀远楼—河坑—塔下—旅客中心。第二条：游客中心—田螺坑—裕昌楼—塔下—河坑—游客中心。第三条：游客中心—和贵楼—怀远楼—河坑—塔下—裕昌楼—田螺坑—游客中心。

前来南靖土楼观光的中外游客与日俱增，游客的增多，给景区带来了交通压力，特别是大量私家车进入景区，尾气排放量大，对土楼周边的生态环境造成威胁。因此，南靖县投入1 000多万元为土楼景区购置了25辆申龙大巴观光车，旨在进一步规范景区管理、保护景区文化生态旅游品牌形象。

（三）景区游客行为规划

游客是景区的消费者。对游客行为的规划是景区有效管理的措施之一，也是从根本上维持景区旅游秩序、降低环境损失、维护景区正常运作的途径。所以，南靖县在景区的开发过程中，对景区游客行为进行规划是十分必要的。

1. 选择性旅游

与传统的大众旅游相比，南靖土楼景区应该更趋向于发展选择性旅游。选择性旅游是在满足游客不同旅游需求基础上，通过促进各种旅游形式的开展，将旅游对自然和社会环境的消极影响降至最低程度。与大众旅游相比，虽然选择性旅游的经济效益较低，但是它更能满足游客在旅游中获得知识、精神享受的目的，而且因规模远低于大众旅游,对环境、生态的冲击较弱,更有利于实现可持续旅游发展和景区可持续发展。南靖土楼景区作为世界文化遗产,它在发展旅游的同时更应该注重遗产的保护。

2. 景区游览线路设计

景区、景点和景物都是固定的、孤立存在的,各有各的个性,只有通过游览线路将其有机地连接起来,才能形成完整的游览系统,从而发挥整体的效力。游览线路设计应遵循以下原则:

(1) 主题突出原则。

景区中对反映主题的景物要多设计几个观景点,从不同角度、部分重复观览,强化游客的感受。力求景区主题鲜明,既有统一感,又有层次感和变化感。例如:南靖土楼景区设计出来的旅游 A 线,游客中心—田螺坑—裕昌楼—塔下—游客中心,主要是突出田螺坑土楼群,在游客到达田螺坑景区之前会先经过田螺坑的上观景台,从这里往下看土楼群就像是一朵盛开在天地之间的梅花,五座土楼之间完美的比例尽收眼底,使游客跃跃欲试想身临其境地近距离接触土楼,于是游客就顺着上观景台的路往下进入田螺坑村与土楼亲密接触,在游客参观完土楼之后,沿游览线路往下走,就能来到下观景台。从下往上看,五座土楼错落有序地依山而建,在夕阳的余晖中,仿佛备受敬仰的布达拉宫。在感叹完田螺坑土楼群的鬼斧神工之后,沿线路而下,参观有 700 年历史的裕昌楼和有"江南水乡"、"闽南周庄"之称的塔下村。通过线路的组织,使主题更为突出。

(2) 选择最佳观赏点原则。

观赏点应有最佳位置,充分展现游览线上景点的景色风貌,本着"美则显之,丑则隐之"的原则进行设计,形成远景、近景和特写景的组合。

二、南靖土楼景区现有的游客行为引导及其不足之处

一般的景区游客行为引导系统构成要素为：

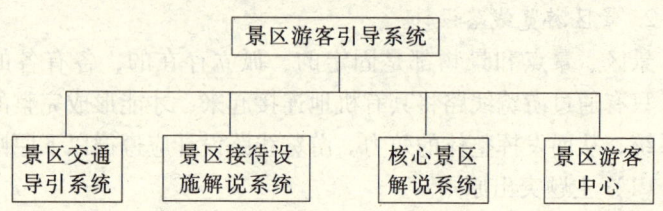

（一）南靖土楼景区现有的引导系统

1. 编制旅游指南

编制旅游指南是引导系统最基本的途径之一。南靖土楼景区编制了游客指南，在旅行社和旅游服务中心免费散发给游客。

2. 建立旅游服务中心

南靖土楼景区在书洋镇与景点的交叉口处设立了旅游服务中心，为游客提供相关的旅游信息以及导游服务。

3. 交通引导

在南靖土楼被评为世界文化遗产之前，南靖县就投资3亿元改建全长53公里的山梅公路，缩短了南靖县城到"土楼之乡"书洋镇的距离，大大提高了游客的可进入性。在加入世遗之后，南靖土楼景区以环形线路来进行设计，游客不管是走A线还是走B线都不会出现走回头路的现象，大大节省了游客在路上花费的时间，增加了游客在景点的停留时间。除此之外，在景点与景点之间、各交叉口景区都为游客设立了明确的指示牌，避免了游客走错的情况发生。

（二）南靖土楼景区内不文明行为的引导

南靖土楼景区和所有的景区一样面临着游客不文明行为的破坏，这是一种普遍的现象。这种不文明行为往往成为景区环境污

染、景观质量下降的重要原因，对游客的不文明旅游行为进行引导、管理和防范已经成为景区管理工作中非常棘手的问题。

1. 南靖土楼景区内游客不文明行为的表现

游客在景区游览过程中随意丢弃各种废弃物，如随手乱扔废纸、果皮、饮料瓶、塑料袋、烟头等垃圾，随地吐痰等；游客在游览过程中不遵守景区有关游览规定的违章活动行为，如乱攀乱爬、乱涂乱画、违章拍照、违章采集等。这些行为在南靖土楼景区中也是极为常见的。

2. 南靖土楼景区内游客不文明行为产生的原因

游客不文明旅游行为产生的原因有很多，在南靖土楼景区内最主要的应该是以下两个方面：

（1）由于到南靖土楼来参观游览的游客大多来自世界各地，有著名的专家学者、政府领导、教师、学生；也有一些附近城市的外来务工人员、工人、农民等等，这些人来自社会的不同阶层，他们的环保意识各不相同，存在着一些生态道德素质比较低下的人，从而导致很多不文明行为的出现。

（2）人们在旅游过程中大都觉得难得来一次，于是在一些场合会做出不平常的举动。此外，还有一些不文明旅游行为可能是游客的故意破坏造成的。例如，田螺坑土楼群景区里的公共厕所的墙壁上，就有很多游客的"亲笔签字"。

三、南靖土楼景区游客行为引导的建议

（一）交通引导解说系统

1. 进入景区前的交通引导系统规划

景区的可进入性是提高景区市场竞争力、吸引旅游者的重要因素。因为南靖土楼景区是位于偏僻的山村之内，所以需在公路旁设立醒目的标牌，提醒旅游者通往景区的方向以及当前所在地与景区的距离，使旅游者对景区的地理位置有一个清楚的认知。

虽然目前南靖县改建了一条全长53公里的山梅公路,使南靖县城到"土楼之乡"书洋镇的距离缩短了,提高了景区的可达性,但是在路标方面却没有做好,所以景区在这方面还有待改善。目前南靖土楼景区还没有一个较大型的停车场,以至于在黄金周的时候所有的私家车都开进景区内,造成土楼景区附近出现了大堵车的现象。

2. 景区内交通引导系统规划

景区内部应该为游客设计在最合理时间内的最佳游览路径,以环形线路为主体,以安全、便捷为宗旨,游览路线要避免重复,不走回头路。同时,也应该在各个交叉口处为游客设立明确的景点指示牌,以满足各种类型游客的个性化需求。南靖土楼景区推出的两条旅游线路是以环形线路来进行设计,游客不管是走A线还是B线都不会出现走回头路的现象,大大节省了游客在路上花费的时间,增加了游客在景点的停留时间。但是,旅游A线有一个缺点,就是游客来到书洋镇之后可以先走田螺坑—裕昌楼—塔下村,或者先走塔下村—裕昌楼—田螺坑,因为土楼景区的道路比较狭窄,只是双车道,所以这样的安排很容易引起景区内车辆混乱,建议土楼景区在书洋镇建立一个停车场,所有自驾游的游客以及旅游团,都在书洋镇下车,换乘景区观光车或者是电瓶车,收取适当的费用。景区应培训一批高素质的司机队伍,专门为前来土楼景区旅游的游客提供服务,这样既降低汽车尾气对景区的污染,又解决了土楼景区内堵车的现象。

(二) 南靖土楼景区接待设施系统

景区的接待设施包括:游客入住的各类宾馆、饭店、旅游购物等场所。目前南靖土楼景区中,接待设施还不完善,也不规范。今后景区应该对这些设施进行规范化管理,饭店要根据国家旅游行业标准规定,采用统一规范的公共信息图形符号,以便向不同国籍游客提供准确明了的服务信息。此外,上述设施的

"解说"要加注英文。在景区物业管理上,要将"小心路滑"、"小心您的财物"的标语贴于相应位置告知游客,对附设设施的使用方法、位置、预订等配置也要进行说明。

(三)南靖土楼核心景区解说系统

一般认为,只有导游才具备旅游说明功能,实际上游客一进入景区,景区就应该给游客提供最佳游览服务,让游客"读懂"景区。因此,所谓的核心景区解说系统除了导游员、解说员、咨询服务员等能动性的解说——软件部分,还包括了导游图、导游画册、牌示、录影带、幻灯片、语音解说、资料展示柜等多种表现手段——硬件部分。目前南靖土楼景区不管是在软件部分还是在硬件部分都在积极的改善中,虽然导游人员都是当地人,有的甚至是居住在土楼内的土楼原住居民,能够给游客带来原汁原味的土楼体验,但是导游人员的素质普遍比较低。南靖土楼景区在解说员和咨询服务方面还很欠缺,景区应该设立解说服务机构以及大力培养这方面的人才。

(四)南靖土楼景区游客集散中心

南靖县政府在书洋镇建立了旅游服务中心,虽然这个服务中心在景区中只是扮演了旅行社的角色,很大程度上为游客在景区内游览提供了方便,但是这样的服务远远不够。因此,应该设立集旅游咨询、购票、组团等服务,旅游投诉、旅游招商、旅游商品展示、旅游文化民俗表演为一体的集散中心。

(五)景区旅游解说媒体

景区旅游解说媒体,即选择最适合主题、资源和旅游者的传播介质,才能更好地将解说信息传达给游客。各种解说媒体的优缺点如下表所示:

媒体	优点	缺点
标识牌	耐久性、稳定性强，使用不受时间限制，一般设立于被解说物旁，对照性强，可多人同时使用	无人管理，易受外界因素的破坏，一次性投放大，启动成本高，文字有限，信息易陈旧
陈列室	展物集中，参观方便，真品实物配以照片、图表，容易理解，受天气及蚊虫等外界因素干扰小	参观时间长，易导致疲倦，吸引力随陈列项目的增多而递减
语音	效果增强，减少周围干扰，能实现音响效果戏剧化，吸引力强	音响效果受设备影响，成本高，一次只供一位游客使用，互动性差
幻灯片	制作简单，内容更换相对容易，重点突出，可同时欣赏摄影艺术	受拍摄、配音制作水平的制约，非动态的视觉效果
影视	可视，故事性强，景区内外均可使用，效果好且持久，适合特定主题的解说	制作难度大，修改困难，成本高，互动性差
人员解说	面对面交流，具有亲切感，信息接受快，适时调整，能动性与互动性强	人员招聘、培训的成本高，讲解时间受限，服务人数有限

资料来源：纪丽萍：《浅谈景区旅游解说系统的策划》，载《四川林勘设计》，2005年第2期，第17～20，36页。

对南靖土楼景区而言，旅游业尚处在起步阶段。在景区旅游解说系统的构建上，除了解说系统的构成要素以外，还应该设立标识牌，着重培养优秀的导游队伍。在适当的时候，还可以推出一些土楼的介绍观光片。

四、结　语

从整个南靖土楼景区来讲，它还处在发展阶段，在内部设施和外部管理上还有很多需要改进和完善的地方，景区游客行为的引导只是其中的一小部分，但却是很重要的一部分。南靖土楼被评为世界文化遗产之后,伴随而来的是巨大的商机和商机背后对遗产的破坏。旅游的发展必然会使遗产遭到某种程度的破坏,如何使破坏降到最低,这是景区首先要考虑的问题。而游客在景区内的不文明行为是遗产遭受到破坏的最直接原因,因此,南靖土楼景区在发展旅游业的同时应该做好这方面的工作。

景区游客行为的引导与管理只是景区内的一部分,景区内的其他方面也非常值得我们关注和研究。本文在南靖土楼景区内游客不文明旅游行为产生的原因上分析得还不够透彻,南靖土楼景区游客行为引导的建议上还有待深入研究。本文还存在很多不足,在今后的学习中还有待进一步的提高。

参考文献:

[1]张进福.厦门大学管理学院系列教材——景区管理(中国版).北京:北京大学出版社,2009.

[2]崔凤军.风景旅游区的保护与管理.北京:中国旅游出版社,2001.

[3]李萌,何春萍.游客不文明旅游行为初探.北京第二外国语学院学报,2002(1).

[4]王辉.旅游解说系统的设计探讨.地域研究与开发,2004(1).

[5]王昆欣.旅游景区管理.大连:东北财经大学出版社,2003.

[6]吴必虎.区域旅游规划原理.北京:中国旅游出版社,2001.

[7]吴必虎.地方旅游开发与管理.北京:科学出版社,2000.

[8]魏民.把酒申遗路,共话土楼情.2008.

[9]漳州市南靖县旅游局.旅游局2009年工作思路.2009.

[10]福建土楼十年申遗背后故事：藏身深山海外成名．中国新闻网．

[11]南靖：土楼居民接受"申遗"知识培训．闽南日报，2007．

[12]张耀清．关于保护生态客家文化的断想．文化发展论坛，2006-11-06．

[13]漳州：南靖召开土楼"申遗"成功总结表彰大会．闽南日报，2009-01-21．

[14]漳州：南靖以土楼为主重点发展绿色生态旅游．海峡都市报，2008-07-10．

[15]论永定客家土楼利用与保护间的共生关系．龙岩师专学报，2002．

[16]阎友兵．旅游开发问题研究．长沙：湖南大学出版社，2005．

[17]康登元，姜世贞．世界遗产保护与利用的和谐发展．闽西职业大学学报，2003．

[18]马骏．从生态适应性看永定土楼的可持续发展．艺术探索，2008(5)．

[19]阮仪三．保护世界遗产的要义．哈尔滨工业大学学报（社会科学版），2002(3)．

[20]韩洁．谈建筑遗产保护与开发中的环境价值认知——以南靖土楼为例．中外建筑，2008(5)．

[21]詹石窗．土楼的文化底蕴与价值．东南学术，2001(4)．

[22]于富业．文化视角下福建客家土楼世界文化遗产地的保护与开发．沧桑，2008(5)．

[23]姜睿．旅游与遗产保护．商业研究，2001(7)．

浅谈广东长隆集团主题公园开发的成功经验

广东省肇庆市工程技术学校 刘锦红

摘 要： 旅游经济学是研究旅游经济活动中各种经济现象、经济关系和经济规律的科学，揭示了旅游经济运行的规律。只有符合市场经济规律的企业行为才有可能为企业的发展服务。作为市场经济的实体——企业的基本职能只有两个：市场营销和创新，只有不断创新具有市场竞争力的产品，并利用科学有效的营销手段占有最大的市场，企业才有可能成功。广东长隆集团主题公园的迅速崛起和长足发展正是依循市场经济规律，充分发挥企业市场营销和创新职能而取得的。

关键词： 旅游产品生命周期 创新 开发 长隆集团

20世纪90年代是我国主题公园红红火火纷纷上马，经过一番市场洗牌，纷纷倒下一大批的年代。广东长隆集团就是经过这场激烈的市场竞争洗礼后依然快速蓬勃发展的典型代表。广东长隆集团以酒店业起家，1997年开始涉足旅游景区开发，1997年12月26日，集团首个旅游景区——香江野生动物世界正式对外开放。不到两个月的时间，香江野生动物世界入园人数突破8万，[①]创全国主题公园之最。经过12年的发展，广东长隆集团有限公司已经成为我国旅游业大型优质企业集团、广东省旅游龙

---

① 广东长隆集团官方网页公布数据。

头企业集团，主营集主题公园、豪华酒店、商务会展、高档餐饮、娱乐休闲于一体的世界级大型综合旅游度假区，旗下拥有广州长隆与珠海长隆两大板块。广州长隆板块目前旗下有四个主题公园：香江野生动物世界、长隆欢乐世界、长隆水上乐园、广州鳄鱼公园；三家旅游餐饮：长隆大酒店、香江大酒店及香江酒家；两个娱乐休闲中心：长隆国际大马戏、长隆高尔夫中心。2007年，其被评为国家首批5A级旅游景区。2008年度游客人数突破1 000万人次，① 成为全世界仅有的几个年游客接待量超过千万人次的大型主题景区之一。2009年，珠海横琴长隆国际海洋度假区项目正式启动，全力打造一个集主题公园、豪华酒店、商务会展、旅游购物、体育休闲、生态居住和度假公寓及别墅区于一体的中国"奥兰多"，给横琴一个世界性的旅游奇迹。

广东长隆集团从一家酒家起步，用12年时间发展成为国际知名旅游大集团，其迅速崛起和长足发展正是依循市场经济规律，充分发挥企业市场营销和创新职能而取得的，是坚持以世界的眼光谋求自身发展、不断创新、追求卓越的结果。长隆集团在旅游产品开发和景区开发方面做得非常成功，有很多值得旅游业研究开发和管理者研究借鉴的经验。

一、不断创新开发旅游产品，保持景区生命力

旅游产品跟经济市场上其他产品一样有它的生命周期，必将经历一个由兴至衰的过程，这个过程包括旅游产品的推出期、成长期、成熟期、衰退期四个阶段，不同阶段的旅游产品具有不同的经济特点。在推出期，旅游产品一般还没有同行竞争，但企业投入很大，销售水平低，利润极少，甚至亏损。进入成长期，销售成本大幅度下降，利润迅速上升，市场开始出现竞争。在成熟

---

① 广东长隆集团官方网页公布数据。

期,销售额达到最高点,利润达到最高点并开始有下降的趋势,同时,市场竞争十分激烈,差异化成为旅游市场竞争的核心。进入衰退期,产品销售增长率日益下降,价格下跌,利润迅速减少,甚至亏损,这时,必须采取有效措施使产品进入再成长期,以延长产品的生命周期,否则将被市场淘汰。

　　长隆集团首个旅游景区香江野生动物世界对外开放以来,凭借全世界动物种群最多、最大的野生动物主题公园,拥有2 000多亩亚热带雨林生态环境、大规模野生动物种群放养,460多种、20 000多只珍稀动物,全世界最大的白虎种群、全球首对也是唯一的一对考拉孖宝、国宝熊猫等珍禽异兽,香江已然成为世界重要的野生动物繁育保护基地之一;还有全国首创自驾车游览100万平方米的动物放养区,近距离接触自由自在的野生动物,体验与兽同行的乐趣的热门卖点,使长隆集团短时间内创出了自己的响亮品牌,香江野生动物世界的旅游产品迅速从企业投入很大、销售水平低、利润极少的产品推出期进入到销售大增、利润迅速上升的产品成长期,成为国内首屈一指的主题公园。当时正是我国主题公园热门开发的黄金期,广东同时有多个主题公园上马开发,市场竞争相当大。在激烈的市场竞争中,长隆集团贵在没有停留在现有成绩上,而是在贯彻动物主题公园主旨的同时,围绕"野"和"稀"字做足了文章,不断增加野生动物的品种,尤其是稀有品种。在动物表演中或紧扣时尚话题,或延续原有传奇,在保持产品魅力,延长产品成长期、成熟期的同时不断翻新节目,增加新产品,创新型、换代型、改进型、仿制型产品不断出现,景区不断有新热点、新卖点吸引市场眼球。1998年4月12日,香江野生动物世界英雄白虎母亲凯丽头胎诞下4只白虎,从此拉开白虎王朝序幕。1999年春节,美国豪森白虎团登陆香江野生动物世界,国际驯兽大师奥斯玛指挥15只白虎同台亮相。2000年春节,香江野生动物世界引进"水中国宝"中华鲟落户香江，开创动物园展出中华鲟的先例。2001年国庆，香江野生动物世界邀请俄罗斯国家马戏团"北极熊冰上表演团"献艺。2004年12月，香江野生动物世界自驾车游览区开放，全国首创自驾车观看散放动物。2006年2月2日，香江野生动物世界选送两只白虎作为中泰建交三十周年的礼物，泰国皇家空军专机亲迎。2006年4月27日，经澳大利亚政府批准，澳大利亚昆士兰州柯拉姆宾野生动物园向香江野生动物世界赠送6只澳大利亚国宝考拉。2008年6月，香江爱心领养了5只四川地震灾区大熊猫，香江共拥有10只大熊猫，成为全世界大熊猫总数最多的野生动物园。不断涌现精彩纷呈的新产品，使得香江野生动物世界在主题公园的"灾年"脱颖而出，在很多主题公园因为管理不善，产品迅速进入衰退期而被市场淘汰时，凭借不断开发的新产品，挖掘老产品的新卖点，一直保持产品的新鲜感和生命力，创造了良好的旅游品牌形象，树立了良好的企业形象，不断扩大发展。

二、精心打造四大主题公园，不同特色服务满足不同目标市场需求

长隆集团为了扩大经营，打造新的主题公园，通过科学的旅游市场细分，根据自身产品的特点和优势，科学地进行市场定位，选择合适的目标旅游市场，除了传统旅游市场外，还不断开拓国际旅游市场、新兴旅游市场，兼顾不同层次、不同需求、不同年龄、不同地域的旅游市场，并通过努力开发产品增强对旅游市场的吸引力，扩大市场占有率。

2004年5月27日，广州鳄鱼公园对外开放，成为全球占地最大、鳄鱼数量最多的鳄鱼主题公园。园区占地2 000余亩，鳄鱼总数超过10万条，分为知识科普区、中心互动区、生长展示区、开心游乐区、休闲商业区等七个活动区域。集动物观赏、科普教育、生态观光于一体，寓教于乐，带给游客前所未有的10万巨鳄的震撼之旅。许多国家领导和国际专家都曾慕名前往参观，国际自然保护联盟鳄鱼专家组（IUCN/CSG）主席Grahamewebb博士慨叹："我做梦也不会想到世界最大的鳄鱼场会在中国，在广州！"占有先机，是长隆旅游产品能克敌制胜的法宝。

2006年4月7日，新一代顶级游乐园长隆欢乐世界正式开园，日接待游客能力达5万人，首期占地面积1000多亩，成为国内设备最先进、科技含量最高、游乐设备最多的游乐园。引进美国好莱坞演员出演震撼惊场、精彩绝伦的特技表演《惊爆危机岛》，其壮观的场景仿如好莱坞影片再现。此外，还有来自20多个国家的200多位演艺精英组成的娱乐大巡游以及《欢乐剧场》的魔术表演等多种节目供游客观看。2007年2月，长隆欢乐世界全新引进的超级大摆锤、国际特技表演《惊爆危机岛》、四维电影《恐龙天劫》、美国伐木总动员、长隆大巡游等五大王牌项目震撼推出，演艺全面升级。2007年10月28日，长隆欢乐世界引进"全球最顶尖的过山车之王"——垂直过山车。不但占有先机，还占有顶级先机，"只做全世界最好"是长隆旅游产品长盛不衰的法宝。

2007年6月13日，全亚洲规模最大、全世界设备最多最先进的水上乐园——广州长隆水上乐园正式营业。2007年11月14日，广州长隆水上乐园获得国际主题公园和景区协会（International Association and Amusement Parks and Attractions）颁发的2007年"全球必去水上乐园"大奖。2008年4月，长隆水上乐园全面升级，"最佳新水上游乐设备"巨兽碗、世界最大的主题儿童亲水区——宝贝水城投入使用。2008年6月15日，长隆水上乐园"万人比基尼"支持奥运活动成功举办，活动人数打破了由澳大利亚人创造的世界纪录。2008年10月28日，在美国拉斯维加斯举办的国际水上乐园协会年度交流和交易会上，长隆水上乐园被授予了"2008行业创新大奖"。2009年5月，为了迎接2010年亚运会的召开，长隆水上乐园再次举办比基尼造型活动，打破2008年自身制造的吉尼斯世界纪录。不断有新卖点，不断有新举措，不断有新活动，不断有新荣誉，不断上新台阶。

四大主题公园和集团其他公司一起形成了八大子公司同气连枝，毗邻而建，又各占鳌头，共同组成了"都市中心的世界级旅游王国"。在长隆集团，享受到温馨甜蜜共享亲子时光、可以寻求惊险刺激挑战感官极限、体验清凉动感亲水之旅、享受梦幻神奇同赴视听盛宴、追求豪华独特感受贵宾待遇。

2010年6月，长隆集团被中共广东省委宣传部、中共广东省直属机关工作委员会、南方报业传媒集团、广东省社会科学院联合评选为"2010年十大新粤商"。

2010年7月，长隆集团获得广东省人民政府颁发的"广东省百强民营企业"荣誉称号。

今天，为配合广州火车南站的开通和广州南拓战略的大力推进，长隆旅游度假区正加紧筹建世界一流水平的新的旅游项目，建设长隆商贸区和长隆生态居住区，全力把长隆旅游度假区打造成一个集旅游、商业、居住于一体的世界级生态城，一个提供欢乐的世界级旅游王国。诚如长隆集团董事长苏志刚先生所言："提供欢乐就是长隆的利益目标和社会责任的完美契合点。长隆为一千万市民提供了欢乐，这是长隆的最大价值所在。"广东长隆集团这个"只做全世界最好"的旅游帝国正在崛起，目标远大，步履沉着。

参考文献：

罗明义主编．现代旅游经济学．昆明：云南大学出版社，2005.

浅谈中职学校德育教育的有效途径

——从主题班会的开展进行探讨

海南省银行学校　刘卫东

摘　要：新形势对中职学校德育工作提出了新的更高要求。中职学校德育工作存在许多薄弱环节，中职学生思想道德教育的时代性、针对性和实效性亟待加强和改进。本文对中职学校目前普遍采用的班级教育方式——主题班会如何开展问题进行探讨，目的在于最大限度地发挥其在职校德育教育中应有的实用性和有效性。

关键词：德育教育缺失　主题班会　活动形式　成果巩固

近年来，随着我国职业教育改革力度的不断加大和职教规模的迅速扩大，我国中等职业教育取得了可喜的成绩。但从总体上看，部分中职学校已然出现了招生难、办学难、就业难的尴尬局面，生源质量的普遍低下，已是一个不争的事实。这样不仅增加了中职学校教育教学的难度和教师的工作量，而且加大了学校学生德育管理工作的难度。

一、中职学生目前存在的主要问题

当前，中职学生的思想主流是好的、积极的，但在部分学生中还存在如下的主要问题：①政治意识淡漠，缺乏理想信念。少数学生不关心时政，对国家大事知之甚少，对社会不良风气和丑陋现象缺乏认知能力，未能树立远大的理想和坚定的信念。②法制、纪律意识淡薄。部分学生不学法、不懂法、不守法，处理问题感情用事，不考虑后果，往往因一时的无法自控而做出一些鲁莽无知甚至是违法犯罪的事情。③人生价值取向有偏差。一些学生片面追求自我价值，崇尚"一切向钱看"观念，追求享乐主义，摆阔气，高消费，不求上进，对社会缺乏热情和责任感。④道德意识不强，文明修养缺乏。部分学生缺乏明辨是非能力，善恶、美丑界限不分，对自己的不文明行为肆意放任，爱国主义、集体主义观念淡薄。⑤厌学心理严重，无心向学。部分基础差的学生入学后，听不懂课，又缺乏刻苦学习的毅力，因而无心向学，进入中职就开始谈恋爱；个别学生沉迷于网吧、游戏室，没有把精力放在学习文化课和专业课上。

中职生存在的问题应当引起我们的关注和重视，应切实采取有效措施加以解决。

二、中职学校德育教育的主要缺失

中职生是一个相对特殊的学习群体。与高中生和大学生相比，中职生的文化基础、专业技能、职业意识、竞争能力都有很大差距。面对这么一个受教对象，如何做好他们的思想教育工作，把他们培养成建设社会主义现代化的"四有"新人，学校的德育教育工作任重道远。而反观当前中职学校德育教育，虽然我们也做了许多工作，取得了一定的成绩，但应有的实效性却未能真正发挥出来，很多教师和班主任都在抱怨学生不好教、学生不好管。究其原因，笔者认为我们的德育教育实践是有缺失的，主要表现为：①一些学校重视对学生进行专业技能教育，而轻视或忽视了学生德育教育的重要作用。②部分教师并没有把教育作为一项事业来看待，没有投入发自内心的热爱去教育和培养学生，有一些教师甚至认为中职学生是一群难以管教的"次品"，不愿多费心思。③部分教师自身素质欠缺，不能做到教书育人，为人师表，缺少高尚的道德情操和良好的个人魅力，未能以言传身教的方式感染教育学生。④德育教育形式主义成分较多，重灌输，轻引领。部分班主任对学生的思想品质、心理动态等特点研究甚少，教育方法单调或过于形式化，班会课就会讲成绩、讲纪律，接近学生思想和实际、鲜活的内容匮乏，久而久之，学生自然有种厌烦感。⑤未能充分调动社会、家庭和学校内部各部门形成的德育教育"合力"，单打独斗，力量薄弱。⑥过分强调认知层面，忽视德育主体的体验，针对性差，实效性不够。实施德育教育依然以教师、班主任为主体，不是"以生为本"开展进行，忽视教育效果。

胡锦涛总书记在全国加强和改进未成年人思想道德建设工作会议上的讲话中指出："思想道德建设的改进创新，重点在充分体现时代性、准确把握规律性、大力增强实效性三个方面狠下功夫。"这里的改进和创新、体现时代性、把握规律性，其目的就是为了增强实效性。鉴于此，学校德育与时俱进，不断改进和提高德育教育的实效性就显得尤为重要。

我们应该清醒地看到，新形势对中职学校德育工作提出了新的更高要求，中职学生思想道德教育亟待加强和改进。

三、主题班会——中职学生德育教育的有效途径之一

中职学生的思想道德教育工作，是一个艰难而复杂的系统工程。以笔者之见，在新形势下，中职学校道德教育工作除了要进一步增强树立"全员育人"观念，完善学校、家庭、社会"三位一体"的立体教育网络等工作之外，更需重视"以人为本"，尊重学生的主体地位，树立平等意识，科学推进中职学校思想政治工作有新的跨越。在德育教育实施过程中，淡化单向灌输，增强双向交流；淡化权利意识，增强平等氛围；要大胆尝试新的思想政治工作方法，如启发式、参与式和研究式，调动学生的积极

性和主动性；要多从学生自己的现实生活中提取典型，使思想政治教育的内容和方法切合中职学生的经验系统和思想政治教育认知能力，使学生通过积极的情感体验将道德规范的外在要求转化为内在需要的动力。

在众多的群体和个体德育教育方式中，学校的德育教育应发挥其主渠道作用。在此，笔者认为学校在实施班级集体教育活动中的"主题班会"不失为中职学生德育教育的有效途径之一。因为目前多数中职学校每周都会给各班安排班会课，除去别的活动所占去的时间不论，班会课是班主任向学生进行思想品德教育的一种有效形式和重要阵地。主题鲜明、形式多样、生动活泼的主题班会，在加强同学之间的沟通与交流、建立和谐的师生关系、增强班级的向心力和凝集力等方面所起的作用，比强制教育和空洞的说教更为有效。

班主任作为学生日常思想道德教育和学生管理工作的主要实施者和学生健康成长的引领者（教育部《中小学班主任工作规定》），可以充分利用主题班会课主题鲜明、形式多样、生动活泼，具有整体性、引导性和实践性的特点，在学生在校期间有计划、有针对性地强化学生的思想品质、公共道德、文明行为、责任意识、团队精神、学习意识的教育和培养，从而达到提高学生的组织能力、沟通能力、表达能力、自我评价和自我纠错能力等综合素质的目的，实现德育教育的有用性、实效性。

班会的形式是多种多样的，其中，主题班会是一种极受师生欢迎的极富教育意义的组织形式，是学校德育工作的重要课堂。它可根据学校教育管理的总体目标和学生的自身特点，在班主任的指导下，充分发挥班集体的智慧和力量，让个人在集体活动中受教育、受熏陶，在一个较为集中的时间段里统一认识，实现自我教育、自我学习、共同提高的教育目的。

中职学校的主题班会，应该和职业教育的目标紧密联系，结合学校教学安排有明显阶段性的特点,逐步强化学生对提高个人综合素质重要性的认识,使教育教学合理衔接。如第一学年可结合班级建设、班风培养等重点进行团结友爱、日常行为规范、消费方式、学习方法、团队精神、人生目标、学会感恩、法制道德观念等教育;第二学年可结合班级存在的问题及学生专业课程学习、实训和实习、等级证考试训练、就业指导、职业生涯规划设计指导等重点进行学习目标检验、心理品质、职业道德与职业理想、市场观念、成功就业与择业等教育,为学生顶岗实习、步入社会作好铺垫。

四、开展主题班会应注意的问题

要真正组织好主题班会,更好地发挥其教育作用,以笔者之见,应注意做好以下几个方面工作:

(一)根据学生的思想动态,有针对性地确立和策划班会的主题

开好主题班会,首先要确立与策划好主题。主题的策划,具有导向性作用,它将确立班会的发展方向,并达到预期的目的。那么,如何进行主题的确立与策划呢?应把握好三个原则:教育性、针对性、计划性。

1. 确定教育目的,富有教育性

主题班会必须有明确的教育目的,自始至终贯穿、渗透极强的教育性。主题的确定与设计,必须具有鲜明的目的性,决不能搞形式、走过场。主题是灵魂,内容和形式是展现主题的载体。

主题应当体现学校和班级思想教育工作的主旋律,应是学生共同关心和感兴趣的问题、学生之间有分歧或带有倾向性的问题。如针对班级建设,可选择"如果我是班长(学习委员、生活委员等)"为主题;学习目的不明或遇到困难,可以组织"如何快乐地学习"为主题的班会;要对学生进行人生观教育,可

以组织"人生路怎样走"为主题的班会。鼓励学生正确认识自己、集体和社会,让学生在思考的基础上强化责任感、加强自律性,以积极的心态融入集体和社会。只有这样,主题班会才有实效,才不会流于形式。

2. 结合学生实际,具有针对性

主题班会必须结合学生的实际,主题的确定必须寻找学生中普遍存在的典型的思想问题。学生不同时期有不同热点问题,一个贴近学生思想和心灵的话题,才能让他们产生关注和共鸣,让每个学生都有话可说、有景可触、有情可生。具体来说,就是根据学生的年龄阶段及身心特点,思想发展的脉络,结合学校、家庭、社会生活实际,针对学生在思想、学习、生活方面出现的问题,广泛选取题材,进行筛选、提炼、策划、组织,及时对学生进行教育。

要做到有针对性,班主任必须善于搞好调查研究。作为班主任,对于本班学生的精神状态、学习风气、健康状态、舆论、班风和当前存在的主要问题等都要做到心中有数,了如指掌。只有这样,才能摸清学生状况,抓住当前需要解决的主要问题,并能寻找解决问题的方法和对策,促使学生的思想朝健康的方向发展。

3. 认真确立主题,做到计划性

主题班会必须有计划性,有严密的序列步骤,不能随意而发。教育性、计划性、程序性三者是统一的。首先,要根据学生不同年龄阶段的特点,有计划、有步骤地设计出一个总体方案。其次,对所在学期的班会活动有一个总的计划。再次,对组织每一次班会要有一个具体的计划,如选择什么样的主题,采用哪些内容和形式,达到什么教育目的等等。有了计划,主题班会就会目标明确,进行顺利,能够较好地达到预期目的。

(二)根据中职学生的特点,选择适当的组织形式并加以实施

班会的主题确立和策划好之后,第二步就是选择形式和实施问题。班会的形式要符合青少年的特点;要不拘一格、丰富多彩,要充分做好发动、准备工作;要充分发挥学生的主体作用。要把班会的思想性、知识性、教育性、趣味性统一起来,融为一体。

1. 不拘一格,采取丰富多彩的活动形式

开好主题班会,除了要有好的主题之外,还必须注意形式的多样和生动。主题班会的形式可多种多样:演讲、辩论、讲故事、朗诵、人物介绍、小品、宣誓、智力竞赛、技能表演、作品介绍及展示等。准备阶段,班主任要调研、摸清情况、找准主题,引导学生进行讨论,使主题更具教育性和针对性。同时积极引导学生参与主题班会的方案设计,充分发扬民主,调动学生的积极性、主动性和创造性,启发指导学生选择既富有教育意义又生动活泼的好形式,构筑主题班会的整体框架。

班会的形式丰富多彩,不能搞一种死板的模式。只有多样化,才能适应青少年学生的特点,为他们所喜闻乐见,满足他们求知、增长才干、抒发思想感情、关心时事政治和走向社会等多方面的需要,从而调动其积极性,使他们受到教育和锻炼。

2. 充分做好发动、准备工作

充分的准备才能使班会达到预期的效果,同时,准备的过程本身也是不断教育学生的过程。准备工作主要做到"四备":①备好材料:围绕主题广泛选取题材,一些与主题有关的故事、诗歌、歌曲等,能丰富教育内容,提高主题班会效果。②备好学生:在熟悉学生的基础上,深入了解学生对本次主题教育内容所产生的热点、难点及惑点,以便有的放矢,选择最佳切入点。③备好方法:要遵循两主(主题、学生)的原则,根据主题要

求和学生实际设计活动的方法，拟定本节课的授课步骤和各个环节。形式要多样，方法要灵活；主题班会的气氛如何，方法起了重要的作用。④备好教具：比如录音机、录像带等，以烘托气氛，保证效果。

3. 充分发挥学生的主体作用

主题班会的策划与实施，离不开教师的指导，但更重要的是发动学生，使学生成为班会的主人，充分发挥学生的主体作用。学生是主题班会活动的主体，班主任是实施活动的总导演。在准备、组织召开的过程中，班主任要充分相信学生，依靠学生、指导学生，应积极营造能烘托活动主体的教育氛围，创设有教育意义的情境，指导学生收集资料、掌握组织和参与活动的心态和技巧，做到真诚交流、落落大方、声情并茂；班主任要做好主持人的选拔和训练工作，指导学生撰写节目串词，要求具有一定应变能力，从而增强主题班会的感染力和教育效果。

（三）要善于巩固和深化主题班会的成果

班主任除认真考虑主题班会的选题、组织形式外，还要认真考虑主题如何深化和成果如何巩固，怎样让学生进入并保持最佳状态。这就需要搞好主题班会的总结，并在总结中善于"借题发挥"，点到实质，"举一反三"，以教育多数学生。同时，还要搞好"追踪教育"，以深化主题和巩固成果。

1. 班主任要善于总结、集中和提炼

做好总结是班主任的一项重要任务。在主题班会当中，学生的认识有时并不是一致的，有积极的，也有消极的，有时还有分歧，有些发言往往有片面性和局限性。由于学生的年龄、知识和认识水平方面的原因，他们往往只能看到事物的表面现象，而看不到本质；有些仅凭个人好恶来判别事物的善恶、美丑，尚缺乏客观的标准；有些发言有明显的个人感情色彩，而缺乏理性的分析、判断。在这种情况下，班主任就要利用总结来启发、诱导和

点拨，使学生能认识到事物的本质，认识到召开班会的目的、认识到自己今后努力的方向。在总结时，要针对学生的认识给予集中、分辨、提炼和升华，使学生的认识有提高、行动有准则、前进有方向。

2. 班主任要做好"追踪教育"，巩固主题班会成果

要使主题班会真正起到教育教学作用，决不能忽略最后一个环节，就是深化主题和巩固成果。也就是在班会后要及时进行"追踪教育"，要让学生通过对活动的参与，依据亲身感受，发现自身优缺点；通过自我反省、自我认识和评价来矫正和控制自己的言行，调整努力方向，使教育具有指引性和长久性。

总之，成功的主题班会需要不断地创新和尝试，更需要不断地实践和总结。只有如此，主题班会这一重要的教育形式才能发挥其应有的效用。

浅析"餐饮服务与管理"操作课的教学评价方法

福建省福州旅游职业中专学校　林　佳

摘　要：课堂教学评价方法是一种新的教学形式，可以成为促进教学的有效手段。本文通过对餐饮操作课的课堂教学评价进行阐述，从而达到使教师全面地了解课堂教学评价，更好地使用课堂教学评价。

关键词：课堂教学评价

学校教育的重要环节是教学，教学工作的主要形式又是课堂教学，所以研究如何改革课堂教学，努力提高课堂教学质量，对课堂教学进行科学的评价，一直是大家最为关心的问题。评价的目的是为了全面了解学生的学习过程，激励学生的学习和改进教师的教学。如果课堂评价运用得好，它对于创造和谐的学习氛围，激发学生的学习兴趣，起着不可低估的作用。

一、"餐饮服务与管理"操作课教学评价的意义和作用

（一）教学评价是餐饮操作课中最为重要的部分，是实现课程目标的重要保障

通过教学评价，不仅使学生在学习过程中不断体验进步和成功，认识自我、建立自信，提高学生的综合能力，而且使教师获得教学反馈，让自己的教学水平得到进一步的提高。

（二）教学评价是教学的催化剂、调和剂和清醒剂

评价在教学中发挥了重要的作用，它可以成为课堂的催化剂，使得课堂教学向更高的层次迈进；它又是课堂教学中的调和剂，可以拉近师生之间，学生之间的距离；它还可以成为课堂中的清醒剂，让学生的思维活动能够沿着正确轨道进行。

教师应该树立起课堂评价意识，因为教师是课堂教学的组织者和引导者，学生参与课堂学习活动的兴趣，在很大程度要靠教师评价来维持。餐饮操作课堂更需要教师的观察、倾听，才能在教学过程中快速地捕捉各种信息，灵活地采取恰当有效的措施，推进教学发展的进程。

二、"餐饮服务与管理"操作课教学评价方法

餐饮服务操作课教学评价的方法主要通过个人自评、小组评价、教师评价三方面有机结合起来。以操作考核评价表的方式体现出来，这三方面的评价以技能操作，通过各个层次的评价得分给出评定的等级（分为优、良、差三个等级），不同的评价有着不同的侧重点。以下是以操作课为例列出的评价标准。

（一）自我评价

学生的自我评价是根据评价的不同主体而划分的一种评价类型，它是指学生在教师的指导下，通过自己在学习过程中各种表现进行自我认识、自我分析，从而达到自我提高的过程。它包括提出问题、操作动手能力、学生的领悟力等。

表1　操作考核评价——自我评价

姓名：　　　　　　班级：　　　　　　成绩：

	A	B	C	你的选择
提出问题	能够独立提出问题	在老师和同学协助下提出问题	无法提出问题	
自己设想的结果与最终结果相符程度	完全符合	基本符合	完全不符合	
操作动手能力	良好	一般	较差	
对于教师讲解的领悟能力	良好	一般	完全不懂	

(二) 小组评价

小组评价是以小组为单位进行学习，互相评价。小组评价可以起到互相督促、互相帮助的目的，可以激发学生你追我赶的上进心。它包括学生的参与热情、学习态度、合作情况。

表2　操作考核评价——小组评价

组员姓名：　　　　　班级：　　　　　　成绩：

	A	B	C	你的选择
参与热情	积极完成分配任务善于提出自己观点	服从分配，完成任务	需在其他组员监督下完成任务	
学习态度	善于动脑，遇到问题能努力寻求解决方法	在教师协助和组员的帮助下解决问题	不善于动脑，遇到问题总想依赖他人	

续 表

	A	B	C	你的选择
合作分工	坚持原则，善于与组员交流，能协助他人完成任务	接受他人提出合作的要求，完成自己的任务	不与他人交流，独自完成自己的任务	

注：(A项为3分，B项为2分，C项为1分) 8分以上为优秀，5~7分为良好，5分以下较差。

（三）教师评价

教师评价是教学的升华，通过教师综合评价能够反映出学生在本堂课掌握知识的程度，对下一堂课起到辅助参照的作用。它包括操作知识、操作技能、情感态度价值观。

表3 操作考核评价——教师评价

班级： 成绩：

	目标描述	分值	得分
操作知识	对课程理论的理解	5	
	对教师讲解的理解	5	
操作技能	操作灵活程度和规范性	5	
	操作步骤的讲解能力	5	
	操作中突发事件处理能力	5	
	能够完整地进行操作	10	
情感态度价值观	乐于与同学交流	5	
	具有合作精神	5	
	认真完成操作全过程	5	

注：本项表格得分在40分以上表示学生掌握效果较好，30~40分表示效果一般，30分以下表示效果较差。

三、实施教学评价方法的成效

（一）及时反馈学生学习成果

课堂评价使学生立即能了解到自己的学习结果，及时调整自己的学习行为，能较快看到自己的学习情况，了解自己的不足之处，会让自己印象深刻。

（二）树立学生的学习信心

通过评价，能让学生充分体验到成功的喜悦。在课堂上即使没有跟上同学的步伐，也不会遭到教师的批评，取而代之的是教师耐心的指导。因为评价是全方位的，而不是单纯以考试的分数来决定学生学习成绩的优差。

（三）激发学生的学习欲望

评价能及时反馈教学活动，通过评价能增强学生的竞争意识。使得学生明白学习不是单一的，而是多方面的。课堂评价能让学生在某个领域看到自己的优势，从而产生学习的动力，增加学习兴趣。

（四）培养和谐的师生关系

在课堂上没有批评和指责，更多的是教师的鼓励。课堂气氛更加融洽。在课堂教学评价中教师只是学生的点拨者与合作者。学生可以根据自己实际情况学习，让学习不成为一种负担，不害怕学习，使师生间的关系更加和谐。

课堂教学评价方法是一种新的教学形式，可以成为促进教学的有效手段。以上的评价方法还有一些地方值得探讨和研究。但作为教师，笔者认为可以在我们平时教学中根据实际情况科学地应用教学评价方法，让它成为课堂教学活动中亮丽的一笔。

中国石门柑橘节的发展现状及对策研究

湖南省石门湘北职业中专学校 周晓华

摘　要：节庆旅游是随着现代旅游业蓬勃发展而逐渐兴起的一种新的旅游方式，并已日益成为许多地方发展旅游业、振兴当地经济的重要方式。中国石门柑橘节就是在这样的背景下形成和发展起来的。这项活动已成了石门的标志性旅游活动，也使石门的旅游业成了支柱产业。但作为一种新兴的旅游项目，石门柑橘节在发展过程中还存在很多的不足和需要完善之处。本文就目前石门柑橘节的发展现状及所存在的问题进行了简要分析，也对以后如何更好地发展中国石门柑橘节进行了一些探讨，以期为石门柑橘节的发展提供一些理论指导和借鉴。

关键词：石门柑橘节　发展现状　对策研究

一、导　论

石门县位于湖南北部，澧水中游，属中亚热带向北亚热带过渡的季风湿润气候区。石门经济以传统农业为主。随着柑橘节的大力举办，其中的柑橘逐渐取代其他的产业，而在经济作物中占主导优势。20世纪80年代以来，石门县柑橘逐年发展，成为全省柑橘生产基地之一；1998年，经湖南省统计局认定石门为"湖南省水果产量第一县"；2000年，中国柑橘学会授予石门为"中国早熟蜜橘第一县"的先进荣誉称号。多年以来，石门人民就怎样"围绕绿色产业，做活山地文章"进行了艰苦的探索，终于走上了一条"甜蜜的路",主要经济作物柑橘成了全县的第一大农业支柱产业。石门县的柑橘以上市早、品种多、甜香爽口、风味浓郁而闻名遐迩,目前,该县不仅已经发展成为中国最大的柑橘生产与出口基地,同时它还打入了欧盟以及美国、加拿大、新加坡等20多个国家和地区的消费市场。

每到金秋十月,石门县县城漫山遍野一片金黄,橘农、橘商以及前来赏橘的游客都洋溢着喜悦的心情,构成了一幅幅完美的橘乡风景图。2001年10月,举办了首届由国家农业部门和湖南省人民政府联合主持的中国石门柑橘节。迄今为止,中国柑橘节已成功地举办了七届,在这里收获最多的要数石门的橘农了。县政府还先后与知名媒体如湖南卫视、湖南经视等合作,充分利用一些知名品牌栏目的影响力来为石门的柑橘节搭桥引线,使石门柑橘成功地实现了从"石门柑橘天下吃"到"石门柑橘天下知"的跨越。

中国石门柑橘节作为一种重要的经济、社会和文化活动形式,在石门县的发展中正在扮演着越来越重要的角色。该节庆的举办,不仅体现了该地区的特色产业,繁荣了县域经济,同时也发挥了该县"以节促销售、以节促发展、以节促旅游、以节促开放"的作用,成为石门县经济发展的新的增长点。与此同时,就目前来看,我国的城市节庆旅游尚处于不成熟阶段,而作为新生宠儿的中国柑橘节,更需进一步引导、规范和管理。本论文主要研究柑橘节发展的现状、作用,分析柑橘节发展中所存在的问题以及解决好柑橘节存在的问题的对策,以期为以后柑橘节的发展进行一些探讨。

二、中国石门柑橘节的发展现状

根据不完全统计介绍,目前我国在一年之中大大小小的节庆活动达5 000多个,但我国的节庆活动还处于萌芽阶段,因此在整体开发上缺乏统一的规划和管理。而作为在这种时代背景下孕育宠儿——柑橘节,所存在的问题也是不容忽视的。其存在的主要问题有:

(一)资金投入力度不够,基础设施建设落后

石门县作为常德市的一个小县城,在柑橘节举办期间,由于一些设施设备还不够完善,因此为前来参加节会的游客带来许多不便,比如在住宿方面,全县上星级的饭店仅五六间,造成柑橘节举办期间住宿紧张的问题。同时专门为游客设立的游客服务中心的服务项目较窄,比如一些多语种翻译及手机充电让游客头疼的问题。另外,据调查,目前石门县城内公厕也成了一个新的问题,数量不是很多,都采用"收费制",其设备同其他旅游业发达的地区相差甚远,为游客带来许多不便。

(二)中国石门柑橘节的组织管理缺乏规范性

规范性是许多节庆活动成功发展的保障条件之一。在国外,许多节庆活动都分布在固定的地点和固定的时间点里,因而就潜意识地形成了一种"有组织的无政府状态"。而在我国,大部分节庆活动在时间及内容的安排上缺乏一定的规范性,处于一种无秩序状态,柑橘节就是如此。虽然在举办前已通过相关媒体宣布其举办时间和地点,但由于在时间点上缺乏连续性,每届柑橘节都不是在同一时间点举行,因此人们对该节庆活动感觉混乱,无法在人们心中形成一个明确而固定的概念。

(三)柑橘节旅游发展观念淡薄,民众参与性不高

首先表现在服务态度上。在柑橘节举办期间,常听到有人抱怨服务人员及当地居民的态度问题,这体现了当地居民的素质问题及服务人员的专业问题。石门县是一个小山城,人们的思想观念及生活方式相对比较传统,也存在重农抑商的思想观念,其服务意识和服务观念不是很强。在另一个方面,由于石门县专门的服务培训机构很少,而相关的服务人员未经过严格正统的培训,

所以服务人员的服务意识比较淡薄，这些都成为柑橘节发展存在的主要问题。其次，民众的参与性不高。虽然柑橘节是为石门的橘农所举办的，但是据调查发现，真正参与过现场的橘农寥寥无几。在柑橘节举办前期，主办方对节日的气氛营造得不够，致使当地的许多橘农对柑橘节的期待性不高，更有甚者认为这只不过是政府举办的一场"豪门盛宴"，他们并不是这场"豪门盛宴"的主人，不因"过节"而感到由衷的喜悦。相比之下，他们更关心的是会有多少橘商过来，今年橘子带给他们的收入会是多少。

(四) 地方特色不突出，文化内涵不丰富

地方特色是旅游的核心。一个缺少地方特色的旅游称不上真正意义上的旅游，节庆活动亦是如此。因此，独特的地方特色和文化就成为旅游节庆活动得以延伸的重要保证和源泉。石门居住的少数民族，比如在闻名遐迩的"湖南屋脊"壶瓶山内就聚集了许多土家族居民，其浓厚的土家风情及保存完整的土家建筑就是该县的一大亮点。而中国柑橘节并没有注重挖掘这方面的特色，曾举办过的"山歌大赛"也只是草草收场，之后便无人问津，根本就没有挖掘出它真正的特色及文化内涵。策划者在策划节目时，很难策划出新颖及创新的活动项目出来，所以呈现在大家面前的大多也只是借用名人、明星炒作及简单的互动娱乐活动等与主题相关性不大的活动，虽然热闹，但缺乏一定的文化内涵，而且与周边城市在同时间内举办的节事活动在视觉效果及其体验上产生冲撞，导致游客产生"审美疲劳"的情绪。

(五) 产品宣传力度不够，品牌知名度低

一个成功的节庆活动离不开对外宣传及民众的大量参与。虽然连续举办了七届柑橘节，但其参与者大多是本市、本地的商民，外地乃至国外的旅游者很少，参与形式也大多是以零散客人为主，以团队形式出现的旅游者就更少，这充分说明了宣传力度不足的问题。

同时,在经济飞速发展的今天,产品推销越来越依赖品牌文化。如德国慕尼黑啤酒节、哈尔滨冰雕节等之所以闻名世界,主要是因为它们都拥有自己的品牌及特色。而石门柑橘节至今还没有形成完整的品牌理念,在品牌建设上还存在很大的不足。

三、中国石门柑橘节发展的对策建议

(一) 加大资金投入,完善基础设施建设

首先,当地政府应动员当地各部门广泛参与进来,彼此之间相互配合,充分发挥各部门的优势,以其高度的责任感和事业心来为柑橘节服务。为了加强对柑橘节发展的支持,应努力为柑橘节的举办营造一个良好的环境氛围。其次,各级政府、旅游主管部门要加强节庆旅游发展的支持,加大资金投入,利用各种社会资金,不断完善石门县交通、邮件、通信、卫生等基础设施的建设,逐步缓解在柑橘节举办期间由于"人满为患"对县城内各方面造成的压力。最后,还应尽可能地完善在柑橘节举办期间为游客提供的服务渠道,多建立一些服务站,比如手机充电站、问询处、订票处等。另外,在县城内应多修建一些设备条件较好的环保公厕,最好能够对外免费开放。这样就为游客提供了更多的方便,为石门柑橘节的成功发展奠定了基础。

(二) 制定相关规定,实现柑橘节旅游的规范化管理

严谨周密的管理和确定性是成功举办节庆活动的重要秘诀,而节庆活动的发展也需要制定相应的规范条例来对其进行管理。就柑橘节来说,当地政府应充分认识到开发旅游节庆的重要性,并出台相关优惠政策,予以扶持。同时建立一套完整的政策保障体系,比如建立行业规范和组织,使之成为大众认可和遵守的活动习惯,从而形成一种约定俗成的惯例。另外,围绕举办柑橘节所产生的风险、经济效益等方面制定相关的政策,为柑橘节规定

一个固定的举办时间，这些都有利于柑橘节健康而有序的发展。

（三）强化相关从业人员的服务意识，提高服务质量

优质的服务不仅能体现当地居民及从业人员的素质，而且也是中国石门柑橘节成功发展的必要条件之一。在柑橘节举办期间，与游客接触最多的是服务人员，他们相当于是石门县的一个门面，其态度的好坏直接影响游客对石门的整体评价。因此，政府有关部门应高度重视服务人员的服务水平。首先，政府必须对旅游经营者、从业人员及村民进行各方面的教育和培训。其次，设立专门的培训机构，在为游客提供常规性服务的同时，还应更强调个性化服务和微笑服务，针对不同的游客提供不同的服务，尽可能满足游客的需求。同时，政府有关部门还应多向当地居民进行一些有关职业道德及民俗文化等方面的宣传和讲座，通过多种途径不断提高农民的综合素质，为柑橘节的发展提供有力的人力资源保障。

（四）注重地方特色与文化内涵，加强创新意识

特色是吸引旅游者外出旅游或参加节庆活动的法宝，也是节庆活动民族性和地域性的集中体现。中国石门柑橘节要发展成为具有一定价值的品牌节庆活动，就必须有准确而鲜明的特色定位，以其准确的特色定位来区别其他地区相同主题的节庆活动，创造更大的吸引力。同时，在策划柑橘节活动项目前，应充分考察当地旅游资源的实际情况，特别是对当地文化的充分了解，因地制宜地开发出更具当地代表性的节庆活动项目。除了传统的"对山歌大赛"外，还可以多设置些能体现土家风情的民族舞蹈，比如"摆手舞"等，有力地弘扬土家文化。另外，还可多举行一些结合当地风情的体育活动项目，比如可以组织全县人民举行"全民拔河"大赛等，不断挖掘其文化内涵。在策划柑橘节时，还应努力实现多元化及国际化，把柑橘节推向国际市场，实现柑橘节的可持续发展。

石门柑橘节必须不断创新。在以市场经济为主导的社会生活中,"追新求异"的心理几乎是每个旅游者都会产生的,而对于旅游节庆活动来说也是如此。只有做到"人无我有、人有我新、人新我转"这最基本的开发原则,才会更具吸引力。中国柑橘节的发展就需如此。首先在柑橘节活动项目上应有创新,策划者应在传统项目"吃橘、挑橘、采橘"的基础上再开发出更多更具新颖力的项目,比如可以举行小型拍卖会对石门的品牌柑橘进行拍卖,既可以提升它的价值,又能将该品牌柑橘与其他柑橘区分开来,提高它的市场竞争优势。另外,在互动项目上可以增加一些小型辩论赛及现场抢答赛等,为现场营造出更加激烈的氛围。柑橘节的举办形式及柑橘节的纪念品方面也应有更多的创新。就其举办形式来看,石门柑橘节可以采取一些"对外大赛制"的形式,力求改变历届以来以"演唱会"为主题的举办形式。同时在旅游纪念品方面,主办方应按历届柑橘节举办的主题及特色制造出各种不同的旅游纪念品,比如制造出具有代表性的象征中国柑橘节的吉祥物。只有通过以上各种内容的不断创新,柑橘节的发展才会更高、更远、更强。

(五)加大产品宣传促销力度,打造旅游节庆品牌

中国石门柑橘节能否引起商家关注、吸引民众参与,关键在于宣传。中国柑橘节要走向全国乃至全世界,就必须加大宣传力度。一方面,应保证充裕的促销经费,广泛动员,发动当地居民的积极参与,聚集人气,营造浓厚的节日气氛。比如定期下乡开展柑橘节相关知识的讲座,广泛征求大众对柑橘节活动的主题、内容及举办形式的建议。同时,可对外征求柑橘节的相关广告语及吉祥物设计,激起民众的参与热情;也可在火车站、汽车站及机场设立柑橘节的广告宣传牌,以吸引更多的游客前来参观。另一方面,要丰富宣传促销内容。可与旅行社合作,通过旅行社制定相关的旅游线路来招徕各地游客参与柑橘节,在柑橘节举办期

间应高度重视柑橘节整体形象及品牌效应的促销,重点宣传石门柑橘节旅游精品,这是开拓客源的重要手段。除通过媒体宣传外,还应多利用互联网、手机短信及制作出相关内容的宣传册来进行宣传,在降低成本的同时提高宣传效率。另外,还应多学习国外的做法,同国外的旅游批发商联系,多采取宣传活动,将柑橘节的宣传册影印成多种文字,以打响柑橘节在国外的知名度,打造国际化品牌。

参考文献:

[1]石门政府网(http://www.shimen.gov.cn).

[2]小县办大节 水果成大业:解析石门柑橘节为何越办越红火(http://www.changde.gov.cn).

[3]余青,吴必虎,殷平,童必沙,廉华.中国城市节事活动的开发与管理.地理研究,2004(6).

[4]王佩良,盛正发,论湖南旅游节庆的创新开发.湖南商学院报,2007(2).

[5]戴艳平.对旅游节庆活动策划的几点思考——以百色市布洛陀民族文化旅游节为例.市场论坛,2007(2).

小议恩施旅游业的可持续发展策略

湖北省恩施州广播电视大学　周川鄂

摘　要：恩施地区旅游资源极为丰富，有着奇特的自然景观和独特的文化景观，旅游开发潜力巨大。改革开放以来，恩施旅游业有了长足发展，但同时也存在诸如旅游产品结构单一、旅游要素不配套等问题。笔者通过对恩施近年来旅游业资料的收集，实地调查土司城、大峡谷、枫香坡等典型旅游景点，分析近年来恩施旅游业发展的成就，探究其存在的问题，寻找恩施旅游业发展的机遇，为恩施旅游业的可持续发展提出一些建议。

关键词：恩施　旅游业　可持续发展　策略

一、恩施基本情况及旅游业发展的现状

恩施土家族苗族自治州位于湖北省西南部，云贵高原东部武陵山与大巴山之间，其内居住着土家、苗和侗等少数民族。恩施地区以山区为主，喀斯特地貌发育，溶洞溶洼众多，峡深谷幽，峰奇洞异，山清水秀，深山之中珍藏着无数胜景。恩施州是巴文化的发祥地，是中原文化与西南少数民族文化的汇融之地，土家、苗、侗等各族人民在这里创造了绚丽多彩的民族文化。恩施是全国唯一一个享受西部大开发政策的中部城市，国家及省政府重视恩施经济特别是旅游业的发展。

近年来，恩施州旅游业取得了前所未有的发展。例如，圆满举办了"中外摄影家看恩施"、恩施旅游产品重庆推介会、恩施

—武汉民族风情旅游文化周和"走进恩施州,相约女儿会"重庆百车自驾游恩施活动。全州上下发展旅游业的积极性空前高涨,旅游发展的基础已初步形成。

二、恩施旅游业发展面临的机遇及问题

(一)机　遇

1. 风景名胜

得天独厚的自然条件,异彩纷呈的人文景观,色彩缤纷的民俗风情,使恩施这块土地充满了新奇感、神秘感、粗犷感和原始感。这里有百村万户共庆丰年的摆手舞,有唱响世界的优秀民歌《龙船调》,有精美绝伦的土家织锦西兰卡普,有州界干栏式建筑经典土家吊脚楼。这里有闻名世界的国际旅游景点神龙溪漂流,位于巴东长江北岸,全长60公里,沿途飞瀑遍布,林木植被葱郁,猴群嬉戏;有亚洲第一洞、被《中国国家地理》杂志社推选为中国最美的六大洞穴之一的腾龙洞;有新近开发的可与美国著名的科罗拉多大峡谷媲美的恩施大峡谷;有4.6亿年前形成的"世界第一奥陶纪石林——梭布垭石林";有被邓小平同志称为"长江边的那棵树"的"世界第一杉——谋道水杉王"等等。这些风景名胜,吸引着成千上万的中外游客前来观光旅游。

2. 政策机遇

其一,湖北省《"十一五"旅游发展规划》、《长江三峡区域旅游发展总体规划》、《湖北省清江流域旅游发展总体规划及优先投资开发项目规划》、《湖北省红色旅游发展规划》等都将恩施州作为重点旅游区域进行研究、规划。其二,进入21世纪后,恩施州及其8个县(市)被纳入国家西部大开发范围之中,未来发展将得到诸多政策支持。特别是2009年下半年召开的中共十七届三中全会审议通过的《中共中央关于推进农村改革发展若干重大问题的决定》,有诸多实实在在、含金量高的政策措

施。可以预见，恩施州将进入国家投入最多、发展变化最快的时期，以农业为主的恩施州将迎来新一轮大发展的春天。其三，省委、省政府已作出了在武汉城市圈之外着力打造"鄂西生态文化旅游圈"的重大决定，对恩施州旅游业的发展无疑是一个重大利好。

3. 西部大开发、"两路"的开通，为恩施旅游业发展提供了交通条件

"两路"的开通，恩施州的可进入性得到了极大的改善，长期封闭的自然景观以及神秘的文化景观对国内外游客所产生的旅游吸引力大大加强。加之宜万铁路和沪蓉高速公路建成后，形成了世界铁路、高速公路建筑史上奇特的、最密集的桥梁和隧道（桥隧比达三分之二），这将对游客产生巨大的吸引力，成为恩施及整个西部旅游业发展的一个新的"兴奋点"和热点，为恩施州旅游业发展带来新的机遇。

（二）存在的问题

1. 旅游产品开发不尽如人意，文化景观内涵不明显

旅游的原动力在于差异性。要使旅游具有持久的吸引力，就要维持差异性的长久存在。从发展恩施旅游的现实来看，只有在文化景观上追求其差异性，才能吸引旅游者的眼球。恩施虽具有高品质的旅游自然景观，但还是无法与国内一些知名景区相媲美。恩施是一个少数民族聚居区，是古代巴文化的发祥地和土家族文化的诞生地，这里的民族文化积存丰富、底蕴深厚、特色鲜明，是我国西部地区不可多得的民族文化宝库。因此，风光加风情应是恩施旅游的一大卖点和亮点。然而，恩施很多独特的民族民间文化没有充分开发和利用，没有较高层次的创新和发展，还未形成在全国全省知名的品牌。目前所有景区的文化产品开发普遍存在"处处民歌一个调，全州都跳摆手舞"的问题，文化产品开发雷同，形式单一，缺乏差异性、观赏性和参与性，也缺乏

与旅游景区配套的在全国有影响的文化活动和节庆活动，对市场的吸引力不强。

2. 旅游要素不配套

"吃、住、行、游、购、娱"是旅游业的六要素，应该配套发展。恩施在六要素上存在不配套的问题，一是酒店餐饮建设跟不上恩施旅游业的发展，例如今年"五一"期间，大量涌入的游客远远超过了恩施酒店和饭店的接待能力，几千游客的住宿成了大问题。二是景区建设滞后，缺乏吸引游客眼球的旅游景区，全州没有像桂林、九寨沟、张家界、西双版纳等那样知名的景区。三是旅游交通建设相对滞后，州内主要旅游城市和主要景区之间无一级公路连接，多数是山区二、三级公路；个别景区公路属等外路，可进入性差。四是旅行社、星级饭店、旅游商店、休闲娱乐设施等不适应旅游业发展的要求，要么不健全，要么没档次缺品位。

3. 宣传不到位，旅游产品的知名度不高，市场开拓缓慢

当前，恩施在旅游宣传促销方面与目前旅游发展态势相比显得投入不够，力度不够。一是政府财政比较困难，投入资金较少，由政府主导树形象提高地方旅游知名度的全方位宣传促销力度小。二是恩施旅游企业大多处于"散、小、弱、差"的状态，实力弱小，不具备在外开展大规模宣传的经济条件，对政府组织的宣传活动后续跟进工作不够，与州外企业缺乏沟通、联系。

4. 行业服务水平有待提升

一方面是住宿条件等硬件设施不能让人满意，另一方面是包括导游在内的行业服务人员的整体素质不高。

三、可持续发展的策略思考

（一）科学规划

旅游业发展规划是指导区域旅游业持续、协调、健康发展的

纲领性文献，是可持续发展战略的基本要求。只有在总体规划的指导下，才能实现旅游资源的永续利用和可持续发展。一是要突出以人为本的理念，使旅游"食、住、行、游、购、娱"六大要素合理配置、协调发展。二是要突出可持续发展。旅游资源的永续利用和可持续发展是规划要体现的重要一环，要处理好人文资源与自然资源、文化文物与生态环境的保护和开发利用的关系，坚持"合理开发与保护利用"并重的原则。三是要体现特色、发挥比较优势。恩施地区文化景观丰富，其中以传统村寨与建筑、民俗风情以及农业景观最具代表性。这些文化景观具有很强的市场吸引力，旅游开发潜力巨大。

（二）树立精品意识，实施品牌发展战略

品牌决定成败。大凡成熟的旅游业都具有诱人的旅游品牌和精品旅游线路。从恩施州的旅游资源来看，可精心策划并打出绿色生态旅游、民俗风情旅游、红色旅游三张品牌。随着人们对生活质量的追求和生活方式的改变，今后恩施州最富吸引力的旅游当数绿色生态旅游。

（三）打造一批景点，设计一系列主题鲜明、结构合理的旅游线路

首先，重点抓好恩施大峡谷——腾龙洞景区建设。其次，抓好其他景区的提档升级工作。恩施土司城要突出土司文化特色，完善全国首批旅游文化示范地功能，形成土司文化系列景点和产品，提高游客的观赏性和可参与性。梭布垭要加快提档升级的步伐，注重对与石林形成有关的地质科考知识的讲解，进一步办好节事活动，提高景区的文化内涵。清江闯滩是"中国特色旅游三十佳"，要进一步改善景区的接待条件和服务质量，保护清江闯滩品牌。加快神农溪景区的建设和管理，使其成为湖北省"一江两山"旅游区的精品景区，尽快建成国家5A级旅游景区等等。旅游线路属于一种组合旅游产品，一条完整的旅游线路包

括景点、参观项目、饭店、交通、餐饮、购物和娱乐活动等多种要素,只有精心设计出合理布局,并注入历史与文化内涵的路线,才具感染力与购买力,以利推销和招引游客,确保创新。恩施旅游景区要有机联合,形成"打包销售"的整体效应。在产品设计上,形成以恩施为中心的一日游、二日游、三日游等旅游产品;在旅游线路的设计上,主要是形成与重庆、武汉、宜昌、万州相连的旅游循环线路。可绘制统一的武陵胜地旅游地图(旅游交通图),为海内外游客提供方便。同时,要搞好线路的策划打造和宣传推介,把生态旅游、民族风情旅游及红色旅游有机融合起来,增强恩施旅游的趣味性和兴奋点。

(四)深挖恩施民族文化景观,延伸恩施旅游产业链

恩施地区的传统建筑吊脚楼,民俗风情撒尔嗬、摆手舞等歌舞戏剧文化,土家族、苗族服饰等服饰文化,西兰卡普、蜡染等工艺美术文化以及社日、女儿会等节庆文化,还有别具特色的梯田农业景观等,都是恩施有代表性的民族文化景观。这些文化景观具有极大的旅游开发潜力,形成了恩施旅游文化优势和特色。恩施地区的传统村寨与建筑,可针对以文物建筑为代表的文保单位采用原真性开发,针对以传统村寨为代表的群组景观采用风貌性开发,针对以民居建筑为代表的特色景观采用创新性开发等方法,打造出展示型、度假型和科考型的旅游产品。

针对恩施地区的民俗风情,可以开发以民俗展览、歌舞表演为代表的民俗观赏资源,以游艺竞技、地方婚礼为代表的民俗活动资源,以手工艺品为代表的民俗商品资源,以及以歌舞茶座、迎宾仪式为代表的民俗服务资源,打造观光型、体验型、购物型的旅游产品。

针对恩施地区的农业景观,可以开发农业景观、农业产品及农业文化,打造观赏型、休闲型、参与体验型和科普教育型旅游产品。

（五）加大宣传推介力度，着力提升旅游形象

按照"政府主导树形象、企业运作抓客户"的思路，提升恩施知名度、美誉度，打造恩施旅游品牌，并与州外旅游企业建立广泛的合作与联系，构建恩施旅游营销大网络。

1. 请进来

邀请外地旅行商、新闻媒体和文艺工作者来恩施进行专题调研、考察恩施的旅游景区、旅游线路。充分利用各种媒体和渠道，如短剧、电影、电视剧，举办笔会，创作出版游记、诗集、画册和张贴画等大力宣传推介，提高恩施旅游知名度。

2. 走出去

组织参加各种旅游交易会、旅游博览会，在武汉、重庆等经济发达地区开展宣传促销活动，举办旅游产品说明会，在大众媒体上投放多层次、多形式旅游广告，与省内外骨干旅行社、旅游探险协会、摄影协会、自驾游俱乐部等新型旅游组织，以及新浪、搜狐等网站热点论坛建立广泛的联系，推介恩施旅游。

（六）加快交通基础设施建设，确保旅游安全快捷

1. 加快连接景区的路网建设

不断加强县市之间、景区之间的交通基础设施建设，进行州内县市和主要旅游景区之间的公路改造，提高景区道路标准，确保旅游方便、快捷。

2. 增加恩施航线和航班密度

充分利用航空航线发展专项补贴资金，以恩施许家坪机场为中心，逐步增加国内航线和航班密度，降低和稳定票价，满足不同游客需求，形成方便快捷的航空进出通道。

（七）提高旅游服务质量

通过各种途径教育和培训旅游服务从业人员，提高其素质和服务水平。

四、小　结

发展恩施的旅游业必须坚持旅游开发与生态环境保护相结合，与民族文化建设相结合，与社会主义新农村建设相结合、与扩大对外开放相结合；坚持旅游产品开发以市场为导向，以旅游者的需求为目标，从单纯观光向观光休闲度假相结合转变；坚持先规划、后开发的原则和生态环境准入制度、无绩效退出制度；坚持高起点规划、高质量建设、高水平管理相统一，突出景区建设、宣传促销和行业创优三大重点，努力实现恩施州旅游业又好又快可持续发展。

参考文献：

[1]风笑天．社会学研究方法（第二版）．北京：中国人民大学出版社，2005．

[2]李迎生．社会工作概论．北京：中国人民大学出版社，2003．

[3]卢淑华．社会统计学（第三版）．北京：北京大学出版社，2005．

[4]恩施土家族苗族自治州人民政府主办．恩施州年鉴（第三卷）．2001．

[5]恩施土家族苗族自治州统计局编．恩施辉煌二十年．1998．

[6]张琼霓．制约西部旅游业发展的因素分析与对策研究．产业论谈，2004（3）．

[7]储鸿雁．西部旅游业发展障碍分析．内蒙古煤炭经济，2006（6）．

中职学校教师职业礼仪教育的实践与研究[①]

广东省中山市三乡理工学校 张艳中

摘 要：教育者必先受教育，对教师进行礼仪强化是非常必要的。通过调查研究，掌握中等职业学校教师与文明礼仪不和谐的第一手资料，及时掌握中职学生对教师礼仪规范的要求和看法，求证教师礼仪规范的必要性和重要性。通过调查，寻找差距，以便学校有针对性地引导教师在今后的教育工作中能谨言慎行，注意文明礼貌，融洽师生关系，借此提高教师素质，提高办学水平，提升学校文化底蕴和人文氛围，为社会输送更多符合时代发展要求的毕业生。

关键词：中职 教师职业礼仪 礼仪教育

一、研究背景、目的与方法

（一）调查背景

江泽民同志在《关于教育问题的谈话》中指出："教师作为人类灵魂的工程师，不仅要教好书，还要育好人，各个方面都要为人师表。"在第三次全国教育工作会议上他又强调："教师是

[①] 本课题在 2009 年 11 月获批为广东省省级课题，由张艳中老师代表学校申报并主持，课题组成员有范卫宁、何健雄、刘伟思、梁敏洁、丰光洲、聂兰芳、郑敏诗、徐亚。张艳中，广东中山三乡理工学校教师，湖南师范大学旅游企业管理硕士。

学生增长知识和思想进步的导师，他的一言一行，都对学生产生影响，一定要在思想政治上、道德品质上、学识学风、全面以身作则，自觉率先垂范，这样才能真正为人师表。"教师的职业道德素质的高低直接关系素质教育的成败，直接关系到亿万青少年的健康成长，从一定意义上讲，教师职业道德水平直接关系到中华民族素质的提高，关系到国家和民族的振兴和未来。而职业道德素质培养的重要途径是礼仪教育。礼仪可以使教师职业道德的价值得以实现，它不仅是教师自身良好职业道德修养的表现，更为重要的是使教师职业道德成为一种重要的教育力量或教育要素。

　　从教师教学工作的实际情况出发，加强教师礼仪修养的研究具有重要的现实意义。众所周知，职业高中的学生在初中时就已经养成了很多不良习惯，那怎么样才能将他们教育成高素质的合格人才，这是对中职教师的一个极大挑战。"学为人师，行为示范。"要提高学生的文明素质，教师的素质将起到关键性的作用，教师的个体形象与教师的群体形象，对学生所产生的影响力、感染力、渗透力极强。身教重于言教、正人务必先正己，这就要求教师在教育教学活动、日常生活及其他社会活动中注重礼仪修养，不断提高自己的礼仪素质，成为礼仪教育的典范。除了在课堂上向学生传授知识外，更应该严格要求自己，以礼处世，以礼待人，治学严谨，热爱学生，尊重学生，着装整洁，举止大方，展现出当代人民教师的精神风貌、人格魅力和良好的礼仪风范，促进师生关系的和谐发展。"亲其师，信其道"，教师是学生直接仿效的对象，也是文明社会教育的主要实施者，其言行举止很大程度地影响着学生。因此，教师以身作则，为人师表至关重要。教育者必先受教育，对教师进行礼仪强化是非常必要的。那在现实的中职学校里，学生喜欢什么样的教师呢？教师讲礼仪和不讲礼仪会带给学生什么样的影响呢？教师礼仪的实践情况又是怎样的呢？哪些方面的礼仪规范做得不够好呢？如果要对教师进行礼仪教育应着重于哪些方面呢？基于以上原因我们开展了此次调查。

（二）调查目的

通过调查研究，掌握中等职业学校教师与文明礼仪不和谐的第一手资料，及时掌握我校同学对教师礼仪规范的要求和看法，求证教师礼仪规范的必要性和重要性。寻找差距，以便我们在今后的工作中采取有效措施，有针对性地引导教师在今后的教育工作中能谨言慎行，注意文明礼貌，融洽师生关系，借此提高教师素质，提高办学水平，提升学校文化底蕴和人文氛围，为社会输送更多符合时代发展要求的毕业生。

（三）问卷设计

问卷设计主要包括以下内容：第一部分是教师遵守教师职业礼仪的现状调查；第二部分是学生喜欢教师的影响因素，此部分采用5分值的李克特量表，要求被访者用从1（很重要）到5（很不重要）的等级方法来说明影响自己喜欢教师的重要程度。第三部分是从学生的心理角度来考查对教师进行职业礼仪教育的必要性和重要性。第四部分是调查学生心目中的教师形象。我们想通过此问卷调查明确目前中职学校教师礼仪存在哪些失礼行为，对教师进行礼仪教育的重要性以及应着重对教师进行哪几方面的礼仪教育等。

（四）数据采集

我们按照课题组的具体要求，在三乡理工学校进行了一次抽样调查和访谈。2010年4～5月我们完成了问卷设计及调查工作。课题组在全校下发了1 000份调查问卷，回收910份问卷，回收率为91%，其中有效问卷为852份（有一题没有填写或所有答案均为一个选项的，我们一律视为无效问卷），有效率为85.2%。问卷调查进展较顺利，效果较理想。问卷回收以后，我们先将无效问卷剔除，然后将所有答案录入 EXCEL，采用 EXCEL2003 软件电子化，使用 SPSS15.0 进行分析处理。数据由 2008 级旅游 1 班的李瑶录入 450 份，张艳中录入 253 份，2009 级导游班的程荧荧、崔球霞录入 150 份，2009 级高考 1 班的郑颖淇、吴倩琪录入 50 份，由张艳中进行数据的统计分析。

二、数据分析与启示

从调查中，我们可以看出我校只有一半左右的教师能经常自觉遵守教师礼仪，经常注意自身的形象美、语言美、仪表仪态文雅端庄、严格遵守课堂教学礼仪、办公室礼仪，有较好的师生关系，有三分之一以上的教师只少数时候遵守礼仪，还有 10% 左右的教师根本就不遵守教师礼仪。我们还发现学生最喜欢职业道德优良、讲礼仪、个性品质好、尊重学生的教师，非常讨厌态度差、不讲礼仪、不遵守职业道德的教师。同时从调查中我们得知学生对教师文明用语的感受性非常强烈，这反映出绝大多数学生从教师的文明用语中找到受尊重、理解、平等、信任等感觉，体现出教师的礼仪规范对学生的人格培养和塑造产生了非常重要的作用。学生比较在意教师的仪容、仪表、仪态，且学生有较为强烈的时代意识和追求新颖、刺激、变化、超前的心理趋向。学生非常看重教师对自己家长的认知和态度，教师和家长在他们心目中都是非常重要的。在接受调查的 852 名学生当中，有 61.23% 的学生心目当中的教师衣着、服饰应该素雅整洁；78.68% 的学生心目中的教师仪表应该从容适度、端庄大方；82.05% 的学生心目中的教师言行举止应该文明礼貌、热情诚恳；76.65% 的学生心目中的教师敬业态度应该爱岗敬业、扎实认真；55.76% 的学生心目中的教师学识水平应该博学多识；70.01% 的学生心目中的教师教育教学方法应该科学，灵活多样；69.26% 的学生心目中的教师对待学生应该关爱、耐心、公平；76.32% 的学生心目中的教师的专业素质较强；78.11%的学生心目中的教师专业技术能力较强；80.52%的学生心目中的教师与人交往应该善于沟通、热情诚恳；81.58%的学生心目中的教师整体形象应该是身心健康、乐观向上、为人师表、富有创造精神。学生最反感的教师形象排名依次为侮辱、谩骂、体罚学生，态度粗暴，嘲笑差生，吹捧尖子（86.27%）；酗酒后进教室或在教室内吸烟、接听电话（84.39%）；衣服不整齐，不修边幅，不注意个人卫生（82.04%）；不守诚信，弄虚作假，玩忽职守（72.89%）；参与黄、赌、毒等活动，经常发布反动言论（74.3%）；上课照本宣科，板书潦草，课堂秩序一片混乱（72.3%）；穿着打扮过分时尚、前卫，甚至奇装异服（55.75%）。有81.86%的学生认为如果教师容易跟学生沟通，学生会比较喜欢上他的课；有41.58%的学生对教师的衣着仪表和言行习惯很在意；有41.41%的学生认为他们对各学科的兴趣高低跟任课老师有关系；50.94%的学生希望交给老师的作业和试卷快点发回来；56.94%的学生认为教师对他的态度、心情有明显的影响；72.2%的学生认为教师应该严格要求学生，但是要尊重学生的人格；63.84%的学生对"教师只要教会学生考试拿好分数或考到专业技能证就行了，其他不用管"这句话持否定态度；52.24%的学生对"如果教师学识广博，学生会因此更加尊敬他"这句话持同意态度；66.2%的学生对"对我多表扬的教师是好教师，经常批评我的教师不是好教师"持不同意态度。

所以，对中等职业学校教师进行礼仪教育非常必要，且非常重要、非常紧急。中职学校的学生大部分都是初中时的差异生，行为习惯表现都较差，要在中职的三年内将他们转化为合格的受社会欢迎的毕业生，实践表明教师礼仪潜移默化的影响是具有相当大的作用。教师适当的形象设计，优雅的举止，潇洒的风度，良好的礼仪行为，是影响教育活动和教育效果不可忽视的重要因素，其主要意义表现在：

一是对形成学生良好的"第一印象"有重要作用。教师良好的内在素养与外在形象的有机结合，会给学生留下美好深刻的第一印象，对教师的教育教学工作大有益处，当学生喜欢这个教师的时候，就会喜欢上他的课，模仿他。

二是有利于提高教师的威信。举止文雅、穿着朴素、仪态端庄、作风正派的教师形象，有助于在学生中建立起威信。

三是有利于树立学生的形象。"近朱者赤，近墨者黑"，教师自身形象能直接影响学生形象的塑造。

三、教师良好的礼仪规范在教学活动中对学生的人格和心理起着极其重要的作用和影响

"好的行为习惯，会引导孩子去学习；不好的行为习惯，孩子也会进行效仿。"作为教师，在教育学生时能不能遵守礼仪规范，直接关系到学生健全的人格和心理倾向的培养和塑造。作为教育工作者，不仅要从德育方面，更多地要从心育方面去观察、培养和教育学生，在今后的教育教学活动中必须牢记和恪守。作为教师，必须用自己的人格力量去感染和感化学生，工作方法的简单和粗糙对学生健全人格的完整和谐以及良好心理倾向的培养和塑造都是极其有害的。教师的礼仪规范与否，对学生有着潜移默化的作用。因此，作为人类灵魂工程师的教师，在教学活动过程中必须谨言慎行，注意礼仪规范，做好学生的表率。

教师礼仪的核心是对学生的尊重和关爱，是教师向学生表达教师爱的具体形式，一句亲切的话语，一张微笑的面孔，对学生都是一种巨大的激励和鼓舞。所以，礼仪不仅是教师自身良好职业道德修养的表现，更重要的是，礼仪使教师职业道德成为一种重要的教育力量或教育要素。亲切和谐、符合职业要求和礼仪规范的行为举止、大方得体的衣着、亲切和蔼的谈吐等，既能塑造

教师的端庄、自信、魅力，又能体现教师勤奋、严谨的治学态度和积极进取、奋发向上的精神风貌；而衣着随便，不修边幅，甚至在讲课时把手插在兜里，语言粗俗，批评学生时不注意场合等，很难使学生产生信任的良好感情。得体的仪表、优雅的举止、和蔼的态度，不仅能够充分展示教师的个性风采，有助于教师才能的发挥和获得学生的尊重和好评，而且能够增强教师的人格魅力。苏联教育家马卡连柯十分中肯地说："以轻蔑的和傲慢的态度来对待自己的学生，就会使他跟自己疏远，因而破坏他自己的威信，而没有威信就不可能做一个教育者。"学生丧失了对教师的信任，必然抵消教育的效果。有的学生不喜欢某门课程的原因并不是课程本身存在什么问题，很多情况下是由于不喜欢任课的教师。要使学生接受教师的教育，首先要使学生从情感上接受教师，这是教育中带有规律性的一个问题。教师遵守礼仪规范能有效地使学生在心理上产生一种被尊重、被理解的良好情感体验，从而使教育者与被教育者的关系，变成一种师生间带有心理亲和力的友谊交往，从而建立起一种以人格地位平等为前提的新型师生关系。礼仪的精髓是对他人的尊重和自尊的有机统一。礼仪对个人行为的基本要求是，举止不出格，谈吐不失礼，交往不失态。因此，教师符合礼仪要求的行为举止，以潜移默化的方式影响、教育着每一个学生，使他们在无意识的模仿、效法之中逐步形成尊重他人、与人为善的道德品质和良好的行为习惯。教师讲课面带微笑，与学生说话时亲切和蔼，衣着整洁，姿态优雅有风度，语言举止文明有礼，还能激发学生的学习积极性和参与教学的热情。反之，会使学生丧失学习的兴趣和积极性。有位学生在谈到这个问题时说："教师走上讲台一脸厌倦的神色，面部表情呆板，姿态松懈，让学生一看心里顿时也泄了劲。"

四、对中职教师进行礼仪教育的建议

第一,学校领导、教师应从思想上高度重视,要尽快开设教师礼仪课程,把教师礼仪修养作为培养教师高尚道德品质和道德情操的起点。"礼仪知识的缺乏常常会让人以为'缺乏教养',其实学生缺少的不是教养,而是必要的专门教育。"教师礼仪课要促使学习者把学习礼仪变成自觉行为,内化成习惯,最终成为自然流露,体现出一种良好的个人修养。"我们要让更多的教师明白,优雅的教师礼仪不是矫揉造作、装腔作势,是一种美好的人生境界。""在这个境界中,你自然、朴实无华的举止会处处流露出高雅,它源于对事理、人情的通达。"教师礼仪教育要有必要的课时,必要的辅助设施,教学形式和方法也应当灵活多样。如随堂实践、录像分析、测试检验、专家报告等,在生动感性的交流中渗透和加强教师礼仪规范的学习,使礼仪意识自觉贯彻到教师的日常行动中去。

第二,要以分阶段的专题培训和扎实的行为训练为核心培养教师的礼仪意识,提高教师礼仪水平。教师礼仪的训练必须从各项具体实践内容做起,讲求形式上的明确性与操作上的连续性,使被教育者和训练者在亲临其境的体验中逐渐习得。形式一经摆脱模拟、写实,便使自己取得了独立的性格和前进的道路,它自身的规律和要求便日益起着重要作用,而影响人们的感受和观念;使广大教师在努力巩固综合职业素质的基础上,将教师礼仪素质提高为一种应用能力、执业能力,自觉贯穿融汇教书育人活动中去。

第三,要制定必要的制度,发展健康的舆论,营造良好的师德建设氛围和礼仪环境。在文明礼仪方面,学校每个教职员工都应当为人师表。然而实际情况却是,有的教职工不修边幅,出口成"脏",影响了学校的整体形象和教育效果。因此,学校教职工的基本形象和言行要求应以适当的制度和纪律形式加以规范，以为学生树立榜样。同时，对学生的在校形象和言行也应有必要的文明规范，以净化校园风气。作为育人环境的学校应配备完善的硬件设施（如垃圾箱和痰盂等），以达到环境育人的要求和效果。礼仪环境建设要充满人文色彩和绿色理念，使校园自然环境清洁优美，人文环境令人自律，各种文明规范随处可见。可在厅堂、楼梯等入口处置放一面大镜子，让师生随时注意整理自己的仪表。总之，要让礼仪像空气一样无所不在，让师生在其中耳濡目染，得到美的熏陶和滋养。

第四，培养高素质的礼仪教师队伍。名师出高徒，教师的素质是素质教育成败的关键，礼仪教育也是如此。礼仪教育涉及心理、形象、语言、体态、人际交往等方方面面的知识和技能，要求礼仪教师具备厚实的专业功底、广博的知识面，熟知各种礼仪规范操作及科学的训练方式。礼仪教师形象好，审美能力强，语言表述风趣，富有人格魅力，一出现在学生面前，本身就具有很强的示范性和说服力。所以，作为礼仪教师一定要从自身做起，在课堂内外营造一种文明的氛围，以自己的一举一动来实际诠释良好礼仪规范的教育价值和无穷魅力。

在教师日常的教育教学活动中，当教师文明优雅的口语与体态语、有声语言与无声语言有机地融为一体时，就会构成和谐的课堂教学整体旋律，弹拨出教书育人的最美乐章，这也是一名教师驾驭事业走向成熟的表现。教师的思想、知识、智慧、道德、意志、情感、个性品质、言行举止在教育教学中将会对学生产生难以估量的影响。

参考文献：

[1]吴克霞．学校开展礼仪教育的价值功能．中学校长，2007(2)．

[2]王景平.礼仪课程教学中实施文化素质教育的探索与实践.中国大学教学,2007(2).

[3]李荣建,宋和平.礼仪训练.武汉:华中科技大学出版社,1999.

[4]王琳西.浅谈高校教师礼仪.西北医学教育,2007(2).

[5]金正昆.社交礼仪教程.北京:北京大学音像出版社,2004.

[6]李金秀.先秦儒家礼仪观与现代礼仪规范.社科纵横,1999(6).

[7]秦国华.文质彬彬为人师表.德育研究,2004(24).

[8]胡凯.增强德育实效性的必需环节.现代教育科学,2006(1).

礼仪教学初探

山东省菏泽市旅游职业学校　张喜明

摘　要：礼仪课是一门提升学生综合素质的课程，是德育工作的重要组成部分。礼仪是个人思想水平、文化修养、交际能力的外在表现。上好礼仪课对培养学生高雅的气质、出众的形象、得体的言谈举止有非常重要的意义。

关键词：礼仪　学习兴趣　教学方法

礼仪课是中职旅游管理专业非常重要的一门课程，上好礼仪课对培养学生高雅的气质、出众的形象、得体的言谈举止有非常重要的意义。下面笔者就谈一谈在礼仪教学中的一些体会。

一、转变教学观念，培养学生学习兴趣

观念是行动的先导，没有科学的理念，就没有科学的教学方法。教师是教学活动的组织者和引导者，但是，在课堂上不能是教师"满堂灌"，师生之间应该互有问答，教学应在师生平等对话的过程中进行。因此，我们应更新教育理念，树立尊重学生的学习利益和成长利益的观念，采取自主、合作、探究式的学习方式，形成师生之间互动、互惠、互利的关系。所谓互动就是在课堂教学中师生要交往、交流、交心。怎样互动？即引导学生将所学知识与人生、社会、自然相互联系。这种师生互动，就是师生共同体验创设问题情境的过程，就是学生探究问题和解决问题的过程，从而在互动的基础上自然达到互惠、互利。在这种自主、

合作、探究式的学习方式中,师生、生生关系平等,大家共同学习,对学习内容互相探讨、研究。学生不仅仅听教师讲解,也可以提出自己的想法、观念和方法。这样,既提高了学生分析问题、解决问题的能力,也提高了教师教学水平。我们要改变教师为"主角"、学生为"配角"的观念,变师生关系为朋友关系。教师应以尊重、理解、关怀、鼓励的态度去对待学生,要关注每一位学生的活动,让他们感到自己是具有独立人格的、被尊重、被关爱的人;让他们保持对教学活动积极参与的态度;让他们处于轻松、融洽、温暖、合作的课堂气氛中。教师在教学中要充分发挥学生的自主性,让学生以积极的情感参与教学过程的各个环节,要让学生充分动脑、动手、动口,打造一个相对宽松的课堂环境,使课堂气氛变得和谐、活跃。这样,学生的学习兴趣很容易就被激发出来。兴趣是最好的教师。学生愿意学了,教师就好教了,课堂气氛就活跃了,教、学、练的情绪就高涨了。

二、根据学生的个性差异,因材施教

笔者根据学生的性格特点、语言表达能力和领悟能力的不同,采用不同的教学方法。例如,在训练站姿、坐姿、蹲姿、走姿的时候,就让性格外向的同学先做,而让性格内向的同学后做。对那些动作不到位的同学,不当面批评而是课后开导。长相略差的同学,总是有一种自卑感,他们在练习动作的时候总是不积极,害怕出丑,我就热情地鼓励他们,耐心地辅导他们,使他们树立信心,消除自卑感。在学习接待礼仪的时候,我不是只讲理论或者只做一个简单的示范,而是把课堂改到室外,进行分组练习,让学生分别扮演客人和服务员反复练习。期末考试时,不仅考试理论,还要考礼仪展示。

三、采用丰富多样的教学形式

根据学生的兴趣爱好,笔者采用了学生比较喜欢的教学形式。

(一)利用投影、幻灯、电影的直观优势,增强学生的感知能力

例如,我让学生观看电影《周恩来》,从中领略外交大师周恩来的礼仪风采;在讲授西餐礼仪时,我选择了几部就餐场面较多的外国电影让学生观看,并一边观看一边点评,这样既提高了学生的学习兴趣,又便于学生理解掌握,寓教于乐。

(二)利用计算机和教学片辅助礼仪教学

计算机突破了时空的界限,增加了知识面,扩展了视野。笔者在网上下载了许多有关礼仪方面的视频,让学生观看。例如,金正昆教授的礼仪讲座就很受学生欢迎。笔者还播放一些与礼仪相关的教学片,通过教学片中标准的礼仪展示,让学生直观地学习到具体的技能。

(三)开展礼仪竞赛,使学生在竞争中成长

为了使学生在竞争中成长,笔者每学期安排一次礼仪竞赛,让学生组一组、班与班之间开展竞争,并邀请学校领导和教师担任评委,评出一、二、三等奖,以提高学生的成就感。

(四)积极参与对外交流活动,使学生在实践中成长

例如,我市每年都于4月16日举办一次国际牡丹花会,每次都要选用我校的学生作为礼仪小姐。在每年我校举办的元旦联欢会上,我都要排练两个节目——礼仪展示和礼仪小品。同时,几乎每年我都要培训并带领我校学生参与市里承办的大型文艺表演、体育比赛的开幕式和颁奖等礼仪活动,在活动中,我校学生作为礼仪小姐,以高雅的气质、文雅得体的举止、甜美的微笑征服了所有的嘉宾,为我校、为我市赢得了非常好的声誉。而学生

在这一系列的活动中心理素质和礼仪知识及个人的综合素质都得到了很大的锻炼与提高。

（五）互帮互学，树立榜样

榜样的力量是无穷的。例如，在教学中，我一般把学生分成四人一组，让他们互帮互学，取长补短，并把学得比较好的学生组成礼仪表演队，让他们给其他学生做示范，使先进更先进，后进赶先进。

四、改革教学方法，激发学习动力

在礼仪教学中，笔者十分重视教学方法的选择，根据不同的教学内容选择使用演示教学、案例教学、单元练习、模拟实习、社会调查、项目设计等教学方法。当然，选择与运用教学方法和教学手段要根据各方面的实际情况统一考虑。例如，学习站姿、坐姿、蹲姿、走姿时可采用演示法；学习餐厅礼仪时可采用模拟实习法。要改变那种教师讲、学生听，学生处于被动思维的灌输式教学方式。采用启发式教学方法，精讲多练，并积极开展课堂讨论，以巩固和加深学生对所学知识的掌握程度，激发促进学生独立、主动学习的热情。

五、走出去，请进来

为了拓宽学生的视野，提高学生的操作技能，笔者带领学生到我市企业——牡丹大酒店和康辉旅行社参观学习，让学生与企业的领导和员工充分接触、交流，请企业的领导给学生作报告，谈一谈企业的发展状况和管理模式，使学生对企业有更多的了解。同时，我们还邀请既有较高理论水平又有丰富工作经验的成功人士到我校开讲座，讲一讲他们的创业经历，艰苦奋斗的精神和成功的经验，从而培养学生吃苦耐劳的精神，帮助学生树立良好的人生观和价值观。

总之，要上好礼仪课，关键是要以学生为本，因材施教，采用丰富多样的教学形式，激发学生的学习兴趣。但是，礼仪课作为一门新兴学科在教学中还需要进一步探索。在科技不断发展的今天，应根据教学的实际情况和要求，合理安排应用不同的教学方法，采用多样化教学手段，特别是要充分利用现代化工具（如录像、投影、网络教学等）来进行课堂和辅助教学，切实提高礼仪教学的吸引力和趣味性，以期达到事半功倍的教学效果。

旅游专业学生技能培养策略

浙江省金华市第一中等职业学校 叶美君

摘 要：职业教育的特色之一是技术技能性，针对旅游业对于从业人员的基本素质要求，结合职业学校的学生特点及职业教育的培养目标看，我们认为可以从进一步强化技能操作的重要性、技能学习和职业素养形成并重、强化训练、职业习惯的形成等角度着手来进行职业学校旅游专业学生的技能训练。

关键词：技能训练 旅游专业 强化训练

职业教育的特色之一就是技术技能性，即突出对人才的技术和技能的培养，这是由职业教育的培养目标所决定的。职业教育培养的毕业生主要是直接进入劳动力市场。因此，只有让职业教育的毕业生掌握专业技术和熟练的技能，才能胜任就业岗位需要。这也是职业教育的本质要求。

技能教学是职业教育的重要教学内容之一，随着职业教育教学改革的不断深入，加强实践教学环节，强化技能训练已成为职业教育界的共识。

一、旅游业从业人员素质要求

旅游教育涵盖中等职业、专科、本科和研究生四个培养层次。每个层次对于人才素质方面的要求是有一定的差异的，各层次能力需求也有一定的区别，对于中等职业学校旅游专业的学生而言，更注重的是实际操作能力。

从现阶段用人单位对于人才的需求看,他们欢迎中等职业学校的毕业生。旅游专业的学生具有较强的竞争力,较少出现眼高手低的现象。旅游专业的学生始终处于一种供不应求的状态,根据旅游业对从业人员的特殊要求,毕业生不仅要求有较高的礼貌修养,良好的仪表仪容,更重要的是具有较强的实践能力,通过短期的培训后能较快的顶岗,当然这与中等职业学校贯彻的全面素质教育观是分不开的。旅游专业不仅突出礼仪教育、形体训练,更注重操作技能的培养。

二、中等职业学校旅游专业学生的优劣势分析

(一) 中等职业学校学生优势分析

1. 定位趋于合理

面对日趋严峻的就业形势,学生和家长的择业心理已从盲目走向理性,在选择职业时,更注重现实性,而饭店以及旅行社里较好的工作环境和机会也对学生和家长产生了一定的吸引力。

2. 动手能力强

由于中等职业的教育目标就是培养能直接进入劳动力市场的就业人才,所以在学校里特别强调操作技能的训练,一般来看毕业之后就能较快的顶岗,受到用人单位的普遍欢迎。

(二) 中等职业学校学生劣势分析

一个不可否认的事实是,中等职业学校的学生大多是中考失败者,尽管有很多因素造成这样的局面,但缺乏良好的学习习惯和恒心毅力也是一个非常重要的原因;不能很好地面对挫折,较容易产生挫折感,表现在工作中就是容易产生厌倦情绪,一不顺心就要有很多抱怨。这势必影响到工作态度和情绪,从而影响到服务质量。所以,扬长避短就显得极为重要,职业学校要进一步强调技能的训练,尽力克服一些弱点,使学生更受用人单位的欢迎。

三、具体措施

（一）技能教学是职业学校旅游专业课堂教学的重要组成部分

技能教学是指在教师的指导下，学生运用已有的知识经验，通过练习而形成的智力动作和肢体动作方式的一种课型。其基本的教学目标是：巩固和灵活运用所学知识和原有技能；形成熟练、准确、规范的操作行为；形成专业的思维方式、方法，培养解决实际问题的能力；养成良好的职业道德、情意以及友好与人合作的精神。

由于职业教育目标的特殊性，在中等职业教育阶段着重培养学生的专业技术能力和熟练操作能力，使之在较短的时间内胜任岗位的要求。这一切要通过在学校期间的课堂技能教学以及毕业实习相结合的手段来达到目标，而由于实习单位的特殊要求，他们期望在很短的时间内能让实习生上岗，这就要求我们的学生在这之前具备相应的实践操作技能。所以，在制订教学计划的时候，旅游专业的技能教学课程设置就占了 40%强。旅游专业的技能教学依靠课堂教学以及课堂模拟教学来完成，课堂教学是使学生掌握技能，形成实践能力的主渠道、主阵地。

（二）技能教学和职业素养形成并重策略

每个行业都有着自身行业的特殊性，在旅游业有一句名言："1. 客人永远是对的。2. 如果客人错了，请参看第一条。"从这字里行间我们可以看出旅游业对于从业人员的要求是极高的。旅游业作为我国最早实行对外开放的行业之一，与国际接轨较早，而且它是一个服务性行业，接待来自五湖四海的客人，所以对于从业人员的职业素养有着一些特殊的要求，常常有"客人坐着我站着，客人吃着我看着，客人歇着我干着"这样的实际现状，如果心态调整不好就很难有优良的服务。所以，除了加强技能的训练以外,更要强调旅游业从业人员的特殊职业素养,加强服务意识的培养。所谓服务意识是指旅游从业人员一进入工作状态,便能自然地产生一种强烈地为客人提供良好服务的欲望。要建立感情服务,旅游从业人员对客人的接待必须是发自内心的,热情、友好、好客,处处为客人着想,强调"暖"字服务,感情服务。要做到这一点不是单纯依靠课堂的技能教学能够培养的,必须采取技能教学和职业素养形成并重的策略来实施。

我们还应意识到,一个专业基本功和基本素养欠缺的人,其专业能力是不可能很高的。所以,我们就更有必要在强调技能学习的基础上,加强职业素养的训练,将这些基本功和情意的训练从专业基础课抓起,寓于各种技能的教学中,并严格要求,长期积累,必然会使学生形成良好的职业素养。

(三)强化训练是一个强有力的手段

业精于"训",学生扎实基本功的形成,是要依靠教师对学生的职业化管理、教育和强化训练来完成的。所谓强化训练,是指培训人员集中一段时间有计划、有步骤地对受训人员某方面的技能技巧或礼节礼貌进行大量的、反复的严格训练,以求受训人员形成条件反射似的快速而准确的优质服务。这种强化训练,一般都有四个步骤:准备、说明示范、实际操作、事后评估,每个阶段教师都应该有其工作的重点。

1. 准备

首先,要使学生明确学习目标,在思想上有所准备,同时要激发学习动机,增强学习技能的兴趣、目的性和学习信心。其次,是让学生概括性地了解将要学习的技能是指什么。以客房服务中的"中式铺床"为例,教师带学生去操作房让学生直接感受到实物,并结合其他多媒体手段,让学生观看"中式铺床"的整个操作过程。本阶段以教师的行为为主,通过教师本人的语言或动作,以及有关的挂图、投影等教学媒体所作的示范和演示来实现，使学生在头脑中形成一个动作样板，建立起动作执行的定向印象。

2. 说明示范

说明示范即学生仿效记忆特定的动作和行为方式。接上例，在这个阶段里，教师通过自己的示范性操作，表演示范"中式铺床"各环节的动作，把整个操作过程先示范，让学生感受到一个产品出来的喜悦，产生跃跃欲试的心理。在示范中要强调要点，动作力求缓慢，对重点、难点要反复示范，并且要注意示范的动作不要超过学生一次性接受能力。由于"中式铺床"整个过程比较复杂，对于新手来说不是太容易接受，所以在这个阶段里可以把一些具体的动作分解，强化几个关键动作的示范。本阶段教师和学生的行为是交替进行的，教师的讲解应与行动示范相结合，学生通过观察、理解，从而效仿，并不断修正。由于学生处于本阶段，模仿动作忙乱、紧张、呆板而不协调，并有多余动作，且不能觉察自己动作的全部情况，难以发现自己的错误。因此，本阶段应突出教师的指导，示范时应注意动作本身要正确，速度要适中，应多次重复复杂过程或关键环节，整体示范与分解示范相结合，并结合语言讲解，明确要领，应该怎么做，为什么要这样做，不应该做什么，引导学生理解。此外，教师要将学生在模仿时的错误动作及时纠正，并在集体指导的同时加强个别辅导。

3. 实际操作

实际操作即学生将个别动作通过反复练习、联系、协调、完善起来，并达到自动化阶段。再接上例，进入本阶段，并应让学生演习或操作，教师在旁观察和指正不足，及时表扬和鼓励，让学生每个环节反复操作，理解重点内容，使学生能够准确完成几个关键动作，直到他们能够正确掌握基本动作为止。通过反复练习，学生的速度及准确性会不断提高。本阶段以学生行为为主，学生反复练习，其动作之间相互干扰减少，紧张程度减弱，多余动作消失，意识参与减少到最低限度，注意范围扩大，发现错误的能力增强。教学中不但要强调练习的量，更重要的是强调巧练，引导学生思考。所谓熟能生巧，由巧而精，教师扮演着画龙点睛的角色。本阶段是技能教学的关键环节，通过练习协调形成正确和迅速的行为及思维方式是技能形成的重要标志。

4. 事后评估

没有考核就没有动力，学生的惰性会慢慢显露，刚开始形成的新鲜感会随着时间的推移而降低，所以制定考核目标就显得非常重要。还是接上例，完成一个西式铺床所需时间为3分钟，以此作为考核准点让学生朝着目标前进。在教学实践中，笔者常常采用笔者和学生、学生之间、小组之间比赛的方式来进一步激发学生的练习热情。此外，学校可以采用一些其他方式来督促教师强调技能的训练也是很关键的，比如技能运动会，让学生和教师都有一个目标，学生可以有一个展示的舞台，让他们感受到自己的成绩，因而进一步激发更多的学习热情，所以这个阶段是相当重要的。

围绕中等职业教育的培养目标，我们认为只有进一步加强技能训练，才能使职业学校旅游专业的学生在未来的竞争市场上拥有立足之地，而要达到这个目标的重要举措是加强技能训练，通过强化训练让学生形成职业习惯，养成良好的职业素养。有了良好的职业素养，才会有进一步发展的可能性，所以应该以技能训练和职业素养并重的策略来实施教学。

参考文献：

[1] 邵瑞珍. 教育心理学. 上海：上海教育出版社，1996.

[2] 范运铭主编. 客房服务与管理. 北京：高等教育出版社，1998.

[3]邹金宏主编.现代饭店餐饮服务与培训.广州:广东旅游出版社,1998.

[4]www.google.com.

中职学校有待加强"双师型"教师的培养

四川省荣县职教中心 杨晓凌

摘 要：以中职学校"双师型"教师的含义的理解，以及中职学校"双师型"教师的现状了解，从而加强中职学校"双师型"教师的培养。

关键词：中职教育 "双师型"教师 学校重视 教师培养

中职教育在我国已经有二十几年的历史了，它是高中教育的重要组成部分，承担着培养较高素质劳动力及具有实际动手能力的技能型人才的任务，因此发展职业教育，提升职业教育办学水平，成为国家的重要战略举措。教育部部长在全国职业教育工作会议上指出："提高职业教育质量的关键在于切实加强技能性和实践性"，"要建立一支能够适应职业学校以就业为导向、强化技能性和实践性教学要求的教师队伍。"然而目前，相当多的中职学校的教师对技能性的知识知之甚少，大多是存在理论上的教学，并且多数还是文化课教师"转行"的。因此，中职学校很有必要加强"双师型"教师的培养。

一、什么是"双师型"教师

通过查阅文献资料得知："双师型"教师这一名词第一次出现在1990年12月5日《中国教育报》第3版刊登的由上海冶金专科学校王义澄教师的《建设"双师型"专科教师队伍》中；其后原国家教委在《关于开展建设示范性职业大学工作的通知》

(教职〔1995〕15号）文件中第一次明确了"双师型"教师的定义；1998年在《面向21世纪深化职业教育教学的意见》中将"双师型"教师队伍确定为我国职业教育教师队伍建设的目标；到20世纪90年代，"双师型"教师的概念广泛被我国职业教育领域所采用。目前学术界对"双师型"教师概念的界定主要有"双师即双证"、"讲师加工程师"、"双师型教师是指学校整体的评价，而不是教师个体"等观点。

其实，"双师型"教师就是指具有教师的学识和资历，具备较好的教学能力与素质，同时又具有专业技术实践操作能力与职业素质，既能传授专业知识又能指导实践操作的教育工作者。"双师型"涵盖的能力与素质还应包括行业职业道德、行业职业素质、组织管理能力、协调交往能力以及革新创造能力等等。

二、当前"双师型"教师的情况

从当前笔者所知道的中职学校师资队伍的来源来看，专业教师主要来自普通高校有教师资格证的毕业生、职业技术院校的毕业生或由文化课教师经过短期培训而来的教师。尽管中职学校的教育目标是培养具有实际动手能力和职业能力的技能型人才，但在教学中存在重理论轻实践、重知识轻能力的现象。

目前相当一部分中职学校是由初中或普通高中改建而来的，故大部分专业课教师由文化课教师转行而来，并且对这部分教师的专业课培训力度不够，存在难以真正胜任实训操作课的现象。教育部还提出，到2010年我国职业教育学校"双师型"教师占专任教师总数的比例不少于60%的目标，从这情况看来还相差甚远。就拿我校来说吧，我校获得职业资格证书的教师比例只有10%左右，正好达到本市的平均水平。大家知道，职业教育是为地方经济发展服务的，中职学校的专业设置理应为市场需求而调整，从而存在专业课教师为适应这种调整而快速调整自我专业知识和技能的现象。

三、中职学校加强"双师型"教师培养的策略

(一) 充分利用好国家政策和法规,确保"双师型"教师的培养

"双师型"教师队伍必须依靠国家政策的扶持。目前,从中央到地方每年都有职教教师的培训计划和人数,每所中职学校应根据自己学校专业积极派送相应的教师去培训,加强理论及实践,使得自己学校的"双师型"教师队伍稳步发展。同时,教育司每年要有派送去职教发展较好的国家学习的名额,学校领导也应积极争取,让一线教师出国学习先进的理念。

从国外的职业教育对教师的要求来看,职业专业教师取得技能等级证书和职业资格证书是保证教师专业素质的一项非常有效的措施,因此我国必须完善中职学校教师资格制度。中等职业学校教师资格证的获取,不仅需要教师资格证,还需具有相应的专业技术资格证书。在专业技能证书的获取上,也应重视能力的把关,让证书和实际能力相等,而并非为拿证而拿证,这才能真正保障"双师型"教师的质量。对于中职学校来说,评定职称的时候也应体现——在同等条件下对"双师型"教师有优先权,这样教师自己才会加强学习,对提高"双师型"教师队伍数量和质量都有一定的帮助。

(二) 建立和完善"双师型"教师的培训基地

近年来,国家重视职教,故对职业教育师资的培养加强了力度,依托普通高校及职业技术院校还有国家级重点中职学校,建立了"双师型"教师培训基地,这自然是培养"双师型"教师队伍的有效途径。利用高等院校和职业技术学院的教育资源,对职业教育专业课教师进行理论知识的加强、操作技能的实训、教学技能的培训,形成规模化的实训所,不仅提升了中职学校专业教师的专业技能和实践教学能力,同时缓解了各地教育资源缺乏

的矛盾,并且减少了国家对建设低小规模实训基地的投入。这在一定程度上充分利用了教育资源,形成了教育合力,提高了高校的办学效益,发挥了高等院校的教育资源服务社会的功能。但是,有些培训基地还没充分利用好自身的优势,有些方面还流于形式,还有待进一步的完善。

(三)高等院校培养中职学校"双师型"教师的作用

各高等院校专业多,覆盖广,优势突出,故依托高等院校和职业技术院校对中职师资的培养是很重要的一个途径。这些承担培训的高等院校和职业技术院校在人才培养模式上积极探索,不仅将学校教育和专业技能培训有机地结合起来,还将专业知识与实际操作结合起来,把教学能力和教学素养有效地传授给所受培训的教师,培养出一批批满足当前中等职业教育需要的师资队伍,从而在源头上把握了"双师型"教师的素质。

(四)充分利用好"继续教育"

每一学期每位教师都要参加继续教育。但多数地区都是所有教师——小学到高中的教师一起参加,没区别对待,完全流于形式。上级组织部门应当对职业学校的继续教育有所不同,应不同于普通高中,在相应的职业专业模拟室、实训基地或实际的工作场所中进行,让职业学校的教师有学习专业实践并得以提高的机会,从而使继续教育真正落到实处,真正让专业教学教师学有所获。

(五)学校要积极从企业引进兼职教师

我们中职学校办学的思想是以"服务为宗旨,以就业为导向"。"学校可以按照教师职务任职资格,招聘社会上的专业技术人员、能工巧匠来学校担任兼职教师,增加'双师型'教师的比例。"目前,办学有突出成效的学校都聘请了有实际经验的兼职专业教师。因此,从企业单位聘请有丰富实践经验的高级技师、技术能手及工程师来承担实训课的教学,也是充实"双师型"教师队伍的有效途径。

（六）校领导要重视"双师型"教师，要有正确的评价体系

作为中职学校的领导应加大和完善对"双师型"教师的评价，并制定相应的奖励和约束机制，鼓励教师在已有的理论基础知识上，进一步加强专业技能的学习；对已经成功转行的文化课专业教师，在职称晋升晋级、评先评优、进修轮训、业务能力考核上都应优先考虑，适当向他们倾斜。这样更能引导还没转行的教师，从而使他们积极向"双师型"教师的方向发展。同时，校领导应多鼓励教师对专业理论及实训操作的进修，并且为他们创造机会到相关企业进行专业实践，有计划地多让教师参加各种专业性培训。选拔学科带头人、骨干教师进行重点培训，然后在本校园内进行"一帮一"的模式，从而提升"双师型"教师的实际操作能力。建立和健全"双师型"教师的评价体系，是建设"双师型"教师队伍的根本保障，同时也是提高教师工作积极性的有力武器。

在国家重视职教的当今，建设一支稳定的高素质"双师型"教师队伍，是提高中等职业教育教学的重要保证。中职学校培养更多更优秀的"双师型"教师势在必行，要积极探索有效途径，办出自己的特色，办出高水准的技能型人才，从而提高市场的竞争力。只有这样，才能提高职校的教育水平，让家长放心，让学生自愿来就读，让社会满意。

浅谈中职导游专业学生历史知识能力的培养

江苏省苏州市吴中区旅游职业学校 严小蓉

摘 要： 历史知识在导游员的整个知识结构中处在很重要的地位，培养中职导游专业学生的历史知识能力，就要改革传统的历史教学方法，更新教学内容，与本地历史文化相联系，加强地方史教学。

关键词： 中职导游专业 历史知识 能力培养

有人说，导游是将历史和山水结合在一起的职业。"祖国江山美不美，全靠导游一张嘴"，导游人员就是要"上知天文，下晓地理"，这就是对导游人员综合素质能力的要求。而且，导游人员的培养主要立足发展本地旅游事业服务的，历史知识在导游员的整个知识结构中处在很重要的地位，这就要求在中职导游教学中应突出对历史知识的了解。在正常教学安排里，历史是通过导游基础知识课涉及的，一般没有系统的教学安排，历史通史教学似乎又没有必要。但是，作为一名中职导游专业的学生，必须加强这方面的学习。因此，在传授历史基础知识的同时，培养中职导游专业学生学习和运用历史知识的各种能力，这是历史教学任务之一，更是中职导游讲解需要的重要能力。

一、培养中职导游专业学生历史知识能力所面临的问题

第一，全国导游人员资格考试对导游人员历史知识能力的要求,主要体现在笔试导游基础知识科目和现场模拟导游测试中。导游基础知识是从事导游职业应该具备的基本知识,着眼于导游职业能力的准入测试,内容比较广。对导游人员知识的要求主要体现在以下几个方面:

一是涵盖的知识面广。要求熟悉和掌握的历史文化内容体系主要包括了中国历史发展概况、史书体裁及代表作品、四书五经与科举制度、古代不同时代突出的文学成就及著名人物的代表作、古代著名医药学成就及杰出人物等,可见内容广、知识点多。

二是与实际联系紧密。历史涉及的内容都是和旅游景点直接或间接相关的知识,出现的形式通常以某个旅游点作为载体。因此,对这种知识的了解和掌握不能离开旅游景点孤立地去死记硬背。

第二,《导游基础知识》教材上的"中国历史概述"只有十几页的内容,却涵盖了中国五千年的历史知识,目前在校的导游专业中职学生,据笔者不完全的统计,绝大部分在初中时已学过基本的历史知识,如果还是像初中历史课一样去上一遍的话,就会看到这样的情景:讲坛上,教师口若悬河;讲坛下,学生死气沉沉。为什么会出现这种情况呢?因为学生已经对此缺乏兴趣。如何改变这种死气沉沉的课堂气氛,激发学生的学习兴趣,提高学习积极性,变被动学习为主动学习,创造一种活跃的课堂气氛,提高教学效果呢?那就要来谈一谈中职导游专业学生历史知识能力的培养问题了。

二、改革传统的教学方法,更新教学内容,融入导游技能

根据导游工作的特点及其旅游活动过程中所体现的文化内涵,决定了导游人员不仅应具备娴熟的导游业务技能,还需要有扎实的历史知识基础,导游人员需要很广的知识面,古今中外的

历史都需要涉猎。无论是进行景点讲解，还是解答游客提问，都需要导游人员运用自身所掌握的知识和智慧来应对，这使得历史的内容特别庞杂。针对这种情况，笔者在讲述《导游基础知识》教材中"中国历史概述"的时候，进行了一些尝试，目的有两点，一是把学生培养成为"杂家"；二是把学生培养成为某方面的"专家"。具体措施有：

（一）创设情境，让学生一直沉浸在现场导游中

要让学生在学习历史知识的同时，还必须增加导游技能，这是中职导游专业学生在历史课上必须学到的。因此，让学生在上课时有现场导游感，这也是笔者一直追求的。例如在上课开始时，我就会以导游讲解的方式导入，"各位同学，下午好！欢迎大家乘坐某某号宇宙飞船（基本以班级命名）随我一起穿越时空隧道，现在，我们已来到了距今某某年前的某某时候……"结束的时候，会这样说："各位同学，今天我们的时空之旅告一段落了，相信大家已经满载而归了，明天，我们还将会继续我们的时空之旅，感谢大家一路的陪伴。"等等。譬如说，在讲我国境内最原始的人类元谋人、蓝田人、山顶洞人和北京人这四种人的时候，我设置了这样一个情境，让四个同学分别来扮演这四种人，并导游讲解自己所扮演的这种人的与众不同之处，结果学生讲解及表演得形象生动，整整一节课始终是充满着掌声和欢笑，就连课后相当长的时间里，学生仍然还沉浸在刚才表演时的亢奋之中，大大激发了学生的好奇心和表现欲，自然这四种人的特征，也牢记在心了。

（二）巧用影像资料，培养导游讲解技能

历史是过去的现实，历史最大的特点是不能重复，学生学习历史的主要工具是教科书，而教科书主要借助文字叙述来传播历史。对于一个导游专业的学生来说，除了书本上的知识以外，还要对历史事件、历史人物以及野史有更多的了解。因此，笔者经

常会播放一些历史片段及动画片来给学生看,激发他们学习的兴趣,并培养他们组织和讲解的能力。例如在上课的时候,我经常会播放动画片《上下五千年》来辅助教学,学生都喜欢看,在看的同时,让他们记下一些关键的词语,看完后,根据自己所记的内容,分组讨论,组织导游词,进行导游讲解。记得在讲"春秋五霸"的时候,大家对宋襄公不是很了解,让他们看了动画片《愚蠢的襄公》,所有的同学都了解了宋襄公,并对他的愚蠢讲解得头头是道呢。

(三)图片的运用,培养学生的导游综合能力

美国图论学者哈拉里有句名言:"千言万语不及一张图。"其用意在于强调形象化的重要性。历史图片是史实某一瞬间的再现,它以具体形象,给学生形成历史观念,并能激发学习兴趣,增强记忆,是一种特殊的信息形式。通过历史图片,有助于培养学生观察、分析能力,组织、编写导游词能力和导游讲解能力。况且对于一个合格的导游来说,就要求做到见人说人,见物说物。例如,在讲到春秋五霸中的晋文公的时候,笔者就先给出了四幅图,分别是:重耳流亡、楚成王的礼待、晋军"退避三舍"和晋文公终成霸主。让学生根据四幅画的内容,分组组织,编写导游词,并进行导游讲解。学生根据自己的理解,很好地讲解了这四幅画,而且有些内容讲得让人意想不到,这不仅提高了他们学习的兴趣,也大大提高了他们学习的参与性和主动性。

(四)在讲解历史人物和事件时,穿插导游才艺的培养

对于一个导游员来说,在旅途中,除了讲解以外,调节旅游者的情绪,让旅游者一直保持一种轻松愉快的心情是非常重要的。所以,导游员需要有一定的才艺表演。当然,才艺有很多种,笔者在讲解历史人物和事件时,经常会适当穿插一些其他情节,能很好地调动学生学习的兴趣。例如,在讲三国时,我就会

让学生猜一个谜语,"孙刘联盟",打俩歌手名,答案是孙悦、刘欢;在讲大禹和关羽时,我就会让学生猜脑筋急转弯,问题是:"大禹为什么三过家门而不入?""关羽为什么比刘备、张飞先死?"答案一个是没带钥匙,另一个是红颜薄命。当然,还可以让学生来参与表演,譬如说唱与历史有关的歌等等。这样,让学生觉得学历史根本就不是一件枯燥无味的事情。

(五)进行历史知识竞赛、历史小故事导游讲解比赛

鼓励学生在掌握课堂知识的同时,加强课外阅读,扩充知识面,使学生养成自学的习惯。并且在全校导游班中不定期地进行历史知识竞赛、历史小故事导游讲解比赛,考察历史知识及导游讲解能力,以促进学生学习历史的兴趣。

三、与本地历史文化联系,加强地方史教学

(一)加强地方史教学,提高中职导游专业学生学习历史的兴趣

地方史所涉及的内容,是和学生生长和生活着的地区紧密相关的。我们知道,学生所具有的社会知识,包括历史知识,有很多是来源于社会,来源于他们所生活的周围环境。学生最为熟悉的社会环境,就是家乡,他们对于有关故乡的历史故事、历史人物、古老传说、风俗习惯以至山水草木等等,都有着特殊的、深厚的情感。学习家乡的历史,了解自己生活的地区,是作导游讲解的需要。例如,在讲授春秋战国历史时,笔者就会布置这样一个情境,今天你带团从木渎出发,途经胥口,目的地是蒋墩(大多数同学上学的必经之路),请作沿途的导游讲解。学生可以利用各种途径去查找他们所要讲解的资料,在查找和讲解的过程中,学生已感受到,就在我们生活的地方,在我们经常走过的街巷,历史上曾发生过轰轰烈烈的事,有吴王夫差和西施的故事及留下的遗址,有伍子胥的故事,有孙武练兵及书写孙子兵法的

故事,还有香山匠人蒯祥的故事等等。得到了历史的感受,学生对学习内容有了更浓厚的兴趣,就能大大提高学习的注意力和主动性,使教学能得以更加顺利地进行。

(二)加强地方史教学,拓展中职导游专业学生的各种能力

地方史教学可以为发展学生的能力提供良好的条件,只要教师有意识、有计划地充分利用这样的条件,是能够使学生在各个方面的能力得到发展的。例如,在教学过程中,笔者经常会运用吴中地方史料,对蒯祥墓、香山、穹窿山、木渎等地进行具体而形象的讲述,这样可以增强学生的历史自豪感,培养学生的想象力,也无形中使学生在导游词编写中有了历史的素材。同时,由于地方史教学能够引起学生的学习兴趣和注意力及其教学形式的灵活多样,因而有助于学生记忆力的培养和训练。特别是通过组织学生对本地区出现的历史事件和历史人物的收集、参观、讨论和导游讲解等活动,更有利于学生自学能力的培养,锻炼其分析问题的能力和理解问题的能力,促进其语言和文字表达能力的发展,尤其是讲解能力的提高。

当然,在中职导游专业学生的历史教学中,要让学生真正做到自觉、自愿地去学习历史知识,让历史知识为自己的专业服务,方法和途径是多样的,这就要求我们教师不断提高自身的专业素养、人格素质,熟练运用现代教学工具,把它和传统的教学方法有机地糅合起来,不断追求教学方式灵活化,教学目标最大化,教学负担最小化,从而让学生丢开包袱、无忧无虑、兴趣盎然地徜徉在历史知识的海洋中,不断完善自我、改进自我,使自己的专业技能在潜移默化中能得到更大的提高。

参考文献:

[1]王芳,章柏平,张晓玲. 导游基础、课程网络化的思考. 中国校外研究,2008(1).

[2]贺萍.对"导游基础知识"课程教学的几点体会.企业家天地(理论版),2007(6).

[3]陈丽红.导游专业应加强地方史教学.科技博览,2009(1).

结合"任务引领"要求在旅游地理教学中尝试"对话教学"模式

上海市徐汇职业高级中学 徐 鹰

摘 要：对话教学模式是指以师生平等关系为基础，在教师的引导下，通过师生对话、生生对话、师生与文本对话和自我对话等形式，完成知识在师生间的转换和迁移，培养学生理解并重构学科知识的能力，从而实现教学目标。本文针对中职学校旅游专业学生职业生涯发展的需求，以"任务引领型"的课程理念为指导，尝试在中文导游专业"旅游地理"学科教学中运用以对话教学为主要模式，使学生在自主、合作、探究的对话中提高职业能力，获得主体性发展，提高课堂教学的趣味性和有效性，促进师生间的和谐交往。

本文从现实意义、理论基础、对话教学模式的操作策略与成效、反思等四个方面谈一些自己的看法。

关键词：对话教学 对话教学模式 任务引领 民俗风情 反思

一、在中职学校"旅游地理"教学中运用对话教学模式的现实意义

（一）上海市中等职业教育深化课改行动计划中"任务引领"的要求

深化课改行动计划指出，专业教学标准开发要以就业为导向、以能力为本位、以岗位需要和职业标准为依据，按照实际工

作任务、工作过程和工作情境组织课程,形成"任务引领型"的课程理念。在教学中,以"工作任务"引领知识、技能和态度,让学生在完成工作任务的过程中学习相关知识,发展综合职业能力。"旅游地理"是一门以知识性为主的旅游专业基础课程,教师要突破传统认识,在课堂教学中引导学生化知识为职业能力,并在能力中重构知识,对话教学模式的运用不失为行之有效的方法。

(二) 中职学校学生职业生涯发展的需求

目前,上海市的旅游业处于一个全面蓬勃发展的时期,中职学校旅游专业培养的是操作型、事务型、基础管理型的旅游类专门化人才。学生经过在校两年的专业学习,大多将从学校直接走向社会、走向岗位。在这种转换中,良好的职业道德和过硬的职业能力将成为就业的"敲门砖",然而,因为平时缺乏良好的沟通与合作的训练途径,许多学生往往会在工作初期出现明显的不适应。因此,在"任务引领"的要求下,除了引导学生重构必要的知识体系,提高学生的交往能力、沟通能力、组织能力、思辨能力和语言表达能力,以适应岗位的需要和职业的标准显得尤为重要。笔者通过比较多种教学模式,认为对话教学模式非常符合当前中职学校旅游专业学生职业生涯发展的需求,故作探索尝试。

二、在中职学校旅游地理教学中应用对话教学模式的理论基础

(一) 对话教学模式的含义

对话教学模式是指以师生平等关系为基础,在教师的引导下,通过师生对话、生生对话、师生与文本对话和自我对话等形式,完成知识在师生间的转换和迁移,培养学生理解并重构学科知识的能力,从而实现教学目标。克林伯格说过:"在所有的教学中都进行着广义的对话,不管哪一种教学方式占支配地位,相互作用的对话都是优秀教学的一种本质性标识。"通过对话教学模式,既能使教学从知识的传授走向知识的建构,又能使师生双方各自向对方的精神敞开和彼此接纳,实现真正意义上视界的融洽、精神的相遇、理性的碰撞和情感的交流,并建立起民主、平等、和谐的师生关系。

(二) 心理学的理论支持

美国的建构主义心理学是对话教学的理论基础之一。研究表明:教学是一个学生主动建构知识的过程。学生在学习新知识时头脑并非白板一块,他们在日常生活中已经形成一定的经验……

在"旅游地理"教学中,许多知识的生成,既可来自学生在生活中已取得的经验,又可以通过学习和生活去体验。例如名山、胜水、园林、寺庙、饮食、节日等内容,实用性较强,而建构主义心理学的理论恰好为教师运用对话教学模式提供了必要的理论基础。

三、对话教学模式的操作策略与成效

"旅游地理"着重介绍了我国各主要旅游地区和世界各主要旅游国家的旅游资源概况,包括地理要素、旅游景点,以及文化艺术、民俗风情、宗教信仰等知识。经过实践,笔者发现对话教学模式较适用于民俗风情部分。下面以教材中部分旅游地区的民俗风情为例,运用对话教学模式进行操作流程设计。

(一) 操作流程

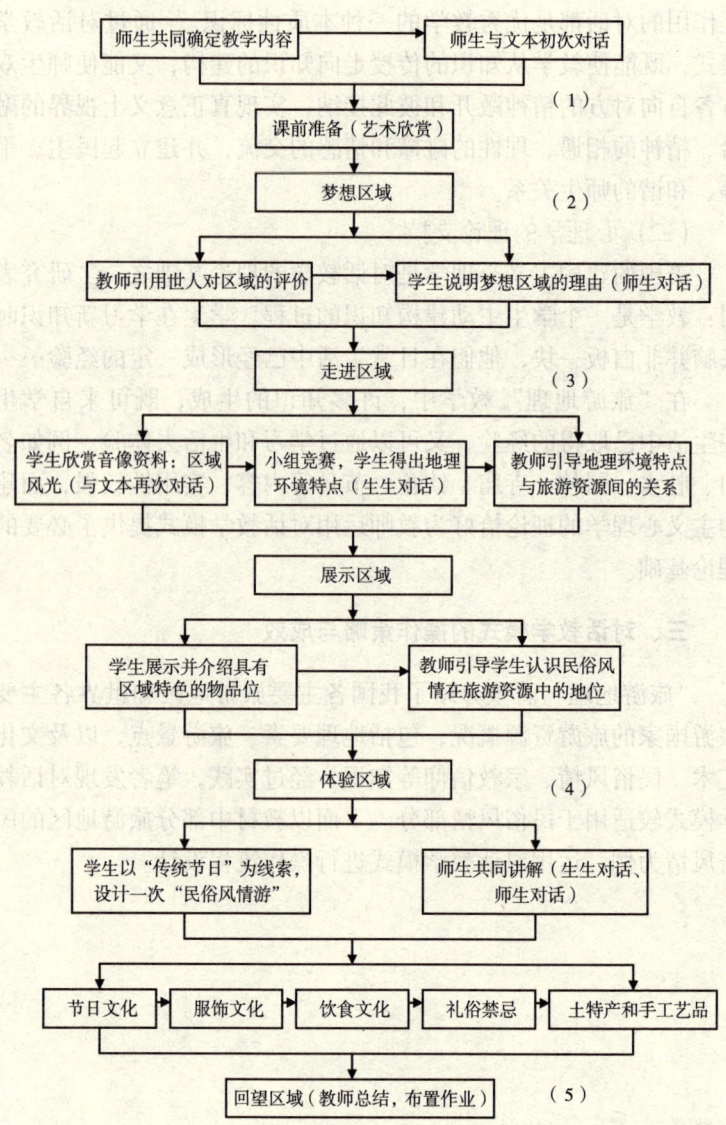

（二）操作策略

下面以中职学校《旅游地理》教材中的"青藏旅游区"为例，运用对话教学模式进行教学设计。

1. 选择内容

对话教学模式既可以是整章节内容教学的选择，也可以穿插在部分教学内容中，并起到出其不意的教学效果。例如，在讲"青藏旅游区"这一节的主要游览胜地前，通过与学生的课前对话，发现学生对于西藏的民俗风情有一定的生活经验，有着对话的基础，于是选择教材的一部分内容，以"走进西藏——民俗风情篇"为课题，摸索运用对话教学模式进行教学，受到了学生的欢迎。此外，随着中职校校本教材的不断开发，为教学内容的选择提供了更为广阔的天地。

2. 确定目标

《旅游地理》教材的对话教学模式目标包括：知识目标、职业能力目标、态度目标。在制定目标前应完成以下工作：

结合教学内容和学生实际认知水平，教师要了解哪些内容是学生可能或已经掌握的知识与经验？学生对于教材内容的"兴趣点"在哪里？哪些内容是可以通过"对话"机制激活的？哪些是"工作任务"中要求学生应该具备的职业能力？通过分析，笔者设计出本节课的教学目标：

（1）知识目标：

知道西藏自然地理环境的特点。

懂得西藏民俗风情的知识。

（2）职业能力目标：

会欣赏、展示、分析和归纳西藏民俗风情。

能用口语介绍西藏民俗风情的某一方面。

会在导游讲解等相关课程中运用所学的知识。

（3）态度目标：

激发自主探究、合作学习的热情。

提升人际交往等方面的综合能力。

教学重点：西藏的民俗风情。

教学难点：对话活动与知识学习的兼顾。

3. 建立对话机制

根据已确定的教学内容和教学目标，按照设想的教学流程，选择恰当的对话形式，建立起完整的对话机制（即教学步骤），从而完成整个对话教学流程的设计。为实现这个环节，除了要设计好操作流程，教师还应掌握好以下三个方面的策略：

（1）以教师为主导，适时组织学生介入教学内容和对话机制的讨论，尽可能地满足不同层次学生的知识构成和实际需求。通过对话可以发现，由于性别、兴趣爱好、学习能力等方面存在差异，导致学生在内容的选择上各有特色：男生对宗教、礼俗禁忌等表现出浓厚的兴趣，而女生则对服饰、手工艺品等情有独钟，这为课堂教学内容的编排和对话的进行提供了有价值的信息。

（2）在内容选择的基础上，教师指导学生分好工作小组，学生开始分工协作，通过网络、报刊、书籍、旅游音像制品、旅游纪念物等途径搜集"对话"所需的文本，完成与文本的初次"对话"。

（3）根据课堂对话教学的整个流程以及学生的准备情况，教师要预见学生知识重构以及能力培养可能出现的难点，为课堂对话作好准备。

4. 实施课堂对话教学

要注重把师生平等关系内化到课堂教学的整个过程中，尝试与学生共同布置教室环境，以营造良好的课堂对话氛围。

（1）课前准备（初步对话）。

在上一节课中，根据教材内容和学生兴趣，教师简要介绍西藏自然和人文概况，初步呈现雪域高原的神秘氛围。经过师生对话，大致确定各组的工作任务。然后，每组学生按照既定工作任务，通过各种途径收集对话的素材，利用课余时间，相互交流，共同整理，以此提升团队协作精神。根据课后问卷调查，100%的学生参与到这个环节中。

（2）新课引入（开始过程对话）。

经过课前与文本对话，学生已能初步确立体现西藏特征的几个关键词：高原、喇嘛教、哈达、牦牛等，教师配合课前的藏乐欣赏和教室氛围营造，从列举世人对西藏的印象引入，用问题引发讨论："我的西藏梦想是什么？"在此基础上，需要提示学生，这些印象反映了西藏地区的什么特点？结合讨论，学生从"梦想西藏"环节开始相互重构知识，为随后课堂教学的展开定下基调。

（3）区域自然地理特征解读。

西藏自然地理特征与旅游资源特色之间的关系，是学生知识重构中出现的一个难点。教师可以依次展示雪域高原的——"世界第三极"、青藏铁路、雅鲁藏布江等风光图或者播放录像，通过与文本再次对话，组织小组竞赛，回答问题，学生利用已有的知识，80%可以通过此关。教师在总结西藏自然地理环境特点的基础上，帮助学生一起得出西藏独特的地理环境造就了独一无二的雪域风光和人文景观，进而形成了神秘、古朴、纯净、雄浑的氛围和多姿多彩的民俗风情。

（4）教学难点处理。

民俗风情是相对比较抽象的内容。考虑到本堂课的授课班级是中文导游专业的学生，根据工作任务和职业能力的要求，教师既要帮助学生掌握必要的民俗风情知识，同时还要注意培养学生口语表达的能力。因此，在展示西藏和体验西藏这两个教学环节中，将对话教学穿插在旅游式教学法中，以"藏历新年"为线索，设计开展一次"民俗游"的活动。由教师引领学生进入一个个情境,通过展示具有西藏特色的物品,以及对藏族节日、服饰、饮食、礼俗禁忌、手工艺品和土特产等方面的模拟导游,让学生充分对话,互相点评。实践的结果是:通过对话,学生在讲解和点评中既逐步建构了新知识,又提升了口语表达能力,并初步实现了"任务引领"的目标。实践证明,创设情境、师生对话、生生对话是处理教学难点的有效方法。

(5)教师总结(深度对话)。

以"回望西藏"为主题,教师总结:"西藏以其无比的神秘、古朴、纯净和雄浑成为地球上高原地带中一个不小的神话。我相信,在与高原的对话中,一种充满活力的民俗风情已经让我们挥之不去,那么,现在就让我们遥望珠穆朗玛,双手合十,祝福西藏的明天会更好!"最后,布置学生作业:游览了神秘的高原沃土,体验了丰富的藏族风情,你有哪些收获?从而进一步培养学生综合学习能力。

(三)操作成效

完成"旅游地理"课堂教学内容后,教师应注重课堂教学执行情况的信息汇总。可以通过教学模式对比(附表)、课堂教学评价、问卷调查、学生日常人际交往能力的跟踪等途径对教学成效进行综合评估。此外,目前职业生涯展示课在我校各专业中已经普遍开设,这为学生实地学习创造了很好的条件,而实地学习同样也是检测成果的一个重要手段。(下面以本节课为例)

对话模式与讲授模式课堂教学执行情况汇总(每班20名)

	参与课前准备	进行师生对话	参与生生对话	提出学习质疑	通过知识测试	通过能力考核
对话模式	100%	70%	80%	4名	90%	70%
讲授模式	30%	20%	0%	1名	70%	40%

四、关于对话教学模式应用的反思

通过对话教学模式的教学实践,笔者作如下反思:

第一,"任务引领型"课程强调以工作任务为中心选择和组织教学内容。"旅游地理"虽然主要是一门知识性的课程,但是只要选取合适的教学内容,通过对话教学模式的运用,就能够较理想的完成以"工作任务"引领知识、能力和态度,让学生在完成工作任务的过程中学习相关知识,发展综合职业能力,并为本专业其他技能性课程学习打下良好的基础。

以本节课教学内容为例,通过对教学内容的分析,选取"民俗风情"作为任务引领的重点,把专业知识与口语训练结合起来,从反馈情况看,70%的学生潜能得到有效激发,90%的学生积极性在提高。当然,对话教学模式对教师也提出了更高的要求,除了要具备本学科的知识,还应注意知识与能力目标在专业课程间的互相渗透,特别是与礼貌礼节、旅游心理学、导游基础知识、导游讲解等学科的横向联系,这就需要教师向"双师型"或"一专多能"的方向不断拓展自己,否则,会导致学生学与用的脱节。

第二,在课堂教学中运用对话教学模式,应重视师生对话在精神上的平等性和生生对话的差异性。学生作为不成熟的对话者,面对文本,师生对话应在"对话在先、对话有方、对话更优"的教师点拨下,以平等的心态叩问文本;学生通过与教师的相遇而成长,教师通过与学生的对话而教育,从而达到经验共享。而生生之间的对话,教师首先要关注学生的差异性,通过采取不同的对话方式,适时鼓励专业基础薄弱或者学习积极性不高的学生,并帮助学生在团队活动中建立自信。

第三,从对话教学模式的实际运用来看,学生由搜集资料转为分析资料、由知识转为能力是学习相对薄弱的环节。针对这一状况,教师不妨利用一般中职学校课时安排中两节连上的优势,把第一节课设置为准备课,提供教学流程和对话思路,而学生则按小组对已有成果进行讨论和归纳,充分地挖掘对话素材,提前解决一些认知障碍,以便师生能从容地进入正式教学,从而提高教学效果。另外,考虑到此种教学模式对学生认知的要求比较高,因此在职校二年级运用比较适合。

北宋学者欧阳修言:"教学之法,本于人性,磨揉迁革,使趋于善。"顺应上海市中等职业教育深化课改行动计划中提出的"任务引领"的要求,在旅游地理教学中运用对话教学模式,是笔者在中文导游专业课堂教学中的一种尝试,尚需在实践中汲取营养,从而丰富、完善与构建课堂教学的"新秩序"。

参考文献:

[1]上海市中等职业教育课程教材改革办公室.上海市中等职业教育专业教学标准开发指导手册,2006-04.

[2]丁喜林.我国对话教学研究十年:回顾与反思,2006(4).

[3]丁家永.建构主义与教学心理学研究的新发展.南京师范大学报(社会科学版),2000(5).

以创新为导向,走多元化之路
——旅游概论课程教学模式探讨

安徽省黄山市中华职业学校 吴东霞

摘 要: 旅游概论是中职旅游专业基础理论课之一。本文从实际教学出发,阐述多媒体辅助、小组合作探究、案例分析、实地学习等多元化教学模式在旅游概论课程教学实践中的运用,并对如何创新专业理论课教学、优化教学过程进行探讨。

关键词: 旅游概论 教学模式 学生

旅游概论是中等职业学校旅游类专业的一门基础理论课程,它为初学旅游专业的学生勾勒出了旅游业的粗线条。作为旅游专业的入门课,旅游概论融知识性、实践性于一体,教学中强调的是对旅游学基本概念、基础知识的掌握,以及认识问题能力、创新能力和综合素质的培养。要使这一教学目标有效达成,就必须改变传统的"满堂灌"的教学方式,采取多元化教学模式,优化教学过程,激发学生的学习兴趣,提高教学质量和效率。针对我校学生实际情况,结合当前职业教育课程改革的取向,笔者在教学过程中进行了多元化教学模式的探索和实践。

一、多媒体辅助教学模式

多媒体辅助教学模式,就是指在教学过程中根据教学目标和教学对象的特点,通过教学设计,合理选择和运用幻灯、投影、录音、视频等多种电子媒体,以多种媒体信息作用于学生,形成合理的教学过程结构,以达到最优化的教学效果。

(一) 多种媒体相结合优化教学过程,增强直观性与趣味性

在旅游概论课程的理论教学中,根据学科特点和中职学生的认知水平,教师可以充分利用多媒体的多样性、趣味性、新颖性和艺术性等特点,设计制作多媒体课件,通过课件演示化抽象为形象,化繁为简,从而有效地突破教学难点,凸显教学重点,以达到预期的教学效果。如进行"旅游的属性"教学时,为了加深学生对旅游四大属性的理解和认识,笔者收集了相关的信息资料,将图片、表格、照片、新闻视频等一些直观性素材制作成教学课件,多角度剖析旅游的产生、发展与经济、文化等因素的关系,生动直观地诠释了旅游的本质属性,从而使抽象、深奥的理论在直观、形象的语言描绘和视觉感触中变得通俗易懂。

与传统教学模式相比,运用多媒体技术辅助教学,不仅可以加大课容量,提高教学效率,更重要的是投影、计算机、多媒体技术等现代媒介所包含的内容、信息可以超越时空与学生的思维空间,增强学习的趣味性,使学生乐学、爱学,达到事半功倍的教学效果。比如在进行"主题公园"教学时,笔者在课堂上播放国内外一些大型主题公园的 VCD 宣传片,并链接了深圳"欢乐谷"、杭州乐园、芜湖方特欢乐世界等知名主题公园的网站。教师是网游的解说员,与学生边游边议,课堂气氛热烈,学生兴致勃然。现代媒介超越时空的内容与信息,强化了教学内容对学生的感官刺激作用,充满趣味的互动提高了学生的学习兴趣,促进了对所学内容的理解和记忆。

(二) 前沿的信息拓展学生视野,适应时代要求

在课堂教学中,多媒体技术的使用还可以在一定程度上弥补旅游学科发展带来的教材内容编写滞后的问题。教师完全可以利用网络平台、影视资料等为学生介绍旅游学科的前沿知识,拓展学生视野,提高思想素质,以适应时代发展对从业者专业理论修

养的要求。比如在讲解"旅游资源的保护"这一章节时,笔者播放了以保护藏羚羊为主题的国产影片《可可西里》。影片中荒凉的高原、恶劣的生存环境、可怜的藏羚羊、英勇无私的巡山队员使学生受到了深深的震撼,这不仅仅是一场普通的电影,更是一次灵魂的洗礼。

二、小组合作探究教学模式

探究学习是从学科领域或现实社会生活中选择和确定研究课题,在教学中创设一种类似于学术研究的情境,通过学生独立自主地发现问题、调查、搜集与处理信息、表达与交流等探索活动,获得知识、技能、情感与态度的发展,自主构建知识体系的一种学习方式。小组合作学习则是指为完成共同任务的学生在小组或团体中有明确的责任分工的互助性学习。

(一)探究中展示个性思维,合作中共享情感体验

小组合作探究的教学模式能让学生在独立探索的基础上,彼此互通见解,展示个性思维方法与过程,在民主互动的和谐氛围中学习。从学生的成长过程来说是潜能的开发、内心的开放、个性的彰显和主体性的弘扬;从师生共同活动的角度来说,则是经验的共享、情感的体验与视界的融合。

比如学习"旅游业对自然环境的影响与作用"时,笔者预先把学生分成两组,一组收集"旅游业对自然环境的积极影响"的相关资料,另一组则收集"旅游业对自然环境的消极影响"的相关资料。指导学生以互联网为工具,搜索全国旅游重点城市及著名风景区旅游业发展过程中有关环境保护与破坏方面的信息资料,结合教材内容制作课件及讲稿。在课堂上,两组学生分别推选一名代表到讲台上演示课件并讲解,然后由教师进行点评并归纳总结,落实课堂教学目标。为了激发学生的学习热情和竞争意识,笔者还设置了评价环节,由教师和学生对各组的表现从知

识性、趣味性、互动性、团队精神等几个方面进行评比，并对表现优秀的小组予以奖励。

（二）注重过程与方法，培养学生学习能力

小组合作探究教学模式符合新课改理念，有利于实现"在教学中注重过程与方法，努力培养学生的自学能力和创新意识，教给学生终身受用的东西"的教学目标。在这一教学模式中，学生不是被动地接受外在信息，而是主动参与，根据已有的认知结构对现有问题进行研究，在研究过程中获得创新实践能力，获得思维发展。它不仅有利于培养学生的自主性和独立性，也有利于培养学生的协作和沟通能力，训练职业态度，提升专业素养。在合作探究的过程中，小组成员互相帮助，相互促进，共同进步，实现在集体教育中进行自我教育的目的，使教育教学效果最大化。

三、案例分析教学模式

案例分析教学模式，是通过对一个含有问题在内的具体情境的描述，引导学生对这些特殊情境进行分析讨论的一种教学模式。

（一）变注入式教学为开放式教学，锻炼学生的思维能力

与传统教学模式相比，它更强调学生在教学过程中的主体地位，而教师则是教学活动中的指导者和推动者。通常教师在课前把书面形式的案例报告交给学生自行阅读、研究，再在课堂上引导学生展开讨论。在这个舞台上，教师是导演，引导学生沿着分析案例中的基本事实—基本问题—基本理论的思路进行讨论，帮助他们理清思路，将讨论引向深入。而学生扮演的则是一个积极参与者的角色，课前必须仔细阅读教师编发的案例材料，在认真分析和思考的基础上形成自己的观点和看法，课堂上必须积极发言，表述自己的思考和结论，并与其他同学展开争辩。

案例分析教学模式改变了传统教学以本为本、以纲为纲、从概念到概念的注入式教学模式，使学生成为教学的主体。这是一种自主学习、合作学习、研究性学习、探索性学习的开放式教学模式，不仅有效解决了专业课教学中理论与实际相结合的问题，更重要的是锻炼了学生分析问题、解决问题的能力。

比如，在进行"旅游资源的开发与保护"这一内容的教学时，教师可以联系当地实际情况，选择正面或反面的典型案例，组织学生分析与讨论，引导学生理解旅游资源的开发原则，深入思考保护旅游资源的意义与措施。比如笔者在教学时选择了"屯溪老街的开发"、"黄山的生态文明建设"这两个案例，要求学生课前认真阅读文本并作一些拓展性的思考。屯溪老街于2009年被列入中国十大历史文化名街，有"活动着的清明上河图"之誉，是徽文化的重要展示平台。为更好地展示老街的独特魅力，让游客零距离体验它的文化特色，老街正在进行改造提升工程。目前，三条特色街改造已粗具规模，分别是以市井风情、民俗为主的古玩特色街，以茶吧、酒吧、书吧为主的休闲体验街，以旅店客栈、风味小吃为主的特色小吃街。

黄山是拥有世界自然与文化双遗产桂冠的名山，其生态文明建设成效卓著——全国首创的景点封闭轮休制度，在国内景区中被广泛学习和推行；"国宝"级景观迎客松实行特级护理，派专人二十四小时守护，得到联合国世遗组织官员的赞许；建设高山防火水网，使黄山风景区的森林防火实现了科技化和现代化，成为景区资源和生态保护的重要里程碑……

学生对于这些案例材料表现出浓厚的兴趣，不仅积极搜集相关材料，有的还去实地考察一番，课前分析与思考，课堂上谈看法、辩观点，思维活跃。

（二）发挥学生的主体性，培养创新能力

在案例分析教学中，教师首先要做的不是匆匆忙忙地找几个案例，而是先要明确理论课的教学目标，究竟要让学生掌握哪些基本理论，然后去选择能够说明这些原理、理论的典型案例。通过对这些典型案例的剖析思考、讨论总结，使抽象的理论变得具体、形象，易于学生理解、识记。

无论是"从例到理"还是"从理到例"，案例分析教学都十分重视学生主体性的发挥，重在激发学生不断提出问题，深化思维，培养其创新精神和解决实际问题的能力，而非仅仅获得那些固定的原理、规则。如在进行"旅游可持续发展"教学时，笔者选用了几个世界遗产保护方面的典型案例——"张家界拆不去的天梯"、"走过弯路的九寨沟终于回头"、"呵护独特的文化遗存——西递、宏村"、"敦煌莫高窟参观预约制"等，引导学生思考旅游可持续发展的意义，并就如何走可持续发展之路展开讨论，围绕案例内容畅谈想法与建议，从而使创新的见解活跃了课堂气氛，学生的智慧在旅游概论的学习探究中闪耀着光芒。

四、实地教学模式

实地教学模式是指根据一定的教学目标与任务，教师组织学生到相关企业或深入某种生活情境中，通过观察、听取讲解、调查或实际操作，获得必要的直接经验，或者使所学理论知识与实践相结合的一种教学模式。

（一）零距离接触企业，提高学生专业认知水平

实地学习突破了教室的限制，把课堂搬到了实际的工作环境或生活情境中。这种教学现场感强，学生身临其境印象会更加深刻，有利于学生联系实际理解课程内容。比如，在进行"旅游业的构成"教学时，组织学生实地参观旅行社、旅游饭店。参观前先进行必要的理论知识教学，使学生对这些旅游企业的组织结构、业务范围、类型等有一个初步的认识。到达实地后，通过观察、聆听介绍、座谈交流等形式使学生获得情感和思维的体

验,从而达到预期的教学效果。

这种教学模式创造了学生与未来从业的行业及工作人员零距离接触的机会,可以有效地提高学生的学习兴趣。初进职校的学生普遍存在着专业认识模糊、职业规划意识薄弱的问题,有一部分学生对选择旅游专业信心不足,学习积极性不高。通过实地学习,让学生走进行业,走近行家,了解职业特点和要求,可以激发他们的职业生涯意识,使其明确学习的目标和努力的方向,从而重视专业基础理论的学习和实践能力的培养。

(二)体验式学习,提高学生实际应用能力

将实地学习教学模式引进旅游概论课程的教学中,所提倡的是教师要将"授之以鱼"转变为"授之以渔",引导学生展开理性思考,创造性地提出问题并形成解决问题的基本思路。如在进行"旅游者对旅游区(点)的要求"教学时,组织学生以旅游者的身份游览景区,观察景区环境,感受各个岗位的服务,并做好必要的记录。游览结束后,让学生联系教材内容讨论景区环境与服务质量的优劣,对不足之处提出自己的看法和建议。这是一种体验式的学习,学生通过现场参观考察,获得经验和体验,然后对这些体验和感受进行反思,反思的过程实际上也就是运用已有知识分析和解决实际问题的过程。所以说,实地学习可以提高学生的实际应用能力和创新思维能力。

综上所述,不同的教学理论、教学目标、教学策略以及对师生活动的不同安排,构成不同的教学模式。在旅游概论课程教与学的过程中,要紧密联系学生个体的实际情况,不断创新教学模式,走多元化之路,以优化课堂教学,提高专业理论课的教学质量。

参考文献:

[1]柯丽丽.浅论中等职业学校教学模式的变革.内蒙古师

范大学学报(教育科学版),2005(6).

[2]廖春花.旅游专业案例教学法探析.考试周刊,2008(24).

[3]杨平平.合作与探究教学的有效性.广东教育(综合版),2008(3).

职业学校班级文化建设存在的问题及对策

广西壮族自治区广西银行学校 吴 瑶

摘 要：班级文化是班级的一种风尚、一种行为方式，它自觉或不自觉地融汇到班级全体学生的学习、工作、生活等各个方面，形成一种自觉的行为习惯，潜移默化地影响着他们的行为。本文观察、思考职业学校班级文化建设过程中存在的问题，并提出了较为实用的对策。

关键词：物质文化 制度文化 精神文化 建设目标 职业特色

一、班级文化的内涵

班级是方便学校组织教学而以制度形式存在的客体。一般而言，教师和学生不能决定自己在哪个班级生活，但是一旦一群人聚集到一起，他们就必然要以其意志、智慧以及所拥有的创造能力共同创造出一种群体文化，也就是班级文化。班级文化是指由班级全体成员为实现社会、学校的要求和自身目标，在教育、学习、生活等实践活动中创造形成的一切物质形态和精神财富。班级文化包括显性文化和隐性文化两个层面，由物质文化、制度文化和精神文化三部分组成。班级显性文化是指包括班级各种规章制度、宿舍环境、班级学习环境等在内的直观可视的部分，而隐性文化的核心内容是班级精神文化，包括班级的集体价值观、舆论导向、人际关系等等。

班级文化是班级的一种风尚、一种行为方式,它自觉或不自觉地融汇到班级全体学生的学习、工作、生活等各个方面,形成一种自觉的行为习惯,潜移默化地影响着他们的行为。俗话说:"近朱者赤,近墨者黑。"良好的班级文化氛围是学生向好的方面发展的潜在的教育力量。

中等职业学校学生的显著特点是学习基础差,积极性、自觉性不高,心理较敏感。因为中考失利或者家庭经济困难等原因进入到中职学校就读的学生,刚入校时有一种挫折感和自卑感,同时又想在新的校园里有所发展和收获。他们对新集体充满了好奇,也充满了期待。此时,一个朝气蓬勃、积极向上的班级集体会在很大程度上影响着他们。在班级文化的潜移默化下,他们的人生观、世界观和价值观会得到较大的改变和提升。塑造良好的班级文化对中等职业学校而言是一项很重要的工程,直接影响到学生的健康成长及校园文化氛围的形成。因此,关注班级文化建设是每一个教育者特别是每一个班主任的重要思考内容。

二、职业学校班级文化建设存在的问题

(一)重物质文化、制度文化,轻精神文化

班级的物质文化是班级文化中的浅表文化,是班级的外在形象。一个文明、整洁、优美的环境,无疑有利于学生的身心健康,学习氛围的营造。一个班级管理者最初入手的无非是:教室的卫生清洁、桌椅摆放、名人名言张贴、墙报等,职业学校学生一般是住宿生,因此还应着手抓宿舍的卫生和物品放置等。

制度文化主要是建立良好的班级公约和各项规章制度。班级公约根据校纪校规,根据班级的实际情况,制定和实施学习、纪律、卫生等方面的标准,并且辅以品德考核,对学生日常行为规范评价规范化、具体化和制度化。俗话说"不依规矩,不成方圆",班级公约是班主任和全体学生共同商讨约定的规则,并作为评选先进学生、评定操行优劣的主要标准，体现了班级管理的要求和风格。

物质文化和制度文化是班级文化的基础，这两方面的规定操作性比较强，可以用文字或行动来表达、传达，所以通常较容易培养和提高。但只有这两个方面是不够的，在整个班级文化塑造过程中，精神文化是班级文化中的深层文化，是班级文化的核心。精神文化是贯穿于教师课堂教学、学生求学、集体课外活动、日常生活中的隐性文化，它包含班级集体价值观、舆论导向、人际关系、情感文化、班级精神等，很难用具体的规定来表达，但又深刻而深远的影响着全体班级成员，不仅是在校时期的学习生活，还可能是学生离开校园后一辈子的职业生涯，甚至人生的走向。

遗憾的是，由于教学工作的繁忙和个人年龄、性格、追求目标的差异，很多教师对班级精神文化建设没有给予足够的重视，学生团结不团结不要紧，不打架就行；学生上进心强不强不要紧，考试及格就OK；学生有没有创造能力不要紧，能领到毕业证就万岁。中等职业学校的学生正处于青春发育旺盛的时期，正是奠造人生观、世界观和价值观最佳的阶段，错过了这三年，意味着学生的精神思想在沙漠中荒芜了三年，对学生未来长远的发展极为不利。

（二）班级文化建设缺乏目标

进入职业学校的学生在入校的第一天就会感到和初中的学习大不相同。由于没有高考的升学压力和成绩排名压力，教师在教学上对学生的学习风气、习惯要求比较放松，有的年轻老师本身性格自由散漫，所以对学生的要求也放得很低，有些甚至认为只要学生能顺利毕业，能找到工作，就完成了教育任务。在这种思想的影响下，教师也罢，学生也好，对自身未来的发展没有目标，班级建设也缺乏目标。人生没有目标就会感觉虚无，班级建设无目标则会失去方向。班级目标可以分为核心目标和近期目标。核心目标一般指的是班级文化建设的重点，如在构建和谐班级中提到的尊重、关爱、团结、互助等。近期目标其实就是在总的核心目标的指导下，开展一些具体活动所要达到的目的。

（三）班级文化建设缺乏职业特色

职业教育的文化内核就是教育文化与职业文化的结合。现在大部分职业学校的教师长期呆在校园内，很少有机会到企业去顶岗实习，所以不善于把企业文化、职业道德引进来对学生班级文化建设进行管理，使得学生对职业没有认同感。其实企业文化和班级文化有着异曲同工之妙。例如，中国工商银行"工于至诚，行以致远"的价值观涵盖了"诚信、人本、稳健、创新、卓越"五方面的基本价值取向；"诚"就是"忠诚、真挚、守信"，表明了对员工品行修养的标准，传达了对社会公众的庄严承诺；"远"就是"长久、高远、远大"，彰显出永不停息、创新超越的精神，昭示了力争成为行业典范的自我定位。它山之石，可以攻玉，班级文化建设也可以从中得到裨益。

三、对　策

（一）班级精神文化建设从隐性到显性

通过大量丰富多彩的集体活动来增加班级凝聚力，培养学生团结、积极、向上、健康的人生观和价值观。比如，班级歌咏比赛、插花比赛、手工比赛、烹饪比赛、球类比赛等。不管是以班级为单位的全校性比赛还是以小组或宿舍为单位的班级内部比赛，每次活动应要求学生多人配合完成，少设个人奖，多提倡团体奖。而且鼓励学生邀请教师参加，有利于师生感情的交流，也有利于教师以正面积极的人生观和价值观来影响、教育学生。另外，可以用制度的方式来提高精神文化建设的速度。比如，班级公约规定：班级成员如果有谁生病了，就会收到其他所有班级成员的短信问候，如"祝你早日康复"、"好好照顾自己"、"需要帮忙可随时 CALL 我"等。这个"温馨短信问候"制度的魅力在于简简单单的一个短信就可以使当事人特别感动，无形中增加了他（她）对这个班集体的情感归属，也使班级团结、关爱的精神感染了每一个人。

（二）确立班级文化建设目标是班主任工作的重中之重

目标的确定要根据学生思想行为实际和班级管理实际，针对存在的问题来设计，例如：如果班集体纪律较散，不妨把"学会自律"作为目标；如果班级卫生清洁很糟糕，就把"一室不扫，何以扫天下"定为目标。在班级各项工作稳步开展的前提下，可以考虑把加强班集体特色建设的某一个方面内容作为班级文化建设的核心目标来抓，如诚信。班级文化建设的目标要具体，忌泛泛空洞，否则无法实施，成效不大。目标的设计可以根据学生在校的每一个阶段来确定，入学之初，以适应新生活为目标；入学一个学期后，以奋斗、进取为主题；最后一个学期，可以考虑把毕业就业作为重点。

（三）有职业特色的班级文化更有力量

有很多学生进入职业中学时怀着一种无奈、自卑的想法，对自己要学习的专业也没有什么感情，他们之所以会来读中专往往是家长强迫的结果。对于这些学生，班级文化如果富有职业特色、富有吸引力，才能引起他们学习的兴趣和对未来职业的强烈期望。

班级文化建设应该如何显现职业特色呢？

第一，开动脑筋，针对班级的专业特色和自身追求的职业目标，酝酿出言简意赅的有特色的班训。比如，会计班可以"诚信做账，诚信为人"为班训，计算机班可以号称"信息时代，信息超人"，建议教师不要代替学生定班训，而是由全班学生集思广益，群策群力，极大地激发其想象力和创造力，选择最喜欢、最有代表性的警句训言。

　　第二，教室内部的环境布置，包括桌椅的摆放、墙面的布置都要融入专业特色。学生触景生情，因美生爱，提高凝聚力，培养热爱本专业的热情。现在大多数班级的内部环境都差不多，进入每一个教室并没有感觉太大差别（除了卫生清洁），也看不出专业特色。其实如果班主任能带领学生做个有心人，一切都会不一样。比如墙面上大家都会贴名人名言，无产阶级的伟人、科学家、政治家等人的名言固然不错，但笔者想，在会计班里，让学生把会计记账规则贴在墙上可能对学生更有督促作用。也可以组织学生到知名的优秀企业参观，然后把企业格言收集回来，永久留存在教室前方，当学生每次抬头看黑板，都会在记忆深处激荡出前进的动力。

　　第三，布置专业文化宣传栏。每个班级在学校的宣传栏里有一块自己的自留地，可以在里面宣传本专业的文化、知名企业的状况、本专业优秀人才的情况、本专业需要的素质等等情况，由学生自己组织、选择资料、自己布置。在这个过程中，学生的亲力亲为，极大地培养了学生对本专业的情感。

　　第四，班主任要擅长引导学生对职业与专业的了解，并为未来就业作出具体的准备。班主任最有力的宣传阵地是班会，每周至少一次的全班集会是班主任最好的机会。利用班会，班主任可以向学生介绍各行各业的工作要求、学生应具备的素质，也可以通过视频播放来展现本专业最新的发展趋势，还可以邀请相关企业的经理来做报告和介绍。

　　第五，要求学生学会思考并设计职业生涯。学校应有专业的职业指导师，对学生进行专业的职业指导培训，指导学生分析自身条件、确立职业目标，要求学生规划发展阶段、深思熟虑后制订实现措施。学校开展以职业生涯设计为主线的丰富多彩的活动，如请优秀毕业生现身说法、学生交流讨论各自的规划、职业生涯设计比赛等等。

班级文化建设不是一个简单的问题,也不是班主任凭一己之力可以轻易完成的,它需要社会、学校、教师与学生的通力合作和努力。让我们期待着,每一个学校,每一个班级洋溢着和谐、奋进、关爱、互助的文化,期持着,每一个从职业学校走出去的学生都带着坚定、乐观的信心展翅高飞!

参考文献:

[1]魏书生.班主任工作漫谈.桂林:漓江出版社,2008.
[2]李芳民.浅谈班级文化建设.新课程教育,2005(4).

关于在旅游企业中实施品牌战略的思考

山东省潍坊商业学校 邹 敏

摘 要：在竞争激烈的过剩经济中，品牌经济也席卷全球。本文针对旅游企业的现状，从品牌意识、服务质量、产品创新、集团化经营和宣传促销等方面提出在旅游企业中实施品牌战略。

关键词：旅游企业 品牌战略

一、品牌的定义与功能

随着短缺经济的终结，过剩经济的来临，同类商品的可替代性增强，品牌经济已经席卷全球。那么品牌作为一个专业术语是怎样定义的呢？我们可以引用著名营销专家菲利普·柯特勒给品牌下的定义："品牌是一种名称、术语、标记、符号和图案，或是它们的相互组合，用以识别某个销售者或某群销售者的产品和服务，并使之与竞争对手的产品和服务相区别。"这充分体现了品牌在创造产品差别方面的特殊作用。

消费者的购买行为发生时，对于由于品牌作用而在产品或服务中产生的差别而言，减少风险行为理论认为，消费者往往愿意将其"货币选票"投向那些具有相当知名度的品牌。因为良好的品牌对于消费者而言，意味着产品或服务的质量和信誉，可使消费者免遭不必要的损失，包括时间损失、经济损失和社会信誉损失等，在消费者中产生"磁场效应"，消费者会像被磁石吸引住一般被旅游企业的名声、信誉所吸引，从而形成品牌忠诚；对旅游企业而言，名牌企业可借其品牌不断通过入股、兼并、收购等方式控制其他中小企业，像滚雪球般壮大发展为跨地区的企业集团，产生"聚合效应"，形成人才高地，在贷款、融资等方面具有明显优势。因此，只要企业资金雄厚，技术先进，管理科学，就能在竞争中脱颖而出。

二、旅游企业实施品牌战略的思考

旅游作为一项能给人们带来多方位享受的服务产品，人们在进行选择时，为达到预期的效果，必然也倾向于选择那些知名品牌。旅游企业只有以质量为基础创旅游品牌，加强对旅游品牌的经营和管理，在消费者中树立起品牌形象，才能在激烈的竞争中获得较好的经济效益。但旅游企业在实施品牌战略时还应注意以下几个方面：

（一）树立正确的品牌意识和进行准确的品牌定位

首先，我国许多旅游经营者把旅游品牌视为旅游产品，对品牌的核心价值不明确，忽视了品牌的创立。如旅行社提供的产品名称大多是"某某地点至某某地点几日游"的模式，产品或企业的主题形象晦涩，缺乏艺术性，不利于旅游者的识别和记忆，而旅游者亦无从了解企业的经营特色和其提供的产品内容，使旅游企业提供的品质卓越的产品却难以在竞争中脱颖而出。

其次，旅游经营者具有品牌意识，但在品牌定位上缺乏实际。旅游品牌定位的目的是创造鲜明的个性和树立独特的形象，最终赢得市场客源。然而，我国许多旅游企业在品牌定位中常常忽视市场调研，不做调研就盲目作出品牌定位；没有市场调研的品牌定位就像空中楼阁一样，市场无法稳定，可能短期内会获得火爆的效果，但长期效益却难以保证。

(二) 在服务质量上狠下工夫

第一，在质量标准上与国际接轨。

入世后，大量外国企业进入我国旅游市场，它们在加剧旅游市场竞争的同时，也会带来先进的技术和管理模式，国内企业必须强化素质，跟上国际上最先进的科技成果并善加利用，以使产品质量的发展与世界同步。

第二，突出产品特色。

如中国香港以购物天堂著称，希腊以历史古迹取胜，肯尼亚以野生动物迷人，新加坡以优质服务闻名，这已在消费者心目中刻下了深刻的印记，在消费者具有此类消费需求时，这将是他们的首选。因此，特色是提高产品竞争力的关键。

第三，旅游接待人员讲究职业道德并具有过硬的业务素质。

随着社会的发展，人们的文化素养和生活水平的不断提高，旅游者对旅游活动和旅游服务不断提出新的、更高的要求，这就要求我们必须拥有一支专业技能出色、品行高尚、知识渊博、语言娴熟的接待队伍来应对市场需求的变化，保证我们的产品和服务的质量。

第四，整个服务过程应洋溢着真情、细腻和个性化，以凸显人的服务魅力。

我们在提供旅游接待服务过程中所面对的是心理上具有优越感、情绪上体现自由化且追求享受、希望被特别关注的客人，因此，服务中应以客人为中心，充满真情，提供人性化的服务，才能赢得客人的赞赏。如迪斯尼乐园的游客若丢失了车钥匙或把钥匙忘在车里了，保安人员会请迪斯尼的专业修锁匠为游客免费配置一把新钥匙。迪斯尼公司愿意为旅客的过失承担责任，为旅客创造完美的服务消费体验。

第五，重视售后服务，采取多种多样的售后服务形式与宾客间酝酿和培养感情，以争取再次光临。

我们可通过电话或网上问候、给客人寄送意见征询单和明信片、举行游客招待会等形式与客户加强联系，使我们的企业能够成为他们的再次选择，保持和扩大我们的客源市场。

第六，在每一环节保障客人的生命财产安全，并尽力保证其能获得所预期的服务享受。

(三) 进行产品创新

在以质量为基础创旅游品牌的同时，还必须强调产品的创新，不断开发出特色旅游产品，这是企业铸造名牌和保持名牌的"源头活水"。创新是相对于原有状况的有价值的新变化，旅游业的创新是根据旅游发展状况构思出新产品和新服务，以更好地满足顾客的需求和期望。

第一，旅行社的创新。

我国有五千多年的文明史，其文物古迹、山水风光、民俗风情等最能展现东方文明和神州古韵，因而，观光型旅游产品仍是我国未来开发的主导产品。但我们也可顺应人们生活质量和欣赏水平的提高以及国际旅游市场的潮流，不断推出新产品，如针对日益深入人心的环保意识，开发更多生态旅游、自然旅游等环保旅游产品；针对年轻旅游消费者享受了太多安逸生活，渴望寻求刺激的心理，开发如潜水、漂流、攀岩、探险、野战等冒险型旅游产品。另外，我国旅行社要适应消费个性化、旅游小型化的趋势，着力开发针对散客的旅游产品。

第二，饭店行业的创新。

饭店行业的创新之举甚多，一是经营上的创新，如绿色酒店、主题酒店、分时度假、产权酒店、威斯汀饭店的"天堂之床"客房、希尔顿集团的"睡得香"客房和"健身"客房，既代表了一种需求潮流，同时也意味着与世界同步；二是服务创新，如针对顾客需求个性化的趋势，为顾客提供"一对一"的营销和服务模式。

第三，旅游景区的创新。

当今，"两权分离"、"租赁经营"在中国旅游景区成为最热门的话题。随着1998年四川省碧峰峡率先在全国转让经营权并实现成功运作后，租赁和转让经营的做法在全国旅游区尤为流行，但应注意，盲目跟风、一哄而上，好事也会变成麻烦。"两权分离"的关键要落到实处，既有利于旅游景区的可持续发展，又有利于当地经济发展和居民生活水平的提高，而不在于追求时尚，一让了之。另外，在景区品牌制造中忌"克隆"，克隆出来的旅游景区品牌毫无特色，缺乏竞争力，产生不了品牌效益。例如，深圳世界之窗取得成功之后，北京、长沙也先后克隆出来了世界之窗，但远没有深圳的那样火爆，与预期目标相差很远，反而成为沉重的包袱。

第四，旅游车船企业的创新。

主要体现在技术和服务的创新，比如一些旅游汽车公司采用系统集成调度技术和卫星定位技术，在很大程度上提高了安全保障，提高了运行效率；以深圳航空公司率先出台了因航班延误对乘客进行现金补偿的规定，从某种程度上保障了乘客的出游享受。

（四）实施集团化经营，推动品牌的发展

由于历史原因，我国小型旅游企业占绝对多数，市场集中度和品牌首位度都很低，严重影响了我国旅游品牌形象的树立和市场的进一步开拓。因此，我国旅游企业的头等大事是扩大规模，以推动强势品牌的发展。而旅游企业的品牌化与其他行业，尤其是物质产品的品牌化相比，有着其自身的特殊性。一般来说，一家几千万乃至上亿元投资的制造业企业已有相当规模，它可以生产出成千上万个同类产品出来，并运往各地销售，扩大企业的影响力，但对旅游企业，比如饭店业来说，这些投资充其量只能建一座饭店，而且是固定房产，无法移动，单靠一座饭店是极难树立品牌的。因此，旅游企业的品牌化，它的前提是集团化，以实力较强和自有品牌的旅游企业为龙头，通过股份制、连锁、兼并等形式组建大型企业集团，形成连锁品牌，这才是旅游企业品牌优势的真正显示。

反过来说，品牌的创立又是旅游企业上规模的催化剂。旅游企业一旦拥有了强势品牌，就可以利用品牌的强大感召力来迅速扩大规模，如国际一些著名的饭店集团通过连锁规模、关系营销和个性服务，推出品牌忠诚策略来稳定地占有市场。品牌力的铸就及客人对品牌的认可，实际上就是竞争优势的确立、市场地位的确立。

（五）强化宣传意识，重视宣传促销

在品牌经营的竞争年代，"酒好不怕巷子深"的等客上门观念已是极不合时宜，旅游宣传已成为旅游企业在竞争中得以生存的生命线，名牌也在宣传中诞生。一方面，通过宣传，形成和加强了消费者对旅游企业品牌的认知，对他们的消费选择会产生较大影响；另一方面，宣传的费用转化在品牌中，成为品牌的一部分资产。

第一，掌握市场动向，不断探索新颖的宣传促销形式。

在旅游品牌营销中，我们应善于利用现代化的促销手段，全面展示地区的旅游风貌。当前，互联网对传统的促销影响日益增强，旅游企业应充分利用互联网技术占领旅游促销的制高点，如配合专项促销活动，在境内外门户网站和旅游网站发布旅游信息，扩大影响；拍摄反映本地区旅游整体形象的电视风光和广告片，在海内外主要客源市场的重要媒体的相关栏目播出或刊载，以增强宣传促销的丰富性和实效性，全方位展示本地区的旅游风貌。

第二，保证充足的宣传费用。

随着国际旅游市场竞争的日趋激烈，旅游业的促销力度亦在加大，按国际惯例，接待国平均以其收入0.4%用于市场的宣传促销，如澳大利亚的旅游促销经费在20世纪90年代里翻了三番，从年投入3 000万澳元增长到1亿澳元。随着促销经费的增加，这些旅游目的地的促销规模、覆盖范围均相应加大，在国际旅游市场上越来越活跃。因此，我们在品牌经营中应加大促销投入，保证充足的宣传促销费用，在保证质量的同时，加速品牌转化为名牌，成为企业的无形资产。

此外，在宣传工作中还应做到宣传内容的真实性与刺激性相结合；宣传中注意信息的强度与频度，可使各种媒体搭配使用，优势互补；配备头脑灵活、业务熟练、精明强干的人员从事宣传，设置公共关系部门，以此来真正保证宣传促销的实施与功效。

三、结束语

旅游产品的品牌是最关键、最强劲的竞争力，是旅游企业在市场竞争中的王牌。我国羽翼未丰的旅游企业只有高举品牌的旗帜，才能获得竞争优势，赢得市场份额，进而提高我国整体的旅游竞争力，最终实现成为世界旅游强国的目标。

参考文献：

[1] 朱方明，张衔，于璐. 品牌促销. 北京：中国经济出版社，1998.

[2] 郭鲁芳. 旅游企业品牌战略探讨. 旅游科学，2001.

[3] 许刚，张晨. 旅行社发展应强化品牌意识. 经济师，2002.

[4] 刘汉清. 中国旅游品牌十大批判. 中国企业报，2002-10-24.

[5] 魏小安. 面对WTO：中国旅游业与世界共舞. 经济日

报,2002-01-17.

[6] 代武,李爱辉,蒋昕.旅行社加强品牌经营刻不容缓.湖北省计划管理干部学院学报,2002(5).

对中职学校课程设置现状的几点思考

广东省深圳市第三职业技术学校　鲍茂红

摘　要：近几年来，中职学校的课程改革取得了显著成绩。但是在中等职业学校的课程设置与教学中，仍然存在不少问题。笔者作为中等职业学校的一线教师，结合我国中等职业教育教学改革的目标和素质教育的基本要求，在本文中提出了几点关于课程设置方面的问题与建议跟大家交流探讨。

关键词：中职学校　课程设置问题　建议

一、中职学校课程设置现状与存在的问题

目前全国职业教育系统正在深入贯彻国务院《关于大力推进职业教育改革与发展的决定》的精神，职业教育保持着健康发展的良好势头。自20世纪80年代以来，我国的中等职业教育课程内容是在探索中调整、演变和发展的。目前的课程内容较之于以前的教材内容，有着长足地进步。无论是文化课还是专业课，都更接近我们期望的培养既具有一定文化知识，又掌握一定实践技术的劳动者的目标。尽管如此，在中职学校课程设置中仍然存在一定的问题，表述如下：

（一）课程设置过于注重学科系统性

目前，我国的中等职业教育很大程度上仍然没有摆脱普通教育中普遍使用的课程模式——学科系统化课程的模式。在这种模式下，课程设置强调课程本身的完整性与系统性，可以为学生提

供较好的学科理论基础,但其学习内容与就业岗位的需求关系是间接的,有的甚至是脱节的,不实用的,容易导致人才培养的实际效果与市场需求之间的脱节,造成就业问题日趋严重。

(二)课程设置的合理性与严谨性还有待商榷

随着职业教育课程改革的推进,一部分职业学校认识到了中职教育就是"就业教育",主要为社会输送适应本地经济发展与需要的初、中级人才。因此在课程设置上完全打破学科系统化课程的模式,由几个有资历的教师商量一下,该开什么课了,就设置什么课程,随意性大,导致各学科整合不足,或是对某些学科的划分不清楚。比如,有的学校长时间来一直把电子商务专业划分在计算机领域,使得该专业的学生开设的计算机课程偏多、偏难,面忽视了商务课程。

(三)课程内容过多地关注了客观需要,忽视了人的发展

在中等职业学校的课堂教学中,不少课程内容及目的单一地指向某专业、某工种应该达到的职业要求,以便于教师在教学中执行,课程的设置注重了文化课知识的掌握,却忽略了学生在教学活动中的主体地位,忽略了如何把课程作为一个信息载体,忽视了学生全面素质的培养,致使学生没有是非观念,甚至出现道德缺陷。

(四)我校的课程设置与大专院校的课程设置不够衔接

由于与大专院校交流较少,缺乏调研,在我们中等职业学校的课程中,某些专业学科内容不够科学,有的专业课程开设与高职课程开设雷同,难度偏大。中职生本来的学习基础就比较弱,学习能力也欠缺,对他们来说收获不大,与企业对中职生就业的要求也不相符。例如会计专业的"财务管理"课程,只有一小部分内容适合中职生学习,其余内容对于他们来说偏难,不实用,还挤占了基础专业课程的开课时间。

（五）教材的编写跟不上时代的发展

有些学校开设某专业课程的初衷和计划很好，但无论从书店还是出版商那里，都很难找到适合中职学生学习的教材。比如有些学校开设了"审计"这门课，却由于适合中职学生学习的教材偏重理论，缺少实务案例，导致教学效果与学生的学习效果都不理想。

二、以就业为导向，对课程体系进行重组与优化

中职教育要得到社会的认可，就要科学地进行自身定位，处理好教育与社会需求的关系，也要满足社会、经济发展的需求。中职教育的核心目标就定位在以就业为导向，以提高就业率为标准上，所以在课程体系的构建、人才培养方案的制订上，就要打破传统的学科体系，充分体现以就业为导向。

如何体现以就业为导向？很重要的一点就是要有企业界的参与。中职课程的开发与设置要了解企业的需求，以满足劳动力市场对人才的需要。也就是说，特别要注意把用人单位的需求转化为中职的培养目标并在课程体系中体现出来。具体地说，中职学校要从实际需要出发，通过对当地企业生产、管理、服务等多方位的社会调查，通过校企合作，由中等职业学校的教学单位牵头，聘请相关行业（企业）与用人单位，以及教育、科研部门的有关人员参加研究制订专业发展计划、教学大纲和课程设计。

在现代社会条件下，随着经济发展和科技进步，体力劳动与脑力劳动在生产领域里的分工已经越来越不明显，生产工人已不是过去那种技术单一的手工操作人才，而是既能动手又能动脑，既是生产者又是管理者的多能型（复合型）人才。因此，在课程体系的整体构建中，应突出一专多能的课程设置，拓展培养对象的就业面（适应性），强化对新技术、新工艺、新设备的应用，以满足用人单位对人才多样性、复合型及特殊性的要求。

(一) 改革和优化课程结构,应按照"需用为准,够用为度,实用为先"的原则,建立以能力为中心的课程体系

"需用为准"即严格按照职业岗位工作的需要来确定所学内容。"够用为度"即不追求学科的系统性和完整性,而是根据培养目标的能力因素和岗位需求,精选出学科中与培养职业能力直接有关并且使用频率较高的专业知识内容,职业岗位需要什么,就教什么,需要多少,就教多少。"实用为先"即着眼于理论在实际中的应用,课程内容要突出专业理论在生产实践中的直接效用性,重点介绍专业理论知识的应用范围、应用范例,有利于学生真正掌握专业理论知识的应用范例和应用方法。例如社区服务与管理专业,如果面对的是一般社区,则按其管理要求与服务内涵,中等职业教育即可满足其工作要求;如果面对的是现代社区或涉外社区,由于其工作内涵涉及信息管理、智能保安以及多种多样的高端生活服务,因此从业人员必须经过专科层次的教育才能满足工作要求。

(二) 以能力为本位进行课程设置

中职学生的职业能力,从能力的组成元素上讲,包括有关的知识、技能、行为态度和职业经验成分等;从能力所涉及的内容范围可将其可分为专业能力、方法能力和社会能力。专业能力包括单项的技能与知识、综合的技能与知识,是劳动者胜任职业工作、赖以生存的核心能力;方法能力特别指独立学习、获取新知识新技能的能力,还包括制订工作计划、工作过程和产品质量的自我控制和管理以及工作评价,是基本发展能力;社会能力包括工作中的人际交流(伙伴式的交流方式、利益冲突的处理等)、公共关系(与其他人相处的能力在小组工作中的合作能力、交流与协商的能力、批评与自我批评的能力)、劳动组织能力、群体意识和社会责任心,它既是基本生存能力,又是基本发展能力。这些能力的培养,在教学过程中不能截然分开,而是交叉进

行，要将专业教学与能力培养有机结合起来。

将技术与技能素质教育放在首位，科学合理地设置课程，是取得良好教学效果的前提。一般而言，教学都是从"应知"和"应会"出发，要求学生习得知识与能力。中职主要强调的是技术与技能，它既是一名就业者的素质与能力的重要组成部分，也是学生的努力方向，二者应该是统一的。当然，不能走入这样的误区：只进行技能训练而不进行专业基础理论指导。课改应有一个前提，就是不削弱文化与专业基础课教学，否则学生就没有发展和创新的后劲。这也是学校教育与农民工岗前培训的区别。中职的训练过程是要学生把所学理论应用于实践，进而提高学生的实践能力。专业教学管理者应该向教师强调进行覆盖面宽的专业知识和专业技能教学，这样，学生才能达到"一专多能"的要求。"一专"的目标就是让学生瞄准就业的第一工种岗位，围绕这个目标来设计教学计划和教学大纲进行教学，引导学生取得中级工证书。只有这样，教学才不至于走向岗前培训的误区。

专业设置中还要以"专"带"宽"，以"稳"求"变"。从企业的招工现状看，一般都强调就业者不用培训就能立即顶岗。可见，企业注重的是专业技能，突出"专"字。但随着信息技术的发展，行业与学科的界限终将被打破，学生只会专项操作不能完全适应未来市场对人才的需求。因此，在课程设置中要考虑"宽"的知识与技能。当然，"宽"是围绕着"专"来设定的。

（三）编写校本教材

应对适合中职学校教材缺少的局面，除了有关部门联合企业需求开发教材外，编写校本教材也是非常可行的方法之一。编写校本教材的最大好处是可以根据学校的教学安排与学生的实际状况编写内容，安排工作课时，更符合学生的实际情况，以达到理想的教学效果。当然，这需要学校的支持与配合，要给编写教师一定的时间保障和物质支持。

课程设置是一项系统工程，不但要有正确的指导思想，还需认清矛盾所在，针对矛盾，统筹规划，综合治理才能有好的效果。中职学校应当以全面素质教育为核心，以职业能力培养为重点，以技能训练为特色——学生到毕业时具备较强的顶岗工作能力，才是中职学校课程设置的目标。

参考文献：

[1]苏俊玲.试论职业教育课程设置与现代服务业发展的结合.职业教育研究,2008(6).

[2]陈锓新.高等职业教育课程设置改革与创新.理论纵横,2009(1).

浅析行动导向教学法在教学中的应用

河北省河北经济管理学校 邱 蕾

摘 要：行动导向教学法，目前已在我国中等职业技术学校教学中得到一定程度的应用。这些新教学法的引进对学校教学改革起到了积极的促进作用，但在具体的运用中还有不少困难或问题，建议教学改革还需要政府部门的支持与介入。

关键词：行动导向 目标活动 教学教法

职业教育改革正在全国兴起，姜大源教授倡导的"行动导向"的教学组织形式，逐渐为我国广大职教领域里的教师、管理者和研究人员所接受，是一种新的课程理念，一个先进的教育观念，一种指导思想，一个完整的职业教育模式。通过两年的探索和实践，我们对行动导向有了一些新的认识和思考。

一、行动导向教学的实践

（一）完成以行动导向为体系的课程建设

过去中职课程主要仿照大专和职业技术院校的课程体系，没能很好定位中职学校的主要功能是培养技能性人才。我们以工作过程分析，由学校骨干教师和行业专家合作，对各工序的技能和知识点设计，以岗位技能和知识重构，设计出相关技术与技能相结合的训练项目，形成了新的课程标准，对全校教学资源进行整合，重新设计了教学方法和课程评价。

（二）探索"任务驱动"、"项目引导"的教学模式

根据课程的特点选择合适的课程，在教学组织上分为两部分：一是围绕着一个工作任务完成的需要，不求理论的系统性，只求内容的实用性。如会计专业部不按照理论体系讲，用哪讲哪：老师先对基本操作方法进行讲解；然后为学生进行示范，并在示范过程中继续讲解，将一些操作中容易出现的问题反复向学生说明；接着将学生进行分组，让其按照教师操作的步骤进行模仿，根据模仿出现的问题再继续讲解并重复模仿实践；最后为学生布置作业，教师在一边当"旁观者"，请学生轮番上阵对这个环节进行操作，整个环节反复训练，直到学会为止。二是设计一个具体项目，达到对前一阶段课程知识、技能传授的总结与升华。

（三）建立新的评价体系

改变过去单一闭卷和终结性考试的方式，根据课程制定技能项目的测评和步骤，注重学习过程考核、实践能力的考核以及学习态度和学生实际运用知识分析问题和解决问题能力等的考核，每一个步骤项目的成绩设定了详细的标准，直接面对学生；学生对自己各环节的表现与结果心中有数，最终能自己算出综合评价结果。这改变了过去全部由教师一人掌握的状况。

（四）"公司模拟"是行动导向教学的一种综合性尝试

目前我国中职学校都面临着一个共同的问题：缺乏实践教学场所和有效的培训方式。经济类专业实践教学不足的问题日益突出，校内实习多为单门课程模拟训练，如何将多门课程融合全方位综合实训是一个空白。"公司模拟"有效地解决了职业学校经济类专业实践教学的难题，同时把职业能力与创新能力结合起来，实施新的职业教育的融合。

我校公司模拟是从公司设立、选举管理层、领取营业执照、市场调查、确定经营项目、筹资、采购、内部控制、成本管理、

广告宣传、推销产品等一系列活动,将所学课程:经济法、市场营销、采购管理、财务会计、成本管理、广告宣传、电子商务、商务礼仪、公关、企业管理、应用文、职业道德等按照工作过程重新排序、融合进行的综合实训。这使学生在自己"做"的实践中,解决"怎样做"(经验)和"怎么做更好",实现学生与职业的人的"近距离"。

二、行动导向教学模式的好处

"行动研究"理论提出以培养技能型、技术型人才为目标的职业教育,使职业教育的教学变成一种"有目标的活动",强调"通过行动来学习"。这种教学模式,无论对学生还是对教师,都有裨益。

学生是教学的主体和实践者,行动导向教学从根本上提高了学生的主动性、积极性,改变了以往教师着急学生不急的状态。当学生全身心地参与到学习过程,通过"步骤"和参照所要完成任务的实际"工作过程"来独立地获取信息、制订计划、实施计划、评估计划,在自己"动手"的实践中,感触、体验到学习与自身生命变化和发展相联系的时候,学习就变得快乐而美好,许多厌学的学生有了学习的动力,求知成为发自内心的需要。

教师角色的转变。教师不再是"蜡烛",燃烧自己照亮别人。教师的任务是做一根"火柴",激发学生的学习动机,点燃学生心中的光明,让学生在自我实践中成长。教师的转变还在于自身知识、能力结构方面有大的转变,即转变为设计、组织、管理、监督和协调者,监督学生学习过程,纠正学生学习偏差,评估学生学习结果。行动导向教学还要求教师关注行业的新变化、新要求、新问题,根据新知识、新工艺、新技术的要求对教材内容及时进行适当增删,按照"提出问题—解决问题—归纳分析"

的思路，重新设计教学步骤和教学方法。这些都对教师提出了更高要求，也为教师的发展提供了更广阔的空间。

三、行动导向教学过程中的困难

学生到中职学校学习的根本目的是学有一技之长，实现就业；学校的根本目的是帮助学生习得一技之长，帮助学生就业；企业的目标就是找到合适的人。作为中间环节的学校为现实就业教育，不仅要涉及课程设计、教材编选、教学环境，还要涉及教师和学生的接受心理，我们艰难地实践着。

（一）行动导向中项目教学模式的基础能力

行动导向中的项目教学模式的基础能力是搜集信息能力、制订方案能力、作出决定能力、进行操作能力、检验过程能力、评价总结能力等，这种自主型的教学与传统教学差别较大，传统教学学生学习活动更多的是受纳性，前面的基础能力没有，后面给任务往往不知道干什么，让收集信息也不会搜集，讨论更是不知说什么，开展比较困难。

（二）行动导向教学适用于小班教学

我们现在的教学班多在 40－60 人之间，教师只能在某一环节或某一问题上开展任务驱动教学，教师一边教一边示范，学生一边看一边做，教师很难顾及每个学生的动作，无法及时科学地纠正学生的操作错误，极大降低了教学效果，这是由教师的精力决定的，即使开展也是形式的变化，达不到应有的效果。

（三）就业靠丛业资格证书

中职学校的教学主要是围绕获得从业资格取证书开展，就像中学教育围绕高考的指挥棒，而"行动导向"强调培养学生形成解决特定工作岗位实际问题的技术应用能力，以与特定工作岗位职业活动及与之相关的经验、知识、能力和敬业态度等为教学内容，所用课时比原课时大大增加，没有时间进行考证教育，许多学校不得不把考证教育放在晚上,教师的工作量可想而知。资格证书的考试全部是理论,与企业用人要求脱节,与技能操作无关,有资格证书不一定会做,会做的不一定能通过资格考试。

(四)按工作过程设置的课程体系

一个项目可能要由几个教师来上才能完成,教学成本大大增加,如果是由一个教师来完成,对教师能力素质的要求很高,必须方方面面都行,短期内教师都达不到。另外,学生在一学习阶段总是面对一个教师易产生视觉疲劳和厌烦情绪。

(五)排课的困难

目前教师教学考核、工作量考核主要是通过课时体现,按工作过程设计教学,一个阶段一个人负责,在排课操作上很难均衡,往往是前一阶段较集中,后一阶段无课的状况。对教师的考核与分配比较困难。

四、行动导向教学推广建议

(一)目前技能技术标准比较多

财政部一个标准,劳动部一个标准,教育部一个标准,从国家角度统一协调。国家组织行业协会制定各行业技能标准和技术标准,把资格认证分为两部分,不仅有科学层面的理论支持,还要有经验层面的具体操作、技能考核和理论考核分离,在考试上打破部门条块和利益,规范统一。

(二)制定学科体系

作为"行动导向"的核心,应该有一个与之匹配的课程体系,核心课程应由一线行家提供工作要求与技术要求,教育专家再按教学规律、认知规律整合制订课程。如各自为战,除浪费资源外,还会出现一课百样、千校千样的局面。

（三）符合行动体系及其课程要求的职业院校教师的培养是面临的一个重大课题

目前国家出巨资对中职学校的教师进行培训，由于大学对职业教育的不了解，培训的内容纯理论太多，应用技能太少，教学教法没有。建议教育部门的各专业协会培训内容为德国行动导向教学教法，指导职业院校教师开展教学教法研究，将德国教学方法的应用融入各课程当中，列为课题组织一线教师研究适合我国具体情况的教法，从而建立一套与我国职业教育相适应的教学方法体系。

（四）国家要从政策上积极支持学校与企业合作的各种可行方式

扩大校企合作的深度和广度，利用学校和企业两种教学资源，建立学校和企业两个教学场所开展行动导向模式教学，尽可能地为学生创造真实或接近真实的工作情境，让学生感受到真实的职业氛围，从而真正培养出企业需要的过硬的应用人才。

参考文献：

[1] 姜大源. 论行动体系及其特征——关于职业教育课程体系的思考. 教育发展研究，2002(12).

[2] 顾立平. 高职院校实践教育体系构建研究. 中国高教研究，2005(11).

[3] 姜大源. 职业教育学新论. 北京：教育科学出版社，2007.

如何培养中职学生的责任意识

湖南省湘西经济贸易学校 向 群

摘 要：加强学生的责任意识，是学生素质教育的重要方面。目前，部分中等职业学校学生责任意识呈现出弱化趋势，这对社会、学校、家庭以及学生本身来说，都是应引起格外关注和亟待改变的。本文从中等职业学校学生责任弱化的形成原因及表现进行分析，有针对性地提出了培养学生责任意识的相关途径和方法。

关键词：中职生 责任意识 培养

中职学生即将担当起现代化建设事业的重任，成为生产、建设、管理、服务第一线的高级技术应用型人才，其自我责任意识的强弱与有无直接影响着产品质量的优劣、生产效益和经济建设水平的高低。时下，经济社会的发展迫切需要大量技能型人才，这无疑给中职学校带来了发展良机，然而部分中职学校在人才培养过程中急功近利，偏离了人才全面素质培养这一中心主旨，只注重学生的技能训练与专业学习，忽视或轻视对学生道德品质的教育，导致部分中职毕业生有技术无思想、有才学无品德、有知识无文化、有自己无他人、有工作热情无安全责任意识……这些表现与中职生自我责任意识的缺失或不强密切相关，最终的结果是学生缺乏可持续发展的能力，身心潜能得不到应有的开发。因此，培养中职生强烈的自我责任意识是中职生自身健康成长的需要，也是时代发展的要求，更是国家实现现代化宏伟目标的迫切需要。

现在,许多中职学校已不再设置分数线,只要是初中毕业生就可登记入学。中职教育的目标是将这批初中学业不理想,甚至是在义务教育过程中被长期放任的学生培养成符合新时代社会需要的高素质劳动者。这些学生的责任意识十分淡漠,他们对自己的行为会承担什么责任更是不清楚。不认真学习,不遵章守纪,不愿吃苦耐劳,贪图安逸享乐,综合表现较差,这必然会影响到将来在社会上难以立足。所以,作为班主任,在德育工作及班级管理上,把中职生培养成为有责任心的人是教育的关键,中职教师经常对中职生有目的地培养责任感,是促进学生身心健康发展的捷径。

一、用师爱激发学生的责任情感

培养中职生的责任感,首先教师要有责任心。教师要"爱"每一个中职生,不管是好的还是差的,优秀生还是差生等,对每一个学生都要负责。家长希望孩子受到一流的教育,学多少知识固然重要,但是更重要的是把学生的责任心培养成良好的行为习惯,使其明确作为一个中职生的职责、任务,努力做好中职生的每一件事情。

因此,作为班主任,要尽量抽出多的时间和学生接触,善于抓住有利时机和学生多交流,给予学生更多关爱,及时了解他们在学习、生活、工作等方面的情况,只要他有一点"闪光点",就要在全班同学面前好好表扬一番,让他真真切切地感受到教师对他的爱……学生体会到教师对一个班集体的负责,对每位学生的爱心,无形当中自己做什么事情也会很认真负责地去对待,责任心会逐渐建立起来了。

二、培养学生责任感的途径和方法

(一) 培养学生责任心的重要渠道在课堂

作为班主任,要非常重视课堂教,无论是上专业课、班会课、实习课、劳动课,用心在每一堂课渗透与课堂教学知识相关的思想品德教育,列举一些有责任心、工作上成功的例子,比如往届毕业生在工作中表现突出的例子,让学生认识到自己身边的、和自己同等水平的人能做到的事情,自己也能做到,将空洞的教育变成具体形象的教育,使学生潜移默化地长期受到教育的影响。课堂教育具有"滴水穿石"的作用,在每一堂课中抓学生学习习惯的培养,时刻让学生清楚自己作为一名中职生,有责任培养良好的学习品质,养成良好的学习习惯。要培养学习做事的认真态度,教育学生面对知识不要单从兴趣出发,要磨炼自己学习的意志,在学习中能吃苦,增强学习的责任心。在课堂教学中要不断地塑造学生上课主动学习的责任心,学生上课自觉了、稳定了,视上课专心为己任,认真学习基础知识,掌握基本技能,为将来就业打下扎实的基础。

(二) 培养学生责任心的主要渠道在课外

1. 重视早操,培养学生自觉锻炼的责任心和增强集体荣誉感

对住校学生每天早操的表现,班主任要及时了解情况,对不出操或不认真的学生及时给予批评,教育学生跑操不只是个人的事情,要考虑到班级的量化考核,应该有集体的责任感。这样既锻炼好了自己的身体,又增强了学生的班级荣誉感。当然,作为班主任,应尽量和学生一起参加学校组织的各项集体活动。

2. 在平时的卫生保洁工作中,培养学生主动劳动的责任心

一开学,根据学校要求对学生教室和宿舍实行袋装垃圾,做好保洁工作。在教室里,要求每个学生负责好自己周围的卫生,负责讲台周围和走廊的保洁,值周班干部负责检查督促。在宿舍

里,要求每个同学把垃圾放到宿舍门口垃圾筐内的塑料袋里。经过一年的努力,培养了学生重在保洁、见纸就捡、不再乱丢乱扔、认真整理好自己的书桌和床铺等的良好卫生习惯。"伸伸手、弯弯腰、捡捡纸"的劳动责任,使得学生懂得了保护环境的重要性,"保洁"意识加强了。

3. 以活动为载体,在活动中实践与体验培养学生的责任心

叶圣陶说:"习惯是在实践中培养起来的。"培养学生的责任心,班主任通过开展各种活动,让学生在活动中实践与体验。如班主任可以利用校园广播站、黑板报等大力宣传养成良好习惯的意义;可在学生中搜集各类不同的资料,利用班会主题活动,开展喜闻乐见的模拟情景表演,通过学生自编自演自己身边的事体验习惯的好坏,借鉴正确的做法;也可在游戏活动中培养,让学生进行角色扮演,体验每个角色的责任与义务。又如,组织学生观看中国时代之声演讲团团长邹越老师的《社会主义荣辱观》之《爱祖国,爱父母,爱老师,爱自己》的演讲视频,让学生认识自己肩负的责任;组织"体会友谊和分工"为主题的学生室外游戏,让大家体会个人在集体中承担的责任;按照"班级专项承包制度的制定与实施",让学生参与班级管理,体验责任……现实中实实在在的活动,能更好地让学生理解和感受责任。

4. 在班委会工作中,重视树立班级的奋斗目标,在明确每人的奋斗目标中培养责任心

在一点一滴的小事中,潜移默化地培养学生爱集体的责任心。在做事情时,学生都应该努力去做,做完后每人要反思:"我尽力了吗?我努力了吗?"作为班级的一分子,要为班级争光;班级的荣誉就是个人的荣誉,班荣我荣,班耻我耻。每位学生要有自己的奋斗目标,班主任要在班里设立不同的荣誉:①三好学生;②优秀班级干部;③优秀值日生;④进步生。通过平常学习生活的表现,及时总结,及时在班上进行表扬。在班干部的

队伍建设中，应分工明确，责任落实到个人，实行班干部值周制度，做到每周进行总结，及时发现问题，及时处理；在集体的奋斗方向和个人的奋斗目标中，学会做事，为的是"班上事，事事有人做"。班级管理的最终目的是注重不同层次学生的素质全方面发展，让每个学生实现自我价值。

5. 培养学生的责任心，需要家长的配合

从新生入学开始，班主任要通过不同方式了解学生的家庭状况，打电话跟家长联系，了解学生在中学时的表现情况，为的是寻求学生、家长、教师三方面的了解。对单亲家庭、家长常年都是外出打工，没有时间照顾的学生；从小得不到家庭的温暖，缺少家庭的教育的学生；特别喜欢上网玩游戏，无心学习的学生，都要分别对待，采用不同的教育方法，要求他们从日常生活小事做起，做每一件事都要对自己、对班级、对父母、对教师负责。对喜欢上网的学生，家长要控制他们用钱，不要给他们太多的零用钱。班主任要把自己的联系方式及时告诉告诉全体学生和家长，随时可以取得联系，及时掌握学生的心态和行动。学生的责任心决不是一下子就能培养出来的，需要教师不厌其烦、耐心地长期培养。要善于呼唤家长和学生共同的责任心，首先让家长有了责任感，才能配合教师培养学生的责任感。

我们教育学生，要将今天的学习同明天的建设、个人的前途同国家的命运联系起来，让每一位中职学校学生深谙自己肩上的责任，明确自己的奋斗目标，脚踏实地去努力，为构建和谐社会，从我做起，从现在做起。

参考文献：

[1] 希望周刊(上半月)，2008(2).

[2] 现代企业教育，2010(6).

[3] 考试周刊，2010(8).

如何提高中职课堂的教学质量

河北省衡水高级技工学校 朱玉良

摘 要：目前对中职学生来讲，枯燥的理论教学很难引发他们学习的兴趣。作为中职教师，如何更好地完成教学任务，提高课堂教学质量，进行有效教学，成为当前中职教育要解决的首要问题。

关键词：学习欲望 备课 任务驱动法 项目教学法
课堂组织 评价

中职学生由于在中小学时养成了一些不良的学习习惯，枯燥的理论教学很难引发他们学习的兴趣。教师在讲台上讲得声嘶力竭，学生在下面优哉游哉，已经成了中职课堂的普遍状态。作为中职教师，如何更好地完成教学任务，提高课堂教学质量，进行有效教学，成为当前中职教育要解决的首要问题。

一、诱发学生的学习欲望

提高教学质量，首先要清楚教学的实质。教学时教师促使学生产生学习欲望和学习的内动力。调动学生学习的兴趣，激发学习的动力，就为提高教学质量，完成教学任务提供了前提保障。

如何调动学生的学习兴趣，是需要在备课时、在课堂组织上、在师生互动上都要考虑的重要因素。

二、备好课

传统认为,备课就是备教材,除此之外,我们还要备学生、备教法、学法。

(一) 结合学生实际情况,制订教学目标

根据教学大纲,结合学生知识结构、性格特征和学习习惯,制订某一学科、某一单元、某一节课的教学目标,即知识目标、能力目标和情感目标。因材施教是备课要考虑的首要因素。

(二) 教学方法的运用

教学方法,是教学过程中教师与学生为实现教学目的和教学任务要求,在教学活动中所采取的行为方式的总称。目前在中职教学中,任务驱动法和项目教学法是常用的两种教学方法。

1. 任务驱动法

所谓"任务驱动"就是在学习信息技术的过程中,学生在教师的帮助下,紧紧围绕一个共同的任务活动中心,在强烈的问题动机的驱动下,通过对学习资源的积极主动应用,进行自主探索和互动协作的学习,并在完成既定任务的同时,引导学生产生一种学习实践活动。

基本环节包括:

(1) 创设情境:需要创设与当前学习主题相关的、尽可能真实的学习情境,引导学习者带着真实的"任务"进入学习情境,使学习直观性和形象化。

(2) 确定问题(任务):在创设的情境下,选择与当前学习主题密切相关的真实性事件或问题(任务)作为学习的中心内容,让学生面临一个需要立即去解决的现实问题。

(3) 自主学习、协作学习:不是由教师直接告诉学生应当如何去解决面临的问题,而是由教师向学生提供解决该问题的有关线索,如需搜集哪一类资料,从何处获取有关的信息资料等,强调发展学生的"自主学习"能力。

（4）效果评价：对学习效果的评价主要包括两部分内容，一方面是对学生是否完成当前问题的解决方案的过程和结果的评价，即所学知识的意义建构的评价，而更重要的一方面是对学生自主学习及协作学习能力的评价。

任务驱动教学法的特点是"以任务为主线、教师为主导、学生为主体"，改变了以往"教师讲，学生听"，以教定学的被动教学模式，创造了以学定教、学生主动参与、自主协作、探索创新的新型学习模式。

2. 项目教学法

项目教学就是在老师的指导下，将一个相对独立的项目交由学生自己处理。信息的收集，方案的设计，项目实施及最终评价，都由学生自己负责，学生通过该项目的进行，了解并把握整个过程及每一个环节中的基本要求。它不再把教师掌握的现成知识技能传递给学生作为追求的目标，而是在教师的指导下，学生去寻找得到这个结果的途径，最终得到这个结果，并进行展示和自我评价。教师成为学生学习过程中的引导者、指导者和监督者。

在项目教学中，学习过程成为一个人人参与的创造实践活动，注重的不是最终的结果，而是完成项目的过程。学生在项目实践过程中，理解和把握课程要求的知识和技能，体验创新的艰辛与乐趣，培养分析问题和解决问题的思想和方法。以"模具设计与制造"课程教学为例，可以通过一定的项目让学生完成模具设计、加工生产、产品质量检验等生产流程，从中学习和掌握机械原理、材料处理、制造工艺以及各种机床的使用与操作。还可以进一步组织不同专业与工种，甚至不同职业领域的学生参加项目教学小组，通过实际操作，训练其在实际工作中与不同专业、不同部门的同事协调、合作的能力。

项目教学法最显著的特点是"以项目为主线、教师为主导、学生为主体",改变了以往"教师讲,学生听"的被动教学模式,创造了学生主动参与、自主协作、探索创新的新型教学模式。

在职业教学中,可参考的教学方法还有很多,如案例教学法、启发式教学法、总结问题规律法、多媒体教学法、实践教学法等,而且各种常用的教学方法都有其自身的适应场合,作为教师,首先应了解各教法所适应的情境,避免在教学资源及教学时间方面造成不必要的浪费,并注意综合、灵活运用。

(三)教学媒介的选用

教学媒体的选择要考虑以下几个方面:教学目标,为达到不同的教学目标需要使用不同的媒体去传输教学信息;教学活动内容,各门学科的性质不同,运用的教学媒体会有所区别,比如在讲基础会计学时,不同式样的凭证、账页、报表是教学中必不可缺的教学媒介,而在讲工件制造时,不同切削工具制作出的各种工件又成为重要的媒介;教学对象,中职学生对事物的接受更喜欢直观的、动手能力强的媒介作为学习的方式,比如多媒体、电脑、各种机器设备等。

各种教学媒体都有自身的特性,对应于某些教学活动特别有效。作为教师,一定要选择最有利于自己教学的合适媒介。

三、有效的课堂组织

课堂组织教学,是指教师通过协调课堂内的各种教学因素,组织学生集中注意力,管理纪律,引导学习,建立和谐的教学环境,从而有效地实现预定的教学目标。那么,如何才能抓好课堂的组织教学呢?主要应从以下几个方面来把握:

(一)注重教师形象,营造良好氛围

一个教师的外表、衣着、气质和风度,直接影响到学生对这门功课的兴趣。教师的仪表以学生乐于接受而又不分散其注意力为准。教师一上讲台，就要精神饱满，情绪高昂，信心十足，表现出一种富有生气和魅力的精神面貌，站定后扫视整个课堂，吸引学生的注意力，直到全班学生注意力都集中了，然后面带微笑地开始上课。

（二）精心设计导语，激发学生学习兴趣

俄国大作家托尔斯泰说："成功的教学需要的不是强制，而是激发学生的兴趣。"兴趣往往是学习的先导，有了兴趣就有了学习的动力。精彩的课堂好比优美的文章，开头写好了，就能吸引读者，有经验的教师比较注重新课的导入。精美的课堂导语，能使学生对这堂课一见钟情，有先声夺人之效，像一块磁铁一样牢牢抓住学生的心魄，唤起学生求知欲望，使每个学生都能积极思维，全身心投入到课堂中来。

（三）巧妙组织课堂，采用多种形式来调动学生情绪

1. 运用激励原则，让学生成为课堂的主人

我们的教学，很大程度上仍采用的是传统的课堂教学模式——满堂灌。而课堂应该是师生互动、学生学习的主阵地，教师的满堂灌已经不再适应现代教育理念。试想：教师在课堂上按照自己的步骤大肆宣讲，不给学生任何的思考时间和互动空间，会是什么样的效果呢？有很多学生在回答教师预设的问题时，没有达到教师预期的答案，就被教师全部否定，这样的课会吸引学生吗？

因此，教师在课堂上要采取激励原则，想办法找学生的闪光点，变换角度，引导学生，让学生在课堂上能体验到愉快，尝试到成功，享受到尊重，那么我们的课堂还不会被深深吸引住学生吗？这就要求教师首先要转变自己的角色，从过去的"主体"转变成现在的"主导"，成为学生个性发展的指导者。把课堂交给学生，也就是把问的权利放给学生。

2. 帮助学生树立信心

学生是课堂的主体，只有学生动起来了，才算是有活力的课堂。课堂上学生不爱发言，主要原因是教师没有给他们足够的勇气和及时的鼓励。教师要随时用微笑和鼓励的眼神扫视课堂的每一位学生，当需要全班齐答的问题，只有几个同学和教师对答时，可对学生说："课堂上，我们是合作伙伴，请跟我合作，好吗？学会与人合作是你一生的财富。"当然，需要学生独立回答时，针对不同程度的问题，请不同程度的学生来回答，并对学生的回答及时点评，点评时不忘鼓励。

3. 适时调节课堂气氛

中职学生的注意力不会很集中，不一会儿就开始开小差。玩手机、睡觉、说话等等，作为教师，一定要关注班上每一位学生，通过开玩笑、讲笑话或故意出错等方式把学生的注意力引过来，让学生始终关注着教师的言行，也就达到了教师的目的。有些教师采取在讲到 20 分钟的时候，让学生表演节目来调节课堂气氛，这是中职课堂值得参考的方式。

4. 运用教师个人魅力

教师要善于用自己的个人魅力感动学生，用自己的事例去感动他们，让他们学会感恩。有一次，一位教师因感冒，嗓子嘶哑，上课铃响后，就带着特别难受的表情出现在讲台上，歉意地对学生说："同学们，老师真对不起大家，今天嗓子嘶哑了，上课的时候可能大家听不清楚老师的讲课，老师想先得到大家的谅解。"教师的话说完，教室里特别安静。于是，教师开始给同学们上课，大家都很专心，大概上了二十几分钟，又说："今天，老师特别感动，因为大家不嫌老师声音难听，而且大家听得那么专心，回答问题那么积极，笔记做得那么认真，老师要谢谢大家。"这堂课的教学效果特别好，后来班里很多孩子都能带病坚持上课。教师要树立个人形象，让学生了解你，心疼你，进而转变为爱上你，爱上你的课堂。

四、课堂小结

在临下课之前，教师要利用最后几分钟的时间，将本节课的重点、难点内容用最简洁概括的语言表述一遍，使得学生从某一细节中走出，站在另一个高度上看待本节课的内容。这样即使学生复习了本节课的内容，又清楚本节课在整体任务或项目中所处的地位。所以说，精辟的课堂小结对每一节课来讲起到了画龙点睛的作用。

五、课下练习

有些教师喜欢把课下练习布置得又多又难，让学生一看就很头疼。课下练习应将本堂课的内容充分地巩固练习，在此基础上，选取其中的一道练习题难度稍微提高，引出下节课要讲的重点内容。这样既能让学生为下节课做些预习，又能为下次课做个引题。所以，作为教师，要非常重视选取练习的类型，不能应付了事。

六、偶发事项的处理

也许你在讲课中会遇到一些偶发事项，使你本次课不能完成教学任务。遇到问题要从容面对，冷静地处理，你可以随机应变地将偶发事项（比如学生遇到以前学过的知识不清楚）作为重点内容讲述明白。因为此时的学生精力都放在对原来知识的探究上了，你再讲其他的内容，恐怕效果就不会很好。笔者在一次讲授会计电算化软件的公开课上，遇到软件出现故障的问题，下面的课无法继续下去，下面的教师学生都开始骚动。这时笔者一边修复软件，一边对学生说："大家在今后练习或工作中都有可能会遇到这种问题，你们要分析这次问题的根源出在哪里，看看老师是怎么解决的。"这使学生注意力一下转到解决问题的方法上,此时软件也修复好了,课又继续讲下去。最后虽然没有按计划完成本次课的教学任务,但学生却在其中学到了更实际的东西。

总之,评价每堂课质量的好坏,不是看这堂课环节是否完整,备课是否充分。授课的对象是学生,主体是学生,要看采用的教学方法和教学组织,有没有调动起学生的学习积极性,使学生有收获,这是评价课堂质量的唯一标准。

参考文献:

[1] 邓泽民,赵沛. 职业教育教学设计. 北京:中国铁道出版社,2009.

[2] 万伟. 新课程教学评价方法与技术. 北京:教育科学出版社,2004.

东陆职教论坛

2011 年

（下册）

主　编　康耘坤
副主编　马克力

云南大学出版社

目　录

（下册）

会 计 学

浅谈财会专业技能教学的优化与强化 …………… 胡　哲（367）
关于会计信息失真问题的探讨 …………………… 胡建群（373）
在会计课堂中实施"四步"教学法
　　——对"会计基础"课程教学方法的探索…… 何日荣（382）
不同教学方法下"错账更正方法"教学效果的比较
　　………………………………………………… 何光宇（389）
"以前年度损益调整"会计处理方法初探
　　………………………………………………… 杭燕萍（396）
项目教学法下所得税案例筹划实务应用 ………… 韩晓红（401）
中职会计电算化课堂教学效果初探 ……………… 韩清潞（410）
浅谈中职学校会计专业校本教材开发 …………… 郭春青（418）
对固定资产准则中几个问题的探讨 ……………… 葛惠弘（425）
中职学校基础会计课程"行为引导型"教学初探
　　………………………………………………… 陈　楠（432）
试论集权式财务管理模式的构建 ………………… 陈立军（441）

《债务重组准则》的变迁路径及其引发的思考
.... 陈凯棋（453）
对管理会计与财务会计的几点看法 .... 蔡赛男（464）
电子商务环境下的税收流失及其对策 .... 蔡敬熙（472）
会计教学改革下案例教学法的应用 .... 阿布都艾尼（479）
技能竞赛促进中职学校会计专业实践性教学 ...... 胡 喆（484）
对财会模拟实务教学的探索 .... 梁兆光（492）
对中职学校会计专业实践教学的思考 .... 李中耀（497）
从教材内外看企业偿债能力 .... 李志亮（504）
浅谈如何激发学生学习"基础会计"的兴趣 ...... 李雁凌（510）
如何从课堂之外优化中职会计课堂教学 .... 李卫华（516）
如何做好中职财务会计专业实践性教学 .... 李松林（522）
关于非货币性交易中"确凿证据"的探讨 .... 李若亮（531）
关于成本会计教学方法改革的思考 .... 李梦琳（537）
中职学校教学内容与会计岗位衔接若干问题的探讨
.... 李红梅（546）
中职学校财会教学面临的困境与对策 .... 焦向华（552）
浅议中等职业学校财会教学 .... 姜泽海（558）
工作过程导向的基础会计项目教学设计 .... 江争鸣（568）
加强会计模拟实验教学，培养学生专业技能 ...... 黄玉萍（576）
探讨职工薪酬会计核算的问题 .... 黄玉梅（584）
发挥教师主导作用　提高会计教学效果 .... 黄艳华（594）
浅析企业税收筹划成本 .... 黄建华（599）

建构主义理论在基础会计教学中的尝试应用 ……	林　军	(604)
班内分层教学在中职基础会计课程中的应用 ……	潘红燕	(610)
如何增强会计课的趣味性 ……………………	马苏英	(619)
探究型学习在会计课教学中的实践探索 ………	马　娜	(626)
口诀式教学法在中职会计教学中的应用 ………	罗军德	(633)
中职"财务管理"课程公式教学初探 …………	鲁兰珍	(642)
会计教学与会计模拟实习有机整合的实践与探索		
……………………………………………………	龙　飞	(651)
中等职业学校基础会计教学探索 ……………	刘宇红	(659)
浅谈如何提高学习会计的兴趣 ………………	刘晓军	(671)
关于中职财会技能大赛竞赛项目设置的思考 ………	刘文俊	(676)
怎样更有效地提高职校生理论与实践教学的效果		
……………………………………………………	刘淑林	(682)
对中职学校会计实训课程教学改革的思考 ……	刘　洁	(688)
浅谈"基础会计"的教学 ……………………	刘汉秀	(697)
如何提高中职会计专业学生的实际操作能力		
……………………………………………………	刘丹丹	(707)
新企业会计准则实施过程中存在的问题及对策		
……………………………………………………	刘爱坤	(712)
案例教学法在财务管理教学中的应用 ………	王雪丽	(721)
案例教学法在中职会计教学中如何组织实施 ……	王晓芳	(727)
改革会计实训课教学模式，培养实用型人才 ……	王俊友	(735)
中职财会技能教学五步曲 ……………………	王　菊	(744)

中职学校财会专业模块化教学初探 …………… 王海莹（750）
改进"会计学基础"教学模式，促进学生会计
　　思维形成 …………………………………… 田贞训（760）
浅谈我校会计专业教学改革 …………………… 田松森（768）
校企合作培养中职生职业能力的研究与实践 …… 陶纯君（776）
浅议任务驱动教学法在"会计模拟实习"课教学中
　　的应用 ……………………………………… 谭伟勇（781）
关于我校会计专业教学改革的思考 …………… 覃素芳（788）
试论我国企业集团财务管理中存在的一些问题和
　　基本对策 …………………………………… 孙永胜（796）
会计教学改革的思考 …………………………… 孙淑丽（805）
一年制财会高中专教学存在的问题及对策 …… 孙东华（810）
对提高会计专业教学质量的探讨 ……………… 宋新波（819）
谈 ERP 沙盘在中职会计实训教学中的应用…… 沈冬英（824）
借款费用准则的国际比较 ……………………… 邱社军（830）
企业文化思路在职业院校班级文化建设中的应用
　　……………………………………………… 徐　芬（838）
"基础会计"课堂教学中项目教学法的应用 …… 朱君玲（844）
浅析农村职校"双师型"教师的队伍建设 ……… 赵泽洲（850）
生活化教学法在财务会计教学中的应用 ……… 赵永芳（857）
中职教育发展面临的问题与对策 ……………… 赵艳丽（863）
对《企业会计准则第 18 号——所得税》准则的认识
　　……………………………………………… 赵美玲（871）

行为引导教学理念的研究与实践
　　——以河南省洛阳经济学校"315学导式"
　　　课堂教学为例探讨 ………………………… 赵　梅（880）
如何做好职业中专学校会计模拟实习 …………… 张兴华（890）
会计学科中创造性教学模式的探究 ……………… 张　新（895）
如何在实训中培养合格的出纳员 ………………… 张松献（903）
可供出售金融资产的会计处理方法 ……………… 张丽珍（913）
教学质量监控与评价机制研究 …………………… 袁　芳（923）
以技能比赛提升中职学生专业实践技能 ………… 尹朝艳（937）
综合收益确定系统的构成 ………………………… 叶彩霞（944）
特色班级　特色管理
　　——职业中学班级管理办法初探 ……………… 杨顺其（951）
浅谈应收账款的管理 ……………………………… 杨　屏（959）
怎样在会计教学中提高学生学习兴趣 …………… 杨　静（966）
中职学校会计专业实践教学的改进 ……………… 杨　丹（972）
工业会计手工模拟教学难点突破 ………………… 杨　超（979）
浅谈会计电算化下会计核算方法的发展和变化
　　…………………………………………………… 邹雪松（985）

会 计 学

学士会

浅谈财会专业技能教学的优化与强化

湖南省衡山县职业中专学校 胡 哲

摘 要：确定"能力本位"，加强学生综合能力的培养，是新形势下职业教育教学改革的一个重要方向。根据人才市场的要求和会计教学改革的目标，我们确定的教学理念是：重基础、重实务、重技能。对于会计专业技能的强化和优化，我们认为应该从三个环节来落实：即强化专业基础、强化实验实习、强化继续学习。

关键词：会计专业技能教学 优化 强化

长期以来，我国中等职业教育一直建立在传统的以学科教学为中心的基础之上，比较偏重于知识传授，形成了所谓的"知识本位"模式，学生缺乏系统的能力培养和训练。随着知识经济时代的到来，以及我国加入世贸组织，各行各业的知识和技术更新的速度越来越快，对劳动者素质和职业能力的要求也越来越高。因此，我们必须积极改进专业教学，确立"能力本位"，加强学生综合能力的培养，以适应社会发展的需要。笔者结合教学工作实践，试就财会专业教学的问题，作一些尝试性的探讨。

随着职业教育教学改革的不断深入，加强实践教学环节，强化技能训练，已成为职业教育的共识。如何加强学生的技能训练，如何让中职学生在激烈的人才竞争中以技能取胜、脱颖而出？我们确定的教学理念是：重基础、重实务、重技能。根据我校会计专业教学课程改革的目标和要求，对财会技能教学的强化与优化我们有了新的理解和认识,认为应从三个环节上来强化,即强化专业基础、强化实验实习、强化继续学习。

一、强化专业基础

近年来,中等职业学校生源质量持续下降,给我们的教学工作带来了新的难题和挑战。生源质量的下降,突出表现在学生认知能力普遍较差。因而,在教学过程中,根据学生的现状,结合专业教学的特点,注意加强学生记忆、理解、分析、比较、归纳、判断等认知能力的培养尤为必要。鉴于财会专业课程文理性质兼有的特点,教师在教学中应以加强学生的记忆与理解能力为中心,并在此过程中适时培养学生的分析、比较、归纳、判断等其他认知能力。

如何加强学生的专业记忆效果?这是我们专业教学过程中首先要解决的问题。会计学在形成发展过程中,形成了一套比较完整的理论体系,也产生了大量的专业术语如名词、分类、公式、处理程式等等。这些内容有其固定性、规范性的特点,因此对记忆提出了明确的要求。在会计专业教学实践中,我们认为教师应针对不同的情形,采用适当方式指导学生进行记忆。

对于概念性的内容,如"实收资本",教师应在讲解概念的基础上,引导学生进行分析,提炼出"投资者"、"投入"、"财产物资"等关键词,再进行串接记忆。

对于具有类似特征的概念,如"永续盘存制"与"实地盘存制",则需引导学生比较它们在账务记载与盘存目等主要方面的异同,在区别中进行记忆。

对于程序性的概念如各大会计处理程序,它们步骤较多,程序复杂。这时应把重点放在引导学生进行对比分析,先找出共有的基本步骤,进而发现其差别。学生通过自己动手分析,就能亲身体会教材上的一句话:不同的会计处理程序的根本区别在于登记总账的依据和方式不同。这样在找到规律的基础上进行记忆，就可大大降低学生记忆的难度，加深专业感性。在专业教学中，通过恰当的方法引导学生加强记忆，既可有效提高学生的专业兴趣，同时也能促进学生分析、比较、归纳等专业思维能力的提高。

引导学生去理解专业知识，也是强化专业基础的一个重要工作。所谓理解，就是将新知识过渡成为一些已知的、熟悉的、学生能够接受的内容。这就必须立足于学生现有的知识结构和能力层次，采用适当的方式来进行。

会计学实践性较强，因而教学中促使学生对新知识的理解应大量采用举例的方法。例如，刚学"基础会计"时，会涉及资产、负债、所有者权益等账户，若纯粹从字面意思来讲解，往往收效甚微。若举出一些简单的业务，让学生慢慢体会各账户的含义，并进行判断，再归纳各账户在登记方向上的规律，易于让学生理解并接受，并可提高学生的判断、归纳能力。

此外，教学中运用分析、比较及揭示逻辑关系的方法，也可大大促进学生对知识的理解。如在学习投资决策方法中的净现值法和现值指数法时，若将同一问题以两种不同的要求给出，让学生自己分析并进行演算，势必会产生两种不同的处理方式，然后再进行比较，学生就会真切地感受到两种方法的实质一样，只不过是减法和除法的差异，从而揭示出两者之间的逻辑关系，对该内容的理解也就能达到比较深刻的程度，在此过程中也使学生的分析、比较及逻辑思维能力得到进一步提高。

二、强化实验实习

中等职业学校的财会专业，主要培养面向基层企事业单位从事会计核算与会计事务管理的初中级财务会计人员。学生在学习"基础会计"、"财务会计"、"财务管理"、"成本会计"等会计专业课的同时，需进行珠算、点钞、会计电算化、会计模拟实务等技能训练。财会专业的技能教学，应依靠课堂教学和实验实习教学来共同完成。课堂教学是使学生掌握技能，形成实践能力的主渠道、主阵地。教师在传授会计基本理论知识的同时，应注意实验实习和技能训练，做到理论与实践并重。在教学实践中，教师应根据教学内容适时地设计配套的实践性环节，如原始凭证的取得与审核、记账凭证的填制、账簿的登记、错账的更正、报表的编制以及各项会计业务处理方法等。根据教学过程适时地进行仿真业务训练，指导学生按规范的会计方法处理会计业务，让学生在学习理论的过程中提高自身业务实训能力。

技能教学是在教师的指导下进行训练，并在练习的过程中内化知识技能，进而促进发展、形成能力。这是衔接知识运用和能力形成的重要教学环节，其教学效率的高低直接决定着技能的高低。教师端正对技能教学的认识，运用技能教学的基本模式，使学生高效地掌握技能，促进技能的提高，为学生服务于社会及自身的可持续发展奠定扎实基础。

在会计教学中，很多流程或操作是需要通过实习来辅助认识的。会计凭证、会计账簿、职能岗位、操作流程等等，对于从未接触过财会工作的中职学生而言明显缺乏感性的认识。这些学生刚刚毕业于义务教育，在新开始的专业学习中对专业名词、专业术语以及处理经济业务的方法都感到陌生，难以理解和接受。这时若能恰到好处地组织一些与教学课题相关的实验实习，教学效果也许会立竿见影。在模拟实验室里，教师通过实物讲解和操作演示，就能把理论和实践结合起来，把抽象的、复杂的理论通过具体的、有形的实体表现出来。这样既增强了学生学习专业课的兴趣和欲望，提高了学生学习的积极性，又能使学生获得正确处理会计业务的实际能力，能使学生在上岗前就熟悉经济工作中的具体业务并能有效处理，为毕业后走上工作岗位打下良好的基础。因此，实务的操作是非常重要的教学环节，同时随着会计电算化的普及，学生在完成基础会计学课程后，还应加修会计电算化课程，让手工操作与电算化操作融会在一起。

要培养学生的会计专业技能，就必须加强会计实验实习教学。其目的就是要将技能教学与课堂理论结合起来，让学生在技能训练中巩固和运用所学知识与原有技能，形成熟练、准确、规范的操作行为，形成专业的思维方式，培养解决实际问题的能力。

比如，我们在讲述购买原材料的业务之前，应事先准备好模拟的购销合同、增值税发票、运费发票、支票、空白的材料入库单等。有了这些凭证或资料，我们就不再只是枯燥地讲解分录的编制，还可以牵涉：①合同能不能作为原始凭证；②如何辨别增值税发票和如何看待进项税额；③运费在怎样的情况下可按一定比例计增值税；④仓管怎样编制材料入库单；⑤支付方式的选择、支票的使用等相关问题。此外，学生就会知道在未来工作岗位上遇到同样的业务处理时，应该主动搜集哪些资料，又该如何分析处理。因此，用模拟的凭证、资料来代替抽象、单一的文字，可以很好地与实际相联系，给学生的印象也比较生动深刻。

在从事会计教学的过程中，笔者也深切地体会到：市场经济条件下人才的竞争更加激烈，而作为职业学校财会专业的学生，如无"一技之长"，就更无竞争优势。他们只有在专业技能上"胜人一筹"，才有可能为自己争得"一席之地"。因此，我们认为，通过理论—实践—深化理论—再实践的反复过程，才能让学生主动参与，激发学生的好奇心、求知欲，达到调动学生专业学习积极性，提高学生理论和实践能力的综合效果。

三、强化继续学习

作为教师，我们应该积极关注不断出现的财会新规定、新知识，及时调整、更新教学内容。随着我国改革开放的深入和社会主义市场经济体制的建立和发展，会计体制已发生了重大的转折。例如，近年来财政部根据《基本会计准则》制定并颁布了或有事项、债务重组、租赁、资产负债表日后事项等多项具体会计准则，在股份制企业会计中也出现了许多新的会计核算内容与会计核算方法，但由于教材建设的相对滞后，许多财会专业教材因不能及时改版而存在过时、落后的内容，这就要求我们必须及时更新相关教学内容。这样既能让学生学到最新的财会专业知识，又能让学生在学习新知识的过程中提高其专业能力。

另外，随着计算机技术的发展，会计软件的开发和应用，传统的会计核算手工操作正向会计电算化方面转变，在会计技能培训中，必须大力加强会计业务电算化的训练，以适应会计发展的新要求。

现代社会是信息社会，知识更新的速度越来越快。我们要不断更新教学内容，尽力将最新的财会知识传授给学生。但是尽管如此，学生在以后的工作中，仍会因新知识、新技能的不断产生而不可避免地面临继续学习的问题，因而，我们必须清醒地认识到，财会专业教学绝对不是能对学生"包终身"，它只是"终身教育"的关键环节。我们不仅要让学生学会财会专业知识和技能，而且更应让其掌握学会知识和技能的方法。即不但要学会，更要会学；只有会学，才能不断更新知识和技能，才能跟上社会经济发展的步伐，因而必须大力加强学生自学能力的培养。

总之，我们必须切实更新观念，改进专业教学，变"知识本位"为"能力本位"，不断提高学生的综合能力，优化和强化财会专业技能，才能培养出符合时代要求、具有较高素质和较强能力的中等财会专业人才，更好地服务于社会经济的发展。

关于会计信息失真问题的探讨

湖南省安化县第二职业中专学校　胡建群

摘　要：会计信息质量的高低是评价会计工作成败的标准，是保证信息使用者作出正确决策的基本前提和条件。随着生产力的发展和社会的进步，人们对于信息的依赖程度越来越高。会计信息质量正受到越来越多的关注。然而，在现实生活中却存在着比较严重的会计信息失真问题。会计信息失真问题对于社会的进步与发展起到了消极的影响，甚至对社会公平与和谐是一种破坏，如何防止会计信息失真问题，成为会计事务中最核心的问题。目前，会计信息失真的情况影响了我国资本市场的健康发展，也在一定程度上影响会计的国际化进程。本文将会对会计信息失真的表现形式、发生的原因、所产生的危害性和治理会计信息失真的对策等问题进行探讨。

关键词：会计信息　失真　原因　对策

全球经济、社会同步飞速发展的今天，中国的经济也以较高的增长率蓬勃发展着。而经济高速发展的背后也存在着很多阻碍、制约经济发展的因素和事物，其中对于经济和社会造成损害最大的，就是会计信息失真问题。会计信息，尤其是真实的会计信息对于企业本身，甚至于整个国民经济都有着不可估量的作用。会计信息失真一直是我国会计领域的"顽症"，已经对国家经济秩序与社会稳定构成了严重威胁，足以令一个国家的经济秩序混乱、体制崩溃、社会动荡。作为会计专业人员，应该从会计信息失真的表面到内涵进行全方位的认识和了解，形成清晰的概念性思维和正确的会计从业人员职业操守以及判断会计信息真伪的能力，这样才能从源头上遏制会计信息失真问题的发生。

一、会计信息失真的表现形式

（一）原始凭证失真

原始凭证不能反映企业经济业务发生的本来面貌，表现有原始凭证失真造假，经济业务内容造假。比如虚开发票、多开发票进行报销，提高费用，加大成本，以达到套取现金或骗税的目的；或通过与其他企业对开增值税发票、产品销售发票，虚拟销售业务，虚增收入和利润，以达到粉饰经营业绩的目的。

（二）会计核算失真

在时间差上做文章，将下期的销售收入提前到本期确认（或相反），而对负债和费用却推迟确认；在集团下属企业之间随意转移收入或费用；变更会计报表合并范围，人为调节利润，造成财务成果不真实。

（三）资产计价不真实

很多企业的资产账面价值已不能真实反映资产的实际情况，有的企业将那些已不能给企业带来利益的资产仍挂在账上，有的企业采用非法手段虚报资产价值（如对存货进行虚假盘点等，虚增存货数量），还有不少企业账、卡、物不符，造成国有资产大量流失。

（四）会计报告文字失真

它是指任意歪曲经济业务内容，把不合理、不合法的经济业务收支通过伪装、粉饰说成是合理、合法的；对企业的偿债能力，重大财务事项借保守商业秘密为由隐瞒财务信息，在会计报表附注中做手脚。

二、会计信息失真的危害

（一）会计信息失真严重地损害了信息使用者的利益

会计核算的基本原则之一"相关性"，要求会计提供的信息与信息使用者的决策相关联，即人们可以利用会计信息作出有关的经济决策。对会计信息相关性的要求是随着企业内、外环境的变化而变化的。随着社会主义市场经济的建立和不断完善，企业在社会生活中的地位越来越重要。会计信息的其他使用者，如管理者、债权人、政府部门、社会公众等也都要利用会计信息了解企业的财务状况、偿债能力、获利能力，了解企业所承担的义务情况。如是否按期足额地纳税，是否遵守国家的有关法律规定，是否如实地向国家提供了有关宏观调控所需要的会计信息等。其中，有很多信息使用者都依赖会计信息而作出自己的决策。因此，失真的会计信息给众多信息使用者带来的危害是不言而喻的。

（二）会计信息失真严重影响了会计工作秩序和社会经济秩序

首先，会计信息失真导致了国有资产大量流失，如有的企业编造假会计资料转移国家资金，形成小金库；有的企业通过设置多套账，虚列成本等隐瞒利润，偷逃国家税收；还有的企业虚构偿债能力，骗取国家贷款和社会资金等。

此外，会计信息是国家制定财税经济政策、进行宏观调控的重要依据。由于会计信息失真，虚假的、不实的会计数据会使国家的综合经济指标计算出现偏差，使国家制定的有关的财税、经济政策失去依据，自然会影响到国家宏观调控和国民经济综合平衡。同时，市场经济是法制经济也是信用经济。因此，如果会计行为不规范，提供的会计信息不真实，会计信息披露不充分，将会使经济活动无信用可言。

(三) 会计信息失真严重危害了社会环境

首先，会计信息失真使会计失去诚信，毁坏自我形象。目前的会计造假行为形形色色，从会计凭证、会计账簿到财务会计报"假"无处不在，会计原有的客观、公正的神圣形象被"假"字污染，使得会计失去了诚信，会计信息失去了可信度，在社会上造成极坏的影响。

其次，会计信息的失真给不法分子的违法乱纪行为提供了温床。会计信息失真是社会上弄虚作假，以谋求不正当权益之风在会计工作中的反映。反过来，会计信息失真又助长了不正之风的蔓延。

三、会计信息失真的原因

(一) 会计信息的稳健性原则和重要性原则会造成会计信息失真

稳健性原则又叫谨慎性原则，是指对某些经济业务存在不同的会计处理方法和程序可供选择时，在不影响会计选择的前提下，会计人员尽可能选用一种不虚增利润和夸大所有者权益的会计处理方法和程序进行会计处理，要求合理核算可能发生的损失和费用。会计信息是建立在稳健性原则基础上的，它有利于保证企业资产的完整性，增强企业赢利能力。但它也有局限性：首先，会计信息的相关性要求会计信息符合企业实际的生产经营状况，采取稳健性原则确认并计量资产、负债、收入和费用，很可能导致会计信息偏离实际。其次，企业的目的在于最大限度地增加企业的资金来源，采取稳健性原则确认的计量常会使企业会计报表的信息偏于保守。重要性原则允许企业对不重要项目可以例外处理，但对于哪些项目是重要的，哪些项目按不重要的项目处理，势必会影响企业财务状况与经营成果的公允表达，使对外公布的会计信息偏离企业的实际情况。

（二）会计人员业务素质参差不齐

一方面，国家财政部门举办的会计专业职称考试已经持续多年，考试规模逐年扩大，为会计人员队伍质量提供了基本保证。另一方面，缺乏会计实务经验的人比比皆是。同时，新的会计准则不断推出广大会计人员对新准则的了解、掌握、运用，水平差异很大。因此，会计人员业务水平参差不齐，导致会计信息失真的现象也十分普遍。

会计人员后续教育未跟上。作为会计人员提高业务水平的重要环节——会计人员后续教育，未跟上知识更新的要求，更未能得到普及。目前从实施后续教育的情况看，后续教育往往走形式。

会计管理力不从心，鞭长莫及。由国家财政部门实施会计管理是源于计划经济时期的管理方式，随着大量的民营企业、中小企业的出现，这些企业会计人员不稳定，流动性大，会计人员的工作独立性较差，而财政部门未能及时出台会计管理的相应措施。

（三）年度会计报表未全面实施注册会计师审计制度

目前仅对上市公司及国有企业实施注册会计师审计制度，众多民营企业还未实施。对医院、学校、研究所等有经济收入的事业单位实体的会计监督，还停留在内部审计监督阶段和不连续的国家审计阶段。因为缺乏连续的审计监督，会计信息失真不可避免。

（四）经济利益的驱使，是会计信息失真的源泉和原动力

经济利益是最常见的造假动机，是造假最强大的内在驱动力。另外，政治利益也是造假者造假的一个主要动力。企业由于所有者与经营者（代理者）的两权分离，双方利益不一致，当造假者对暴富的渴望，对官位升迁的企盼，对出人头地的向往，不能通过正常渠道获得时，就不得不依靠采取各种手法来改变单

位与国家、单位与个人、个人与个人之间的利益格局与分配关系，改变衡量其政绩的各项经济指标。一些单位为达到转移资产、偷逃税款、粉饰业绩、获取信贷资金和商业信用、发行股票及配股等目的，指使或强令会计人员采取欺骗、隐瞒等各种手段篡改会计数据和会计报告，伪造会计信息。一般手法有以下几种：选择有利的会计政策，实施会计方法的转换；利用资产重组，实现"置换"意图；利用关联方交易，调控"账面利润"；借资产评估，调节资产价值；利用虚拟资产，虚构企业利润；实施连环交易，虚构财务成果等。

四、防治会计信息失真问题的对策

（一）完善会计相关的法律法规

在根据《会计法》依法对被检查单位会计信息真实性情况的检查中，一方面要检查被查单位的会计基础工作，另一方面要检查被查单位提供的会计报表的真实性。会计法规的应用要避免主观随意性，缩小会计信息与客观实际情况的出入；会计法规的制定和规划，应对未来会计环境的变化有比较科学和具有一定超前性的分析和预测，从而使会计的发展具有较好的稳定性和可持续性，避免未来环境的不确定性对会计产生过多的影响；要注意协调好有关利益集团在法规制定和执行过程中的相互制约关系，使各方利益都能够在有关法规中得到充分的体现，以消除或减少对会计法规的抵触和抵制行为。

（二）深化会计管理体制改革，确保会计人员行使职权

建立财政部门或政府部门直属的具有法人性质的会计管理部门，管理会计人员的劳动关系和业务培训，负责向各单位的会计委派，赋予会计人员在会计监督中独立的地位，使会计人员无后顾之忧地实施独立的监督职能，真正发挥监督者的作用。

（三）强化监督机制，加大审计监督力度

首先，建立、健全本单位内部会计监督制度，建立会计岗位责任制，并监督实施。

其次，加强社会监督，防止注册会计师事务所为追求收入，对审计走过场，不进行深入、执法方面的审计。

再次，加强政府审计监督。政府监督主要是指财政、审计、税务、人民银行、证券监管等部门行使职能，依法对会计行为的监督。要建立有效机制，一级管一级，实行责任终身追究制度，只有这样，才能使造假者不至于有恃无恐，保证会计信息真实完整。

（四）规范会计信息的披露

规范会计信息的披露的核心是完整信息质量管理机制。要建立会计信息规范体系，规范会计信息披露的内容和格式，披露会计政策选择与变更、重大环境变化对企业造成的影响及通货膨胀对会计信息的影响等，必要时实行通货膨胀会计。对企业无法用货币单位反映的经济活动如企业管理人员素质、能力、企业职工的业务水平等，在现行财务报表中无法予以披露和反映的，应通过在财务报表之外披露的一种法律和其他形式来确认、计量的资产负债、所有者权益、收入、费用、利得与损失等不能完全反映的经济事实，甚至被忽略的资产与负债。现在知识经济时代，一个企业可持续发展能力、未来获利能力以及有利的现金流动状况的决定性因素将不是财务资本，而是一个企业能否拥有高素质的人才队伍、良好的管理以及团队精神。所以，应对这些非财务信息加强披露。

（五）强化高层管理人员责任，约束高管人员行为

就我国高级管理人员会计造假而言，从各方面强化约束机制是非常必要的。尽管高级管理人员承诺对会计报表的真实性、完整性负责，但会计造假还是层出不穷。因此，应通过立法对高管

人员的会计造假行为进行从重处罚,并追究其民事责任和刑事责任。

(六)加强会计队伍建设,提高会计人员综合素质

会计人员是会计信息的直接生产者。如果会计人员具备了较高的业务水平和道德素质,就能把好会计信息的第一关。要提高会计人员准入的门槛,重视学历要求。要加大对会计人员业务培训和职业道德培训的力度,并建立会计人员的升降级等制度和诚信档案,促进会计人员爱岗敬业、诚实守信、廉洁自律、客观公正、坚持准则、提高技能、参与管理、强化服务。

(七)会计从业人员科学合理地使用稳健性原则和重要性原则

稳健性原则的实质在于,要求会计人员在反映带有不确定性因素经济业务时采取审慎的态度。但这必然使会计信息偏离实际情况,所以为了避免给会计信息使用者造成误导,也不能无所顾忌地应用稳健性原则;即使有必要运用,也应在财务报表附注中加以说明,并且以不至于误导会计信息使用者为度。对于重要性原则,应在法规中详细规定界定重要性的量和度,会计人员要尽量考虑到各种不同的情况,从而作出比较详细而具体的规定。

综上所述,对于会计信息失真问题的治理已刻不容缓,任重道远。尽管治理会计信息失真有多种途径,但作为财务人员,最根本的一条是遵守会计准则和会计制度的规定。"诚信为本,操守为重",保卫会计信息的真实性。随着国家经济体制改革的不断深化和会计制度的不断完善,会计一定会重整信用基础,由乱变治,最终融于大社会之和谐。

参考文献:

[1]王振武. 会计信息系统. 大连:东北财经大学出版社,2006.

[2]张瑞君,蒋砚章.会计信息系统.北京:中国人民大学出版社,2006.

[3]王锴.会计信息系统——管理的视角.北京:清华大学出版社,北京交通大学出版社,2006.

[4]林瑛.对当前治理会计信息失真问题的对策探讨.ASPT来源刊,CJFD收录刊,2009(4).

[5]王猛.会计信息失真问题初探.中小企业管理与科技(下旬刊),2009(1).

[6]于丽.会计诚信与《会计法》完善过程中有关问题的探索.中国青年科技(理论版),2007.

在会计课堂中实施"四步"教学法

——对"会计基础"课程教学方法的探索

广东省中山市东凤镇理工学校 何日荣

摘 要："会计基础"是财会专业的一门基础理论课程，它着眼于抽象的会计基本理论论述，对于初次接触会计知识的学生而言，是难以真正理解和掌握的。由于该课程学习难度大，容易出现学生畏惧、厌学的现象。本文遵循"实践—认识—再实践—再认识"的认识规律，提出"四步"教学法，绕开抽象的"会计理论"部分，以"账务处理"教学作为突破口，可以解决学生畏惧、厌学的问题。

关键词："会计基础"课程 "四步"教学法

一、引 言

"会计基础"课程主要讲述会计基本原理，阐述会计核算的基本方法，是会计专业知识的基石。由于理论性太强，学生难以理解，更谈不上掌握。如"第一章 总论"中的会计核算的一般原则，十三项原则从三大方面对会计核算提出了不同要求。此前，教材尚未讲述具体会计核算，学生既不知核算为何物，又怎么会真正理解核算所必须遵守的会计原则呢？无论任课教师解释的多么全面、深刻，学生仍是只知其表，不知其里。尤其是对"权责发生制"这一重要原则的理解，就更为困难了。

一般来说，《会计基础》教材的内容均可分为"会计理论"

和"账务处理"两大部分。按照习惯,编者喜欢将"会计理论"内容编排在前面,而将"账务处理"放在后面。也就是说,要求学生先学习"会计理论",再学习"账务处理"。其实,这是一个违背认识规律的做法,也是造成上述教学困难的主要原因。

辩证唯物主义认识论认为,认识来源于实践,由感性认识到理性认识是认识发展的两个必经阶段,人们的认识由感性认识上升到理性认识,最终形成理论,理论又反过来更好地指导实践。上述做法仅仅强调了理论对实践的指导作用,却忽视了认识过程必经的两个发展阶段。笔者认为,推行"四步"教学法,可以克服这些困难。

所谓"四步"教学法,是指将教学任务分成四步来完成。第一步,绕开抽象的"会计理论"部分,以教师为主导,演示"账务处理"过程,先让学生认识实实在在的会计凭证、会计账簿和会计报表,观摩实实在在的会计做账过程。第二步,提出"为什么要这样做账"这样一个问题。以此为契机,引出"会计理论"这一类课题,很自然地过渡到理论知识教学阶段,完成"会计理论"教学任务。第三步,以学生为主导进行"账务处理"教学,要求学生掌握会计做账的基本方法。第四步,回到"会计理论"部分,再次进行"会计理论"教学。这是一个从实践到理论再到实践的认识过程,目的是先让学生对会计知识产生感性认识,再由教师引导上升到对会计原理的理论认识阶段,最后又将会计原理应用到会计工作的实践过程中去,不断实践,不断认识。由于这种方法遵循"实践—认识—再实践—再认识"的认知规律,故称之为"四步"教学法。

二、实施"四步"教学法的前提

（一）"四步"教学法要求教师搜集企业实际业务单据复印件

纵观所有的《会计基础》教材，"账务处理"例题几乎都是"文字＋表格"的简易模式。既无现实工作中的单据格式，也无规范的操作过程。学生无法知道教材中的这些例题和实实在在的会计工作有何联系。"四步"教学法讲的是实例，实例就是根据企业实实在在发生过的经济业务和会计事项做账的过程。因此，在备课环节，教师要广泛搜集企业实际发生业务单据的复印件。

（二）"四步"教学法要求教师具有制作多媒体课件的能力

实施"四步"教学法，教师必须将做账的操作过程直观地展示给学生。如果仅凭手工做账的方式给学生演示，面对数十位学生，不但很难让学生看得清清楚楚，而且教师的工作量也很大。实践证明，制作多媒体课件可以解决这个问题。多媒体课件可以直观地展示会计凭证的手工填制过程、手工记账过程和会计报表编制过程，减轻教师的工作负担，提高教学效率。这就要求教师具备一定的多媒体课件制作能力，并能够根据教学活动的实际需要，制作高质量的课件。

（三）"四步"教学法要求教师具有一定的会计工作经验

实施"四步"教学法，教师必须亲自动手，学习和掌握会计凭证的填写过程、记账过程和报表编制过程，掌握规范的账务处理流程。大多数财会教师毕业于大专院校的财经专业，通晓书本知识，可谓满腹经纶，但是从未接触过实实在在的账务处理工作，没有参加会计工作的经历，因而缺乏会计工作的实践经验。

缺乏会计工作经验的教师应当虚心向有经验的教师学习，也可以利用假期，联系一些会计师事务所，做一些临时工。别忘了，互联网是一个综合性的大学堂，互联网上有许多财会网校，如中华财会网校（www.chinaacc.com）、东奥会计在线（www.dongao.com）和中华财会网（www.e521.com）等，网校有许多著名高校的专家教授在线授课，供我们"充电"。网上更有丰富的教学资源，供我们免费下载学习。

三、实施"四步"教学法的过程

（一）重新规划教材的篇章结构

现行的《会计基础》教材大多将抽象的"会计理论"编排为教材的第一篇，将"账务处理"编排为教材的第二篇。这样的篇章结构似乎是符合逻辑的，但对初次接触会计知识的学生而言，却是"拦路虎"，让学生望而生畏。"四步"教学法先将"账务处理"编排为教材的第一篇，而将"会计理论"编排为教材的第二篇，这样首尾掉转，就除去了"拦路虎"。当学生掌握了一定的做账方法后，再学习会计理论，已经是"拨云见日"了。

（二）搜集企业实际业务的单据复印件

搜集企业实际业务的单据复印件，是"四步"教学法的重要步骤。由于单据是企业经济业务发生的证据，我们不可能取得单据原件，但可以搜集复印件。主要搜集各类进销货发票、材料入库单、发料单、工资费用分配表、各种结算票据存根等的复印件。复印件最好为彩色，这样基本可以做到仿真，效果好。搜集的渠道主要通过互联网，互联网上有许多财经网站，那些网站上面一般可以找到我们需要的单据复印件图片。最快的方法是在百度网站（www.baidu.com）上去搜索单据图片。比如，搜集"车票"，在文本框内输入"车票"，选择"图片"选项，点击"确定"按钮，执行搜索，很快就可以找到大量的"车票"图片。

（三）制作多媒体课件

适用于会计教学的多媒体课件制作软件有 Flash、Powerpoint、Authorware 等。利用 Flash 和 Authorware 制作的课件具有很大的灵活性，动画效果好。利用 Powerpoint 制作课件速度快，效率高，但动画效果不及前两者。会计课件关键的动画技术是展示书写过程，如填制会计凭证的书写过程、登记账簿的书写过程；Powerpoint 的"擦除"和"切入"这两项动画功能就能展示书写过程。例如，使用"擦除"动画，只要将文本出现的方式设定为"按字/词"出现，即可实现文字书写的动画过程。Powerpoint 2003 推出了更为丰富的动画功能，特别值得一提的是动画的"触发器"功能，可以用来制作选择题和判断题。

制作课件需要的记账凭证、会计账簿和会计报表图片可以通过扫描仪扫描取得，也可以使用画图软件或者 Excel 软件制作。例如，我们可以利用 Excel 软件强大的表格制作功能设计各种会计凭证、会计账簿和报表，然后利用功能键 [PrSc SysRq] 截图，将其复制到剪贴板上，粘贴到图像图片处理软件（如 Pspaint, Photoshop 等软件）的编辑区，最后保存成图片文件。如果是采用 Powerpoint 制作课件，则可以直接粘贴到"ppt"文件中，再利用图片工具栏上的图片编辑工具进行必要的裁剪和修整。

课件用以模拟做账的动作和过程，因此动画效果一定要好。关键动作，如凭证填写表过程、记账过程必须要表现得清清楚楚。必要时，对于重要的文字可以使用文本闪烁等技术加以强调。

（四）进行课堂教学

课堂教学是实施"四步"教学法的关键步骤。课堂应选择在财会模拟室或者多媒体教室。上课前，应当准备好学生实操用到的凭证、账簿和报表，并将搜集的单据图片打印出来，作为实验操作的原始凭证。根据重新编排的教材结构，遵照"四步"教学法教材内容编排原则，"四步"教学法需要完成的教学任务具体如下。

1. 第一篇（第一步）

第一篇是"账务处理"。在制订教学计划时应当注意到，会计实操内容只能够涉及一些基本的会计核算方法，限定在学生既可以接受，又能够与会计基础知识密切相关的范围之内。上课时，根据教学内容播放课件。对于初次涉及的基本概念，教师只需要做一个最基本的讲解，给学生一个大概的印象。课件播放一次后，布置课堂练习，让学生自己动手，模仿课件演示的操作过程，实际操作一遍，体会会计工作的乐趣。学生完成练习之后，教师进行总结，肯定学生取得的成绩，进一步激发学生的学习兴趣。这样做的根本目的就是让学生对会计工作产生感性认识，使他们掌握一些会计工作"经验"。

2. 第二篇（第二步）

第二篇是"会计理论"。学完第一篇，学生已经对会计知识有了感性认识。因此，在制订这一阶段的教学计划时，应当注意将课件与教材相结合。上课时，一边讲解教材，一边播放课件。用课件来演绎教材，用教材来阐释课件。详细讲解，深入学习，将会计概念、原理教学由感性认识上升到理性认识阶段。

3. 第一篇（第三步）

遵循"实践—认识—再实践—再认识"的哲学原理，完成了第二篇教学任务之后，学生对会计理论知识已经有了深刻的认识，具备了一定的会计理论水平。在此基础上，我们再来学习第一篇"账务处理"。这次的学习，是以学生为主导，让学生自主参与，亲自动手做账，完成"账务处理"的整个操作过程。

4. 第二篇（第四步）

由于"会计基础"课程的重点是理解和掌握会计理论知识。因此，在完成了第三步的教学任务之后，我们还是应当回到理论知识教学这个重点上来。经过第三个步骤的"再实践"，学生已经掌握了一定的"账务处理"技能,对"会计理论"知识已经不再陌生了。这个时候,我们再次学习"会计理论",学生就容易理解和掌握了。到此,我们终于打掉了这个"拦路虎",完成了全部的教学任务。

需要指出的是,在教学的各个步骤,教师应当将课件、练习和作业等教学参考资料及时发布在校园网上,方便学生利用课余时间温习和自学。

四、实施"四步"教学法的效果评价

"四步"教学法的实施,是会计课程教学改革的一次创新。一方面,它符合由实践到理论的认识规律,体现了财会教学的新特色。另一方面,它实现了理论与实践的"无缝焊接",达到理论与实践相结合的教学目的。

"四步"教学法的实施,有效地改变了我校财会专业"学生厌学,教师厌教"这一被动的局面。学生找到了学习会计的乐趣,激发了学习会计的动力。教师也探索出了会计教学改革的新思路,工作热情大大提高,教学成绩稳步上升。多年以来,我校大力推广实施"四步"教学法,财会专业学生学习兴趣高涨,会计从业资格考试成绩在全市稳居前列,会计专业技能竞赛成绩在全市名列前茅。

参考文献:

[1]《广东省会计从业资格考试辅导教材》编委会. 会计基础. 北京:中国财政经济出版社,2005.

[2]佚名. 基础会计教学点滴. 财会月刊,2007(8).

不同教学方法下"错账更正方法"教学效果的比较

广东省阳江市第一职业技术学校 何光宇

摘 要：本文以《基础会计》中"错账更正方法"这一内容为载体，对不同的班级分别采用传统讲授式教学法和自主讨论、探究式教学法进行教学探索，并以普遍性原则进行实验设计，对教学效果进行对比实验研究。研究结果表明，自主讨论、探究式教学法无论在课堂气氛、学生积极性方面，还是在知识掌握程度及记忆牢固程度方面均优于传统教学法，应着力推广。

关键词：讲授式教学法 自主合作、探究式教学法 教学效果

一、引 言

随着新课程改革如火如荼地进行和不断深入，很多新理念、新教学方法如雨后春笋般涌现出来。学生自主合作、探究式教学方法便是其中一种。它将学生的主体地位突显出来，把课堂交还给了学生；通过教师启发诱导和学生之间的自主讨论、探究获得知识；充分发挥了学生的学习主动性，提高了学生自我完善知识的能力。相比之下，传统讲授式教学中，主要以教师讲授，学生被动接受和课后练习为主要手段。它以教师为中心，注重了"教"，而忽视了师生交流、合作和学生主动参与、探究等学习方式。但在实际的教学过程中，这种教学方法因为各种主客观因素的制约，仍较多应用在课堂教学中，在财会专业的实际教学中

也是如此。是不是自主合作、探究式教学法真能提高课堂教学的效果呢？很多教师对此褒贬不一。对此问题，笔者以《基础会计》中"错账更正方法"这一教学内容为案例，进行对比性实验研究。

二、实验研究对象及方法设计

（一）实验研究对象

以05级、06级4个财会班共218人为对照组，以07级、08级4个财会班共201人为实验组。

（二）实验方法设计

本实验中均以"错账更正方法"这一节为教学内容，对实验组学生采用自主合作、探究式教学法进行教学，而对对照组学生采用传统的讲授式教学法。通过两种教学方法在课堂气氛、教学效果及知识巩固情况三个方面的比较分析得出结论。其中，课堂气氛比较主要看学生的参与意识及积极性表现；教学效果的展现主要通过课堂练习，将学生的掌握程度分为"A、B、C"三个等次。其中，"A"表示学生能熟练掌握三种错账更正方法及步骤，能正确选择采用何种更正方法；"B"表示学生能掌握画线更正法及补充登记法，但对红字冲销法不是很熟练；"C"表示学生很难分析错账应采用哪种更正方法或不知如何去更正。知识巩固情况主要通过期末考试和高三复习时对同一考试内容的得分情况进行比较。

三、实验研究结果和分析

（一）不同教学方法下的课堂设计

根据表1，在传统教学方法下，一开始是由教师举出几种错账，随即分析其中的问题，从而引出新课内容，一一讲解。而在自主合作、探究式教学法下，一开始展现的是学生自己的作业，

表1 不同教学方法下的课堂设计

自主合作、探究式教学法（实验组）	传统讲授式教学法（对照组）
用多媒体展示学生以前做的几笔错账	教师举出几种错账的例子
让学生分析账的对错	教师分析各种错账的原因
根据学生自学情况分组讨论针对以上错账应采用何种更正方法及如何更正	讲解各种更正方法的概念及适用范围
教师根据讨论结果来归纳总结各种错账更正方法的适用范围及更正步骤	举例讲解各种错账更正方法更正步骤
课堂练习	课堂练习

让学生自己找错误，从而进一步提出要求，让学生在自学的基础上分组讨论如何对错账进行更正，继而由教师点评讨论结果。对同一节内容，不同的教学方法，课堂气氛是完全不同的。在传统教学方法下，上课过程中对照组的学生只是一味地听教师讲，自己很少动口、动脑、动手，对教师的提问也只有少部分尖子生参与，而对这一节的重难点内容，大部分学生更是不知所措，在上课期间还有学生打瞌睡、开小差，所以整堂课中，学生学习积极性不高，参与程度不够，课堂气氛也不活跃。而在自主合作、探究式教学方法下，全班绝大多数学生参与其中，在轻松的课堂气氛中，每个学生都敢讲出自己的观点和疑惑，进而使学生在讨论中解决了本节课的重难点，而且通过教师的点拨、指导更加深了对新知识的理解，所以在整堂课中气氛相当活跃，学生的积极性

也较高。另外，在讲授式教学法下过分强调知识的传授和接受，忽视学生探究和体验，被动灌注，导致学生主体精神和能动性不能很好的发挥，从而使学生缺乏创新思维、问题意识和探索能力，久之，必然对被动接受知识产生厌倦，缺乏兴趣。而在自主合作、探究式教学法下，经过教师的精心设计和组织引导，能刻意营造轻松、民主的环境氛围，充分发挥学生的主体地位，激励学生独立、自主地思考问题、讨论问题，在动态中探索、求知，寻求解决问题的方法和途径。可见，无论在调节课堂气氛上，还是在培养学生的能力方面，自主合作、探究式教学方法的效果是显而易见的。

（二）利用统计学原理对课堂练习结果进行比较分析

表2　学生对知识的掌握程度

掌握程度	掌握人数占总人数比率（%）		个体指数（%）	
	对照组（q_0）	实验组（q_1）	q_1/q_0	q_1/q_0-1
A	18	52	289	189
B	31	34	109	9
C	51	14	27	-83

从表2中不难看出，学生对知识掌握程度为 A 的，实验组人数远远多于对照组；掌握程度为 B 的，实验组人数也多于对照组；而掌握程度为 C 的，却远远少于对照组。实验数据证明，两种教学方法下的教学效果是不同的，自主合作、讨论式教学方法在学生掌握知识程度上明显优于传统教学法。

(三) 通过实验数据对知识巩固情况及掌握程度进行整理分析

表3 两个组对知识记忆的牢固程度

项 目	对照组 X_1（平均分）	实验组 X_2（平均分）	d（$X_2 - X_1$）
期末考试	6.2	8.7	2.5
高三复习测试	3.8	8.1	4.3
平均降低幅度	2.4	0.6	—

从表3中可以看出，对同一试题内容，总分值为10分。从横向来看，不管在期末考试中还是在高三复习测试中，实验组的平均分都高于对照组，这再一次说明实验组对"错账更正方法"这一节内容掌握程度明显优于对照组；从纵向来看，对照组平均分的降低幅度为2.4分，而实验组平均分的降低幅度为0.6分，这说明对同一知识内容，对照组对知识的遗忘速度快于实验组。可见，自主合作、探究式教学方法下，学生对知识记忆的牢固程度较高。

通过以上分析不难看出，自主合作、探究式教学方法无论在课堂气氛、教学效果，还是知识巩固程度方面，都明显优于传统讲授式教学方法，也说明在教学中这种教学方法更具实用性和可行性。

四、结论和建议

综上所述，自主合作、探究式教学方法在"错账更正方法"这一节教学上的效果比传统教学方法更具优越性。在自主合作、探究式教学方法下，学生通过自己发现问题、探究问题、解决问题，成为课堂上的主角，其主体性得以充分体现；针对学生在探究过程中发现的问题，通过分组讨论，使学生情绪放松，思维活跃，从被动式的学习中解脱出来，充分调动了学生的学习积极性。这样，学生在轻松活跃的气氛中自主地掌握了三种错账更正方法的适用范围和更正步骤，达到了既定的教学目标，这种效果是传统教学方法很难达到的。另外，需要指出的是，05级、06级学生的整体素质优于07级、08级学生。而在这样的条件下，用新教学方法，却获得了更佳的效果，足见其优越性。可见，自主合作、探究式教学方法在这节课的教学中是切实可行的，同样在整个会计教学中，笔者曾多次尝试这种教学方法，也取得了很好的效果。因此，这种教学方法不仅可以在职高会计教学中进行大力推广，也可以应用在职高其他学科教学中。

当然，自主合作、探究式教学法作为一种新的教学方法，在今后的教学中还需我们不断创新，不断深化。我们应着手从以下两方面进行努力：

第一，在实际教学中，我们应努力培养学生的自学能力，独立分析问题和解决问题的能力，特别是创造性思维的能力，让每朵思维的火花燃起来，让课堂焕发生命活力，给学生创造一个生动活泼、民主自由的学习氛围。

第二，职高生源素质的下降已是不争的事实，如何使教学方法更能适应这样的变化，把学生的心留在课堂，这就要求我们教师必须更新教育理念，牢固确立以学生为主体的现代教育观，跟上时代发展的步伐，着力提升自身素质，转变教学观念，努力使自己的教学活动成为一种异彩纷呈的综合性艺术，完成自己的光荣职责。

参考文献：

[1]陈红旗.职业技术教育教学改革论.职业技术教育，2005(34).

[2]徐翠华.对职业学校会计教育理念及模式的思索，职教

论坛，2005(35).

[3]丁玲玲. 职校会计教学中运用互动式教学法的探讨，职业技术教育，2006(32).

"以前年度损益调整"会计处理方法初探

海南省财税学校　杭燕萍

摘　要：关于"以前年度损益调整"的会计处理方法，虽然在有关会计制度中作了规定，但因具体处理程序不甚明确，加之会计实务实际情况复杂，致使此项业务会计实务中差错率极高。笔者从两个实务例子入手，分析"以前年度损益调整"的会计处理方法，对指导会计实务工作具有重要的现实意义。

关键词：以前年度损益调整　资产负债表日后事项　前期差错

一、"以前年度损益调整"的会计处理方法

"以前年度损益调整"科目的核算，主要在以下两种情形用到：①资产负债表日后调整事项中涉及损益调整的事项；②本期发现前期重要差错涉及损益调整的事项。因为上述两种情形涉及的损益类科目在期末结账后已无余额，日后无法直接调整相关损益科目，所以只能通过"以前年度损益调整"科目进行账务处理。具体分析如下：

（一）资产负债表日后调整事项的损益调整

如果企业所发生的"以前年度损益调整"事项属资产负债表日后事项，即年度资产负债表日至财务报告批准报出日之间发生的事项，则应按新《企业会计准则》的有关规定进行调整。会计处理程序如下：①将需要调整的损益数结转至"以前年度

损益调整"账户，应调增利润（上年少计收益、多计费用）时记贷方，应调减利润（上年少计费用、多计收益）时记借方。②作所得税纳税调整。补交所得税时，借记"以前年度损益调整"账户，贷记"应交税费—应交所得税"账户；冲减多交所得税时作相反的分录。此外，涉及暂时性差异的还要调整递延所得税。③将"以前年度损益调整"账户的余额转入"利润分配—未分配利润"账户。④调整盈余公积计提数。补提盈余公积时，借记"利润分配—未分配利润"账户，贷记"盈余公积"账户；冲减多提盈余公积时作相反的分录。⑤调整财务报表相关项目的数字。包括：资产负债表日编制的会计报表相关项目的期末或本年发生数，以及当期编制的财务报表相关项目的期初数或上年数。如果涉及报表附注内容的，还应当调整报表附注相关项目的数字。

（二）本期发现前期重要差错和非重要差错涉及的损益调整

如果企业本期发现重要的前期差错（不属于资产负债表日后事项）涉及损益调整的，则会计处理方法如同上述资产负债表日后调整事项的处理。但是，如果发现的是不重要的前期差错，企业就不需要调整财务报表相关项目的期初数。该差错属于影响损益的，应直接计入当期损益，不通过"以前年度损益调整"科目；若属于不影响损益的，直接调整本期相关项目。

二、案例分析

下面三个案例是会计实务中极易发生错弊的典型，颇具代表性。

（一）资产负债表日后调整事项

例：甲公司于2008年3月5日发现2007年度漏记某项生产设备折旧费用100万元，金额较大。至2007年12月31日，该生产设备生产的已完工产品全部对外销售。（假定所得税税率为

25%，2007年度所得税汇算清缴于2008年4月30日完成，在此之前发生的2007年度纳税调整事项，均可进行纳税调整。甲公司2007年度财务报告于2008年3月31日经董事会批准对外报出）

分析：由于该事项在2008年3月5日发现，也就是在财务报告批准报出日2008年3月31日前发现报告年度2007年的漏记事项，符合资产负债表日后事项的处理原则，所以涉及损益调整，必须通过"以前年度损益调整"科目核算。

具体会计分录如下：

（1）补提折旧：

借：以前年度损益调整　　　　　1 000 000
　　贷：累计折旧　　　　　　　　　　　1 000 000

（2）调整应交所得税：

借：应交税费——应交所得税　　　250 000
　　贷：以前年度损益调整　　　　　　　250 000

（3）将"以前年度损益调整"科目余额转入利润分配：

借：利润分配——未分配利润　　　750 000
　　贷：以前年度损益调整　　　　　　　750 000

（4）调整盈余公积：

借：盈余公积　　　　　　　　　　75 000
　　贷：利润分配——未分配利润　　　　75 000

（二）不重要的前期差错的会计处理

例：A公司在2007年12月31日发现，一台价值9 600元，应计入固定资产，并于2006年2月开始计提折旧的管理用设备，在2006年计入了当期费用。该公司固定资产折旧采用直线法，预计使用年限为4年，假设不考虑净残值因素，则在2007年12月31日更正此差错的会计分录为：

借:固定资产 9 600
    贷:管理费用 5 000
        累计折旧 4 600

该案例中企业判断固定资产的价值 9 600 元金额较小,属于不重要的前期差错,所以直接调整当期损益等相关项目,不通过"以前年度损益调整"科目核算。

(三)重要的前期差错的会计处理

例:B 公司在 2006 年发现,2005 年漏记一项固定资产的折旧费用 150 000 元,所得税申报表中未扣除该项费用。假设 2005 年适用所得税税率为 25%,无其他纳税调整事项。该公司按净利润的 10% 提取法定盈余公积,假定税法允许调整应交所得税。

调整分录为(调整财务报表有关项目金额从略):

(1)补提折旧:

借:以前年度损益调整 150 000
    贷:累计折旧 150 000

(2)调整应交所得税:

借:应交税费——应交所得税 37 500
    贷:以前年度损益调整 37 500

(3)将"以前年度损益调整"科目余额转入利润分配:

借:利润分配——未分配利润 112 500
    贷:以前年度损益调整 112 500

(4)调整盈余公积:

借:盈余公积 11 250
    贷:利润分配——未分配利润 11 250

总而言之,处理以前年度发生的损益调整事项,必须区分实际情况,按照新的《企业会计准则》的相关规定,对具体问题作具体分析后再予以处理,才可避免发生错误及舞弊,保全国家和企业双方的利益不受侵害。

参考文献：

[1]2008年度注册会计师统一考试辅导教材——会计．北京：中国财政经济出版社，2008．

[2]张志凤．2008年注册会计师考试应试指导及全真模拟测试．北京：经济科学出版社，2008．

[3]以前年度损益调整．东奥会计在线论坛，2007．

项目教学法下所得税案例筹划实务应用

甘肃省兰州市甘肃银行学校　韩晓红

摘　要： 本文试以项目教学法为主体结构框架，提出了项目教学法教学对象、教学目标和教学具体内容，尤其突出项目教学法教学过程中的执行和评价步骤，浅显模拟呈现了课堂教学所得税案例筹划实务具体的应用。

关键词： 项目教学法　所得税案例　筹划实务　应用

税收筹划是指纳税人在符合国家法律及税收法规的前提下，按照税收政策法规的导向，事前选择税收利益最大化的纳税方案处理自己的生产、经营和投资、理财活动的一种企业筹划行为。其中，所得税筹划具有一定的独立性，比较适合运用项目教学法教学。

一、教学对象

财政事务专业高年级学生，学习税收课程两年，学习了经济学、财务会计、财务管理和税法相关课程的基本知识，以及企业所得税和个人所得税相关内容。

二、教学目标

财政事务专业高年级学生，通过学习能够达到要求的知识目标（进一步理解相关税收筹划知识并运用相关方法和程序解决具体问题）、能力目标（合理分工，综合分析问题，解决问题，最终完成项目工作)和素质目标(树立信心,形成对从事财政事务职业的热爱)。

三、教学内容(所得税筹划实务)

(一)第一步:提出工作任务

通过这一单元的学习和通过学生和前期实际调研、搜集信息,大量充分的准备工作最终完成的PPT项目案例分析,要掌握所得税筹划技术方法的灵活运用。

通过分小组(5~6人),并按以下的方式完成下列不同组织形式的企业如何进行所得税筹划任务。

(1)自然人企业和法人企业的纳税筹划选择。

(2)子公司和分公司的纳税筹划选择。

同样,以下的方式完成下列如何进行个人所得税筹划任务。

(1)纳税义务发生前如何确定税目的纳税筹划。

(2)如何分散税基的纳税筹划。

(3)如何利用公积金优惠政策的纳税筹划。

(二)第二步:设计工作计划

各小组根据专业教师提出的项目工作任务,制订相应工作计划(具体工作步骤应包括:基本案例、筹划分析、筹划结果、特别说明)。

(三)第三步:进行工作决策

各小组围绕项目工作任务,研究讨论并提出小组的基本案例,对基本案例进行筹划分析并最终得出合理结果。

(四)第四步:有步骤地执行

各小组将通过前期实际调研搜集信息与学习后得出的学习成果制作成PPT形式,选派一名代表,讲解呈现本组的PPT项目任务学习成果。

具体如下:

第一组派出一名代表进行如下发言：本小组选择的是自然人企业和法人企业的纳税筹划选择。作如下发言：

基本案例1：甲、乙、丙三个投资者决定投资经营一家企业，甲投资300 000元，乙投资200 000元，丙投资200 000元，预计年盈利400 000元，面对不同的企业设立形式（自然人企业和法人企业），该如何进行选择？

{筹划分析}

该企业若按自然人企业课征个人所得税，依现行税制税后利润：

400 000 − (400 000 × 35% − 6 750) = 266 750（元）

该企业如按公司课征所得税，税率为25%，则：

400 000 × 25% = 100 000（元）

税后利润100 000元全部作为股息分配，纳税人甲还要交纳个人所得税：100 000 × 35% − 6 750 = 35 000 − 6 750 = 28 250（元）

其净得税后收益：

400 000 − (100 000 + 28 250) = 271 750（元）

{筹划结果}

企业按公司课税比按合伙人课税多负担所得税：271 750 − 266 750 = 5 000（元）。

{特别说明}

面对公司税负重于合伙企业税负的情况，纳税人应当决定不组织公司，而办合伙企业的决策。这一决定是法律规定所许可的，在纳税行为未发生之前进行筹划，可以达到合理避税的效果。

第二组派出一名代表进行如下发言：本小组选择的是子公司和分公司的纳税筹划选择。作如下发言：

基本案例2：甲总公司在国内拥有两家公司A和B，某一纳税年度总公司本部实现利润 2 000 万元,其公司 A 实现利润 200 万元,其公司 B 亏损 250 万元,企业所得税税率为 25%。甲总公司应当选择 A、B 为其分公司,还是为其子公司?

{筹划分析}

若甲总公司选择 A、B 为其分公司,则该公司该年度应纳税额为:

$(2\,000 + 200 - 250) \times 25\% = 1\,950 \times 25\% = 487.5$(万元)

若甲总公司选择 A、B 为其子公司,总体税负就不一样。

公司本部应纳所得税 $= 2\,000 \times 25\% = 500$(万元)

A 子公司应纳所得税 $= 200 \times 25\% = 50$(万元)

B 子公司由于当年亏损 250 万元,该年度无须缴纳所得税。

{筹划结果}

公司整体税负 $= 500 + 50 = 550$(万元),高出总分公司的整体税负为:$550 - 487.5 = 62.5$(万元)。

第三组派出一名代表进行如下发言:本小组选择的是在纳税义务发生前如何确定税目的纳税筹划选择。作如下发言:

基本案例 3:张先生 2009 年 2 月从甲公司取得工资、薪金 1 500 元,由于单位工资太低,张先生同月在乙公司找了一份兼职,取得收入 6 000 元。张先生应如何进行纳税筹划选择?

{筹划分析}

如果张先生与乙公司没有固定的雇佣关系,则按照税法规定,工资、薪金所得和劳务报酬所得应该分别计算征收个人所得税。从甲公司取得的工资、薪金没有超过扣除限额,不用纳税。从乙公司取得的劳务报酬应纳税额为:$6\,000 \times (1 - 20\%) \times 20\% = 960$(元),则 2 月份张先生共应缴纳个人所得税 960 元。

如果张先生与乙公司存在固定的雇佣关系,则两项收入应合并按工资、薪金所得缴纳个人所得税为:$(6\,000 + 1\,500 - 2\,000) \times 20\% - 375 = 725$(元)。

{筹划结果}

很显然,960 - 725 = 235(元),张先生若采用工资、薪金计算应缴个人所得税是明智的,因此,张先生应该与乙公司签订固定的雇佣合同,将此项收入由乙公司以工资薪金的方式支付给张先生。

{特别说明}

从 2008 年 3 月 1 日起,工资、薪金所得的免征额为 2 000 元/月,此前为 1 600 元/月。

第四组派出一名代表进行如下发言:本小组选择的是如何分散税基的纳税筹划选择。作如下发言:

基本案例 4:王先生是一家啤酒企业员工,该企业采用月薪制绩效工资,每年 6 个月淡季工资每月 2 000 元,6 个月旺季工资每月 6 000 元。王先生应如何进行纳税筹划选择?

{筹划分析}

王先生每年应纳所得税额为:[(6 000 - 2 000)×15% - 125]×6 = 2 850(元),每年应得税后收入为:2 000×6 + 6 000×6 - 2 850 = 12 000 + 36 000 - 2 850 = 45 150(元)。

若该企业采用年薪制,王先生每年应纳所得税额为 {[(2 000×6 + 6 000×6)÷12 - 2 000]×10% - 25}×12 = (2 000×10% - 25)×12 = 2 100(元),其每年应得税后收入为 2 000×6 + 6 000×6 - 2 100 = 45 900(元)。

{筹划结果}

采用年薪制比采用月薪制每年税负减轻:45 900 - 45 150 = 750(元)。

{特别说明}

由上可见,对于收入不均衡的企业,采用年薪制要比采用月薪制可使职工减轻税收负担。

第五组派出一名代表进行如下发言:本小组选择的是如何利

用公积金优惠政策的纳税筹划选择。作如下发言:

基本案例 5:柳先生是 A 公司的中层经理,每月的工资薪金所得扣除养老保险及公积金后为 40 000 元。柳先生应如何进行纳税筹划选择?

{筹划分析}

柳先生每月要缴个人所得税为:

(40 000 - 2 000)×25% - 1 375 = 8 125(元)。

如果柳先生通过单位,按缴存基数 40 000 元交纳补充公积金 12 000 元,则柳先生每月交纳个人所得税为:

(40 000 - 12 000 - 2 000)×25% - 1 375 = 5 125(元)。

{筹划结果}

8 125 - 5 125 = 3 000(元)

{特别说明}

每月要缴纳 8 125 元的个人所得税,这对柳先生来说,是每月一笔固定且不小的"损失"。而公积金免征个人所得税,根据相关规定,补充公积金额度最多可交至职工公积金缴存基数的 30%。由此可见,节省了 3 000 元,该部分资金不但避开了个人所得税,同时享受了无利息税的存款利息。

(五)第五步:评价

教师针对五个小组的发言进行评价总结:各小组都各抒己见,并各具特色。无论是在基本案例的准备,还是在具体的筹划过程,点点滴滴都充分体现了大家的聪明才智和积极思考、努力创新的学习精神。现将教师的一些想法和建议提出,供大家参考。

1. 自然人企业和法人企业的纳税筹划选择

在我国,个人独资企业是指依照《个人独资企业法》在我国境内设立的,由一个自然人投资,财产为投资人所有,投资人以其个人财产对企业债务承担无限责任的经营实体。合伙企业是指依照《合伙企业法》在我国境内设立的由各合伙人订立合伙协议，共同出资、合伙经营、共享收益、共担风险，并对合伙企业债务承担无限连带责任的营利性组织。我国对个人独资企业和合伙企业的各合伙人课征个人所得税时，只征收个人所得税，税率适用五级超额累进税率。

我国的《公司法》规定，在我国境内设立的公司为有限责任公司和股份有限公司。有限责任公司，股东以其出资额为限对公司承担责任，公司以其全部资产对公司的债务承担责任，有限责任公司一般要由两个以上五十个以下的股东共同出资设立；股份有限公司，其全部资本分为等额股份，股东以其所持股份为限对公司承担责任，公司以其全部资产对公司的债务承担责任。作为法人企业，我国税法作了统一的规定：公司企业要在做了相应的扣除和调整后的应纳税所得额的基础上计算、缴纳企业所得税；同时，公司企业要分别负担公司企业所得税和投资个人的个人所得税。

从法律角度上讲，独资企业和合伙企业属自然人企业；公司企业属法人企业。由于我国税法规定对于个人独资企业和合伙企业，征收个人所得税，而不征收企业所得税，对于公司企业，既征收企业所得税，又征收个人所得税，所以投资于个人独资企业与投资于合伙企业的所得税税负是一致的。

个人独资企业、合伙企业、公司企业的税务筹划与选择，实际上是在合伙企业（或个人独资企业）与公司企业之间进行的选择和合理筹划。

2. 子公司和分公司的纳税筹划选择

第二小组同学的发言很精彩，是从一个角度来分析子公司和分公司的纳税筹划选择的。一般来说，子公司和分公司的选择标准：当外地的营业活动处于初始阶段时，母公司可在外地设立一个分支机构（分公司），使外地的开业亏损能在汇总纳税时减少母公司的应纳税款。以后，当外地的营业活动开始盈利，为保证享受外地利润仅缴纳低于母公司所在地的税款，这时就有必要建立一个子公司。

大家注意了，我们在进行企业税务筹划时，不应当抛开企业的经营风险、经营规模、管理模式及筹资金额等因素单纯地去讨论税收负担的大小，而应当综合各方面的因素，加以权衡，进而决定所投资的企业组织形式。

3. 纳税义务发生前如何确定税目的纳税筹划

第三小组学生在纳税筹划时将收入确定为工资、薪金，是很好的税收筹划方法。工资、薪金所得适用的是5%～45%的九级超额累进税率；劳务报酬所得适用的是20%～40%三级超额累进税率，不同的收入情况采用工资、薪金或劳务报酬计算应纳税所得会产生很大的差异，只要大家具体问题具体分析、选择，就可以达到合理的节税效果。

4. 如何分散税基的纳税筹划

目前，我国个人所得税对工资、薪金所得采用的是九级超额累进税率，随着应纳税所得额的增加，其适用税率也随着攀升。如果某个时期的收入越多，那么相应的个人所得税税收比重就越大。因此，对于工资、薪金收入各月不均衡的企业，采用年薪制进行税收筹划会达到理想节税效果。

5. 如何利用公积金优惠政策的纳税筹划

根据《财政部、国家税务总局关于住房公积金医疗保险金养老保险金征收个人所得税问题的通知》规定："企业和个人按照国家或地方政府规定的比例提取并向指定机构实际缴付的住房公积金、医疗保险金、基本养老保险金，不计入个人当期的工资、薪金收入，免予征收个人所得税。个人领取提存的住房公积金、医疗保险金、基本养老保险金时，免予征收个人所得税。"

由此可见，利用公积金优惠政策也是不错的个人所得税纳税筹划选择。

此外，运用项目教学法进行教学时还应关注项目教学法的应用条件、场合和注意事项、教训、目标、内容、媒体、环境、组织。

参考文献：

[1]张雅丽，王静，王荃．税收筹划．北京：清华大学出版社，北京交通大学出版社，2008.

[2]中立诚会计师事务所．企业组建形式的避税筹划．2009.

[3]中立诚会计师事务所．分公司和子公司的纳税策略．2009.

[4]中立诚会计师事务所．工资、薪金与劳务报酬所得的筹划．2009.

中职会计电算化课堂教学效果初探

四川省南充中等专业学校 韩清潞

摘 要: 本文以会计电算化课程在中职学校教学中的重要性为出发点,阐述当前中职学校会计电算化教学的现状,从而提出如何加强电算化课堂教学管理,明确当前职业教育的目的,培养高素质、全面发展、适应社会需要的会计电算化技能型人才。

关键词: 会计电算化 课堂教学 技能型

会计电算化是会计学与计算机科学技术相结合的一门边缘学科,它不仅包括了会计准则、会计学理论、财经法规,还包括了计算机信息处理技术。在电子信息技术快速发展的今天,对人才的要求也就越来越高,尤其是会计人员。作为会计人员,必须具备扎实的专业知识、先进的信息技术知识以及娴熟的信息技术运用技能。具体到电算化会计教学中,一个重要方面就是加强会计电算化的课堂教学。

一、中职学校开设会计电算化课程的重要性

社会在不断进步和发展,对于人才的要求越来越高。现在的社会需要综合型、技能型、复合型人才。这对职教教育的要求也就提高了,中等职业技术教育的宗旨在于培养实用型人才,培养学生的综合职业能力。这点已经在中等职业技术教育中基本上成为共识。中职学校会计专业课程设置中理论教学占主导地位,随着教育的发展,各个学校都认识到了实训的重要性,在教学计划

中逐渐增加了实践时间。会计电算化课程可以说是作为学生迈进社会的一个过渡性课程,现在的企业不再单纯采用手工记账,更多地融入了信息技术,电算化记账已经代替了手工记账。可以看出,信息技术的发展已经促使会计核算、管理的方法、理念有了很大改变,认识到了会计信息电算化的重要性,是提高相关专业学生职业技能的重要前提。

二、中职学校会计电算化教学现状

目前,中职学校会计专业会计电算化教学存在普遍的、共同的问题,突出表现在以下几方面:

(一)教师教学能力影响会计电算化课堂教学效果

会计电算化课程不仅是会计学加上计算机科学的一门学科,同时它还是包括了信息技术、金融学、管理学的一门边缘性学科。因此,要求从事会计电算化课程的教师应该是"双师型"的。但是,许多目前职业学校长期以来采用的是"两张皮"的教学模式,即分别由会计专业教师和计算机专业教师承担会计电算化课教学。然而,会计学和计算机学科是两个专业性很强、跨度也很大的学科。分别由这两个学科的教师教学,达到的教学效果显然很差。计算机教师教学能详细地讲授软件开发和维护,但却不懂会计知识;而会计教师熟知会计理论和方法,但不知计算机的知识。教师知识不全面,学生就不能达到专业的技能水平,两者都会造成教学中课程的严重脱节,教学的质量达不到要求。因此,培养和引进复合、"双师型"教师满足学校和社会的需要成为职业学校首要解决的问题。

(二)教学课程设置的目标和内容不一致

任何一门课程在安排教学内容之前,首先必须解决的问题就是要明确开设这门课程的目的。目的不一致,必然造成教学内容不统一。会计电算化课程的教学目的是什么,培养目标是什么,应如何安排教学内容等一系列问题始终没有得到解决。不同的学校，不同的教师，都有自己的想法和做法，存在着较大的分歧。就该课程设置的目的而言，现在普遍存在着两种不同观点。一种观点认为，操作技能是最重要的。因为企业可以直接购置很多通过各财政部门评审的商品化会计软件，这些软件的基本功能和安全性都符合国家有关规定，所以操作技能成为关键。另一种观点则认为，应将教学重点放在程序编制上，应培养学生根据行业具体情况编制软件的能力。以上两种观点都存在片面之处，第一种观点虽然操作技能是重要和实用的，但掌握操作却是一项相对简单的事情，将教学目标仅定位于此，似乎是过低了。第二种观点表面上是"更上一层楼"，但其可行性较差。仅通过一两门学科的学习就要求中职会计专业的学生掌握编程的技术显然很不现实。笔者认为，就中职学校而言，课程设置的目的应着重放在操作技能方面。中职学生普遍基础差，动手能力不强，所以对于中职学生，能让他们熟练掌握通用会计软件的使用、维护尤为重要。

（三）教学环境不能满足课堂教与学的需要

会计电算化是一门实践性很强的学科，必须配有专业的财务软件、多媒体教室以及足够的上机操作时间。但目前较多学校的教学设施配备不完善，多媒体教室较少，软件安全系数较低，并且没有单独为会计专业配备的机房。就我校来说，虽然拥有四个机房，千台计算机，但没有专门为会计专业配备的机房；虽不存在和其他专业共用的情况，但是机房里的计算机并不是全部安装了财务软件，而且部分计算机由于软件安装人员在安装过程中的差错影响软件不能系统地运行。这无疑给教师和学生都带来了很多的不方便，直接影响了教学进度和学生完成作业的质量。另外，由于大部分学生素质较低，人为搞破坏，经常删去有用的程序，使计算机无法正常运行，只好安装上还原系统，这给会计专业连续性的电算化教学带来了困难。

（四）学生学习兴趣不浓，教学受阻

随着高校扩招、部队转业政策的调整和社会劳动力需求对学历要求的盲目提高，使得很多地方的中等职业技术教育大滑坡，招生工作变得越来越艰难，招生质量也越来越差。现在招收到的学生中有很多是双差生（品性和学习），他们在初中就已经被教师放弃；有些是家境贫困的学生，他们的家长很多都外出打工，家里只剩下爷爷奶奶，就是我们现在所说的"留守儿童"。这些学生的特点就是基础差，学习习惯较差，缺乏自信和学习主动性，对学习兴趣不浓，尤其是对理论课程不感兴趣，直接影响到教学的进度和质量。

三、加强会计电算化课堂教学的必然性

目前很多已经走上工作岗位的学生体会到他们在学校学习的会计电算化知识很难完全直接用到他们的工作中，为什么呢？笔者认为，传统会计电算化课程的教学忽略了对学生进行实际动手能力与思考能力的培养。会计电算化是会计专业的一门实践性和操作性很强的专业课程，对于职业教育的培养目标来说，更应该注重其实践性教学，所以必须加强会计电算化课堂教学。

四、如何加强会计电算化的课堂教学

要达到教学目的，完成教学任务，为社会输送有用的人，成功地进行会计电算化教学，可以从以下几个方面入手。

（一）加强会计教师的专业技能

现在很多职业学校的会计电算化教师只懂专业的会计知识，少懂计算机知识，这会造成会计电算化教学脱节。会计专业的教师有些只是拥有专业知识，很少参加实践工作，长期以来都在学校的环境中成长，这会直接影响学校的长期的发展。会计专业教

师应该加强学习计算机知识,提高自身的专业素养,不断更新自己的知识,扩大自己的知识面,加强理论学习,这是会计专业教师必备的岗位技能。要做到这一点,一方面学校可以有计划、有组织地安排教师到高等院校进修,另一方面教师应利用各种方式通过各种渠道自学,以更新知识储备,完善知识结构,成为IT时代的会计教师。同时,教师要培养学生的实践能力,自身一定要有实践经验,这样才能更好地组织、指导学生实践。会计电算化是一门应用型学科,实践性极强。这就要求专业教师不仅要具备系统丰富的理论知识,而且要具有扎实熟练的实际操作技能和会计电算化的系统管理技能。

(二) 建立会计专业学生单独的模拟实验室

学校应为会计专业单独建立会计电算化模拟实验室,保证该实验室只为会计专业使用。采用单独的服务器数据库管理方式,每天上机的操作实训内容不一样,但是上机过程具有连续性和程序性,上机的内容是不会重复的。也就是说,以前的上机操作是这次上机操作的基础和前序准备,没有了上步骤的操作,当前的操作就不能进行。所以,在这之间就存在关于实训作业备份的问题。现在大部分学校都实行教师直接拷贝的方式,学生做好的作业通过服务器直接拷贝在教师机中,下节课上机之前学生又从教师机中再拷贝出来。这样做虽然方便了教师平时检查学生的实训作业,但也存在一些问题,例如说教师机一旦感染上病毒或者被无意删除,那么将导致学生作业的丢失,所以应该更加完善学生作业备份方案。我们可以这样做,学生通过服务器将作业拷贝到教师机的同时,也可以带上自己用来作业备份软盘和硬盘到教师机中拷取作业,这样做就实行了双备份,保证作业不被删除和丢失。同时,如果实训室能够做到全方位地模拟实际的工作流程、工作环境、职能岗位,会更有利于实践教学。

（三）教学中采用案例教学法，调动学生学习的积极性

会计电算化课程是一门技术含量很高的课程。传统的黑板式教学已经不能满足课堂的需要了，代替它的就是多媒体教学。采用多媒体教学，教师可以生动地演示出每一个操作步骤，更加有利于学生理解和学习，并且更能调动学生学习的积极性和主动性。

在教学过程中，采用案例教学法，例如选用一个企业某年的全部经济业务，从创建账套开始到进行财务分析为止这一整套全面详细的案例讲解。使学生能够全面掌握企业整个的账务处理流程程序。进行案例教学，可以采用小组学习、模拟实验、辩论、公开演示课等形式对案例进行分析，培养学生科学的学习方法和积极的学习态度，扩大和提高学生表达技能、知识运用技能、人际交往技能以及信息技术运用技能等综合技能。因此，会计案例可以大量地应用在会计电算化模拟实验中。

实行案例教学，最主要的就是案例，那么从哪里取得案例就是个关键问题。取得案例可以通过以下几个方面：第一，教师通过参加社会实践活动，深入企业，收集实际工作中的案例；也可动员学生参加社会实践，例如在企业实行会计电算化初期帮助进行软件的初始化设置，从而收集会计资料作为教学案例。第二，教师根据教学内容，参考有关资料结合社会经济的实际状况，设计教学案例。第三，从有关资料中收集教学案例，如网上下载。第四，建立校与校之间的合作，相互交流教学案例。

（四）在教学中灵活运用项目教学方法

项目教学法是一种教学策略，借此引导学生对现实生活中的事物进行深入的学习。一个完整的项目教学模块分以下阶段进行：

1. 明确项目任务

项目设计要求学生根据个人特点和需要，自由组合3~5人

为一组，自行分工，成立组织以进行管理，以会计人员的心态进行建账。

2. 制订项目计划

各小组分工合作制订这个项目的计划以及时间安排。

3. 实施计划

各组开始自己动手实施计划，教师参与其中。教师应注意收集学生提出的有共同点的问题，然后集中进行讲授。

4. 检查评估完成情况

当项目实施结束后要进行评价，评价的目的不仅是为了评出成绩，更是为了改良项目，以便应用。完成任务的学生会很有成就感，没完成任务的学生仍会不断的努力。

进行项目教学法的优点：首先，传统的以教师为中心的教学变为以学生为中心的教学，充分调动学生的学习积极性，让学生体会到自己是课堂的主体，教师的一切活动是以学生为中心的。其次，传统的以教材为中心变为以项目为中心，学生在课堂上的学习不再是单纯的知识点的学习，而是在完成项目的过程中达到知识的巩固。最后，让学生在学习的过程中体会到成就。学生在完成项目的过程中，不但巩固原来所学的知识，同时也探索寻找出新的方法，并达到掌握新知识的学习，而且有助于培养和提高学生的团队意识和创新精神。

总之，社会在不断进步和发展，现代新型企业不断兴起，会计电算化事业的蓬勃发展需要大量的人才，这就要求我们的学生知识面广，技术能力和动手能力强，而职业学校的会计电算化教育就是学生迈入社会的基石。可以看出，职业学校的电算化教育尤为重要，加强会计电算化课堂教学势在必行。

参考文献：

[1] 王强. 关于发展中等职业教育的几点思考. 现代教育科

学，2005(12).

[2]胡文娟.中职会计电算化教学探讨.马鞍山职教中心，2006(9).

[3]郝玉峰.会计电算化教学如何适应中等职业教育.决策探索，2007(11).

浅谈中职学校会计专业校本教材开发

河北省保定市北市区职教中心　郭春青

摘　要：国务院《关于大力发展职业教育的决定》中规定，应大力提倡加强职业学校学生动手能力的培养，以促进学生将来更好地适应现代化建设的需要，培养技能型的专业人才。出色的职业学校必然有特色专业支撑，良好的校本教材是办好特色专业的重要载体之一。结合本校办学的理念，开发适于本校学生需要和当地社区经济社会发展的会计专业校本教材作为国家统编教材的补充，以凸显本门课程的职业教育特点，使课程教学更具时代感和实效性。

关键词：中职会计　校本教材开发

随着中等职业学校教学改革的不断深入，针对不同特色的学校，在课程设置、课程标准确定后，教材的选用就成了学校教学的核心问题。国务院《关于大力发展职业教育的决定》中规定，应大力提倡加强职业学校学生动手能力的培养，以促进学生将来更好地适应现代化建设的需要，培养技能型的专业人才。长期的教学经验告诉我们，目前，中等职业学校会计专业拘泥于现有教材的约束，理论知识过于笼统，各专业课程之间重复内容较多，缺乏实际演练环节，学生毕业后很难适应工作岗位。因此，根据中等职业专业人才的培养目标编写校本教材具有重大现实意义。

一、中职校本教材的含义

中职校本教材是指以本校的教师为主体,为创建专业特色,优化课程结构,弥补专业教材和实训教材的不足,由学校组织校内外力量(或与企业、行业联合),并结合学校软硬件设施和教学实际进行的以学校为本位的课程改革,从而自主开发、编写、审定和出版的教材。

会计专业校本教材是以会计职业岗位技能为中心,围绕会计职业能力这条主线来设计学生的知识、能力、素质结构。职业素质应以会计岗位能力为依据,理论知识为岗位能力服务。会计专业校本教材应构建会计职业能力的训练模块,加强学生的基本实践能力与操作技能,突出会计专业技术应用能力与综合技能的培养,凸显会计职业岗位所需的综合知识。

二、中职会计专业校本教材开发背景分析

(一)当前教材结构体系与面对的问题

当前职业中学的教材,内容陈旧,理论高深,实训内容少,配套教学软件、教学参考资料奇缺,专业课程设置贪大求全,学生什么都学,结果是什么也学不会。笔者认为,未来十年中,社会对财会人员的需求仍然位居前列,对具有较强实践能力的基层财会人员的需求强劲。在相当长的一段时期内,小型民营企业规模小、数量多、业务相对简单,出于人力资源成本的考虑,对会计人才规格的要求也相对较低。这为初级会计人才的就业提供了极好的机会,大量中等职业学校会计专业毕业生将有可能担当此任。为适应难得的大好形势,中职学校财会专业必须突破传统教学模式的束缚,在校本教材中增加大量的实训内容,改变以往会计模拟教材中"过于真实"或"过于虚假"的现象。进行中等职业学校财会专业校本教材的研究,有助于转变传统观念,改变

教学过程中存在的理论脱离实际、教学脱离实践的不良倾向，提高财会专业学生的就业能力，促进"工学结合、校企合作"人才培养模式的形成，促进教育教学质量的提高，使学生能学有所用，学有所成。

（二）当前中职学生的知识储备和学习品质现状

生源质量差，厌学、好动是我国中等职业学校面临的一个共同问题。在课堂上如何吸引学生，如何在有限的时间内让学生学到知识和技能，也是中职学校亟待解决的核心问题。我们学校在办学过程中也同样面临这样的问题，正迫切希望找到一种解决问题的方法和途径。

中等职业学校以培养能力和技能为核心，从理论上讲，在初中阶段学生就已经因各种原因失去了对文化课学习的兴趣和信心。到中职后，专业课对于学生来讲应该还是新鲜的。起初，他们对专业课也存在着一定的好奇心，其实，他们也想把专业课学好，也对自己的未来充满了希望。但在实际的教学中发现，学生通过很短的时间学习，就很快对专业课失去兴趣和信心。原因就在于，我们的专业课教学没有能体现出专业课的特色，展现在学生面前的仍然是学生本已厌倦的传统教材。这种教材不一定和学校的实际情况相符合，不一定适合我们的学生。所以，在课堂上学生的学习是不积极的，是不配合的。即使教师讲的再辛苦、再累，学生的学习也是低效的，甚至是无效的。而开发校本教材有利于提升学生学习的兴趣，提高学生学习的效率，因此开发校本教材势在必行。

三、中职校本教材开发的特色

（一）聆听学生心声，广泛搜集信息，"以学定教"

首先要明确教材是"教"材还是"学"材，传统观念中教材是给教师编的，笔者认为应树立起教材主要是给学生编的思想。我们都有过这样的经验：自己渴望了解的东西最能引起我们的注意，相反，如果是已知的或不想知道的东西就很难激发我们的兴趣。因此，笔者很赞成"以学定教"的观念，学生的需求应该成为我们编写教材的具体内容、教学方法的指针。

具体如何来撰写校本教材，没有具体的模式可以借鉴，大家都处于"摸着石头过河"的探索阶段。比如，我在编写校本教材时，首先设计了一份调查表，中心意思是要了解学生平时关心的话题是什么，答案五花八门，有社会热点、经济问题、游戏、同学关系等，我整理后进行了筛选，哪些问题与教材内容联系最密切，最贴近生活，最贴近实际，最贴近学生的认知水平，挑选出最典型的案例作为素材编进了校本教材，并且随时更新，在校本教材的使用中取得了良好的效果。以高二《企业财务会计》中对外投资的选择为例，我设计了"小鬼当家"这一内容，融合了教材的知识，又开拓了学生的视野。比如把"稳健的投资——债券"这一内容设计如下：我用数码相机拍摄了几组清晨人们在银行门口排队等待购买国债的火热场面，再配以教材中的图片，首先带给学生视觉上的冲击，随后提出问题请同学们思考：人们为什么会通宵排队购买国债？在议论声中进入第一个环节——链接教材：债券是一种稳健的投资方式，进而引导学生复习学过的知识，如债券的含义、购买债券的好处、债券的种类、债券的账务处理等。这个环节主要是巩固教材知识，落实知识点。第二个环节是学生的探究活动，把学生分成三组，在教师提供的国债、金融债券、企业债券的图片和文字说明等素材的基础上加以整理，做成PPT的形式分别进行展示和讲解，有的同学还找来了实物债券进行对比。这个环节主要是培养学生动手、动脑、总结归纳、捕捉有效信息的能力以及团结合作的精神。第三个环节是知识拓展，主要由教师进行讲解，除了教材中列举的债券的种类，还补充了市场上常见的其他的债券，如浮息债券、资产担保债券、抵押债券、次级债券、可转换债券等种类。这个环节主要是开拓学生视野,联系实际,丰富知识。最后一个环节是综合实践,请学生联系生活中的实际说说投资理财的风险,大部分同学都提到了父母的投资事例。这时我提出了最后一个探究问题:"通过前面的学习,我们已经对债券有了一定的了解,随着经济的发展和人民生活水平的提高,人们手中有了余钱,你准备帮助家里来制订一个什么样的购买债券的投资方式,使你家里的钱保值、增值呢?假设家里有住房,也无其他额外支出,有存款10万元,父母愿意拿出5万元购买债券,请你设计一个购买的方案。"学生看到这个问题后,一个个跃跃欲试,真正有了"当家"的感觉,有的同学和父母进行了交流,共同制订了方案。在展示的环节中,为表明自己的方案更合理,时不时传出争论声,此时学生褪去了稚气,把自己当成了真正的投资者。这个环节主要是培养学生理论联系实际的能力和独立思考、分析问题的能力,并树立正确的金钱观、理财观、消费观。同样以这样的模式,我又设计了股票、储蓄等投资理财的内容,都收到了良好的效果。有的学生对我说:"我给了父母许多投资的建议。"

(二)以就业为导向,来开发会计专业校本教材

就业是民生之本,职业教育是直接为就业服务的教育。但现行会计专业教材是根据会计制度及行业共性编写而成,这类教材具有普遍性而缺少用人单位所具有的特殊性,课程教学中忽视了地方经济特色对会计的影响,造成用人单位对毕业生会计实务处理能力不满意,就业竞争力下降。为此,我校在调研中根据用人单位的要求,坚持以就业为导向,针对现代企业中出现的新岗位和原有岗位的数量、质量和规格要求,以会计专业发展和从业需求为前提,紧贴学生的发展实际,及时编写体现新知识、新技术、新工艺和新方法的具有职教特色的会计专业教材,增强课程的灵活性和实践性,增强学生适应岗位群的能力。

(三)以丰富有趣的题材,来充实会计专业校本教材的内容

我们职校开发校本教材不是帮助学生把会计知识学的更系统、更精深,而是帮助他们掌握一些就业时的实际操作能力。故所选内容题材要丰富,具有时代气息,难易适中,注重教材的纵向发展,以够用为原则。所选内容还要符合当代青少年心理认知水平、价值观和审美观,能够引起他们的共鸣,获得他们的认同。以激发他们的学习热情和学习兴趣。教材编排形式上力求活泼,操练便利。每个单元我们都设置创设情境、探究活动、知识拓展、综合实践四大块,便于教与学。在使用过程中,我们将随着时代的变化及时更新教材内容。

(四)以丰富的教学资源,来增强会计专业校本教材的教学效果

提倡设计与编写不同版本的教材,并开发出系列配套教材,包括主教材、学生学习指导书、专业工具书、实验教材、素材库、实习实训指导书等,同时形成印刷媒体、音像媒体和电子媒体等多种教学媒体综合运用为教学服务,以丰富专业课教材,提高教师的教学能力,也为学生开展个性化学习提供条件。在当今时代,教育软件化、多媒体化已是大势所趋,多媒体教学还具有形象性、多样性、新颖性、趣味性、直观性、丰富性的特点,比如很多经济业务内容、会计处理方法,用计算机一展示,一切都简单明了。因此,根据会计专业课教学内容特点,利用计算机多媒体制作课件为教学服务,让枯燥的内容变得色彩缤纷、富有动感、更有情趣,将视觉、听觉等多个通道全都集中到课堂上,可以加强学生记忆,也有助于提高教学效果。

中等职业教育近年来在我国形成了强烈反差,招生困难,生源质量下降,教学、就业也都面临新的问题。而校本教材的研究及推广实施,对于解决教学与就业脱节的问题有着良好的作用,也为培养应用型、技能型专门人才提供了一种良好的途径,所以

应该做更多的尝试，以推动教育教学改革。

参考文献：

[1] 杨进．中国职业教育教学改革与课程建设．职业技术教育，2004(4)．

[2] 金林，谢从满，谭平．简论教育技术与课程整合．职业技术教育，2003(3)．

[3] 蒋永华．实施课程综合化 培养"宽专多能"人才．职教论坛，2004(8)．

[4] 王斌华．校本课程论．上海：上海教育出版社，2000．

对固定资产准则中几个问题的探讨

河南省濮阳市职业中等专业学校 葛惠弘

摘 要：《企业会计准则讲解》之"固定资产"、《企业会计准则讲解》之"应用指南"和《企业会计准则讲解》对固定资产的会计处理进行了较为全面的说明，但仍然存在不够透彻之处。本文对固定资产准则中较难理解和掌握的几个问题进行初步探讨，以期对读者有所裨益。

关键词：固定资产准则 探讨

一、具有融资性质的分期付款购入固定资产的折现率如何选用

我国新颁布的具体会计准则中，较为广泛地采用了现值计量，而折现率的选用是现值计量的关键。折现率的选取应充分考虑科学性、可行性和实用性。

根据《企业会计准则讲解》之"固定资产"，具有融资性质的分期付款购入固定资产的成本应以各期付款额之和的现值确定。固定资产购买价款的现值，应当按照各期支付的价款选择恰当的折现率进行折现后的金额加以确定。折现率是反映当前市场货币时间价值和延期付款债务特定风险的利率。该折现率实质上是供货企业的必要报酬率。另根据《企业会计准则讲解》之"收入"，具有融资的性质分期收款销售商品，应当按照应收的合同或协议价款的公允价值确定收入金额。应收的合同或协议价

款的公允价值,通常应当按照其未来现金流量的现值或商品现销价格计算确定。应收的合同或协议价款与其公允价值之间的差额,应当在合同或协议期间内,按照应收款项的摊余成本和实际利率计算确定的金额进行摊销。其中,实际利率是指具有类似信用等级的企业发行类似工具的现实利率,或者将应收的合同或协议价款折现为商品现销价格时的折现率等。

(一)将应付的合同或协议价款折现为商品现购价格时的折现率

从《企业会计准则讲解》之"固定资产"中"该折现率实质上是供货企业的必要报酬率"可知,具有融资性质的分期付款购入固定资产的现值确认,可选用"供货企业的必要报酬率"作为折现率。其依据是:对于同一购销活动,从购货方考虑,销货方投资活动(提供贷款)的内含报酬率,就是购货方的筹资活动(取得借款)的内含报酬率。因此,没有必要从供货方的角度去计算供货方的内含报酬率,购货企业可直接从自身角度计算融资活动的内含报酬率。选用内含报酬率作为折现率的最大优点是,计算数据容易取得。

例:2009年1月1日,甲公司采用分期付款方式从乙公司购进一套大型设备,合同约定的销售价格为2 000万元,分5次于每年12月31等额付款。该大型设备成本为1 560万元。在现销方式下,该大型设备的购买价格为1 600万元。假定乙公司发出商品时开出增值税专用发票,注明的增值税额为340万元,并于当天收取增值税额340万元。

根据本例的资料,甲公司设备购买价款的现值为1 600万元。

根据公式:未来5年付款额的现值=现销方式下应付款项金额,可以得出:

400×(P/A,r,5)+340=1 600+340=1 940(万元)

有 400×(P/A,r,5)=1 600(万元)

可用逐次测试法或使用 Excel 电子表格计算折现率：$r=7.93\%$。

此类业务中，购货方的购货价格就是销货方的销货价格，购货方的付款额就是销货方的收款额，是一个问题的两个方面。一般来说，购销双方对于商品的公允价值和收付款金额均可取得，对于购销双方，均可计算购销活动的内含报酬率。因此，从目前我国的现状来看，选用内含报酬率作为折现率应是最佳选择。至于内含报酬率的计算问题，可通过 Excel 电子表格辅助计算取得。

（二）选用购货企业的同期银行贷款利率

具有融资性质的分期付款购入固定资产的行为实质上是筹资行为。在一定程度上，购货企业的筹资成本可用同期银行借款成本的替代。由于我国资本市场的不够完善，银行是大多数企业选择融资的对象，因此选择同期银行贷款利率更为方便。但是，目前我国多数银行实行的是单利计息制，这与货币时间价值的复利计息基本方法不符。因此，不能直接选用银行贷款单利利率，可将单利利率调整计算为复利利率。计算公式为：

$$r=(1+n\times i)^{1/n}-1$$

式中，r 为同期复利利率；i 为同期单利利率；n 为计息期数。

（三）选用具有供货企业类似信用等级的企业发行类似工具的现时利率

由于我国资本市场的不够完善，与供货企业具有类似信用等级的企业发行类似工具的现时利率难以取得，即使供货企业可以取得此利率，也没有义务告知购货方。因此，以与供货企业具有类似信用等级的企业发行类似工具的现时利率作为购货企业的折现率不符合实际。

二、为什么企业生产车间固定资产修理费用在发生时,直接计入当期损益,而不计入制造费用或者通过预提、摊销计入当期损益

根据《企业会计准则第 4 号》之"固定资产"应用指南,与固定资产有关的修理费用等后续支出,不符合固定资产确认条件的,应当根据不同情况分别在发生时计入当期管理费用或销售费用。

(一)企业生产车间固定资产修理费用不采用预提或摊销方法的原因

(1)新会计准则着眼企业长远可持续发展,在确认、计量和财务报表结构方面,确立了资产负债表观的核心地位,要求企业不能继续使用不符合资产或负债定义的递延(待摊)或预提项目。避免企业短期行为,提升企业资产负债信息质量。原待摊费用可以通过"预付账款"、"其他应收款"科目核算,原预提费用可以通过"应付利息"、"其他应付款"等科目核算。

(2)固定资产的日常修理费用等支出只是确保固定资产的正常工作状况,一般不产生未来的经济利益。因此,通常不符合固定资产的确认条件,在发生时应直接计入当期损益。

(二)企业生产车间固定资产修理费用不计入制造费用的原因

如果将与固定资产有关的修理费用等后续支出在发生时计入制造费用,也存在费用递延的可能。因为制造费用是生产成本的重要组成部分,如果当期产品无法实现销售,包含在产品中的制造费用就无法从当期收益中扣除,就会递延到以后会计期间,违背了资产负债表观。

三、提前报废固定资产和持有待售的固定资产报废或划归当月是否继续计提折旧

根据《企业会计准则第 4 号》之"固定资产"应用指南，固定资产应当按月计提折旧，并根据其用途计入相关资产的成本或者当期损益。从理论上讲，当月增加的固定资产，当月应该计提折旧，当月减少的固定资产，当月不应再提折旧。为了简化核算，固定资产应用指南仍沿用了原实务中做法：当月增加的固定资产，当月不计提折旧，从下月起计提折旧；当月减少的固定资产，当月仍计提折旧，从下月起停止计提折旧。固定资产提足折旧后，不论能否继续使用，均不再提取折旧；提前报废的固定资产，也不再补提折旧。

从以上规定可知：提前报废的固定资产，报废的当月应当继续计提折旧，从报废后的下个月起，不再补提折旧。

按 2008 年度注册会计师考试辅导教材《会计》第 128 页所述："持有待售的固定资产从划归为持有待售之日起停止计提折旧和减值测试。"笔者认为，教材中所称"从划归为持有待售之日起停止"，由于折旧没有按日的说法，当然应是从固定资产划归为持有待售的下个月起，停止计提折旧；划归为持有待售固定资产的当月，应当继续计提折旧。

四、为什么要将固定资产被替换部分价值扣除

根据《企业会计准则第 4 号》之"固定资产"应用指南，固定资产的后续支出是指固定资产使用过程中发生的更新改造支出、修理费用等。固定资产的更新改造等后续支出，符合固定资产确认条件的，应当计入固定资产成本；如有被替换部分，应扣除其账面价值。这样可以避免将替换部分的成本和被替换部分的成本重复计入固定资产成本，导致固定资产成本虚增。

五、持有待售固定资产的如何进行会计处理

《国际财务报告准则第 5 号》之"持有待售的非流动资产和终止经营"单独规定了持有待售的非流动资产和终止经营的会计处理。以我国根据实际情况,没有单独制定这一准则项目,而是在固定资产、财务报表列报等相关准则中采用其他方式处理,以达到类似效果。

我国《企业会计准则讲解》之"固定资产"规定:持有待售的固定资产,是指在当前状况下仅根据出售同类固定资产的惯例就可以直接出售且极可能出售的固定资产,如已经与买主签订了不可撤销的销售协议等。《国际财务报告准则第 5 号》所规范的持有待售流动资产主要是固定资产。企业对于持有待售的固定资产,应当调整该项固定资产的预计净残值,使该项固定资产的预计净残值能够反映其公允价值减去处置费用后的金额,但不得超过符合持有待售条件时该项固定资产的原账面价值;原账面价值高于预计净残值的差额,应作为资产减值损失计入当期损益。在编制资产负债表时,企业可将持有待售的固定资产与其他固定资产一起合并列示在"固定资产"项目中,但需在报表附注中披露持有待售的固定资产名称、账面价值、公允价值、预计处置费用和预计处置时间等。

《企业会计准则》、《企业会计准则应用指南》和《企业会计准则讲解》均未对持有待售固定资产的会计处理进行举例说明,给学习理解带来困难。现作如下举例说明:

例:某项固定资产原值 100 万元,已提折旧 50 万元,已提减值准备 20 万元,固定资产的账面价值为 30 万元。现准备将其出售,划归为持有待售固定资产。

(1) 如果该设备公允价值减去处置费用后的净额为 32 万元,则此时该设备的账面价值低于其公允价值减去处置费用后的

金额,因此,不需进行账务处理。

(2) 如果该设备的公允价值减去处置费用后的净额为 25 万元,则要计提 5 万元的减值损失因为该设备的账面价值高于其公允价值减去处置费用后的金额。设备的账面价值高于其公允价值减去处置费用后的差额,应作为资产减值损失计入当期损益。具体会计分录:借:资产减值损失 5 万元,贷:固定资产资产减值准备 5 万元。调整后固定资产的账面价值为 25 万元,即调整后的预计净残值为 25 万元。

参考文献:

[1] 中华人民共和国财政部. 企业会计准则. 北京:经济科学出版社,2006.

[2] 中华人民共和国财政部. 企业会计准则讲解. 北京:人民出版社,2007.

[3] 中华人民共和国财政部. 企业会计准则——应用指南. 北京:人民出版社,2006.

[4] 中国注册会计师协会. 会计. 北京:中国财政经济出版社,2008.

中职学校基础会计课程"行为引导型"教学初探

重庆市渝中高级职业学校 陈 楠

摘 要: 本文重点介绍行为引导型教学法含义、组织模式、特点和作用及具体的教学方式,就在基础会计教学中如何应用行为引导型教学法提出了笔者的看法,并说明了应用行为引导型教学法在目前会计教学运用实施中应注意的问题,提出一些个人观点。

关键词: 行为引导型教学法 中等职业学校 基础会计

中等职业学校的教育目标是培养技能型、实用型人才。作为财务会计的主干专业课程之一的"基础会计",是一门操作性极强的课程,注重培养学生创新思维及综合运用会计知识去解决实际问题的能力是该专业课程教学的关键。传统"填鸭式"课程教学方式对于实践应用性极强的会计专业来说显然难以适应。行为引导型教学法是当今国际教育界普遍采用的一种实践性较强的教学方法。运用行为引导型教学法开展基础会计课程教学,可以培养学生的学习兴趣和解决会计实际问题的能力。笔者将结合自身教学实践谈谈行为引导型教学法在基础会计课程教学的具体应用。

一、基础会计教学观念的转变:引入行为引导型教学法

(一)行为引导型教学法的含义

行为引导型教学法是 1999 年德国文教部长联席会议制定《框架教学计划》所决定的一种新型的职业培训教学课程体系和先进的职业技术培训教学法,是新型职业培训教学体系的组成部分。这种教学方法是对传统的教育理念的根本变革,其目标是培养学生的关键能力,让学生在活动中培养兴趣,积极主动地学习,让学生学会学习。因而行为引导型教学法要求学生在学习中不只用脑,还要脑、心、手共同参与学习,提高学生的行为能力的一种教学法。

(二)行为引导型教学法的特点

第一,学生互相合作解决实际问题。所有需要学生解决的实际问题,由学生共同参与,共同讨论,在讨论中承担不同的角色,在互相合作的过程中,使实际问题最终获得解决。解决问题的过程,既是学生学会学习的过程,也是他们获得经验的过程。

第二,学生参加全部教学过程,从信息的收集、计划的制订、方案的选择、目标的实施、信息的反馈到成果的评价,学生参与实际问题解决的整个过程。这样学生既了解总体,又清楚每一具体环节的细节。

第三,学生表现出强烈的学习愿望,这种强烈的学习愿望,源于积极的参与。一方面是内在的,好奇、求知欲、兴趣的提高等,另一方面是外在的,教师的鼓励、学生的配合、取得成果之后的喜悦等等。

第四,教师的作用发生了变化。教师从知识的传授者成为一个咨询者或指导者,从教学过程的主要承担者淡出,但这并不影响教师作用的发挥。相反,对教师的要求更高了。

二、行为引导型教学法在基础会计教学中的实施

近年来,在企业战略管理 ERP、财务会计、财务管理等会计专业课程教学中,通过借鉴这些教学方法,都取得了较好的教学效果。笔者想,在基础会计教学中如果能尝试采用行为引导型教学法教学,学生入门会计知识就更快,那么对以后其他会计专业课程的学习就更加得心应手。行为引导型教学法在基础会计课程中的应用通常以案例教学、项目教学、情景教学和角色扮演等方式进行。

(一)案例教学法

案例教学可以为学生提供一个逼真的具体财务核算情景,使学生有了理论结合实际、锻炼和提高自己独立思考能力的机会。同时,团队式讨论所特有的课堂气氛能充分调动学生的学习积极性。通过案例教学培养学生清晰的专业理念、过硬的专业技能和一定专业判断能力;充分考虑财务核算活动不能脱离特定的理财环境和课程教学的实践性、操作性要求;通过案例分析,训练学生的会计核算基本技能,培养学生分析问题、解决问题的能力,提高学生的实际动手操作能力。而选择和设计适当的案例是保证案例教学成功的前提和基础。会计案例的选择和设计既要与教学内容相结合,还要针对性强,接近实际,难易适度。教师要做好教学准备、主持案例讨论和讨论后总结工作。

(二)项目教学法

这是行为引导型教学中的一种代表性的理想方式。它以"项目"为形式,"成果"为目标,采取团队合作的方式,指导学生完成与教学内容密切相关的仿真学习项目。例如,可以将基础会计教学中涉及的基本经济业务设计成若干项目,采用项目教学法,使学生加深对理论知识的理解和应用。按照基础会计相关工作任务,根据开发的会计实务课程标准,将基础会计实践教学

划分为若干个工作项目,每个工作项目对应不同的工作任务,将实践教学内容同基础会计业务实践联系起来,避免课堂教学和实践操作相脱节,实现理论与实践衔接的"零距离"。对基础会计实施项目教学改革,将项目分析作为课堂教学的一个必要环节。通过项目分析,学生在进行专业基础理论学习的同时,增强了对基础会计基本方法应用的感性认识,充分锻炼了分析能力和应用能力,从而取得了良好的学习效果。

(三)情景模拟法

情景模拟法是在人造的情景或环境里,学习专业所需的知识。采用这种方式,学生可以在教师指导下,通过情景模拟,充分发挥主观能动性和聪明才智,培养分析、解决实际问题的能力,同时,也为教师在教学组织中提供了许多重复的机会和随时进行过程评价的可能性。并且,可以在校内基地搭建某一模拟场景,进行现场教学和演示训练。在场地和设施等硬件资源有限的情况下可进行计算机模拟,这种模拟的优点是直观性强,教学资源浪费少,实习时间机动灵活。

(四)角色扮演法

这种方法是以事件或与人有关的事实为纽带,让学生通过不同角色的扮演,体验角色的内涵和心理,为学生处理实际问题提供锻炼机会。在角色扮演法中,教师和其他的同学根据表演者的情况给出意见反馈,使表演者能了解到自己的行为对他人的影响。如在模拟某一项经济交易和会计核算中,可分配学生担任某一管理角色,并行使相应的权利和职责。他们根据所学的理论和知识,探索如何完善组织的管理,使之效率最高、效果最好,存在的问题如何解决,如何在依法办事的前提下及时适应环境的变化,使会计核算反映的经济信息更好地为企业和信息使用者服务。在上述模拟中,学生将逐步学会如何与人合作,发挥集体力量,如何使局部利益服从整体利益,如何协调统一个人目标、群体目标与团队目标的方法。

三、行为引导型教学法在"基础会计"教学中的教学设计案例

在基础会计教学中运用行为引导型教学法可以打破原来会计教学的学科体系教学方法，改变教学次序。原有的教学模式是先理论后实践，先会计前提、会计原则等会计基本理论，后会计核算方法（会计凭证、登记账簿和编制会计报表）；现在我们运用了行为引导型教学法，可以打破原有的教学次序，先认识原始凭证后记账凭证，然后登记账簿，编制会计报表，最后反过来将实践提升到理论，将会计基本假设、会计原则等会计基本理论总结学习，进一步体会。

以下是一个运用行为引导型教学法的简案。

课题：原始凭证

1. 教学目标

（1）认知目标：熟悉原始凭证的基本内容和分类，掌握原始凭证的填制方法和填写规范要求及审核方法。

（2）能力目标：通过练习，培养学生熟练正确填制和审核原始凭证的操作能力。

（3）情感目标：通过原始凭证填制和审核技能训练，培养学生一丝不苟、严谨务实的职业意识，增强学生的责任感，通过不同角色饰演培养学生的团队合作精神。

2. 教学内容

原始凭证基本内容和分类；原始凭证的填制；原始凭证的审核。

3. 教学重点

原始凭证的填制方法和填写规范要求。

4. 教学难点

审核原始凭证是否合理合法。

5. 教学环境及教具

多媒体教室、投影仪、各种原始凭证(借款单、机票、住宿发票、差旅费报销单等)。

6. 教学方法

行为引导型教学法、情境式教学方法、角色扮演法、归纳总结法。

7. 教学过程

(1) 温故：请学生做小教师复习前面已学的简单经济业务，编制会计分录。

教师点评，并提出新问题：在实际工作中，会计人员如何知道企业发生了经济业务呢？他们是依据什么来做的呢？

(2) 引入新课：原始凭证。

①提出项目并分组：以重庆华宇公司为例，将全班同学分成若干小组，每组5人，分别饰演如下角色：重庆华宇公司里的企业总经理、财务主管、出纳、采购部业务员、航空机票售票员和宾馆前台收银员。

②场景设计：重庆华宇公司采购部业务员王明参加9月15日在北京召开的新产品发布会，9月10日向公司财务部预借出差经费6 000元，9月14日乘机到北京，并在长安酒店入住，于9月17日上午乘机返回重庆，9月18日回公司报账。

要求：请各组同学分饰好角色，将上述情境所反映的业务选择相应的凭证反映，最后每小组提交有关结果凭据，评选优秀原始凭证。

③学生分组分角色完成任务（教师适时辅导，但大部分让学生独立思考，互相讨论）。

④教师点评，学生归纳原始凭证的基本内容和填制方法，审

核方法。

⑤教师对学生归纳不全的地方进一步总结，并展示在此次任务中未涉及的其他种类原始凭证，给学生理顺原始凭证的分类。

8. 课堂小结

本课解决了差旅费预借和报销业务中原始凭证的选择、填制和审核问题，训练了学生认识、填制、审核原始凭证的方法。

四、行为引导型教学法在实施中应注意的问题

行为引导型教学法在中职会计课程的教学实施过程中存在着不少困难，但只要我们处理好这些问题，那么其在会计教学中一定起到事半功倍的效果。

（一）教师和学生双方都应提高适应新教学方法的能力和素质

目前，教师和学生双方都缺乏适应新教学方法的能力和素质。首先，教师不适应新的教学方法。原先教师偏重于理论，在实践领域往往知之不多，在行为引导型教学过程中，学生动手解决实际问题时，不仅需要教师理论上的帮助，还需要教师在实践中的指导，而且学生提出的问题往往是随机的，不是仅涉及一门课的内容，而是涉及多门课的内容，甚至是跨专业的内容，这就需要教师提高能力，需要教师具有综合的知识结构，需要教师增强应变能力。同时，学生也不适应新的教学方法。由于学生的知识基本来源于普通教育，从普通教育到职业教育多年来一贯被动的学习经历，使学生形成了学习过程中的惰性，一旦改变教学方法，让他们发挥学习的主动性，反而令他们无所适从，要使学生在职业教育阶段适应新的教学方法，必须在普通教育领域进行配套的教学改革。

（二）教师应选择合适的教学方法

教师应该根据基础会计课程中的课型及训练目标的不同而选

择不同的教学方法。模拟教学主要通过在模拟的情境或环境中学习和掌握专业知识、技能和能力，其运用主要有这些情况：一种是在模拟办公室、模拟公司等模拟情境或环境中进行；另一种情况是计算机仿真模拟。案例教学主要通过案例分析和研究，培养学生分析问题和解决问题的能力，并且在分析问题和解决问题中建构课程知识。这在会计职业道德方面运用比较多。项目教学是一种将具体的项目或任务交给学生自己完成的教学方法，学生在收集信息、设计方案、实施方案、完成任务中学习和掌握知识，形成技能。在实际操性较强的内容中均适合采用这种教学方法。

（三）正确处理教师与学生的关系

在行为引导型教学中，学生是学习的主体，教师只起主导或者说引导的作用。行为引导型教学法在教学时间分配上，教师讲授的时间一般不超过30%，70%以上的时间是学生在教师引导下完成学习任务。然而，对于这一点，不少教师很难做到。比如上填制记账凭证课，教师采用项目教学法。首先交代学习任务，然后花去将近30分钟时间仔细讲解每种记账凭证的具体填制方法，最后用10分钟让学生动手练习。最后，由于下课时间快到了，教师只好让学生停下并提出在操作中存在什么问题。因为大部分学生没有来得及完成任务，当然也提不出什么问题。教师有了行为引导型教学法的思想，但还是不放心放手让学生学，讲授时间太多，学生动手、动脑时间太少。其实，教师应该在提示填制记账凭证的方法后，给学生布置一项具体的经济交易任务，将学生分成若干小组，各组共同讨论制订完成任务的方案，比一比哪个小组任务完成最快、最好，最后由有了切身体验的学生来总结记账凭证填制具体有哪些步骤、应该注意什么问题等。无论是项目教学法，还是模拟教学法或案例教学法，在教学设计和教学过程中，教师心目中应有学生要相信、尊重学生，充分发挥课堂民主，把更多的时间给学生，让学生在课堂上有自主学习和操作练习的机会。

参考文献：

[1]朱秀茹，谭冬梅．高职高专学生职业能力培养与教学方法和手段的研究．河北广播电视大学学报，2007(6).

[2]韩志丽．基于行为导向的情境教学法在财务管理教学中的运用．会计之友，2006(7).

[3]段继军．技校教育中行为导向教学法的应用．职业，2007(2).

试论集权式财务管理模式的构建

湖北省老河口市职业技术学校 陈立军

摘　要：随着市场经济的完善和发展,产生了一种新型的适应社会主义市场发展要求的企业组织形式——企业集团,是社会生产力发展到一定水平的必然产物,但同时,在其管理中,特别是财务管理上存在着某些问题。因此,选择合适企业集团的财务管理模式,强化其财务管理,提高经营管理水平,对促进企业集团的健康发展和我国经济社会的发展具有重要意义。

关键词：集团　财务管理集权

现行集团财务管理模式存在的问题。随着企业改革的不断深化和企业间的资产重组力度进一步加大,企业规模迅速扩张,集团公司大量涌现,随之而来的是企业内部财务管理制度建设相对滞后,突出表现在财务预算管理"虚弱",资金结算管理"散",监督考核环节"弱"和管理方式、手段落后,效率低下等方面。这一切显然与企业改革和发展的要求不相适应。针对这些问题,企业集团财务管理选择集权式管理方式。

企业的组织形式日趋集团化,经营方式走向多元化,组织结构倾向于扁平化和网络化,跨行业、跨地区、跨所有制的情况大量出现,这些变化客观上要求加强对整个集团的监管。目前财务管理的集中控制已成为国际上一种流行的趋势。因而应梳理整体利益观,实现集团整体的最大化。

要实现企业集团式财务管理,就必须具备财务集中管理的对策。其一,建立适应现代企业特点的集团财务会计管理体制;其二,建立健全各项财务会计制度,达到控制规范集团财务行为;其三,建立结算中心制度,严格控制多头开户和账外循环,保证资金管理的集中统一;其四,加强现金流量分析预测,严格控制现金流入和流出,保证支付能力和偿债能力;其五,推行全面预算管理,严格控制事前,事中资金支付,保证资金的有序流动。

为了集团战略发展和整体利益的实现,加强资金的协调力,避免重复投资,提高资源总体配置效率,增强企业集团资本累积能力,保证集团目标的最大实现,必须做好集团财务集中管理工作。

一、企业集团及其财务管理模式选择

(一)企业集团的概念

企业集团,是指以主导产品为龙头,以下属公司为主体,以资本为主要联系纽带,以集团章程为共同行为规范的母公司、子公司、参股公司及其他成员机构共同组成的具有一定规模的企业法人联合体。企业集团内的企业分为四个层次:核心层、紧密层、半紧密层和松散层。企业集团的核心层是指集团内实行资产经营一体化的具有法人资格的投资企业,是企业集团中处于核心地位的母公司;紧密层主要是指由母公司控制的子公司;半紧密层主要是指企业集团内相互参股、持股,但未达到实质控股的公司;松散层主要指通过合同建立固定协作关系的企业。企业集团是在经济体制改革中产生的一种介于企业和市场中间的特殊经济组织形式,集团成员之间既有市场关系又有通过资本、契约、技术、销售等纽带维系的组织关系。随着市场经济体制的完善、发展和企业集团化发展战略的提出,各类企业集团如雨后春笋般发展起来,许多企业集团拥有圈子,控股企业几十家甚至上百家,涉及各类行业和经济类型,发挥了企业集团的资源优势,整体效应。

因而发展企业集团对我国经济的发展具有重要的意义。科学合理地设计、安排企业集团的财务管理模式,是集团财务管理有效服务于企业资金筹集、营运以及利润形成与分配的一项重要工作。

(二) 企业集团的财务管理模式

一般来讲,财务管理模式是指规定公司财务关系的制度,涉及财务责任、财务权限、财务利益等方面,包括所有者对公司的财务管理体制和公司内部的财务体制两部分。

从一个企业集团来看,子公司只不过是母公司资本扩张和多角化的结果。母公司为了调控子公司的经营活动,必然要参与子公司的财权配置,把母公司的财务管理权利渗透和延伸到子公司。一旦母公司采取下派董事和高级管理人员,制定财务管理制度等实质性措施,集团财务管理模式就相应形成。

从集团管理体制上看,根据企业集团内母公司与成员企业之间的财务管理权限划分的不同,企业集团的财务管理模式可划分为集权式和分权式两种:

集权式财务管理模式是指财权大部分集中于母公司,母公司对子公司采取严格控制和统一管理的财务管理模式。

集权式财务管理模式的特点:集团管理范围一致,统一核算,统一资金配置,统一财务制度和财务管理标准,即财务管理决策权高度集中于母公司,子公司享有很少一部分财务决策权,其人、财、物及供、产、销统一由母公司控制,子公司的资本筹集、投资、资产重组、贷款、利润分配、费用开支、工资及奖金分配、财务人员任免等重大财务事项都由母公司统一管理。母公司下达生产经营任务,并以直接管理的方式控制子公司的生产经营活动。在某种程度上,子公司只相当于母公司的一个直属分厂或分公司,投资功能完全集中于母公司。

集权式财务管理模式的优点是便于指挥和安排统一的财务政策，降低行政管理成本；有利于母公司发挥财务调控功能，完成集团统一财务目标；有利于发挥母公司财务专家的作用，降低子公司的财务风险和经营风险；有利于统一调剂资金，保证资金投入，降低资金成本。

集权式财务管理的缺点是财务管理权限高度集中于母公司，容易挫伤子公司经营者的积极性，抑制子公司的灵活性和创造性；高度集权虽能降低或避免子公司的某些风险，但决策压力集中于母公司，一旦决策失误，将产生巨大损失。

分权式财务管理模式是指子公司拥有充分的财务管理决策权，而母公司对与子公司以间接管理方式为主的财务管理模式。

分权式财务管理模式的特点主要表现为：在财权上，子公司在资本融入及投出和运用、财务收支、费用开支、财务人员选聘和解聘职工、工资福利及奖金多方面均有充分的决策权，并根据市场环境和公司自身情况作出重大的财务决定；在管理上，母公司不采取用指令性计划方式来干预子公司的生产经营计划，而是以间接管理为主；在业务上，鼓励子公司积极参与竞争，抢占市场份额；在利益上，母公司往往把利益倾向于子公司，以增强其实力。

分权式财务管理的优点：第一，子公司有充分的积极性，决策快捷，易于捕捉商业机会，增加创利机会。第二，减轻母公司的决策压力，减少母公司直接干预的负面效应。

分权式财务管理模式的缺点：第一，难以统一指挥和协调，有的子公司因追求自身利益而伤害公司的整体利益。第二，弱化母公司财务调控功能，不能及时发现子公司面临的风险和重大问题。第三，难以有效约束经营者，从而造成子公司"内部人控制"问题，挫伤广大职工的积极性。

上述财务管理模式的一个主要特点是如何正确处理集权和分

权的关系,从服务于管理权限考虑,集团财务管理采取的各种措施,主要是为了追求低成本扩张和寻求规模效益。

二、现行集团财务管理模式存在的问题

近年来,随着企业改革的不断深化和企业间的资产重组力度不断加大,企业规模迅速扩张,集团公司大量涌现,随之而来的是企业内部财务管理制度建设相对滞后,突出表现在财务预算管理"虚",资金结算管理"散",监督考核环节"弱"和管理方式、手段落后、效率低下等方面,这一切显然与企业改革和发展的要求不相适应。

(一) 预算制度形同虚设,资金管理有章无序

相当多的企业尚未建立预算管理制度,有的企业虽然有了预算管理制度,但预算没有成为企业组织生产经营活动的法定依据,有章不循,随意性大,使用混乱,占有不尽合理,挪用生产经营资金从事长期投资的现象经常发生,导致现金流量不平衡,支付能力不足,实际上靠接新换旧来维持经营。有的企业预算不切实际,指标不科学,缺乏严密的计量标准和考核依据,成本费用约束软弱,应摊不摊,该提不提,盈亏不实。有的企业年末账面利润看似不少,但应收账款居高不下,不良资产有增无减,长期挂账,资金运作极度困难,时常难以支付到期的债务。

(二) 监督、控制、考核不利力

企业资金的流向与控制脱节,体外循环严重,事前控制乏力,事后审计监督走过场,缺乏可行的考核办法。有的企业对子公司的投融资情况、资金收支、对外担保等或有负债,利润分配等重大决策掌握不全,投资决策随意性大。有的企业领导对自身家底财务善说不清,财务人员对经营情况又不甚了解,且处于从属地位,加上内部审计制度不健全,社会审计受利益驱动走过场,很多时候只能按领导意图处理账务,造成"财务管理跟着

会计核算走,会计核算跟着领导意志走",财务监督乏力、滞后,资金"跑冒滴漏"依然严重。由于片面追求利润指标,往往年度考核是经营绩效好似正常,但一到新班子上任清产核账时,就有潜亏问题暴露。

(三) 资金分散,使用效率低下

大部分企业集团资金的集中管理与内部多级法人资金分散占用的矛盾突出,使用效率低下。有的企业子公司多头开户,资金失控,沉淀严重。一些集团旗下子公司设立的账户少则数百,多则逾千。若一个户头占用 3~5 万元,几百个户头就是上千万。有的集团内部一方面大量资金闲置、沉淀,另一方面却又为筹集急需的小额资金而为难,拿不出钱来调剂子公司的资金余缺,银行贷款余额居高不下,财务费用有增无减。有的企业集团内部各子公司及母子公司之间贷款拖欠严重,集团爱莫能助,企业有苦难言。

(四) 管理方式和手段落后

许多企业集团内部各子公司还是沿用过去的靠上报财务报表和口头汇报的方式来反映企业经营情况和财务状况,由于会计核算随意性大,财务报表贬值不是,加上受不规范的人为因素影响等,有时合并的会计报表还掩盖了子公司的实际经营状况和突出问题,财务会计信息失真。特别是许多集团尚未建立必要的电子计算机财务信息传递、核算、查询和监督系统,集团公司或出资人很难及时了解掌握各子公司的财务动态,信息滞后、效率低下的问题十分突出。

目前,我国大多数企业处于组建发展的初期,但有相当数量的企业选择了分权式的财务管理模式。由于企业集团规模经营的特点,分权带来了一系列的问题,不少企业集团由于在财务管理上过度分权,造成核心企业驾驭权乏力,难以从集团整体发展的战略高度来统一安排投资和融资活动,结果使下属企业各自为政，各行其是，追求局部利益最大化，损坏了集团的整体利益。这些体现在投资上，便是整个集团的投资规模失控，投资结构欠佳，投资收益下降，经营风险加大；体现在筹资上，便是整个集团缺乏内部资金的融通，对外举债规模失控，资本结构欠合理，利息支出增大，财务风险加大。这种缺乏一体化的财务管理，阻滞了资源的合理配置和要素的优化组合，使得维系集团的重要纽带——资金纽带松弛，导致了企业集团内部缺乏凝聚力，削弱了集团的整体优势和综合能力的发挥。

三、企业集团实行"集权式"财务管理模式

基于以上分析，在充分考虑集团战略需要的基础上，认为有如下理由可以使我国企业集权采取集权式财务管理模式：第一，价值形态的财务资源本身具有自由的聚合与分割性，无论是配置、重组还是转移都较少受到空间跨度、市场领域的限制，因而具有集权的客观基础。第二，财务管理通常不直接针对商品劳务市场，因而也就不是特别强调成员企业自身财务上的应变能力。况且，只有总部能够驾驭整体财务资源的配置与融通，才能更好地为经营活动市场应变能力的提高从财务上提供有效的支持。第三，财务权限涉及各方面的根本利益，又是集团资金运动控制的中枢，如果总部不能在财务上集中必要的权力，就难以从企业整体上处理好集团与内外部各利益相关者的关系。第四，大多数企业集团下属成员企业财务管理尚不规范，大多数企业还没有真正建立市场经济所要求的公司法人治理机构，管理混乱，所以，由这些企业所组成的企业集团必须采取权利相对集中的财务管理模式。第五，随着信息技术的发展和网络时代的到来，必将使财务管理的集权式模式达到强大的支持。目前，许多企业集团已经实现了会计电算化，而且集中式的财务管理软件或者网络财务软件正在得到大力推广，这些手段无疑加快了企业间信息传递的速

度，使得母公司的财务管理人员能够通过网络及时了解成员企业的财务状况，为企业集团的决策者提供信息保障。同时，通过网络也可以使公司的财务政策迅速传递到成员企业，便于各成员企业适时调整经营策略，最终实现集团整体的最大化。

随着市场经济的发展，企业的组织形式日趋集团化，经营方式走向多元化，组织结构倾向于扁平化和网络化，跨行业、跨地区、跨所有制的情况大量出现，这些变化客观上要求对整个集团的监管。目前财务管理的集中控制已成为国际上一种流行的趋势，譬如，世界前500强的公司，实现财务集中控制的达80%以上。实行财务集中控制有利于保证集团内部财务目标的协调一致，大大减少了内部各成员单位的"内部人控制"现象；有利于有效地进行投资方向的调整，集中一定的财力进行战略方向的调整；有利于树立"整体利益观"，实现企业整体利益的最大化。

四、企业集团实行财务集中管理的对策

（一）建立适应现代企业特点的集团财务会计管理体制

由于现代企业集团化、跨地区经营的特点，企业总部必须妥善处理好与下属分（子）公司之间的财务管理关系。处理好统一性与自主性的关系、集权与分权的关系，做到既能灵活地集中财力，保证生产重点需要，使资金得到有效使用，又有利于调动下属分（子）公司的积极性，使其在保证完成总部下达的各项经济任务的基础上，有一定的自主权，享受相应的经济权益并承担一定的经济责任。

1. 集中财权，强化管理

资金调动权、资产处置权、投资权、收益分配权、财务人员的任免权要集中到总部，各分（子）公司只有经营权，实现由分权型管理向集权型管理的根本转变。同时，缩小管理半径，尽

量少设三级或以上的分（子）公司，减少管理层次，有效实现监控。

2. 健全内部机制，强化财务监管

财务管理是企业管理的中心，因此必须保证财务管理的权威地位。财务管理机构设置要科学，财务管理制度要健全统一，执行要有刚性，检查、监督要到位。设立内部结算中心，以便有效融通资金和加强监控。实行公司内部财务住处联网，提高财务监控力量。

3. 实行目标管理，健全激励机制

目标管理是一种以考核量化为核心的现代管理方式，实现对下属分（子）公司的绩效评价与控制是最理想的激励方式，对调动下属分（子）公司的经营和管理的积极性来说是一种强制约束机制。

（二）建立健全各项财务会计制度达到控制规范集权财务行为

制度控制是通过统一制定集团内的财务会计制度，来规范成员单位的财务行为，统一集团内成员单位的处理方法和程序，以实现对成员单位财务活动的有效控制。

1. 建立健全财务制度

为了规范企业集团财务行为，强化企业财务的自我约束，设计一套适合企业自身经营特点和管理要求的集团财务制度尤为重要。企业集团的财务制度是多方面的，按不同的标准可划分为不同体系的财务制度。实施财务制度控制的关键是确立财务制度的权威性。企业集团规模大，内部机构与层次众多，各成员企业之间便存在目标差异，所以在具体涉及利益分配的经济活动中不可避免会产生摩擦，这时权威性的财务制度会通过其自身的标准规范自动地调节各方面的行为。另外，财务制度也应尽量制定严密、规范、可操作性强，以保证制度控制的有效性。

2. 建立健全会计制度

会计制度是规定各项经济业务鉴定、分析、归类、登记和编报方法,明确各项资产和负债经营管理责任的业务规范。企业集团会计制度是企业集团根据会计准则与行业会计制度,针对本企业的具体情况,为了满足内部经营管理和会计核算的需要以及对外提供信息而制定的会计业务规范。

企业集团会计制度不同于一般的会计制度,它在规范核算业务的同时,更加注重集团内会计工作的控制功能,因此它在内容上更侧重于责任的区分与指标的一致性。其基本内容有:会计核算制度,如科目设置与应用,报表的种类与编制方法,合并报表的编制方法等;责任会计制度,涉及单轨制与双轨制的选择,处理流程,责任中心划分,指标范围、设置内部凭证与报表等。

(三)建立结算中心制度,严格控制多头开户和账外循环,保证资金管理的集中统一

企业集团通过建立财务结算中心,实现了集团(总)公司内资金的集中管理、统一调度和有效监控,对下属单位做到了"你的钱,我看着你花"。结算中心一个口子对银行,下属单位除保留日常必备的费用账户外,统一在结算中心开设结算账户,充分发挥结算中心汇集内部资金的"蓄水池"作用,并使下属单位资金的出入处于集团的严密监管之下,减少了银行的风险,营造了新型的银企关系。如河南一家企业提高建立内部结算中心,将几十个二级单位在银行开设的一千多个账户一律取消,企业内外的各项结算业务均通过结算中心办理,实行一个"漏斗"进出,实现了资金的集中管理,达到了对每项经营业务的有效监管,并使原来为保证正常生产需要的银行存款余额由 8 000 万元以上降低到现在的 3 000 万元,减少了资金占用,加速了资金周转。

随着银行体制的改革,银行所提供的金融服务正向多角化、

多元化创新扩展。由银行协助大型企业集团建立结算中心,是出于蓬勃发展中的商业银行所提供的新型服务项目。这既帮助企业集团解决其资金沉淀问题,对资金进行高效运转,又能加大企业集团与银行间的良好协作关系。如中国银行与海信集团2000年2月23日就双方建立资金结算网络正式签约。签约后,中国银行将利用自己技术先进、功能齐全、方便快捷的资金汇划系统,为海信集团建立一条资金汇划的"高速公路"。建立这个网络后,可以实现海信集团内销售公司销售收入及时上划,加速资金周转,加强集团资金监控,提高集约化管理水平。各集团公司应尝试通过与银行间的合作,加快结算中心的改革,把从现在的资金结算转变为真正意义的资金管理、运作,防范风险,与银行间加大合作,把银行搬到企业,以更好地为企业集团服务。

(四) 加强现金流量分析预测,严格控制现金流入和流出,保证支付能力和偿债能力

企业集团要树立"钱流到哪里,管理就紧跟到哪里"的观念,将现金流量管理贯穿于企业的各环节,高度重视企业的支付风险和资金流动风险,严把现金出入管理。如深圳某集团经过多年的探索,确立了"以现金流量为中心,以资金监控为重点"的资金管理指导思想,制定了"一个中心、一个机制、两个手段"的资金管理模式,明确现金流量管理在企业管理中的中心地位,建立了科学的资金管理机制。通过对现金流量的预测与分析和抓住现金流量的关键点,在保证支付能力的前提下,实现现金流量的动态平衡,确保企业净收益的质量。

(五) 推行全面预算管理,严格控制事前、事中资金支出,保证资金的有序流动

有的企业成立了高层的预算委员会,专门负责预算范围的编制、审批、监督,建立了全面的预算控制系统。预算范围由过去单一的生产资金计划到生产、基建、投资、筹资的全面资金预

算,由资金预算扩大到包括多种经营、费用支出单位在内的全方位资金预算,由财务人员参加的资金预算扩大到生产、技术、劳资、物资供应、营销、经营管理等人员都参加的全员资金预算。预算编制采取逐级编报、逐级审批、滚动管理的办法。预算一经确定,即成为企业内部组织生产经营活动的法定依据,不得随意更改。

综上所述,企业集团财务集中管理是为了保证财务目标的实现进行的管理活动和手段。财务控制实质上是对企业各利益相关的组织、人员行为的控制,即通过控制财务活动中的组织、人员行为,来协调各方的目标,保证企业目标的实现。所以,企业集团要保证集团目标的实现,必须做好集团财务集中管理工作。

参考文献:

〔美〕粟斯汀·隆内克,卡罗斯·莫尔,威廉·彼迪. 企业财务管理. 郭武文,译. 北京:华夏出版社,2002.

《债务重组准则》的变迁路径及其引发的思考

福建省石狮市鹏山工贸学校 陈凯棋

摘 要：债务重组在当前的中国经济改革与发展中具有重要的意义，它对于改善我国企业不合理的资金结构，减轻企业的债务负担有着积极的作用。为了规范企业的债务重组会计核算，财政部曾于 1998 年 6 月发布《企业会计准则—债务重组》（以下简称 1998 准则），后又于 2001 年 1 月对其作了较大的修订（以下简称 2001 准则）。随着经济社会的发展和各项改革的深化，考虑到各方面利益及诸多因素后，财政部于 2006 年 2 月发布了新的《企业会计准则第 12 号—债务重组》（以下简称 2006 准则）来代替旧准则。探寻三个阶段准则变化的路径，不由引发一些思考。本文试图以债务重组准则的变迁为研究视角，通过分析、归纳、思考，期望能加深我们对新准则的理解，以便加以正确地运用。更重要的是，通过提炼规律性的内涵，以期对我国会计准则工程添砖加瓦。

关键词：债务重组 变迁路径 引发思考

一、变迁路径

在我国，《债务重组准则》的变迁经历了三个阶段。为了更清晰地把握其变迁的路径，兹将三个不同阶段《债务重组准则》的主要变化及其解读列表如下：

《债务重组原则》三个不同阶段的变化及其解读

变化项目		1998 准则	2001 准则	2006 准则	路径解读
几个术语	债务重组的定义	债务重组指在债务人发生财务困难的情况下,债权人按照其与债务人达成的协议或法院的裁定作出让步的事项。	债务重组指债权人按照其与债务人达成的协议或法院的裁决同意债务人修改债务条件事项。	债务重组指在债务人发生财务困难的情况下,债权人按照其与债务人达成的协议或法院的裁定作出让步的事项。	1998准则的定义,强调债务人发生财务困难,且认为债权人对于债务人作出让步是债务重组的前提,而2001准则外延有所扩大,不局限于债务人发生财务困难,并且不强调债权人一定得作出让步,其适用范围未免过于宽泛,易于造成不恰当的诱导,这肯定有悖于市场中利用制度来规范企业行为的初衷。所以2006准则又重新按照狭义的观念进行定义,这种做法比较符合我国当前的实际情况。
	或有事项	或有支出或有收益	或有支出或有收益	或有应付金额或有应收金额	2006准则把之前"或有支出"和"或有收益"两个术语改为"或有应付金额"和"或有应收金额",名称虽变,但实质内容不变。另外,同时还增加了一项内容:"修改后的债务条款如涉及或有应付金额,且该或有应付金额符合或有事项准则预计负债确认条件的,债务人应当将该或有应付金额确认为预计负债。"
	债务重组损益的确认	债务人将重组债务的账面价值与抵债(还债)资产公允价值的差额确认为当期收益;同时还要确认非现金资产转让损益,同样作为当期损益。	债务人将重组债务的账面价值与抵债(还债)资产公允价值的差额直接计入资本公积。不要确认非现金资产转让损益。	债务人将重组债务的账面价值与抵债(还债)资产公允价值的差额确认为当期收益;同时还要确认非现金资产转让损益,同样作为当期损益。	1998准则系将债务重组收益计入当期损益,但由于我国上市公司产权关系不明晰,造成许多国有企业在债务重组中无原则地作出让步,通过重组业务操纵利润。一时间,上市公司趋之若鹜,证券市场怨声载道。为此,2001准则把债务人的债务重组收益确认为资本公积。这一规定更多是为了维护证券市场的公平规则,企业将无法利用债务重组操纵利润,但是却在一定程度上牺牲会计信息的真实性。2006准则又重新把债务重组收益确认为当期损益,这显然是一种正本清源的举措,同时也能与IAS趋同。

续 表

变化项目	1998 准则	2001 准则	2006 准则	路径解读
修改其他债务条件——债务人的会计处理	债务人将重组债务的账面价值减记至将来应付金额，减记的金额确认当期损益。如果涉及或有支出，在计算将来应付金额时应将其包含进去。或有支出如发生，冲减重组后的债务账面价值；如未发生，确认为当期损益。	债务的账面价值大于将来应付金额之间的差额计入资本公积。修订后的准则还明确重组债务账面价值小于或等于将来应付金额时不作会计处理。未发生的或有支出要求其在结清债务时确认为资本公积。	同1998准则	1998准则与2006准则一样都是把债务重组收益确认为当期损益，2001准则却是作为资本公积。道理无须赘述，2001准则还明确重组债务账面价值小于或等于将来应付金额时不作会计处理。
计量属性	债权人按受让的非现金资产或股权按其公允价值入账，并确认债务重组损失。	债权人将受让的非现金资产或股权按重组债权的账面价值入账，不发生债务重组损失。	基本与1998准则相同，但这里明确规定公允价值运用的前提是公允价值应当能够"可靠计量"。	1998准则采用"公允价值"计量模式，这样既可提高会计信息的真实性，又与IAS趋同，可是其时我国并不完全具备推广公允价值的条件，于是2001准则只好对此进行修改，要求债权人以应收债权的账面价值作为受让非现金资产的入账价值，这等于又回归历史成本计价，必然导致资产的账面价值脱离其实际价值，这无论是从会计理论角度，还是从逻辑上都很难作出合理的解释；2006准则重新引入了"公允价值"计量属性，这是新准则的一个亮点。但在使用上有具体条件的限制。

续 表

变化项目	1998 准则	2001 准则	2006 准则	路径解读
债权人的会计处理一个修改其他债务条件	债权人将重组债权的账面价值减记至将来应收金额，发生的损失作为债务重组损失。如果涉及或有收益，在计算将来应收金额时不应包含进去。	有关业务的处理与1998准则的规定一致。只是这里明确重组债权账面价值小于或等于将来应付金额时不作会计处理。	同1998准则。并且明确债权人已对债权计提减值准备的，应当先将该差额冲减减值准备，减值准备不足以冲减的部分，计入当期损益。	对于债权人在债务重组中所受的损失，三个阶段的准则都是计入"营业外支出"。2006准则有两个变化：一是将旧准则中"重组债权的账面价值"改为了"重组债权的账面余额"；二是明确规定已提减值准备的，应当先将该差额冲减减值准备，减值准备不足以冲减的部分，计入当期损益。即对债权人而言，应先确认为坏账损失而后才是非常损失，因为坏账损失是企业正常经营活动的一个风险因素。虽然说法有变化，但在实际账务处理中无较大差异。

二、准则的变迁引发的思考

（一）准则的出台不能"仓促上阵"

1998准则有一个显著特征，就是在我国的会计规范中首先采用"公允价值"计量模式，要求债权人在债务重组时受让非现金资产和股权时采用公允价值，作为该资产的入账价值。显然，这一规定与IAS的要求完全相同，这种一步到位的做法虽然表现出国家对国际会计趋同的很大决心，但却有为时过早之嫌，时间仓促带来的负面作用必然会在实施过程中爆发出来。公允价值的合理使用应具备两个条件，一要有"公平"竞争的市场环境；二要由交易双方"自愿"进行交易，因为公允价值反映的是现值，其本质是基于对市场信息的评价。在公平竞争的市场经济条件下，市场以价格作为信号传递信息，交易者据此进行判断，自愿达成共识后，其交换价格即为公允价值。从理论上讲，我国采用公允价值计量，一是能合理、真实反映企业的财务状况和经营成果，进而有利于我国企业的资本保全；二是考虑与国际会计接轨。但实际上，其时我国并不完全具备推广公允价值的条件，生产资料市场、产权市场尚在建立健全之中，相关的公共价值难以真正地显现出"公允"，各种资产及其类似资产的市场信息经常难以获得，从而很可能影响债务重组而产生"利润"的真实性和可靠性。再加上当时大部分的会计人员对"公允价值"如何操作都不甚了解，甚至为数众多的会计人员对"公允价值"为何物都茫然不懂，更谈不上公允价值所依赖的职业判断能力。这显然与IAS所依赖的"成熟市场经济"水土不服。

在这种情况下，采用公允价值计量负面影响接踵而来，导向效应在准则实施后不久非常明显，大量的企业在债务重组中会计处理不规范，信息严重失真，更严重的是在客观上给企业提供了进行"盈余管理"的机会和法律依据，股票市场怨声载道。一般说来，会计规范的制定与出台必须与当时的生产力相适应，要与当时的社会经济环境相适应，这应该是制定会计规范的一个基本原则，只有将准则建设植根于经济社会发展沃土，企业会计准则才会有旺盛的活力和强大的生命力（楼继伟，2006）。有鉴于此，2001准则只好对此进行修改，要求债权人以应收债权的账面价值作为受让非现金资产的入账价值，这等于又回归用历史成本计价，如此一来必然导致资产的账面价值脱离其实际价值，这无论是从会计理论角度，还是从逻辑上都很难作出合理的解释。因为，会计要素应当在符合定义、可计量性、相关性、可靠性四条标准以及符合成本效益和重要性原则的前提下加以确认。因此，从给企业带来经济利益的角度看，上述债权人以重组债权的账面价值确认受让非现金资产和股权的入账价值,是不符合资产的定义的。再从会计要素计量的角度看,计量问题是财务会计的核心问题,它是由计量单位和计量属性决定的。上述以重组债权的账面价值作为受让非现金资产和股权的入账价值,不符合任何一种会计计量属性,因为在债务重组过程中,双方并不一定遵循等价交换原则,也就是说重组债权的账面价值并不代表抵债资产的实际价值。可见,以其作为受让非现金资产和股权的入账价值极为不妥,这种做法只能作为权宜之计,是一种没有办法的办法。几年的时间过去了,我国市场经济今非昔比,生产要素市场和资本市场不断发展和完善,同时为了向IAS看齐,2006准则又重新引入"公允价值"计量属性。

必须指出,准则倘若经常修改(特别是像债务重组准则修改过程中的否定之否定),缺乏延续性和逻辑性,必然极大地影响准则的严肃性和权威性,同时也给广大实务工作者带来很大的困惑和麻烦,大大增加社会运行成本。2006准则实施在即,要全面推行"公允价值"计量属性,笔者仍然深感忧虑,就我国目前的现实情况而言运用公允价条件尚未完全具备。现在,我国的市场经济体制虽然已确立,但非市场因素依然存在,活跃市场还会受到种种非市场因素的影响。相当部分的资产没有公允价值信息,会计职业队伍的业务素质、专业能力、道德观念还有待进一步提高,使用公允价值这一计量属性必然存在一定的难度,现在大部分会计人员对公允价值尚难驾驭。而且,准则中在对待债务价值方面贴现问题的处理上,也与公允价值自身的定义要求不相一致。本准则的内容中,并没有考虑折现因素。而对于本身及其类似资产均不存在活跃市场的非现金资产,其公允价值应以适当的折现率贴现计算现值。尤其要注意的是,作为活跃市场事后证据的市场价格等交易信息系统还不完善,难以为公允价值计量提供可靠的、必不可少的凭据,其可靠性、可验证性很难得到有效的保证。凡此种种，无不令人担忧，与其说公允价值是 2006 准则的一个亮点，毋宁说是一个瓶颈，就像一首流行歌所唱的"想说爱你不是一件容易的事"。可以预见，在将来实施过程中，对公允价值的把握与实际操作必定存在很大问题。财政部必须在准则的执行范围、执行条件、执行方法方面大做文章，甚至可借鉴国外的听证形式，广泛征求意见，特别是在相关的指南方面必须讲究可操作性，形成一套较为严密、可行的公允价值体系，从而降低运用公允价值的风险。

（二）准则的修改不能"因噎废食"

进行债务重组，债权人在经济利益上往往要给债务人"让步"，所以债务人经常会产生重组收益。这种收益虽然不太"光彩"，却是实实在在的，问题的关键在于如何对此准确地加以确认。1998 准则将此作为营业外收入，但由于我国诸多上市公司关联方关系的存在，债权人往往漠视自身利益，采用各种债务重组方式给债务人"输血"，债务人因此获得巨额重组收益。例如，ST 中华 1997 年、1998 年每股收益分别为 -1.363 元和 -0.41元，虽然该公司在 1999 年度主营业务利润只有 2009.32 万元，但是 3.66 亿元的债务重组收益却使其 1999 年的每股收益变为 0.417 元。短短的时间里这种所谓的"文件制造利润"大量出现，给我国不太成熟的股票市场带来灾难性的影响，现实的扭曲迫使财政部在 2001 准则中将债务重组收益改做资本公积。这一规定体现了财政部提高会计信息质量可靠性，减少会计寻租行为的决心，并且在一定程度上维护了证券市场的健康发展，企业将无法通过债务重组操纵利润，欺骗利益相关人。

就本质而言，债务重组收益应该是一项经营性的收益而非资本性的收益，将债务重组收益当做资本公积，混淆了资本性收益和经营性收益的界限。一般说来，只有资本性的收益才应该记入资本公积，对于经营性收益就应体现在当期利润中。债务重组不论是采取什么方式都不可能是一项资本性的业务，理应看做是一项经营活动（尽管不属于营业内的业务）。债务重组收益是债权人对债务人的让步，而这种让步是债务人已经确认为资产购置性质支出的减少，这种支出无论是长期资产的购置支出还是短期资产或者费用支出，肯定已确认为支出，或即将确认为支出。现在获得债务重组收益，可以看做是支出减少，理应"原路返回"冲减支出，作为当期的收益，即作为营业外收入。另外，如果把重组收益作为资本公积，债务重组损失作为营业外支出，显然也不符合正常的思维习惯，收益与损失的处理不具有对称性，此等作法固然是谨慎，但难免有失真实。还应该看到，如果把重组收益作为资本公积，与税法的规定明显不同，必然会因此形成纳税调整差异，而这种差异的调整处理极其烦琐，照此作法会增加遵从成本，可见只有把债务重组收益作为当期的损益才是最佳的选择。会计的基本功用是反映，会计应能揭示和反映经济交易或其他事项的经济实质，这是会计的基本质量要求，也是会计的基本目的。为了防止上市公司操纵利润，而将债务重组收益作为资本公积明显是一种倒退，一方面无视于会计的质量要求，同时有悖会计的本质特征，不能不说是因噎废食。

2006准则又重新把债务重组收益确认为当期损益，这显然是一种正本清源的举措。可是还是有人担心，原来利用债务重组准则操作利润被关了门，现在等于又开了口。实际上这种担心是有点多虑了。其一，债务重组收益属于营业外收入，其所得的利润是属于非经常性损益的，只要通过改变上市公司净利润、每股收益以及每股净资产的计算指标，如将其改变为按净利润与净利润扣除非经常性损益两者孰低为基础的监管指标，上市公司也就没有积极性去操作利润。显然这里没有正确处理好"治标"与"治本"关系。其二，经历了十几年证券市场的风风雨雨，广大证券投资者分析判断能力和自我保护意识都有了提高，债务重组准则要求企业披露公允价值的确定方法及依据，投资者很容易识别出债务重组包装获得的利润，进而作出理性的选择。投资者盲目跟庄、任人宰割的时代已经一去不复返了。再者，会计准则毕竟只是一个生产信息的技术规范，它解决的是"该如何办"的问题，对会计准则的恶意误用属于准则实施中"人"的问题，从大的方面讲是上市治理生态的问题，要通过道德建设，提高投资者甄别会计信息能力等系统工程来解决。对会计业务的处理规定，必须根据业务的实质，按照会计的基本要求，进行科学的规范，切勿出于其他的考虑而因噎废食。

无独有偶，最近又遗憾地看到《资产减值准则》的规定重蹈覆辙。该准则第十七条规定："资产减值损失一经确定，在以后期间不得转回。"这一规定显然也是考虑到现行准则实施之后，众多的上市公司利用减值转回的规定人为调整利润，违规实行盈余管理频频发生等现实情况。例如，2004年减值损失转回金额最大的前20家上市公司年报的分析结果表明，通过转回前期资产减值损失不同程度人为调整损益，两家ST公司分别增加当年利润32 945万元和4 500万元，占各自当年净利润的309%和581%，成功摘除了ST帽子。这种做法与当年（1999年与2000年）利用债务重组准则操纵利润如出一辙，而修改的路径简直就是"异曲同工"，岂不是又走上因噎废食的老路?! 同样是没能对症下药，同样是治标不治本。还有，道高一尺，魔高一丈，玩家们不会被此规定所制约，完全可以通过一笔业务拆成两笔等方式绕过该规定。更严重的是，"资产减值损失一经确定，在以后期间不得转回"的规定与IAS大相径庭，有可能执行一段时间又得改回来。

（三）准则的执行不可"一刀切"

我国会计准则的产生与发展，在很大的程度上缘于资本市场的发展。可以说，是资本市场的发展催生了会计准则（王乐锦，

2006)。高质量会计准则生成的财务报告可以引导资本的有序、合理流动，促使社会资源优化配置，而证券市场是最具有活力、风险最高的市场，同时也是我国最重要的市场。高效率的证券市场呼唤着高质量的会计准则，屈指数来我国已颁布的大部分准则（包括其出台和修订）都是基于上市公司的考虑，一个个的准则犹如一个个的消防队员，证券市场上哪里出现"灾情"，哪里马上赶来消防队员。从本文表中所阐述债务重组准则的变迁路径就能诠释这一点，无论是1998准则的出台，抑或是2001准则的修订，都无一例外。照说这也无可厚非，问题是准则执行方面必须注意实际需要，充分考虑各种具体情况。应该清楚地意识到，准则的理论和方法并非都是放之四海而皆准的，譬如2001准则为了防止虚夸利润，而把债务重组收益确认为资本公积，这在上市公司还情有可原，但这一规定后来却在所有会计制度引用（包括《小企业会计制度》、《民间非营利组织会计制度》），未免让人大惑不解。小型企业和民间非营利组织与上市公司的会计目标迥然不同，这些单位根本不存在虚夸利润的动机，须知，现在"吹牛"是要上税的，虚夸利润必须要多交所得税，为此需要付出无谓的代价，一般的单位是不可能做这种傻事的，而上市公司因为有更多的考虑却偏偏乐此不疲，这之间是不可同日而语。也就是说，并非所有地方都可能出现"灾情"，消防队员也不必到所有的地方。由此可见，准则的执行要注意其适应范围，有些规定得注意区别对待，要注意正确处理共性与个性的辩证关系，防止不分青红皂白搞一刀切。这样说来，上述所论"资产减值损失一经确定，在以后期间不得转回"的规定如果真要实施的话，也只能严格限定在上市公司的范围内执行，千万不能再"放之四海而皆准"。

参考文献：

[1]刘泉军,张政伟.新会计准则引发的思考.会计研究,2006(3).

[2]楼继伟.中国企业会计准则建设的可贵实践和崭新突破.会计研究,2006(2).

[3]财政部.企业会计准则.北京:经济科学出版社,2006.

[4]王乐锦.我国新会计准则中公允价值的运用:意义与特征.会计研究,2006(5).

对管理会计与财务会计的几点看法

湖南省新化职业中专学校　蔡赛男

摘　要："财务会计对外，管理会计对内"似乎成了理论界与实务界的共识。这种看法不仅不利于会计职能作用的发挥，而且也阻碍了会计理论的发展。从根本上说，会计系统是由财务会计和管理会计耦合而成的，它是企业管理系统的核心子系统。

关键词：管理会计　财务会计

管理会计是以现代管理科学为基础，以加强企业内部管理为目的，灵活运用各种专门的技术方法，对企业的生产经营活动进行规划和控制的一种现代企业会计分支。

在管理会计的定位问题上，近几年在我国出现了诸多争论，例如有的学者认为"财务会计与管理会计是可以有机地融合在一起的，他们具有融合的基础和需要"（李岩，2004）。有的学者则认为财务会计和管理会计之间具有联系，"并使之在教学过程中得到有效的融合"（郭敏、张凤莲，2004）。

一、现代会计划分成财务会计和管理会计两大分支是适应所有权与经营权相分离的结果

财务会计和管理会计两者是同源而分流的。它们的联系是：财务会计和管理会计都是以现代企业经济活动所产生的数据为依据，通过科学的程序和方法，提供用于经济决策与控制的，以财务信息为主的经济信息。财务会计主要为外部利益关系集团服

务，提供受托主体履行和完成经济责任的信息，以满足外部利益集团的需要，因此财务会计是一种社会化的会计；管理会计主要为企业内部各个层次的委托人服务，为其提供加强经济管理，提高全面经济效益和社会效益的信息，是一种个性化的会计。

二、管理会计与财务会计的关系

作为会计系统的两个分支，财务会计与管理会计所提供的信息在很多方面具有相同的质量特征；而作为具有不同目的和服务对象的会计分系统，两者所提供的信息的质量特征又存在很大的差异。管理会计与财务管理的学科属性不同。管理会计是会计的一个分支，在学科层次上处于第二层次，这一点已在理论界取得了共识。但财务管理却不同，它不是一门独立的学科，也不是从属会计学科的子学科。从其主要内容和基本职能看，财务管理应该属于与会计学并列的处于第一层次的学科——企业理财学。

（一）遵循的原则、标准不同

财务会计工作必须严格遵守《企业会计准则》和行业统一会计制度，以保证提供的财务信息报表在时间上的一致性和空间上的可比性。而管理会计不受《企业会计准则》和行业统一会计制度的完全限制和严格约束，在工作中可灵活应用预测学、控制论、信息理论、决策原理等现代管理理论作为指导。

（二）相关性

在财务会计与管理会计中，会计信息的相关性都可以概括地表述为所提供的信息应该与决策相关。只有相关的信息才是有用的信息，但两者对相关性的解释却有很大的差别：

1. 相关的对象不同

财务会计信息的初始目标是满足所有者考核企业管理者受托经营责任的履行情况。资本市场的发展使得资本的流动性增强，财务会计信息又成为所有者进行投资决策的主要信息来源。财务会计信息的相关性主要是指财务会计所提供的信息与企业所有者及债权人的决策需要相关,而管理会计信息的相关性则是指管理会计所提供的信息应与管理当局的管理需要相关,有助于提高管理者的决策能力。

2. 相关信息的内容不同

财务会计主要通过会计报表对外提供信息,范围被限定在会计报表及其附注中。而管理会计所提供的信息则是广泛的,它没有固定的程式与内容,一般而言,它既包括大量的财务信息,也包括大量非财务信息;既包括内部信息,也包括外部信息。管理会计中的相关信息具有两个特征:一是通过预测获得未来信息。历史信息通常作为预测未来的基础信息,而不作为决策的直接依据。二是包含可供选择方案之间能用货币计量的差额。

3. 相关性所显示的侧重点不同

就财务会计而言,企业外部的信息使用者是广泛的,他们的需要也千差万别。因此,财务会计对外报告的信息并不以满足某一特定使用者的特定信息需要为目的,而是以满足外部使用者整体的共同需要为目的,向他们提供与企业的财务状况、盈利能力、资本结构、偿债能力等相关的共同需要的信息。管理会计信息的相关性主要是与企业内部管理者的特定决策需要相关,它重点揭示特定方面的差别,而不是提供普遍适用的一般信息。

4. 相关性的判断标准不同

为使提供的信息能够遵循共同的标准,财务会计需要按照公认会计原则进行信息的加工与报告。因而,财务会计信息的相关性体现在公认会计原则之中,构成制定与颁布公认会计原则的约束性特征。在会计实际操作过程中,提供相关的会计信息体现在对公认会计原则的遵循上,而不是直接根据信息相关性特征本身的要求来有选择地提供信息。与其不同的是,管理会计信息的相关性体现在提供的信息要与管理当局的决策、控制等管理活动相关。对管理会计而言，相关的信息意味着所提供的信息不仅要与所决策的问题密切相关，而且还要能帮助管理者发现差别，从差别中作出选择和判断。

(三) 及时性

会计信息的及时性是指会计要及时地处理并报告信息。信息的及时性是为了保护信息的相关性。及时性本身不能增加相关性，但不及时的信息却会消蚀信息的相关性。提供及时的相关信息是对财务会计与管理会计的共同要求，但在具体含义与特征上，两者之间又存在较大的差别。

1. 信息及时性的时间标准不同

财务会计信息的及时性特征主要是指会计核算要讲求时效，要及时对原始资料进行加工整理，按规定时间及时编制会计报表并对外报告。其及时性的判断标准在于是否按规定的时间予以报告。管理会计信息的及时性特征是指管理会计必须及时、迅速地为管理当局提供可应用于规划、控制过程的会计信息。企业的经营活动错综复杂，市场的外部条件瞬息万变，管理当局往往需要对诸多经营问题快速地作出决策和处理。因而，管理会计信息及时性的判断标准是能否根据管理的需要适时提供信息，而不是按照规定的时限定期地提供信息。

2. 信息及时性的优先地位不同

信息的及时性与信息的完备性、精确性有时是相冲突的。财务会计中，信息的及时性是在经济业务发生后的及时反映，是以预先确定的编报日期为标准的，所报告的信息的精确性有特定的标准，不得以及时性为由偏离预先设定的精确性标准或牺牲信息的完备性与精确性。管理会计中，有些信息是常规需要的，可设定必要的精度，在信息成本—效益平衡性原则的约束下，通过程序化方式予以提供。管理会计信息的及时性以满足管理的需要为标准，没有固定的时间标准和精确性标准。对于紧迫性的问题，管理当局获取信息的速度越快,就越能迅速地作出决策。因而,如果信息的及时性与信息的完备性和精确性发生冲突,及时性高于完备性与精确性,管理会计可以在许可范围内通过部分地牺牲信息的完备性与精确性来保证信息的及时性。

3. 作用时效不同

财务会计的作用时效主要在于反映过去,无论从强调客观性原则,还是坚持历史成本原则,都可以证明其反映的只能是过去实际已经发生的经济业务。因此,财务会计实质上属于算"呆账"的"报账型会计"。

管理会计的作用时效不仅限于分析过去,还在于能动地利用财务会计的资料进行预测和规划未来,同时控制现在,从而横跨过去、现在、未来三个时态。管理会计面向未来的作用时效摆在第一位,而分析过去是为了控制现在和更好地指导未来。因此,管理会计实质上属于算"活账"的"经营型会计"。

(四)准确性

会计信息的准确性是指会计信息的正确性。信息的准确性不仅是指信息要能反映出事物的本来特征,还包括信息的分类要准确,使理性的信息使用者能够通过信息的分析揭示出隐含在信息背后的真相及其相互之间的内在联系。财务会计信息与管理会计信息准确性的差别在于判断的标准不同。

财务会计信息的准确性是指财务会计提供的信息要能真实、准确地反映企业的盈利能力、财务状况及其变动情况,要求财务会计提供的信息一定要严格按照公认会计原则处理。

管理会计的准确性特征是指管理会计所提供的信息在有效使用范围内必须是正确的。信息总是越精确越好,但要考虑到及时性及获取高精度信息所需的处理成本,因而在管理会计中,信息的准确性以不影响决策的正确性为标准。决策的问题不同,对信息的准确程度的要求也不同。由于企业管理中决策问题千差万别，对管理会计信息的准确性也就难以有一个统一的普遍适用的标准。"不影响决策的正确性"就是管理会计信息的"有效使用范围"。正是基于这一特性，管理会计可以采用近似的方法来获取所需信息的近似值或估计值，以此来简化信息的处理程序，提高信息的处理效率，降低信息的处理成本。

管理会计与财务会计的信息属性不同：管理会计在向企业内部管理部门提供定量信息时，除了价值单位外，还经常使用非价值单位，并根据部分单位的需要提供定性的、特定的、有选择的、不强求计算精确的，以及不具有法律效用的信息。财务会计主要向企业外部利益关系集团提供以货币为计量单位的信息，并使这些信息满足全面性、系统性、连续性、综合性、真实性、准确性、合法性等原则和要求。

（五）多元性

信息的多元性是管理会计信息的特征之一。管理会计的主要目标是为企业内部管理提供信息，企业所面临的管理与决策问题的性质不同，所需要的信息也就不一样。管理会计要在其工作范围内提供能解决这些问题的各种不同信息，它们是广泛的，既包括经加工、改造后的财务信息，也包括大量具有特定形式和内容的非财务信息。实际的和预计的、历史的和未来的、精确的和粗略的、综合的和详尽的、内部的和外部的、技术的和经济的等方面的信息，都包括在管理会计信息之列，这便使得管理会计的信息具有多样化特征。管理会计融合了多学科的方法内容，不受法定会计规范和固有会计程式的制约，它可以采用多种方法对从不同渠道取得的信息进行加工、改制，使之能按管理会计的需要提供多样化的信息。如管理会计可以将全部成本划分为固定成本和变动成本，揭示成本与产量之间的依存关系，为本量利分析、成本预测和短期经营决策提供依据；也可将全部成本进一步划分成可控成本和不可控成本，为责任成本控制和绩效考评提供依据；

还可以对成本根据特定的决策需要进行重新分类组合，形成具有特定含义、满足特定要求的决策成本概念，诸如差别成本、边际成本、机会成本、沉没成本、专属成本、付现成本等，为经营决策提供依据。

（六）成本—效益平衡性

成本—效益平衡性，即经济性。信息的成本—效益平衡性是所有信息处理都应遵循的一般原则，其对财务会计与管理会计的信息处理具有不同的意义。

财务会计信息从对外报告出发，对于所报告信息的内容、格式与详尽程度有较为标准的规范。信息的效益性如何，由企业的外部使用者判断，而不是由企业判断。这种信息的处理与使用，主要是遵循公认会计原则，而不是成本—效益平衡性原则。而财务会计中成本—效益平衡性原则的应用，主要表现为财务会计在组织信息处理时，应尽量节约信息的处理成本，根据成本—效益平衡性原则来取舍应对外报告的信息。

（七）观念和取向不同

财务会计将其着重点放在如何真实准确地反映企业生产经营过程中人、财、物要素在供、产、销各个阶段上的分布及使用、消耗情况上，十分重视定期报告企业的财务状况和经营成果的质量，往往不大重视管理过程及其结果对企业职工心理和行为的影响。而现代的管理会计不仅着重实施管理行为的结果，而且更为关注管理的过程。管理会计注重管理过程及其结果对企业内部各方面人员在心理和行为方面的影响。

（八）对会计人员素质的要求不同

鉴于管理会计的方法灵活多样，又没有固定的工作程序可以遵循，其体系缺乏统一性和规范性，所以在很大程度上管理会计的水平取决于会计人员素质的高低。同时，由于管理会计工作需要考虑的因素比较多，涉及的内容也比较复杂，要求从事这项工作的人员必须具备较宽的知识面和果断的应变能力，具有较强的分析问题、解决问题的能力。财务会计工作则需要基础知识比较扎实、操作能力强、工作细致的专门人才来承担。

三、小　结

财务会计为股东、供应商、银行和政府机构等外部决策者服务，而管理会计则为组织的高层领导、部门负责经理和组织内部的其他各级管理者服务。

从总体上来说，管理会计与财务会计的对象应该是一致的，即是以物资运动和价值运动为基础，以信息运动为纽带，体现人与人之间生产关系的社会再生产过程。财务会计核算的目的在于通过提供信息来影响人们的决策及其行为；管理会计则运用了一些特殊的方法和技术对企业的生产经营活动及人的行为进行管理和控制。本质而言，二者都是对企业各资源要素的产权变动及其交易所进行的确认、计量、报告及规划、控制，只不过由于分工的不同，在时、空两方面各有侧重。财务会计的对象以企业的生产经营情况为主；管理会计则是利用相关信息对企业及其经济活动进行组织、控制和指导，它是对财务会计的客体"情况"进行的再加工。

参考文献：
[1]佚名. 浅谈战略管理会计在我国的应用.
[2]何新川. 对财务管理与管理会计的融合性思考. 现代管理，2006(6).

电子商务环境下的税收流失及其对策

吉林省图们市职教中心　蔡敬熙

摘　要：电子商务是近年来伴随着社会进步和现代信息技术的迅猛发展应运而生的一种新型贸易方式。电子商务的发展，造成了网上贸易的"征税盲区域"，税收流失问题十分严重。我国在电子商务环境下的税收原则包括：税收中性原则、财政收入原则、尽量利用既有税收规定原则和坚持国家税收主权原则。要借鉴国际经验，完善电子商务税收政策，一是要把握电子商务环境下常设机构原则的适应性；二是要建立符合电子商务要求的税收征管体系；三是要加强税收征管的电子化建设。

关键词：电子商务　税收流失

一、电子商务环境下的税收流失问题不容忽视

随着电子商务的发展和日趋成熟，越来越多的企业搬到网上经营，其结果是一方面带来传统贸易方式的交易数量减少，使现行税基受到侵蚀；另一方面由于电子商务是一个新生事物，税务部门的征管及其信息化建设还跟不上电子商务的进展，造成网上贸易的"征税盲区域"，税收流失问题十分严重。

（一）征管失控，税收流失严重

网上贸易发展迅速，越来越多的企业（尤其是跨国公司）搬迁到互联网上进行交易，必然导致传统贸易方式的交易数量减少，而税务机关又来不及研究相应的征税对策，更没有系统的法

律法规来约束企业的网上贸易行为,出现了税收征管的真空和缺位,使本应征收的税款白白流失。另外,由于在互联网上企业可以直接进行交易,而不必通过中介机构,致使传统的代扣代缴税款无法进行。

(二) 稽查难度加大

传统的税收征管都离不开对账簿资料的审查,而网上贸易是通过大量无纸化操作达成交易,账簿、发票均可在计算机中以电子形式填制,而电子凭证易修改,且不留痕迹,税收审计稽查失去了最直接的纸质凭据,无法追踪。企业如不主动申报,税务机关一般不易察觉其贸易运作情况,从而助长了偷、逃、骗税活动。另外,随着计算机加密技术的发展,纳税人可以用超级密码和用户名双重保护来隐藏有关信息,使税务机关收集资料十分困难。

(三) 互联网为纳税人避税提供了高科技手段

互联网的全球性不仅为企业经营获得最大限度的利润提供了手段,同时在某种程度上也成了企业避税的温床。建立在互联网之上的电子邮件、可视会议、IP电话、传真技术为企业架起了实时沟通的桥梁,通过互联网将产品的开发、设计、生产、销售"合理地"分布于世界各地将更容易,在避税地建立基地公司也将轻而易举。此外,银行的网络化及电子货币和加密技术的广泛应用,使交易定价更为灵活、隐蔽,对税收管辖权的"选择"更加方便。由此可见,避税和反避税的斗争在高科技下将日益激烈。

(四) 互联网导致税务处理的混乱

随着网上贸易中有形产品和信息服务的区别变得日渐模糊,税务机关对网上知识产权的销售活动及有偿咨询束手无策。许多贸易对象均被转化为"数字化资讯"在国际互联网中传送,使得税务机关很难确定一项收入所得为销售所得、劳务所得,还是特许权使用费。由于所得的分类直接关系到税务方面的处理，导致了税务处理的混乱。网上交易发生在虚拟的、数字化的计算机空间而不是在某一具体地点，所以要把收入来源和具体地点相联系几乎是不可能的，确定纳税人也变得相当困难。

（五）互联网贸易容易陷入国家税收管辖权的冲突中

国家税收管辖权的问题是国际税收的核心，目前世界上大多数国家都同时行使来源地税收管辖权和居民（公民）税收管辖权，即就本国居民（公民）的全球所得和他国居民（公民）来源于本国的收入课税，由此引发的国际重复课税通常以双边税收协定的方式来免除。然而在因特网贸易中，这两种税收管辖权都面临严峻的挑战。

（六）国际互联网上的跨国交易加大了征管信息获取的难度

国际互联网潜力最大的领域之一就是跨国交易，任意一个跨国交易人都会期望将其成本降低至与国内交易相当的程度，而金融服务是满足其愿望的必要条件。为了刺激网上交易的发展，国际互联网已经开始提供某些在避税地区开设的联机银行以提供完全的"税收保护"。国内银行是目前税务当局最重要的信息来源，税务机关可以通过查阅银行账目得到纳税人的有关信息，判断其申报的情况是否属实。即使税务机关不对纳税人的银行的账目进行经常性的检查，潜在的逃税者也会意识到偷税、漏税的风险。这样就在客观上为税收提供了一种监督机制，同时对于潜在的逃税者有一种威慑作用。然而，如果信息源变为设在他国的联机银行，这种监督制约机制就会大打折扣，逃避税收也就很可能成为现实。

二、我国在电子商务环境下的税收原则

（一）税收中性原则

税收是一种分配方式，也是一种资源配置方式。国家征税是将社会资源从纳税人转向政府部门,在这个转移过程中,除了会给纳税人造成相当于纳税税款的负担以外,还可能对纳税人或社会带来超额负担。税收的中性就是针对税收的超额负担提出的。税收理论认为,税收的超额负担会降低税收的效率,而减少税收的超额负担从而提高税收效率的重要途径,在于尽可能保持税收的中性原则。由此,我们可以判断,税收中性包含两个最基本的含义:一是国家征税使社会所付出的代价以税款为限,尽可能不给纳税人或社会带来其他的额外损失或负担;二是国家征税应避免对市场经济正常运行的干扰,特别是不能使税收成为超越市场机制的资源配置的决定因素。

从这个角度来讲,税收中性原则的实际意义是税收的实施不应对网络经济(电子商务)的发展有延缓或阻碍作用。从促进技术进步和降低交易费用等方面来看,电子商务和传统交易方式相比具有较大优势,代表着未来商贸方式,应该给予支持,至少不要对它课征什么新税。另外,从我国电子商务发展的现实情况来看,我国的电脑拥有率和上网率按人口平均在全球是较低的,信息产业仍处于起步阶段,网址资源甚少,基本上属于幼稚产业,极需要政府的大力扶持。因此,在税收政策上,在电子商务发展的初期阶段应给予政策优惠,待条件成熟后再考虑征税,并随电子商务的发展及产业利润率的高低调节税率,进而调节税收收入。

(二) 财政收入原则

税收财政收入原则的基本含义是:一国税收制度的建立和变革,都必须有利于保证国家的财政收入,亦即保证国家各方面支出的需要。电子商务税收制度的建立和发展必须遵循财政收入原则,要与国家的整体税收制度相协调和配合,保证国家开支的需要。

就电子商务而言,财政收入原则有两重要求:第一个要求是,通过对电子商务的征税与其他产业的征税共同构成的税收收入能充分满足一定时期的公共支出的需要;第二个要求是,对电子商务征税要有弹性,要使税收弹性大于或等于1,从而保证财政收入能与日益增加的国民收入同步增长。

(三)尽量利用既有税收规定原则

在1997年11月OECD在芬兰召开的名为"撤除全球电子商务障碍"的圆桌会议上,与会者一致认可税收中性原则和运用既有税收规定原则这两项原则。国外经济学家的这些看法及国际机构的这些主张或许从某种程度上反映了电子商务税收政策的发展趋势,对我国制定电子商务的税收政策有着现实的指导意义,这就使电子商务课税要尽可能运用既有的税收规定。比如,中国香港税务局就没有出台专门的电子商务税法,只是要求纳税人在年度报税表内特别加入电子贸易一栏。

(四)坚持国家税收主权原则

我国目前还处于发展中国家行列,经济、技术相对落后的状况还将持续一段时间。在电子商务领域,这就意味着我国将长期处于净进口国的地位。所以,我国电子商务的发展不可能照搬发达国家的模式,跟在他们后面,亦步亦趋,而是应该在借鉴其他国家电子商务发展成功经验的同时,结合我国的实际,探索适合我国国情的电子商务发展模式。在制订网络商务的税收方案时,既要有利于与国际接轨,又要考虑到维护国家主权和保护国家利益。比如,对于在中国从事网上销售的外国公司,均应要求其在中国注册,中国消费者购买其产品或服务的付款将汇入其在中国财务代理的账户,并以此为依据征收其销售增值税。再如,为了加强对征税的监督,可以考虑对每一个进行网上销售的国内外公司的服务器进行强制性的税务链接、海关链接和银行链接,以保证对网上销售的实时、有效监控,确保国家税收的征稽。

三、借鉴国际经验，完善电子商务税收政策的对策

（一）把握电子商务环境下常设机构原则的适应性

传统商务是在传统的物理空间进行的，电子商务则不然，它创造了一个完全不同的时空环境——电子空间。物理空间是有形的，有距离、有国界的存在；电子空间是虚拟的，距离已不重要，国界已被打破。那么，在这种条件下，常设机构的概念或判断标准在电子商务中还适用吗？众所周知，企业要开展电子商务，首先必须建立自己的网站，网站是由软件和大量的信息构成的，软件和信息是无形的，所以网站本身不能构成常设机构。但网站的物理依托是服务器，服务器是硬件，是有形的，它具备了构成常设机构的物理条件。因此，如果企业拥有一个网站/服务器，并通过该网站/服务器从事与其核心业务工作有关的活动，而非准备性、辅助性的活动，那么该网站/服务器就应该被看做是常设机构，对它取得的营业利润征收所得税也就是理所当然的。

（二）建立符合电子商务要求的税收征管体系

网络贸易的出现与发展对征管模式提出了更高的要求。要提高现有征管能力和效率，避免在电子商务环境下的税源流失，就必须建立与电子商务发展相适应的税收征管体系，就目前而言，需要重点做好以下几个方面工作：

（1）加快税收征管信息化建设和国民经济信息化建设，税收部门要尽早实现与国际互联网全面连接和在网上与银行、海关、网上商业用户的连接，对企业的生产和交易活动进行有效的监控，实现真正的网上监控与稽查，并加强与各国税务当局的网上合作，防止税收流失，打击偷逃税。

（2）积极推行电子商务税收登记制度。纳税人在办理了上网交易手续之后必须到主管税务机关办理电子商务的税收登记，

取得一个专门的税务登记号，税务机关应对纳税人申报有关网上交易事项进行严格审核，逐一登记，并通过税务登记对纳税人进行管理。这样，即使纳税人在网上交易时是匿名的，对于税务也不构成任何威胁，政府完全可以掌握什么人通过国际互联网交易了什么。

（3）总结税务部门已建设和运行的以增值税发票计算机交叉稽核、防伪税控、税控收款机为主要内容的"金税工程"的经验，针对电子商务的技术特征，开发、设计、制定监控电子商务的税收征管软件、标准，为今后对电子商务进行征管作好技术准备。

（4）从支付体系入手解决电子商务税收的征管问题，杜绝税源流失。虽然电子商务具有高流动性和隐匿性，但只要有交易就会有货币与物的交换，可以考虑把电子商务建立和使用的支付体系作为稽查、追踪和监控交易行为的手段。

（三）加强税收征管的电子化建设

对电子商务征税离不开税收征管的电子化建设。税收电子化是税收征管的基础，是强化征管的手段。近年来，各级税务部门适应市场经济发展的需要，高度重视税收电子化建设，取得了可喜的进步，但是与西方发达国家相比差距仍然很大。税收电子化工作存在的主要问题是，一些领导和税务干部对电子化工作的认识还需要提高。从总体上看，进度相对滞后，地区间发展极不均衡，征管领域的应用亟待深化，专业技术力量不足、组织管理不健全的问题也比较突出。因此，要加快税收征管科技化的进程，广泛地在税收征管中采用计算机技术、光电技术和先进的通信技术，提高税收征管的效率和质量，充分利用电子化手段拓展税收征管的领域和触角。

会计教学改革下案例教学法的应用

新疆喀什财贸学校　阿布都艾尼

摘　要：针对传统会计教学所存在的缺陷，进行教学改革已是势在必行。而改革的重点应放在加强学生的适应能力上，即一方面重视学生对理论知识的理解与应用，不生搬硬套，能根据不同的实际情况作出不同的应对；另一方面加强学生动手操作能力，使学生在日后工作中能以最少的时间适应岗位需求。要达到以上要求，实施案例教学是一种有效的途径。

关键词：传统会计教学　改革的必要性及方向　案例教学优势

一、传统会计教学中存在的问题

（一）偏重于理论教学，忽视了实践教学

传统的会计教育往往通过设置一系列会计课程来完成，这些课程主要介绍会计理论知识，课时数占总课时的比重通常在80%以上。其他实践课程课时数少，而且经常是相对固定的。这种格局与会计学科的特点是不相适应的。会计学科是一门实践性很强的学科，脱离了实践，其理论是抽象和难以理解的，作为没有任何实践经验的学生，即使教会了他们理论知识，而忽视了他们是否能应用这些知识，在日后的工作过程中还是难以适应的。在传统的会计教育模式下，学生也许学会了怎样编制会计分录、会计报表，但在如何利用这些生成的信息帮助解决日益复杂的会计问题方面则显得不足。

（二）侧重于教育国内会计制度，忽视了现代企业向全球性发展的趋势

会计学科相对已经较为成熟，但随着新技术、新知识在经济领域的运用，其有了很多新的发展。随着经济全球化的发展和我国加入WTO，我国的会计制度正逐步与国际接轨，进程非常迅速。但在大多数中专会计专业课程里，对会计制度尤其是对其他国家的会计制度进行介绍或研究的课程几乎没有，最常见的是一门"国际会计"。这种框架显然不能适应全球经济一体化的要求。

（三）传统的教学模式是以教师为中心，以教科书为依据

在这种模式下，教师按部就班地一部分一部分地讲授课本知识，课程结束时学生也不一定能够形成对该门课的总体认识，甚至会有这种情况：会计专业学生完成专业学习后，竟不能系统地回答什么是会计、会计的作用是什么等问题。这不得不让我们对传统会计模式究竟教会了学生什么产生了疑问。

二、传统会计教学改革的必要性及方向

（一）传统会计教学改革的必要性

传统会计教学是一种"以教师为中心"的"注入式"、"满堂灌"的教学方式，基本特点是"教师滔滔不绝地讲，学生默默无言地听"。在整个教学过程中，教师扮演着主角，处于主导地位，学生则扮演着听众角色，处于被动地位，只能进行机械被动式的知识吸收。在这种教学模式下，课堂教学枯燥乏味、气氛沉闷，学生应变能力差，缺乏分析问题和解决问题的能力，不利于激发学生的学习主动性与思维能动性，压抑了学生创造性思维的多向发散。这样培养出来的学生最多也只是记忆的高手，而不是具有开拓、创新精神的人才。教学过程是一个教与学的双向活

动,但在单向灌输式教学模式下,师生之间缺乏双向交流与互动,教师无法准确把握学生的学习状况和主观要求,也就无法适时调整教学进度。教师的这种单向性的知识传播角色已不能适应现代会计工作的要求,必须进行根本性矫正。

(二) 传统会计教学改革的方向

现代教育观念认为,学生是学习的主体,教学的一切活动都应当以调动学生主动性、积极性为出发点,引导学生主动探索、积极思考,培养学生的创造性思维和综合分析问题的能力。简言之,就是要树立"以学生为主体"的新型教学观念,在教学过程中充分尊重和发挥学生的主体地位和作用,使学生积极主动地参与会计教学;通过与教师的交流、沟通,去不断探索新的知识领域,真正实现课堂上教与学的共鸣。案例教学法是可以借鉴的一种教学方法,它是对传统会计教学方法的一种重要补充。会计案例教学法就是在学生学习和掌握了一定的会计与理财理论知识的基础之上,通过剖析会计案例,让学生把所学的理论知识运用于会计与理财的"实践活动"中,以提高学生发现、分析和解决实际问题能力的一种会计教学方法。

三、会计案例教学法

(一) 如何实施会计案例教学法

案例教学法首创于美国哈佛大学,目前在世界各地早已受到欢迎。在案例教学中应具有相应的步骤。首先教师要根据教学进度和教学要求,根据学生的实际情况,搜集和整理会计案例的背景材料,讲授剖析会计案例的相关理论知识,对会计案例的种类、性质、内容和分析评价的要求等进行必要的简明介绍。学生根据教师的安排认真阅读案例,查阅教材和参考文献,对相应的问题进行分析、评价,并提出相应的对策。实施会计案例讨论,学生可以分别从自身角度对同一会计案例进行剖析,阐述自己的看法，相互辩论，形成良好的自由讨论的气氛和环境。教师在讨论中要对学生进行引导，让学生成为案例讨论的主角，争取让每个人都参与到讨论中来，做到畅所欲言、各抒己见。当学生的讨论发生偏离时，应注意掌握案例讨论的方向，使案例讨论紧紧围绕中心展开。当学生的讨论发生分歧时，应因势利导，把问题讨论引向深入，同时还要善于发现独特新颖的见解。案例分析是进行会计案例教学的主要环节，它是以学生为主体对案例进行分析、评价并得出自己结论的一种创造性教学活动。在进行会计案例分析时，教师只是对案例的重点、难点问题做一些必要的分析解释。在教师的指导下，通过对会计案例广泛地讨论，要求学生独立进行案例分析，通过分析和评价复杂多变的会计与理财实际问题，掌握正确处理和解决问题的思路和方法。

（二）会计案例教学法的优势

（1）实施案例教学法可以激发学生的开拓性思维，增强学生独立思考和独立决策的能力，而且可以使学生将所学的理论知识直接应用于实践中，增强学生的实际工作能力。在学生对会计案例进行讨论，作出分析和评价结论之后，教师要进行归纳总结，作出恰如其分的评判，点评案例分析的重点和难点问题，指出学生分析评价结论中的优缺点，对于学生新颖意见的独特之处要给予肯定，同时提出需要深入思考的问题，促使学生进行广泛调查研究，自觉运用所学理论知识，重新进行认识，达到学以致用、融会贯通的效果。

（2）实施案例教学法不仅可以激发学生的开拓性思维，增强学生独立思考和独立决策的能力，而且可以使学生获取最新、最实用会计知识。我国于20世纪80年代初引入案例教学法，但会计案例教学一直处于会计教学的薄弱环节，其主要原因在于教师的教学能力不足与教学意识的转换上。案例教学法对教师有了更高的要求，教师不仅要掌握教材的内容，同时还要时刻注意学科的最新发展,及时收集相关信息,投入大量的时间及精力设计出适合的案例。这样使教师的授课内容更具有针对性,确保学生始终学到最新、最实用的会计知识。

学生毕业后面临的会计活动是复杂多变的,因此在学校的教育教学中不仅要教会他们理解和掌握会计的理论知识,还要教会他们在各种情况下既规范又灵活地运用这些知识。传统的会计教学已不能达到会计教育的目的,只有通过会计教育改革,才能培养出既能满足当前社会需要,又能适应社会发展的复合型会计人才。

参考文献:

[1] 孟娟,梁平.改革理论教学,强化实践教学,推进素质教育.电子刊物教学与教研,2005(12).

[2] 严小荷.在职校财会教学中培养学生创新能力的几点思考.浙江职业技术教育通讯,2006(5).

[3] 刘文革.关于职业教育会计专业教学模式的探讨.成人教育,2007(5).

技能竞赛促进中职学校会计专业实践性教学

广东省湛江财贸学校 胡 喆

摘 要：会计专业实践性教学贯穿于专业教学活动的全过程，是会计专业教学中的重要环节，实现了理论与实践教学相结合。本文根据中职学校会计专业的特点以及笔者在教学实践中的体验，对通过技能竞赛促进中职学校会计专业实践性教学作出一些有益的探讨。

关键词：中职 会计专业 技能竞赛 实践性教学

随着社会以及市场经济的不断发展，用人单位对会计专业学生的要求越来越高。中职学校应树立以就业为向导，以能力为本位的教育教学培养目标，全面拓展会计实践性教学，将会计理论知识和会计实践有效结合，提高学生的动手能力，使学生能够运用所学知识熟练进行操作，这样才能适应当前经济形势和人才市场的要求。

目前，随着计算机的普及以及信息技术的发展，大多数企业已全部或部分地实现了会计电算化，如何提高学生的电算化应用能力是当前会计专业面对的重点问题。中职学校在电算化课程中，除采用案例教学法外，还在不断加大、丰富电算化实验、实训内容，在操作方面采取强化训练。从课堂案例教学的实施，到用综合模拟案例进行实训，这些教学方式方法上的探索，对学生知识的掌握起到了积极的引导促进作用。笔者通过多年的电算化教学实践体验,认为开展以电算化为主的会计核算技能竞赛,是辅助会计专业教学、提高学生实践技能的一种有效途径。

一、中职学校会计专业实践性教学存在的主要问题

（一）教学观念需要改进

对于中职学校会计专业的学生来说,动手能力强是他们在竞争中的优势。但从目前中职学校会计专业的教学过程来看,仍然偏重专业的理论性教学、轻视技能训练等实践性教学。一些专业课程的实践课时比例相对较高,基本上采用封闭式的训练方法,导致会计理论知识与会计实践严重脱节。

（二）教学环境需要改善

中职学校一般都建有模拟实训室供学生进行会计实验,但大部分中职学校仍然偏重手工模拟实训,忽视了电算化模拟实训。由于资金投入不足,有的中职学校模拟实训设备落后,没有完整的会计模拟数据系统,而且实践过程缺乏系统性,达不到实训需求,甚至有的中职学校完全是手工实验操作。学生电算化实训能力较差,导致他们工作后,需要很长时间的适应期,才能胜任实现了会计电算化企业的岗位工作。

（三）教学手段和方式需要改进

受教师讲授为主、学生被动学习这些传统教育观念以及目前中职学校教师的学历层次、职业综合素质水平参差不齐等因素影响,很多中职学校的专业课程只靠课本和教师黑板手写板书,很少应用多媒体软件教学等现代化教学手段,教学手段单一,教学方法落后,导致学生缺乏学习的兴趣和主动性,学到的知识也往往脱离实际。

二、开展会计专业技能竞赛促进实践性教学

一直以来,很多职业教育工作者认为职业技能竞赛比的都是些雕虫小技,而且将技能竞赛引入校内实践性教学,花很长时间进行竞赛前的强化训练,会干扰正常的专业教学,影响教学质量。而事实上,只要能够合理协调与衔接,技能竞赛与专业教学可以形成良性互动。

第一,会计专业技能竞赛前的准备过程中,指导教师要组织参赛学生进行集训,进行强化训练,解决学生遇到的实际问题,使学生对所学专业有更深层次的理解,同时发现学生实践技能方面的弱点,有针对性地进行实训指导,有效地提高学生的专业技能。由于竞赛不仅可以丰富学生的知识系统,还有利于适应今后竞争激烈的社会,因此,举办技能竞赛往往可以提高学生学习的兴趣,增强互动性和参与性。

第二,衡量职业教育质量的最终标准不是专业课程的分数,而应是学生的就业情况和岗位适应能力。但这需要等到学生毕业,走上工作岗位一段时间后才能得到检验,具有一定的滞后性。会计专业技能竞赛本着模拟实际岗位工作环境,体现能力培养的原则,可以在学生在校阶段适时监控专业教学质量和实践能力。通过学生选手参加竞赛的成绩,既检验了学生自身的会计专业技能水平和指导教师的实践性教学效果,也能反映出学生存在的不足以及学校实践性教学与实际工作岗位要求之间的差距,促使中职学校修改教学计划、改进教学内容、进一步加强实践性教学环节,进而提高教学质量和实践能力。

第三,会计专业技能竞赛是一个以竞赛组织者为中介的交流平台。在这里各校高手云集,学生选手、指导教师、竞赛专家评委、财务软件供应商之间相互交流、取长补短,将原有的经验和新的收获融为一体,实现共同提高。

第四，越来越多的中职学校参加会计专业技能竞赛，部分学校还组织、承办省、市级的会计技能竞赛，在这一过程中，很多中职学校与教学设备、财务软件供应商合作。出于企业自身发展的需要，供应商不仅向学校提供真实、完整且与当前会计实际工作最为接近的教学软件，还大力支持学校的实践教学，从资金上、技术上协助学校会计电算化实训室的建设。

第五，承办省、市、校级会计专业技能竞赛学校的会计专业教研室要研究竞赛的具体实施方案、制定竞赛规则、确定竞赛考核内容的范围及评分标准等等。通过会计技能竞赛的准备、实施和赛后总结，有效地开展会计专业教研活动，可以为以后会计专业教学提供好的发展思路，实现以赛促教、以赛促学的目标。

以我校为例，作为市级会计核算技能竞赛的承办单位，我校与用友公司合作，购买正版会计电算化教学软件、企业沙盘模拟实训设备及会计信息化练习自测平台，在用友公司协助下完善会电算化模拟实训室和组建ERP沙盘模拟实训室，从而大大提高了我校的实践性教学能力。作为学校会计电算化专业负责人，笔者参与了从竞赛准备到赛后总结的全过程，并作为指导教师对参赛选手进行了系统、全面的实践训练。在整个过程中，通过与专家评委、其他参赛学校指导教师以及用友公司技术人员的交流，不论是专业理论知识水平，还是实践性教学能力都有很大提高，这会对我校以后的会计专业实践性教学起到促进作用。

由此可见，为提高会计专业实践性教学水平，无论是加大资金投入、引入现代化教学设备、建设完善的综合性实训基地，还是全面拓展实践性教学环节，加强以电算化为主的会计核算技能竞赛，都是必不可少的一个环节。

三、开展以电算化为主的会计核算技能竞赛需注意的方面

会计核算技能竞赛应能体现出选手的实际操作能力，竞赛的

内容应尽可能地接近会计实际岗位工作,至少包括手工原始凭证的填制,利用财务软件完成账套的初始化,记账凭证的填制、审核,系统记账、结账,自定义转账、账簿的查询和会计报表生成等工作。为了使会计核算技能竞赛达到最优效果,赛前要认真准备,制订详细的竞赛方案,指导教师要对学生选手耐心培训,赛完还要认真总结,认真把握好每一环节的工作,才能达到预期效果。整个竞赛过程需要注意以下几方面:

(一)选择合适的财务软件

由于会计软件市场不断扩大,种类也越来越多,很多中职学校都选择两种或两种以上的财务软件作为教学内容,从而提高学生适应不同单位的岗位需求。为技能竞赛选择会计软件时,要注意软件的合法性、安全性、正确性,软件应当具有在计算机发生故障或者由于强行关机等原因引起内存和外存会计数据被破坏的情况下,利用现有数据尽量恢复到破坏前状态的功能。考虑到竞赛要有一定难度并应有较大的适用性,可选用友财务软件处理工业企业会计核算内容作为竞赛内容。

(二)试题范围的选择

会计技能竞赛的目的是为了检验选手在信息化环境下的会计综合应用水平和企业会计工作的基本业务素质,因此试题内容应涵盖会计法规、会计基础、财务会计、成本会计、会计电算化等多个岗位、多个学科,竞赛应考核从业务原始单据获取到会计数据综合利用的全过程,即从手工填制原始凭证到电算化操作的系统初始化、会计业务的日常账务处理、期末转账处理以及最终的财务报表生成等,都应该在竞赛中有所体现。

(三)把握试题的难易程度

既然是竞赛,就必须要有一定的难度,既要考核基本业务,也要突出重点、难点。比如固定资产核算子系统的应用,使用固定资产子系统进行固定资产管理,如果在"系统初始化"中固定资产初始资料出现任何错误，都会影响下一步的工作；固定资产初始资料开始设置了就没办法更改，只能通过重新建账来处理。在对学生进行财务软件实训中，要求学生根据固定资产期初余额和日常的增减变动资料自行设置固定资产初始数据，包括固定资产的原值、净残值、使用年限、入账日期以及固定资产的折旧方法等，让学生在短时间内考虑各个方面，并且计算要准确，这个是有一定难度的。在竞赛中，为了保证竞赛效率，让操作过程加快，可以先给出固定资产初始化设置的详细资料，在竞赛中加入一部分内容，让学生自己设计完成，从而提高他们的应用能力。又如工资核算子系统的应用，在竞赛中给出企业各部门当月发放工资总额以及企业工资项目的空白表格，要求学生根据所给内容及要求设计企业当月的工资表，并参考应用工资子系统对企业当月的工资进行核算。实际工作中，有的单位可能按不同工资项目、发放范围发放工资，甚至每月多次发放工资，竞赛中也可以作为难点，建立多个工资表对应不同的发放项目、发放范围及发放次数，要求选手选择需要录入的工资表，然后在对应的工资栏目中录入相应的工资数据。

（四）设置试题的分数

竞赛必须控制好时间，每个学生的操作速度不一样，因此，试题分数的设置要合理。由于系统初始化和日常账务处理是财务软件应用技能中最基础、最重要的内容，因此分数的设置应稍微侧重于系统初始化设置和日常账务处理。

（五）竞赛前的辅导

教师在进行手工实训和财务软件应用实训的教学过程中，要认真纠正学生操作中的错误动作和习惯性错误，使其一开始就严格按照操作规范进行操作，并且要让学生知道在实训之后有技能竞赛环节，这样可以让学生有充分的心理准备。在竞赛前的准备阶段，要让学生知道比赛的范围，使他们了解竞赛重点考核的内容是什么,之后进行专门训练和强化训练,指导教师要尽量为学生提供较多上机时间,提高操作熟练程度,并且让学生在操作中不断发现问题,学生通过自己或教师的帮助不断解决疑难问题,从而使学生所掌握的专业技能走向娴熟。针对竞赛,指导教师还应传授给学生技术操作的诀窍和要领,帮助学生掌握在竞赛时遇到计算机故障或操作失误等意外情况的应急处理方法,如计算机运行速度突然减慢甚至卡机,可以通过 Windows 任务管理器结束任务,再重新登录。还有一点需要注意,就是竞赛前的强化训练时间要合理,量度过大会影响学生的积极性。

(六)赛后的总结

赛后总结是非常重要的一个环节,通过竞赛中出现的问题和不熟悉的操作,可以让学生知道自己哪些方面没有掌握,哪些地方给遗忘了,哪些知识没有引起重视;通过学生的亲身感受,可以总结出现的问题和需要改善的地方,认识到自身所学知识的不足,进而督促自己在学习的过程中不断的完善自我,使自己的专业综合素质得到提升。同时,竞赛也暴露出教师在实践性教学中存在的问题,督促教师不断提高专业理论水平,增加实践经历以加强实践教学能力。

四、结束语

会计专业技能竞赛有利于提高会计专业教师和学生的实践能力和职业素养,提高中职学校教学水平和教学质量,因此应定期举办全国、省、市、校级会计专业技能竞赛,将其制度化、固定化。需要注意的是,技能竞赛应作为会计专业实践性教学的一个必要环节,却不能用技能竞赛完全代替系统、全面的专业教学,毕竟技能竞赛前的强化训练不可能面对所有会计专业的学生,但我们可以通过技能竞赛所获得的经验和教训,用于指导以后的实践性教学。

参考文献：

[1] 陈瑞芳.高职院校会计电算化教学之我见.漳州职业技术学院学报,2008(2).

[2] 陈芳."会计电算化"课程实践性教学改革之我见.职业技术,2009(2).

[3] 王午峰.中等职业学校会计电算化教学探讨.科技创新导报,2009(17).

对财会模拟实务教学的探索

广西梧州商贸学校 梁兆光

摘 要: 中等职业学校学生素质普遍较差,领悟能力较弱。探讨建设一个模拟环境,可让学生在实务操作中学习,以提高感性认识和缩短学校与社会的距离,提高学生的动手能力,并配合现代化的教学手段,做到手工与电算融为一体,从而使会计实务操作技能跟上时代的节奏。财会模拟实验室建成后,教师要科学充分的利用,才能发挥较大的效用。

关键词: 实验教学 财会模拟 电算化 教学实践一体化

目前,中等职业学校学生素质普遍较差,理解接受能力相对较弱。就会计教学而言,如还是一支粉笔、一本教案在讲台上灌输理论知识,学生会乏味,对书本描绘的会计操作流程也觉得抽象。实际上,在会计教学中,很多流程或操作是需要实习来辅助认识的,尤其是学生未接触过财会工作,对会计中的凭证账簿、职能岗位、操作流程缺乏感性的认识,因此实务的操作是非常重要的教学环节。为此,笔者对会计中的财会模拟教学进行了一些探讨。

一、实施财会模拟教学必须建立一个实习环境

首先,要解决教学与实践的协调问题,为学生提供一个良好的实习环境。就学校而言,常见的实务操作通常是上完理论课,在校实习一段时间,然后与某些企业单位联系,组织学生到这些

单位了解和观摩财会实际操作流程。显然，这种方式有很大的局限性，由于学生从课堂到实践不连贯，会出现脱节现象，使实习的作用大打折扣。从效果来看，由于商业秘密的原因，企业不可能提供一个仿真场景，让学生直接参与对经济业务的处理分析，也不可能顺序地、真实地再现财务整个账套的制作过程，只能简单地介绍几大流程的操作。而作为学生，因未能置身于其中参与操作而"雾里看花"，难以达到期望的效果，充其量只能算是"见习"活动。为此，笔者认为应该建立一个完善的、功能齐全的实习场地，模拟企业的经济活动，让学生在仿真的环境中实际操作，既产生感性的认识，又便于配合课本内容讲解，从而使学生在学知识的同时学会解决问题的能力。其次是以什么样的模式建立财会模拟实验室，笔者走访了一些财会实验室，功能都较单一，未配有计算机，没有多媒体设备，单据仿真性不够强，资料不全、工具不齐，学生操作起来不能得心应手。为此，鉴于计算机已渗进各门学科，笔者认为需创建一个多功能的、适合于现代化教学需要的财会实验室。

二、一体化的实习环境有助于面向现代化教学

从社会要求来看，财会专业的学生必须掌握计算机操作，因此应把财会模拟实验室的建设定位在先进和实用两方面的结合。

（一）实习环境模拟化

配合一般的会计工作，要在室内的布置上按相应职能岗位划分，由六个岗位组成一个小组，包含出纳、制单、审核、记账、成本核算及主管等。流程式的实习使人各司其职，又互有紧密的联系，象征性地代表了一个财务科组，学生实习时可轮流地模仿每个角色，产生一种置身于实境的感觉，在实习中既能学到业务知识，又训练了相互协作的能力，培养团队精神，更培养了在实际工作中发现问题并解决问题的能力。

(二) 实习道具逼真化

在各个不同岗位上，按职责范围分别配置一套完整的会计道具，从算盘、练功钞、借支单、支付证明单据、记账凭证、转账凭证单据到分类账和总账的账簿，以及全套会计科目章，使学员直接接触实物，亲自操作，从而获得履行职责的感受。

(三) 手工操作电算化

目前财政部已明文普及会计电算化，很多企业单位的手工与电算化操作已经合二为一，因此应在每一岗位上除配备手工道具外配置一套586微机，建立局域网，安装一套计算机辅助会计实验的账务系统和报表系统，使学生在手工与电算两种环境下同时实习，相互参照、印证，锻炼综合操作能力。

(四) 教学手段先进化

有些具体操作，如填写凭证的要求、账账核对的流程、账簿的装订，以及会计软件的演示等，都是在课堂上不容易讲清楚的，可利用计算机作为辅助教学工具，并在讲台上设立配套的教师专用微机，包括教师控制台、投影机、录像机、pc-tv转换器以及大屏幕电视转播的先进声像设备。通过pc-tv转换器可把计算机屏幕的演示或录像带的内容直接在大屏幕电视上播出，同时切换到实物投影仪上播出教师的讲稿或教学图，使学生参照教师的演示及笔记自己进行操作，增强感性认识，达到直观、准确的效果。

三、如何在教学上用好财会模拟实验室

财会模拟实验室的建成，无疑给学生提供了较为理想的实习环境。学校面临的问题是如何充分利用财会模拟实验室，进行财会教学与实践相协调的探索，使之适应教学上的要求，符合教学规律，成为培训符合社会要求的会计人才的阵地。在实践中，笔者认为，首先，要保证财会模拟实验室的正常运转，先要鼓励教

师使用实验室的先进教学工具进行教学。教师控制台基本是以计算机操纵的，如因计算机的技能不熟练，上课时基本上仍沿用传统授课形式，那么先进的控制设备就形同虚设了。为此，要先对学科教师培训，使之掌握整套设备的操作。其次，在排课上，会计课程安排在财会模拟实验室进行，力求做到面授与实践相结合，具体操作方式有两种：手工操作和电算化操作。

（一）手工操作

由教师设立一套某企业单位的经济业务资料，包括原始凭证、企业运作特点、会计核算要求和企业的经济活动情况等，并提出实习操作的目的，要求学生对这些经济业务进行会计处理。在实际操作中，可采用分岗位实习的模式，即在教师辅助下，学生分小组进行，组内不同成员担任不同的任务，如设置制单、出纳、记账、复核、成本核算、主管等岗位，以各司其职、相互协作的方式完成一整套会计处理流程。最后由指导教师考核检查，指出不足之处，并由学生加以纠正。实践证明，只有经过实务性学习，才能使学生牢固地掌握财会知识。

（二）电算化操作

会计电算化操作旨在训练学生在工作中掌握现代化的先进工具，减轻会计工作量，提高工作效率。对于中职学生来说，起码要掌握初级会计电算化操作，要求学生配合手工的操作，把整套账目同时建立在计算机辅助的账务系统上，充分利用计算机的优势把手工流程中繁杂、大量的登账、对账以及报表的分析等转化为电算处理操作，使学生能用常用的会计软件独立处理会计账务，并与手工操作结果相对照，检查结果的一致性，使学生顺利地完成从手工到电算化操作的过渡，使财会模拟实验室的多功能性能得以充分发挥。

四、对财会模拟实务教学的思考

无论是自然学科还是社会学科,模拟实验室都是辅助教学的良好环境,学生在模拟实验室中可接触到仿真性强的实物,并能亲自参与操作的全过程,不仅增加了对课程的感性认识,印证和巩固了理论知识,更为重要的是使学生在求学阶段已初步具备专业化的业务能力,增强了学生的动手能力,为毕业后适应社会、发挥专长打下良好的基础。随着市场经济的迅速发展,各个行业对专业知识的要求不断提高,在社会科学领域中,还将有很多学科需要建立模拟实习场所,如金融、证券、地产、信息管理等专业,都是实践性很强的学科,如能强化模拟实习教学,将会缩短学校教学与社会实践的距离,对培养社会需要的人才起到良好的促进作用。因此,学校应给学生创造一个合适的会计实务操作的环境和条件,以培养出合格的会计人才。

参考文献:

[1] 陈今池. 现代会计理论. 上海: 立信会计出版社, 1998.

[2] 葛家澍, 刘峰. 会计大典. 北京: 中国财政经济出版社, 1998.

对中职学校会计专业实践教学的思考

安徽省庐江县职业与成人教育中心 李中耀

摘 要：会计实践教学是提高学生动手能力的重要途径，是中职学校的一门重要课程。它越来越显示出不可替代的作用和地位，如何根据中职学校学生的实际情况选用适合的教材、营造逼真的会计工作环境、抓好实习环节教学是会计实践教学需要认真研究的新课题。本文从中职学校的实际情况出发，结合自己多年从事会计理论和实践教学的经验，谈谈对中职学校开展会计专业实践教学的思考。

关键词：会计实践教学 思考

一、中职学校会计专业实践教学中存在的问题

会计学科是一门应用型学科，它的实践性很强，但由于受中职学校生源质量影响，加之一些学校较少为该专业与企业之间的联系搭建平台，从而导致会计实践教学中出现了一些问题。主要表现在以下几个方面：

（一）培养目标和定位不准确

中职学校的会计教育在我国会计教育体系中属于初级层次。其会计教育的目标主要是培养能在企事业单位、经济管理部门及其他经济团体中从事会计实务的应用型初、中级会计人才。其人才特征是具备较高的职业道德和敬业精神，具有一定的专业性、操作性和应用性。总之，中职学校就是要培养一定的会计实用型人才。所以，中职学校会计专业实践的定位应该是：强化动手能

力，运用所学专业理论知识比较熟练地掌握企业一般业务会计操作技能，为今后走上会计工作岗位奠定较强的基础，在竞争中取得相对优势。但从目前的情况来看，一些中职学校会计教学目标定位不准确，照搬传统的办学思路和模式，利用课本向学生灌输基本理论和基本原理，忽视了实践性教学的作用。由于定位不准确，导致培养出来的学生不能适应市场的需要，很多学生走上工作岗位后，不能尽快进入会计角色，遇到实际问题往往无能为力。

（二）会计模拟实验室的建设不完备，管理不规范

会计模拟实验是会计专业实践教学的重要环节，是理论联系实际的重要途径。会计模拟实验以企事业单位在一定时期内发生的实际经济业务以及产生和形成这些经济业务相关的内部和外部经济联系、会计核算程序、会计凭证在各会计岗位间的传递程序等作为模拟实验对象，按照会计制度的要求，用直观真实的原始凭证、记账凭证、会计账簿和报表，进行会计业务模拟演练，从而使学生对企事业单位会计工作获得直观、全面、系统的认识。因此，建立一个合理的会计模拟实验室，制订一套可行的会计模拟试验程序，对于帮助学生更好地掌握理论知识，加强实践教学和学生动手能力的培养具有重大的现实意义。会计工作岗位是企业非常特殊的岗位，该岗位的成果不仅关系到每个会计主体的利益，还关系到投资人、债权人以及国家的利益，责任重大。会计岗位的这种特殊性决定了学生到会计实际工作第一线实践锻炼的可能性极小，主要靠学校建立仿真的综合性会计实验室，所以大多数中职学校的会计专业都建有会计模拟实验室。但是，许多学校虽然建立了实验室，却没有配备精通会计的管理人员，而且使用的会计实验资料不太合理，很多模拟实验资料只是简单地将某一时期的会计资料毫无遗漏地照抄照搬，没有对这些资料进行加工整理，经济业务不全面，缺乏代表性；而有些实验资料则与实际相差较远，完全靠教师凭空编造出一个虚假的企业和一些缺乏

客观依据的业务,其结果是缺乏真实感,学生兴趣缺失。而且教学过程中采用的资料大多是制造企业的会计实验项目,很少涉及其他行业,缺乏多方位、多层次的实验项目。这些都造成了实验教学效果的不理想。

(三)会计课程结构和教材体系不合理、不完整,缺少必要的课堂实习环节

大多数中职学校没有详细的会计实践计划,随意性较大。学校会计教学课程设置、课时比例、教材选用都没有随着市场的需求和学生实际情况的变化而变化,基本上沿袭了传统的办法,存在着基础课与专业课、专业基础课和专业课、理论教学与实训实习课之间的课程结构及课时比例不太合理,没有突出实训实习课的优势和地位,影响了学生实际操作能力的培养。会计专业发展到现在已相当成熟,对每一门课哪些内容应该讲授,哪些内容可以省略,已在会计教师中达成共识。但在一些学校,会计专业课程由于受到在校学生学习时间较短的限制,专业课课时较少,课程安排很紧,在有限的课时内,教师仅能完成课程主体内容的讲授,无法安排对学习内容进行实际操作。这种纯理论讲授使学生的学习脱离实际,不利于学生主观能动性的发挥,影响了学习效果。

(四)会计教师教学方法和教学手段比较滞后,缺乏与外界的沟通

中职学校有相当一部分会计教师不能将计算机、多媒体等现代化教学手段很好地应用到教学当中,仍然采用传统的教学方法,重视理论的学习而忽视对实践的教学。大部分学生高校毕业后就走上了工作岗位,没有会计实际操作经验,对会计实践工作了解不够,无法根据实际情况设计会计实验课程,不能很好地根据企业的实际情况组织好会计实践工作。

(五)会计专业实践性教学经费投入严重不足

由于中职学校本身先天性不足、底子薄,学校学生数也不是

很充足，收费水平相对较低，自我提高和壮大的能力有限，近年来国家虽然加大了对中职学校的投资力度，但是中职学校只维持着较低水平的运营，没有更多的资金和能力建立一流的会计模拟实验室。这一点在会计电算化专业表现得更加明显。2006年，新的企业会计准则出台后，原有的会计电算化软件便不能再使用，而很多中职学校由于资金不足，缺乏足够的计算机和会计模拟实训软件，不能及时地更新，满足不了教学的需要。中职学校使用的会计电算化软件和多媒体等现代化的教学实践设备甚少，会计模拟实验室实训用具质量低劣，资料陈旧，都直接影响了会计专业人才培养的质量。

（六）会计专业没有稳定的毕业实习基地，毕业实习不规范

由于会计职业岗位的特殊性，很难建立稳定的会计专业实习基地，而且很少有单位提供会计岗位让中职毕业生进行实习。会计岗位是一个保密的工作岗位，每一个企业都不愿把它的实际财务情况展现出来，实习学生他们大多数都被分散在其他非会计工作岗位，没有起到实习的作用。有极少数毕业生有机会从事会计工作，但是也没有足够的专业教师指导，实习随意性强，使实践环节的效果大打折扣，进而影响了毕业生的质量。

要想改变目前会计专业实践教学的现状，必须进行教学改革。实践是理论的最终归宿。由于会计学科比其他社会学科具有更强的社会实践性，这就要求培养对象应具备较强的会计实践操作技能。为此，在日常教学中应不断注意实践教学内容的更新，使实践教学体系设计科学合理，符合培养目标的要求。

二、改进中职学校会计专业实践教学的措施

（一）正确的认识和合理的定位

会计模拟实验作为会计教学的一个重要环节，应把它当做中职学校形成特色、提高质量、重树品牌的重要任务来抓。要把培

养合格的实用型人才作为中职学校会计教育目标进行科学定位。只有根据其人才培养目标，遵循中职人才培养规律，重视实践，突出实用，强化学生专业技能的培养，才能形成特色，满足社会需要以及学生自身就业的需要。

（二）建立符合企业实际情况的场景实验室

按实际单位财会部门的日常工作状况设置场景实验室，配置多媒体设施，并把会计手工模拟实验室和会计电算化实验室融为一体，将实验室建成现代化仿真场景实验室。实验室以财会部门的工作场景为主，辅之以工商、银行和税务的工作场景，以增强学生的实地感。手工模拟实习设备及材料，主要是购置实习使用的各种凭证、账簿、报表、操作台等。按实际单位财会部门的日常工作状况设置场景实验室，一方面，按会计工作程序进行从原始凭证的识别到会计报表的编制的综合训练；另一方面，可以在学生中分组，分别循环扮演会计部门中的不同角色，以满足学生对不同岗位职责的认识和掌握。装置多媒体设备，教师可以利用会计实验教学软件，将注册、建账、制证、登账、编制报表、纳税等全过程演示给学生看；也可以利用动画、图片、声音等形式制作多媒体课件，结合教师的讲授，使学生对会计核算的全过程有一个全面的了解。

（三）组织师资力量深入企业收集实际资料，编制一套会计手工模拟单项实习与综合实习的校本教材

实习教材的质量是影响室内模拟实习效果的重要因素。教师应深入企业单位，收集具有代表性、全面性与合理性的实际经济业务资料，并在此基础上对企业供、产、销各个阶段所涉及的业务进行整理，对一些业务进行有客观依据的虚构，编制出一套完整的涉及各方面经济业务的模拟实习资料。资料要求仿真度高、针对性强，并具有系统性、完整性、综合性，即资料能涵盖会计工作的全过程，包括账户的开设、供应、生产、销售过程的基本

业务及筹资、投资等经济业务的核算，财务成果实现及分配的核算，原始凭证和记账凭证的填制与审核、账簿的登记、成本核算、对账、结账、会计报表编制及简单的财务分析指标计算和分析等一系列工作环节。这样，学生的感性认识越强，实践的效果也就越好。

（四）提高教师的业务实践能力，大力培养"双师型"会计教师队伍

实践教学体系的完善与否直接关系到实践教学质量的高低，而实践教学质量在很大程度上取决于实践教学师资队伍的整体素质与结构。会计专业教师都具备了丰富的授课经验和较高的理论水平，但普遍缺少与实践接触的机会。学校应当采取有效途径搭建学校与企业联系的平台，鼓励教师到实践中学习，拓宽教师视野，加强会计职业素质锻炼。学校可通过轮流的方式使会计专业教师深入到企业从事会计实务工作，为教学积累宝贵的教学资料和实践经验。积极支持会计教师参加会计师、经济师、审计师、评估师以及注册会计师的考试，积极引导教师充分利用现代化传媒技术，多开展学术研究、学术讨论，促进教学手段和方法创新，满足会计模拟教学的需要。此举有助于进一步提高实践教学师资队伍的整体素质，改善知识结构，培养出一支高质量的教师队伍。同时，要继续加强中职学校聘请兼职教师工作，真正聘请一些在企业从事多年财务工作的业务能手来中职学校兼任会计专业课教师，提高实践性教学水平。

（五）加大投入，尽快建立现代化实验教学平台

为了大力推进我国职业教学的改革和发展，国务院颁布了《关于大力发展职业教育的决定》，并明确提出要进一步加强职业教育基础，建设实施"四个计划"。十七大报告中特别提出要"大力发展职业教育"。中职学校一定要抓住这个有利时机，争取国家和地方大力投资，尽快建立门类齐全、装备水平较高的实

验教学平台，全面提高中职学校的会计实践教学水平，使中职学校培养的会计人才在社会主义现代化和新农村建设中发挥积极的支撑作用。

（六）通过多种方式建立较为稳定、规范的毕业实习基地

实训基地的建设对形成职业教育品牌起到了巨大的推动作用。有实训基地的学校在社会上有很大的影响，学校应采取有效的方式与企业建立联系，如聘请企业家，与会计师事务所、企业联合办学，让学生参与某些实际工作，培养其动手能力，与企业合作开发和研究会计教学方面的课题，等等。这样既可以帮助企业解决实际工作中遇到的有关理论问题，提高企业经济效益，又可以为学校提供一个真实的实践环境，从而提高学生的实际动手能力和教师的教科研能力。

经济越发展，会计就越重要。素质教育要求我们在教学方法、教学手段诸方面都要不断进行探索、尝试和改革，中职会计教学同样有更新的教学方法和内容等待我们去挖掘。只要我们共同努力，中职学校会计专业肯定会大有作为！

参考文献：

[1]李铁群.高校审计实验室建设的难点及构想.财会月刊（理论），2005(9).

[2]李光风.会计实验教学内容和实验体系改革的实践与思考.会计之友，2006(4).

[3]王军奎.对职业中学会计教育创新若干问题的思考.会计之友，2006(8).

从教材内外看企业偿债能力

浙江省永康市职业技术学校　李志亮

摘　要：现行职高会计专业对企业偿债能力分析只从资产负债表、利润表作一些简单的公式化分析，在实际的运用中可能会得出与真实情况不相符的错误结论，所以有必要把教材内的偿债能力分析方法与教材外的影响因素结合起来，建立一个偿债能力分析的综合体系。

关键词：教材内　教材外　偿债能力

在财务管理教育中，笔者和学生一起分析了例题中金瑞公司的短期偿债能力和长期偿债能力。分析方法是：以资产负债表、利润表为根据，计算一系列比率指标并与有关评价标准进行比较，最后得出该公司偿债能力强、一般或者弱的结论。随着市场经济特别是资本市场的发展，这些比率指标在计算、分析评价上已显出一定的局限性，本文对此进行一些粗浅的探讨。

一、教材内分析企业偿债能力的局限性

在现行教材里，分析短期偿债能力用流动比率、速动比率、现金比率来表示。这些比率层层缩小，能有力地说明企业流动负债的偿还能力，一般流动比率2:1比较合理，速动比率1:1合理，现金比率1:5合理。并且，这些比率越大，说明企业的短期偿债能力越强。长期偿债能力用资产负债率、产权比率和利息费用保障倍数表示。这些比率既从企业的结构出发，又从企业的赢

利情况出发，说明一个企业的长期偿债能力的强弱。一般资产负债率50%左右合理，产权比率小于1合理，利息费用保障倍数3~5倍时比较合适。

那么，是不是这些指标就能确切地反映出企业的偿债能力，就是一把检测的尺子呢？不能否认它有自身的合理之处，但实际的操作中可能这些指标的分析和真实的结果截然不同。主要原因有如下几点：①现行教材中分析的指标来自于资产负债表和利润表，报表的真实性、准确性和完全性显得尤为重要。我国现处于转轨时期，诚信观念淡薄，相应的法律法规还不到位，弄虚作假防不胜防，可以偷梁换柱地把报表的表面做得天衣无缝，仅仅依靠有可能不真实的报表得出的分析结果就缺乏说服力。②有些指标的反映能力弱，像流动比率、速动比率、资产负债率都是通过资产负债表计算的。也就是说，反映的只是企业某一时点上的偿债能力。而无法从动态的角度，从企业发展的角度揭示偿债能力。这些比率都有一个合理的标准，企业可以通过一些手段在接近报告期的时候减少流动负债，增加流动资产，误导报表使用者，甚至有些濒临破产、倒闭的企业相应的比率还很高。即使不符合以上比率的合理标准，有些企业的偿债能力还是很强。如一些高成长的企业，可能在其能力范围内，通过举债来扩大生产规模，投入到高报酬的项目中，虽然其资产负债率偏高，但从长远看，它是有一定的高收益的。以000651（格力电器）股票为例，根据BBA禾银上市公司分析系统显示的其资产报酬率与资产负债率近三年的趋势图，我们可以看到，企业2008年的资产负债率为73.93%，偏离合理区间范围，说明企业的负债规模偏大，但其净资产报酬率近三年逐年上升，其资产有一定的获利能力。因此，在目前情况下，企业保持较高的资产负债率，并没有影响到企业的长期偿债能力。

二、教材外影响企业偿债能力的重要性

为了能够更全面、更清楚地分析企业的偿债能力,非常有必要了解一些其他的影响因素,并把它们同教材中的比率一样数字化、格式化,从而能够里外结合,真实且具体。

(一)短期偿债能力的其他影响因素

第一,短期融资能力强弱。借新债还旧债是大多数企业都采用的一种还债技巧,所以短期偿债能力的强弱还取决于企业的融资借款能力。企业的短期融资能力往往不能直接从财务报表项目上看出来,需要对财务报表附注予以分析:如企业是否存在大量未使用的银行贷款额度,企业的长期资产是不是有一部分可以立即变现,企业是否具有良好的长期融资环境。

第二,企业现金的周转速度快慢。现金的周转天数=存货的周转天数+应收账款的周转天数-应付账款的周转天数,现金的周转天数越少,现金的周转次数越多,周转速度越快,产生现金的能力越强,偿债能力越强。

第三,企业法人代表的个人信用和道德行为。法人代表,顾名思义就是企业法人资格的代表,是企业经营的最高权力行使者,其个人行为对企业具有最重要的影响。因此,在分析企业的偿债能力时,绝不可忽视法人代表的个人信用状况、偿债意愿及行为道德。一个不讲信用或行为不端的人,隐含的债务清偿风险是巨大的。目前许多金融债券的逃废、欠息欠贷的产生并不全是因为企业经营情况恶化或企业丧失偿债能力,有一部分是因为法人代表的信用道德沦落造成的。法人代表的个人信用意识和道德规范直接左右着企业的偿债意愿,在分析一个企业的偿债能力时必须对此加以考核。

第四,企业历史信用状况。企业偿债能力分析,从表象上来说主要是分析其偿债能力的强弱,但有能力并不一定就有偿债意

愿。所以，分析一个企业的偿债能力，不仅要考核其当期报表，更要重视其历史的偿债状况和信用状况，调查其是否有债务诉讼，是否发生过逃废债务、欠息欠贷行为，是否发生过商业信用纠纷等历史情况，以科学、客观和公正的态度进行分析。

第五，企业所处的行业、生产周期、经营规模、经营复杂程度等诸多因素。

（二）长期偿债能力的其他影响因素

第一，企业所属国家宏观行业政策。国家对企业所属行业的产业态度，是扶持还是维持，抑或淘汰，对企业的发展前途有很大影响，相应地与企业的偿债能力也有一定的关联。对于符合国家产业发展政策、科技含量高、出口创汇能力强的企业，国家采取扶持政策，这对企业的偿债能力是一种保障和支撑。我们在评价企业偿债能力时，要结合国家的行业政策导向考虑，不能拘泥于报表数据。

第二，保证长期负债得以偿还的基本前提是企业短期偿债能力较强，不至于破产清算。所以，短期偿债能力是长期偿债能力的基础。长期负债因为数额较大，其本金的偿还必须有一个积累的过程。从长期来看，所有真实的报告收益应最终反映为企业的现金净流入，所以企业的长期偿债能力与企业的获利能力是密切相关的。企业的长期负债数额大小关系到企业资本结构的合理性，所以对长期债务不仅要从偿债的角度考虑，还要从保持资本结构合理性的角度来考虑。

第三，为了长期发展需求而进行长期融资时，长期负债增加的合理性要具体分析。企业长期发展需求主要是指长期资产的购置或进行长期投资，这时应分析企业资本结构是否发生了变化。企业的长期资本需求主要靠股东的投资和长期债权人来提供，而两者之间不同行业特征应保持一定的比例。企业一般需维持一个相对稳定的资本结构，若发生变化，使债务性长期资本所占的比重过大，则可能说明企业财务计划失控，股本融资遇到困难。

三、尝试建立偿债能力分析的体系

对于企业的短期偿债能力整体分析是否可以建立一个如同计算企业筹资的综合资金成本的方式，即加权平均资金成本？为了使企业的分析不片面化、单一化，使指标间能够协调统一，不是这个指标认为企业偿债能力强，那个指标一计算又很弱，把这种互相矛盾的结论留给分析者，有必要建立一个新模式。例如，在某一行业找一些影响偿债能力的指标如根据资产负债表计算的流动比率、速动比率；企业领导者一贯的偿债作风；企业现金周转和流入情况；企业剩余的借款限额等。把它们统一数字化，并分析各自所占的比重，最后计算短期偿债综合能力＝各指标比重×各指标比率。通过多年的实践与分析逐渐建立某一行业的合理标准，并与其他行业找到可通之处。

长期偿债能力特别应该考虑货币时间价值，特别应该观察企业近几年的资金结构，特别应该关注企业的盈利能力和发展前途。也就是说，要从动态的、全面的、长远的角度来分析。

总之，只要我们不单纯地依靠一个指标，一个标准，只要我们多长个心眼，多收集资料，就可以让自己少冒风险，多得收益，就可以让分析多些实用，少些浮夸。

参考文献：

[1] 周忠惠，张鸣，徐逸星. 财务管理. 上海：上海三联书店，1995.

[2] 荆新，王化成，刘俊彦主编. 财务管理学. 北京：中国人民大学出版社，1998.

[3] 王庆成，郭复初主编. 财务管理学. 北京：高等教育出版社，2000.

［4］赵德武主编．财务管理．北京：高等教育出版社，2000.
［5］中国注册会计师教育教材编审委员会编．财务管理．北京：中国财政经济出版社，2002.
［6］余绪缨主编．企业理财学．沈阳：辽宁人民出版社，2001.

浅谈如何激发学生学习"基础会计"的兴趣

福建省南安职业中专学校 李雁凌

摘 要：让学生对学习"基础会计"产生兴趣，应从以下几方面入手：首先，教师应成为学生兴趣点，应衣着整洁，神采飞扬，应尽量做到言语风趣。其次，应让学生充分参与课堂教学。要营造良好的课堂氛围；在设计教学时，要给学生创造尽可能多的想、说、做的机会；要充分利用学生好动的特点，多安排实践性教学。再次，教学方法、教学手段应多样。

关键词：基础会计 兴趣 教师个人魅力 参与 多样

无疑的，"基础会计"相对于大部分其他专业课程来说，枯燥且无趣，对好动且对课堂学习无多大兴趣的中职生而言，坐在课堂上连续听上两节课，更是一件苦差事。"基础会计"又是各会计类专业后续各主干课程的基础，如未掌握扎实，就会给后续课程的教学带来很大障碍。因此，如何调动学生的学习积极性、主动性和丰富的想象力，变枯燥为有趣，变苦学为乐学，是每个基础会计教师必须研究的课题之一。

那么，如何让学生对学习"基础会计"产生兴趣呢？笔者认为应从以下几方面入手：

一、发挥教师的个人魅力，吸引学生的兴趣

毋庸置疑，教师的个人魅力，对学生的学习兴趣有着重要的引导作用。而基础会计教师是会计专业学生接触的第一位专业课教师,学生大多对会计有更多的期待,因此,应利用机会,尤其是第一节课的机会,充分展示教师的个人魅力,吸引住学生。

首先,教师应衣着整洁,神采飞扬才能更好地感染学生,引起学生的注意。如果衣着时尚,还能拉近与学生的距离,更好地与学生进行交流。试想,如果教师一进课堂,给学生的感觉就是邋遢不堪,神情淡漠,无精打采的,学生对这堂课的兴趣还会好到哪?

其次,教师应尽量做到言语风趣。照本宣科、语言枯燥、语气生硬只会让学生厌倦学习。其实,换一种说法,换一种语气,效果可能就完全不同。例如,在上"销售业务"时,有的学生做题时将现销业务做成借记"主营业务收入"、"应交税费",贷记"银行存款"。这时,如果进行批评、指正,无可厚非,但如果换成调侃:"很好,以后你毕业后我专找你做生意了。多好啊,我既买到了东西,还能拿钱。"效果又如何呢?学生会在一片轻松的笑声中记住该业务的账务处理方法,同时也深刻理解了账户结构的重要性。

再次,教师应见多识广。对于中职生来说,他们更乐意与教师交流课外的知识,如兴趣爱好、动漫周边、网络语言、衣着服饰等等。如果教师能与他们在某一方面或几个方面聊得来,不仅可以拉近彼此之间的距离,还可以创造各种机会,引导学生的学习兴趣。有时,一个契机可以改变一个学生。因此,教师应不懈学习,努力扩大自己的知识面。

二、让学生充分参与课堂教学

如果教师习惯于对学生发号施令,或喋喋不休地搞"一言堂",就会让学生心生抵触,或昏昏欲睡,连原有的一点学习兴趣也会失去,更谈不上能取得良好的教学效果了。那么,如何才能让学生充分参与课堂教学呢?

　　首先,要营造良好的课堂氛围。就教师自身来说,一是要在课堂教学中做到情绪饱满,态度和蔼,语言亲切、风趣,让学生敢想、敢说、敢做。一本正经、板着脸孔,只会让学生战战兢兢,缩手缩脚,生怕哪里说错了或做得不好,会挨批评,自然就选择闭嘴、静坐为妙了。二是要允许、鼓励学生积极发表自己的见解,甚至是异想天开、离经叛道或者是错误的见解,营造学生主动提问、概括、假设和陈述的课堂氛围。三是要善于宽容学生,形成学生之间及师生之间的相互合作关系。不要轻易挥起批评的大棒,随意指责学生,或者对学生进行说教,这只会让学生不敢表现自己,不敢或不想与教师、其他同学交往,进而厌烦、畏惧甚至仇视学习。

　　其次,在设计教学时,要给学生创造尽可能多的想、说、做的机会。中职教学的目标是培养和提高学生的动手能力和自主学习能力,而单凭教师的口头讲解和手头演示,是无法实现的,学生只有在亲身实践活动中才能慢慢生成、提高。如果我们把课堂教学停留在我讲、你听,我写、你抄,完全以教代学,或者停留在形式化、表面化的我问你答回应式的浅层互动上,忽略了学生是一个充满情感、活力、个性的生命群体,把学生当做木偶操纵,不仅无助于提高学生的自学能力和分析、解决问题的能力,甚而会使学生很快产生厌学情绪。最好的办法是在实际教学活动中提倡多讨论、多提问、多辩论、精讲授,让学生充分参与,让学生直接体验到"做"的乐趣,从而唤起他们发自内心的学习愿望,使他们从"要我学"的被动状态,转到"我想学"的主动状态,并在参与、交流、品评中逐步树立其"我会学"的信心,进而提高其自学、分析、解决问题的能力。

　　再次,应充分利用学生好动的特点,多安排实践性教学。中职生虽然难以安静地进行知识学习,但对动手做却有较大的兴趣。因此,在"基础会计"教学中应尽量多地安排各种实践性教学,以更好地发挥学生的主观能动性。具体操作时,可以安排学生到企业的财务部门、厂房参观,通过实地参观,既开阔了学生的眼界,把那些空洞、生硬的账证及复杂的名词变成了看得见、摸得着的实物,学到了许多书本里和课堂上学不到的知识,又激发了学生的学习热情,增强了学生的求知欲望,培养了学生的职业意识。可以采用真实的证、账、表进行直观、逼真的教学,如为了弥补教材中的不足,在进行原始凭证填制与审核的学习之前,请学生自行搜集各种真的、假的发票、单据等原始凭证。课堂上,让学生各自拿出搜集来的原始凭证相互交流、传阅;教师引导学生仔细观察每一张原始凭证都有哪些内容,哪些是真实、合法、完整、正确的原始凭证,哪些是不真实、不合法、不完整、不正确的原始凭证,并作比较和总结。在此过程中,学生兴趣盎然,纷纷举手发言,不知不觉中就掌握了原始凭证应具备的以下基本要素:名称、填制日期、编号、填制与接受单位名称、盖章等。这样一来,不仅能把知识点讲清楚,而且能使学生产生形象具体、稳定可靠地把握知识的灵感,达到举一反三、运用自如的程度,为学习后续内容奠定了基础。还可以将学生分为出纳、采购、成本计算、销售、汇总等几个小组,分别扮演不同角色,如出纳员、采购员、仓库保管员、销售业务员,掌握各种原始凭证的填制方法,并定期轮换。

三、教学方法、教学手段应多样

要提高学生的学习兴趣,必须注意教学方法的多样性,常用的教学方法有:讲授、启发、演示、比较、图解、案例、讨论和练习等,各种方法都有其特点和长处,运用得当,可以调节课堂气氛,减少疲劳,提高学习兴趣和学习效率。实践证明,单一的教学方法是不可取的,教师应根据自身的特长和教学要求,灵活运用各种方法进行创造性发挥,才能取得最佳的教学效果。如果单一地使用同一种方法(如讲授法)教学,长时间地在大脑皮层的同一部分刺激,会使大脑皮层细胞降低兴奋,逐步进入抑制状态,这样的教学谈不上什么趣味性。

如在讲主要经济业务的核算时,为了让学生掌握该部分内容,必须注意讲和练结合,用启发式引导学生。每学一个账户,随之出一个业务题,让学生学作会计分录。通过做题,学生会很好地体会该账户的用法,借方记什么内容,贷方记什么内容,期末余额在哪一方,并且表示什么意思。但是,讲完所有的账户后,并不代表学生就掌握了这部分知识,理解了各个账户的特性。要想正确使用各个账户,编制正确的会计分录,还必须通过实践练习。首先进行分类练习,主要分以下几类:筹集资金、供应过程、生产过程、销售过程、利润形成和分配过程、成本计算。为了节约时间,通常教师读业务题,学生理解分析,然后依次站起来回答。经过一段时间的练习,必须将知识系统化,给学生某企业一个月的经济业务,带领学生做一遍,再给学生另外一个月的经济业务,让学生自己做。做练习的时候,学生要考虑题目考查的知识点,应用了哪些知识。

"基础会计"是一门操作性很强又较抽象的课程。凭证、账簿种类繁多,填制审核等过程烦琐,教师无法一一在黑板上演示。恰当地运用多媒体设备,制作一些生动直观的电子课件,可以多角度地拨动学生的心弦,多方位地调动学生的感官,使学生多渠道获得信息来激发兴趣,并保持良好的记忆。如在进行错账更正单项练习时,学生对如何选择和运用几种更正错账的方法很不理解,往往出现不是选错更正方法,就是漏掉更正程序的情况,使错账错上加错,而教师也很难在时间有限的课堂上把错账更正的全过程用传统的黑板加粉笔演示给学生。采用制作电子课件的形式后效果就不一样了,凭证、账簿的填写制作过程都可以动起来，就像看电影一样，哪种类型的错账选择什么更正方法，其更正的先后顺序如何都一目了然，使枯燥无味的理论形象化，复杂烦琐的操作具体化，提高了课堂教学的趣味性。在实际教学中，实物投影仪的作用更是不容忽视。如在指导学生填制原始凭证、记账凭证和登记账簿时，将学生所填制的原始凭证、记账凭证和账簿利用实物投影仪进行讲评，既形象直观，又容易让全体学生了解各种易犯的错误，这是传统的作业批改和讲评无法达到的效果。

当然，调动学生的学习兴趣，并不是靠几种方法生搬硬套就可以做到的。毕竟，每个学生都是一个鲜活的个体，都有其不同的特点和个性。实际教学中，应根据具体情况，不断调整方法和策略，以达到良好的教学效果。

如何从课堂之外优化中职会计课堂教学

河南省郑州市金融学校 李卫华

摘 要：中等职业教育在国家的大力扶持下，虽然取得了巨大的成就，但也存在诸多问题。如何提高教学质量，培养出适应社会需求的合格人才，是我们当前亟须解决的问题。要想使会计课堂精彩，效率高，不仅要重视课堂上的教学，还要多方面探索，让课堂之外的教育辅助课堂教学，从而提高教学效率。

关键词：课堂之外教学 质量会计课堂教学

中等职业教育是我国职业教育事业的重要组成部分，在构建现代国民教育体系和终身教育体系、建设人力资源强国中具有十分重要的作用。2005年以来，国家相继出台了一系列大力发展职业教育的政策，特别是党的十七大进一步明确：要"优化教育结构，促进义务教育均衡发展，加快普及高中阶段教育，大力发展职业教育，提高高等教育质量"，促进了我国职业教育规模的突飞猛进，各方面都取得了巨大的成就。同时，我们也应清醒地看到，与我国的实际需要相比，与西方发达国家相比，就总体而言，职业教育特别是中等职业教育仍然是我国教育事业的薄弱环节。如何提高教学质量，培养出适应社会需求的合格人才，是我们当前亟须解决的问题。

作为中等职业学校的一名一线教师，我深知45分钟的课堂是我们工作的主阵地。如何通过这45分钟培养学生良好的职业道德，让其掌握必要的文化、专业知识，练就熟练的职业技能，可以说是提高职业教育质量的关键。

可是一旦面对我们的学生，很多教师都甚感头痛。不爱学习、基础差、行为习惯不好、纪律观念淡薄等等，是对中职学生的共识，那么我们应该怎样去做，才能提高他们学习专业课的兴趣，从而提高教学质量呢？很多会计教师，针对会计课堂45分钟的教学，特别是一些教学模式、教学方法等都有很好的探索，在此笔者仅从个人的体会谈谈如何让课堂之外的教育辅助课堂教学，从而提高教学效率。

功夫在课外。要想课堂45分钟取得良好的效果，不能简单地只从课堂本身考虑，特别是会计课是一门技术性很强的学科，就要求我们思维必须要向外扩展，多角度思考。

一、教师要转变观念——即从计划培养向市场驱动转变，从传统的学科本位向职业岗位能力本位转变

会计是一门理论和实践相结合、更偏重于实践的学科，而过去我们注重的多是理论教学，上课时教师滔滔不绝、口若悬河，学生则忙于记笔记，考前一通狂背，考后就把所学又还给了教师，毕了业却上不了岗。因此，无论是从教育上看，还是从就业上看，我们都是失败的。近年来提出了"以服务为宗旨，以就业为导向"的办学指导思想，可很多学校仅仅用之于专业的设置和调整，而忽略了根本所在——坚持正确的质量观，努力提高学生的综合素质，使毕业生具有良好的职业道德，最终能胜任工作岗位要求，顺利实现就业。从我国劳动力实际需求来看，初级技术人员缺口很大，对他们而言，强调的是很强的实际动手能力，而不是高深的理论。所以，作为教学活动的组织者和引导者——教师，首先要转变观念，根据中职学生的实际接受能力，适当讲一些理论，重点放在职业道德的培养、操作技能的加强上。

二、课外多和学生交流，进行情感培养，提高课堂教学效率

"亲其师，信其道。"作为教师，一定要和学生有情感上的交流，把他们当做自己的子女、弟妹，让他们亲近你、信任你，有困难的时候能想到你，快乐的时候愿和你分享，做到了这些，课堂上的气氛必然会和谐融洽，学生就会主动学习，接受知识就更快速。对此，笔者特别注意从以下两点做起：

第一，第一次接触新生时，尽可能快速、准确地记住他们的名字，拉近和他们的距离。比如，我今年 3 月接手 07 级 1 班的财务会计课时，上课前先把班里学生的名字记了一遍，在课堂上通过点名、提问又记住了他们的面孔。第二次上课时有个很活跃的女孩开玩笑似地问我："老师，你知道我叫什么吗？"全班同学都盯着我看，我不知道他们是不是故意在考我，于是我也开着玩笑不慌不忙地说："你呀，你不就是那个那个凯丽张吗！"学生听完哄堂大笑，她自己也忍俊不禁："老师，我是中国人！"就这样在活跃的课堂氛围中上完了一节课，学生对我也亲近了许多。

第二，有计划地找学生聊天，加深感情。主要是在上午课间操时间，话题由他们自定。我们一起谈读书，谈上网，谈家庭，谈感情，谈快乐，谈困惑……在和他们的谈心中我更多地了解了他们，也更走近了他们，课堂上我们的配合也更加默契，睡觉的、看课外书的、玩手机的从多到少、从少到无，再也不用我一遍又一遍地提醒了。

三、教师要努力提高自身的教育教学水平

台上十分钟，台下十年功。要想把课上得精彩，学生愿意听并能学得好，关键还在于教师两方面的能力：一是教育理论水平；二是有扎实的专业知识。

在会计教师中,很多都没有参加过系统的教育教学理论学习,这固然有一定的优势,没有传统的思维定式,但确实也存在很多缺陷,如在实践中摸索很久总结出来的经验,可能前人早已上升到理论高度,因此要经常阅读一些教育教学理论方面的书籍,和实际相结合,用理论指导实际,实际补充理论,不断提高自己的教学艺术,才能取得最佳教学效果。比如,在备课时,除了理清教材的知识结构、把握好重点难点这一基本功之外,重点要放在备学生、备教法上。我们的学生基础参差不齐、家庭背景各不相同、家长对其期望差距悬殊、学习动机迥异、学习风格各有偏好,因此,教师一定要在充分了解学生的基础上采用适当的教学方法,才能取得预期的效果。

此外,会计这门学科是根据经济的发展而不断发展变化的。如现在实施的会计准则和以前的就有很大变化,这就对会计教师提出了很高的要求,要不停地学习,经常更新自己的知识,不仅针对本专业,还要广泛涉猎其他相关学科,关心现实生活中的经济现象,从而不断完善自己的知识结构,最终课堂上才能结合教材及时补充相关内容,激发学生学习的兴趣。2008年世界金融危机来临时,我经常收看中央二台有关财经类节目,结合对我国沿海城市企业的实际影响,和学生进行互动,分析了会计作为一种管理活动的重要性、职工薪酬对企业利润的影响等问题,不仅调动了学生的积极性,扩大了学生的视野,更重要的是激发了他们的求知欲,并教给了他们站在一定高度分析问题的方法,使他们受益终身。

四、结合专业特点,组织课外会计兴趣小组

能力的高低要以一个人完成活动的准确度、快慢、难易和巩固程度来分析。可见,能力只有在实践活动中才能形成和发展起来。在校内组织各种社团和兴趣小组可以说是对课内学习的很好

补充，有利于因材施教，发展特长，形成学生的独特性；有利于培养学生的探求意识，提高他们的创造力；有利于学生的身心健康，使他们的个性得到全面和谐发展；有利于发现和培养"人才苗子"。我校在这方面做得有声有色，成立了文学社、书法社、街舞社、动漫社等。

结合会计专业特色，我们组织了一些课外兴趣小组，如珠算兴趣小组、点钞兴趣小组、实账操作兴趣小组等。从学生入学就开始进行专业兴趣的培养，把以前毕业的或高年级的珠算高手、点钞高手请来现场表演，吸引他们的眼球，激发他们的斗志。而实账操作则是循序渐进，开始针对每个学生，要求他们每天记生活流水账，每个班级记班级流水账，随着教学进度，结合教师的讲解，经过对比，使学生很好地理解了会计六要素的含义，知道了借贷记账方法，掌握了记账规则，记忆并会用基本的会计科目。有了最初的兴趣，我们组织学生进行进一步探索。我校每周一、三、五下午第三节课开设学生市场，每一位有兴趣的学生都可以自己批发一些小商品在学校操场固定区域摆摊设点，教师、学生均可光顾。实账操作兴趣小组的学生可以自己既当老板又当会计兼出纳，也可以不当老板，只为别人当会计或出纳，建账、记账、核算利润、编报表等一系列工作全部由学生自己完成，教师加以指导。虽然简单，但亲身体验，使学生体会到了赚钱的不易，提高了他们各方面的能力，更重要的是他们了解了商业企业的一般流程，并将所学知识运用于实践，加深了对所学知识的理解。在整个核算过程中，必然会有很多问题逼着他们去动脑、去讨论，向书本、向教师求教，培养了他们主动学习的习惯。最终，课堂上学习氛围更加浓厚，学习效果更加突出。

俗语说，"师父领进门，修行靠个人"。不容置疑，在整个学习过程中，学生的主体作用是决定性因素，但针对学生的现状，要想真正地提高中职课堂的教学质量，教师的引导作用是绝对不容忽视的。"路漫漫其修远兮,吾将上下而求索",在此,笔者仅从课堂之外谈了一些个人体会,在以后的教学过程中,还将继续总结经验,从多方面出发提高教学质量。

如何做好中职财务会计专业实践性教学

广西壮族自治区广西银行学校 李松林

摘 要: 培养具有一定文化和专业基本理论知识、熟练的专业技能、较强的实践能力和良好的职业素养的中等专业管理人才,实践性教学的改革势在必行。

关键词: 实践性教学 实践性教学体系 实践性教学内容

一、实践性教学的重要性

我国在 20 世纪 80 年代开始大力发展职业教育,20 多年来,职业教育在规模上取得了空前发展,但在质量上却良莠不齐。一个主要的原因是在实施职业教育教学过程中,教育设计层面上的问题没有得到较好的解决,特别是职业课程设计问题、职业教育实训设计问题。

职业教育教学的指导思想和解决方案是:以服务为宗旨,以能力为本位,以产学结合为基本途径,以培养生产、管理、服务一线技术应用人才为目标。

财务会计专业是中等职业教育办学历史最为悠久的专业之一,已形成了较完整的课程体系,为培养中初级财务工作专门人才发挥了积极的作用。但在提倡"以能力为本位"的职教思想的今天,它暴露出了实践性教学严重缺乏的问题。现有财会专业教学计划对实践教学的规定很笼统,实践教学内容、时间、组织、方式方法不够明确,更没有系统的实施方案。实践性教学的比例不到 30%，远没有达到专业课程理论与实践 1:1 的标准，致使在教学中实践环节的落实随意性大，可落实可不落实、落实多少以及质量好坏等缺乏监控，已严重影响了财务会计专业培养目标的达成。

在以能力为本位的教学思想指导下，中职财务会计专业应培养德、智、体全面发展的具有一定文化和专业基本理论知识，熟练的专业技能、较强的实践能力和良好的职业素养的中等专业管理人才。要实现这一培养目标，不仅要依靠理论教学，还要依靠实践教学，更要依靠理论与实践的有机结合。因此，实践性教学的改革势在必行。

二、实践性教学改革的措施

（一）以学科课程为基点渗透活动课程，改革现有教学计划

实践性教学改革的首要工作是明确实践课程，保证实践课时，这必然引发课程改革。如今中职财务会计专业采取的仍然是学科课程模式，学科课程模式较充分地考虑了知识本身的逻辑性，并将其与学生的认识发展过程相结合，易于组织教学，但它过分追求学科知识的完整性，容易使理论脱离实际，学科之间联系性不强。活动课程模式以专业实践活动为中心，以学生掌握技能为目标，较充分地发挥学生的能动性，注意知识、技能、态度的整合性和协调性，以弥补学科课程模式的不足。因此，我们应走继承和发展之路，综合两者的优点，在已有财会专业的学科课程体系中渗透活动课程，从而落实实践性教学。

从技能教学的角度看，活动课程有三类：一类是为学习新技能的技能学习课，它与知识教学相互交融；一类是为巩固某一学科的知识、技能而设的技能训练课；一类是为形成综合专业能力而设的技能应用课。由于后两类相对独立，因而在教学计划改革中主要明确这两类活动课程。

1. 设置阶段实训课程（又称为课程实训）

阶段实训课程以技能训练为主要目的，与学科教学紧密联系。经过多次实践和论证，我们筛选了财会专业 8 门必修专业课，除完成课堂授课任务外，还必须完成相应的阶段性实训。在课时上，将其学科总课时分解成授课课时和实训课时两部分，前者用于课程的知识和技能学习，后者专门用于技能的系统训练。这一分解使得课程实训拥有约 360 个课时，实践教学首先从课时上得到了保证。值得一提的是，实训课时的增加，并不是单纯增加每门课程的总课时，而是通过内部调整，缩减理论课时，增加实践课时。而理论课时的减少必须对教材合理规划，目前教育部规划出版的财经类专业教材恰恰在内容上已明显地体现了"必须、够用"的原则，进而使得这一改革成为可能。

2. 设置综合实习课程

综合实习课程包括社会实践和综合模拟实习。为使学生在学习过程中了解社会，每学年安排一周的社会调查或社会见习，第二学年第二学期安排 100~150 个课时综合模拟实习。此外，在毕业前至少安排 6 周社会实践。

通过教学计划的改革，落实了实践课程及时间，专业课程（选修课除外）中课程实训和综合实习的实践课时约占 50%。

（二）树立全过程的实践性教学观，构建实践性教学体系，制订实施方案

实践性教学是以实现掌握熟练技能和形成较强实践能力为目标，以技能的学习、训练和运用为中心的教学过程。知识、技能乃至能力的形成都是循序渐进的。实践性教学的组织不能孤立和分散，应是系统的和相互促进的，必须在教学的全过程贯彻实践性教学思想。因此，在财会专业教学计划改革的基础上，构建了与学科课程体系相兼容的实践性教学体系。其结构见下图：

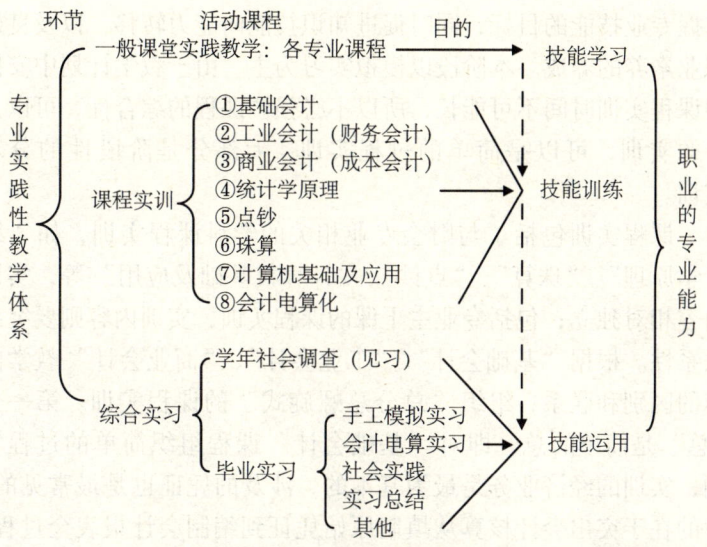

专业实践性教学体系

第一阶段是指一般课堂的实践性教学。由于财经类专业实践教学主要采取模拟的形式，而模拟也主要是通过课堂教学的组织形式来进行，为了区别，这里把日常上课称为一般课堂教学。一般课堂实践性教学是指学生首次接触到某技能，教师首次将此技能传授给学生的教与学的过程，它融合在日常上课之中，较为分散，目的是使学生认识和了解技能。

一般课堂实践性教学是实践和理论联系最紧的交汇点，这一环节既是实践教学的开始，又是实践教学的基础，还是实践教学的关键一环。由于实践性教学较为分散，难以统计，若加上这一部分，课时将达到甚至超过50%，就能够符合教育部《关于制定中等职业学校教学计划的原则意见》所规定的1:1标准。

第二阶段是阶段实训。它由实训课程组成，较第一阶段实践性教学相对要集中。本阶段是通过较集中的训练使学生达到熟练掌握专业技能的目标，同时促进知识技能向能力转移，以及良好职业素养的养成。本阶段以模拟实习为主，由于教学计划中安排的课程实训时间不可能长，所以不必强调课程的综合性，可以是专题实训，可以是简单的过程实训，大部分是阶段性的分步实训。

　　课程实训包括了与财会专业相关的学科课程实训，如"统计学原理"、"珠算"、"点钞"、"计算机基础及应用"等，实训内容相对独立；包括专业主干课的课程实训，实训内容则要突出联系性。根据"基础会计"、"工业会计"、"商业会计"教学内容的区别和联系，组织"总分总螺旋式"的课程实训。第一个"总"是简单的总，即对"基础会计"课程组织简单的过程实训，实训的经济业务是最为基本的，涉及的凭证也是最常见的，目的在于突出会计核算从填制原始凭证到编制会计报表全过程，加强学生对会计工作过程的感性认识，掌握会计工作的基本规范。接下来是"分"，即对"工业会计"和"商业会计"进行课程实训，不求全过程，根据各课程内容的侧重点和特征，抓住各自的特点，对技能进行专门的具体化训练，采取分步实训的方式。"工业会计"组织货币资金、成本核算等分步实训，"商业会计"组织批发业务和零售业务等分步实训。最后的"总"是指综合实训，即进入了属于第三阶段的毕业实习。"总分总"的实训内容和要求是螺旋式上升的，这样安排既解决了相互挤占时间的矛盾，又突出了重点，形成了系统的相互联系而贯通的专业实践内容。

　　第三阶段是综合实习，包括学年社会调查或见习以及毕业实习，以毕业实习为主。本阶段以前面两阶段的实践教学以及理论教学为基础，是前两个阶段的升华，主要突出技能的综合运用，训练学生独立分析问题、解决问题的能力，为学生走向工作岗位奠定基础。

财会专业的毕业实习采取校内模拟实习和校外社会实践相结合的方式，主要由手工模拟实习、会计电算实习、社会实践、实习总结四个基本环节组成，根据实际情况，还可选择性地组织就业指导、弥补性训练、毕业小答辩、专题讲座等内容。本阶段的模拟实习突出综合性和岗位流转性，即既要模拟会计核算过程，又要模拟企业的经营运作过程，使学生在仿真的环境中，明确经营活动的来龙去脉以及岗位的职责和工作内容。虽然综合模拟实习是毕业实习的主要内容，但模拟始终不能代替实际，让学生走向社会十分必要。学生认识社会的同时也让社会认识了学生，社会实践能够更全面地提高学生的综合职业能力。

此外，为使实践性教学能系统地、充分地落实，制订实践性教学指导方案十分必要。实践性教学指导方案有一般课堂教学的技能教学指导，也有各学科分步实训的教学指导，还有毕业实习的教学指导。为方便各学科以及各环节的实践性教学的组织与实施，实践性教学指导方案应明确技能教学的内容、教学目标、教学建议以及教学评价等内容。

（三）丰富实践性教学内容，编写系列实训资料

实践性教学的课程、课时以及实施指导方案是实践性教学落实的重要前提，而实践性教学内容是实践性教学的质量保证。对于以操作技能训练为主的学科，如"珠算"、"点钞"、"计算机基础"、"会计电算"等，侧重于熟练动作或程序的训练；对于智力技能的训练，需要置学生于一定的思维环境中。由于财会工作岗位的特殊性，目前，真正让学生上岗实习非常困难，模拟成了财会专业实践性教学的主要形式。

对于一般课堂教学的技能教学，主要是使学生认识和了解技能内容，技能教学较分散，难以编写系统的资料。该阶段实践教学需要的资料依靠教材和教师的适当补充基本可以解决。

课程实训和毕业实习对技能的训练相对集中，所需要的实训

资料可以根据教学需要组织编写或选用。实训资料的编写必须遵循循序渐进性原则和仿真性原则。每种实训资料的编写以及各种实训资料的衔接应符合学生的认知规律,体现循序渐进性。此外,资料仿真度越高,学生感性认识就越强,训练的质量也就越高。因此,编写时应请会计工作实务人员参与或指导。

课程实训资料的编写还应突出针对性和互补性。第一,课程实训对技能的训练相对集中,针对性强。就要针对所要训练的技能,从多角度、多形式提供训练资料,如货币资金中结算方式的技能训练,针对七种结算方式的办理过程,从收款和付款两个角度组织业务,反复训练越多,学生掌握越熟练,认识就越深刻。第二,各学科之间,特别是会计专业课之间,知识技能联系紧密,实训资料互为补充,避免重复训练,才能节约时间,提高教学效率。

综合模拟实习资料的编写应突出系统性和综合性,系统性是指实习内容应围绕会计工作的全过程,包括设置账户、原始凭证填制、记账凭证编制、登记账簿、成本核算、对账结账、会计报表编制及简单的财务分析指标计算和分析等一系列工作环节。综合性包括两方面,一方面是指实习应尽可能地涉及本专业主干课的知识和技能,如基础会计、财务会计、成本会计、税收、财务管理、会计电算等课程内容;另一方面是指综合财务相关岗位的工作内容,如经理、业务、仓管、出纳、会计等岗位,突出与银行、税务部门的业务往来,便于流转实习。

(四) 加强实践性教学的考评,完善评价体系

随着实践性教学的规范与完善,运用科学的方式方法考评是实践性教学改革的重要一环。实践性教学的环节多,内容丰富,因此对实践性教学的考评也应是多样化的。

1. 改革常规卷面考试内容,加大对技能的考核

考试内容的变化可起到导向教学的作用,促进在一般课堂教

学中贯彻实践性教学的思想，重视技能教学，改进教学模式和方法。例如，对"基础会计"的考试，引入凭证填制、账簿登记以及报表编制等操作题，分数占50%以上，并要求严格按规范操作。通过多年实践，师生都欢迎这种实操考试，成绩显著提高。

2. 建立等级化的评价体系

等级化的评价体系侧重于操作技能的考核，主要是以快和准为标准，重结果的考核和评价，在实际操作上简单易行，评价也多数采取等级制，如珠算的定级考试。但财会专业中存在大量的集操作和智力技能于一体的实践教学，而且多数侧重于智力技能，如算账、记账涉及面广，对于它们的考核不能只重结果，更应重过程考核。规范性和准确性是其评价的主要内容，除此之外，还必须评价学生在实训过程中的态度，如出勤情况、及时性等。因此，对于模拟实训的考评，可采取层层量化，最后等级化的评价方式。以毕业实习成绩的评价为例，根据毕业实习包括的基本环节内容，先设计出各环节的阶段性评价量表，确定每一环节的评价项目和分数构成，按各量表评分，并执行有一个项目评价不合格则此环节甚至本毕业实习的成绩为不合格的规定，然后将每一环节的分数按权重折合计入毕业实习总结性评价表，计算出总得分，再按优、良、中、合格、不合格的分数段折合出毕业成绩的等级。这样，实践性教学的评价不是一锤定音，而是综合化、体系化了。

3. 探讨抽题考核的新办法

这一考核办法可用在终结性考试上，如毕业考试。将会计工作过程分为若干段，填制原始凭证为一段，编制记账凭证为另一段，以此类推，编制若干段的实操考题，学生随机抽取到哪一段就实操哪一段的内容，可以节省考评时间。这种考核办法虽不能考查全部技能，但由于是随机抽题，学生只有全面掌握了，才能取得好成绩,所以,考试结果仍然能够反映学生的水平。

4. 运用计算机减轻评价的工作量

一个大型的模拟实训作业,仅数据就有成千上万,人工评改既费时又费力,还不一定准确,计算机在这方面具有得天独厚的优势,且会计电算又为运用计算机进行评价创造了条件,所以,可以通过手工与会计电算的结合,以计算机为手段查找错误,评定成绩。

综上所述,实践性教学改革是职教改革的必由之路,而改革又是一项系统工程,我们必须坚持学习目标先行,以能力为本位,学习动机发展、教育传播高效率、教学系统优化等职业教育的课程设计、教学设计、教材设计和课程设计的基本原则,从整体出发,从实际出发,提高教学质量,实现应用型人才的培养目标。

参考文献:

[1] 中华会计网.

[2] 基础会计教学点滴. 财会月刊,2007(8).

关于非货币性交易中"确凿证据"的探讨

河北省商贸学校 李若亮

摘 要:《非货币性资产交换准则》第三条对换入资产入账成本的计量方法进行了规定:"非货币性资产交换同时满足下列条件的,应当以公允价值和应支付的相关税费作为换入资产的成本:一是该项交换具有商业实质;二是换入资产或换出资产的公允价值能够可靠地计量。换入资产和换出资产公允价值均能够可靠计量的,应当以换出资产的公允价值作为确定换入资产成本的基础,但有确凿证据表明换入资产的公允价值更加可靠的除外。"本文拟就该准则中所提到的"确凿证据"作进一步的探讨。

关键词:非货币性交易 公允价值 确凿证据

一、公允价值视为能够可靠计量

《企业会计准则讲解》(以下简称《讲解》)中规定:"换入换出资产属于以下三种情形之一的,公允价值视为能够可靠计量:(一)换入资产或换出资产存在活跃市场。(二)换入资产或换出资产不存在活跃市场,但同类或类似资产存在活跃市场。(三)换入资产或换出资产不存在同类或类似资产可比市场交易,采用估值技术确定公允价值。"

采用估值技术确定的公允价值必须符合以下条件之一,方视为能够可靠计量:

第一，采用估值技术确定的公允价值估计数的变动区间很小。这种情况是指虽然企业通过估值技术确定的资产的公允价值不是一个单一的数据，但是介于一个变动范围很小的区间内，可以认为资产的公允价值能够可靠计量。

第二，在公允价值估计数变动区间内，各种用于确定公允价值估计数的概率能够合理确定。这种情况是指采用估值技术确定的资产公允价值在一个变动区间内，区间内出现各种情况的概率或可能性能够合理确定，企业可以采用类似《企业会计准则第13号——或有事项》计算最佳估计数的方法确定资产的公允价值，这种情况视为公允价值能够可靠计量。

虽然《讲解》中说明三种方法均能视为公允价值能够可靠计量，但笔者认为其可靠性还是有先后顺序的，显然（一）优于（二），（二）优于（三）。也就是说，如果换入资产在确定公允价值时采用了比换出资产更加可靠的确定方法，那么在确定换入资产入账成本时应当以换入资产公允价值为基础确定换入资产的成本。现举例说明如下：

2009年9月，A公司以生产经营过程中使用的一台设备交换B打印机公司生产的一批打印机，换入的打印机作为固定资产管理。A、B公司均为增值税一般纳税人，适用的增值税税率为17%。设备的账面原价为150万元，在交换日的累计折旧为45万元，公允价值为105.3万元（假定该公允价值的确定采用换入资产或换出资产不存在同类或类似资产可比市场交易，采用估值技术确定公允价值）。打印机的账面价值为110万元，在交换日的公允价值为90万元（假定该公允价值的确定采用换入资产或换出资产存在活跃市场），计税价格等于公允价格。B公司换入A公司的设备是生产打印机过程中需要使用的设备。

假设A公司此前没有为该项设备计提资产减值准备，整个交易过程中，除支付清理费15 000元外没有发生其他相关税费。

假设B公司此前也没有为库存打印机计提存货跌价准备,其在整个交易过程中没有发生除增值税以外的其他税费。根据税法规定,A公司换入固定资产支付的增值税不能抵扣。

分析:本例整个资产交换过程没有涉及收付货币性资产,属非货币性交易而且具有商业实质。一般情况下,换入资产的成本应当以换出资产的公允价值作为确定的基础,但在本例中B公司打印机公允价值的确定方法明显比A公司设备公允价值的确定方法更可靠,即"有确凿证据表明"。因此,A公司应当以换入资产的公允价值为基础确定换入资产的成本,B公司应当以换出资产的公允价值为基础确定换入资产的成本。

A公司的账务处理如下:

换入打印机的成本 = 换入打印机的公允价值 + 应支付的相关税费 = 900 000 + 0 = 900 000(元)

借:固定资产清理　　　　　　　1 050 000
　　累计折旧　　　　　　　　　　 450 000
　　　贷:固定资产——设备　　　　　　　1 500 000
借:固定资产清理　　　　　　　　 15 000
　　　贷:银行存款　　　　　　　　　　　　15 000
借:固定资产——打印机　　　　 900 000
　　营业外支出　　　　　　　　　 165 000
　　　贷:固定资产清理　　　　　　　　 1 065 000

B公司的账务处理如下:

根据增值税的有关规定,企业以库存商品换入其他资产,视同销售行为发生,应计算增值税销项税额,缴纳增值税。

换出打印机的增值税销项税额 = 900 000 × 17% = 153 000(元)

换入设备的成本 = 换出打印机的公允价值 + 应支付的相关税费 = 900 000 + 900 000 × 17% = 1 053 000(元)

借：固定资产——设备	1 053 000	
贷：主营业务收入		900 000
应交税费——应交增值税（销项税额）		153 000
借：主营业务成本	1 100 000	
贷：库存商品——打印机		1 100 000

二、非货币性资产交换的实质是以物换物

交换时双方本着互惠的原则，以公允价值相等的资产进行互换，对公允价值不等的资产可通过补价进行调整，但市场中的交易活动是十分复杂的，交易价格受多种因素影响，存在长期关系的企业之间采用不等价交换也是常见的，交易中一方可能对另一方作出让步，从而出现双方采取不等价交换的情况。现举例如下：

甲公司与乙公司经协商，甲公司以其拥有的用于经营出租目的的一幢公寓楼与乙公司持有的交易目的的股票投资交换。甲公司的公寓楼符合投资性房地产定义，但公司未采用公允价值模式计量。在交换日，该幢公寓楼的账面价值为9 000万元，已提折旧1 500万元，未计提减值准备，在交换日的公允价值和计税价格均为8 000万元，营业税税率为5%；乙公司持有的交易目的的股票投资账面价值为6 000万元，乙公司对该股票投资采用公允价值模式计量，在交换日的公允价值为7 500万元，由于甲公司急于处理该幢公寓楼，乙公司仅支付了450万元给甲公司。乙公司换入公寓楼后仍然继续用于经营出租目的，并拟采用公允价值计量模式，甲公司换入股票投资后也仍然用于交易目的。转让公寓楼的营业税尚未支付，假定除营业税外，该项交易过程中不涉及其他相关税费。

分析：本例属于以投资性房地产和以公允价值计量且其变动计入当期损益的金融资产的交换，补价450万元，属非货币性交

易而且具有商业实质。一般情况下，换入资产的成本应当以换出资产的公允价值作为确定的基础，但本例乙公司仅支付了450万元给甲公司，属不对等交换，也就是说"有确凿证据表明换入资产的公允价值更加可靠"。因此，甲、乙公司均应当以换入资产的公允价值为基础确定换入资产的成本。

甲公司的账务处理如下：

换入交易性金融资产的成本 = 换入交易性金融资产的公允价值 + 应支付的相关税费 = 75 000 000 + 0 = 75 000 000（元）

借：其他业务成本　　　　　　　75 000 000
　　投资性房地产累计折旧　　　15 000 000
　　贷：投资性房地产　　　　　　90 000 000
借：营业税金及附加（80 000 000 × 5%）
　　　　　　　　　　　　　　　　4 000 000
　　贷：应交税费——应交营业税　4 000 000
借：交易性金融资产　　　　　　75 000 000
　　银行存款　　　　　　　　　　4 500 000
　　贷：其他业务收入　　　　　　79 500 000

乙公司的账务处理如下：

换入投资性房地产的成本 = 换入投资性房地产的公允价值 + 应支付的相关税费 = 80 000 000 + 0 = 80 000 000（元）

借：投资性房地产　　　　　　　80 000 000
　　贷：交易性金融资产　　　　　60 000 000
　　　　银行存款　　　　　　　　4 500 000
　　　　投资收益　　　　　　　　15 500 000

参考文献：

[1] 企业会计准则——基本准则，财政部第33号令. 2006 - 02 - 15.

[2] 财政部会计司编写. 企业会计准则讲解. 北京：人民出版社，2008.

[3] 中国注册会计师协会编. 2009年度注册会计师全国统一考试辅导教材·会计. 北京：中国财政经济出版社，2009.

关于成本会计教学方法改革的思考

四川省绵阳电视广播大学 李梦琳

摘 要： 成本会计是会计专业的主干课程，是一门技术性较强的经济管理应用学科。成本会计工作岗位在企业生产经营活动中发挥着十分重要的职能。然而，在目前的成本会计课程教学中，不论内容、形式、手段等多个方面都与现代复合型会计应用人才的教育要求以及企业的岗位需求存在一定的距离，使得教学质量并不理想。本文针对成本会计的课程特点，对目前成本会计教学中存在的问题进行分析，提出了具有建设性和可操作性的建议。

关键词： 成本会计 教学方法 教学改革 系统创新

一、绪言

成本会计是会计专业的主干课程，是一门技术性较强的经济管理应用学科。把学生培养为具有必需的成本会计理论知识和较高实际操作技能的高级应用型成本管理人才，是客观经济环境的变化以及社会实际工作对成本管理人才的素质要求，也是高等学校会计本科教育的具体培养目标。

二、成本会计课程特点分析

成本会计作为一门会计专业课，它必须掌握"基础会计"和"财务会计"的相关知识，了解企业的生产工艺过程和基本生产耗费,并采用一系列科学的方法对产品的成本进行预测、计算、分析,最终为有关决策者提供信息。它具有综合性、系统性、计算量大且抽象的特点。

成本会计作为会计学专业的主干课程,是会计工作的重要组成部分。成本会计也是会计学专业的核心课程之一,但是它的理论和方法及应用范畴,不同于其他会计学课程。它是一门集知识、技能、技巧为一体的专业课,对于学生来说,虽有会计学的功底,但要想很好地掌握成本会计这门课,还是很不容易的,特别是成本的计算方法,要想在有限的时间内掌握更不容易。

三、成本会计教学现状分析

目前,在成本会计教学过程中,教学手段绝大多数停留于自然媒介(如黑板和粉笔),教学方式方法还是采用"单纯、传统的以教师为中心"的单向式的灌输式教学方法,很难适应知识经济时代会计教学的需要,存在着许多问题和难题。具体表现在以下几个方面:

(一)成本会计教学内容体系滞后于客观制造环境

随着我国经济体制的完善,在企业中广泛应用高科技已是大势所趋,科学技术的进步使企业制造环境发生了很大变化。目前在我国会计实务界,普遍应用的制造成本法同样面临变革的现实。而现代成本会计教学内容并没有将这种变革纳入其中,只是停留于让学生了解企业的生产工艺过程和基本生产耗费,采用传统的产品计算方法(如品种法、分批法、分步法等),对产品的成本进行计算、编制成本报表。传统成本会计教学内容体系,一是介绍成本会计的基本理论,主要包括成本会计的含义、内容、产生、发展和成本会计工作组织,但缺少成本会计的目标;二是成本核算,包括产品成本核算一般程序、生产费用的归集与分配方法、产品成本计算方法和成本报表编制方法,但缺少对产品制造环境的介绍,学生无法根据不同的制造环境和成本管理的实际需要选择不同的成本计算方法。学生学完成本核算部分,仍不能针对不同生产组织特点、类型和管理要求组织进行成本核算并编制成本报表。产品成本只是算出来而已,至于提供的成本信息是否满足管理当局的需要则很少顾及。成本核算的教学不符合成本会计课程应用性强的特点,违背了培养应用型会计人才的目标。

(二)成本会计教学手段限制教学容量

成本会计主要是通过成本数据的前后勾稽关系来反映成本核算流程的,这种数据的来龙去脉主要是通过成本核算的有关表格反映的。目前成本会计教学手段绝大多数停留在自然媒体阶段,教师受传统教学模式的课时和媒体等的限制,教学效果欠佳。可见,传统的自然媒体的教学手段限制了教学容量,很难体现成本会计树状的非线性的知识结构,不便于按成本会计知识的内在实质进行结构化教学。

(三)成本会计教学缺乏实践教学环节

目前对成本会计的教学普遍采用"传统的以教师为中心"的单向式、灌输式教学方法,欠缺实践环节,学生缺乏对制造业生产的直观了解和认识。势必影响学生对成本会计知识的理解和灵活应用。一般成本会计教学均以制造业成本核算为例讲授,学生对课程中涉及的一些简单的制造业术语难以理解,影响了他们对成本会计工作程序和方法的掌握。如对生产工序和生产步骤的区分,对生产中投料方式和产品转移方式的了解,影响了他们对分步法中作为成本计算对象的生产步骤的确定等问题的理解掌握。单纯的理论讲授方式强调成本核算过程中各项费用的具体分配方法,没有实践环节很难将各项费用分配方法的一些要点整合起来,形成完整的成本计算方法加以运用。所以,学生得到的是成本核算过程各环节的知识片断,对各种成本计算方法的掌握很不系统,难以对成本会计知识进行整体灵活运用。成本会计的实践教学仍局限于成本核算，主要包括在财务会计的模拟实习中。教学过程没有包括对制造业生产过程了解这一环节，不利于学生对以制造业为背景组织教学的成本核算过程和成本计算方法的理解和掌握；成本会计实践教学没有包括集成本会计工作组织、成本计算方法、成本报表编制和成本管理于一体的成本会计整体应用层次，不利于将成本会计知识体系应用于企业的具体实践。

四、成本会计课程教学改革的建议

（一）对成本会计课程教学目标进行重新审视与明确

会计专业本科教育的目标在于会计基本知识与各项技能的培养，素质教育与技能教育并重，以中级会计人员为教育成果对社会输出。成本会计课程尽管是以制造成本法以及相关理论为主要方面，但基本上是对基础会计所学的会计原则、记账方法和会计循环等的进一步诠释与应用，也是对后续管理会计等相关课程的前期铺垫，对于会计的专业思维熏陶和综合素质的养成具有其独到的作用。因此，成本会计课程一开始就有必要通过宣讲讨论等形式使受教者明确该门课程在会计专业知识体系中的作用，使教学重点放在通过课堂学习和模拟实训操练来理解各类计算后的经济实质及账务处理关系，从而达到专业思维、数据处理技能的默化提高。

（二）对教学内容进行覆盖面的甄选与逻辑体系的重塑

成本耗费的正确核算与客观反映、成本决策有用性的强化是成本会计应发挥的两大核心功能，这一点应当在成本会计课程教学内容具体覆盖上得到充分体现。可通过目前比较具有影响力的多种成本会计教材，并参考成本会计理论的新发展，筛选出其中典型的共同方面作为主体教学内容，尤其注意难易程度适合的、具有代表性的、应用价值高的案例选择。在各项内容的前后组织上应以成本及成本会计工作循环为主线索，并考虑基本原理互通的内容能进行接力衔接。

在新系统设想中,课堂教学的主体内容有:成本理论、成本会计工作理论、成本核算、成本报告、成本管理,并将非制造行业成本核算、成本会计学科发展趋势介绍作为机动内容。在成本管理具体教学内容的确定上,把握与成本核算紧密沿承,并与管理会计、财务管理内容不重复的原则,主要考虑针对成本报表进行的分析、账务处理有显著特色的标准成本法。在进程安排上,将生产认知放在基础准备部分以帮助学生熟悉生产常用术语,典型生产耗费在生产部门及部门间的归集分配流向;对于定额法因实务推广始终存在难度,且其处理原理和标准成本基本一致,故而将置于成本分析方法和标准成本法之后。其他具体教学内容的选择与设置体现在演示表的"模块功能",在此不再赘述。

(三)对教学重、难点进行合理确定与有效攻克

在对教学内容进行重新整合的基础上,应以成本会计理论、技能基本功培养为核心,综合考虑未来工作岗位应用性以及后续职业资格、学位提升的需要,对教学中的重点项目加以明确。同时,应在课堂表现、练习批阅、答疑互动等环节中注意学生接受情况,对普遍存在的学习难点进行圈定,并通过出错信息的收集、分析找到解决的法门。例如,成本还原是历来的教学重点与难点,进行还原的比重法和比率法教学时常被作为两种分割的独立方法来学习,经过验证两种方法的实质一致性以及对各步骤还原参照物选择的缘由进行着重分析后,大部分学生能够在理解的基础上轻松运用两种方法得出正确的结果。

学校可在广泛讨论的基础上将确定的教学内容以及其中的重、难点以教学大纲的形式加以确定。而任课教师在对教学重、难点具体判定时应根据受教者的情况在惯例的基础上进行有针对性的小幅调整,并注意提高难点问题的讲授技巧。

（四）对教学方法进行丰富并提高计算机辅助教学手段的利用程度

在成本会计的教学上既要注重保持教师在传授基本、核心、难点理论和方法方面的主导作用，更要激发学生在接受上的主动性和创造性。教师应更多地将启发式教学法、讨论式教学法、模拟式教学法和案例教学引入到成本会计课程的教学中，调动学生自我推导、"寻根"和课外求知的兴趣，更多地去引导学生通过生产流程与管理要求、账户设置与结转、比较与归纳去掌握计算公式与方法，从而达到活学活用、事半功倍的效果。可尝试通过建立学习小组将行业扩展和成本会计前沿开发等内容的学习移到课堂以外，教师只提供方向性指导，更多内容的获得与掌握由学生自主进行文献查阅和小组讨论来达成。

同时，对专业教师进行基于现代 CAI 技术的多媒体应用软件使用技能的培训。如 PPT 课件制作中超链接、图示、自定义动画等的恰当运用以及 Flashmx 等动态效果的引入能有效辅助教师，使理论解释更形象、数据来源去向更明朗、计算流程总结更清晰、账务处理更直观等；而这有赖于教师对相关软件功能的掌握和利用水平。学校可定期开展课件展示与评选活动，激励教师制作出形式丰富、对课堂教学确有助益的高质量多媒体课件。此外，课程网站的使用也将大大有助于教学双方的直接交流，使教学更具针对性。

（五）加强教学辅助环节内容的针对性设计

在典型教学案例确定的基础上，尽可能争取到相应类型的企业作为实习基地。在进入基地前，先将认知实习与专业学习的关联进行细化。就成本会计课程而言，可以将诸如企业有哪些生产部门，产品要经过哪些工序加工，动力等费用是怎样由外部进入并且被内部消耗的等具体问题作为认知提示罗列在实习指导手册中，使学生明白该听、该看、该问什么。校方争取征得实习基地的协助，就生产工艺、生产组织等拍摄影像、制作平面沙盘图片作为素材，在以后的成本会计课堂教学中使用，真正对以后的成本核算学习形成有力支撑。

模拟实训环节、实训内容的设计十分关键。比较理想的实训内容是能涵盖基本生产、辅助生产、制造费用建账，材料、工资、动力、折旧等要素费用归集与分配，综合费用期末处理，完工产品成本计算、商品产品成本报表生成的一个成本会计循环。可以某个企业某一期比较完备的成本核算资料为基础按实训学时进行适当调整后作为实训素材使用，以充分帮助学生加深对理论知识和计算方法的理解和吸收。

（六）组织力量进行教材及辅助教学资料的编写

目前多数的成本会计教材都是以2001年版《企业会计制度》为账务处理依据，但在细节的撰写上相互间却存在不少出入。随着2006年版新会计准则的出台和成本会计理论与实务的发展，成本会计教材及其辅助材料的重新编撰成为当务之急。在对教学内容进行上述甄选与构建的基础上，成本会计教材的编撰，首先应力求在细节上寻求共识与规范，以避免目前各版教材在核心概念、成本核算科目、成本项目、分配方法、费用分配表格式等方面各自表述的情况。其次应增加成本核算案例账务处理环节的普遍实用性，如使材料费用分配中的涉税问题、工资费用分配中非工资性津贴和补贴、"五险一金"等内容能得到体现。再次应与新会计准则变化相吻合，如固定资产修理费用的处理等。最后可区分教师和学生两种版本，在学生用版本中，教学重、难点案例可有选择地只给出空白表格，便于课堂互动的进行。对于教学辅导材料，一是要突出精要、发挥学习指导的功能，如可给出教学大纲，对主要知识点进行总结提示，使用图示突出各章主要知识点的逻辑关系以及计算方法的流程，对主要计算公式进行汇总与梳理，从而避免对教材内容简单精简的情况。

二是练习题的组织方面,要对知识点的直接考查和变通应用进行合理搭配,引入历年会计职业考试真题精选,从而避免题目大量的简单堆砌。三是适量增加电算化作业素材,提高学生利用现代办公手段完成成本账表计算与结转的能力。

(七)开发多元化教学考核组成方式

由于课堂讨论、课外小组活动等形式的引入,相应地可增加新的考核方法,如增加自评、互评等形式。将学生的成本会计课程总成绩分解为卷面成绩、课堂互动、课后作业质量、课外活动情况和实训成绩等多个部分,根据各年级成本会计课程教学开展的具体情况合理确定各部分的权重。这种复合测评方式将有助于改变目前成本会计课程教学中存在的部分学生对知识点强行记忆以求短效回报的现象。当然,建立规范的日常教学跟踪管理制度也就成为一个先决条件。

四、结 论

随着我国会计准则体系的改革,国内外经济形势、科技条件的日新月异,高校的会计专业迎来了新一轮的改革契机。成本会计课程教学质量的提高,还需要在今后持续借助院校间的横向合作,以及同企业界进行纵向的检验反馈中探求更科学的措施。

参考文献:

[1]四川理工学院教务处.大学生修读指南.四川理工学院,2008.

[2]万寿义,任月君.成本会计.大连:东北财经大学出版社,2007.

[3]于福生,王俊生,黎文珠.成本会计.北京:中国人民大学出版社,2006.

[4]胡国强,冼永光.成本会计.成都:西南财经大学出版

社,2008.

[5]于福生,王俊生,黎文珠.高校会计专业培养目标探讨.会计之友,2008(23).

[6]俞宏,夏鑫.成本会计教学的体系结构创新及策略构想.会计之友,2006(16).

中职学校教学内容与会计岗位衔接若干问题的探讨

黑龙江省哈尔滨市第一职业高级中学　李红梅

摘　要：根据社会需求，整合教材，开设实用性较强的课程。将模拟实战教学引入课堂，切实将学校教学内容与会计岗位衔接。打破传统模式，以实战分组游戏的形式，给学生下达任务引导书，引导学生一步步完成任务。鼓励学生积极参与，反客为主，成为学习的主体。校企合作，订单式培养，是一剂提高学生实践工作能力的良方。

关键词：财会　教学内容　会计岗位

根据2005年教育部在北京新闻发布会上所提出的内容：职业教育发展较快，招生人数和就业率逐年攀升，政府对职业教育的投入逐年增加，期望值很高。这样一个良好的教育契机，更是为职教人提供了更加广阔的发展空间，全体职教人备受鼓舞。为了更好地发展职业教育，作为一名职教人，笔者立足本岗，研究教学方法；为了有效实现中职技能型人才培养，实现学校会计教学与会计岗位能力需求的紧密对接，达到学以致用的效果，提高教学实效性，增强学生就业能力，工作中笔者大胆尝试，积极探索，在教学中总结经验。下面笔者从几个方面介绍教学中如何实现学校财会教学内容与会计岗位零距离对接。

一、面对职教新形势,积极改革,大胆创新,更新教学思想

财会专业是我校拳头专业,也是我校历史最悠久的专业,多年来在教学实践中已形成了较完整的课程体系,那就是高一开设财会入门课"基础会计"、"统计基础"等加强理论基础储备,高二开设"企业财务会计"、"财务管理"、"审计基础"、"经济法"等课程加强理论拓展和实践能力的培养。教学中更多地注重学生对书面知识的理解和掌握,也就不可避免地暴露出实践性教学严重缺乏的问题。现有财会专业教学计划对实践教学的规定很笼统,实践教学内容、时间、组织方式方法不够明确,更没有系统的实施方案,致使在教学中实践环节的落实随意性大,可落实可不落实,落实多少以及质量好坏缺乏监控。据笔者了解,我市二职、三职、十二职、十五职等职校大部分都设有财会专业,普遍存在的问题是:学生毕业后,真正从事会计工作的极少。带着这样的问题,笔者也对近几年的财会毕业生进行了一系列的跟踪调查,从调查结果中得知,学生独立处理业务能力差,学校所教的与实际用的脱节,只有书本上的理论,而缺乏实践训练。由于学生在校期间,对会计工作缺乏系统的训练,毕业后,对会计工作既希望又害怕,希望的是能找到一份财会工作,害怕的是如果给我这样的机会,我能胜任得了么?有相当多的毕业生就是由于这种担心而放弃了自己所学的专业,造成大部分学生毕业后改行。这些问题,已严重影响了财会专业培养目标的达成。因此,教学理念和教学思想的更新已刻不容缓。今天,在"职业教育就是就业教育"的职教思想下,每一名职教人都会重新思考一个问题:在学校教学中学生具备怎样的专业理论和学生掌握什么程度的专业技能,才能与他们走上的工作岗位实现无缝对接?面对职教新形势,改革教学内容,创新教学方法,更新教学思想,才能开启职教发展的春天,迎来一个新的发展机遇。

研究"教"先解决"求"，即调研市场的需求，以"求"导"教"，看看社会需求什么标准的财务工作者。通过假期短短20天的实习，笔者曾经走访了几家企业，经过有关上级部门及单位领导的同意，对他们的企业会计核算作了些简单了解，总结出存在的一些问题，并且把这些年来所讲的理论知识与实践对比，深刻地认识到理论知识是局限的，实践才能出真知。现在很多用人单位都注重学生的实践能力，学生的实践能力强，用人单位才会更欣赏。经过在学生中调查发现：很多同学都希望能有更多的时间在学校的实训室或者是合作单位进行岗位实践，但是财会专业现在基本还以教室为主要教学地点，学生没有充分的实践活动的时间，很难体验岗位实际操作的流程。在这种现状下，要根据培养目标有效实施课堂教学，运用具有实效性的教学理念更好地提高课堂教学的效果。

二、根据社会需求，整合教材，开设实用性较强的课程

随着会计改革进程的加快，改革内容的深化和国际化，我国会计准则体系已日趋完善，对会计人员的业务素质也提出了更高的要求。作为从业人员，必须具备相关资格，即会计上岗证，所谓"一证在手走天下"。在教学工作中，根据社会需求，调整课程体系，把考取会计上岗证教材引入课堂，分别开设"会计基础"、"财经法规"、"初级会计电算化"课程。经过实践发现：三本教材在社会上考试时针对的是从业人员，学习起来比较容易，而把同样的三本教材用到学生身上，由于他们都是在高中才接触专业课的，又没有实践经验，学习过程中带来了一定的难度，教学的效果不太理想。教学研究总是在实践中发现问题和解决问题的，所以下一步考虑：高一仍用《基础会计》，系统学习专业基础理论。在高一下学期，学生有了基础，用大约一个月速成上岗证教材。高二开设"初级会计实务"后，加大实训内容，一定会收到事半功倍的效果。

三、将模拟实战教学引入课堂，切实将学校教学内容与会计岗位衔接

我们发现，财会专业的学生在校学习两年后，步入社会走上工作岗位，半年的实际工作经验可以顶上两年的在校学习。也有毕业的学生反馈回来这样的信息：学到的会计知识和技能无法实现与会计岗位的对接。根据存在的问题，笔者对目前的财会教学现状进行了分析，结论是：学校教学中，学生在校期间一般先进行理论学习，后进行会计实践学习，学习中沿袭了应试教育下的传统学习习惯，被动接受，缺乏独立思考能力。在这种教学模式下，学生难以系统地理解会计知识和会计思想，缺乏足够的职业判断能力和实际岗位工作能力，很难适应会计岗位日益发展的职业需要。因此，改变原有的教学程序，探索实现会计教学内容与会计岗位无缝对接的新型课堂教学方法势在必行。为此，笔者将模拟实战引入课堂教学中。

（一）打破传统模式，以实战分组游戏的形式，给学生下达任务引导书，引导学生一步步完成任务

古人云：知之者不如乐之者，必须让学生主动地参与学习中，让学生感觉到自己是课堂的主人，而不是被动地甚至是被迫地听教师说教，这就需要教师在实验课的设计上多下工夫，将枯燥的知识通过游戏的形式转化成工作能力。

实战分组游戏法就是课程以游戏形式开始，课前先给每名学生下任务引导书，然后模拟购货企业（家乐福超市永平店）、销货企业（可口可乐公司），让学生自由选择形成两组，引导学生按任务引导书完成七项任务，从而掌握购销业务的流程、所需原始凭证、填制和审核原始凭证、购销双方交易结果分析等贴近会计实战操作的元素，最终达到学生对购销业务核算全局性的

把握。

教师要利用模拟实战游戏教学法,让学生置身入境,理解企业的经营模式和岗位内容,从实际出发去学习、感悟和提高。以"购销实战"为例,教师可先不必讲解,以游戏分组的形式让学生分别置入购、销两个企业中,提起学生的学习兴趣,像做游戏似的找合作伙伴。然后趁热打铁下达任务引导书,将完成七项任务作为实验课的主线,学生在各自的企业角度考虑交易需要哪些原始凭证。比如,购方提出:取钱—取货—放仓库,只要答出这些,他们就会知道需要的凭证:转账支票、发票、入库单。销货方也是如此。之后教师引导学生按照高一所学完成凭证的填制,接下来分组一对一进行交易,这时课堂会变成交易大厅,气氛异常热闹,达到学习的第一个高潮。而后教师组织学生探讨交易结果,分析成功、不成功的原因。在模拟情景中,让学生身临其境地去感受企业购销业务的流程,在实战中将理论与实践自然结合,强化了学校教学中对学生实际工作能力的培养。

(二)鼓励学生积极参与,反客为主,成为学习的主体

由于游戏方法的使用,学生自然100%参与进来,反客为主,课堂上不再是教师一人堂,学生会为自己的表现而欣喜若狂,激趣引思,在探究中学习、思考,真正成为学习的主人。

(三)校企合作,订单式培养,是一剂提高学生实践工作能力的良方

今天,很多中职学校走"订单式培养"、校企合作的职教路线,这是时代和社会的要求。而学生在其中能迅速地成长为合格的社会人,既为用人单位输送大批优秀员工,又使学生尽早进入社会角色,早工作,早积累经验,增加中职生就业竞争力。

以就业为导向的中职财会专业教学要不断研究新问题,紧跟市场经济的新动向,要不断研究加入WTO以后财政部出台的与国际惯例趋同的《新会计准则》,要进一步明确中职财会专业学

生要掌握哪些技能，要完成哪些会计知识的储备，要清楚行业对会计人才需求的规格和标准，使人才培养与岗位需求实现零距离对接，实现财会人力资源培养最优化。朝着这样的目标，笔者将不断探索教育教学规律，在不断地努力下真正实现教学内容与会计岗位的完美融合和衔接。

参考文献：

教育部. 教育部关于加快发展中等职业教育的意见（教职成〔2005〕1号）. 2005-02-28.

中职学校财会教学面临的困境与对策

吉林省吉林工业经济学校 焦向华

摘 要：目前，我国中职学校财会教学面临诸多困境，其原因来自社会、家庭、学校等各个方面。笔者总结出以下几个方面：学生普遍文化素质低下，对学习不感兴趣，尤其厌恶学习英语、数学等文化基础课程；中职学校教师学习动力差，愿望低；教材生产周期长，内容陈旧过时，不适合职校生的学习，尤其是不适合职校生的专业学习等。针对这种情况，笔者结合自己的实际工作，谈谈对我国中职学校财会教学的一点粗浅认识，与各位同行交流。解决上述问题的方法主要从以下几个方面入手：①利用财会情景教学，模糊财会知识与财会技能教学差距；②编写校本教材，缩短教学理论与实践的差距；③全方位开展财会技能训练，增强学生的财会实践技能。

关键词：财会教学 困境 对策财会技能

一、当前中职学校职业财会教学所处的困境

（一）学生普遍文化素质低下，对学习不感兴趣，尤其厌恶学习英语、数学等文化基础课程

当前，我国中职学校学生主要分为两大类型：一是初中毕业，甚至肄业的学生，就业无门，在父母的安排下，不得已才步入职业中专学校就读；二是高中毕业的学生考大学无望，"降"而求其次，入中职学校学习。不论是中专职业学校学生，还是高

等中职学校学生（以下简称"职校生"）均存在"三差"问题。第一个特点是业务学习基础差。在初中或者高中阶段，由于基础没有打牢，加之学习方法不对路，在班级学习乃至生活上职校生普遍受到教师或同学的排挤，甚至有些学生曾受过教师或同学的歧视。久而久之，一些职校生产生厌学现象，养成一些不好的学习生活习惯，直至带进中职学校。由于业务基础素质差，一些职校生上课不注意听讲，爱做小动作，不遵守纪律，甚至存在逃课、上网等现象。这些问题反映在课堂上，就表现为他们的第二个特点：品质差。这个特点尽管不是表现在全部职校生身上，但为职校生课堂纪律的维持、班级管理等方面带来相当困难。职校生的第三个特点就是家庭条件差。当前，我国一些学生，尤其是高中生，只要成绩一般，在升入大学无望时，一般采用"曲线救国"方式，被父母送到外国学习，剩余的部分高中生由于家庭条件差，不可能被父母送到外国学习，只好退而求其次，到中职学校学习。这些学生由于存在"三差"特点，就业前途渺茫，很难调动学习积极性。

（二）中职学校教师学习动力差，愿望低

我国现在的中职学校，大多是中专学校转型而来，充其量就是换成大专的中专职业学校，人还是那些人，不过是换了个"招牌"。这些院校的教师，教师文化基础课程业务学习比不过普通高中的教师，教师专业课业务学习比不过大学教授。一旦他们取得了高级讲师或"副教授"之类的职称，将会"马放南山，刀枪入库"，不再下大力气进行业务学习。他们面对"三差"职校生，面对一而再、再而三"教不懂"、"学不会"的课堂情况时，放任课堂教学，降低教育愿望，对教学目标一降再降，认为只要课堂不出事，教好教不好，上不上，都不是很重要。

（三）教材生产周期长，内容陈旧过时，不适合职校生的学习，尤其是不适合职校生的专业学习

目前，我国财会制度变化较快，教材修订较慢，而且教材出版社"官本位"思想严重，临时委托组织编写教材的编委会成员不少都是不在教学第一线的学校领导，他们既不了解当前财经制度变革情况，又不了解当前职校生上述特点，出版社基于能够销售教材的原因，委托他们组织一些"专家学者"编写出具有理论性、科学性且前瞻性的统编教材，势必造成中职学校教师泛泛地照本宣科，职校生昏昏地听的情况。

二、抓好职业财会技能教学的对策

财会教学中，一般教学大纲强调"三基"教育，即基本理论、基础知识和基本技能的教育。作为财经类职业技术教育，向学生传授专业基本理论、基本知识和基本技能，是教学的中心任务。尤其要强调专业会计技能的培养，使学生在毕业后，能尽快适应工作。在专业课堂教学中，不仅要使学生获得财经基础知识，而且要使学生获得会计基本技能。

何谓财会技能？财会技能是指财会人员进行财务会计工作所必备的基本业务能力。我们认为，财会技能主要内容包括珠算技能、会计电算化技能、点钞技能，完成教学任务要通过教师组织教学过程来实现，教师有目的、有计划地引导学生掌握基础知识和基本技能，这是教师的教与学生的学所组成的双向活动过程。学生作为学习的主体，学习过程就是认识过程，通过学习掌握科学文化知识。教师对教学过程的组织必须依据人类认识活动的一般规律，"从感性认识而能动地发展到理性认识，又从理性认识而能动地指导实践"。学生要在理解、掌握专业基本知识的基础上，经过科学的训练，才能获得一技之长。专业课堂教学中教师要将基础知识的传授与学生操作技能的培养有机地结合起来，通

过应用灵活多样的教学方法，处理好理论知识教学与实际操作技能培养的关系。

针对上述中职学校所处的困境，我们认为应从以下几个方面入手，抓好中职学校财会技能教学。

（一）利用财会情景教学，模糊财会知识与财会技能教学差距

1. 学生对书本知识的理解、掌握是一个感性认识与理性认识相结合的过程

中职学校的学生大多处于青年初期（十四五岁至十七八岁），感知能力有了很大发展，已具备了较高的抽象思维能力，能进行逻辑思维的判断。学生对财经专业课程非常陌生，在课堂教学中我们利用图片、图表、凭证实物、幻灯片和教学影片等，唤起他们已有的知识和经验，引发他们丰富的想象，获得对教材内容的感性认识，对所学专业基础知识的初步了解。

2. 利用现代化教学手段制造财会工作情景

通过 Flash、PPT 等多媒体教学，教师可以制造多种教学情景，使学生有一种身临其境的感受，以此强化财会教学模式，带动学生学习财会技能的兴趣。当然，这些教学手段的使用前提是，教师一定会制作、会使用先进的教学设备，同时，还应对教学资料、教学内容、进行方法熟练，方可收到事半功倍之效。

3. 利用"请进来，走出去"的方法加快知识技能的更新

财会技能是一项综合性很强的专业技术。如前所述，当前一些中职学校的教师很少真正系统地做过会计工作，对会计工作中存在的新问题、新情况不甚了解，因而也就不能熟练地驾驭课堂内容。为此，我们认为，在财会教学中除了进行财会基本知识、基本技能的教学外，还应该从社会上聘请从事会计工作的会计师到课堂上讲授会计各岗位具体的操作技巧，介绍会计工作可能遇到的新问题、新情况以及解决办法，使学生在走向会计工作前能

够做到心中有数、"遇事不慌"。同时,为了弥补教师教学内容的不足,应定期派出教师到会计事务所、企业或事业单位实习。

(二)编写校本教材,缩短教学理论与实践的差距

如前所述,职业学校培养学生的目标是技能型人才。但近几年,我国财会制度变化较快,统编教材修订较慢,且理论较深,实用性不强。加之,中职学校学生存在"三差"特点,不能针对性实施教学。为此,我们认为,中职学校可组织多年在教学一线的教师成立校本教材编写组,根据本校学生特点(分职业中专和职业大专),结合教学实际,有针对性地进行校本教材的研发和编写,真正使学习内容与职业学校的学生达到有效的完美结合。

校本教材研发可以分为:利用财会工作岗位,如出纳、记账、成本材料、会计主管等岗位编写教材;按会计技术职能编写教材,如点钞、珠算、打传票、手工记账、电算化会计等技能编写教材。当然,校本教材开发不是一次就能完成的,应根据学生特点、兴趣、财会制度变革情况等多因素综合编写。内容简练、便于学生操作,大负荷训练,以使学生在较短时间内掌握财会技能。

编写校本教材,既可以在较短时间内修改、补充、完善校本教材建设体系,时间短、见效快,又可以减轻学校学生购买出版社正规教材费用高昂的压力。同时,对于中职学校教师编写教材、快出成果提供方便。

(三)全方位开展财会技能训练,增强学生的财会实践技能

1. 抓好会计模拟实验教学,促使学生进行系统训练

在学生学习课程体系中,设置"财会实习"课程,以便让学生通过会计实习课程训练,"假账真做",弥补理论教学的不足,但模拟实习毕竟与会计实际工作有着一定的差距。

2. 设置会计实训课程,缩短理论与实际的差距

为了进一步增强学生的会计实际操作技能,拉近课堂与实践

的距离,我校首次开设了"会计实训"课程,高薪聘请社会上从事会计工作十几年、有着丰富会计实践经验的会计师担任会计实训课程辅导员。为使实训课程达到良好的效果,我们要求外聘教师分几个专题来讲授:①设立企业的申请手续;②新建企业会计账簿的设立和现存企业新老会计的账簿交接;③纳税申报的程序;④编制会计报表的技巧等。外聘教师把会计实际工作中很多细节问题作了系统的讲解,同时将自己多年的工作经验和心得毫无保留地传授给学生。以前很多学生担心不能适应会计岗位,通过实训课程的培训,看到了差距,明确了目标,增强了自信心,打消了顾虑,取得了很好的教学效果。

3. 成立会计技能队,培养会计技能尖子

我们在提高整体学生教学效果的同时,特别注重培养"尖子生",为学校打造更多的精品。吸收成绩优秀、乐于上进、有较强动手操作能力的学生成立会计技能队,分别在不同年级开设"珠算"、"会计电算化"、"财经法规"等课程,每天利用课外活动时间强化辅导和训练。"功夫不负有心人",会计技能队为我校造就了一大批学业尖子、技能高手,他们代表学校参加省市级的各类会计技能大赛,取得了优异成绩,为学校增添光彩。

4. 开展会计技能大赛,树立财会技能学习标兵

学校为鼓励学生在掌握会计理论知识的基础上,努力提高自身的会计技能操作水平,每年开展全校范围的会计技能大赛。大赛分设珠算、微机、书法、礼仪、演讲等项目,彰显出学校的教育目标:培养有扎实理论基础,有较强操作技能,能写一手好字,有较好语言表达能力,有礼貌、识大体的财经人员。通过大赛选拔出优胜者,树立为学习标兵,利用广播、板报等形式大力宣传,让广大学生敬佩他们的能力,进而转化成使自己努力奋发向上的动力。

浅议中等职业学校财会教学

湖南省邵东县职业中专学校 姜泽海

摘 要： 伴随着经济体制改革浪潮的冲击，会计领域发生了空前的变化，社会对会计人才的综合素质和能力的要求也在不断提高。本文从现状出发，阐明会计教育的薄弱环节，并就改进会计教学提出一些建议。

关键词： 会计教学 教学方法 改进措施

前 言

随着我国社会主义市场经济体制的确立、发展和完善，社会对会计人才的能力提出了更高的要求。如何培养出既要具有一定的会计基础理论知识，又要掌握会计核算原理和方法，还要具有较强操作能力的财会人才，是中等职业学校教育急需探讨和解决的问题。

一、中等职业学校会计教学现状及原因

（一）会计教学目标不明确，培养目标不一致

从不同中等职业学校会计教育的培养目标上看，不同学校以及同类学校在培养会计型学生上可谓是"百花齐放"：有的是培养"会计师"，有的是培养"管理者"，林林总总，让人眼花缭乱。对到底培养什么样的会计人才缺乏科学的研究。因此，树立明确、符合实际需要的会计教学目标是当务之急，否则，整个会

计教学系统就会茫然无措,甚至南辕北辙。

(二)课程设置不够合理

专业课程设置陈旧、死板,课程设置缺乏理论依据,结构有失合理,体现在专业基础课和专业课的课时比例、各门专业课的课时比例、课堂教学与实习实训的课时比例等方面,造成会计专业学生掌握的会计知识面宽而深度不够的局面。因此,这种课程体系及教材内容已不能适应培养现代会计人才的要求,有待改革和完善。

(三)教学手段落后

目前,仍有许多中等职业学校教师采用传统的教学方法,黑板和粉笔仍是主要的教学工具,以多媒体为主的教学手段仍无法在会计教学中全面展开。教师在授课时费时、费力地讲授有限的内容,教学效果不佳,这种教学不仅使学生失去学习主动性,教师也"口干舌燥"、"疲惫不堪"。会计教育处在这样一个经济不断变革和高度信息化的社会中,采用先进的教学工具来适应教育信息不断更新是一个必然的趋势。

(四)注重会计理论的"填鸭式"教学,忽视会计案例教学

长期以来,职业学校的会计教学普遍采用"填鸭式"教学,忽视会计案例教学。一方面是会计学教师对案例教学的重要性认识不够,另一方面是有的教师根本就不知道如何进行案例教学,缺少教学创新。普遍存在的问题是教师过度重视完成教学任务和课堂教学,以单一的"填鸭式"的课堂讲授代替教学内容的进一步讨论和深究,忽视对学生能力的培养;学生处于被动接受知识的状态,学习无积极性、主动性;教学方法手段单一、原始,忽视了现代教学手段、设施的运用,课堂气氛死板、无新意,提不起学生的兴趣,且教师的劳动强度大,教学效果不理想;脱离会计实务型的课程,忽视实践性教学,学生的动手操作能力极差。这种格局与经济发展的快速、多变是不相适应的,不能充分

调动学生的主动性,不利于学生综合能力的培养。在大多数学校,上课时以讲授代替了问题讨论,在考试时以一些记忆性的问题和选择题代替了分析性的问题。如果翻开会计教材,就会发现每一个问题和每一道作业题都有一个无需证明的正确答案。这种教学方法会误导学生,认为"会计是同数字打交道,而不是和人打交道","每一个问题都有唯一的正确答案"。而实际上,会计处理的是复杂的人际关系,会计问题及其解决方法存在着很多不确定因素。

(五)实践性教学经费投入不足

由于中职财经类学校本身先天性不足、底子薄,学校招生量也不充足,收费水平相对较低,自我提高和壮大的能力有限,加上国家近年来对市级中职学校的投资力度不大,中职学校只能维持较低水平的运营,没有更多的资金和能力建立独立的会计模拟实验室或会计模拟实训场地(实训室)。会计电算化专业缺乏足够的计算机和会计模拟实训软件,满足不了教学的需要。多媒体等现代化的教学实践设备甚少,会计模拟实训所购实训用具质量低劣,资料陈旧过时,直接影响到了培养人才的数量和质量。

(六)缺乏既具有一定会计理论教学经验,又具有一定实践经验的"双师型"教师

一方面,大部分教师从高校毕业后就走上了教师岗位,他们没有会计实操经验,对会计实物工作不够了解,无法根据情况设计会计实验课程;另一方面,教师很少甚至没有机会接触会计实物工作。中职学校一般都安排了专业实习,学生可以到单位实习。但是并没有安排教师及时跟踪了解学生的实习情况。教师没有机会了解企业的会计实物工作,只能依赖教科书进行教学,导致会计教育界培养出来的会计人才与会计职业界的需求存在较大差异。职业学校的教师基本上都是从学校到学校,专业教师往往只有会计理论知识,缺少一定的会计实践经验;有的指导教师虽

然具有一定的实践经验，但由于只熟悉某一行业或某一岗位的会计工作，不能满足实践环节的要求；有的教师虽然具有会计师资格证书，但也只是具备资格而已。

（七）缺乏职业道德的培训

现在大部分中等职业学校会计专业不开设或不涉及财经法规课程，而学生往往是走出校门，就开始从事会计工作，对财经法规不熟悉或者说理解不透彻，缺乏职业道德，甚至稀里糊涂就走向了犯罪。

二、改进中等职业学校会计教学的措施

（一）正确定位会计教学的培养目标

确定中等专业学校会计教育的培养目标应着重从社会需要、学校实力、师资力量各方面综合权衡。从我国目前中等专业学校的现实条件和会计职业界对人才的需求来看，社会对初级实用的会计人员的需要远大于对高层次人员的需要，所以中等专业学校会计教学的培养目标应该是，培养能负责具体审核和办理一般财务收支、编制记账凭证、登记会计账簿、编制会计报表和办理其他会计事务的初级会计人员。制定这一培养目标的指导思想是：以需求为动因，把对会计人员的需要作为我们的目标市场，"生产"出能满足社会需求的产品——中等专业学校财会毕业生。

（二）设立中等职业学校会计教学目标

会计教学目标应该与学校培养人才的类型结合起来。会计教学的培养目标应以满足社会需求为导向，培养面向市场经济中的企业和非盈利组织所需求的具有开拓精神、创新意识、良好职业道德以及相关专业知识并掌握学习技能的合格会计人才。合格的中职会计专业毕业生，应该是留得住、用得上的管理型、通用型、外向型和开拓型的财会人才。其核心是这种会计人才应具有掌握本专业继续学习的能力。主要原因是现代教育已经不能囿于

将书本知识灌输给学生，知识和信息暴涨使学生应该学习的知识呈几何增长，传统的教育模式不能适应知识变革和发展的需要，我们不仅要为学生打开已有知识的大门，更重要的是要教给他们寻找打开未来新知识大门钥匙的方法和教会他们开门的技巧。

（三）改进教学方法，树立"以学生为主体"的新型教学理念

现代教育观念认为，学生是学习的主体，教学的一切活动都必须以调动学生主动性、积极性为出发点，引导学生主动探索、积极思考，培养学生的创造性思维和综合分析问题的能力。简而言之，就是要树立"以学生为主体"的新型教学观念，在教学过程中充分尊重和发挥学生的主体地位和作用，使学生积极主动地参与会计教学；通过与教师的交流、沟通去不断探索新的知识领域，真正实现课堂上教与学的互动。

（四）优化教学内容，调整课程设置

为实现课程体系和教学内容的科学化、合理化，我们必须更新教学内容，合理设置专业课程。首先，笔者认为新会计学科体系主干专业课程的教学内容主要是基础会计学、财务会计学、成本会计学、财务管理学、管理会计学、会计电算化，并要拓展会计相关学科教学，如经济学、金融学、法学、管理学以及数学，同时为了适应未来经济发展的需要，还应增设诸如网络会计等新兴课程，使学生拓宽知识口径，扩展学生基础知识的范围，以适应知识结构多元化的人才培养目标。其次，在教材内容上，增加基本理论、基础知识的比例，便于学生从源头上理解会计学，使他们在学习中不仅知其然，而且知其所以然。另外，会计教材应当注重实践和理论相结合，增加案例和实务模拟内容的比例，以培养学生的分析能力和决策能力。

（五）改革教学方法和手段，推行案例教学和模拟教学，重视实践基地建设

首先，要采用和尝试新教学方法。课堂应该是教师和学生共同研究问题的场所，那种"满堂灌"、"填鸭式"的教学方法，既不利于发挥学生学习的主动性和积极性，更不利于培养学生的创造性思维。课堂教学应该坚持"少而精、启发式"，"学为主、教为导"的原则，注重启发学生的思维，增强学生的参与意识，充分调动学生学习的积极性、主动性和创造性。创新教学是培养学生创造能力的重要途径。其基本思想是变革陈旧落后的"知识"型教学模式，尊重学生的个性发展，通过"人本"教学，使学生在学习中学会学习，在思考中学会思考，在创造中学会创造。而案例教学法是一种具有启发性、实践性，有利于提高学生应用能力的新型教学方法。通过这种教学方法，可以使学生具有"实战"经历，促使学生勤于思考、善于决策，变被动听课的过程为积极思维、主动实践的过程，是一种比较好的启发式教育方法。会计专业具有较强的技术性和实践性，专业课程的教学要求理论与实践很好结合，要求学生具有较强的动手能力。而我国传统的会计教学方法一直是以灌输为主，忽视知识的应用而不能全面启发学生的思维，忽视学生在学习上的主动性，不能激励学生的创新精神，使学生走上工作岗位需要很长的磨合期，难以适应21世纪对会计人才的需要。案例教学法是根据教学目的和教学要求，把实际中真实的情景加以典型化处理，模拟成供学生思考分析和判断的案例，并通过独立研究和相互讨论的方式，来提高学生分析问题、解决问题的能力。其主要的特点是把教学与实践紧密结合，对于学生掌握学科理论，增加课堂教学信息量，提高教学质量，培养学生创新思维、实践能力和综合素质，均有较好的作用。引进多媒体等现代化教学手段，建立新的实训平台，要通过购入或录制企事业单位材料采购过程、产品生产过程、产品

销售过程以及会计工作情况的音像资料,运用多功能投影设备,生动形象地再现在学生课堂上,让学生直观地了解和掌握现代化企业及会计的特征;利用多媒体 CAI 模拟实训课件,提供逼真、形象、丰富、完整的图文并茂的信息,将会计实际工作的全过程生动地展示出来,实现真正意义上实践教学的远距离现代化,从而弥补手工操作枯燥、费时的不足,激励学生学习的积极性。

其次,建立会计手工和会计电算化两个模拟实验室。实验会计模拟实验室是会计学专业实践教学的重要环节,是理论联系实际的重要途径。会计模拟实验以企事业单位在一定时期内发生的实际经济业务以及产生和形成这些经济业务相关的内部和外部经济联系、会计核算程序、会计凭证在各会计和报表,进行岗位间的传递程序等作为模拟实验对象,按照会计制度的要求,用直观、真实的原始凭证、记账凭证、会计账簿会计业务模拟演练,从而使学生对企事业单位会计工作获得直观、全面系统的认识。因此,建立一个合理的会计模拟室,制订一套可行的会计模拟试验程序,对于帮助学生更好地掌握理论知识、加强实践教学和学生动手能力的培养具有重大的现实意义。在手工模拟实训的基础上,利用现有会计电算化模拟实训室,从原始资料的转入、记账凭证的编制、自动登记账簿、结账损益到生成会计报表重新进行计算机模拟实训,让学生鉴别手工模拟实训与计算机模拟实训的差异,熟练掌握计算机处理会计业务的程序和过程,使学生成为既懂会计又能熟悉运用计算机处理会计事项的综合型人才。

最后,不断改进会计模拟实训的形式和方法。会计模拟实训作为会计教学的重要环节,应当把它当做中职财经类学校形成特色、提高质量、重树品牌的重要手段来抓。要把培养合格的实用型人才作为中职财经类学校会计教育目标进行科学定位。只有根据其人才培养目标,遵循人才培养规律,重视实践,突出实用,强化学生专业技能的培养,才能形成特色,满足社会需要以及学生自身就业的需要。要调动学习的积极性和主动性，提高会计模拟实训的效果，就要不断改进会计模拟实训的形式和方法。通过多种模拟实训形式可以让学生获得相应的实践知识，培养动手能力、创新能力。利用寒暑假、节假日等课余时间，采用集中与分散的形式，组织财会专业的学生到相关的工业企业、流通企业，以及财政、审计、会计事务所等进行实地观摩、调查、实训，培养学生的学习兴趣和团队精神。开展多种形式的模拟实践竞赛活动，如珠算、计算机操作、会计凭证填制、会计报告编制以及会计模拟实训知识等竞赛活动，让学生的专业知识在竞赛中得到巩固，在活动中得到升华。

（六）建设专兼结合的高水平的教师队伍

师资是衡量一所学校办学水平高低的重要条件之一，中职财经类学校会计教师不仅要具备较高的专业理论知识，还要有丰富的实践经验。高水平的教师队伍，是教育质量得以保证的重要条件。

首先，对专职教师要加大培训力度，创造条件使之经常深入实际，提高业务素质，培养一支"双师型"专职教师队伍。同时，要加大兼职教育的成分，建立兼职教师数据库，这样既可以使教师队伍始终保持较前沿的水平，又能大大降低学校的办学成本。应采取措施使会计教师有机会接触会计实践，提倡会计教学界人士到企业、会计师事务所等兼职，同时积极邀请会计职业界的资深人士参与到会计教学工作中。一方面，弥补了学校技能课教师的不足，保证了教学上较高的专业水平。另一方面，加强了学校与社会的联系，保持了学校师资结构的灵活性，提高了师资队伍的综合素质，同时教师了解了社会需求，有助于培养符合社会需求的会计人才。

其次，加强中等专业学校会计教育与会计职业界的往来。为了保持中职会计教育目标与经济环境需求的一致，中等专业学校应与财政、税务、工商、金融等政府职能部门保持良好的沟通，大力提倡学校财会教师到企业或民间职业团体兼职，热诚欢迎会计职业界人事到学校讲课。与此同时，利用各种方式加强实践性教学，一方面以诚实的态度在校内继续加强会计实验室的建设，另一方面与企业界多多沟通，保证学生在企业实习的时间至少为一个学期。

最后，建立健全的全面提高教师的激励机制。改善会计师资队伍的状况，不能片面强调觉悟和奉献，而是应真正建立一种有效的激励机制来吸引优秀人才成为会计教师，并不断培养、提高其能力和素质，更新其专业知识。因此，应建立以导向教学为主的教师评价体系，奖励从事课程设计、教案创作、进行教学试验、教学创新的教师，加强教师业务知识学习，不断提高业务水平；培养年青教师攻读更高学位，加强现代教育理论学习，更新现代教育观念；允许教师在企业界兼职以加强其职业经验训练，实行"双技术职称"制度，即会计专业课教师既要有教师系列的职称，又要有会计系列的技术职称。

（七）加强学生职业道德的培养

会计人员职业道德是会计人员在会计工作中应当遵循的与其特定职业活动相适应的行为规范，是就职人员的职业品质、工作作风和工作纪律的统一。学生在学校就能接触各项财经法规，留下了深刻的印象，能够知法、懂法、守法，为走向工作岗打下坚实的基础。加强会计职业道德建设，提高会计人员的道德素质，对于正确贯彻国家有关政策法令，加强企业管理，提高经济效益，具有十分重要的意义。努力学习政治，提高思想觉悟，这是财务人员做好工作的前提。作为今后的财会人员，要视国家利益高于一切，严格遵守和执行国家制定的财会法规，一丝不苟地按财务制度办事，认真进行核算和管理，忠实履行财务监督职能，在抵制和纠正当前不正之风中发挥积极作用。

中职会计教育改革的路很长，改革的思路多种多样，但无论改革的方式如何，都应以我国不断发展的市场经济对初级会计人员的需求为动因，以提高中等专业学校学生的整体素质为目标。总之，会计教学改革和创新实践性教学首先要有新的教育教学思想和观念，必须紧扣住中职教育培养"应用型技术人才"这一基本特征，多方设法，树立科学的人才观、质量观和教学观，以指导教育教学的改革与创新。

参考文献：

[1]王光远，陈汉文，林志毅．会计教育目标之我见．会计研究，1999(9)．

[2]王淑萍．提高会计课堂教学效果途径的探讨．会计之友，2006(1)．

[3]陈黛，李爽．新会计准则全面发布挑战帷幕拉开．会计师，2006．

工作过程导向的基础会计项目教学设计

安徽省桐城市望溪职业技术学校　江争鸣

摘　要：本文针对中职生学习三年会计专业毕业后不能胜任初级会计实务工作的问题，分析了中职会计教育存在的弊端，在"以市场为需求，以能力为本位"的思想指导下，探索在中职会计专业教学中，以工作过程为导向，实行项目教学法，培养适应市场需求的实用型初级会计人才。

关键词：工作过程　项目教学　基础会计

一直以来，中职会计专业的学生毕业以后都要经过一段岗前培训，或者由师傅带一段时间，然后进入角色。随着经济的快速发展，中小企业如雨后春笋般冒出来，对会计的需求很大，大量企业需要能够直接上岗的会计人员，而中职生毕业以后却不能马上胜任实务工作。为什么一个学习了三年会计知识的中职毕业生不能胜任一个小企业的出纳工作？招聘单位为什么在招聘会计人员时都是有工作经验者优先？一边是企业有需求，一边是毕业生的就业难，这些现象使笔者反思当前中职会计教育的弊端，寻找适合中职会计教学的方法。

一、当前中职会计教学存在的问题

（一）学习内容忽略了职业定位

职业教育就是就业教育，其目标是培养符合劳动力市场需求的技能型、应用型人才，技能和应用是中职学生的就业要求。中职会计专业学生的就业定位是一些小企业的初级财会岗位，而现在使用中职的会计专业课教材一般就是普通高校或高职教材的压缩版，忽略了中等职业教育的职责和职业定位，完全违背了"因材施教"的组织教学的基本原理。

（二）教学组织脱离了会计工作过程

现在的会计专业课程以知识的相关性来组织课程内容，目前会计专业的课程内容组织如下：专业基础课（基础会计）、专业课（财务会计、成本会计、财务管理等）和专业技能课（会计基本技能训练、会计单项技能训练、会计综合训练），企业会计工作过程如下：取得或填制原始凭证→审核原始凭证→填制记账凭证→审核记账凭证→登记总账、明细账、日记账→编制会计报表。另外，会计课程教学对会计业务的处理一般是做会计分录，登记"T"型账，这与会计工作实际有很大差别，所以没有实践经验的学生在工作过程中往往一头雾水。

（三）教学方法和手段上难以适应中职学生的职业需求

现在的教学仍然是以会计理论教学为主，实训不足，学生被动地、机械地接受知识，缺乏创造性思维和学习主动性，必然导致学生缺乏兴趣，甚至放弃学习。

（四）考核和评价过于单一

考核和评价侧重于理论知识，一般采用闭卷考试，分数考核的标准。这样的考核过于单一，忽视了实际应用能力的考核。

基于以上现状，中职会计教学的改革势在必行。笔者认为，会计教学脱离了会计工作过程是造成学生动手能力差的根本原因，因此，应从会计工作过程出发进行教学设计。本文从会计工作过程出发，结合中职高一学生的情况设计"基础会计"的教学，采用项目教学法来培养学生的实践能力、社会能力及其他关键能力。项目教学，是师生通过共同实施一个完整的"项目"工作而进行的教学活动。项目教学法有利于理论联系实际，有利于学生掌握科学的思维方法、锻炼思维能力和判断分析能力。通过项目任务的完成过程来带动学生思考、研究,利用资源,操作实践,进行创作,从而达到学习和掌握知识的目的。

二、分析会计工作过程,确定学生职业能力培养目标

会计专业进行项目教学,首先要对会计岗位和工作过程进行能力分析,以确定学生职业能力培养目标。

从会计工作程序可以分析:要使学生熟悉会计核算工作的全过程,必须掌握期初建账,填制和审核原始凭证、账凭证,登记账簿,编制财务报表等基本技能。

(一) 原始凭证填制和审核

目标:掌握主要原始凭证的填制。

要求:①原始凭证的内容必须填写完整;②必须使用蓝、黑墨水的钢笔或碳素笔填写;③必须书写清楚,不得随意涂改。

(二) 记账凭证填制和审核

目标:能规范地编制收款凭证、付款凭证和转账凭证。

要求:①凭证内容必须具备日期、编号、摘要、会计科目(有些需写明明细科目)、金额、填制人员签章;②凭证应按业务题顺序编号,不得跳题;③凭证填制完毕后,金额栏空行内应有斜线注销;④凭证合计金额数前须写人民币符号;⑤填制凭证应做到字迹清晰、工整,金额数字填写符合规范要求;⑥所有计算中分配率保留四位小数,计算结果保留两位小数,最后一种分配对象倒挤;⑦所得税、盈余公积、应付利润只按本月利润额计算。

(三) 账簿登记

目标:掌握日记账、明细账和总账的登记。

要求:①登记账簿时,必须使用蓝、黑墨水的钢笔或碳素笔填写,特殊记账才可以使用红墨水。②必须顺序连续登记,不得跳行、隔页。如果发生此类情况，应当将空行、空页画线注销。③凡需要结出余额的账户，结出余额后，应当在"借或贷"栏内写明"借"或"贷"字样；没有余额的账户，应当在"借或贷"栏内写明"平"字，并在余额栏内用"0"表示。现金日记账和银行存款日记账必须逐日结出余额。④每一账页登记完毕结转下页时，应当结出本页合计数及余额，写在本页最后一行和下页第一行有关栏内，并在摘要栏内注明"过次页"和"承前页"。⑤登记账簿发生错误时，按规定方法进行更正。

（四）会计报表编制

目标：掌握简化资产负债表和损益表的编制。

要求：①根据所给的总账和明细账余额编制资产负债表，根据所给的损益类账户的发生额编制利润表；②编制报表时，必须使用蓝、黑墨水的钢笔或碳素笔填写；③当数字出现差错时，不得随意涂改，必须按规定方法进行更正。

（五）会计档案管理和保管

目标：掌握会计档案管理的方法

要求：①会计凭证装订成册；②会计账簿造册登记；③各种财务会计报告分别归类保管。

三、工作过程导向的基础会计项目教学设计

"基础会计"是会计专业的入门课程，也是一门理论较为抽象，实践性和操作性较强的课程。"基础会计"学得好坏，直接影响学生今后专业课学习的信心和兴趣。如何营造良好的学习氛围，激发学生的学习兴趣，让学生了解和掌握这门课程的基本理论、基本操作技能，是中职会计教师探索的问题。在这里，笔者尝试用工作过程导向的理念对这门课程进行设计，围绕职业能力训练这个目标，把相关的理论知识穿插引入教学中，重点突出各种技能的掌握，实现"教、学、做"的融合。下面是"基础会

计"教学的具体设计。整个教学内容划分为3大模块,6个项目,19个学习任务,如表所示。

表1　第一模块：会计职业认识

项目	学习任务	学习目标	教学方法应用	学时	组织实施
一、认识会计与会计职业	1. 认识会计	掌握会计特点、职能、对象、目标；明确会计的专门方法和基本前提，了解、认识会计职业	启发式教学、观摩教学	6	安排学生到企业参观，感知会计及会计职业
	2. 认识会计职业				

表2　第二模块：会计工作过程中的基本核算方法

项目	学习任务	学习目标	教学方法应用	学时	组织实施
二、运用借记账法，编制会计分录	3. 正确划分各会计要素并理解其关系	1. 掌握会计要素、会计等式及其恒等性 2. 掌握会计科目及会计账户，掌握借贷记账法 3. 对工业企业资金投入、退出、供产销过程和利润等主要经济业务会应用借贷记账法进行处理	启发式教学、问题驱动式教学、以企业案例进行教学	12	列举企业大量经济业务，讲练结合，反复练习
	4. 设置和使用账户				
	5. 运用借贷记账法编制会计分录				

续　表

项目	学习任务	学习目标	教学方法应用	学时	组织实施
三、填制与审核会计凭证	6. 填制与审核原始凭证 7. 填制与审核记账凭证 8. 整理与装订会计凭证	能够独立熟练完成模拟企业的各项会计凭证处理工作	任务驱动教学法、情景式教学法、角色体验会计凭证传递	16	在实训室教学，安排企业的兼职教师讲授会计凭证的规范填制和整理、装订
四、设置与登记会计账簿	9. 设置会计账簿 10. 启用与登记会计账簿 11. 对账 12. 更正错账 13. 结账、更换新账	1. 会建账并能够独立规范的登记模拟企业的各类账簿 2. 能运用正确方法更正错账 3. 能进行对账和结账工作	任务驱动教学法、情景式教学法、分角色体验账簿登记流程	14	在实训室教学，安排企业的兼职教师讲授各类会计账簿的规范登记方法

续　表

项目	学习任务	学习目标	教学方法应用	学时	组织实施
五、编报基本会计报表	14. 编制简单资产负债表 15. 编制利润表 16. 简介现金流量表的基本原理 17. 整理、报送会计报表	1. 能够根据账簿资料，独立编制简单的资产负债表和利润表 2. 会对会计资料进行整理，学会对会计资料的保管	任务驱动教学法、工作过程导向法、实物演示法	10	在实训室教学，安排企业的兼职教师讲授会计报表的规范填制

表3　第三模块：会计核算技能的综合运用

项目	学习任务	学习目标	教学方法应用	学时	组织实施
六、综合运用会计基本技能	18. 总结账户应用的方法 19. 选择、运用会计核算程序	1. 掌握常见账户的用途和结构 2. 能熟练运用三种常用的账务处理程序，独立完成一个小型工业企业各个环节的会计工作任务	对比法教学、启发式教学、讨论式教学、案例教学	14	安排学生至事务所或企业进行顶岗作业

参考文献：

[1] 邓泽民，赵沛．职业教育教学设计．北京：中国铁道出版社，2009．

[2] 周琼芳．基础会计理论与实践教学探讨．重庆工学院学报，2005(7)．

[3] 赵燕．项目教学法在会计教学中的运用．合作经济与科技，2009(6)．

加强会计模拟实验教学,培养学生专业技能

广东省梅州市大埔县田家炳高级职业学校 黄玉萍

摘　要:会计是一门理论性、操作性都很强的学科,学生仅仅通过学习会计专业理论知识是很难全面理解和掌握会计基本方法和基本技能的。在会计教学中,只有通过加强会计实验教学,才能培养学生的会计实际操作能力。因此,会计模拟实验是会计教学中的重要环节之一。通过开展会计模拟实验,不仅可以提高会计课堂教学效果,而且能极大地激发和调动学生学习的积极性和创造性,同时也是会计理论与实践相结合的有效途径和方法。笔者从发挥学校会计模拟实验作用、坚持"教学做合一"和加强会计职业道德教育等来培养学生的专业技能,使学生真正掌握一技之长。

关键词:模拟实验　教学做合一　专业技能

会计是一门理论性、操作性都很强的学科,学生仅仅通过学习会计专业理论知识是很难全面理解和掌握会计基本方法和基本技能的。在会计教学中,只有通过加强会计模拟实验教学,才能真正培养学生的会计实际操作能力。因此,会计模拟实验是会计教学中的重要环节之一,通过开展会计模拟实验,不仅可以提高会计课堂教学效果,而且能极大地激发和调动学生学习的积极性和创造性,同时也是会计理论与实践相结合的有效途径和方法。通过加强会计模拟实验,能培养学生的专业技能,使学生真正掌握一技之长。

一、遵循理论联系实际的教学原则，充分发挥学校会计模拟实验作用

开展学校会计模拟实验，能更好地贯彻理论联系实际的教学原则，使学生真正把会计理论与会计实践融会贯通在一起。主要表现在如下几方面：

一是学校会计模拟实验能给学生更多的锻炼机会，培养学生的动手能力。会计不仅具有很强的理论性，而且具有很强的实践性和操作性特点，因此，我们在会计课教学工作中，更应自觉地遵循"理论联系实际"的教学原则，充分发挥学校会计模拟实验室的作用，使会计理论教学与会计实践教学相结合，培养学生掌握一技之长。因为，会计所面对的是各种各样的凭证和账表，根据《中华人民共和国会计法》、《会计基础工作规范》和国家统一会计制度的规定，这些会计凭证、会计账表都要求及时填制，并要有经办会计人员的签名或盖章，以明确经济责任。对于从未动过手制作过此类会计凭证、账表的学生来说，动起手来往往出现这样或那样的错误。通过会计模拟实验能创造一个模拟的企业，使学生在模拟环境中，按照实验内容，自己动手，根据实际发生的经济业务事项填制原始凭证，编制记账凭证，并根据审核无误的记账凭证登记账簿，进行成本核算，编制会计报表并进行财务分析。通过这样的会计模拟实验，能把学生置身于企业或事业单位的实际财务部门，使学生对会计工作的全程有更加直观的了解。通过学校会计模拟实验，既培养了学生的动手能力，又加深了学生对会计基础理论和会计工作内在联系的深刻认识。

二是学校会计模拟实验的开展，有利于解决学生会计理论认识与实际操作能力相分离的缺陷。在会计教学过程中，不仅要求学生掌握会计理论，更要求学生把会计理论转化为会计操作技能。因此，在教学工作中，为了便于各种会计凭证、会计账簿等

会计资料的传递，在模拟实验室中进行的会计模拟实验，可根据教学的实际需要在许多学生中同时开展，按会计工作岗位需要把学生分为不同的工种，在不同的岗位上进行实践。这样的教学实践方法，一方面具有很强的针对性，便于学生及时消化会计理论基础知识；另一方面也便于教师及时了解课堂教学效果并进行管理辅导。通过模拟实验，使学生了解单位或企业实际发生的经济业务事项，引导学生运用所学会计原理分析解决单位或企业实际发生的经济业务事项等问题，从中启发学生思维，达到会计理论与会计实践相结合，以解决学生理论认识与实际操作能力相分离的缺陷，提高学生会计实操能力。

三是学校会计模拟实验的开展，有利于缩短会计理论到会计实践的距离。长期以来，传统会计教学一直偏重于会计理论知识的教学，而对学生的会计实际操作能力培养重视不够，这和职业教育的整体培养目标不符。因此，一些会计专业学生参加工作以后，虽然掌握了较强的会计理论知识，但会计实际操作能力很差，不会制作会计凭证、登记会计账簿、结账和编制会计报表，甚至看不懂原始凭证，不会审核原始凭证。会计模拟实验的任务就是培养和提高学生的实际操作能力，使学生能够亲自动手操作。例如，让学生通过会计模拟实验分别充当出纳、会计、会计主管、稽核人员等职，练习假币识别、点钞、原始凭证的审核、记账凭证的填制、根据审核无误的原始凭证登记账簿、编制会计报表以及进行审核和签字等。由于这种实习把学生完全置身于会计职业的氛围中，按照会计基础工作规范的要求进行会计业务流程和操作规则进行模拟实习，会计模拟实验有利于缩短会计理论到会计实践的距离，使学生学到书本上和课堂上学不到的知识，极大地提高了学生的学习积极性和主动性。

二、坚持"教学做合一"思想，培养学生的会计专业技能

陶行知认为，传统教育只注重机械灌输，死记硬背，教师为教而教，学生为学而学，教和学都脱离了"做"。在这样一种教育体制下，"先生教死书，死教书，教书死。学生读死书，死读书，读书死"，只能培养会走路的"字纸篓"和"书架子"，却不能给学生以任何行动的、生活的、创造的能力。所以，他明确提出必须"教学做合一"。"教学做合一"是被毛泽东誉为"伟大的人民教育家"陶行知先生所创建的"生活教育"理论体系中最富有建设性、最具有可操作性的分支理论，其含义就是：教的方法根据学的方法，学的方法根据做的方法；事怎样做便怎样学，怎样学便怎样教；教与学都以"做"为中心。"教学做"是一件事，不是三件事，要在"做"上教，在"做"上学，一切教学都集中在"做"，做中学，做中教，做中求进步。从这里我们可以看出，他所说的"做"实际上是广泛意义上的生活实践、社会实践和科学实验活动。在会计课教学中，要学会运用"教学做合一"思想，加强会计实验教学，切实提高学生会计操作能力。

一是坚持"教学做合一"思想，以"做"为中心。课堂是实施素质教育的主渠道，陶行知说过："做是学的中心，也是教的中心。"在会计课教学过程中，首先要改革"一支粉笔一张嘴，教师从头讲到尾"的传统教学方法，不但在"做"上教，还要引导学生在"做"上学。比如，为了使学生学起来不会感到枯燥乏味，我首先在"教"法上进行改革，充分利用现代教学手段，把全部教学内容制作成多媒体课件，每节课都把学生带进会计多媒体实验室，运用多媒体设备进行教学。这既发挥了学校现代化的教学设备和教学资源的优势，又给学生展现了一个个丰富多彩的知识世界，增加了课堂的信息量，更解决了会计课堂

教学中数字多、图表多、板书难的问题。同时，在教学生"学"的方面，重点是授之以"渔"而不单单是"鱼"。为了解决"做"的问题，我整理了一些常用的、有代表性的经济业务的原始发票单据等资料，编写了一系列与教材内容和进度相配套的实验教程。在教学中，每讲完一章节，我就指导学生"做"，完成单项会计模拟实验，使学生真正把会计理论与会计实践结合起来。

二是运用"即知即传"教育思想，教学生做先生。作为一名会计专业教师，怎样才能以最快的速度使学生学会专业技能呢？这让我想到了陶行知的"小先生制"。07届毕业，我校会计专业共有三个班150多人，三个班的"工业企业会计"课全部由我负责，每周要上21节课。首先，我把每个班按每6人1组各分成8个学习小组，每个小组选出一个学习成绩较好、悟性较强的人担任小组长，共24个小组长，加上三个班的学习委员或科代表，共有28个小先生。我对他们说，你们班学得不好，学习委员和科代表有不可推卸的责任，哪个小组学得不好，各小组长有不可推卸的责任，你们都学得不好，我有不可推卸的责任。所以，你们每个人都要认真地学，并尽快地把你学到的东西教给其他同学。很快，学生的学习积极主动性调动起来了，掀起比学专业的学习高潮。

"教"和"学"的效果如何呢？通过"做"来验证，"做"的质量怎样检查呢？我想到了陶行知的"小先生制"，让小先生来改作业（即教学生审核查账、检查错漏）。教学生审核查账、检查错漏其实也是一种学习的过程，更是一种教学方法的改进，每一次实验的批改，事先都设计好"批改条"，各班的学习委员或科代表做的实训作业全部由我亲自辅导并当面批改、启发、讲解，学习委员、科代表完全弄懂了以后，由他们负责审查各小组长，如有错漏，要求其先进行订正，直到完全没有问题了，各个小组长对各班其他学生的进行交叉审查,各审查员将审查的结果及错误的类型等详细列在批改条上,审查完后在"审核"处签名连同批改条交给学生,凡有错漏的一律要求订正,订正好后再交回给审查人进行交叉复审。复审还有问题再进行订正,直到全部正确无误为止,复审人才能在"复审"处签名,如果被抽查到还有问题没有解决而随便在复审处签名的,一经发现严肃处理。这种人人动手、人人参与的会计模拟实验,极大地掀起了学生学习会计的积极性和主动性,使会计教学收到事半功倍的效果。

三是敢为人先,勇于创新,努力探索,开发会计专业校本教材。陶行知说:"我们教育界任事的人,如果想自立,想进步,就须胆量放大,将试验精神,向那未发明新理贯射过去;不怕辛苦,不怕疲倦,不怕障碍,不怕失败,一心要把那教育奥妙新理,一个个的发现出来。"由于职业学校会计专业教材配套开发方面不能适应形势发展要求,尤其是会计专业实习实训教材严重滞后,对教学带来许多困难。面对困难,我没有退缩,而是迎难而上,凭着多年的教学经验,以最新会计法规、规章和国家统一会计制度为依据,结合职业学校学生实际和大纲要求,先后编写和开发了会计专业配套模拟实验教材《基础会计》、《工业企业会计》(上下册)和《商品流通企业会计》。近年来,通过运用新开发的配套教材,不但加强了会计专业教学工作,而且把会计理论教学与会计实践融会贯通在一起,使学生真正把会计理论转化为会计专业技能,为就业打下良好基础。

三、通过会计模拟实验,加强学生会计职业道德教育

会计模拟实验的目的是使学生巩固已学会计理论知识,把会计理论知识与会计实践结合在一起,从而有效地增强学生的操作能力。同时,会计工作还有一个重要的特点就是会计人员每天都

要和钱、财、物打交道。因此，在会计模拟实验教学中，教师除了要有意识地突出学生职业技能教育人，还应加强学生的会计职业道德教育，培养学生的会计职业道德意识。因为，会计工作与钱、财、物打交道，如果会计人员稍微有些贪念、私念，就非常容易走上违法犯罪的道路。同时，社会不良风气和他人的一些经济犯罪行为也会在会计工作中反映出来。因此，在学校会计模拟实验中要重视加强学生的会计职业道德教育，教育学生摒除杂念、客观公正地对待工作。

一是在会计模拟实验过程中，加强对学生进行会计职业道德规范的教育。会计职业道德是指在会计职业活动中应遵循、体现会计职业活动特征、调整会计职业关系的职业行为准则和规范。会计职业道德包括他律和自律两个方面。他律是以会计职业责任和义务为核心，侧重于防范会计人员的不正当的职业行为，因而通常采用政府或社会组织的限制性或禁止性条款形式公布会计从业人员不应该做什么。自律是以职业良心、职业精神为核心，侧重于倡导会计从业人员应自觉遵循的职业行为，通常采用描述形式提出会计从业人员应该做什么。在会计模拟实验教学过程中，应让学生理解并掌握爱岗敬业、诚实守信、廉洁自律、客观公正、坚持准则、提高技能、参与管理、强化服务等八条会计职业道德规范的基本内容，并贯穿到会计工作实践中。

二是在会计模拟实验过程中，有意识地增加会计职业道德教育方面的内容。在指导学生会计模拟实验过程中，教师通过有意识地增加一些会计职业道德方面的内容，使学生通过自身的体会，加深对会计职业道德基本规范的理解。同时，通过实验使学生真正懂得哪些是可以做的，并且要做好；哪些是不可以做的，做了会违背国家统一会计制度的规定和会计职业道德的要求，甚至会触犯会计法律。如在指导学生填制与审核会计凭证的模拟实验时，可引用一些挖补、涂改、仿制原始凭证的案例进行讲解分析,加深学生对会计专业技能的理解。同时,还有利于提高学生的会计职业道德水平,可以进一步加强学生的会计法律意识。通过会计模拟实验,让学生有身临其境的感觉,能极大地提高学生学习会计的积极性和主动性。

总之,在会计课教学中,通过加强会计模拟实验,培养学生系统掌握会计基本理论知识和会计基本方法,增强学生的实际操作能力,能使学生真正掌握一技之长。

参考文献:

[1]陈玉荣.加强会计实践性教学,培养应用型会计人才.会计之友,2005(3).

[2]陶行知全集.成都:四川教育出版社,1991.

[3]郭秀珍.会计实践教学全仿真操作设想.会计之友,2006(3).

[4]滕为.会计专业实践性教学研究.会计之友,2006(5).

[5]《广东省会计从业资格考试辅导教材》编委会.财经法规与会计职业道德.北京:中国财政经济出版社,2008.

探讨职工薪酬会计核算的问题

湖南省长沙财经职业中专学校 黄玉梅

摘 要：按2007年开始在上市公司施行的新会计准则，企业应当全面核算应付职工薪酬费用，按照收益对象摊入成本，这对企业成本核算、全面反映成本信息、完善成本补偿制度和保障经济社会的和谐发展具有重要作用。但是，由于会计工作的外部工作环境在不断变化，会计薪酬的各项工作相应地发生变化，产生了相应困难与问题。所以，要全面认识和了解职工薪酬会计核算工作，需要有一个过程。本文将围绕职工薪酬会计核算发展与变化所产生的问题，从理论上结合我们国家新会计准则的实践开展问题研究与探讨，在新形势、新会计准则下，指出当前薪酬研究中存在的空缺，提出未来可能值得进行研究的领域，以图推动薪酬研究的发展，设计更科学的企业薪酬设计方案。阐述职工薪酬在新旧准则内容上的比较分析，探讨在新准则环境下薪酬设计与薪酬管理的思路与措施。据当前社会经济发展现状，重点分析职工薪酬会计核算现况及存在的问题，探讨如何完善职工薪酬会计的核算。

关键词：职工薪酬 新会计准则 会计核算

一、绪 论

（一）课题背景及目的

进入21世纪，在经济全球化背景下，各国政府和企业越来越重视企业职工薪酬的确认、计量和披露。为了规范企业为获取职工提供服务而给予各种形式的报酬及其他相关支出的会计处理和信息披露，财政部出台了《企业会计准则第9号——职工薪酬》及相关解释。在新准则发布前，职工薪酬主要是通过《企业会计制度》和有关规定进行规范，相比较，新准则发生了较大的变化。本文从职工薪酬会计准则的内容出发，探讨了企业职工薪酬的会计核算方法，并针对职工薪酬在各企业中的设计提出了相应的建议。

（二）目前现状

（1）财政部在北京正式发布了企业会计准则体系，并自2007年1月1日起在上市公司执行，这标志着适应我国市场经济发展进程、与国际惯例趋同的企业会计准则体系和注册会计师审计准则体系正式建立。这份39项企业会计准则和48项注册会计师审计准则的新规，于2007年1月1日首先在上市公司中推行，随后逐步推广到所有大中型企业。

（2）阐述了新会计准则下的职工薪酬会计核算的含义及特征，如2006年12月叶映红在《中国管理信息化》中提到：职工薪酬会计科目的设置和会计处理的方法和信息披露发生的变化，进而导致执行新会计准则对企业财务状况和经营成果产生的影响。

（3）新旧会计准则对职工薪酬的核算有很大的差异，如2009年李季在《辽宁师专学报》第1期中明确指出：旧会计准则对职工薪酬的会计核算的不足之处，并用理论和实务解释的方法着重论述会计核算方法。

（4）新企业会计准则的颁布，标志着适应我国市场经济体制的会计体系已经形成，

（5）核算随着《劳动合同法》、《职工带薪年休假条例》在全国实施。如2009年3月卢燕玲在《会计师》中提到：劳动用

工制度、薪酬福利制度将发生深刻变化，对职工薪酬产生巨大的影响，内涵扩大与国际会计准则趋同的账务处理全面反映成本信息具有重要意义。

二、新旧准则企业职工薪酬会计核算变化对比

（一）新准则对职工薪酬的定义和内涵进行了系统的规范

职工薪酬计划是企业经营活动必不可少的一部分，但我国目前一般仅指工资和福利费，有关职工薪酬的会计处理规定则散见于各相关规定。新准则的制定旨在规范企业为获取职工提供服务而给予各种形式的报酬以及其他相关支出的会计处理和信息披露。此准则明确了职工薪酬的概念，即职工薪酬是指企业为获得职工提供的服务而给予的各种形式的报酬以及其他相关支出，主要包括构成工资总额组成部分的工资、奖金、津贴和补贴，职工福利费，五险一金（医疗保险费、养老保险费、失业保险费、工伤保险费和生育保险费、住房公积金），工会经费和职工教育经费等传统意义上的薪酬；增加了如辞退福利、带薪休假等职工薪酬形式，同时明确不包括以股份为基础的薪酬和企业年金，这是会计准则中首次如此明确定义了职工薪酬的内涵。

（二）会计科目设置的变化

新准则明确了职工薪酬的概念，融合了所有与报酬相关的项目，据此可以设置"应付职工薪酬"一级科目，在其下根据薪酬类别（如工资薪酬、福利费、各类社会保险费用、辞退补偿、带薪休假费用等），设置二级科目，如"应付工资"、"应付辞退补偿"、"应付社会保险费"、"应付住房公积金"、"应付福利费"等，取消原先的"应付工资"、"应付福利费"、"其他应付款"等一级科目。

（三）会计处理方法的变化

（1）各类职工薪酬的会计处理原则不同。新准则规定企业除因解除与职工的劳动关系给予的补偿外，应当根据职工提供服务的受益对象，分别将应付的职工薪酬计入资产、成本或当期损益。企业为职工缴纳的医疗保险费、养老保险费、失业保险费、工伤保险费、生育保险费等社会保险费和住房公积金，也应当根据工资总额的一定比例计算，按照职工提供服务的受益对象，分别将应付的职工薪酬计入资产、成本或当期损益。而以往的制度规定则是除了部分行业会计制度规定的工资类薪酬和职工福利费及受益对象分别计入资产、成本或当期损益外，其他职工薪酬全都计入当期损益。此项会计处理的变化将普遍降低企业各期的毛利率和毛利额，同时对于企业的各期损益也会造成一定程度的递延影响，这种影响对于生产周期较长的企业将会更大。

（2）职工福利费的会计处理方法。新准则中未涉及企业是否提取职工福利费以及提取的具体比例，而在以往的实务操作中各类企业不尽相同，有的按工资总额的14%计提职工福利费并保留余额，有的则按实际列支不留余额。从一定程度上看，新准则趋向于取消提取14%的比例的规定，职工福利费的列支由企业掌握。当然这种职工福利费的会计处理方法与税务处理仍有不一致之处，需要进行纳税调整，这将对企业财务状况和经营成果产生一定影响。

（3）新增了辞退补偿的会计处理方法。在新准则出台以前，企业大多按照收付实现制的原则列支经济补偿金，在支付经济补偿金时直接列支为管理费用。这种做法会使企业在经济性裁员时管理费用突然增加而使企业的利润不能真实地反映。新准则要求企业在职工劳动合同到期之前解除与职工的劳动关系，或者为鼓励职工自愿接受裁减而提出给予补偿的建议，同时满足下列条件的，应当确认因解除与职工的劳动关系给予补偿而产生的预计负债，同时计入当期费用：企业已制定正式的解除劳动关系计划或提出自愿裁减建议并即将实施；企业不能单方面撤回解除劳动关系计划。按新准则的规定,从会计处理的角度来看,相当于计提了一笔支付经济补偿金的准备金,提前将该笔费用列入成本或费用。这样核算完全符合会计核算的配比原则以及相关性原则,更加真实地反映了企业的经营情况和财务状况。从协调劳资关系的角度看,预计负债的确认相当于计提了一笔支付经济补偿准备金,缓解了企业大批裁员时支付补偿金费用的压力,对人员流动和社会安定有一定促进作用。

三、新准则下企业职工薪酬会计核算的问题探讨

(一)企业职工薪酬的确认

企业职工薪酬在新准则中规定,企业应当在职工为其提供服务的会计期间,将应付的职工薪酬确认为负债,除因解除与职工的劳动关系给予的补偿外,应当根据职工提供服务的收益对象分别处理。

(1)根据新准则,应由生产产品和提供劳务负担的职工薪酬,计入产品成本或劳务成本;生产产品和提供劳务中的直接生产人员和直接提供劳务人员发生的职工薪酬,计入存货成本。但非正常消耗的直接生产人员和直接提供劳务人员的职工薪酬,应当在发生时确认为当期损益。

(2)根据《企业会计准则第4号——固定资产》和《企业会计准则第6号——无形资产》确定,在建工程和无形资产负担的职工薪酬,计入固定资产或无形资产成本、自行建造固定资产和自行研究开发无形资产过程中发生的职工薪酬,能否计入固定资产或无形资产成本的原则。例如,企业在研究阶段发生的职工薪酬不能计入自行开发无形资产的成本,在开发阶段发生的职工薪酬,是符合《企业会计准则第6号——无形资产》资本化条件的,应计入自行开发无形资产的成本。

(3)根据新准则,应当由产品和在建工程负担以外的其他

职工薪酬，计入当期损益，除直接生产人员、直接提供劳务人员、建造固定资产人员、开发无形资产人员以外的职工，还包括公司总部管理人员、董事会成员、监事会成员等相关人员的职工薪酬，由于难以确定直接应对的收益对象，均应在发生时计入当期损益。

（二）职工薪酬会计核算在企业实际运用中的主要突破

（1）新准则明确了职工薪酬的概念。从中国会计视野法规库得知，《国际会计准则第19号》定名为"雇员福利"，然而在我国企业将员工称为职工而非雇员，并且"福利"一词在我国有其特定含义。所以，新准则借鉴国际会计准则的相关规定，结合我国的实际情况，提出了"职工薪酬"的概念，并将它定义为"企业为获得职工提供服务而给予各种形式的报酬和其他相关支出"，以准确反映准则规范的主要内容。

（2）更加全面系统地涵盖我国现行实务。新准则全面覆盖了我国现行实务中的各种职工薪酬，包括构成工资总额组成部分的工资、奖金、津贴和补贴、职工福利费、社会保险费、住房公积金、工会经费和职工教育经费、非货币性福利、因解除与职工的劳动关系给予的补偿等内容，并且对各类型的职工薪酬的会计处理进行了明确规定，使准则更具有针对性和可操作性。

（3）我国借鉴了国际财务报告准则中辞退福利的处理方法。企业在正常退休之前解除与职工的劳动关系，还为鼓励职工自愿接受裁减而提出给予补偿的建议，新会计准则借鉴国际财务报告准则中辞退福利的规定，明确了其确认标准。

（4）新准则规定职工薪酬的披露内容

新会计准则规定，企业应当在财务报表附注中对职工薪酬按照支付给职工的工资、奖金、津贴、补贴、为职工缴纳的社会保险费、为职工缴存的住房公积金、支付的因解除劳动关系给予的补偿等项目进行分类披露，这将有利于充分披露职工薪酬的有关会计信息，有助于报表使用者更好地决策。

（三）目前企业职工薪酬会计核算存在的局限性

（1）新会计准则取消了职工福利费按工资总额的14%计提的要求，企业可以按实际发生额列支，与税收规定不一致时作纳税调整，这意味着将对企业财务状况中的流动负债、存货成本和经营成果中的期间费用等产生一定的影响。在新准则下的财务报表所提供的财务信息中的薪酬会计核算主要反映了已发生的历史事项，与使用者决策所需要的有关未来信息的相关性较低。由于财务报表是报告历史事项，财务分析对薪酬的核算是对过去事项的检验，所以这些信息无论何时运用于决策过程中，都存在一种假设，即过去是对职工薪酬的未来使用的预测。

（2）新准则第四条统一了各类职工薪酬的会计处理方法，企业应当在职工提供服务的会计期间将应付的职工薪酬确认为负债，除应付的辞退补偿只计入当期费用外，根据受益对象计入资产成本或当期费用。而原制度则是除了工资津贴和福利费按受益对象计入资产、成本或当期费用外，其他职工薪酬如五险一金（医疗保险费、养老保险费、失业保险费、工伤保险费和生育保险费、住房公积金）、工会经费和职工教育经费等则全部计入当期费用。这意味着将对企业的财务状况、经营成果产生一定的影响，尤其是对工业企业的存货成本将会有较大的影响。现行准则下主要规定了能用货币计量的会计核算方式，而无法反映许多对企业财务状况和经营成果产生重大影响的重要信息，如企业的人力资源状况、市场占有率等信息。稳健原则要求预计可能的职工流失和福利要求不可预计的可能，有可能夸大费用，少计资产和收益，而使报表数据不实。

（3）对于提前解除劳动关系而可能发生的补偿，原制度要求在发生时据实列支；新准则要求在符合一定条件下，应做预计负债处理。这也将影响企业的流动负债及各期损益，但应谨防企业通过解除劳动关系而可能发生的补偿调控利润。因此，对于辞退补偿作为预计负债的使用应加以严格定义和限制，除非有确凿证据证明企业很有可能将为可能发生的解除与职工劳动关系而产生现金流出，否则不能作为预计负债并计入当期损益，确凿证据可定义为企业与职工代表大会或工会组织已达成正式的解除职工劳动关系计划或协议。

（四）针对企业职工薪酬会计核算提出的几点建议

尽管新准则在建立完整职工薪酬概念、统一会计核算等方面与国际准则接轨，具有积极指导意义，然而受我国劳动工资立法相对滞后，尤其是对工资方面的立法滞后的影响，当前职工薪酬存在会计核算、劳动工资、统计等三者之间不一致的地方。新会计准则的职工薪酬核算仍然有局限性，需要在今后的修订过程中与其他相关法律法规政策相协调，并予以完善。

（1）对职工福利与职务（岗位）消费进行界定。企业的一部分费用难以明确界定为职工福利还是职务消费，因为既可能视为是一项行政办公需要发生的费用，也可能视为是职工的一项福利，在实务中给会计核算带来一些困惑，如电话费补贴、车改补贴（公务车改革后补贴）、公务考察费用（职工旅游）等，建议对类似的费用进行细化界定，以便在实务中更具操作性和可比性。

（2）进一步改革和明确职工福利费的使用范围和核算办法。当前职工福利费的开支范围包括五个方面：职工医药费、职工的生活困难补助、职工及其供养直系亲属的死亡待遇、集体福利的补贴和其他福利待遇。这一使用范围仍然停留在企业办福利的社会经济环境下的开支范围，而当前社会环境已经发生很大变化，企业办福利仅存在于少数企业，职工福利社会化成为一种趋势，因此集体福利的补贴对于大多数不办企业福利的企业来说不存在这项福利费，而医疗费和死亡待遇等在企业参加社会保险后，绝大多数费用在社会保险支付相关待遇，只会有极少的费用报销。另外，随着社会经济的发展，工作生活节奏的加快，职工对带薪假期、职工福利旅游有很大需求，是一种新兴的职工福利，而当前的职工福利费开支范围却很难处理。因此，笔者认为，需要对职工福利费的使用范围进行改革，与当前职工福利费个人化趋势相结合，将职工福利费开支范围进一步明确，一方面有利于人力资源管理部门在拟订工资福利政策时利用该政策吸引人才，另一方面也有利于财会部门在核算时能做到清晰界定。

（3）进一步明确和规范辞退福利的核算。新准则及应用指南对辞退福利作出了一些规定，但这些规定仍然不足以涵盖所有的辞退福利，如在一定条件下，劳动合同到期终止也须支付经济补偿金及相关福利（注：《劳动合同法》出台前后存在不同标准的终止劳动合同补偿相关规定）。还有，存在解除或终止劳动合同时，劳动者对经济补偿金、工资、福利等支付标准产生劳动争议，引起劳动仲裁或法律诉讼而须支付的辞退福利。对于终止补偿可与解除补偿一样作为辞退福利直接计入当期费用，而对于存在劳动争议，尤其是大宗、团体性的劳动争议，引起劳动仲裁或法律诉讼，应当按照《企业会计准则第13号——或有事项》进行确认、计量和披露，即以预计负债或有负债进行确认、计量与披露。

五、结 论

企业职工薪酬的会计核算是随着社会生产力的提高和经济管理需要而产生和发展起来的。它是以货币为计量单位，在准则下反映和监督一个单位经济活动的一种经济管理工作。其主要反映企业的财务状况、职工的工资与福利，并对企业经营活动和财务收支进行监督。其目的是为了更好地核算人力资源管理活动，为决策提供有用的信息，提高职工的积极性与企业的经济效益。因此，职工薪酬会计核算既是企业内部管理活动，也是处理经济信息的一个信息系统，而且这个信息系统提供的准确性会直接影响到信息的使用者作出合理的决策。

然而在现代社会中，经济增长飞快，人们的消费偏好不断地变化，通货膨胀成为经济生活的常态。因此，仅仅依靠过去的财务核算方法，常常存在一定的局限性，且这种局限性一方面源自会计核算本身的不合理性，另一方面源自非会计信息的重要性。所以，了解企业职工薪酬会计核算的局限性，对于合理使用会计信息，从而作出理性的决策是非常重要的。

参考文献：

[1]中华人民共和国财政部．企业会计准则．北京：经济科学出版社，2006．

[2]叶映红．新会计准则下职工薪酬会计核算的变化．中国管理信息化，2006(12)．

[3]王业卓，莫桂莉．新会计准则变化点及案例说明．北京：企业管理出版社，2007．

[4]陆明．对职工薪酬会计核算的几点认识．中国农业会计，2007(3)．

[5]伊奈巴邦科．雇员补偿合同的股份购回和付费业绩灵敏度．财政部杂志，2009(2)．

[6]金枝．企业职工薪酬会计处理．企业科技与发展，2009(12)．

发挥教师主导作用　提高会计教学效果

广东省乐昌市职业高级中学　黄艳华

摘　要：会计专业教师应发挥主导作用，想办法讲好教材，增强讲课的吸引力；要启迪学生的积极思维，增强讲课的渗透力；同时，还应提高表达艺术，增强讲课的感染力，以提高会计教学效果。

关键词：主导作用　会计教学效果

当今世界，科学技术的发展突飞猛进，高科技产品日新月异。在此基础上的世界经济，呼唤大批德才兼备，具有专业技能、创新意识、创新能力，能参与市场竞争的现代人才。这给为经济和社会发展提供智力和人才保障的教育工作带来了机遇和挑战。作为一名会计专业教师，如何让学生能运用所学知识参与社会竞争，适应社会发展呢？笔者认为，应充分发挥教师的主导作用，想方设法提高会计教学效果。

一、千方百计讲好教材，增强讲课的吸引力

职业中学的会计课程，理论性较强，条条框框多，即使实习，面对的也是一大堆数据。传统的教学模式都是教师讲，学生听；教师写，学生抄；到考试时，学生就背。可想而知，这样的教学效果是不理想的，学生会抱怨什么都没学到。作为会计教师，该如何发挥主导作用讲好教材，使学生真正掌握会计理论知识，为今后走上工作岗位奠定坚实的理论基础呢？我认为最基本

的是要讲清、讲透、讲活教材。

首先是讲清教材。例如"基础会计"的教学,一是把内容讲清,注意讲清教材中的基本观点、原则、概念、公式、会计分录,使学生学懂弄明。二是把体系讲清,注意讲清教材内容的系统性和完整性。基础会计中的内容其实是会计核算程序的理论阐述,在讲课时要注意每一章节知识的前后联系,使学生能从总体上把握教材的体系和精神实质。三是把层次讲清,要按照内容的内在规律来安排层次和顺序。基础会计的讲授应是先易后难、循序渐进的,对会计的含义、对象、任务、会计要素及复式记账原理依次阐明,引导学生由浅入深地掌握新的知识。

其次是讲透教材。讲透比讲清的要求高了一步。它要求教师抓住本质、鞭辟入里、精讲妙用,使学生真正领悟教材的精髓。教师教知识就像浇花一样,要把水浇到根上去,不能只湿一点枝叶。因此,讲课过程中,第一要讲透基本概念、基本观点;第二是讲透重点、难点;第三是讲透理论联系实际的内容。例如,讲会计平衡公式"资产=负债+所有者权益"的内容时,我先着重讲透资产、负债、所有者权益这三个要素及公式的内容,举一些简单的例子从数量上证明等式,然后从理论上分析,最后说明这个公式如何具体运用于试算平衡及资产负债表等。这样,学生就能真正领悟教材的内容,真正掌握所学的知识。

最后是讲活教材。会计课本来就比较呆板,要想讲活确实有一定的难度,因而可以运用幻灯、图表、知识竞赛、模拟做账以及电化教学等多种手段把教学搞活,让学生乐学、会学。例如,我把会计教材中一些枯燥、抽象的内容设计成知识竞赛,把学生分成四个组进行比赛。学生都积极参与,效果非常好。或者把一些较难理解的知识制成课件,配以形象生动的动画,中间再插上一小段音乐,效果也很好。这样,原本呆板、单调的会计课就可以让学生轻松愉快地接受了。

二、启迪学生的积极思维,增强讲课的渗透力

在指导学生学习的过程中,是"授之以鱼"还是"授之以渔"?每一位有远见的教师都会选择后一种答案。教师在授课过程中应逐步引导学生掌握解决问题的方式、方法,让学生直接参与探索教学,充分发挥学生的主观能动性,开发学生的创新能力。教育理论家指出:最有效的学习方法就是让学生在体验和创造的过程中学习。

(一)培养和激发学生的学习兴趣

很多会计教师都会觉得上会计课比较枯燥,不外乎就是原则、数据、表格等。学生大都是在机械听课,提不起兴趣。爱因斯坦有句名言"兴趣是最好的教师",可见兴趣是获取知识,培养能力最基本、最重要的因素之一。因此,教师要想方设法激发和培养学生的学习兴趣,将正确的教学目标以一定的方法融合于学生的兴趣中,以达到"乐学"的境界。例如,在讲授原始凭证时,我结合学生感兴趣的事例来讲解,如虚开增值税专用发票、采购员"吃"发票、某单位领导以权乱报发票等违法现象,分析其危害性,并指出:作为财会人员有没有方法和能力对以上违法的行为加以制止。在教师的正确引导下,学生自然会与教师配合,乐于进一步了解和掌握知识。

(二)发挥提问功能,引导学生积极求索

提问是激发学生求知欲望的重要方法,在会计教学中更是少不了。每节课我都会精心设计问题,竭力点燃学生思维的火花,激发他们的求知欲望。例如,在讲"会计记账方法"时,先让学生思考为什么我国的企业都必须采用"借贷记账法"?然后分析各种记账方法的内容和优缺点,最后通过对比,学生自然会得到答案。这正如古人所说:"学起于思,想源于疑。"因此,教师在上课之前就要设计一些有价值的问题,并有意识地为他们发现

和解决疑难问题提供桥梁和阶梯，引导他们一步步登上知识的殿堂。

（三）理论联系实际，提高学生的实践能力

学生的学习，仅限于理论教学是不够的。由于语言文字唤起学生表象的完整性和鲜明性远远不如刺激物作用感官所产生的知识那样鲜明具体。所以，我在进行会计理论教学的同时，随后就进行与之相适应的实践性教学。如在讲会计凭证时，为了让学生更好地掌握会计凭证的知识，我把故意涂改、伪造的会计凭证，让学生利用所学的会计知识去处理。在他们遇到难以解决的问题时，我会及时地分析这些问题，引导他们去解决。这对于提高学生的实践能力有非常重要的作用。

三、提高表达艺术，增强讲课的感染力

教师的授课实际上是教师把自己内在的知识和意向外化为语言、动作、表情等活动呈现在学生面前，不仅使之领会，并能使之受到深刻的感染，产生情感上的交融。根据我个人的体会，提高表达艺术就应该：

第一，踏上讲台就要进入角色。作为会计专业的教师，上了讲台不仅是教师，更是一名会计专业人员。因此，既要满怀信心、细致认真地向学生传授会计专业知识，又要把作为会计人员应具有的职业道德渗透到学生的心灵。面对这样具有双重身份的认真的教师，学生能不受到感染吗？

第二，认真组织和锤炼自己的语言。如果教师在讲课时结结巴巴、前言不搭后语，那么学生会觉得很辛苦，根本就不想听。语言是讲与听、教与学的媒介和桥梁，是交流情感的工具。为了使这种交流得以顺利进行，教师一定要充分准备，认真组织和锤炼自己的语言，使自己讲起课来流畅自然、娓娓动听。

第三，把有声语和无声语有机结合。有关专家认为，在人们

的交往中,有声语只有45%的作用,而55%的意思是通过无声语表达的。心理学家测定,感情全部表达＝7%的言语＋38%的声调＋55%的面部表情。因此,在课堂教学中除把握语言表达外,还要掌握和运用好体态语言,这对于教师来说是一项必不可少的本领。我认为在教学中,只要能认真进入角色,运用精炼、准确的语言表达和丰富的体态语言,就一定能增强讲课的感染力。

如何讲好教材、启迪学生思维、提高表达艺术、培养学生能力,是教师的主要任务,也是教师主导作用的具体体现。抓好这几个环节,就可以大大增强讲课的吸引力、渗透力和感染力,提高会计教学效果,创造出满堂生辉的优质课,为教学质量上台阶打下坚实的基础。

参考文献:

[1]周杨.面向21世纪会计教育发展的对策.会计之友,2000(9).

[2]高文.现代教学的模式化研究.济南:山东教育出版社,2000.

[3]刘勇.会计专业会计教学问题初探.广东财经职业学院学报,2003(4).

[4]潘煜双.会计学专业实验课的"点、线、面教学法".黑龙江高教研究,2006(10).

浅析企业税收筹划成本

河南省潢川县第一职业高中　黄建华

摘　要：本文讨论了如何利用国家的税收优惠政策来进行合理的税收筹划问题，其实质就是如何降低纳税成本。在实际操作中，怎样才是真正降低纳税成本，增加企业利润？

关键词：税收筹划　成本　企业利润

随着我国社会主义市场经济的进一步发展，多数企业成为独立经营、自负盈亏的市场经济主体。对于日益激烈的市场竞争，企业为了生存和发展，加大生产规模，提高劳动效率，增加收入，就会想方设法降低能耗，降低生产成本。在企业经营过程中，纳税人增加收入，降低成本，实现利润最大化还受到一定的限制。为此，企业在日常税务活动中如何借助国家的税收优惠政策来减轻税收负担，增加企业利润，即通过税收筹划降低税收成本，这是企业生存和发展的必然选择。税收筹划自然成为企业经营决策的重要内容而不容忽视。在企业经营状况一定的情况下，税收筹划的实质是一个成本决策问题即降低纳税成本。所以，企业在税收筹划过程中，必须要进行正确的成本决策。而进行正确的成本决策需以正确地理解税收筹划的内涵和外延以及纳税成本的构成为前提。

一、企业税收筹划的含义

目前，国家在经济的宏观调控中相应地在区域税收优惠政策,产业、行业税收优惠政策,产品税收优惠政策等方面,通过对地方的税收机制进行合理规划,给企业的税收筹划提供了广阔的空间。税收筹划通常指的是各类纳税行为主体,在现行税法规定许可甚至鼓励的范围内,通过对经营、投资、筹资活动的事先筹划和安排,尽可能地取得"节税"的税收利益。其要点在于合法性、筹划性和目的性。税收筹划的目标是选择低税负和滞延纳税期。然而,税收筹划不能局限于个别税种税负的高低,而应着重考虑整体税负的轻重。

二、企业税收筹划的条件

纳税人成功地实施税收筹划,需要具备以下特定的条件:

(一) 税收筹划在合法的前提下进行

纳税人进行的税收筹划是以合法为前提,选择少缴或免缴税款的行为。因而纳税人必须了解并熟练掌握税法规定,通过合理的措施避税就要认真研究国家税收政策,针对自身的经营特点进行有效的税收筹划,在不违反国家税收制度的前提下,减轻企业的税收负担。如果纳税人不了解税法的规定而企图运用税收筹划策略,容易适得其反。况且税法规定的内容相当复杂又经常修正,而纳税人自身条件也不断发生变化,纳税人要想有效地运用税收筹划策略,不仅要掌握税法,还要研究税法,并且需具备投资、生产、销售、财务、会计等方面的知识。只有这样,才能掌握合法与非法的临界点,在总体上确保税收筹划行为的合法性。

(二) 要有税收筹划意识

税收筹划目前并没有被企业普遍接受,许多企业不理解税收筹划的真正意义。税收筹划的直接动力就是纳税人税收筹划意识的强烈与否。只要纳税人具备了一定的税收法律常识,意识到税收筹划的重要作用,就能产生直接的税收筹划行为。如果纳税人的税收筹划意识淡薄,认为税收筹划就是偷税、漏税,是违法行为，即使有再好的外部条件，也不可能付诸行动。

（三）税收筹划要遵循成本效益原则

税收筹划是企业财务管理的目标，即利润最大化。企业税收筹划需要有专门人员操作并支付必要费用，如果生产经营规模小，组织结构简单，上缴税种数量少、税额小，税收筹划发挥作用的空间就小，实施税收筹划的费用可能大于税收筹划的收益，不符合成本效益原则，这种税收筹划就要放弃。

（四）税制因素

税制因素对税收筹划影响较大，是纳税人自身无法控制的客观因素。税收制度刚性越大，弹性越小，或者说税收优惠政策越少，纳税人进行税收筹划的空间就越小。

三、税收筹划的成本分析

企业的任何经济活动都要求收益大于成本，税收筹划行为也不例外。税收筹划的收益是指企业通过税收筹划免缴或少缴的税款，或在税法允许的前提下，通过对会计核算方法的适当选择，将本期应交税款递延到以后期间而产生的现金流量收益。税收筹划的成本是指纳税人为进行税收筹划所付出的一切成本，主要包括三个部分。

（一）货币成本

货币成本指企业为税收筹划方案的设计成本和实施成本两部分。设计成本又分为两种情况：若聘请注册税务师和注册会计师等专业人士进行税务代理，设计成本体现为支付给税务代理的咨询费；若由企业自己的财务人员进行税收筹划，则体现为相关人员的工资和奖金。实施成本则是筹划方案在实施过程中所需额外支付的相关成本或费用。

（二）机会成本

机会成本指采纳该项税收筹划方案而放弃的其他方案的最大

收益。一般而言，税收筹划的成本与筹划项目的复杂程度、筹划税种的多少和筹划期的长短关系成正相关。

（三）纳税风险成本

纳税风险成本是指由于选择某项筹划方案可能发生的损失，它与方案的不确定程度呈正相关。方案越不确定，风险成本发生的可能性就越大。纳税风险成本包括：税收滞纳金、罚款和声誉损失成本。罚款是指纳税人在纳税筹划过程中因违反税法有关规定，而向税务机关交纳的罚金费用。税法对纳税人的下列行为规定了一定的罚款处理：未按规定办理税务登记的、未设立账册的、未报送有关备案资料的、未履行纳税申报的、违反发票使用规定的，以及偷税、欠税、抗税等违法行为。税收滞纳金是指纳税人在纳税筹划过程中未按照税法规定期限缴纳税款，税务机关除责令限期缴纳外，从滞纳税款之日起，按日加收万分之五的滞纳金。声誉损失成本是指因纳税筹划方案挫败被定为偷税等违反税法的行为，被处以罚款或被依法追究刑事责任，给企业的声誉带来不良影响而发生的声誉损失。

在实际操作中，很多税收筹划方案理论上虽然可以少缴一些税金或降低部分税负，但在实际运用中却往往不能达到预期效果，其中很多筹划方案不符合成本效益原则是造成税收筹划挫败的重要原因。也就是说，在进行筹划税收时，不能一味地考虑税收成本的降低，而忽略因实施该方案引发的其他费用的增加或收入的减少，必须综合考虑采取该税收筹划方案是否能给企业带来绝对的收益。因此，决策者在选择筹划方案时，必须遵循成本效益原则。可以说，任何一项筹划方案都有其两面性。随着某一项筹划方案的实施，纳税人在取得部分税收利益的同时，必然会为该筹划方案的实施付出额外的成本费用，以及因选择该筹划方案而放弃其他方案所遭受相应机会收益的损失。当新发生的费用或损失小于取得的利益时，该项筹划方案才是合理的，反之就是失败方案。一项成功的税收筹划必然是多种税收筹划方案的优化选择，我们不能认为税负最轻的方案就是最优的税收筹划方案；一味追求税收负担的降低往往会导致企业总体利益的下降。牺牲企业整体利益换取税收负担降低的税收筹划方案显然是不可取的。

参考文献：
蔡昌. 税收筹划. 深圳：海天出版社，2003.

建构主义理论在基础会计教学中的尝试应用

福建省宁德财经学校 林 军

摘 要：本文中，笔者就如何改变传统教学模式，改变"基础会计"课堂内容枯燥、气氛沉闷的现状，将建构主义学习理论融入"基础会计"教学中进行了一些尝试。

关键词：建构主义 设计情境问题解决 小组合作

《什么是建构性的学习和教学》一文中指出：建构主义作为一种新的学习理论，对学习和教学提出了一系列新的解释，它强调学习者不是空着脑袋走进教室的，在以往的生活、学习和交往活动中，他们逐步形成了自己对各种现象的理解和看法，而且，他们具有利用现有知识经验进行推论的智力潜能；相应地，学习不简单是知识由外到内的转移和传递，而是学习者主动地建构自己的知识经验的过程，即通过新经验与原有知识经验的相互作用，来充实、丰富和改造自己的知识经验。

"基础会计"是财经专业的基础课程，是学生将来成为中级、高级会计人才必备的基础理论课，它为学生进一步学习各种专业会计和有关管理课程奠定了基础。但是，"基础会计"概念多，内容抽象，而传统的教学方式，教师一般在教学之初先讲解所要学习的概念和原理，然后让学生做一定的练习，课堂内容枯燥无味，气氛沉闷，难以调动学生的学习兴趣，从而产生了厌学情绪。为了能让学生主动参与课堂教学，充分挖掘学生的学习潜能，笔者在吸取多方教学经验的基础上，就如何将建构主义学习理论融入基础会计教学中进行了一些尝试。

一、设计情境性的、多样化的学习情境

引导学生借助于情境中的各种资料去发现问题、形成问题、解决问题。教师根据教学大纲的要求，对教材认知和个性化的处理，结合学生的认知特点、知识结构以及发展力来确定情境问题的难易度，使情境问题能够适应学生的认知水平，保证大多数学生在课堂上都处于思维状态，适应学生的学习需要和发展要求，提高课堂教学效率。

例如，在讲授"会计要素及会计等式"时，学生往往对企业资金的来源渠道混淆不清，为此，可以设计这样的情境：

教师提问："等毕业后，是否有同学计划合伙创办公司？"这时，有几位学生响应，走上前台。教师再问："如果资金不够，怎么办？可以请大家为你们出谋献策。"于是，师生间展开讨论，最终为他们找出两条渠道，一是说服朋友、同学向他们投资，二是可以到银行办理抵押贷款。最终得出结论，企业资金的主要来源渠道是投资者投入的资本和从债权人那里取得的借款。这样，有利于学生轻松掌握"负债"及"所有者权益"的概念，为更好地理解"会计等式"打好基础。

讲授"企业供应过程的核算业务"时，学生对几个账户的用途、结构的认识模糊不清，导致账务处理经常出错，为此，可尝试设计出"在途物资"、"原材料"、"银行存款"、"应交税费—应交增值税"、"应付账款"五个角色，编写不同角色的台词，在学生预习、分组准备的基础上，每个小组各派出一名代表上台与教师共同扮演，强调它们各自的用途及区别与联系，并利用幻灯片再现动画情境，引导学生讨论研究。这样，学生在学习过程中让自己融入情境之中，学习兴趣大增，积极参与知识形成的全过程，形成自主的分析、解决问题的能力。

二、精心设计疑问，在问题解决中学习

教师可以针对所要学习的内容设计出具有思考价值的有意义的问题，让学生去思考，去尝试解决。可以相互交流研讨，开展合作学习，也可以走向社会调查研究解决实际问题。通过问题解决，学生可以深刻理解相应的概念、原理，建立良好的知识结构。

例如，讲授"材料采购成本的计算"时，可先提供思考题：

(1) 9月3日，向胜利工厂购进A、B材料如下：A材料买价5 000元，增值税850元；B材料买价6 000元，增值税1 020元。此外，胜利工厂为A材料代垫运费300元，为B材料代垫运费400元，款未付，材料验收入库。

(2) 9月25日，向胜利工厂购入A材料5 000千克，买价40 000元，增值税6 800元；购入B材料1 000千克，买价10 000元，增值税1 700元。此外，胜利工厂代垫运杂费3 000元，以银行存款支付，材料验收入库。

教师提出疑问："以上两种情况中的运杂费有何不同？"

学生回答："第一题中运杂费是A、B材料分别发生的，第二题中运杂费是A、B材料共同发生的。"这时，学生会产生疑问："能否将运杂费3 000元平均计入A、B材料成本？"通过比较两种材料的重量、买价后得出，将运杂费3 000元平均计入A、B材料成本显然是不合理的。运杂费如何分配呢？这时，可先让学生带着疑问探究日常生活中的四个分配问题：

(1) 张三、李四合资128元购买彩票，张三出资48元，李四80元，开奖后得到6 400元奖金。

(2) 小林到"福永星"超市买了一袋20公斤的金龙鱼粳米，价值64元，回来后与邻居张家、王家三家分米，小林10公

斤，张家4公斤，王家6公斤。

（3）甲、乙、丙三人一起到一家花店打临工，一天下来老板共支付工钱360元，其中，甲出工4小时，乙出工6小时，丙出工8小时。

（4）甲、乙两人合住一间公寓，9月份共支付水费100元，甲用了30立方米，乙用了20立方米。

可将全班分为四个组，每组讨论一题，分别派出代表，将答案写在黑板上。学生可能想出一种计算方法，也可能想出两种不同的计算方法，通过比较两种不同的计算方法，引导学生区分日常分配与会计分配以及数学分配与会计分配的不同，建立会计分配的思维方式，指导学生完成第二个思考题中运杂费的分配。教师在总结采购费用核算步骤的基础上，提出"制造费用分配"的问题，让学生探究思考，从而得出结论。

在"问题解决中学习"，不仅让学生掌握了知识，还教会了学生如何去观察，如何去思考，如何进行合作交流，有利于唤醒、挖掘和提升学生的潜能，促进学生的自主发展。

三、开展小组合作学习

让学生与学生之间进行更充分的沟通与合作。

建构主义认为，知识不是通过教师传授得到，而是学习者在一定的学习情境下，利用必要的学习资料，通过意义建构的方式获得的。成功的合作学习首先应该是，同一合作学习小组中的每一个小组成员都能积极地参与到合作学习的整个过程，把"一言堂"变成"群言堂"，保证全员参与学习。

第一，从建构理论中我们知道，合作学习小组的科学组合非常重要，它既要增加组中合作成员的多样性，又要增加合作学习小组间的竞争性。为此，每小组成员的组成一般遵循"组内异质，组组同质"的原则，即按照全班学习成绩、能力倾向、个性特征等混合分为若干个小组，组内分工明确，如由谁组织、谁作记录、谁承担小组发言的任务、小组成员发言时其他同学做什么等等。总之，小组成员必须明白自己应承担的角色，明白各自应为小组做什么，但角色可以适当轮换，让小组成员有机会担任不同的角色，为学生创造多种尝试的机会，以此来增强合作者的合作意识和责任感。同时，小组成员应形成一个利益共同体，形成一个有战斗力的群体，确保每一次研究的质量。

第二，教师应在课堂小组合作学习的过程中积极调控，合理引导，承担好小组学习过程的"三者"，即"指导者"、"合作者"和"促进者"等角色。合作学习要求教师旨在促进整个教学过程的发展，使学生和新知识间的矛盾得到解决。在小组合作学习的过程中，教师首先要设计好总体方案，让学生有目标地进行合作学习。如前所述，讲授"企业供应过程核算业务"中几个账户的用途、结构时采用的情境教学，以及讲授"材料采购费用分配"时的探究式教学法均采用了小组合作学习的方式。这样的学习方式活跃了课堂气氛，学生踊跃发言，师生之间平等交流，使课堂教学在轻松愉快的合作中完成。

小组合作学习符合新的教育理念，适合学生的心理需要，能够满足学生不同的学习风格，在课堂上为学生提供自主合作的机会，培养学生团体合作的精神和竞争意识，发展学生的交往能力，促进学生的全面发展。

建构主义提倡在教师指导下，以学生为中心的学习。在基础会计教学过程中，要注意营造课堂气氛，创设问题情境，精心设计提问引发学生思考，使每一个学生都能参与合作交流，真正发挥学生在学习活动中的主动性和创造性，培养学生学习会计的兴趣，体验到成功的快乐。

参考文献：

[1]张建伟，陈琦. 什么是建构性的学习和教学. 教育科学论坛，2004(11).

[2]郑春穗. 独学而无友，则孤陋而寡闻. 宁德市教育学会论文汇编，2007.

[3]何克抗. 建构主义学习理论与建构主义学习环境. 教育传播与技术，1996(3).

班内分层教学在中职基础会计课程中的应用

浙江省台州椒江职业中专 潘红燕

摘 要：本文结合基础会计教学理论，从因材施教的角度探讨了分层教学法在中职基础会计课程中的应用、实践以及需要注意的问题，为会计专业课堂教学改革提供宝贵的实践经验。

关键词：分层教学 因材施教 教学过程 教学评价

一、问题的提出

分层教学就是根据学生的基本素质、知识水平和社会对人才的需要，按若干个层次对学生实施因材施教、因需施教的一种新教学模式。分层教学理论的理论基础是当代美国著名心理学家、教育家布鲁姆的掌握学习理论。学习理论认为："只要在提供恰当的材料和进行教学的同时给每个学生提供适度的帮助和充分的时间，几乎所有的学生都能完成学习任务或达到学习目标。""因材施教"是我国孔子的一个重要的教育思想，也是中国教育史上宝贵的传统。今天看来，孔子的因材施教在某种意义上可以说是一种素质教育。心理学认为，人在气质、性格、能力、知识和智力的发展水平上都存在着个别差异，一个班几十个学生，分别具有不同的心理发展水平、不同的学习成绩和知识基础、不同的个性特点。学生的性格、气质、学习基础不同，就必须相应地使用不同的教育。这也是我们今天教育教学必须遵循的一条重要原则。教育学认为：教育应当"尽人之才"，即既要充分挖掘和发展学生的才能，又要顾及他们的接受能力；既要考虑内容的"难易"，又要考虑学生素质的"优劣"。教学工作要取得最大的效果，尽快地、高质量地为国家培养优秀人才，就必须针对学生心理的个别差异，采取不同的措施，因材施教，才能使每一个学生都学有所得。"分层教学"，正是解决这一问题的策略。

目前我国许多地方都在对学生实施分层教学实验，并取得了一定的成效。那么，中职类会计学科是否该实施分层教学？

中等职业学校的生源是不尽如人意的，这主要是因为我国的教育结构形成的，不以学校的意志为转移。除一部分学生报考职业中学是兴趣爱好而甘心情愿，相当多的学生是对考取高中有困难或者对高中后阶段教育感到力不从心而被动报读的。这就形成了教师站在讲台上面对不同水平的学生传授同等难易、同样要求的内容，往往出现优等生吃不饱，差生吃不了，中等生吃不好的现象。久而久之，既挫伤了多数学生的学习热情，又影响了教与学的质量。

因此，课堂教学要真正有效地面对全体学生，必须对有差异的学生实施分层教学，使每个学生都能积极地独立思考，从而发挥自己的才能。

二、分层教学法的界定

所谓分层教学法，就是教师充分考虑到学生中存在的差异程度，综合考虑每个学生的智力、非智力等因素，运用模糊学的方法，把全班学生分为短期性的（即处于发展变化状态而短期内又相对稳定的）A、B、C三个层次，并依据群体学生的差异，区别对待地制定分层教学目标、设计分层教案、采取分层施教、进行分层评价，并有针对性地加强对不同层次学生的学习指导，从而大面积提高教学质量的方法。

三、分层教学研究的理论依据

我国教育家、思想家孔子提出育人要"深其深,浅其浅,益其益,尊其尊",即主张"因材施教,因人而异"。苏联教育家维果茨基的"最近发展区"理论认为:每个学生都存在着两种发展水平,一是现有水平,二是潜在水平,它们之间的区域被称为"最近发展区"。教学只有从这两种水平的个体差异出发,把最近发展区转化为现有发展水平,并不断创造出更高水平的最近发展区,才能促进学生的发展。美国学者卡罗尔提出,"如果提供足够的时间(或是学习机会),再具备合适的学习材料和教学环境,那么,几乎所有的学生都有可能达到既定的目标"。这些都是分层教学的理论依据。

四、分层教学研究的内容

笔者认为,在难以实行按学习水平分班的班级或学科中,可借鉴分层教学的理论及相关措施,借助榜样示范的力量,实施班内分层,即通过对教学对象的好、中、差的内定,达成教学目标高、中、低的确立,以教学评价优、良、合格的界定来实施分层教学,达到以优带劣、人人发展、共同进步的目的。在"基础会计"教学中,笔者就是以这一想法设计尝试班内隐性分层教学的。

(一)教学对象的分层内定

教育的有效性,取决于因人而异,能否因材施教,取决于能否针对学生成长的"最近区域"设计教学。17世纪捷克著名教育家夸美纽斯就主张"要去观察能力发展的次第"。教学对象的分层内定,就是对学生素质分出"次第",便于教师在教学过程中针对不同学生恰当施教,使他们的今天比昨天进步。

在一个班内,学生的素质总是高低不一,参差互见。他们的差异既表现在知识基础方面,也表现在学习兴趣、学习习惯和行为与心理等方面。在未实行公开分层的班级,这种差异现象更严重。教师要兼顾学生"吃得着"和"吃得好",是件非常不容易的事。在"基础会计"教学中,笔者尝试根据学生的入学成绩及素质状况,内定好、中、差三个层次,依好差搭配、互助共勉的原则安排学生座位,以便在课堂教学中全面把握学生,及时指导,并实现以优带劣,以点带面,共同进步的教学效果。

以这种方式分层,谁优谁劣教师不公开,不影响学生的自尊心,只是在一段时间后,或一个月,或半个学期左右,根据学生学习情况重新内定教学对象,调整座位,使教学指导更具针对性,使以优带差的好处能更充分体现;使优生有奔头,感受到自己在班内、在同学中的作用;使后进生有"扶手",感受到"跳一跳,果子能到手"的成功与满足。最终,各类学生的学习积极性得以发挥,学习主动性得以加强,发展层面得以提高。

这实际上是一种隐性的分层教学,它除了使教育更具针对性,并实现以优带差外,还提高了课堂效率,实现了当堂教学内容的即时消化,绝大部分学生实现了由基本理论至基本技能的掌握,摒弃了课后补习的陋习。

(二)教学过程的分层确定

1. 目标分层

中等职业教育强调学生在掌握基本理论的同时形成较强的动手能力,具备较熟练的操作技能。教师在进行理论教学和实践指导时,应为各层次的学生确定最佳教学目标。19世纪德国著名教育家第斯多惠认为,"教学必须符合受教学生的发展水平"。确定教学目标时,太高会让学生够不着,失去信心;太低会让学生不费力,容易自满而止步不前。教师只有明了各教学内容的深浅难易,把握理论和实践的关系,巧妙安排教学内容和教学任务,才能做到浅显内容让后进生过关,复杂深奥内容让优生过关。浅显与复杂搭配,后进生与优秀生合作,才能使好、中、差的学生都感受到自己能学会、能学好,既增强学生的学习自信心,又有利于营造融洽的课堂教学气氛,做到师生共乐、教学齐进。

例如,关于企业经济活动核算的内容,是学生必须掌握的。其中正确运用账户核算经济活动是一项基本要求,全体学生必须过关,包括"待摊费用"、"预提费用"、"本年利润"、"利润分配"账户核算内容,这是教学目标的基本层次。

在工业企业经济活动过程中,采购费用、制造费用、生产成本、销售成本的计算及福利费计提等,是稍有难度的知识点,差生连小学三年级的数理关系都未弄懂,要在这些内容上完全过关有相当难度,教师可不作硬性规定。要求好的、中等的学生在计算的基础上给出结果,而后进生会正确运用账户核算即可。成本费用的计算是教学目标的中间层次。至于根据账户性质把握经济业务的核算规律,由相似的知识点引入对新知识的自学,如掌握采购费用的分配后可自学弄懂制造费用的分配,由"制造费用"结转,可自学弄懂"生产成本"、"销售成本"、"本年利润"、"利润分配"账户的结转等等,则是教学目标的较高层次,这一层次面向的是优秀学生,对他们的鼓励在于提高自学能力,熟练基本技能,帮教后进生。

又如,在"基础会计"模拟实习中,正确填制凭证是全体学生都必须掌握的,是教学目标的基本层次;分析原始凭证与记账凭证的关系、正确归类也是基本技能,可由后进生完成,优秀学生作指导;而根据凭证登记账簿、核对账户、错账更正的工作可由中等程度的学生完成,后进生模仿跟进;编制科目汇总表、编制财务报表的工作可由优秀学生完成,中等学生配合,后进生模仿。整套实践过程中凭证的粘贴、印章的保管等琐碎事项可主要由后进生完成。让各类学生合作完成手工账的模拟练习,也是教学目标分层确定，贴近学生最近区域，发展学生动手能力的良好体现。

2. 辅导分层

学生训练时，要做好课堂巡视，及时反馈信息，加强对 A、B 层次学生的辅导，对 C 层次学生课后尽可能进行面对面的辅导。平时的课堂训练，难度稍低的练习可由 A 层次学生帮助 C 层次学生，通过生生之间的互动，促进不同层次学生的进步。

3. 作业分层

目前，大部分教师在布置作业方面，都是统一要求，一刀切。但是，由于学生学习层次不同，会出现基础、学习较差的会为完成作业而完成作业，不会做的题就去"想办法"，有的找别人做好的来抄，有的胡写乱做，甚至干脆不做。觉得学习是负担，太苦太累，产生厌倦情绪，怕学习，不想学习。基础、学习较好的学生，又觉得教师所布置的作业难度不够，时间长了，会养成不喜欢动脑的毛病。

因此，在备课时，教师要明确哪些习题是必须做的，哪些是选做的，这样可以满足和适应不同层次学生的需要。对基础、学习较好的学生，多布置灵活运用、可以拓展思维、发挥创造力的题，而对学习相对困难的学生，多布置巩固知识方面的题，适当加有难度的附加题供学生自己选择完成。

分层布置作业是实施分层次教学的有效途径。根据不同层次学生布置不同的作业，使各层次学生得以提高和发展，减轻学生的作业负担。对 C 层次学生，作业的分量较少，难度较低，以模仿性、基础性为主，尽可能安排一个题目考查一个知识点的练习；对 A 层次学生，则可减少一些重复性作业，适当增加一些灵活性较大的题型，以综合性、提高性为主；B 层次学生介于二者之间，要求 A 层次学生也要完成 B 层次学生的要求，鼓励 B 层次学生选做 A 层次学生的部分作业和 C 层次学生选做 B 层次学生的部分作业。另外，也可以通过每日一题的形式，按题目的难易程度布置三道习题，让各层，学生有选择地做，学有所得。

（三）教学评价的分层界定

在传统的教学评价中，无论是作业、测验，还是考试，都是全班学生做相同的内容，在相同的评判准则下作出评价，这种做法会使后进生感到吃力，感到自卑，从而产生无法上进的感觉。

要实施分层教学，必须在教学评价上有所改革。主要的做法有两点：第一，综合考虑学生的学习状态、合作程度、教学目标的实现程度。其中，学习状态指学生对课程学习的正确认识、积极主动，体现在课前预习、课上学习、课后复习上。合作程度指学生与教师配合的程度，体现在课堂练习、作业完成上；也指学生与学生之间的配合互助，体现在学生之间在讨论时的互相参与、在疑问上的互相探讨、在困惑上的互相点化上。第二，在单元测验等试卷上，设置基本题和加分题，基本题难度适中，要求全体学生都掌握；加分题可由学生凭兴趣和能力加以选择，也可以全部放弃，不影响总分。加分题强调学生能力的发展，侧重考查学生理论掌握的深度，表达方式的准确度，知识面的广度。基础题和加分题的设置思路也可以体现在日常的课堂教学中，如在教学经济业务的变化不影响会计恒等式的成立时，基础题要求学生根据经济业务内容判断经济业务类型，而加分题则要求学生举出四个经济业务类型的例子来说明会计等式的成立。

此外，我们还必须注意到，中等职业教育强调职业技能的培养，教学评价也应体现在教师对学生能力发展的引导上。正如我国宋代著名教育家朱熹所说的"致知、力行，用功不可偏，偏过一边，则一边受病"。教师在指导学生模拟"基础会计"手工账时，应把评价中心放在会计职业技能方面。会计工作要求一丝不苟、整洁清晰，记账、算账、报账及时无误，学生达到这些要求的即为优秀；经过努力尚有一些差距的视为良好；能在模拟过程中积极合作,只因基础素质太差而有一部分技能未达要求的,也可视为合格。

五、分层教学的优势

(一) 有利于所有学生的提高

分层次教学法的实施,避免了部分学生在课堂上完成作业后无所事事,同时,所有学生都体验到学有所成,增强了学习信心。

(二) 有利于课堂效率的提高

首先,教师事先针对各层次学生设计了不同的教学目标与练习,使得不同层次学生都能"摘到桃子",获得成功,这极大地优化了教师与学生的关系,从而提高了师生合作、交流的效率。其次,教师在备课时事先估计了在各层次中可能出现的问题,并作了充分的准备,使得实际施教更有的放矢、针对性强,增大了课堂教学的容量。总之,通过这一教学法,有利于提高课堂教学的质量和效率。

(三) 有利于教师全面能力的提升

通过有效地组织对各层次学生的教学,灵活地安排不同的层次策略,极大地锻炼了教师的组织调控与随机应变能力。分层次教学本身引出的思考和学生在分层次教学中提出来的挑战都有利于教师能力的全面提升。

参考文献:

[1] 高玉祥. 个性心理学. 北京:北京师范大学出版社, 1997.

[2] 河国涛, 林发强. 分层施教 分类指导. 北京:中国审计出版社, 2000(12).

[3] 蔡柏良. 分层教学的实践和思考. 中国职业教育, 2002

(17).

[4]王旭明. 分层教学模式的实验研究. 学科教育, 2002(2).

[5]谭杰锋. 从职业成功因素看课程体系改革. 职业教育研究, 2004(2).

如何增强会计课的趣味性

江苏省泗阳中等专业学校　马苏英

摘　要：趣味性强的课，能极大地吸引学生的注意力，使学生顺利地进入学习状态，集中他们的精力，激发他们的学习兴趣，使他们精神饱满，情绪高涨，并能积极思维、主动愉快地学习，从而提高教学效率，取得较好的教学效果。本文介绍了增强会计课的趣味性的几种方法。

关键词：增强　会计课　趣味性

教师授课的本身，就是艺术再现的过程。能否取得良好的教学效果，在很大程度上取决于课堂的趣味性。一堂有趣的课，会使学生顺利地进入学习状态，集中他们的注意力，激发他们的学习兴趣，使他们精神饱满，情绪高涨，并能积极思维、主动愉快地学习，从而提高教学效率，取得较好的教学效果。要增强会计课的趣味性，笔者认为应做到以下几点。

一、导入新课的方法要生动有趣

一堂课是否有趣受多种因素的影响，其中有无好的导入新课的方法至关重要。俗话说："好的开始是成功的一半。"所以，教师要根据教学内容灵活设计导入新课的方法，不能千篇一律。可采用的方法有：

（一）直入主题式

教师在上课开始时，直接介绍本节课的主要内容，学习目的，教学重、难点，以引起学生的注意，使其肩负起学习的使命。这种导入新课的方法，特别适用于《基础会计》第一章第五节"会计法律规范体系"。它让学生直接了解会计法律规范体系的构成，并养成自觉遵守会计法律法规的习惯，以便将来能成为一名好的会计。

（二）案例激趣式

案例教学越来越受到学生的认可。因为职业学校的学生生活阅历少，缺乏实践经验和知识积累，对专业课感到枯燥、费解。如果以身边的经济业务代替书中刻板规范的例题，则更鲜活、生动，能激发学生解决经济业务的兴趣和热情，势必起到事半功倍的效果。如在学习"会计人员职业道德"这部分内容时，可以列举这样一个案例：小张是南方集团的总账会计，她丈夫小李是阳光集团的总经理，有一天，小李向小张要南方集团生产新药品的配方，于是小张偷偷将公司的配方拿来给了她丈夫，请问：小张的行为违反了会计人员的哪个职业道德？一下子，就把学生的学习兴趣调动起来了。

（三）实物展示式

英国教育学心理学家托尼·斯托克维尔说："要想快速而有效地学习任何东西，你必须去看它、听它、感觉它。"基础会计课是一门实践性、操作性很强的学科。离开了真正的凭证、账页、报表，只用语言描述，本来很简单的问题，也会变得匪夷所思。如在讲述原始凭证时，我就拿了一张苏果超市的发票，用投影仪展示出来，让学生看着发票，分组讨论：这张发票上都记载了哪些内容？抽小组代表回答。从而顺利导入新课"原始凭证"的学习。

此外，导入新课的方法还有讲评作业式、温故知新式等方式。教师在上课时，力求导入方式的新、奇、趣，要把课堂教学变成一种向知识奥秘探索的活动，一开课就把学生的兴趣激发起来，使学生在良好的精神状态中投入到新课的学习中来。

二、传授新课的方法要直观有趣

（一）运用多媒体教学，提高学生学习兴趣

运用多媒体的图形、动画、声音等多维集成效应，能对学生的感官产生强烈的刺激，使课堂教学新颖别致，直观生动，灵活多样，为学生营造优良的学习环境，对提高学生的会计核算能力，加强会计实践教学起到了非常重要的作用。因此，教师必须合理使用教材，灵活地运用电教、多媒体教学手段，在课堂上充分调动学生的积极性，使学生在轻松、欢乐中获取知识。多媒体在会计课教学中的作用如下：

1. 可以为学生提供丰富的视觉和听觉材料，使学生能够形象、直观地掌握会计理论和技能

以前的会计教学，主要利用简单的教具和教师描述性的语言，进行会计理论讲述，着重培养学生的抽象思维和逻辑思维，缺少立体的、动态的感观刺激。而会计多媒体教学恰好弥补了这一不足，形式多样的多媒体信息符号，给了学生更多的感观刺激，为学生提供了丰富的视觉和听觉材料，可以满足不同思维方式学生的不同思维需求。例如，在建工程的自营工程的讲解，在传统会计教学中很枯燥，但通过多媒体的演示，从领用专用材料、专用设备、应付工人工资到投入使用，通过图形、声音展示出来，学生会很直观地掌握该过程的核算。因而，多媒体教学使学生能够形象、直观地掌握会计理论和技能。

2. 为师生提供了良好的教学环境与沟通空间

以前的会计教学，往往是以教师为中心，通过教师的说教进行知识的传授，"填鸭式"的教学方式，造成了很多学生被动学习的心理，因学生的层次和适应性不同，学生的学习成绩会参差不齐。而多媒体技术的使用，改变了传统教学的交流和学习的单

向性,为师生提供了良好的教学环境与沟通空间,由传统的以教师为中心,变成了以学生为中心。应用多媒体教学,可以把枯燥无味的会计理论表现得生动有趣,如"会计对象"、"会计要素"、"会计科目"等通过动画、音乐、图像等手段的使用,可以幽默风趣、直观形象地表现出它们之间逐层细分的关系。也可以让学生自己动手设计,更好地活跃课堂气氛。教师与学生合理互动,充分激发学生的学习兴趣和教师的教学热情,打破传统课堂的压抑气氛,促使学生主动与教师沟通,教师与学生、教与学有了更好的协作空间与氛围。

3. 使课堂教学变得高效而有序,大大地增加了课堂教学的信息量

以前传统的会计教学,通常要求教师准备手写的教案和讲义,而且要有良好的板书,同时要求学生紧跟着教师的思路,并且要认真做笔记。由于学生的理解能力不同,笔记的速度也不一样,因而会影响到教师的讲课速度和效率。多媒体教学使用教师做好的课件,有效地将图像、文字及讲解词组织起来,通过简单的操作,生动、清晰地体现教学思路和教学内容,使课堂教学变得高效而有序,大大地增加了课堂教学的信息量。

4. 可以避免单一讲授理论的枯燥无味,同时满足学生急于实践的心理

传统会计教学中,通常理论教学在前,而会计模拟实习和技能训练安排在学期末或学生即将毕业的时候,理论教学和实践训练从时间上和空间上是分开进行的,造成了理论和实践的脱节,学生不能很好地将所学理论应用于实践。在会计多媒体教学中,教师在演示和讲解基本理论的同时,可以演示模拟会计主体的会计核算过程,同时还可以在教学中配套使用财务会计软件,如用友会计财务软件。讲完一部分理论之后,可以通过财务会计软件对这部分内容进行实践训练,让学生动手操作一遍,这就避免了

单一讲授理论的枯燥无味，同时满足了学生急于实践的心理。

（二）设置教学情境，增强学生学习兴趣

平时，我们在讲课的时候，大多是以本本论本本，举例也是以课本内容为主，不善于联系现实生活，讲授起来生硬、呆板，学生听起来索然无味。究其原因，主要是我们在课堂教学的过程中，不善于创造教学情境，没有把本来就比较陌生的经济事项感性化、身边化。因此，我们要根据会计学科的特点、课堂教学的内容积极创设会计教学的情境，使学生有身临其境的感觉，从而提高学生的兴趣，加深学生对基本理论的理解，对基本技能的掌握和运用。如在讲授《企业财务会计》教材中"应付债券"一节时，就可以采用情境教学法。具体做法如下：

1. 组织教学，创设情境

首先课件展示：以海尔集团主考官为竞聘者出的三道业务考题为情境，教师设疑："假如你是竞聘者，你怎么样解答第一题，才能使主考官满意呢？"因为第一道业务考题涉及上节课刚学过的内容，所以，学生比较容易解答此题，在学生积极回答后，教师及时予以鼓励，以增强学生的自信心，从而为顺利地完成本节课的教学任务做好铺垫。

2. 学习新课，再设情境

在解决第一道考题的基础上，教师再次设疑："谁能回答第二道业务考题呢？"因为第二道考题涉及本节课知识，学生不知该如何回答，因此能吸引学生注意力，增强好奇心，激发学习兴趣。紧接着屏幕展示本节内容纲要，强调本节课的教学目的及要求，使每位学生都明确为了解答第二道业务考题还需要学习哪些理论知识，让学生带着问题和好奇去探究新知。

3. 自主学习，置身情境

在创设教学情境的前提下，根据屏幕课件展示的本课内容，引导学生学习讨论本节内容，教师设疑，让学生分组讨论，请小组代表回答,并将答案展示出来,让学生点评,同时对学生进行德育情感目标教育。

4. 创新学习,再入情境

全班学生在以应聘者身份完成全部练习后,教师再次创设教学情境:"假若你是公司的主考官,你能否根据本节课所学的知识,也出一道考题去招聘会计员呢?"这时学生纷纷设计考题,并完成测试。教师及时将学生设计的考题、答案拿到屏幕上展示,请学生互评、互比,鼓励学生的积极性和创造力。

(三)使用艺术性的语言,调动学生的学习兴趣

教师的语言修养,在极大程度上决定着学生在课堂上的脑力劳动效率。简捷而富有艺术性的语言,既能吸引学生的注意力,激发学生的思维活动,便于理解知识,又能使学生领悟语言的魅力,得到美的享受。在课堂上,教师使用语言应注意以下几个方面:

1. **语言要简洁明快**

教师在讲课时,应注意语言要简练、清晰、生动而富有感染力,切忌拖泥带水,词不达意。

2. **语言要创新发展**

教师的语言应避免千篇一律、枯燥无味,更不能牵强附会,信口开河,要力求形式新颖、富于变化,不断创造出更适合会计课的语言。如一项固定资产报废了,不仅要把该项"固定资产"账户金额转掉,还要结转与之相关的"累计折旧"、"固定资产减值准备"账户金额。

3. **语言要自然流畅**

讲课的用语、动作衔接要自如、流畅。演示操作一定要熟练,避免课堂上出现操作不当或结果不明显的现象,以及讲了上句,忘了下句,语言断断续续的现象。教师应以充沛的情感、专注的精神、真诚的爱心激发学生的学习热情,以自身的情感营造

良好和谐的课堂气氛,用情感、爱心感染和打动学生,激活学生的思维状态,使课堂充满生机和活力。

三、课堂结尾的方法要趣味无穷

我们在写作文的时候,要求做到"凤头豹尾"。上课也是一样,一堂课的结尾不可忽视,如果结尾方法得当,设计巧妙,可达到课已结束,而学生的思考、探讨尚未结束,并能使学生流连忘返、其乐无穷的境地。因此,教师必须精心设计课堂的结尾。常用的方式有:①归纳总结,深化主旨;②巧布悬念,再次设疑;③以趣促思,启发引申。

总之,增强会计课的趣味性方法很多,只要我们教师做个有心人,不断探索,不断进取,会计课就会充满活力与生机。

参考文献:

[1]杨文霞.创设教学情境 优化学生非智力因素.职业教育研究,2007(2).

[2]刘明礼.会计教学方法初探.中职教育,2008(4).

[3]李立新.财务会计运用多媒体教学的实践.职教论谈,2004(2).

[4]杨莹.会计教学实验室的功能实现浅析.会计之友,2004(2).

[5]张玉森,陈伟清.基础会计.北京:高等教育出版社,2002.

探究型学习在会计课教学中的实践探索

北京市周口职业中专 马 娜

摘 要： 探究型学习强调的是积极鼓励学生的主动探索精神，是一种具有创造性的学习活动，是一种符合现代教育特征和素质教育要求的学习方式；会计教学是实践性很强的艺术，也是涉及面较广、与社会实际结合紧密的一门学科。如何将两者适当结合，最终实现素质教育的理想，是摆在会计专业教师面前的突出问题。本文就如何在会计教学中应用探究型学习作了有益的尝试。

关键词： 职业教育 会计教学 探究型学习

联合国教科文组织在《学会生存》一书中指出："我们再也不能刻苦地一劳永逸地获取知识了，而需要终身学习如何去建立一个不断演进的知识体系——学会生存。"人的生存"是一个无止境的完善过程和学习过程"。教育本质上是帮助学生学习，"教是为了不需要教"。教育的目的是为了让学生学会学习，也就是说，教师的"教案准备"和"学案准备"同等重要，教师是学生学习的指导者和伙伴，是可被学生利用的学习资源的一部分。在这一意义下，教师不再是神圣的权威，而是一个引导者，在缺少了这个引导者的情况下，学生不应感到迷惘，而应有自主的方向感和坚定的信念。

什么是探究型学习？与学生熟悉的学习方式相比，探究型学习对提出了完全不同的要求：在探究型学习中"学什么"要在教师的指导下学生自己选择；在探究型学习中"怎么学"要由学生自己设计；在探究型学习中"学到什么程度"要由学生自己作出预测和规定。

探究型学习鼓励学生自主选择、主动探究，但绝不意味着它是一门放任自流的课程。在探究型学习过程中，学生如何判别自己和别人的学习成效，如何逐步深入理解开设探究型学习课程的必要性和重要性，从而更加自觉地参与探究型学习，提高探究型学习水平呢？为此，学生就需要了解并掌握探究型学习的课程目标。探究型学习的课程目标与一般的学科教学目标不相同。它更强调学生对所学知识技能的实际运用而不仅是一般的理解和掌握；它更强调学生亲身的实践和体验，而不仅是通过课本和教师获取间接的知识；在知识技能的运用中，在亲身实践中，使学生的思想意识、情感意志、精神境界等各方面得到升华。

所以，探究型学习是以"培养学生具有永不满足、追求卓越的态度，培养学生发现问题、提出问题、解决问题的能力"为基本目标；以学生从学习生活和社会生活中获得的各种课题或项目设计、作品的设计与制作等为基本学习载体；以在提出问题和解决问题的全过程中学习到的科学研究方法、获得的丰富且多方面的体验以及获得的科学文化知识为基本内容；以在教师指导下，以学生自主采用探究型学习方式开展研究为基本教学形式的课程。

会计专业课程与文化课程相比，具有理论性和实践性都很强的特点；中职财会教学发展过程中，会计制度改革更是从未间断。这就要求教师必须注意培养和提高学生自学知识和技能的能力。培养学生的综合素养，是会计课程改革的根本目标；而有效地落实这一目标的关键，是积极主动地开展科学探究活动，在会计课教学中注重引导学生进行探究式学习。虽然这一方法是为企业职业培训教育而设计的，但其教学理念一样可以运用于我们的教学当中。这是因为,会计课程同样具备实施教学方法的良好条件。会计课程实践性强,可由学生讨论自行归纳总结出有关理论性、规律性的东西,从而将理论性知识与实践性知识结合在一起。更重要的是,在教学中学生自主体验了过程,观察了现象,归纳出结论,总结出方法。引导学生在今后的会计实际工作中,自觉用足、用活现存的资源,促进会计教学工作的发展。同时,现代教育技术的应用,使传统的教学组织形式和教学方法产生了重大变革。首先,传统的班级教学发展成为班级教学、小组教学、个别化教学、远距离教学、网络教学等多种组织形式的教学。其次,由原来以教师为中心的,基于知识归纳型或演绎型的讲授式教学方法转变为基于"情景创设"、"主动探究"、"合作学习"、"会话协商"、"问题提出"等多种新型教学方法与学习方法的综合运用。树立全新的教学观、提出全新的方法,是培养学生的探究精神所必须的客观条件。

课堂教学是学生获取知识和技能的主要阵地,为学生创设学习新知识、新技术的环境,激发学生的探究能力,是培养学生独立思考和探究精神基础。教育的最终目的是培养学生的探究精神,提高学生的学习能力,而会计教学创设问题的情境,不仅可以引发学生强烈的求知欲,而且可以通过最贴近生活的实例,刺激学生大脑的兴奋区,为激发学生创造性思维创造有利的条件。例如,我在讲授会计主体时,创设情境,安排学生站在供货方、购货方、运输方等不同的立场,学会多角度地看问题,培养学生丰富的想象力,进而激发学生的探究欲望,使学生情绪高涨、跃跃欲试,一改以往那种被动沉闷的局面。所以,在教学实践中,把会计引入生活,根据教学需求将其内容分解、组合,生动地再现事物发生、发展的过程,使抽象的讲授形象化,既有利于突破教学的重点、难点,亦可拓宽思维空间,促进学生思维的发展。

推行问题式教学模式,培养学生的探究能力。探究是从问题开始的,发现和提出问题是探究式教学的开端。在教学中,教师要善于通过实验、观察、阅读教材等途径引导学生发现问题,以问题为中心组织教学,将新知识置于问题情境当中,使获得新知识的过程成为学生主动提出问题、分析问题和解决问题的过程。例如,在讲授"错账更正方法"这节课时,为了抓住学生的注意力,调动学生的学习积极性,借机提问:"所填制的记账凭证和所登记的会计账簿有无错误?"学生借助已有知识很快发现错误并积极回答:"记账员在过账时,误将 796.30 元写成 976.30 元。"我因势利导提问:"怎样更正?"我让学生分组讨论,然后选一名代表回答问题。五个小组积极讨论,各组踊跃发言。学生的回答归纳起来主要:一是更换一张新账页;二是用工具(如胶带等)把错误的弄掉重写;三是涂改。这时我进一步提出:对于订本式账簿,账页是顺序编号并固定装订成册的,不得随意抽换账页;若用同学们所说的工具进行更改,势必给人以弄虚作假的嫌疑,也违反了记账规则;而在原地直接涂改,我演示操作给学生看,就明白它违反了会计清晰性原则和记账规则。而最后一种做法,则没有把数据当做一个整体看待,告诉他们金额数据是一个整体,而不能理解成一个个单独的数字。所以,大家所说的更改方法都不适用。在学生满腹狐疑时,我提出本节课的内容:"错账更正方法"。问题式教学模式把学习设置到复杂的、有意义的问题情境中,学习者通过互相合作来解决这些问题,发现隐含于问题背后的科学知识,形成解决问题的技能和自主学习的能力,从而培养学生的探究精神。用疑问开启学生创造性思维的心扉,是培养探究能力的重要方法。

在教学中,应克服扼杀学生探究精神和探究能力的教学行为,注意挖掘教材内容中潜在的教育因素,采取问题式教学模式,就是要充分发挥学生的主体作用,创设宽松、民主、和谐、平等、富于探究精神的教学情境。要遵循教育教学的规律设计出针对性、启发性较强的问题，点燃学生求异思维的火花。对于在回答疑难问题时出现的不同主张和见解要"沙里淘金"，肯定其中的合理成分。要改变教师"一言堂"的老方法，把过程和方法还给学生，鼓励学生敢于标新立异、独辟蹊径，敢于质疑发问、想象猜测，敢于打破常规、不拘一格。

在教学中，教师可将有关教学内容制作成多媒体课件，运用信息技术，提高探究能力，让学生通过多媒体去感知、认识和交流信息。同时，计算机还会提出相应问题，诱发学生思考，促使学生更好地发现问题、分析问题、解决问题，使学生探究学习能力得以提高。网络技术则具有超越时空的信息传输与反馈能力，学生可以利用校园网和国际互联网进行会计知识的交流与学习，教与学具有更大的灵活性。因此，教师可以根据教学内容和教学需要，有意识地提出一些具有可操作性的问题，让学生上网查找资料解决，逐步培养学生利用网络探究学习的能力。

会计教学不仅要向学生全面系统地传授会计理论知识和基本方法，更要注重培养他们应用会计理论和方法去解决会计实践问题的能力。学生的探究能力只有在理论与实践相结合中，才能得到提高。

方法一：实施模拟教学，提高实践能力。

模拟教学法就是教师根据学科内容与教学进度，指导学生完成相应的模拟活动，培养其实际操作能力的一种教学方法。会计模拟教学一般有两种方式：一是专项模拟教学，即教师根据本学科的教学进度，分章节组织单项模拟实习，例如"基础会计"可以按"填制审核会计凭证"、"登记账簿"、"编制会计报表"等核算程序进行演练。二是综合模拟教学，在学生学完"财务会计"、"成本会计"等专业课程后，以某一工业企业某月份的会计资料为模拟对象，指导学生从填制凭证、登记账簿、编制报表到财务分析，进行全过程的会计实务模拟演练。这种模拟教学法可以让学生在逼真的情景中，逐步探究如何使自己所学的理论与实践活动紧密结合，从而使学生的实践能力得以真正提高。

方法二：创设各种机会，鼓励学生去主动参与社会实践。

在课堂中，由于时间有限，倾向于学习基本理论，掌握基本操作，而课外则可以让学生自由发挥，在业余时间利用各种关系，多接触各种不同企业的会计操作，不断积累有关会计的各种实践经验，将课堂上所学的理论知识与实践相结合。教师要有意识地加以引导，把课堂上所学的内容延伸到课外，增强学生学习的兴趣，使得课外成为课内所学知识有益的巩固、补充，从而促进课堂教与学，达到学以致用的效果。在会计方法不断变化的今天，没有理论与实践相结合的学习，就不能有效地培养真正能够胜任工作的会计人员。

总之，学生的学习过程既是一种认识过程，也是一种探究过程。教育的过程本身就是一种探索与创造，教师要适应时代要求，不断更新教育观念，解放思想、勇于开拓，引导学生发现、探究、解决问题的能力，才能培养学生的创新意识和实践能力。

参考文献：

[1] 庞维国. 自主学习：学与教的原理和策略. 上海：华东师范大学出版社，2003.

[2] 周宏. 研究性学习. 北京：中央民族大学出版社，2002.

[3] 董丞明. 现代教育技术培训教程. 郑州：大象出版社，2008.

[4] 王升. 研究性学习的理论与实践. 北京：教育科学出版社，2003.

[5] 谭欣. 高职院校研究性学习的实施途径. 教育与职业，2007(23).

[6] 张召飞.探究学习——课堂教学的突破口.中小学信息技术教育,2005(6).

[7] 赵若洁.基础会计.北京:高等教育出版社,2008.

口诀式教学法在中职会计教学中的应用

甘肃省兰州市甘肃省财政学校 罗军德

摘 要: 口诀式教学法作为众多教学法中的一种有其自身优势,在中职会计教学中编制朗朗上口的口诀,并恰当运用它,会激发学生学习会计的兴趣,强化会计内容记忆,便于提高会计教学效率,增强会计教学效果。本文针对中职学生学习会计的现状,就运用口诀式教学法的必要性及具体实施谈谈笔者的看法。

关键词: 口诀式教学法 中职会计教学 运用

笔者在中职从教的十几年中,不断努力提高自己的教学水平,教学中有收获也有教训。针对现在中职学生年龄小、基础弱、管理难的特点,笔者不断探索适合于中职学生的教学方法,会计教学中发现口诀式教学法不失为众多教学法中行之有效的一种。下面就此法谈谈笔者的看法,其他教学法在此存而不论。

一、中职学生学习会计的现状及存在的问题

现在的中职学校一般招收初中和部分高中毕业生,年龄大部分比较小,基础弱,学习主动性差,学习方法不得当,实际操作不得要领等问题大量存在。主要表现为:

(一)中职学生年龄小,基础弱,随着对会计的深入学习,对会计学习产生畏难情绪,逐渐失去学习会计的兴趣

中职学生大部分是初中毕业没有考取高中的学生,文化基础知识薄弱,甚至有些学生学习与操行表现均不尽如人意。刚入学

时还有一些新奇感,但随着文化课和一些专业课的学习,学习会计的兴趣大减,本来学习主动性就不强,加之有的内容听不懂,刚来时的新鲜感甚至丧失殆尽,很有必要对他们加以正确引导。

(二)对会计原理与方法不理解,存在死记硬背的现象

中职学生入学后不能很快适应中职的学习生活环境,对新开设会计专业课的学习不得要领,对会计原理与方法(如借贷记账法等内容)没有理解性地去掌握,平时学习只是死记硬背,真正应用时生搬硬套,达不到学以致用的目的。

(三)学生对会计知识没有形成体系化,条块分割,不能通过会计现象看本质规律,不适应经常变化的会计规范

中职学生学习会计知识时主要是被动地接受,尽管教师讲解时力争使知识体系化,但学生的学习主动性不高,不能前后联系,及时归纳总结,将其转化为自己的知识与技能,以至于掌握的知识比较零散,不能透过会计现象抓住其本质规律。会计作为一门社会科学,随着社会的发展,经济环境的变化,国家政策的调整,会计规范经常发生相应变化,常常是三年一小变,五年一大变。这就需要会计人员及时更新知识,以适应新的形势。但中职学生在这方面很难做到。

(四)中职学生实际操作不得要领,导致会计教学效率较低,学习效果欠佳

中职教育某种程度上说就是就业教育,要使中职毕业生在激烈的市场竞争中立于不败之地,掌握一技之长非常重要,甚至要有自己的"看家本领"。掌握一定的理论知识是必要的,但最关键、最重要的是掌握具体的操作技能,会计也不例外。因此,加强中职学生的实际操作是其重中之重,但有些学生在实际操作时不得要领,不能熟练实施具体操作程序,不能区分易于混淆的会计操作要点,张冠李戴,重复遗漏现象比比皆是。尽管教师认真在教,学生也在认真学,最后还是不能准确、高效完成会计的具

体账务处理，造成教学效率低下，学习效果不佳。

当然，中职学生学习会计存在的问题不尽是以上内容，加之有些教师的授课方法缺乏对中职学生的针对性，缺乏授课方式方法的改进与创新，致使中职会计教学困难重重，难以顺利开展，教学的双边活动难以维系，造成教师教学没有成就感，学生学习没有愉悦感，陷入教师不愿教，学生不想学的"厌教"、"厌学"怪圈。这就要求我们中职会计教师在教学方式方法上要不断探索，不断创新，以适应当今中职学生学习会计的现状。笔者在此主要谈谈口诀式教学法在中职会计教学中的运用，其他方法不多涉及。

二、运用口诀式教学法的必要性及应用介绍

口诀式教学法就是教学中把所教与所学的内容根据其特点编成朗朗上口的口诀，达到易于理解便于记忆目的的一种教学方法。会计教学中如果能够恰当运用这一教学方法，会收到意想不到的效果，笔者在十几年的教学中经过不断探索，经常将此方法用于中职会计教学，效果反映良好。

（一）运用口诀式教学法有助于学生提高学习会计的兴趣，寓教于乐

针对中职学生基础弱，学习会计兴趣不高的问题，笔者在会计教学中经常采用口诀式教学法。对一些会计学习的重点和难点问题，通过总结和归纳，编成易于上口的口诀，讲清含义、道理，让学生在理解的基础上加以记忆并灵活运用。有的口诀如果编得押韵，诵读起来就像在唱歌，学生在笑声中轻松记忆所学内容，激发学生的学习兴趣，觉得学习会计挺有意思，喜欢学习会计，快乐学习会计，在轻松愉悦的气氛中学有所获，学有所得。如在讲解借贷记账法的账户结构和记账规则时，学生容易搞混账户性质与方向，笔者在讲清借贷记账法原理的基础上，将教材上

借贷记账法的相关内容编成"资产、费用（含成本）增在借，权益（负债、所有者权益与利润）、收入增在贷，其他情况正相反，有借必有贷，借贷必相等"。在理解记忆会计科目的基础上，就能轻松自如地记忆和运用借贷记账法的相关内容。如在学习运用借贷记账法原理如何编制会计分录时，可将其要领（会计分录三要素等）编为"三定［即定性（会计科目的性质）、定额（金额是增还是减）、定向（方向是借还是贷）］加口诀（借贷记账法口诀），马上出结果（会计分录）"（注：括号内文字只是为了说明问题，记忆时心里明白就行了，不必都说出来）。当训练达到一定熟练程度时，可以不必用此口诀，条件反射一样将经济业务立即反馈成其账务处理，真可谓熟能生巧。因此，在会计教学中合理恰当地运用口诀式教学法，就能够寓会计教学于快乐的课堂学习气氛中，轻松掌握会计学的相关原理和方法，深刻记忆，灵活运用，效果极佳。

（二）运用口诀式教学法有助于学生掌握会计原理，把握会计规律，加强记忆，学以致用，举一反三，触类旁通

中职学生在学习会计有关原理，尤其是学习计算公式时，不能正确理解其经济含义，机械记忆公式，抓不住公式特征，这样不但易忘，而且不能灵活运用。为此我们应认识到：学习会计应在通俗理解其经济含义的基础上精炼科学地掌握其本质内容与规律特征，灵活运用口诀加以记忆。如在学习《基础会计》和《成本会计》有关费用的分配公式时（如采购、生产费用等），关键要根据各种费用类型确定各自的分配标准，在此基础上归纳总结一些具有普遍性规律的公式（当然特殊情况除外）。首先计算分配率，再计算分配额，最后还可计算总成本、单位成本等。计算分配率时可理解为"分配啥啥作分子，标准和作分母，即为分配率"，计算分配额时可理解为"分标准乘以分配率即为分配额"。在理解基础上把握其规律，就能牢固记忆和灵活运用这

些公式。学习会计,关键要抓住其本质规律,理解公式、分录的道理及来龙去脉,掌握其共性,再灵活运用到其具体内容中。当然,具体问题还要具体分析,如是用本期已知求本期未知,还是用过去预测未来。总之,万变不离其宗,掌握了会计的有关规律就能做到举一反三,触类旁通,只是金额不同罢了。尽管会计内容变化较快,但其基本原理、方法仍保持相对的稳定性,一笔经济业务总有它的前因后果,没有无因之果,也没有无果之因,了解它的活动轨迹,掌握其本质规律,就能灵活运用其原理解决具体问题。

中职学生在学习会计时,有些内容在当时好像也理解了,做题和实训也可以,但时间一长,就不是太确切,由于有些知识需要准确记忆,并且有些内容还比较相似,容易混淆,一到参加各类会计考试或会计实际应用时就模棱两可,举棋不定。尤其在做选择题时,命题者故意设置一些陷阱让考生掉,极易上当,如各种固定资产折旧方法异同、债券发行的溢折价条件等,如果采取适当的方法编制一些易于记忆的口诀,就会牢固地记住其要点,一到考试和应用时马上将相关知识点回现到脑海中,轻松作答和应用。

(三)运用口诀式教学法有助于学生掌握实际操作要领,快速解决实际会计核算问题

中职学生学习的重点在于会计具体操作技能的培养,学生在接触会计实际操作时由于会计感性知识少,对会计核算程序不是太理解,有些操作极易混淆,这时教学中除了采用直观教学法,利用多媒体展示具体操作步骤外,可编制一些要领、程序的口诀,操作时用其口诀指导具体实训,避免实际操作失误。如在介绍错账更正法时,有些学生容易混淆三种错账更正法的使用范围,这时可编口诀:"错账更正法,一般有三种,即为划、冲、补,先判类型再更正。证对账不对,更正要画线,证错账也错,

冲、补来更正，科目方向错，不管金额对与错，均用红字冲全部，再用蓝字补正确，科目方向对，金额记多了，就用红字冲差额，科目方向对，金额记少了，就用蓝字补差额。"明确了其范围，就可用会计分录和丁字账户讲清其细节方面的具体更正方法，最后利用多媒体实物展示证、账的具体操作过程，这样学生既不会搞混三种错账更正法的范围，也能准确使用错账更正法。在实训中运用好口诀式教学法，就会使学生快而准地解决实际问题，如银行存款余额调节表的编制等均可采用此法。

会计作为国际通用的商业语言，类似于英语等外语的学习，重要的是做好一个翻译工作，就是把社会经济生活中的各类经济业务按照会计的语言规范翻译成标准的会计语言。会计科目类似于外语单词，借贷记账法类似于外语语法，学习外语有字、句、段、篇，会计也类似。因此在进行会计核算时，就要运用规范的会计科目（当然要统一性与灵活性相结合），运用复式借贷记账法的原理进行账户设置和账务处理。既然类似于语言学习，就要不断总结其学习规律，可将其编制成口诀指导实际工作。在实训中，更应该按记账规则编制操作要领口诀，指导具体的制证、登账、编表等工作，达到学以致用，有章可循，提高工作效率的目的。

（四）运用口诀式教学法有助于教师提高会计教学效率，增强会计教学效果

现在中职学生在校学习会计时，无论是课程设置还是教材编写，都存在一些不尽如人意的地方，有些知识与技能的要求对中职学生来说还有一定难度，这就要求教师要认真钻研教材、研究学生，就某一知识点有针对性地采用灵活多样的教学方式方法，找到学生易于接受、易于掌握的教学方法进行讲授，以便提高教学效率。笔者认为，口诀教学法不失为一种有效方法，尤其在解决某些重点难点问题时比较奏效。如存货日常核算计划成本法在

中职会计学习中是难点之所在，但在理解基础上用口诀记忆掌握它也不难。笔者在讲解这部分内容时总结出："两段（取得存货产生差异和发出存货分摊差异两个阶段）五步十字法［即（实）购、（计）入、收（差）、（计）发、发（差），当然第二、三步可合为一步，但为了讲清道理，将其分开说明］。"在图示讲解计划成本法概念的基础上，重点以外购原材料为例介绍其核算过程，首先设置"原材料"、"材料采购"、"材料成本差异"账户，其次进行账务处理，对于收到存货形成的差异与发出存货结转的差异，在理解记忆成本差异公式的基础上，可编制"对于收差，正差超支在借方，负差节约在贷方；对于发差，无论是超支还是节约均记在贷方，超支用蓝字，节约用红字（新准则规定：对于发差，正差超支在贷方，负差节约在借方，即与收差方向相反）"。存货成本差异账务处理口诀。在理解其原理的基础上，赋之于口诀法，难点问题可迎刃而解。说到底，计划成本法的重、难点不仅是差异成本的归集（形成差异）与分配（结转差异）、计算与记录，还是成本计算与记录的内容之一，只不过是构成内容不同。先以原材料为例，后可以推而广之到整个存货掌握计划成本法，把握其方法实质。这样利用口诀式教学法，学生在理解基础上，记住关键的重、难点口诀要领，并加以强化训练与实际操作就能够熟练掌握本部分内容，达到提高教学效率，增强学习效果的目的，形成教学相长的局面。

三、运用口诀式教学法应注意的问题

（一）运用口诀式教学法要求教师平时在会计教学中，要认真研究所教的内容，及时更新会计专业知识与技能，总结会计的相关规律，不断完善其所编的口诀

笔者在教学中不断摸索，归纳总结出一些会计重、难点的规律，力争编制一些既实用又高效的会计口诀，以便准确而快速解

决会计的一些理论与实践问题。但限于水平，有些口诀还编得不够成熟，从语言学角度来看，还不够科学准确，加之会计规范经常变化，还需及时更新原来所编口诀内容，并不断补充完善它。因此，还要不断努力学习，提高自己的专业和语言素质，针对中职学生特点，钻研教材，努力编制出让各方满意的口诀，使之用于会计教学实践，真正发挥其功效，这也是笔者不懈追求的目标之所在。

（二）运用口诀式教学法要求学生在理解的基础上加以记忆，活学活用，提倡并引导学生自编会计口诀

首先，学生在记忆口诀之前要理解其含义。口诀式教学法尽管是一种较好的教学方法，但在记忆口诀之前要理解掌握其相关知识，在理解的基础上强化记忆才能达到用此方法的目的。否则一知半解，死记硬背这些口诀没有多大用处，根本派不上用场，到头来还是"竹篮子打水一场空"。

其次，学生在掌握口诀后要学以致用，将其灵活运用到各种会计考试和会计实际操作过程中，运用口诀时口中念念有词（或心中默背），手中若有所动（或脑中若有所现），这样快而准地解决实际问题才是最终目的，否则生搬硬套是没有出路的。

最后，笔者认为，教师主要给学生传授一些经典口诀，不需要将所有内容都编成口诀教给学生，"授之以鱼不如授之以渔"，与其教给学生一大堆口诀，不如指导学生自己归纳总结会计知识，自我编写口诀，这样才记忆深刻，真正达到学习的目的，适合自己的才是最有用的。

（三）运用口诀式教学法要与其他教学方法配合使用，互为补充，相得益彰，这样才能发挥它更大的作用

当前中职教学过程中采用的教学方法很多，足足有几百种，讲授法、演示法、案例分析法、观察法、启发式、讨论式……不胜枚举。尽管教学方法很多，但在教学过程中具体问题要具体分

析,并不是教学方法越多越好,有针对性地找到适合某一内容的教学方法是最重要的,否则方法太多反而把人搞晕了。口诀式教学法作为其中一种方法应与相关教学法恰当配合使用,让中职学生容易掌握其所学内容才是最终目的,因此运用口诀式教学法不能"单打一"而排斥其他教学法,要将其综合运用到中职会计的课堂教学中去。

(四)利用多媒体教学手段进行口诀式教学,效果更佳

随着现代教学手段的不断改进,教学活动不再局限于"一本书,一块黑板,一支粉笔"的传统方法,信息技术的快速发展,利用集文字、表格、图片、声频、视频、动画、特效等于一身的多媒体课件,使教学活动变得更加丰富多彩。口诀式教学法采用多媒体教学手段会使会计教学效果增色不少,既形象又生动,可以边讲口诀边演示经济业务操作过程,甚至可以通过实物展示台进行会计的实物展示,达到事半功倍的效果。

参考文献:

[1]张玉森,陈伟清.基础会计.北京:高等教育出版社,2008.

[2]葛家澍,耿金岭.企业财务会计.北京:高等教育出版社,2008.

[3]汤乐平.成本会计.北京:高等教育出版社,2008.

[4]中华人民共和国财政部.企业会计准则(2006).北京:经济科学出版社,2006.

[5]中华人民共和国财政部.企业会计准则——应用指南(2006).北京:中国财政经济出版社,2006.

[6]财政部会计司编写组.企业会计准则讲解(2008).北京:人民出版社,2008.

中职"财务管理"课程公式教学初探

浙江省余姚二职校 鲁兰珍

摘　要：本文对于中职财务管理学科中的大量公式教育现状进行分析，从记公式到推导公式两种不同教学效果进行实际比较，呼吁加强数学、心理学及实际应用与财务管理学科的紧密结合，试图寻找最合理、最简洁的教学方法解决一些会计问题。

关键词：财务管理公式　现状　教学效果　均值定理　心理学　实际应用

"财务管理"是各经济类专业都要求开设的一门基础课，更是会计专业一门重要的专业课，其特点比较明显，就是公式较多。对于中职学生学习财务管理，前后知识体系无法统一，所以经常听到学生谈财务管理特别是公式觉得很难。那么，我们在教学中应如何讲解，如何处理公式内容，才能培养学生的智力、能力、创造力和增强学习效果呢？本文从财务管理公式教育现状出发，通过比较教学效果，寻找适合学生特点的教法。

一、"财务管理"课程公式教育现状与原因

中职《财务管理》一书是根据《中等职业学校会计专业教学指导方案》编写的国家规划教材。具有较强的实用性和可操作性。书中有大量的公式，如复利终值现值公式、年金终值现值公式、财务杠杆系数公式、最佳现金持有量公式、最佳存货经济批量公式、放弃现金折扣成本公式、债券发行价格计算公式以及

各种财务分析公式等等。这些公式是解决会计实际问题的方法和依据,在教育教学过程中显得尤为重要。

在实际授课过程中,很多教师都用记公式、背公式的方法教授这门学科,学生只要记住公式就万事大吉了,所以在财务管理教学的课堂上都是默写、背诵的场景。造成这种现状的理由有三:①实用主义思想占主导。现代会计注重的是实用,是实际操作。你不用追究公式怎么来,只要会用公式解决实际问题就可以了。这一观点在书本编辑者的思想里有充分体现,如原先第一版有复利公式推导过程载入教材,后来第二、第三版就取消了这一推导过程,只有一个公式出现。整本书里都是出现公式、运用公式的过程体现,没有一个推导公式过程呈现。很多教师也就依照教材内容直接写公式、教公式,始终没有公式推导过程。②目前评价机制的引导。现行对于财务管理教学效果的评价,大范围的主要是以会考和高考两者体现。在这两大考中题型无外乎填空、单选、多选、计算,内容也是记概念、记公式,从来没有进一步研究与推导公式。所以,造成只要学生记忆好,财务管理就学得好的现状,大大约束了评价学生学习能力的全面性。③学生学习能力的不足。中职生大都是初中优秀学生的陪衬品,是学习能力不强的弱势群体。数学的简单计算都成问题,更不用说去推导一个深奥的公式,所以教与学的最直接方法就是背与用。

二、两种教学效果比较

笔者在教学财务管理这门学科过程中进行了大量比较实验,目的是为了寻找最适合学生的教学方法、最能让学生可持续发展的教学过程。是简单直接的记公式还是复杂的用各种方法推导公式?通过平时自身班级课堂教学和其他教师的教学经验积累,得出一些结论。为了便于比较在这里称为原先组:代表用直接记公式的方法进行教学;实验组:代表和学生一起探讨公式来龙去脉

的方法进行教学。具体比较如下:

两种教学效果比较

原先组	实验组	过程	平时课堂	期末检测和高校衔接
04财(1)	04财(2)	由笔者在两个班分别采用两种教学方法比较	(2)班的课堂要明显活跃,学生更会思考问题,对于会计问题会主动去探究	(2)班学生对于计算综合题的掌握更加全面,对于新问题的解答更会产生新思路,平均分(2)班比(1)班高17分
05财(2) 05财(3) 06财(2) 06财(3)	05财(1) 06财(1)	笔者教实验组另外老师教原先组	(1)班学生学习自信心强,积极性高,对财务管理学科很感兴趣,优秀学生多。(2)、(3)班学习过程中容易迷惘,厌学者教多,普遍认为财务管理难学	期末平均分相差10分以上,另外在升入高职学校学习中,(1)班的学生更容易融入或接受新的财管教学内容,(2)班学生在高级院校中学习特别艰难特别累

从以上结论可以看出,平时课堂上注重来龙去脉的教学更适合学生掌握新知识,更有利于学生后续发展。建构主义学习理论认为,学习是主体积极主动的建构过程,学习者不是被动地接受知识,而是主动地利用原有的认知结构去吸收新的知识,从而建构起新的认知结构。财管公式学习同样不能靠教师单方面地传授知识,甚至背公式解决问题,而是要靠学生主动地获取新的知识。新课程标准也强调"教师应激发学生的学习积极性,向学生提供充分从事财管活动的机会,帮助他们在自主探索和合作交流的过程中真正理解和掌握基本的财管技能、财管思想和方法,获得广泛的财管活动经验"。总之,"学生是学习的主人,教师是财管学习的组织者、引导者和合作者",教师在进行公式教学

时,主要任务不是让学生记公式,而是要让学生经历公式的形成过程,因为只有自己经历推导过程,才能更好地理解和记忆公式。

三、解决公式教学方法探讨

如何让学生不仅仅记住公式,更知道公式来源过程,然后合理利用公式?答案只能在教学实践中寻找。财管公式的讲授中,不仅要学生知其然,更应让学生知其所以然,这就要求教师在教学中注意创设问题情境,充分发挥表象的作用,帮助学生把研究的对象从复杂的背景中分离出来,突出知识的本质特点,讲清知识的来龙去脉,揭示知识的形成过程。

(一)让数学之花开遍财管

在财务管理公式推导中要用到很多数学方法,数学和会计在财管中得到了很好的融合,财管学习有了数学方法如虎添翼,数学知识也在财管学科中得到了很好的应用。现举几个例子了解用数学知识推导财务管理公式的必要性。

1. 普通年金的推导过程及递延年金的求解

财务管理第一章"货币时间价值"里出现了大量的计算公式,虽然这些系数只要会查表就可以了,但是作为一个会计专业学生,有必要了解这些最基本公式的来源,利于后续学习与应用。计算方法也很简单,如普通年金终值公式的推导:

```
   (A)   (A)   (A)    A    A    A    A
────┼─────┼─────┼─────┼─────┼─────┼─────┼────▶
 P  0     1     2     3     4     5     6    n S
```

设每年的支付金额为 A,利率为 i,期数为 n,则按复利计算的年金终值 S 为:

$$S = A + A \times (1+i) + \cdots + A \times (1+i)^{n-1}, \quad (1)$$

等式两边同乘以 $(1+i)$:

$$S(1+i) = A(1+i) + A(1+i)^2 + \cdots + A(1+i)^n, \quad (n\text{ 等均为次方})\qquad(2)$$

上式两边相减(2)-(1)可得：
$$S(1+i) - S = A(1+i)^n - A,$$
$$S = A[(1+i)^n - 1]/i$$

式中，$[(1+i)^n - 1]/i$ 为普通年金，利率为 i，经过 n 期的年金终值记作 $(S/A, i, n)$，可查普通年金终值系数表。

另外，即付年金终值就是在普通年金终值计算的基础上乘以 $(1+i)$，得：
$$S = A[(1+i)^n - 1]/i \times (1+i) = A[(1+i)^{n+1} - (1+i)]/i$$
$$= A[(1+i)^{n+1} - 1/i - 1]$$

即查表时只要期数加1，而系数减1就可以了。找到其中的规律，推导和找规律就不难了。

利用数学方法还可以找到很多解决问题的办法，如六年里只有4、5、6三年每年末付1万元，求三年所付年金的现值。这类题就是递延年金问题，可以一题多解，充分考察学生的思维能力和对已学知识的理解能力。

方法一：$P = (P/A, i, 6) - (P/A, i, 3)$

方法二：$P = (P/A, i, 3) \times (P/S, i, 3)$

方法三：$P = (S/A, i, 3) \times (P/S, i, 6)$

方法四：$P = (P/S, i, 4) + (P/S, i, 5) + (P/S, i, 6)$

类似题目只有建立在对公式推导理解掌握的基础上，才可以多方位、多角度思考问题，才能发挥了学生的聪明才智，方法也在学生的不断摸索中逐渐增多。

2. 最佳经济批量的确定

在现金管理和存货管理里都出现了一个重要的公式，用于解决最佳现金持有量和最佳经济批量问题。书本题目如下：假设 Q 为每次订货的批量，S 为存货年需要量，U 为每次订货成本，P

为单位储存成本，存货总成本为 T，则：

$T = S/Q \times U + Q/2 \times P$

最佳经济批量：$(Q) = \sqrt{2SU/P}$

在这块内容里，解释最佳经济批量 Q 的来源显得尤为重要，如果不做任何解释，一味让学生记公式，不理解的东西总归是经不起时间的考验，时间一长就忘得一干二净，而且学生也会感到无趣和无助。所以，我积极地引入数学思想解决财管公式推导过程，还公式以本来面目。在这里，我用两种方法推导，一种是高等数学微积分求导方法；另一种是中职高一数学第一册第二章不等式中的均值定理。首先，我用学生熟悉的均值定理解决最佳经济批量问题。用这种方法，目的是达到知识迁移，让简单的数学公式在财管里发挥大作用。具体证明过程如下：在高一数学不等式里有个均值定理公式：$(a+b)/2 \geq \sqrt{ab}$（a，b 均大于 0）即算术平均数大于等于几何平均数，而且在这个公式里只有当 $a = b$ 时不等式两边才相等。按照这个公式原理，对于 $T = S/Q \times U + Q/2 \times P$，要求的是在 Q 等于多少的时候总成本 T 才会最小？可以把 $S/Q \times U$ 看做 a，$Q/2 \times P$ 看做 b，那么：

$T = S/Q \times U + Q/2 \times P \geq 2 \times \sqrt{(S/Q \times U) \times (Q/2 \times P)}$

即 $T \geq 2 \times \sqrt{SU/(2P)}$，$T \geq \sqrt{2SUP}$。在这里，要求最小的是 T，那么 $T = \sqrt{2SUP}$。

而要取得最小值，只有当 $S/Q \times U = Q/2 \times P$ 时才成立，求解出 $Q = \sqrt{2SU/P}$。

这种方法简单易懂，适合学生学习掌握，符合学生知识体系，能起到事半功倍的效果。

我用对于高二学生根本不理解，没见到过的导数进行解释，目的是让学生了解大学的知识，激发一些优秀学生进一步学习的兴趣。在这块教学里，让学生体会到一种自豪感，那就是自己会用那么难的知识去解决问题了。当然，要求自然有所降低。解释过程如下：

幂函数 x^n（a 为正整数），求函数 x^n 的导数，即：

$(x^n)' = n^{xn-1}$

公式意思自变量、改变量趋于 0 时的极限值。

由 $T = S/Q \times U + Q/2 \times P$ 的最值就是 Q 等于什么值时 T 最小，即：

$T' = -SU \times Q^{-2} + P/2 = 0$

求得 $Q = \sqrt{2SU/P}$。

这种方法才是解决最值问题的根本办法，虽然学生难以一下子接受，但是对于学生的后续发展相当有用，它是中高职的一个衔接。由此学生到大学后会热心于学习微积分等数学知识，因为在职高时碰到过，不会显得那么生疏，从而使财务管理的学习更轻松有趣。

（二）让心理学之光照耀教学

行为主义学习理论的代表人物桑代克提出学习的很多规律，其中一条就是"准备律"，强调学习能否进行，或者进行得是否更有效，关键是学习者对学习内容是否有兴趣，将要从事的学习活动是否能够满足他的动机和需要。在认知学习理论中的顿悟学习理论也强调要利用心理学去激发学生的学习兴趣，即人们在学习时，如果遇到问题，就会产生"心理缺口"，而人们又总是在追求一种心理的平衡，所以人们会努力想要弥补这个"心理缺口"，从而通过制造"缺口"激发学生的内在动机和学习兴趣。因此，在进行公式教学之前，教师可以利用这些原理，根据学生的心理特点，使他们产生"心理缺口"的问题情景，激发学生的学习动机，使学生对知识处于一种"饥饿"状态，这将为公式的学习打下良好的基础。

如现金折扣成本的计算，教师在介绍了商业信用及商业信用条件以后，学生对于这块资金筹集成本的计算已经有了追索欲望。教师就在黑板上呈现放弃现金折扣成本计算公式：

放弃现金折扣成本 = 现金折扣率/（1 - 现金折扣率）× 360/（信用期 - 折扣期）

很多学生的第一反应是不肯轻易认同，但书上只有这么一个公式，没有更多的语言了。这个时候，教师就可以在大家期盼的眼神下去解释公式的来源。延用课本上的例子：企业向供应商购入 200 万元商品，该供应商提供的信用条件为"2/10，n/30"，计算放弃现金折扣的成本。首先，我们计算现金折扣成本相当于算企业不享受折扣延期付款应承担的借款资金成本。其次，明白资金成本的计算就是利息除以本金，那么 200 万元如果在第 10 天付款，就可以少付 2%，即 4 万元；而如果在第 30 天付款，即放弃了现金折扣，要付 200 万元，这就相当于推迟 20 天付款，少了 4 万元利息，本金就是（200 - 4）= 196 万元。最后，由于算利率习惯按年来计算，所以要把 20 天的利率折算成一年的。整个计算过程就是：4/200 × 360/20。由此，放弃现金折扣成本的计算公式就解释开了，学生如果在以后的学习中忘记了这个公式，也可以在回忆过程进行推导。

(三) 让实际之尺衡量知识

财务管理的目的是为实际分析所用，既要符合会计特点，又要有利于实际的应用。而财务管理方法行不行、灵不灵，衡量的主要标尺就是实际检验。

在进行财务管理公式教学的时候，我会经常提醒学生多方位思考问题，找出公式的优点和缺点，甚至要求他们创造解决问题的办法。如企业偿债能力分析，我会给学生一些数据，让他们对照已学知识和所了解的公式评价这个企业的偿债能力如何。而我要教给学生的不仅仅是书本知识，更希望他们能从课堂上学到可以实际运用的知识，养成多方面考虑问题的习惯。所以，在偿债能力分析中，我和学生发现，有些企业按书本计算的偿债能力很强,但实际偿债能力却很弱,这跟宏观经济状况、所处行业地位、企业自身经营好坏都有关。后续教学中,我和学生也一起探讨了如何更全面、更简洁、更有效地评价企业偿债能力。

在课堂上,如果把学生置于一个实际生活状况,会更容易接受、更爱学。如对于年金运用,我举了我们班某某的爸爸交给我们的一个任务:2007年7月买下28万房子一套,由于资金不足,首付8.4万,其余19.6万贷款20年,每年支付本金9 800元,利息5 200元。2009年7月将房子售出。问题:出售房子时,房价定为多少才会盈利?(注:资金市盈率10%)如果定得好还有奖励,让学生积极主动地用专业知识去解决实际问题。

关于财务管理学科高校流行案例教学,我也会给学生举一些身边服装企业、塑料企业、灯具企业的例子让他们熟悉未来的工作对象,明白成本竞争的残酷与艺术、债务管理的智慧和技巧、收益管理的明账与暗道,从而提高会计综合素质和决策能力。

四、结论和建议

学海无涯,教法更无涯。撰写本文的目的,只想让学生在财务管理学习中爱学习、会学习、能学习,为他们的学习助上一臂之力。以此文表达一个想法,让财务管理公式教学能在会计专业教学中熠熠生辉。当然也希望编教材的专家,在考虑中职学生接受能力的时候,不要破坏财务管理学科的严谨性和科学性,能把学生的后续发展更多地考虑到教材中去。希望自己和同仁能一如既往地带着对学生的爱,把财务管理教得生动有趣。

参考文献:

[1]张玉英.财务管理.北京:高等教育出版社,2006.
[2]严守权.微积分.北京:中国人大出版社,1995.

会计教学与会计模拟实习有机整合的实践与探索

湖南省南县职业中专 龙 飞

摘 要：会计是一门技术性较强的经济管理应用学科，实践性教学是必不可少的内容。传统的会计实践性教学形式单一，技术手段落后，而且仅仅停留在会计核算这一环节上，这种实践性教学与新时期要求培养"能力强、素质高、富有创新精神"的高等会计人才的目标是不相适应的。作为培养初级会计从业人员的中等职业学校会计教育，更应该适应会计职业发展变化的需要。但是，从中等职业会计教育的现状来看，会计教育教学存在着一些不足，使得职业会计教育并没有收到很好的效果。

关键词：会计 课堂教学 实践教学 会计模拟实训

一、会计专业教学存在的问题

（一）教学内容、课程安排设置不合理

职业学校会计教育的目标和任务是培养初级会计实务人员，要求学生熟练掌握会计的基本理论、基本知识和基本操作技能，能够运用所学知识熟练地处理各项基本的经济业务。但是，目前职业学校会计教学内容多注重会计理论，忽视了理论同会计实务的结合，严重影响了学生学习的主动性与积极性。另外，一本会计教材使用多年，内容都没有任何改变也是客观存在的现实情况。这必然导致课堂讲授的会计原理、会计原则及会计核算方法与会计实践活动的脱节，使得毕业生毕业后不能立即适应工作岗位。

（二）教学方式、教学手段单一落后

传统的会计教学以"填鸭式"的传授方式为主，过于注重技术，缺乏参与式、互动式的教学，不利于学生创新性思维和评判性思维的培养。教学工具主要是教材和教案，没有科学的应用实验教学、模拟教学等一些现代教学方法。

（三）会计实践性课程课时不足

目前，会计教学计划中理论教学与实践性教学的课时安排不够合理。会计专业教学计划对实践性教学的规定一般很笼统，实践性教学的内容、时间、组织方式方法不够明确，更没有系统的实施方案，课时占会计总教学课时比例偏少，以致教学中实践环节的随意性很大，且落实多少以及质量好坏缺乏监控，严重影响了会计专业培养目标的实现。

（四）师资力量存在的问题

会计教育离不开其实施者——教师，教师素质的高低直接影响教育水平的质量。因此，会计教育中的师资问题应引起我们的高度重视。目前，我国职业学校会计教师队伍存在的诸多问题不容忽视。如会计教师会计知识与其他相关学科知识之间的结构不合理，一些长期从事会计教学的教师懂得丰富会计知识，专业基础知识如经济学、经济法等却不扎实。很多会计教师最为欠缺的就是实践经验，对实际的会计工作了解不多，不能令学生信服。还有一些教师缺乏敬业精神，对教学工作应付了事，对自己的工作没有很强的责任感。

（五）会计实践教学的硬件有待提高

会计专业教学模拟实验设备还不健全，会计实验室建设还停留在手工记账程序上，电算化会计项目还需开发。实验项目内容简单形式单一，缺乏多层次和典型性，基本局限在会计核算上，新的实验内容尚未开发。

职业学校会计教育的目标和任务是培养初级会计实务人员,要求学生熟练掌握会计的基本理论、基本知识和基本操作技能,能够运用所学知识熟练地处理各项基本经济业务。从这一教学目标出发,就要求中等职业会计教育改革教学手段,将会计的理论教学与实务教学相结合,而且应特别注重培养学生应用会计理论和方法解决会计实际问题的能力。会计模拟实训教学增加了学生对会计实务操作的感性认识,解决了学生将所学理论知识与实际结合的问题,调动了学生学习的主动性与积极性,提高了教学效果,实现了具备较高的综合素质和动手能力强的培养目标,为毕业后更快适应工作打下良好的基础。

二、会计模拟实训教学的重要作用

(一)会计模拟实训是实现课堂理论教学与实践教学相结合的有效途径

理论来源于实践,是对实践的抽象;对实践的深入,又反过来加深对理论知识的进一步理解和认知。在教学中,学生获得的是抽象的理性知识,难以理解和接受。比如,教师在讲解会计学原理中会计凭证的填制、会计账簿的登记、结账、错账更正、会计报表编制等时,一般要花费本门课程的一半学时讲解,但学生听后的效果一般都不理想,不容易理解,掌握起来很困难。通过会计模拟实训,学生自己动手填制凭证,登记账簿,编制报表,很快就会掌握。又如,在会计学原理中讲解会计假设中的会计主体、会计分期等时,初学者总感觉模糊和茫然,一旦完成了一个阶段的模拟实训,使空洞的理论变成看得见、摸得着的活资料,学生便会豁然开朗,通过实训进而对会计理论的理解更为透彻和深入。

(二) 会计模拟实训教学是弥补学生校外实习不足的有效途径

会计实践教学一般有两种形式：一是传统的校外实习，二是校内模拟实训。近年来，由于学校统一集中安排到企业去实习，将面临很多困难。其原因：一是招生规模的不断扩大，二是实际工作单位怕会计信息曝光而拒绝接受学生实习，或者碍于关系勉强接受了，但一般也不安排学生进行具体操作，只是填几张凭证、登几笔账，汇总几笔数字，根本谈不上业务的完整性和连贯性，实习流于形式，效果很差，难以取得令人满意的预期效果。而进行校内模拟实训的优点在于，模拟业务设计及会计核算组织程序的可塑性强，特别是全程仿真的模拟会计软件的效果非常接近现实。校外实习中不能达到的实习目的，在校内模拟实训中较大程度上得以实现，使得会计模拟实训教学有了越来越重要的现实地位。

(三) 会计模拟实训是提高学生动手能力、推动素质教育的有效途径

符合社会需要的会计人才，应具备较强的处理具体事务的能力和一定的组织管理能力。各企事业单位不仅要求毕业生具备一定的专业知识，同时要求具备较强的动手能力。由此看来，无论是从会计学科发展的角度，还是从会计人员素质培养的角度看，都要解决会计理论和会计实践这两个问题。而会计模拟实训是理论联系实际，培养学生实际工作能力的好方法。这是因为会计模拟实训具有真实性，它把实验室模拟成一个财务科，使学生有种身临其境的感觉。实训的内容一般包括财务建账、填制和审核原始记账凭证、填制记账凭证、登记账簿、编制会计报表、进行财务分析等内容，由学生独立完成或分组完成整个会计循环。同时，在训练过程中还能培养学生严肃、认真、细致的工作作风。以上这些能力的锻炼是会计理论教学根本无法实现的。

（四）模拟实训教学可以使学生在有限的时间内系统全面地学习和掌握会计知识和技能

学生在校接受教育的时间是很有限的，如何在有限的时间内让学生学习到更多的知识和技能，这一直是教育管理部门和教育工作者追求的目标。会计模拟教学相对传统的社会实践，克服了时间和空间上的局限性。理论上讲，一般一年才能完成整个会计循环，而会计实习不可能安排一年的时间，学生往往没有机会参加年终决算，无法完成整个会计循环的实习。另外，就企业整体而言，企业的经济活动业务纷繁复杂，而就某一个企业的经济业务而言，则具有代表性的业务少，简单重复的业务多，这就使学生从实习中得不到全面的实践锻炼。如果把典型的经济业务科学地浓缩成某一个企业某个期间的全部经济业务，编制会计模拟实训教材，在有计划、有组织的情况下进行模拟实训，这样不仅发挥了会计模拟实训教学的应有作用，而且还能使学生在有限的时间内系统全面地学习和掌握会计知识和技能。

三、改革会计专业教学计划，加大实践性教学

针对现行中等职业会计专业教学中存在的问题，要想使中等职业会计教育继续发展，就必须改革会计专业的教学计划，重新进行课程设置，加强实践性教学的安排，调动学生的学习兴趣，提高学生的教学效果，为社会提供适合社会需求的初级会计人员。

从技能教学的角度看，活动课程有三类：一类为学习新技能的技能学习课程，它与知识教学相互交融；一类是为巩固某一学科的知识、技能而设置的技能训练课；一类是为形成综合专业能力而设的技能运用课。由于后两类相对独立，在教学计划的改革中主要明确这两类活动课程。

（一）设置阶段实训课程

在课时上，将学科总课时分解成讲授课时和实训课时两部分，讲授课时用于该课程的知识和技能学习，实训课时是专门用于技能的系统训练。比如，教师在讲解会计学原理中会计凭证的填制、会计账簿的登记、结账等时，一般要花费本门课程的一半学时讲解，但学生听后的效果一般都很不理想，不容易理解，掌握起来很困难。通过会计模拟实训，学生自己动手填制凭证，登记账簿，则很快就会掌握。这一分解使得理论教学效果得到保证。实训课时的增加，并不是单纯增加每门课程的总课时，而是通过缩减理论课时来增加实践课时。理论课时的减少必须体现"必须、够用"的原则。

（二）设置综合实习课程

综合实习课程包括综合模拟实验和社会实习。综合模拟实验是一种在校内实验室进行的以一个企业一个生产经营周期的基本业务以及前期的有关资料为基础，通过一整套真实的会计凭证、账簿、报表，模拟企业财会部门会计实务处理的实践性教学形式。校内模拟实习的关键是实习资料的仿真性和内容的完整性以及对模拟实习的指导和考核。从模拟实习的内容上看，不仅包括会计核算，还应包括财务管理和财务分析；从实习手段上看，既要进行手工模拟实习，又要进行电算化模拟实习，一般先进行手工模拟实习，后举行电算化模拟实习。校内模拟实习，其目的在于培养学生根据会计学的基本原理和方法进行实务操作的适应能力和执业判断能力。校外社会实习是一种直接让学生到校外实习基地跟班或顶班参加会计实务工作的实践性教学形式。校外实习一般属岗前练兵，是教学环节不可缺少的重要组成部分，它属于综合性实习，其实习内容涉及面广，包括会计核算、财务管理、审计、税收等方面的业务。校外实习的目的主要是对学生综合能力和素质的锻炼和培养。

(三)教学过程中注重理论与实践的有机结合

在课程理论教学的过程中,按照教学进度逐步引入课程实践。会计课程实践应服务于该课程的教学,紧扣教材,着重该课程所设计的基本技能的训练。如"基础会计学"课程实践应服务于会计入门课程教学,着重证、账、表基本技能的训练,让学生对会计循环、基本业务有初步的认识。我们可以利用现有的会计模拟实验室,准备大量的原始凭证,特别是各种外来的普通发票,增值税发票,银行的各种传票、收据,按照财政部会计核算的规范,训练学生对各种凭证的填制,审核其真假,以及对这些原始凭证的保管及传递方法和程序,使学生走上出纳岗位时能马上适应工作。

(四)做好实践性教学的实施和考核

在实践环节的具体实施过程中,一方面要制订一套详细可行的计划,如各实践环节的时间安排、组织形式等。另一方面,要建立一套完善的考核验收制度,不仅要强调会计实践环节过程的完成,还要确保其质量。按照不同的实践环节,制订检验标准,如果没有一套科学的考核验收机制作保障,实践性教学的效果往往会大打折扣。

总之,要培养会计专业学生从事本专业的实际工作能力,培养知识型、应用型人才,仅向学生灌输基本理论知识和专业理论知识是远远不够的,必须抓住实践性教学这个核心。通过会计实践性教学,为学习会计理论提供感性认识,训练学生的实际操作技能,使学到的书本知识真正转化为解决实际问题的能力,为顺利地走上工作岗位打下坚实的基础,从而为社会输送更多"能力强、素质高、富有创新精神"的会计人员。

参考文献:

[1]马文君.加强会计模拟实践教学,促进学生技能水平提

高.大学时代,2005(10).

[2]吴强.试论远程开放教育会计专业实践教学的深化.江苏广播电视大学学报,2002(3).

[3]刘尚林.高职会计专业实践性教学的改进.职成教育,2004(10).

中等职业学校基础会计教学探索

广东省深圳市福田区华强职业技术学校　刘宇红

摘　要：结合中等职业学校的实际教学工作，探索与实践"基础会计"课程"双元制"模块教学模式，针对教学模块选择恰当教学方法，加强"基础会计"教学信息化，以培养具备真才实学的中等职业学校学生，适应社会经济发展对财会专业初级技能型人才的需求。

关键词：中等职业学校　基础会计　双元制　教学方法　教育信息化

教育部 2008 年第 8 号文件《教育部关于进一步深化中等职业教育教学改革的若干意见》要求，中等职业学校应积极推进多种模式的课程改革，促进课程内容综合化、模块化，提高现代信息技术在教育教学中的应用水平。随着社会的进步，经济建设日新月异，网络信息社会飞速发展，企业对人才提出了更高的要求，理论上讲究广而浅，专业技能上要求熟而精，具有明显的复合型人才特征，这给目前中等职业学校的教学带来了严峻的考验。就目前中等职业学校财会专业而言，除面临严峻的市场客观形势要求外，会计专业课程的教学改革已是一个刻不容缓的问题，为此，笔者想谈谈自己这些年来在"基础会计"课程教改探索中的一些具体做法与体会。

一、探索一：理论与实践并重，创设"双元制"教学模式

社会的发展对人才水平要求的提高，不是对人才层次的抹杀，无论社会发展到什么程度，高等教育发展到什么程度，即便全社会的人都是博士学历，也不可能大家都在一个层次上，都做一样的工作。基于这样的认识，笔者认为中等职业教育是人才教育不可或缺的层次，中等职业学校应以培养适应社会经济需求技能娴熟的初级应用型人才为目标。

中等职业学校的学生，由于对理论的掌握不及大专院校，只能凭"低文凭＋高技能"参与竞争。然而目前的中等职业学校（尤其是一些职业高中）因种种原因，更着重于学生毕业后进入高一级院校的学历进修，花大力气备战高职高考，俨然成了高职院校的生源输送站，这就偏离了我国中等职业学校办学的目标。而注重"理论"与"实践"似乎是职业教育关注已久的老问题，由于在事实上我国有一部分中等职业教育在教学上还没有从根本上脱离普通中学的教学模式，尤其是那些从普通中学改制而成的中等职业学校，虽然在课程设置上职业教育实践课时量的安排要比普通教育多一些，但仍然存在理论与实践教学相脱离抑或重理论教学轻实践教学的问题。多方原因导致目前的中等职业教学应付于技能，使中等职业学校的学生毕业后直接就业并不能真正达到企业单位的用人要求，要与用人单位做到"零磨合"更是难以实现。中等职业学校的教学若长此以往，必将自封出路，成为"断头"教育，培养的学生除了高职高考就将难有出路了，因此，中等职业学校专业课程的教学改革已迫在眉睫。

基于这些问题，笔者认为中等职业学校的专业课程教学必须以"实"与"技"字当头。以中等职业学校的财会专业为例，该专业的基础学科是"基础会计"课程，该课程的教学目标是让学生掌握会计的基础知识、原理和技能方法，培养学生的会计

实践能力，为以后进一步的会计专业学习奠定基础。我们知道，"会计"是经济管理的组成部分，它是以货币为基本单位，采用专门的方法对经济活动进行核算和监督的一项管理活动。"基础会计"课程是该项经济管理活动的理论总结与职业技术能力的概括，其本身是一门活动性与实践性很强的学科。作为中等职业学校财会专业的学生，该学科是他们最基础的专业课程。笔者在教学实践中参照德国职业教育的"双元制"教学模式，把"基础会计"的教学分成三个模块，即理论、练习、模拟，学时比例设定为2:1:1。

对《基础会计》理论部分，教学上要求学生以理解和记忆为主，着重于基本概念、原理、规则，如借贷记账法中账户的结构及规则、会计恒等式、会计要素等，初学者进行重点记忆还是很必要的。但光有基本概念、原理、规则作为理论基础还不够，扎实的会计理论教学中还应该补充以下知识，如对《会计法》及财政部颁布的《会计工作基础规范》的了解，对《企业会计准则》的理解，这些都是会计实践工作的理论化知识。此外，教师在教学中还应及时引导学生了解最新的会计法规、政策，这些年的会计准则、税法等一直在不断的改革与变化之中。

对"基础会计"课程的练习部分，应以实例为主，教师要收集一些典型业务，并将业务按企业会计循环过程予以归类整理，让学生练习，如筹资过程业务、供应过程业务、生产过程业务、销售过程业务、期末账项调整业务、利润形成及分配业务等，要求逐项过程练习巩固，逐个业务环节突破。这方面，对中等职业学校财会专业的学生要更注重基础面的训练，不能单一练习工业会计或商业会计，而应注重"通用性"与"实用性"相结合，注意打破传统的"大工业"与"大商业"思维，多练习中小企业的日常业务。

"基础会计"课程的模拟部分是"双元制"教学模式的关

键，按德国"双元制"教学模式的要求，学生要到企业做实习会计，即学生一段时间在学校学习基础理论知识，一段时间到企业单位参与实践工作，学校与相关企业单位共建与合作，利用其设施设备和条件开展实践教学。可是，由于种种原因，大部分企业并不欢迎学生去当实习会计，尤其是尚未毕业也没有拿到相关职业资格证的中等职业学校学生，更是难以进入企业参与会计实习工作。笔者认为，在进入"基础会计"模拟教学模块时，有条件的中等职业学校应建设仿真的财会模拟实训室，条件不足的学校可将普通教室布置成财会模拟实训室。这是中等职业学校"基础会计"课程教学创建"双元制"教学的一种模式，笔者称之为"基础会计"模拟实训。该模块要求教师根据实际的会计凭证、账簿、报表和完整的仿真案例业务结合账务处理程序，循序渐进地进行会计手工账务处理的技能训练。

笔者所在的学校刚开始是在条件不足的情况下创设财会模拟实训室的，在"基础会计"课程进入模拟这一模块的教学时先让学生按约定条件自由组合成 4 人一组的固定实习小组，任命组长担任会计主管。学生于每次实训前将原有普通课室布置成财会模拟实训室，按七个会计操作步骤：①建账；②制单；③过账；④试算平衡与余额调节；⑤结账；⑥编制会计报表；⑦装订凭证，进行会计操作技能的实践训练。先按每一个步骤进行独立训练，步步解决，循序渐进加以巩固，最后融会贯通，进行整套账务的完整操作训练。要求学生每人完整地做一套账，每人的套账由本组的其他成员审核签章直到出报表，完成一份《基础会计》实训报告。现在，这一系列模拟实训工作有了专门的财会模拟实训室，使得"基础会计"模拟模块的教学完成得更加顺利了。通过这个模块的教学，让学生真正了解了会计核算的整个流程，为日后的专业学习和就业打下了良好的基础。

"基础会计"这一"双元制"教学模式，可以较好地解决理论与实践教学相脱离或重理论轻实践的弊端。"双元制"培养学生不是以获得学历为目标,而是利用独特的教学手段,培养技术熟练的初级人才。这种教学模块设置和安排,既让学生进行了广而浅的理论学习,又具备了熟而精的实践操作能力训练;一方面可增加学生对会计专业的感性认识,另一方面也培养了学生的专业技能,完成了会计专业人员的雏形训练,为学生以后的会计专业学习打下坚实的基础,并使就业的学生能真正达到企业单位的用人要求,实现上岗的"零磨合"。"双元制"教学模式对我国中等职业学校课程教学改革具有普遍意义,并取得了良好的教学效果,对于端正中等职业学校办学的目标会产生一定影响的。

二、针对教学模块选择有效教学方法

教学是学校教育工作的基本任务,学生是教学的主体,教师在教学中起引导作用。教师的一切活动不仅要帮助学生"学会",更要指导他们"会学"。伟大的教育家陶行知在他的教育论中指出:"先生的责任不在教,而在教学,教学生学。"这就强调了教师要不断地改变教学方法,激发学生的学习兴趣,引导学生自觉主动地去学习。

过去,我们学校对"基础会计"课程传统的课堂教学总逃不脱"满堂灌"与"填鸭式",方法简单而单一。现在,正常的教学课时很短,为此教师要加班加点。但中等职业学校的学生本来就没有多大的升学压力,又受到当前某些中等职业学校以高职类高考为主的办学指导思想的影响,使多数中职学生认为专业课对自己将来的工作和升学都影响不大甚至无影响,对单向的教师教、学生学,更是缺乏兴趣。用"灌"这种单一的理论教学方法已无法适应现在中等职业学校学生的需求了,而我在"基础会计"课程的实际教学中使用了以下形式的教学方法,起到了良好的教学效果。

(一) 实地情景教学法

初学"基础会计"课程，入门是较为重要的，为增强学生对会计的感性认识，首先可以带领学生参观学校的财会模拟训练室，看会计信息载体（证、账、表），欣赏往届学生的优秀实训作业。如果有条件，最好是能带学生到企业、公司的会计岗位参观，但必须选择较正规与全面的企业财务科室（这点在目前是比较难做到的，但却是很有效的教学方法），请岗位人员讲解业务，看会计业务操作，观察业务流程。这种教学法对于提高学生学习兴趣，导入课程学习有很大的帮助。

(二) 框架图示教学法

在"基础会计"课程的理论学习部分有许多学习内容要进行不同的分类，为了便于学生理解和掌握，可以采用图示法教学充分展示有关内容的关系。

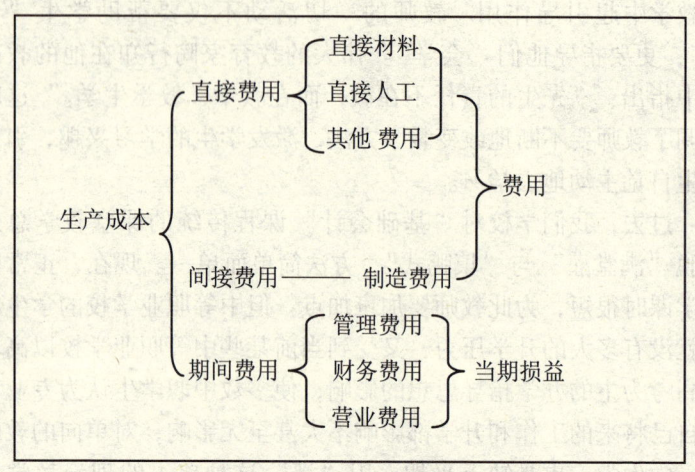

基本业务核算中成本、费用核算框架

在理论模块的教学中，通过框架图示教学法的内容有很多，其便于学生构建知识结构，使学生加深记忆，而且也是会计理论教学中最好的表现手段之一。

（三）启发式案例教学法

启发式案例教学法是指以典型的企业、公司实际业务为出发点，通过大量的案例导入，启发学生用所学的理论知识讨论业务处理，发现问题，解决问题。目的主要在于训练学生的实际业务分析能力和基本操作技能，掌握"基础会计"课程的基本原理、规则和操作规范等重要知识和技能。

在"基础会计"的练习模块中我们常常会发现，教师讲的知识不少，但学生掌握的东西却不多。造成这种情况的原因众多，但学生都未曾参加过生产经营活动，既缺乏理性认识，又缺乏感性认识。因此，多年来在"基础会计"练习模块的教学时，常以学生名字为财务人员，用他们身边最熟悉的公司企业来举例编写案例。

例如：要求学生分析下列经济业务并根据业务编制会计分录：

2009年5月5日，华强职业技术学校财务科郭莹开出转账支票（#0374508）一张，支付在好百年家具广场购买的办公桌椅10套，价值20 000元。（提供转账支票、商业企业销售发票，华强职业技术学校的银行账号为×××××××，开户银行为中国工商银行红荔西路景田南分理处；好百年家具广场账号为×××××××，开户银行为中国建设银行洪湖支行）

思考问题：

1. 我现在是为哪个单位做账？

2. 我们开出转账支票意味着单位的什么在变化？如何变化？

3. "银行存款"是什么性质的账户？减少在哪方反映？

……

学生看见案例中自己或同学的名字和熟悉的单位,会引起他们的兴趣并提高注意力,以这种学生最能接受的最贴切的实例来解决学生缺乏实际工作经验的问题,在思考问题的启发下透析那些千变万化的经济业务,弄清经济业务的来龙去脉,作出正确的判断处理,使启发式案例教学法在练习模块教学中屡试不爽。

(四)合作研究教学法

在实际的教学过程中,小班(学生人数少)教学效果好。一般情况,一个班有40人左右,传统讲授式教学,教师不可能照顾到每一个学生,容易导致差生的出现。于是,我在"基础会计"模拟模块的实训教学中主要采用了合作研究教学法。

合作研究教学法结合了研究性学习与合作学习的优势,将学生分成学习小组。小组的人数4~6人比较合适,异质分组效果更好,分组时应综合考虑学生对会计专业知识的掌握水平,组长角色一般为有组织和领导能力的学生担任。将学习任务布置给学生,由学习小组的成员共同讨论研究完成,定时检查各个小组的学习情况,进行评比。小组之间展开学习竞争,小组成员互帮互助,合理分工,充分发挥每个成员的优势,弥补每个成员的不足。

合作研究教学法体现了学生自我协调与同伴优势互补。在传统教学中,那些所谓的差生,刚开始分组时,每个小组都不愿意要。一段时间后,那些差生,许多小组抢着要。因为,这些差生大多活跃,头脑灵活点子多,动手能力强,熟悉计算机操作,发挥了他们的优势,为合作小组作出不小的贡献,得到了同学和教师的认可。"基础会计"学科的学习成绩也大有提高。那些优秀的学生,善于读书,上课认真听讲,乐于帮助同学,锻炼了组织领导能力。

合作研究教学法改变了传统的教师角色地位。在传统的教学方法中基本都是以教师为主体，采用合作研究教学法后，教师的角色发生了变化，在整个教学过程中起组织者、指导者、帮助者和促进者的作用，学生成为真正的学习主体，最终达到使学生有效建构当前所学知识的意义和目的。通过教学实践，我认为在"基础会计"模拟模块的实训教学中采用这种方法的确行之有效。

三、加强"基础会计"课程教学信息化

如果说老的电教手段对财会专业课程教学并无大的改进的话，当前多媒体和网络应用于教学对财会专业的教学有很大的促进作用。笔者认为可从以下几个方面来体现：

第一，效率化学习效果。充分利用多媒体和互联网的声音、图像，调动学生各种感观，激发学生学习兴趣，从而提高效率。

第二，现实化专业感受。通过多媒体和互联网技术展现各种会计岗位、会计工作流程，实实在在感受什么是会计？做什么事？

第三，形象化会计实物。利用多媒体和互联网技术形象地展现会计工具，如记账凭证、账簿、报表；认识原始凭证，如支票、汇票、发票、差旅费报销单等，增强操作能力。

第四，具体化会计概念。通过多媒体和互联网技术增强对会计基本概念的理解，如固定资产与存货的区别、展现产品成本核算过程、账簿结构、过账、结账。

传统教学方式不利于培养学生的实践能力、创新精神，但是教师用传统教学方式培养的学生，能够牢固掌握系统的基础知识、基本技能，学生的抽象思维水平得到了充分的发展。我认为应该对传统教学方式进行的是改进而不是抛弃，主要就是将信息技术与"基础会计"课程教学整合。通过长期的教学摸索，我采取过以下的方式将信息技术与"基础会计"课程教学整合。

（一）将信息技术作为基础会计教学的演示工具

我用 Powerpoint 课件制作工具制作常规教学课件，再利用一些教学软件公司或其他人员开发的用 Flash、Authorware 等工具制作"基础会计"教学课件或教学平台进行教学，如厦门网中网开发的"基础会计"教学平台等。这些课件和软件采用声音、图片、文本、动画、视频等多种媒体呈现教学内容，刺激学生的多种感官。这符合行为主义学习理论，多种外部刺激有利于强化学习内容。尤其是一些公司开发的课件，可以实现人机之间的交互，促进学生积极思维，激发学生的学习兴趣，唯一稍显修改的是灵活性不足，往往我会用自己制作的 Powerpoint 课件加以弥补。通过这一方式，使得"基础会计"课程的学习内容呈现的方式是非线性的、超文本的。按照建构主义学习理论，学习者在已有知识的基础上，根据自身的学习需要，与外部环境交互，有利于建构新的基础会计知识。

（二）将信息技术作为学习交流的工具

我除了常规课堂教学外，还利用 Email、BBS、QQ 聊天室、飞信等交流工具进行生与生、师与生之间的交流。这样可以把"基础会计"课程的课外辅导资料以及家庭作业，通过 Email 发送给学生，而学生可以把做好的作业通过 Email 交给老师。如果学生学习时遇到困难，可以通过 Email、QQ、飞信等请教教师或者同学，还可以在班级的 Q 群、飞信群上即时解决问题，学生经常会发出"有群真好"的感慨。这种交流不受时间和空间的限制，师生之间是平等的，彼此可以敞开心扉，相互接纳。如果师生同时在线，还可以自由交谈，教师可以了解学生的内心世界，知识的掌握情况，及时解决他们在学习过程中遇到的问题，及时为学生提供帮助和支持，极大地丰富了交流手段，延伸了教与学的时间和空间。

(三) 将信息技术作为辅导的工具

教师制作或开发的"基础会计"课程学习课件,可以让学生复制一份,给学生提供学习资源,也可以直接挂在教师个人主页或学校科组网站上,甚至是放在班级群共享里。有技术和条件,还可以将教师的示范性教学制作成录像挂在互联网上。这不仅便于学生根据自己的学习情况课后复习,更节约了教学资源,有效地发挥了信息技术作为辅导工具的作用。

改进后的教学方式,采用了多种媒体和互联网技术,增加了交互,部分情况下可以不受时间、空间限制,调动了学生的学习积极性,培养了学生的学习兴趣。然而多媒体和互联网技术的应用,主要取决于专业教师,因此,当前培养既懂计算机各种软件应用,又具有财会理论知识的专业教师,收集和制作多媒体素材和课件,显得尤为重要,是任重而道远的工程;而且凭借个别财会教师的个人力量明显是不足的,希望能联合相关企业和教育行政主管部门,积极发动各方的力量,才能更有效地促进"基础会计"课程教学的信息化。

总而言之,中等职业学校的"基础会计"课程教学,要理论与实践并重,勇于探索和尝试新的教学模式,选择恰当的教学方法,充分利用现代信息技术改进教学方式,激发学生的学习兴趣,全面提高中等职业学校学生的综合素质,以《教育部关于进一步深化中等职业教育教学改革的若干意见》为指导,转变教学方式,才能真正培养具备真才实学的中等职业学校学生,以适应社会经济发展对财会专业初级技能型人才的需要,从而提升中等职业学校财会专业学生的社会竞争力,端正和转变中等职业学校办学的指导思想,推进我国的中等职业教育事业的发展。

参考文献:

[1]徐明祥."双元制"平度教学模式.中国职业技术教育,

2001(3).

[2]王建华. 人才结构层次性的根据. 人民日报, 2005-05-27.

[3]王锴. 恰当引入案例教学的思索. 中华会计函授, 2000(10).

[4]郭红. 教法应围绕学法. 职教论坛, 2003(4).

[5]霍益萍. 研究性学习教师导读. 桂林: 广西教育出版社, 2001.

[6]张奇. 学习理论. 武汉: 湖北教育出版社, 1999.

浅谈如何提高学习会计的兴趣

河北省唐山市玉田县职教中心 刘晓军

摘 要: 本文就如何提高学习会计的兴趣,分别从榜样示范、通俗易懂的语言、启发式的教学方式、联系实际教学、构建系统的知识体系和运用多种教学方法六个方面,进行了分析和阐释。

关键词: 会计教学 榜样 教学方式

兴趣是最好的老师,是人们力求认识和探究某种事物和从事某种活动的认识倾向。因此,它是人们从事活动的内在动力之一。苏霍姆林斯基认为:"教师应在学生心灵中激起求知的欲望和点燃爱知识的火花,这欲望和火花,就是学习兴趣与动机的动力内容和源泉之一。"作为一名会计专业教师,通过不断地教学实践,我认为可以从以下六个方面入手。

一、通过榜样示范的作用,激发学生学习会计的兴趣

俗话说:"好的开始是成功的一半。"同样,对于会计专业的学生来说,第一节课就显得尤为重要。作为会计教师在讲授第一节课时,先不要过多讲授专业性太强的知识,而是让学生先对会计这门学科或是这个职业有个初步的认知。我们可以先听听学生对于"会计"的认识,了解一下他们理解中的"会计",再做具体的总结。我们可以从会计岗位的设置来说明,生活中哪些工作属于会计岗位。在介绍完会计岗位后,强调会计工作在社会生活与经济发展中的重要地位,最好在此引用实例加以说明。比如:基辛格,美国前国务卿,尼克松时代美国第一谋臣,早年毕业于美国哈佛大学会计系,获学士学位。何厚铧,澳门特别行政区首任行政长官,大学时代攻读经济学专业,在拿到注册会计师执业资格后,在香港一家会计师事务所执业,继而执掌家业,从事银行业,1999年当选为澳门特别行政区首任行政长官。通过大量的事例,激起学生学习会计专业的兴趣,为今后的学习开一个好头。

二、运用通俗易懂的语言向学生讲授会计专业知识

会计专业教学中有很多专业性很强的词语,但是我们应该改变一下讲课语言,把那些专业性非常强的语言改成通俗易懂的语言。比如"资产"这个名词,书上的解释是说"资产是指过去的交易或事项形成的,是企业拥有或控制的,预期会给企业带来经济利益的资源"。这个概念对于学习基础普遍较低的中专生来说有些难以理解,就把它拆成三部分来进行讲解。第一层意思是"过去的交易或事项形成的"就是以前已经发生过的事情,比如企业已经建造完成的厂房,企业购入的各种材料,企业生产完成的产品等等,都是企业的资产。而企业打算购买的设备就不属于企业资产,因为它们还没有成为企业的。第二层意思"是企业拥有或控制的"。这里要向学生强调"或"字,这是一种并列关系,所谓"拥有"就是这个东西是属于自己的,你可以随便处置它。而"控制"就是另外一层意思了,虽然没有所有权,但它能够对该财产进行支配和控制,使该资产能够按照企业生产经营的计划充分并发挥作用。这里引用一个典型的例子,那就是"融资租赁的固定资产"。说到融资租赁,有必要向学生说说关于"租赁"的问题。"租赁"分为两种,一种是经营性租赁,另一种是融资租赁。我们生活中的租赁就是经营性租赁,比如租房子、租汽车，而融资租赁却不同于经营性租赁。租赁的设备是由想租赁设备的一方（承租人）决定，出租设备的一方（出租人）出资购买并租赁给承租人使用，并且在租赁期间内只能租给一个企业使用。出租人保留设备的所有权，承租人在租赁期间支付租金而享有使用权，并负责租赁期间设备的管理、维修和保养。而融资租赁的租赁期间比较长，接近这个设备的使用寿命。这就是资产概念中的"控制"，虽然没有所有权，但是可以对这项资产实施"控制"。资产的第三层意思是"预期会给企业带来经济利益"，就是说这个资产能够给企业带好处，为企业带来价值。所以像企业中已经毁损的设备，不能给企业带来价值，就不能称其为企业的资产了。通过这种通俗易懂的语言，学生比较容易理解和掌握会计专业知识。

三、启发式教学，增强课堂的吸引力

会计专业教学是一门比较枯燥的学科，要想增强课堂教学的吸引力，我们应多采用启发式的教学方式，让学生带着问题去学习，去思索。比如在讲解错账更正方法这节内容时，我们可以说，在前面我们介绍了会计账簿的种类以及相关的记账规则，但是在记账的过程中有时由于这样或那样的人为原因，会造成账簿记录发生错误。我们用错了会计科目，记错了金额，颠倒了记账的方向，这时要如何处理呢？这就是本节课要学习的内容。通过这种启发式的引入，既可以激发学生学习错账更正方法的强烈求知欲望，又可起到较好的承上启下作用，对新内容的学习有一个比较自然的过渡。

四、联系现实生活，促进知识的理解和掌握

会计教学必须联系现实生活，这样才能增强教学吸引力，才不会使学生产生抽象的感觉。比如我们在讲解"负债"这个要

素时，包括一个内容"预收账款"，学生可能很难理解，那么为什么预收账款还属于企业的负债呢？我们可以在此列举现实生活的实例，一个企业想买咱们企业的产品，把货款提先给了咱们企业，这笔货款就叫做咱们企业的"预收账款"。表面上看，我们虽然收到了货款，但是还欠着对方的货物，所以说"预收账款"是企业的一项债务。通过这个事例，学生肯定已经明白了。

五、融会贯通知识，使学生在头脑中构建系统的知识结构

对于初学会计的人来说，在学习会计基本理论的时候往往会有这样的感觉，内容多而且乱，在教师讲解时感觉明白，但是自己复习时又会感觉没有条理性，这就需要教师帮助学生融会贯通知识，使学生在头脑中构建系统的知识结构。比如在讲解会计、会计对象、会计要素、会计科目和账目这几个名词时，我们可以把它们穿连起来进行讲解。何为会计？它是一种经济管理活动，以货币计量为主，运用专门的方法，对经济活动进行核算和监督的一种管理活动。会计这一经济管理活动有两项基本职能，那就是核算和监督。那么，会计核算和监督的内容是什么呢？它们的内容就是会计对象。那么，如何进行算账呢？这就需要我把内容进一步分类，比如分为化妆品类、学习用具类、烟酒茶糖类等"会计要素"。所以说，会计要素就是对会计对象的具体分类。会计要素共分为六大类，分别是资产、负债、所有者权益、收入、费用、利润。但是，我们接着想一想，会计核算工作只依靠这六大类要素来进行记录行不行呢？我们知道企业有很多资产，比如企业的房屋、建筑物，企业的原材料，企业的存款，都是企业的资产，仅通过资产这个要素来记录的话，就显得太粗略了。这就需要在"资产"这个要素的基础上进一步分类，那么这个分类又叫什么呢？这就是会计科目。像我提到的房屋、建筑物统称为"固定资产"，企业的存款叫做"银行存款"。所以说，会

计科目就是对会计要素的具体内容进行分类核算的项目。会计工作的主要任务是核算,也就是算账,记录这些要素的增减变动情况,需要借助于"账户"来进行登记。那么什么是账户呢?账户就是依据会计科目设置的,有一定的格式和结构,能够反映每个会计要素增减变动情况的载体。这样一来,在学生头脑中比较清晰地建构起了一个系统的知识结构,其能够使学生条理清晰,印象深刻。

六、灵活运用多种教学方法,促进学生掌握知识

在会计教学的过程中,要根据所学习的不同内容采用不同的教学方法。比如对于那些比较简单的内容,可以采用自学法、讨论法,最后由教师进行总结。在讲授经济业务核算时,可以采用情境教学法。让学生扮演购销双方,分别站在不同的角度进行分析。当讲解会计凭证、会计账簿、会计报表的填制等操作性知识时,可以采用实例演示法,找一些真实的会计凭证、会计账簿和会计报表,让学生观察思考,从而总结出填制的方法。在每节课快结束的时候,留给学生五分钟,让学生对于本节课内容做一下小结和自我评析,请学生谈谈本节课的感受,有哪些收获。这样,学生学习起来就会由被动转为主动,从而提高学习兴趣和效果。

学生的学习兴趣会影响学生的学习行为,进而直接影响到学习效果,特别是会计专业课容易产生枯燥乏味的感觉,所以就要求专业课教师打破传统的教学模式,寻找适合学生的教学手段和方法,让学生在轻松愉悦的氛围中学习,从而更好地掌握专业知识。

关于中职财会技能大赛竞赛项目设置的思考

福建省厦门工商旅游学校 刘文俊

摘 要：自2008年开始，全国中等职业教育技能竞赛每年在天津举办一次。定期举办全国职业院校技能竞赛，形成"普通教育有高考，职业教育有技能竞赛"的局面，是我国教育工作的一次重大制度设计与创新。笔者结合自己指导学生参加财会技能大赛的体会，针对目前财会技能大赛的项目设置提出了自己的思考和建议。

关键词：中职财会技能大赛 项目设置 合理性 实践性

"普通教育有高考，职业教育有技能大赛。"这已成为教育界耳熟能详的一句"流行语"，也是广大职校师生的热切期盼。举办技能大赛，就是要引导广大中职学校坚持以就业为导向，面向社会、面向市场办学，积极推进教育教学改革，提升教育教学质量，以能力为本位，培养学生学以致用、学有所用。通过大赛带动教学、评价教学，在检验各学校的技能教学成果和选拔优秀学生的同时，引导中职学校进行教学内容的选择、实训方式的改革、课程模式的更新和育人理念的确立，确保中职学校在以"就业为导向，能力为本位，服务为宗旨"的职教目标指引下，形成良性循环，保持健康发展。通过多层次、全覆盖地举办技能大赛，形成"校校有比赛，层层有选拔，师生齐参与，全国有大赛"的局面，覆盖到每所职业院校、每个专业、每位教师、每名学生，从而快速地提高中职学生的素质和技能。

福建省人民政府在《关于福建省 2010~2012 年教育改革和发展的重点实施意见》中强调大力发展职业教育，重点加快发展中等职业教育。同时要求建立和完善职业院校技能大赛制度，每年举办一次全省职业院校学生技能大赛，各设区市、职业院校定期开展技能竞赛活动，把职业教育同职业资格认定、技术等级评定及就业准入紧密结合起来，力争到 2012 年，中等职业学校毕业生全部取得"双证书"。这标志着福建省"普通教育有高考，职业教育有技能大赛"的制度设计基本形成。

作为指导老师，我带领学生参加了福建省 2009 年、2010 年两届财会技能大赛，亲历了其中的艰辛和拼搏，参赛学生都取得了一等奖的好成绩。

2009 年，福建省职业学校技能大赛中职财经商贸类技能竞赛规程中学生组竞赛项目设会计实务技术项目含珠算技术（普三题型）、会计手工记账、财务软件操作三个部分。竞赛的组队方式：珠算技术（普三题型）为个人项目，每位选手必须参赛；手工记账和财务软件操作为个人项目，每项选手不得相互兼报。

2010 年，竞赛规程中学生组竞赛项目设个人综合项目：手工记账和珠算（普三题型）；个人单项：会计电算化操作。竞赛的组队方式：手工记账和珠算（普三题型）为个人综合项目，会计电算化操作为个人项目，各项目不得相互兼报。

两年竞赛项目设置最大的区别在于 2010 年把手工记账与珠算项目合并，同时评分中手工记账总分值占 80%，珠算总分值占 20%。这样的设置既没有充分发挥出部分学生手工记账的特长，又大大削弱了珠算的优势。

每年一度技能大赛制度的建立，将发挥检查、选优、引导三种功能，其中引导功能是最重要的功能。通过技能大赛制度，引导教学内容的选择、实训方式的改革、课程模式的更新、育人理念的确立。大赛就像一个"指挥棒"，倡导什么，期待什么，学校和学生自然就会侧重什么,每年的技能赛覆盖所有院校、所有专业、所有老师、所有学生,随即而来的是学校的办学理念、课程建设、培养模式和评价标准也在变。在此引用《湖南日报》上的一句话:"技能大赛已成为职业教育发展的'杠杆'"。

作为财会专业的授课老师及从业人员,下面就财会技能竞赛项目的设置谈谈本人的思考:

一、将珠算技术单列为个人项目,题型上不做普三题型的限制

随着计算机的快速发展和普及,算盘在计算功能上已无法同计算机相比。珠算在社会工作中的使用范围越来越小,在会计教学中的地位也被淡化。财政部规定,获取《会计从业资格证书》必须要取得会计专业知识考试合格证和会计电算化证或珠算五级以上,教育部也把珠算定为中等职业技术学校财经专业的一门专业技能课,但是在电子计算器和电脑普及的今天,珠算在社会工作中的使用范围越来越窄。在这种现状下,珠算既不影响学生获取从业资格证书,又基本上不影响学生就业,很多学校停开了珠算课,开课的学校师生心中也有疑问:学珠算有什么用?其实,许多发达国家的研究已经证实珠算在数字时代并没有被淘汰,关键是如何发挥珠算的优势。

珠算教学对会计专业学生职业素质培养一直保持着一定的优势。职业学校是就业的教育。学生经过三年的学习就要投身社会,要在就业中获胜,要成为一个合格的财务人员,不光要有过硬的知识、技能,也要有一定的职业素质。珠算的学习对于培养财经人员的职业素质有着非常重要的意义。比如,可以培养吃苦耐劳的品质;培养对数字的敏感,作为会计人员,不但要懂数学,还有对数字敏感;树立时间观和效率观,提高工作效率;养成良好的审核、验证习惯,培养严谨的工作作风等等。

目前珠算水平的高低是借助于珠算协会每年的定级考试来评定的，有各种层次的各项比赛，包括海峡两岸珠心算通信赛、泛太平洋珠心算比赛、世界珠心算比赛等等。在校中职生技能展示最直接的舞台就是技能大赛，但 2010 年却将这项内容与手工记账合并计分，只占 20% 的权重，同时限定普三题型，笔者认为是不利于发挥和展示学生的特长和优势的，如果单列为个人项目，让学生发挥出最好成绩，更能向社会展示中职的教育教学成果。

二、结合就业岗位需求特点，把点钞和 POS 机实操纳入大赛项目

在中等职业学校的财会专业毕业生能够大量参与的会计事务中，越来越多地局限在以熟练的会计基本操作技能、税务事务处理为特征的某些岗位。这类岗位对学生动手能力的要求进一步具体化、低层化，需要我们中职校培养的是适应性强的就业岗位群，包括：企业的出纳、会计、成本核算、仓库管理、工资核算；金融行业的出纳、会计人员；各服务行业收银员、办税员；会计师税务师事务所的助理审计员、代理记账、代理报税工作人员等等。

所以，要求中职学校不论是在课程设置还是实训内容上都按照实际一线岗位人才的需求来开展，而作为职业教育发展的"杠杆"的技能赛更不能忽视财会基层就业岗位人才技能需求特征。笔者个人建议把点钞和 POS 机实操列入财会技能大赛，这会很大程度上引导各校教育逐步由传统的以学科教学为中心的"知识本位"转向"能力本位"的模式，加强学生综合能力的培养，以适应社会发展的需要。

三、手工记账项目

作为重头戏的手工记账项目可以分为凭证处理技能、账表处理技能、综合账务处理技能三项。

手工记账项目竞赛的特点之一是时间长，在 2009 年的竞赛中需两个半小时完成一套账；2010 年压缩到两个小时，在题量上有大量的缩减，比如不需登记总账和明细账，不需编制财务报表。这样做，笔者认为并不能完全赛出学生的账务处理能力。

从填制和审核凭证到登记账簿，再到编制报表，这是实际工作账务处理的流程，无一能删减；作为体现从业岗位特色的技能大赛，要赛出选手的水平和能力，应该让学生独立完成一整套账才可考评出相应的账务处理技能。但是，考虑到竞赛时间的安排问题，笔者建议可以将手工记账项目可以分为单项技能类和综合技能类，大致如下设置。

（1）凭证处理技能：包括在规定时间内根据给出的原始凭证按规定填制记账凭证并编制科目汇总表，将比赛提供的原始凭证和记账凭证整理、装订成册。

竞赛时间可以定在 1.5~2 个小时，难度可以加大，采用原始凭证型，着重考评学生对原始凭证的理解、认知和处理能力。

（2）账表处理技能：在规定时间内根据比赛提供的记账凭证和相关原始凭证登记账簿，并编制会计报表。

竞赛时间可以定在 1.5~2 个小时，同样难度可以加大，考评学生对各种账簿格式的认知和规范性登记，以及错账更正方法的运用。

（3）综合账务处理技能：包括在规定时间内根据给出的原始凭证按规定填制记账凭证，并编制科目汇总表，将比赛提供的原始凭证和记账凭证整理、装订成册；同时在规定时间内根据比赛提供的记账凭证和相关原始凭证登记账簿，编制会计报表。

竞赛时间可以定在3~3.5个小时,以《基础会计》所涉及的经济业务内容为基本,着重考评学生处理账务的速度、证账表勾稽关系认知理解、账务处理的各种技巧。

综上所述,举办职业技能大赛是贯彻落实党中央、国务院大力发展职业教育方针的重要举措,是教育工作的一项重大制度设计与创新,是培养选拔技能型人才的一个重要平台,是对职业教育近些年来深化改革、加快发展成果的检阅。通过技能大赛,可以充分展示职业教育改革发展的丰硕成果,集中展现职教师生的风采,努力营造全社会关心、支持职业教育发展的良好氛围,促进职业院校与行业企业的产教结合。

竞赛已突破了纯粹意义的比赛,转变成为评价推动学校教学水平与学生动手能力的一种方式和平台。竞赛项目设置的合理性以及实践性是至关重要的。笔者从事财会职教多年,希望将来的财会技能大赛更专业、更权威,在此引导下职业教育能更好地为我国经济建设和社会发展服务。

参考文献:

[1]福建省2009年政府工作报告.

[2]教育部2009年工作要点.

[3]史文生.论中等职业教育技能竞赛的导向作用.河南教育,2008(6).

[4]邢晖.充分认识职业技能大赛的功能价值.中国教育报,2008-07-10.

[5]刘琴,杨璐伊,曹磊文.从技能大赛看职教改革方向.中国教育报,2008-07-11.

[6]潘光.技能大赛要赛出综合能力.中国教育报,2008-08-14.

怎样更有效地提高职校生理论与实践教学的效果

山西省晋城市中等专业学校 刘淑林

摘 要：在职业学校教学改革中，分层教学、理论和实践相结合，运用实践性教学，实行理论教学与实践教学同步，以学生的综合实践操作为线索，逐步展开会计理论学习，从实践到理论，再由理论指导实践，为学生将来走向社会打下基础。

关键词：实践教学 分层次 互动

会计课是职业会计专业的核心主干课程，其理论性较强，枯燥难掌握。高职招收的学生，有相当一部分是达不到高职教育的要求的，其思想素质、学习能力和纪律观念等都比较差，表现在学习上就是：不想学，不能遵守课堂纪律，上课不听讲，下课不复习，作业不完成，考核不及格等。怎样才能有效地解决这些问题，从而达到高职会计专业培养的目标？作为教师，首先要研究教学对象，了解他们的所思所想，摸清他们感兴趣的地方。比如：学生对身边发生的事情感兴趣，喜欢填凭证、点钞、数码字书写等。为了培养高职学生的学习兴趣，提高教学目的，教师就要在改变传统的"填鸭式"的纯理论教学，加大实践教学课的同时，分层次教学让不同的学生得到不同的发展，使他们在学中练、练中学，以练促学，达到既能掌握会计基本知识又能锻炼学生实践能力的"双赢"目的。

一、课堂教学采用分层法

（1）课堂教学中基本上面对中等学生施教，设计的问题要带有一定的思考性，当然也要带有一定的梯度，问题提出后不要急于指名让举手的学生立即回答，应给中下学生留有思考的余地，这样看上去似乎浪费了一部分宝贵的教学时间，但可避免中下学生上课时思维的惰性，让他们知道他们并不是旁观者，也是学习的主人。教师提问的面要广，不能变成与少数优生的一问一答，要为中下学生设计一些针对性的问题，但这可能会造成优等生的积极性降低；如果让优生来点评中下学生的回答，指出他回答中的优点和不足，并能向中下学生作解说，让他们听明白，这样优生也得到了锻炼，至少培养了他们认真倾听的好习惯，培养了他们的表达能力和思维的条理性，是一个双赢的做法。在课堂作业的设置上，也应设置层次，完成一层后再完成二层、三层的题，三层题一般作为学生课外思考的题，作为一种有奖征答，答对了给予一定的奖励和表扬，与平时的考核结合起来可加分，一星期一结，优生的积极性就会提高。一层、二层的题要在课上完成，中下学生只完成一层题，让他们也能尝到学习的成功感。同时，教师巡视指导时要求他们讲思路，或者让他们讲给旁边的优生听，让优生评点打分，分数累积一星期达到前几名的同样给予奖励，以调动他们的积极性。这一操作方法要充分发挥学习骨干的作用，要把他们组织好，教师只要设计好各等级的作业题就行了。

（2）课后作业应分层布置。特优生可以不写书面作业，但要求每天研究一至两题思考题，题目来源于课后思考题，或从网上找些题，并就解题的思考过程写实习日记，这种做法既减轻了优生的学习负担，又提高了优生的兴趣；一般的学生可布置配套的教辅用书的题，着眼于提高他们的基础知识的掌握和基本技能的提高；基础特差又很不自觉的学生在教师辅导和监督下完成一些最基本的题，达到要求后再放到一般学生的行列中去。但教师的引导和与学生的个别交流很重要，不然就会让部分不自觉的学生有空子可钻。

（3）学生给学生出题，特别注重优生出题差生做，要求学生出的题要符合差生的学习实际，差生做好后让优生批改，并边批边讲评。这也是双赢的做法，学生的表达能力提高了，思路清晰了；差生基本知识的掌握提高了，学习积极性自然提高了。

（4）学生以组为单位相互判作业、判试题，这样既锻炼了他们思维又提高了他们责任感。同时教师要加强监督，把这项工作与平时的考核结合起来并记入平时成绩，每次都随机抽取1/4量来检查，并进行评比。这对一些不负责任、懒惰的学生是一种督促和强迫，首先他们必须完成作业，不完成作业就没有办法给他人判题；有问题的内容就必须赶快解决，不解决就没有办法完成工作。若他们没有完成工作，这个组就要被扣分，影响其他成员的成绩，这样就有一种压力强迫他们必须完成作业。

二、加强实践课的管理

如果理论没有掌握好，实践课就不能很好地完成，就很被动，而且实践的内容都是发生在我们身边的事，学生学习起来很有劲，能调动积极性。学生在仿真环境中填制原始凭证和记账凭证、登记账簿、编制报表，感到如同置身于实际财务部门一样，做账热情高涨。学生通过仿真实习，对会计工作的全貌有了更清楚直观的了解，提高了学生的岗位适应能力，加深了对会计基础工作的认识与理解。

（1）在实训中对学生要按会计岗位、分角色进行训练。

让学生掌握不同会计岗位、不同角色的技能。依据财务会计的内容，分设了以下会计岗位：①会计出纳核算岗位。其实训目的是让学生熟悉并掌握出纳岗位职责、出纳人员的职责和权限;熟悉并掌握出纳工作的内容与日常业务工作的基本程序,并能熟练进行出纳业务的实际操作。②存货核算岗位。重点掌握材料收、发、存按实际成本、计划成本核算的账务处理及有关总账、明细账的登记方法。③固定资产核算岗位。让学生掌握固定资产的增加、减少、折旧等业务,有关会计凭证的填制及其账务处理。④往来款项核算岗位。了解往来业务会计岗位职责、企业结算制度、客户信用和债权、债务的确认,掌握往来业务核算、坏账计提、确认转销的账务处理。⑤薪酬核算岗位。理解薪酬的内容,会填制与薪酬有关的原始凭证、记账凭证,熟悉相关账户的登记。⑥费用核算岗位。掌握费用的含义、特征、内容,熟悉费用所涉及的原始凭证及原始凭证的分析,能编制记账凭证及相关账簿的登记。⑦销售利润核算岗位。掌握收入的确认条件、利润和利润分配的核算程序和方法,熟悉收入所涉及的原始凭证及原始凭证的分析,能编制记账凭证及相关账簿的登记。⑧总账报表核算岗位。了解会计报表的种类、形式,掌握对外报送会计报表编制的要求、程序和方法。会计角色包括会计主管、记账员、稽核员、出纳员、制单员等。实训资料采用以企业真实业务为原始依据的仿真业务资料,在会计模拟实验室里,为学生营造仿真的会计工作环境。会计教学中无论理论还是实训方面,切忌采用单一的教学方法与教学手段,否则学生学习会计易产生疲劳感,失去学习兴趣。教师可采用情景教学、讨论式教学、图解、案例教学、问题导向等教学方法。为了达到更好的教学效果,"一支粉笔+一块黑板"已不能满足现代教学的需要。财务会计中有些内容学生很难理解,比如:银行结算程序、对外投资等,教师可以通过制作并运用多媒体课件教学,以拓展课堂授课的知识容量,增强学生的感性认识,提高教学质量。新会计准则的相关内容要融入上述教学模块中,力求做到系统、适度,便于学生学习掌握。比如：长期投资中包含持有至到期投资、可供出售金融资产、长期股权投资、投资性房地产等内容，教师在讲解时不能面面俱到，眉毛胡子一把抓，持有至到期投资与长期股权投资需掌握，其余可作了解内容。

（2）实习过程。

第一，课前准备。学期初，建立学习小组或课程项目小组，上课前将教案、电子课件、前次作业解答和本课要实习的内容等资料分发给各小组，便于学生在课堂上使用。

第二，进行实习。实习开始，学生有许多问题亟待解决，教师巡回并解决个别问题，共性的问题给大家一起讲，学生的听课积极性很高，听完课再完成实习内容就比较容易了，教学效果也不错。

第三，教师课堂讲解，设置问题。在教学（实习）过程中，遵循"教师是主导，学生是主体"的原则，教师将理论与实践有机结合，融为一体，按照"从实践到理论，再从理论到实践"的认知规律，强化基础训练，突出重点。对基本概念和基本知识一般可采用案例式教学，对中小型作业则可采用项目式教学方式。在教学过程中，应综合运用电子板书、一体化教学课件、操作演示、教师机和学生机的互动等多种教学手段，针对实际情况，采用讲解法、引导法、互动法、实际操作示范法等教学方法。

第四，学生再实践，解决实际问题。教师在讲解和演示后，根据教学内容，给学生布置实验任务，明确实习目的、要求和步骤。学生在实习过程中，可以独立完成，也可以小组组合或有选择地将动手能力突出的学生分散编排，鼓励学生相互讨论、协作完成。教师在此过程中，要及时了解学生完成的情况，针对存在的问题，给予必要的提示，对具有共性的问题集中讲解。通过边讲边练、精讲多练、讲评结合，有利于激发学生的学习兴趣，按时完成课堂教学任务。

(3) 考查讲评。

教师要及时考察每位学生完成实习任务的情况,并作为平时成绩,平时成绩(含期中成绩)占课程成绩的60%,期末笔试成绩占课程成绩的40%,这样可以督促学生认真对待每一堂课。对于大中型作业,则要求分组完成,并由组长介绍本组的工作情况。最后教师作简要讲评,布置课后任务。

三、实践教学中的不足

虽然这样的教学突破了以往的课堂模式,使课堂结构更加紧凑,学生学到的知识更加系统化,更有效地提高职校生理论与实践教学的效果,但是仍存在一些潜在的问题,如课堂时间紧、课堂纪律难控制等。如何避免并解决这类问题,还需进一步在实践中探讨。

参考文献:

[1] 孙万军. 会计岗位综合实训教材. 北京:高等教育出版社,2004.

[2] 山西省会计条例. 2007-04-16.

对中职学校会计实训课程教学改革的思考

新疆乌鲁木齐市财政会计职业学校　刘　洁

摘　要：为保证中职学校会计专业学生能在激烈的就业市场竞争中顺利就业，中等职业学校会计实训教学是指导学生如何将会计理论知识与动手能力完美结合的一种教学方法。笔者结合自己的教学经验，以企业对会计人才需求的"实"和"用"为着眼点，强调会计专业实践性教学的重要性。本文分析了中职学校会计模拟实训的现状及原因，试图从建立会计模拟实训课程体系，完善实训课程教材建设，建立实训教学效果评估体系等方面。通过思考，提出一些改进会计实训课程教学改革的建议，从而找出一条适合中职学校会计实训课程教学的最佳途径。加强师资队伍建设，对会计实训课程进行改革探索，目的是使会计实训课程真正实现"以就业为导向，以素质为基础，以学生为主体，以项目为载体，以实训为手段"的教育目标。

关键词：中等职业教育　会计模拟实训　教学改革

2010年10月，笔者参加了在云南大学举办的中等职业学校骨干专业教师国家级师资培训班，根据培训内容，结合笔者所在学校近几年来在中等职业学校会计实训课程教学改革中遇到的具体问题，提几点拙见，望各位同仁批评指正。

一、中等职业学校会计教育的目标定位

教育部《2003—2007年教育振兴行动计划》一文中指出，

要"以促进就业为目标,进一步转变高等职业技术学院和中等职业技术学校的办学指导思想"。教育部"以就业为导向"的目标一经明确,就对中等职业技术学校的教学提出了更高、更新的要求。为了适应这一目标,笔者认为,在中等职业教育阶段应注意培养学生的实际操作能力,即以培养技能型人才为主。此外,为适应知识经济的需要,还应注意培养学生的学习能力、思考能力和创新能力,而会计模拟实训教学,是实现这一目标的必要手段。

二、会计模拟实训的现状及原因

会计模拟实训有助于增强学生对会计实务操作的感性认识,促进学生理论联系实际,所以大多数学校都建有会计模拟实训室,但各学校的模拟实训或多或少都存在以下一些问题。

(一)教学观念落伍

对中等职业学校财务会计专业的学生来说,动手能力强是他们与财经类高校学生竞争的主要优势,也是他们在社会上的立身之本。然而,理论教学占主导地位的教育思想仍影响着中职教育,无论在课程设置、教学课时安排,还是在教学内容、教学方式上,都表现得较为明显;忽视实训,校内实训室形同虚设。

(二)缺乏实践教学环境

1. 突出强调会计核算职能,忽视了会计监督环节

目前的会计模拟实训课程基本是要求学生完成"凭证—账簿—报表"的循环,缺少了"审核、监督"这一重要环节。主要是由于教师在准备资料的过程中没有准备不真实、不合法的原始凭证供学生选择,使学生从观念上淡化了审核这一重要工作。

2. 会计模拟实训教学缺乏环境性

企业会计人员,是连接企业与税务机关、银行和企业各部门的重要纽带,可是由于实训环境的限制,学生在实训中,无法充

分做到各环节的设置要求,如在模拟实训采购员出差预借差旅费这一业务程序时,涉及采购员、出纳员、记账员的角色。首先,从银行提取现金,出纳员必须先按支票使用和管理上的规定填制支票,留下存根部分,然后携带支票到银行与有关人员办理取款。款项取回后,记账员依据留下的支票存根编会计分录,然后采购员按借款的程序先填制一张借据,经有关领导审核批准后,交出纳员,出纳员方可将款项借给采购员。出纳员将款项交给采购员时,要在借据上加盖"现金付讫"戳记,记账员据此编会计分录。可由于环节设置上的困难,学生无法很好地掌握,同时也无法体会会计人员报税的各个环节,这样学生在以后的实际工作中,就无法尽快地适应本职工作。

另外,学生校外实习是会计实训的一个重要组成部分,但企业单位的经济管理,特别是会计记录有很强的法律严肃性和保密性,企业不愿成为学校的会计实训基地,使学生的专业动手能力无法得到真正的锻炼。

(三)实践教学缺乏递进性

在中职会计专业教学中,教师往往将会计实训放在三年级统一进行,而忽略了一、二年级在"基础会计"和"财务会计"中的训练,造成理论教学和实训的分离,实践教学缺乏递进性。

(四)教师自身脱离实践

从目前中职院校的会计专业教师队伍的现状来看,一方面教师们大多是从学校到学校,缺乏实践经验,加上平时教学任务繁重,往往还兼任班主任工作等其他相关的事务性工作,难以抽出时间参加社会实践。另一方面,大多数中职学校没有把教师参加社会实践纳入教学管理计划或形成制度,在时间上、组织上和经费上都没有相应的安排和保证,不可避免地出现了教师脱离实践的现象。

(五)对"双师型"教师的理解有误

认为"双师型"教师,就是通过国家级的会计资格考试,拿到国家颁发的相应的会计资格证书,或考一个相应的和经济有点联系的相关证书,就是"双师型"教师了,实际上会计课教师的动手能力没有发生"质"的变化。

三、会计实训课程教学改革的思考

为了解决以上问题,笔者建议在会计实训中做以下改革:
(一)建立实践课程体系

将会计实训贯穿于三年中专教育的始终,体现循序渐进的过程。完善实践课程体系,将会计模拟实训分成四个部分:

1. 职业认知实践

职业认知实践教学是以《基础会计》教材中的凭证、账簿为实训单元,按授课进度分别组织实训,目的是解决专业课学习中某一方面的实务操作问题。这些问题是专业学习的基础,通过职业认知实践可以使学生充分理解会计的概念和原理,帮助学生掌握和理解专业学习中的某些关键点和难点。

2. 核心职业能力实践

核心职业能力实践教学是在学完会计专业课程后,学校安排两周时间,对本课程所涉及的经济业务和相关的会计处理方法与程序进行手工的综合模拟实训,目的是让学生进一步巩固、深化本课程所涉及的相关知识。通过模拟实训课程的教学可以使学生熟悉会计循环系统,了解会计工作的特点和流程,理解会计信息的生成原理及内涵。

3. 职业能力提高实践

职业能力提高实践教学就是将"企业财务会计"和"财务软件应用"相结合,在所学的财务会计专业知识同计算机技术相结合的基础上,掌握账务处理系统、工资管理系统、固定资产管理系统和报表管理系统各项功能的应用操作。

4. 综合职业能力实践

这是会计模拟实训中最重要的环节,是三年会计学习的综合体现,是将会计学的相关专业知识融会贯通的实训,也是在职业认知实践和核心职业能力实践及职业能力提高实践的基础上的复合实训。其目的不是单纯的检验学生对所学知识的综合运用能力,更主要的是训练学生发现问题、分析问题和解决问题的能力。通过综合模拟实训课程,可以增强学生的主动思考能力和自主学习能力。本环节强调的是模拟实训的仿真性,力求理论教学与实践的零距离对接,具体工作如下:

(1) 创造仿真工作场景。

学校要给实训室配备多媒体教学设备,根据班级人数设置若干个工作组,每个工作组有 10 个工作卡位,每个工作卡位配备一台电脑,安装金蝶、用友等会计软件。

实训课教师为学生准备丰富的实训耗材,包括各种原始单据、记账凭证、账簿、报表、印章等。

实训课教师将全班同学分为几组,每组为一独立核算企业单位,推选一名同学作为"财务经理",负责组织协调本组各项工作。各组下设出纳、费用会计、存货会计、销售及应收会计、采购及应付会计、固定资产会计、工资会计、总账会计等工作岗位,这些岗位可以根据工作量的多少,设置一人多岗或一岗多人,但要符合内控制度的要求。岗位划分可根据学生在实训中的体会不断调整,在实训结束时各组提供其最终优化的岗位组合。为了提高实训效果,保证各学生接触各种业务类型,要求在业务处理阶段,每周轮换一次工作岗位。

(2) 提供真实的实训案例资料。

为了做到这一点,学校要派专业任课教师深入企业第一线,通过半年到一年的脱产实习,保证实训的资料真正来源于实践,体现出实际工作岗位的能力要求,力求达到学生在课堂中训练的,就是毕业后在工作岗位上需要做到的,从而提高学生的岗位适应能力。另外,在选择实训资料要兼顾全面综合,实训资料并不是来源于一个企业,而是从多个不同行业、不同性质的企业中选取的具有代表性的业务,从而使学生在各门专业课程如会计原理、财务会计、电算会计、财务管理、税法和结算中学习的各项技能,能够得到充分的训练,提高学生的综合运用能力。

(3)以业务流程动态推动会计核算。

采用动态业务推进式的实训方式,主要体现在:

①初始建账阶段要给学生一些有关实训企业的基本资料,向其提出工作目标,由学生来决定要开展的工作他需要做什么,需要什么资料,然后根据学生的要求提供或指导他去通过适当的渠道取得需要的资料,从而让其体会在实际工作中会计资料的搜集方式。

②在日常处理阶段,依照企业实际运作方式,采用动态的业务发生和处理方式。只有顺利完成前项业务,才能接着开展下一项内容,而前期的业务处理又影响到后期业务的运行,从而使实训的内容不仅仅局限在会计处理上,延伸到会计运作的各环节。同样的实训资料,会随着学生业务能力、处理方式、决策能力、组织能力的不同而不断变化并产生不同的处理结果,从而更好地训练学生的实际工作能力。

③在实训中彻底改变传统教学中以描述提出业务的方式,引入具体的业务处理流程,用会计人员的参与和相关的原始单据来代替文字描述。比如说付款业务,在传统课程教学和其他的课程实训中,常常描述为"某日,开出支票以银行存款支付某单位前欠货款",但在实际会计工作中是永远都不会有这种描述的。改革后的训练方式是:在某一工作日,安排某一同学以采购部员工身份,向财务人员提出付款申请,经过必要的审批流程,确定

付款方式，由会计人员进行相关账务处理，再由出纳员根据相关单据开出支票进行付款。这样训练出来的学生才真正知道实际会计工作的操作方式，真正实现理论与实践的结合，这一环节正是学生的一个薄弱之处。

④在期末处理阶段改变了传统实训明确提出处理要求的做法。按照实际工作中的情况，由学生自己去分析在自己的企业状况下，应该做哪些处理，怎么做这些处理，从而训练学生全盘账务的把握和处理能力，提高学生的综合分析和运用能力，使学生不仅要有适应现时工作岗位的能力，还要具有一定的后继发展潜力。

（4）指导教师角色转变。

在综合实训中，教师的身份也在不停地变换，要扮演非财务工作的很多角色。具体的工作有：

①准备各项业务原始单据。

②安排相关人员发生业务。

③讲解各类业务流程。

④事中控制经济业务。教师一要在单据签字，二要及时发出问题，现场纠正示范。

⑤进行事后监督。

（二）完善会计模拟实训课程教材的建设

实训教材的质量是影响会计模拟实训课程质量的关键。目前这方面的教材较少，即使有也仅仅局限于习题册的形式，并且实训项目单一。笔者认为，会计实训课程教材应从以下四个方面进行改进：

①从会计专业岗位能力培养和循序渐进掌握会计知识的规律出发来设置实训课程，配备实训教材。

②实训课程的业务内容编列应完整充实。

③确定实训要求及考核标准。

④实现实训教材的多样化。这些教材在内容上应注重会计信息的有用性和培养学生的会计从业能力,贯彻以"服务为宗旨,以就业为导向"的职业教育改革发展方针,从理论够用、实训知识并重的角度设计教材体系,着力于加强职业院校学生实践能力和职业技能的培养。

(三) 建立会计模拟实训教学的效果评估体系

1. 教学过程评估

建立新的会计实训课程考试办法。过去的实训课程考核办法主要是以学生依据要求填制的会计凭证、会计账簿的情况和考勤为准,造成学生之间互相抄袭现象严重的情况。为改变此弊端,会计实训考核应从单一标准转向多元化,注重学生基本操作技能和理论联系实践的能力的培养和考核。在考试中,可采取抽签选题、当场做账的形式,让学生口述每个环节涉及的人员,以及每个人员的职责权限,然后进行账务处理,让会计模拟实训不再是纸上谈兵。

2. 学生训练效果评估

针对社会实践岗位的设置,分级设置学生实训效果评级制度,根据学生参加实训的科目和掌握的情况来评判等级。评估结果载入学籍档案或发给证明,作为未来工作单位录聘的参考资料之一。

(四) 师资队伍的建设

1. 培养"双师型"教师队伍

教师在会计模拟实训中起到一个非常重要的角色。笔者认为,首先要建设"双师型"教师队伍。"双师型"并不是要求教师单纯考取、获得一种职称,而重在教师能真正参与会计实务工作,有一定的会计工作经历,这是由会计职业教育的目标和特点所决定的。

笔者在教学中发现,教师一旦讲述社会生活中的会计实践工作,学生都好奇、兴趣倍增地听,而一旦回到理论讲述,即便是案例教学他们的学习积极性也明显下降。这从某种程度上反映出会计理论教学与实践教学脱节的现实,造成这一现象的一个重要原因是会计教师本身从事会计实务的机会很少。因此,有计划地安排会计教师到企事业单位进行调研、实践,是非常重要的。

2. 实行专业教师"轮流实践制度"

在学校师资允许的情况下,可以让教师进行"轮流实践"。即采取专业教师待岗半年、一年或以少安排课的方式,让教师有机会到企业单位从事会计工作。会计专业教师有了实践的经历,可以很好地弥补自己在会计教学上的不足。

四、结束语

总之,中等职业学校的会计教学改革势在必行,作为职业教育者,我们应在长期的教育教学工作中,本着"为了学生的一切、为了一切学生、一切为了学生"的教育理念,努力使会计实训课程真正体现"以就业为导向,以素质为基础,以学生为主体,以项目为载体,以实训为手段"的设计原则,使学生能够真正做到学有所得,从而为国家培养出更多合格的职业技术人才。

参考文献:

[1] 吴延理. 职业学校会计教育存在的问题及对策. 财会通讯, 2006(11).

[2] 刘世云. 高职院校财务会计实训课程教学改革研究, 商业经济, 2008(12)

[3] 吴宝辉. 浅谈中等职业学校会计模拟实训教学改革. 黑龙江生态工程职业学院学报, 2008(7).

浅谈"基础会计"的教学

湖北省荆门市京山县职教中心 刘汉秀

摘 要： 基础会计学是一门技术性、应用性较强的学科，是会计和经济管理类专业的基础课程，学好它非常重要。本文从基础会计课程各章的相互联系，即其内在框架体系入手，研究比较了理论教学与实际工作中记录经济业务的不同手段，使初学者易于把握其内在规律，在学习和复习过程中能抓住重点，做到提纲挈领，学习起来得心应手。

关键词： 基础会计　教育理念　会计凭证　会计账簿　账务处理程序

对于初学者而言，基础会计属一门全新的课程，其理论体系和学习方法，甚至语言表述与以往学习过的课程迥异，从而导致入门难；而且基础会计讲述的内容较多且分散，使得在学习过程中难以抓住重点。为使初学者学好基础会计学这门课，首先应了解这门课程的结构体系。

我们知道，任何一门学科都有其内在的框架体系和严谨的逻辑关系，只有了解它的内在结构、主要框架，才能真正全面地把握其实质内容。基础会计这门学科就如是，当我们认识了它的基本框架和内在规律以后，学习起来就会得心应手。所以初学者应从其切身的实际入手先学习这一课程的内容体系、体系中各部分内容之间的相互联系以及课程内容体系中的重点、难点等。简言之，应使学习者脑中搭建一个这门课程的整体框架结构，在此基础上再添加相关课程内容,将各知识点内容连接起来,达到融会贯通的效果。

一、基础会计课程各章的相互联系

为方便对基础会计这门学科体系作系统介绍,笔者将结合目前各学校开设的基础会计课程所包括的主要内容归入相关的篇章:第一章:会计基本理论;第二章:会计科目和会计账户;第三章:复式记账;第四章:借贷记账法的运用;第五章:会计凭证;第六章:会计账簿;第七章:财产清查;第八章:会计报表;第九章:账务处理程序(会计核算形式)。

(一)从账务处理程序的简略图,看相关各章之间的彼此关系

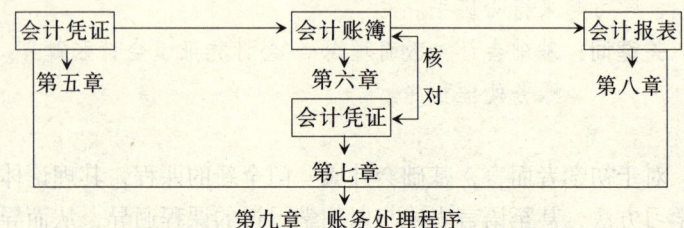

图1 账务处理程序缩略图

会计工作的起点是填制会计凭证,是会计核算体系中的基本环节;真实、完整和合法的会计凭证是登记会计账簿的依据;为保证会计账簿所提供信息的真实性,需要定期或不定期地对企业的财产进行清查;根据核对的会计账簿定期编制报表。

(二) 分步骤演示各章之间的相互关系
1. 根据原始凭证填制记账凭证

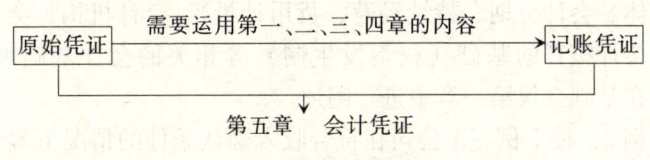

图2 填制记账凭证

原始凭证是在经济业务发生时取得或填制的，用以办理业务手续的书面证明，是编制记账凭证的依据，如收据、发货票、借款单、车票、收料单等。记账凭证需要根据审核无误的原始凭证进行填制。

从原始凭证到记账凭证这一过程不是一个简单的流程，从图2中可知，这一过程需要四章知识内容的铺垫。下面通过一实例说明。

例1：A公司销售一批商品给B公司（商品已发出），货款10 000元（不考虑税金），收到一张经承兑的商业汇票。

作为A公司来说，收到的是商业汇票，并未收到货币资金，是一项应收而未收款的权利的增加，即一项资产增加。作为B公司来讲，并未付出货币资金，是增加了一项应付而未付款的义务，是负债的增加。可见，这一笔经济业务对于A公司和B公司两个会计主体来说，产生出不同的权利和义务，需要对会计主体加以认识。作为A公司，虽然在销售当期没有收到货款，但能否在当期确认收入，这涉及会计确认和计量的基础——权责发生制。而权责发生制的应用是建立在持续经营和会计分期基础上的，狭义的确认是解决了入账的时间，而入账的金额为多少，这关系到计量属性。具体到计量属性，一般要考虑会计计量属性和会计计量单位，同时需要会计人员具有相关的会计专业知识，具备一定的素质。从以上过程可以看出，从原始凭证到记账凭证这一流程涉及的内容有：会计的对象、会计对象要素（资产、负债、所有者权益、收入、费用、利润）、会计的基本前提（如会计主体、会计分期、持续经营、货币计量）、会计机构、会计人员、会计核算的基础（权责发生制）等相关的会计基础理论，这些在基础会议第一章中进行阐述。

例2：接上例，A公司在符合收入确认条件的情况下确认了当期收入时，接下来应如何记录呢？此笔业务假定不考虑税金，A公司应作如下处理：

借：应收票据　　　　　　　　　　　10 000
　　贷：主营业务收入　　　　　　　　10 000

这是通过会计分录的形式对这笔经济业务所作的反映，会计分录中的"应收票据"和"主营业务收入"是会计科目（或会计账户），会计科目或会计账户与会计对象要素是密切相关的，即会计科目是会计对象要素具体分类的项目。那么，为什么运用这两个会计账户反映此笔经济业务？"应收票据"和"主营业务收入"各自核算的内容是什么？这需要学习第二章会计科目和会计账户的内容；会计分录中的"借"和"贷"是借贷记账法下的记账符号。为什么要在借方反映应收票据，贷方反映主营业务收入？这是第三章复式记账——借贷记账法学习的相关内容。一种方法的学习，尤其是记录经济活动的借贷记账法的应用，一定要结合具体的经济业务方能进一步理解并正确使用。所以第四章借贷记账法的运用是对前三章内容深刻领会的过程。

会计分录这种记录经济业务的方式一般常在教学中采用，在实际工作中，是将会计分录上所反映的内容体现在记账凭证上（教学中可参看记账凭证的格式），当然记账凭证上除反映会计分录的三个要素，即借贷方向、会计科目、金额外，还需填列日期、摘要、编号等相关内容。原始凭证和记账凭证是在第五章会计凭证中讲解的。

2. 根据审核无误的记账凭证或原始凭证登记会计账簿

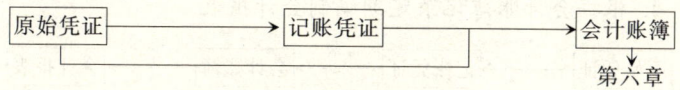

图 3　登记会议账簿

通过填制和审核会计凭证，可以反映和监督每项经济业务的发生和完成情况。每张会计凭证所记载的只是个别经济业务的内容，它们所提供的核算资料是零散的，不能全面、连续、系统地反映和监督一个单位在一定时期内某一类经济业务和全部经济活动情况，且不便于日后查阅，为此需将分散在会计凭证中的大量核算资料加以归类整理，提供系统、完整的核算资料，因此就必须设置和登记会计账簿。这是第六章应讲述的内容。

3. 根据会计账簿记录定期或不定期地与财产物资进行核对，即进行财产清查

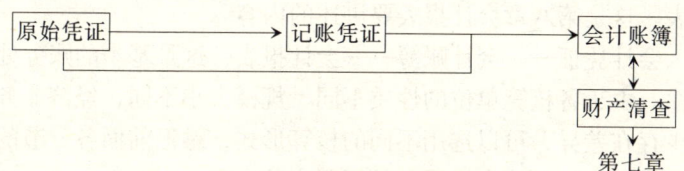

图 4　进行财产清查

由于账簿记录各项财产物资的账面数额与实际结存数额会产生差异，如在会计记录中出现漏记、重记或计算错误，而财产在保管过程中由于受自然和其他原因的影响发生数量和质量上的变化等情况，为了保证会计账簿记录的真实、正确，为经济管理提供可靠的信息，必须定期或不定期地进行财产清查，查明各项财产的账存数额与实存数额的差异以及发生差异的原因和责任，以便采取措施寻找防止差错的有效办法。这样做，便于对发生的差异按照规定的程序和办法调整有关账面记录，做到账实相符。这

是第七章的财产清查。

4. 根据会计账簿记录定期编制会计报表

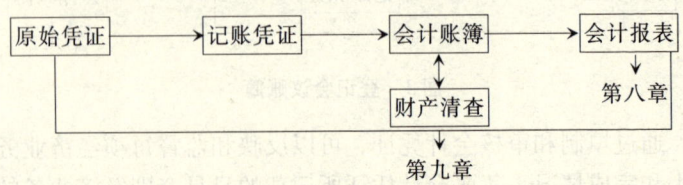

图5　编制会计报表

企业、事业等单位对经济业务的日常核算是通过账簿进行连续、系统的登记和计算，这些账簿记录可以提供丰富的会计信息，对于反映经济活动情况和实行会计监督是有积极作用的。但是，账簿反映的经济活动的状况不够概括，且账簿资料也不便为其他职能部门使用，更不便为企业外部的有关部门和有关人员使用。因此，为充分利用会计信息，需根据账簿资料定期编制会计报表。这是第八章会计报表要讲述的内容。

会计凭证——会计账簿——会计报表，这是基本的账务处理程序。由于各核算单位的性质不同、规模大小不同，经济业务量多少存在差异，可以选用不同的核算形式，融汇前面各章节的内容于其中。这是第九章账务处理程序的内容。

二、基础会计教学中理论与实际工作方法的比较

（一）教学手段与实际工作方法的迥异

在该门课的教学过程中，注意理论教学与实际操作所采用方法的不同之处。为了教学方便，在会计教材中，讲述复式记账法时，有会计分录和"丁字账"，初学者往往弄不清楚会计分录与会计凭证以及"丁字账"与会计账簿的关系，或者不能把它们联系起来。教师在教学过程中可以强调会计分录和"丁字账"是教学中记录经济业务的手段，在企业中就是编制会计凭证和会

计账簿。

通过比较原始凭证、记账凭证、会计账簿在教学中采用的手段和以实际工作中所采用方法的不同，使学生明白理论与实际的差异，提高今后的学习针对性。下面对比教学中采用的手段和以实际工作中的方法举例说明（见表1）。

表1　教学中采用的手段和实际工作中的方法

项目	教学中采用的手段	实际工作中的方法
原始凭证	文字表述	具体业务涉及的各种票据、单证等
记账凭证	会议分录	具体为收款凭证、付款凭证和转账凭证或是记账凭证
会计账簿	"T"型账户	具体为现金（银行存款）日记账、总分类账和各种明细账

（二）以案例比较分析两者的不同

会计是一门实用性较强的学科，仅仅记住一些理论而不会运用是不行的。根据认识的规律，在认识的过程中，要完成两次质的飞跃，即从感性认识到理性认识，从理性认识到实际应用。会计的学习和教学必须很好地完成这两次飞跃，最后做到理论联系实际，将理论很好地运用到实际工作中去。

通过案例教学，加强学生对会计基本理论的理解。对会计基本方法的运用和对会计基本技能的训练，将会计专业知识和会计实务有机地结合在一起，使之能够真正掌握，针对各种业务进行准确而独立的账务处理，从而为学生今后从事会计工作打下基础。下面通过实例说明两者的差异。

例3：从银行提取现金 7 000 元这笔经济业务。

1. 原始凭证的不同

（1）实际工作中，此笔业务的原始凭证为现金支票的存根

(见表2)。

表2 现金支票存根原始凭证

中国工商银行
现金支票存根
支票号码　　　　　　　　NO　3596278
科　　目＿＿＿＿＿＿＿＿＿
对方科目＿＿＿＿＿＿＿＿＿
签发日期　2007年3月6日
收款人：太原鸿运科技有限公司
金额：7 000元
用途：备用
单位主管：　　　会计：
复　　核　　　　记账：

(2) 教学中采用的手段是用语言文字表述：原始凭证——现金支票的内容，即从银行提取现金7 000元。

2. 记账凭证的不同

(1) 实际工作中这笔经济业务需通过填制付款凭证来记录(见表3)。

表3　付款凭证

贷方科目：银行存款　　　　2007年3月6日　　　　　　付字　8号

摘要	借方科目		金额								记账符号
	总账科目	明细科目	百	十	万	千	百	十	元	角	分	
从银行提取现金	库存现金					7	0	0	0	0	0	
					¥	7	0	0	0	0	0	

（2）教学中采用的手段是用会计分录替代记账凭证，即：

借：库存现金　　　　　　　　　　7 000
　　贷：银行存款　　　　　　　　　　7 000

3. 会计账簿的不同

（1）实际工作中需要登记现金日记账和银行存款日记账等账簿，下面以现金日记账为例说明（见表4）。

表4　现金日记账

2007		凭证		摘要	借方							贷方							余额						
月	日	字	号		万	千	百	十	元	角	分	万	千	百	十	元	角	分	万	千	百	十	元	角	分
3	6	付	8	从银行提取现金	7	0	0	0	0	0															

（2）教学中采用的手段是"T"型账。

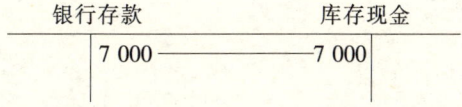

图6　"T"型账

注：在手工记账时，空白的记账凭证和会计账簿比较容易获取，教师可以事先准备各种格式的记账凭证和会计账簿（必要

时可准备些车票等原始凭证),理论与实际紧密相连,使教学更为直观,便于理解。

三、结 论

总体框架体系的搭建可使整个知识体系变得一目了然、十分清楚,为初学者在学习这门课程之初奠定良好的基础。通过在教学中的应用,从而收到很好的教学效果。会计的实用性很强,通过案例教学,将会计专业知识和会计实务有机地结合在一起,可使学生能够真正对各种业务准确地填写原始凭证和记账凭证、进行账簿登记和成本核算,以及掌握主要会计报表的编制方法,并能独立处理特殊及较复杂的工业企业所发生的经济业务,为其今后从事会计工作打下基础。

尽管会计环境等诸要素会影响到这门学科的内容,教学中面临的教学对象层次也有所不同,但笔者认为这种方法可以为学习该课程或其他学科提供一种思路。

参考文献:

[1] 唐顺莉."基础会计"课程中的实践教学.科技资讯,2007(34).

[2] 张建平.会计实务.太原:山西经济出版社,2005.

[3] 吴娜娜.高职基础会计课程教学改革的探索.辽宁高职学报,2007(3).

如何提高中职会计专业学生的实际操作能力

河南省信阳商业学校 刘丹丹

摘 要：在国家大力支持发展中职教育的有利形势下，结合当前中职会计专业教学存在的不足，从教师建设、教学改革、开展第二课堂以及加强会计模拟实训等方面提出改进方法。

关键词：实践操作能力 第二课堂 实训

2009年初，温家宝总理在国家科技领导小组会议上指出："大力发展职业教育，既是经济发展的需要，也是促进社会公平的需要。我国是一个有13亿人口的大国，职业教育很重要，应该搞得更好。在整个教育结构和教育布局当中，必须把职业教育摆到更加突出、更加重要的位置。这样做有利于缓解当前技能型、应用型人才紧缺的矛盾，也有利于农村劳动力转移和扩大社会就业。"

中等职业教育的定位，是在九年义务教育的基础上培养数以亿计的高素质劳动者和技能型人才。而目前的情况是，由于中职会计专业生源不足，年龄小，生活实践少，社会实践少，多数学生是中考未被普通高中录取而选择了职业教育，文化课基础差，学习兴趣不浓，再加上教学资源的缺乏，社会轻视，大部分学生会计理论成绩不错，但动手能力明显不足，不能很快承担起相应的会计工作。一方面，国家大力扶持和发展中职教育，市场大量需求高素质技能型人才；另一方面，家长和大量初中毕业生不愿选择中职学校，大量中职会计专业毕业生无法适应市场需求，造成供需矛盾，如何开展会计教学，提高学生的理论与实际操作水平，满足用人单位的要求，显得尤其重要，更应该引起会计教育工作者的高度重视。这也是我们中职教育亟待解决的问题。

如何组织和完善会计实践性教学工作，笔者认为可从以下几个方面来探讨。

一、及时更新教师自身知识结构，加强实践操作能力

我国市场经济起步较晚，经济和世界接轨的同时，会计理论知识也是在不断更新发展的，这就要求会计专业教师要加强学习，及时不断地更新理论知识，与当前的经济形式和要求相吻合；不仅如此，还要提高教师自身的实际业务操作水平，定期不定期地到企业去进行实践操作的锻炼，深入了解企业对财会人员的要求。比如说，在2006年财政部颁布了新会计准则，教师在上课时要及时调整授课内容，紧跟变化。新准则适用的对象是上市公司，而实际上，我们中职的会计毕业生大都不可能进入上市公司任职，这就需要教师在讲授知识的时候，既要及时传递给学生最新的会计知识和信息，又要考虑学生未来就业的实际工作环境，给予全面的指导。此外，大多数教师从大学毕业之后直接走上讲台，缺乏实际的操作经验，加之，企业的财务资料往往涉及商业机密，也就很少有机会接触到实际的财务工作，这也是会计专业教师所面临的一个难题，需要学校、企业和政府共同来建立起一个长效机制。比方说，学校和企业建立起长期的合作关系，给教师提供实践操作的机会；或者，学校聘请企业一线的行家能手，示范各种会计凭证、账表的填制技巧，系统介绍操作规范的内容，将实际操作的要求和技巧传授给教师，提高教师的专业操作技能。

二、改革教学模式，改进教学方法

首先，充分调动学生的积极性，发挥学生的主体地位。在课堂上采用灵活多样的教学方式，利用现代化的教学手段，比如说多媒体，图文并茂地展现企业实际生产经营过程，让学生感性认识企业生产经营过程，熟悉企业经营资金的运作路线，采取启发式的教学方法，给学生创造动口、动脑、动手的机会，让学生变被动接受知识为主动学习知识，激发其学习知识的浓厚兴趣。改变以往课堂教学教师讲个不停，只重"教"，学生死记硬背，师生缺乏沟通交流，从而导致学习效率低、效果差。其次，可以运用实物演示、案例教学等方法。比如《基础会计》里面的凭证和账簿这两章内容，到底凭证和账簿是什么样子的，实际工作中该如何区分和填制，无论教师讲得多详细，也无法在学生脑中建立起相应模型。如果教师把实物带进课堂，让学生自己观察、亲自动手填制，不仅加深了学生的理论知识，也加强了学生的实践动手能力。又如，选择有代表的会计实体为案例，制作教学光盘，跟教材同步进行，演示播放，在学习会计要素时，就可以通过播放企业拥有的资产、厂房、机器、材料等等，告诉学生这就是资产的具体形态，再从资产的形成中让学生明白资产与负债和所有者权益的关系等。再如，讲授资金筹措业务的核算时，配套光盘放映企业设立的程序，需具备哪些条件，需到哪些部门办手续，提交哪些材料，应遵循哪些法令法规，什么样的人不准许设立公司等等。另外，通过剖析会计案例，让学生把所学理论知识运用于会计和理财实践活动中，以提高学生发现问题、分析问题和解决问题的能力。

三、通过开展第二课堂，加强学生实践动手能力

仅仅依靠课堂上45分钟的讲授，学生接受的知识是非常有

限的,而且大都是理论知识,对于实践动手要求高的课程,无法达到好的效果,这样就可以通过开展各种各样的课外活动来弥补和加强学生的动手能力,同时在活动中发现自己存在的差距和不足。学校每学期可以定时举办一些和会计专业相关的活动,比如,点钞比赛、珠算比赛。通过这些比赛,加强学生将技巧方法运用到实际工作的能力,成绩好的学生给予一定的奖励,进一步激发学生参与的积极性,自己利用课余时间进行练习,通过这种方式加强讲练结合,从而达到最佳的效果。

四、加强会计模拟实训

会计模拟实训教学(也称为综合模拟实践)是指在学生学习了相关的会计课程,掌握了一定的会计理论的基础上,在实训室让学生将理论运用于实际的会计教学活动,是培养职业学校会计专业学生职业技能的关键环节。综合模拟实践是把一个企业某一会计期间的经济业务经过设计与加工,形成完整系统的原始资料,由学生充当企业财会人员,按照会计实务处理的规范进行仿真操作演练,并利用会计实务完成的会计资料信息进行财务管理决策和审计实务模拟操作等。综合模拟实践的内容可涵盖"基础会计"、"企业财务会计"、"成本会计"、"财务管理"、"审计学原理"、"会计电算化"等大部分会计专业课程。综合模拟实践的资料,可以采用某一模拟单位某一特定月份(通常为12月份)完整的会计资料,包括企业基本情况、产品生产工艺流程、成本计算办法、各账户的期初余额、原始经济业务、报表编制、财务分析指标、相关财务制度和政策规定等。综合模拟实践可以说是会计专业理论教学效果的总结,是会计专业毕业生走上会计工作岗位前的"大演练",实际操作能力的巩固与提高,绝大部分在此阶段已经得到决定。通过演练,使学生对会计工作的全貌有了清晰直观的了解,既培养了其动手能力,又加深了其对会计基础理论和会计工作内在联系的深刻认识，在会计专业实践教学尤其重视。另外，在现代会计专业教学中，会计电算化实践教学应是主流方向。据有关专家预计，到 2010 年，80% 以上的基层单位基本要实现会计电算化。会计电算化事业的蓬勃发展需要大量的人才，而实践技能是会计电算化工作最基本、最重要的技能，这一技能的重要源泉就是会计电算化的实践教学。因此，对会计电算化专业实践教学的探索是一项长期而艰巨的任务，需要会计教师和社会各界共同努力，以适应现代企业信息化建设的需要。

其实，职业教育就是就业教育，在西方国家，职业教育很重要，职业教育培养出来的学生真正能动手，能解决实际问题，非常受欢迎。要提高我们会计专业中职毕业生的市场竞争力，满足用人单位的需要，还需要政府、社会、学校和家长各方的共同配合和努力。此外，我们不仅要培养理论实践并重的会计人员，更重要的是注重学生德育的培养，树立正确的人生观、价值观，使学生具有良好的职业道德和敬业精神，具有较强的科学精神和创新精神。

新企业会计准则实施过程中存在的问题及对策

广西壮族自治区广西纺织工业学校 刘爱坤

摘 要：新会计准则开创了会计史的新纪元，新会计准则可以更真实地反映企业的资产负债状况和经营成果，提高企业会计信息透明度，实现与国际会计准则的趋同。因此，实施新会计准则是大势所趋，是不容置疑的，但在我国的具体环境中实施还有一定的困难。本文就会计准则可操作性、会计人员职业判断能力、会计监管等方面存在的问题进行分析，并提出相应的对策。

关键词：新会计准则 实施问题 解决对策

一、引 言

我国新企业会计准则已于 2007 年 1 月 1 日在上市公司全面实施。按照财政部的总体部署，2008 年新准则的实施范围将扩大到中央国有企业，2009 年将进一步扩大实施范围，其目标是用三年左右的时间使新企业会计准则体系在中国的大中型企业统一实施。由于新会计准则在带来的很多理念和操作与中国目前的会计实务之间还存在很大的差异，因此，新会计准则在实施过程中必定会有很多困难。分析新会计准则实施所面临的困难，提出合理建议，对于提高新会计准则的实施效果，提高我国会计国际水平具有重要的现实意义。

二、新企业会计准则在实施过程中存在的问题

(一) 新企业会计准则可操作性不足

新会计准则实现了与国际的趋同,其方向和目的都毫无疑义是正确的,但新企业会计准则跨度过大,部分内容规定过于含糊,原则性的规定太多,而具体的规定太少,因而也就难以具体操作。而被很多人寄予很大希望的《企业会计准则——应用指南》仍然是一些粗线条的规定,没有具体的实施办法,从而使得不少企业认为新准则"看不懂"、"悟不透"。尽管新准则是先进的,是我们未来努力的方向,但目前来讲,与我国的国情还有一定的差距,对于已经习惯了按照规定得十分详细的会计制度不操作的会计人员而言,不知如何操作。

(二) 会计人员职业判断能力不高

新企业会计准则实施后,会计很多核算方法都发生了变化,这对会计人员来说是一大挑战。新会计准则要求会计人员要在准确理解准则的基础上拥有更强的职业判断能力,而我国目前的会计人员素质参差不齐,职业判断相差很大。由于我国在相当长的时期,会计规范是采取制度的形式。在会计制度中详细的操作规范、处理标准及具体的选择比例等,会计人员已经习惯于按章操作完成会计核算工作的思维方式,形成了在工作中对会计制度的依赖心理,没有对会计的职业判断给予应有的重视,没有独立思考、进行职业判断的意识,更谈不上对会计职业判断的内容、规律进行系统的研究,忽视了职业判断的作用。而新准则下会计业务处理只有原则性的规定,相当多的内容要求通过会计人员的职业判断来解决具体的会计处理问题。会计人员缺乏新准则所要求的专业职业判断能力,在一定程度上制约了会计信息质量的提高和新准则的实施效果,从而对会计人员的素质和工作能力提出了更高的要求。

（三）新会计准则利润操纵空间仍然很大

新会计准则中，公允价值在金融资产、投资性房地产、非同一控制下的企业合并、债务重组和非货币性资产交换等准则中大面积使用。采用公允价值计量能够更为准确地计量相关资产的实际价值，并且与国际准则达到了实质上的趋同。这是一个进步，但也应该看到，在我国现实经济环境下，产权交易市场不完善，市场经济缺乏有效的监管，公允价值的取得就会存在问题。按照新会计准则体系的有关规定，本次引入公允价值计量的理念，要求在收入确定、非货币性资产交换、债务重组、投资者投入资产、投资性房地产、交易性金融资产和金融负债等方面根据实际情况按照公允价值计量。因此，新会计准则后，仍需通过相关制度建设来规范债务重组行为。

（四）企业内部管理不到位

我国的上市公司基本上可以说是我国的优秀企业，但就目前来看，不少企业虽然表面上实现了现代企业制度，引入了现代法人治理结构等，但实际上，企业管理理念、方法和手段仍不到位，突出表现在内部控制不到位。同时，内部审计监管质量较差，建立、完善企业内部控制制度落实不到位。另外，由于我国内部审计直接受单位领导的管辖，往往会造成内部精简审计人员，审计取证不足，独立性差。而内部审计人员自身也对内部的重要性认识不够，存在应付差事的问题，同时，内部审计人员往往因专业知识结构不合理，在实务操作中容易出现对政策理解的偏差，要深入了解和领悟新准则还有一定难度，需要一个过程。因而，内部审计在新准则的实施过程中当前还很难充分发挥自身作用。

（五）企业外部环境存在一定缺陷

新准则实现了从利润表观向资产负债表观的转变，其核心是要企业财务管理应当以提高资产负债质量为目标，而不是追逐单一的短期利润。在实施过程中,由于绩效考核指标和监管条件更多地侧重利润指标(利润表观),导致一些上市公司为了短期绩效或者规避监管要求人为地操控盈余,滋生短期行为。首先,我国的市场体系不够完善,企业间的交易行为还不十分规范,企业间的竞争不够充分,公允价值不容易形成。新会计准则中最大的变化就是引入公允价值计量,而市场体系的不完善可能导致公允价值不公允,并形成错误的财务报告信息。其次,我国当前已经在有一套相较完善的公司法、证券法及其他相关条例,但是这些对我国资本市场的规范仍有欠缺。另外,新会计准则的较大变化与原有的这些相关法规的冲突都使如何协调解决它们之间的法律冲突成了一个关键问题。再次,我国的资本市场还不够成熟。虽然每年都有不少新的企业上市,但上市公司总体数量仍然较少,国有控股企业仍然较多,且内部治理薄弱,缺少有效的监管机制,中小股东投机思想严重,短期行为普遍存在,缺乏长期投资意识。

三、对解决问题的对策分析

新会计准则既要符合中国国情,又要做到与国际会计准则的协调乃至趋同,将是一个长期渐进的过程。在这个过程中,既要考虑到国际会计准则的发展趋向,又要考虑我国的现实针对我国目前实施新会计准则实施过程中存在的问题。应着重从以下几个方面入手:

(一)不断完善会计准则,提高会计准则的可操作性

新会计准则体系实现了与国际的趋同,其方向和目的都毫无疑义是正确的,但笔者认为新会计准则跨度过大,部分内容规定过于含糊,在实施过程中必然会出现诸多不适应、不和谐,而《企业会计准则应用指南》也比较笼统,不易操作。由于我国在相当长的时期,会计规范是采取制度的形式,在会计制度中有详细的操作规范、处理标准及具体的选择比例等,会计人员已经习

惯于按照会计制度的规定进行处理的思维定式,形成了在工作中对会计制度的依赖心理,即凡事都要严格按照制度的规定来做,很少有自由的空间。而新会计准则除了减值准备、关联方交易、企业合并等项外,基本上实现了与国际准则的完全趋同,这与我国市场经济的发展是不同步的,最重要的是对广大习惯了制度的会计人员而言,不知道该如何操作。尽管新准则是先进的,是我们未来努力的方向,但目前来讲,与我国的国情还有一定的差距。因此,要结合中国国情和特色,出台详细的实施细则,在实践中不断加大新准则的深度和广度,提高其可操作性。要谨慎进行模拟试点,测试会计准则实施对企业财务状况、经营成果以及信息系统等的影响,保证新旧准则之间的平稳过渡。

(二) 加强会计人员职业判断能力,培养高素质的会计人员

新准则的实施效果与会计职业判断的质量息息相关,也意味着新时期的会计人员肩负着一项艰巨的任务,就是更快地提升职业判断能力。会计人员选用的会计方法、作出的会计估计、设定的适用情况等都需要会计人员具备较高的职业判断能力,才能得到准确的判断结果。会计准则是否有效执行,是否高质量,不仅依赖于准则本身,依赖于法律环境的改善和相应的激励机制,更依赖于会计职业判断人员能力的高低。因而应从以下几个方面着力提高会计人员的职业判断能力。

1. 加强会计的职业培训,培养终生学习能力,提高综合素质

会计职业判断是一种技术性很强的工作,只有具有较扎实的专业知识才能做好。实施新准则体系,将使得会计人员有机会在会计实践中锻炼和提高职业判断能力。会计人员首先要清楚地认识到,职业判断能力的提高不是一蹴而就的事,它是会计人员长期训练、培养的结果。因此,会计人员必须重视基础理论学习,要以各种方式不断地掌握专业理论知识。把握会计工作的运行规

律，提高职业判断技艺及能力。改进自己的知识结构，丰富自己的头脑，培养分析和解决问题的能力，能够熟练地在制度、准则允许物范围内进行专业判断，作出合理的选择。

2. 职业判断要有严格的原则约束

加强会计监督，以会计法及相关法律为准绳，借助政府职能部门、社会中介机构、社会舆论、监督企业会计的过程、结果，强化企业执业自律，督促会计人员能够在准则、制度及相关法规允许范围内进行选择、判断、估计。会计人员在会计职业判断时必须在准则、制度及相关法律所允许的范围内进行，否则将受到法律制裁。会计人员应当实事求是、客观公正，严守职业道德，依法核算。会计人员职业判断时，必须从实际出发，本着务实谨慎的精神，综合考虑行业的特点、企业生产经营业绩和现金流量等诸多因素，正确评估企业自身所面临的商业环境，并随着企业生产经营状况及理财环境的变化，对会计政策重新作出选择，以确保会计信息的真实有效。

3. 大力倡导恪守诚信为本的原则

会计是诚信行业，如果会计失之诚信，会计关系得以存的基础就会随之崩塌，会计的生命力也就随之完结。因此，诚信是会计人员对会计行业所承担的责任和义务，也是会计行业生存和发展的基础。诚信是经济时代对会计人员职业判断能力素质的最基本的要求。诚信是本，诚信是要，诚信是金，会计人员应把诚信看做是自己的最起码的职业操守，应从自己做起，从现在做起。

（三）加强会计信息监管

新企业会计准则的实施，在给企业带来的一系列影响的同时，也给相关部门带来了新的挑战。我国绝大多数利润操纵并非会计法规不健全，而是透过弄虚作假进行利润操纵。要消除这一现象，必须依靠包括会计师事务所、审计师事务所、证券监管部门和证交所在内的社会监督，促进企业严格遵守会计规范。要想从制度上杜绝虚假会计信息的产生，避免人为操纵利润，必须完善法人治理结构，强化内部监督约束机制，鼓励企业管理者集中精力把重点放在提高公司的长期效益上。在执行过程中，各部门应加强监督，防止部分公司利用新准则操作利润，发布虚假会计信息。对企业在执行过程中遇到的难题，各部门应积极应对，及时研究解决，不断健全新准则。同时，各相关部门在政策制定、工作开展等方面要相互配合，协调一致，共同为新企业会计准则的执行与完善做出了不懈的努力。

高质量的会计信息披露，不仅依赖高素质的会计标准，更依赖对会计标准的执行操作和监督管理。因此，在进一步完善新会计准则的同时，应加强化会计监督，加强执行和监管环节的工作和处罚力度，提高会计标准的执行和监管质量，确保新会计准则得到有效的实施。首先要严格按《会计法》及其他有关法规的规定，搞好各项会计监督机制的建设，强化内部监督、社会监督和政府监督三位一体的整体功效，以真正起到惩戒作用。其次要进一步增强公司管理层及时、充分、如实反映财务信息的意识，同时要积极争取国资委、证监会、保监会、国家税务局、审计署等有关部门的大力支持和配合。政府应赋予证监会、银监会等行业监管部门更多的监管权利，更好地规范上市公司的财务行为。

（四）降低企业利润的可操作性

从长期分析，新会计准则的实施将降低企业利润的可操作性。新会计准则的实施主要是为了规范企业会计确认、计量和报告行为，维持会计工作秩序，提高会计信息质量，满足投资者、债权人、政府等利益相关者对会计信息的需求，维护社会公众利益。在新准则中停止使用后进先出法、资产减值准备不可转回、追溯重述调整前期差错等方法的变革，更能客观地反映企业长期经营状况。企业利用提高成本、降低收入等手段调增利润的机会大大缩小，增强了会计报表的可靠性和相关性，从而较大幅度地避免了企业高估利润和超前分配。

（五）健全并落实内部控制

建立健全企业内部控制制度是近年来会计界关注的热点，且财政部近年也将企业内部控制制作作为一项重要的工作来抓。加强企业的内部控制，建立健全企业的内部控制，是贯彻会计法律法规、加强会计核算、提高会计信息质量的必然要求，也是保证会计信息真实的最有效的办法。为进一步加强企业内部控制，对于上市公司，财政部和证监会应出台和完善相应的制度，来监督内部控制制度的执行；对于非上市公司，有关部门应做好宣传、推动工作，促使企业健全并落实内控年度。同时，应充分发挥企业内部审计部门的作用，企业自觉执行内部制度，以提高企业的会计信息质量和管理水平。

（六）加强改进新会计准则外部环境

会计准则属于经济法规体系的范畴，其功能和作用的发挥有赖于同相关配套经济法规的协调。在会计准则制定和实施过程中，我国相继进行了税收、企业制度以及金融体制、社会保障制度等的改革，这些改革与会计准则的实施相辅相成，为会计准则能够极大地发挥作用提供了很好的条件。但是，会计改革还需要与其他改革相配套、相协调，否则难以全面地实施。我国现行的一些法律、法规与国际会计准则的要求不一致。从法人治理结构上看，职责不清，同股不同权，政府干预企业的情况时有发生。所以，应当对部分法律、法规进行修订完善。首先，要尽快制定、完善相关经济法律法规，为企业发展保驾护航的同时规范企业的一些不当行为。其次，应尽快完善公司治理结构，规范企业财务行为，进一步增强企业管理层及时、客观、充分地披露会计信息的意识，促使企业规范管理。再次，进一步完善资本市场，要适时加快资本市场的发展，增加上市公司数量，健全上市公司内部管理，促使资本市场健康稳健发展。

四、结束语

中国会计准则经历了一个从无到有、从不完善到逐渐完善的过程。新准则的颁布无论是从总体框架上还是内容上,都对 2001 年的企业会计准则进行了完善。新会计准则的实施,顺应了市场经济发展的要求,实现了与国际财务报告准则的实质趋同,对维护市场经济秩序,完善市场经济体制,保障社会公众利益,促进社会和谐具有重要意义。但由于我国的特殊国情,在实务中,我国实行市场经济的时间不长,成熟度不够,加之对会计制度作出详细的规定的习惯性依赖,在专业判断方面缺少先例和经验,对新准则的理解和掌握尚需要时间。同时,这次颁布实施的企业会计准则政策性很强,在会计政策上变化比较多,比较大,怎样结合企业实际选用好会计政策,是执行新准则的一个核心问题,也是把新准则落到实处的关键问题。

参考文献:

[1] 刘东溟,唐礼萍. 新会计准则实施调查及思考. 浙江财税与会计,2008(5).

[2] 田方. 新会计准则实施的困难与对策. 职业圈,2007(8).

[3] 李明涛. 新会计准则实施中存在的问题及对策. 江门财会,2008(7).

[4] 阴坚毅. 浅议新会计准则对上市公司利润操纵的影响. 会计之友,2008(2).

[5] 潘洁玲. 新会计准则实施的主要影响及难点解析. 经济与社会发展,2007(1).

[6] 王文媛,曲喜和,徐鲲. 对实施新会计准则与会计职业判断能力思考. 会计之友,2008(6).

案例教学法在财务管理教学中的应用

山东省青岛华夏职教中心 王雪丽

摘 要：本文着重论述在"财务管理"教学中，运用"案例教学法"改变传统注入式教学方式中学生被动接受知识的缺陷，以激发学生兴趣，调动学生主动参与的积极性，巩固理论知识所收到的良好效果，从理论和实际两方面加以归纳论述，并结合教学实践，对实施该法的注意事项作了阐释。

关键词：案例教学法 财务管理

财务管理是基于企业再生产过程中客观存在的财务活动和财务关系而产生的，是组织企业资金活动、处理企业同各方面的财务关系的一项经济管理工作。它具有综合性、复杂性的特点，是一种价值管理。利用资金、成本、收入等价值指标来组织企业价值的形成、实现和分配，是企业管理中的一个独立方面，是一门综合性课程，所以初次接触这门课的学生会感到苦涩难懂、不易理解。如何使学生克服畏难情绪，增加对财务管理的学习兴趣是提高教学质量的关键。作为一名专业课教师，经过几年实践，认为"案例教学法"形象直观，学生主动参与，能激发学生的学习兴趣，充分体现"学生为主体，教师为主导"的教学原则，教学效果显著。

案例教学法，是指一种特定的教学方法，即在教师指导下，根据教学目的的需要，采用案例来组织学生进行学习、研究、锻炼能力的教学方法。恰当运用案例教学，不同于教师讲、学生听为主的注入式教学法，因而能弥补传统教学方法的不足。好的教学案例能使学生进入管理"现场"，充当一定"角色"，感同身受，有比"旁观者"更真切的体会。因此，它是一种理论联系实际进行教学的有效形式。

一、运用案例教学法来巩固所学理论知识，增加学生学习兴趣

比如，在讲"通过增加花色品种可以提高经济效益"时，传统的教学方法只是笼统地解释一下花色品种多，人们有更大的挑选余地，销量可能会增加，引起经济效益的提高，是以理论解释理论、平面直叙地传输知识，学生并不一定理解，觉得枯燥、没意思。学生没有形象直观的印象、不理解，更何谈将来的运用。于是，采用案例教学法中以理论讲述为主，用一个或几个实例加以论证的方法，举学生实际中能接触到的海尔洗衣机的例子，从滚筒式到搓板式，成本降低，价格便宜，满足中低档消费者，使洗衣机能真正成为家庭的必备品；从大容量到小小神童，满足现在大多数三口之家的小家庭模式的需要，省水省电；大地瓜洗衣机，满足了四川农民的需要。这说明为了满足不同层次不同人群的消费需求，增加花色品种可以扩大市场，增加销量，提高经济效益。通过实际例子来印证要说明的理论，浅显明白，学生爱听易懂，感觉发生在身边普通的事情，竟蕴涵着一定的市场规律，有了进一步了解的兴趣——兴趣是最好的老师。

二、运用案例教学法来培养学生的发散性思维能力，通过理论联系实际，可以加强对理论知识的理解

比如在讲授投资管理要求时，学生的实践经验比较少，对如何投资、怎样投资没有一个感性的认识，要想上升到一个理论高

度是很难的。我采取以讲案例为主,通过对一个或几个案例的分析,综合归纳出所要说明的问题。结合前一段时间房地产热、购房买房热这一现实的例子说明一个房地产公司从1995年到2010年这几年的沉浮,结合政府房改政策的变化、利率的变化以及入世之后房地产受到的冲击(1995年萧条,1997年低谷,1998年房改、复苏,2000、2001年火爆,2002年开始趋于理智平稳,2003年以后稳步上涨,2009年开始国家开始出台政策抑制房价)这一具体实例,让学生讨论是不是投资一种产业就会永远赚钱,房地产业为什么会出现这种状况,我们应该怎样去投资才能实现最大经济效益。学生思维活跃,有的说因为银行可以贷款提前消费了,"想买好房建行帮忙";也有的说不对,我爸爸单位以后不分房了,要想住好房只有自己去买,所以房地产热起来了;也有的说因为2008奥运会……我适当地引入主题:所以说投资是不是盲目、一成不变的,应注意哪些问题? 学生又展开讨论,像房地产业的兴衰与经济政策和人们的思维方式、什么时候投资是有一定的关系的。最后得出结论,投资要求:考虑投资时间、注意投资内容、分析投资风险,密切关注市场变化、遵纪守法等。我肯定讨论过程中同学能多方面考虑问题的优点,理论联系实际,学生感到事情就发生在周围,有一个感性的认知情境,一定程度上也是他们关心的问题,引起了他们的注意,给予他们充分想象的空间,提高了他们的思考能力,达到了预期的目的。

三、运用案例教学来提高学生的思考能力

激发学生学习的自主精神和首创精神,鼓励学生参与进来,改变传统教学方法,注重吸收知识,而忽视运用知识的缺陷。叶圣陶先生说:"教是为着不需要教。"如果教师能起好主导作用,学生就能离开教师而独立学习。也就是说,教师在案例讨论中不仅要启发全体学生踊跃发言,而且善于抓住不同的见解,引导学

生展开讨论。教师不宜直接表露自己的观点,而是让学生自己去意识、改正错误。就是用暗示法来引导,教师要见机插话,在课堂上生动活泼地展开讨论,让学生积极参与进来。

比如在讲到对外投资时,传统教学方法是把对外投资管理应该注意的问题罗列出来,也许是很好的理论,但学生参与不进来就不能变成他自己的东西,只是被动的"填鸭式"的注入知识。有人说学生的大脑不是容器,而是一把需要点燃的火炬。我选择了这样一个案例:某啤酒厂是一家驰名中外的大企业,现有多条生产线,多个知名品牌打入国际市场,目前有多余资金1.5亿元,想投资某项目,如果你是投资总经理,那么你会做些什么?学生对此案例产生极大的兴趣,有说投资房地产的,现在最值钱的就是土地了,很多人都买不着房子;有说投资股票的,因为现在股票是最低点;有说投资汽车的,入世以后生活水平提高,汽车会像原来的自行车一样每家都有,中国人口这么多,市场是多么大呀;有说投资债券的,债券比较保险、稳妥、风险小;开网吧的、赌场的……仁者见仁,智者见智,有点偏离主题,但课堂气氛很活跃。美国心理学家勒温对教学作风的研究表明,教师应采用民主作风来讨论问题,能有效激发学生的发散思维,培养学生的创新精神,但不能偏离主题太远。于是我适时地加了一句:"开赌场收益大,咱们现在都去开好吗?"于是围绕遵纪守法取得收益又展开讨论,赚钱首先得守法等,有效地渗透法制教育。趁机我又抛出另一个问题:"刚才的讨论很好,但对外投资只考虑所投资的产业吗?"有的说需要考虑本企业原来的产品,有的认为不需要,有的说投资和本企业相近的产品,有技术优势,有的说投资和本企业毫不相关的产业,可以分散风险……最后学生起来总结:对外投资要考虑所投资的产业,以及与本企业的联系,联系前面学过的投资需要注意的问题。我对这次讨论作了点评,肯定讨论过程中学生活跃的思维方式,保留自己的观点,让他们自己找出不足的方面。学生自己意识到掌握的管理知识太少,以后应该多看点报纸,关心国内国外经济形势,才能跟上时代的步伐。

案例教学法的目的是激发学生的学习兴趣,增强参与意识,加深理解所学知识,培养其发散性思维,创新精神,因而应注意的问题是:

第一,事前准备好问题。一位学者说过:"创造性思维需要时间,教师在设计活动或提出问题时,应让学生有思考的时间,让学生能酝酿及发展其思维的产品。"所以我在案例问题的设问上体现一个"精"字,而且对学生来讲,要有较高的思维价值,给学生留有充分探索与思考的余地。设问要有"引导"、"启发"、"激疑"的作用,问在知识的关键处,问在思维的转折点,从而引导学生去思考、去探索。只有这样,才能为学生提供广阔的思维空间,将表演的舞台让给学生,充分发挥学生的主体地位,培养学生思维的灵活性,为学生创造力的培养打好基础。

第二,讨论时,实行"学生无过错原则",尽力给学生创设宽松、愉悦的讨论环境,鼓励学生积极发言,说错了没关系,将重点放在弄清出错的原因与改进上,让敢于发言的学生不带着遗憾坐下,让每个积极参与的学生都画上满意的句号。

四、搞好讲评

案例讨论后,我一般要对讨论情况进行讲评。讨论的意见是否达到一致并不重要,关键是看讨论思路是否对头,分析的方法是否恰当,解决问题的途径是否正确。所以,我的讲评重点在于评价学生讨论的质量,主要优缺点,提出分析和解决某个问题必须掌握的基本原则,从而有助于提高学生分析问题和解决问题的能力。

案例教学法在财务管理教学中的运用,经过几年的实验已取得了显著效果。学生对学习财务管理产生很大兴趣,不是原来从背后赶着学,而是自己主动去查资料,找问题,解决问题;既促进了学生对课本理论知识的理解,又提高了学生的思考能力,有效地开发了学生的智力,发掘了学生的内在智慧,使学生不仅能获得知识,而且在运用知识解决问题的过程中受到多方面的锻炼,从而达到了主体教育的目的。

参考文献:

[1] 刘舒生. 教学法大全. 北京:经济日报出版社,2001.

[2] 富凯宁. 今日做教师. 北京:同心出版社,2003.

[3] 王庆成. 财务管理教学案例. 北京:中国人民大学出版社,2003.

[4] 吴主岗. 教学的原理模式和活动. 南宁:广西教育出版社,2005.

案例教学法在中职会计教学中如何组织实施

陕西省延安市黄龙县职业中学　王晓芳

摘　要：案例教学法是现代会计教学的主流方法。本文从中职学生的认知水平出发，总结了中职会计教学中运用案例教学的几种实施方法和应注意的问题，探讨改进会计教学的方法。

关键词：案例教学法　教学主体　组织实施

中等职业技术教育的目标是培养技术应用型人才，其必须具有必要的理论知识和较强的实践能力，而在普高扩招背景下，职高生源质量逐年下降是不争的事实。这一现状令中职会计的教学走入了一个尴尬的境地：学理论是中职学生的弱项，而传统的中职会计教学恰恰偏重于会计理论知识，忽视了教会学生如何运用这些知识。学生也许学会了怎样编制分录、怎样编制报表，但在如何利用这些生成的信息帮助解决日益复杂的企业与会计问题方面则显得不足。传统的教学模式是以教师为中心，以教科书为依据。在这种模式下，教师按部就班地讲授课本知识，等到课程结束时学生也不一定能够形成一个对该门课的总体认识。甚至会有这种情况：会计专业学生完成专业学习后，竟不能做一份简单的日记账，不会填写日常的凭证。这不得不让我们对传统会计模式究竟教会了学生什么产生了疑问。那么，如何在会计教学中找到理想的教学方法来提高教育教学质量，则是一个值得我们探讨的问题。

案例教学是现代企业会计教学的主流方法，特别是在中等职业教育中，尝试"案例教学"更有着现实的意义。所谓"案例教学"，是指教师本着理论与实际有机结合的宗旨，遵循教学目的要求，以案例为基本素材，通过师生、生生之间的双向和多向互动，积极参与，平等对话和研讨，并促使学生充分理解所学知识的重要教学形式。应将企业会计案例运用于课堂教学，通过教师的讲授，学生的参与讨论，以及教师的总结归纳，去实现企业会计课程的教学目的。几年的教学实践证明，案例教学在巩固学生所学企业会计理论，提高学生专业实践能力，发挥学生潜能，提高学生专业素质，调动学生参与性和主动性等方面，具有传统教学不能比拟的优越性。

一、会计案例教学法的优越性

（一）案例教学既可巩固学生所学的企业会计理论知识，又可实现理论与实际相结合，提高学生的实际操作能力

传统的教学不能使学生全面正确理解所学内容，而案例教学为理论与实践的结合提供了一条独特的路径。企业会计案例教学法就是将企业会计的书本理论知识描述以案例的形式呈现给学生，让学生进入描述企业会计情景现场，通过学生的实际操作，从理论到实践，再从实践到理论，突破教学中的难点，提高学生发现问题、分析问题、解决问题的能力。因此，通过案例教学法，组织学生进行案例讨论，使学生有针对性地运用理论知识去分析问题，达到不仅要知其然，而且要知其所以然的教学目的，从而加深学生对课堂所授理论知识的理解，培养学生创造性思维和解决问题的能力，并在讨论中让学生发现自己知识中的薄弱环节予以弥补，提高实际操作能力。

(二)案例教学是互动式的教学,使学生成为教学主体,有利于培养学生兴趣,调动学生积极性和主动性

传统的教学方法注重理论知识的传授,强调理论的系统性,教师讲、学生听,教师讲的多,学生主动参与的少。这种"填鸭式"的教学中,知识单向流动,学生被动地接受知识。虽然传统的教学中也常常穿插一些启发式、提问式教学,设法活跃课堂气氛,调动学生的学习主动性、积极性,但仍然无法达到预期的效果,学生的学习积极性还是难以调动。而案例教学是互动式的教学,教师融入学生群体中去,强调师生之间、生生之间的讨论对话,重视师生以及生生之间的平等交往与彼此的尊重和信任,强调学生的自我探索,珍视学生个人的思想和意见。学生以"当事人"、"参与者"的身份,身临其境地去发现问题、解决问题,从而活跃了课堂气氛,不断调动学生的积极性和主动性。

二、会计案例教学法的组织实施

(一)以案释教

通过案例分析来阐述会计理论知识,把抽象的理论寓于生动具体的案例之中,分析并提示学生思考,便于学生对会计理论知识的理解和巩固。例如:在会计等式的关系教学中,"资产和权益是同一资金的两个方面"是一个难点,在教学中可这样设计:

(1)给出案例:某公司要创办下属原料工厂,首先要解决什么问题?

(2)引导学生分析:首先公司要有资金,资金可以自己投入,或别的单位、个人或外商投入;若不足也可向外界金融机构借入。通过学生的分析、讨论、总结,可知资金来源的两条途径:一是投资者投入→形成所有者权益;二是向债权人借入→形成债权人权益(负债)。

(3)启发思考:公司筹足了资金后如何运用呢?

(4) 学生讨论：公司要用筹集的资金建造厂房、购买机器设备、无形资产、原材料等。

(5) 教师概括与总结：公司用这些资金建造的厂房、购买的机器设备、无形资产、原材料等，便是一个资金运用的过程，最终形成了企业的资产，从而得到下面的结论：资产＝权益；资产＝负债＋所有者权益。

通过以上讨论分析，学生充分理解了"资产和权益是同一资金的两个方面"这一知识难点，"资产＝负债＋所有者权益"这一会计恒等式的理解和掌握也就迎刃而解了。实践证明，通过以案释教，不仅可以突破教学中的难点问题，克服死记硬背，而且通过学生的积极参与，可以不断培养、提高学生分析问题和解决问题的能力。

（二）案例演习

所谓"案例演习"，就是组织学生进行案例模拟训练。把班级作为某一生产企业，把学生分成企业当中不同的部门，对企业中出现的一些经济业务按账务处理的程序辅之以相关的账册凭证进行模拟操作，学生一边对照教材一边操作，感到印象特别深刻，使书本理论和实践知识得到了有机的结合，提高了学生的实践操作能力，为以后走上社会，尽快胜任会计工作打下良好的基础。例如，会计中各种结算方式的程序及使用注意事项等内容，若由教师逐条讲解，会很枯燥，而且很容易混淆各种程序，在实际工作中，学生仍不会操作。如果采用案例教学法，可将全班同学分成四组，分别扮演付款单位、收款单位、付款单位开户行及收款单位开户行，配合演习整个结算过程。在模拟中，注意让学生进行角色互换，从而熟悉各环节的具体操作程序。这样一来，教学活动生动有趣，学生不仅熟练掌握了各种结算方式的操作程序及注意事项，还能在活动过程中发现课本中没有提及的问题，并且通过一种结算方式的模拟操作，学生还能举一反三地掌握其他结算方式的具体使用方法。

(三)案例讨论

案例讨论是案例教学的实质及高潮所在。通过课堂上互动式的教学,充分调动学生积极性和主动性,充分激发学生的发散思维,针对某一问题,从多角度进行讨论、争辩、探究以达到发展学生智力、培养学生分析问题的能力。根据教学实践,可选择或设计"发散式"、"变换式"等案例进行教学。

(1)发散式案例:就是在案例中采用发散性问题对学生进行提问,能较好地激发学生思维的灵活性。如某公司接受外单位投资方式的研究,其思维角度有:

①以现金资产投入:

借:银行存款

　　贷:实收资本

②以非现金实物资产投入:

借:固定资产(净值)

　　贷:实收资本

借:原材料(包装物)

　　贷:实收资本

③以无形资产投入:

借:无形资产

　　贷:实收资本

诸如此类问题,使学生思维向多个方向发展,使学生的思维过程灵活、全面,充分培养了学生的创造力和想象力。

(2)变换式案例:通过增减问题的限制因素和条件,或变换设问的角度或方向,使学生根据不同条件、不同角度、不同侧面分析解答问题。该类案例为学生摆脱习惯性思维的束缚,学会随问题的条件、角度的变化灵活地解答问题创造了条件。

例如:某厂采购员预支差旅费1 000元,现回厂报销,准予报销800元，余款以现金退回。要求编制会计分录：

  借：管理费用   800

    现金   200

  贷：其他应收款   1 000

演变案例：若采购员回厂报销准予报销1 200元，则不足部分以现金补给，编制会计分录如下：

  借：管理费用   1 200

  贷：其他应收款   1 000

    现金   200

通过原案例分析思考，演变案例的再思考，最后让学生归纳解题的技巧：多退少补。这样，不仅培养了学生在不同情况下解决问题的能力，同时掌握了解题的技巧。

（四）撰写案例分析报告

案例分析报告是学生对案例思考与讨论后的总结，是对所学知识的回顾，能起到锻炼和培养学生书面表达能力的作用。因此，每次案例教学后要求每个学生撰写案例分析报告，可以加深对会计知识的理解，从而提高学生的语言文字表达能力。

三、会计案例教学中应注意的问题

教学实践证明，案例教学运用不仅提高了学生的学习效果，而且更新了教师的知识结构，改进了教学方法，丰富了教学形式。但有时采用案例教学方法未必就可以收到明显的教学效果，这里还有一个案例教学组织是否得当的问题。因此，在会计案例教学中还应注意下面几个问题。

（一）案例的来源与选择应具有典型性和相关性

现实生活中的案例题材来源广泛，可以是教材中现成的，可以是教师经过多年的教学实践积累的，还可以借鉴他人的。总之，教师对所讲的案例要精心编排，紧紧扣住教材中的知识点，不能随意主观臆造脱离实际的教学案例，而应针对实用性、相关性、典型性的原则进行加工整理，做好教学前的准备工作。

（二）案例教学应注意理论与实践的结合

强化技能的训练固然重要，但不能轻视理论的学习。理论知识的学习是十分必要的，没有理论指导的实践是盲目的实践。

（三）案例教学与其他教学方法应相辅相成

其他教学方法除传统的"传道、授业、解惑"的讲授方法外，还包括组织学生到企业进行实地调查、实习等方法，对待案例教学与其他教学方法的关系，应避免两种倾向：一是坚持死守传统教学方式，拒不采纳案例教学；二是认为案例教学是万能的，可替代其他教学方法。然而，这两种倾向都有失偏颇。实际上，它们是相辅相成的，教师应针对不同的教学内容，不同的教学目的，选择不同方法，并不是会计专业中的每一知识点都可用案例教学法教学。

（四）案例教学与其他教学手段应有机结合，相互补充

比如在案例教学中，引入多媒体教学手段，将声音、动态图像与案例讨论充分结合起来，一方面加大信息输出量，另一方面充分带动学生的学习积极性，提高学习效率。

（五）案例教学中应充分发挥学生的主体作用

案例教学法重在学生参与。在授课当中，要让学生积极参与进来，进行讨论。整个讨论过程中，教师是引导者、催化者、倾听者，学生才是教学活动的主角。通过对案例的分析，让学生掌握一定的实际操作技能，并给学生留有一定的思考余地。

总之，我们在实际教学中，要引导学生不断思索，充分调动学生学习的积极性与创造性，深入挖掘现实生活中生动具体的案例，引导学生通过自己的观察、思考、分析、选择、领悟去获取知识，并把所学的知识运用于实践。案例教学法要求教师不仅要有扎实的理论基础知识，而且还要有丰富的社会实践经验，必须

了解和掌握国家的方针政策以及有关的法律法规条文、规章制度和各有关专业方面的实际资料。我们要通过自修、进修、培训等手段来提高自身的业务素质，通过不断地探索，总结经验，改进课堂教学的方法来提高教学质量，培养出适应现代社会发展需要的实用人才。

参考文献：

[1]刘明传，谷富云．浅析会计案例教学．经济师，2004(9)．

[2]夏惠．浅析高职会计案例教学的运用．职业教育研究，2006(4)．

[3]黄朴．教师在案例教学中的角色定位．中国成人教育，2005(11)．

[4]刘树密．浅谈案例教学的准备工作．天津成人高等学校联合学报，2005(4)．

改革会计实训课教学模式，培养实用型人才

广东省深圳市宝安职业技术学校　王俊友

摘　要：21世纪是知识经济时代，经济体制改革的深入和信息技术的广泛运用，对会计工作、会计岗位和会计人才的需求都产生了很大影响，传统的会计实训课教学模式已经不能更好地适应信息时代的要求，因此改革会计实训课教学模式，提高学生的实践动手能力，培养实用型人才，是今后中职学校会计教学改革的方向。本文在分析会计实训课教学现状及形成原因的基础上，从提高学生的实际操作技能、培养实用型人才出发，提出了具体的改革会计实训课教学模式措施。

关键词：改革　教学模式　实用型人才

会计实训是会计教学环节中的重要组成部分，是增强学生的实际操作能力、提高学生的专业素质、培养实用型人才的重要手段，同时也为学生从理论到实践提供了平台。21世纪是知识经济时代，经济体制改革的深入和信息技术的广泛运用，对会计工作、会计岗位和会计人才的需求都产生了很大影响，传统的会计实训课教学模式已经不能更好地适应信息时代的要求，因此改革会计实训课教学模式，提高学生的实践动手能力，培养实用型人才，实现教学与岗位的零对接，是今后中职学校会计教学改革的方向。本文在分析会计实训教学现状及形成原因的基础上，从提高学生的实际操作技能、培养实用型人才出发，提出了具体的改

革会计实训教学模式措施。

一、会计实训课教学模式的现状

会计实训作为会计教学环节中的重要组成部分,对提高学生的实践操作技能起到了至关重要的作用。然而,由于实训条件、实训场所、实训教材等方面的限制,使得传统的会计实训课教学模式越来越不能适应市场对会计专业人员的需求。具体表现如下:

(一)教学时间安排不合理,不利于连续开展实训教学

在教学时间安排上,会计实训课教学仍旧按照理论课程的教学要求安排教学时间,采取分散式教学模式。有时还没有完成一个实训项目或实训内容就到了下课时间,又要开始另一门课程的学习。等到下次实训时,由于时间间隔太长,学生对前面所实训过的内容已经忘记了许多。这导致在课堂上需要再花一些时间来促使前后实训内容连贯,最终影响了教学和实训的进度,显然不利于连续开展实训教学,不利于集中精力和时间对学生的操作技能进行强化训练,学生不能充分地将所学的理论知识转化为实践操作技能。

(二)教学内容安排受限,不利于对不同层次学生进行指导

在教学内容安排上,没有充分考虑学生不同层次的实际情况,所安排的实训教学内容没有真正体现学生之间知识层次上的差异,对所有学生都安排统一的实训内容,使得学生没有选择的余地和空间。实际上,学生在知识接受能力、知识转化能力和知识运用能力等方面存在差异,采用统一的实训教学内容,致使教师不能充分了解学生掌握知识技能的情况,也不利于教师对不同层次学生进行指导。

(三)教学缺乏密切联系企业业务的开放性,不利于培养学生的应变能力

从多数会计实训教材来看,实训教材过于简单,会计业务和数据理想化,甚至凭空设想一些企业业务,缺乏对企业实际业务的了解;把实际工作中的问题简单化,会计业务原始凭证并不是企业真实的原始凭证,或者脱离实际,或者没及时更新,或者不完整。由于教学缺乏密切联系企业实际业务的开放性,使得会计专业的毕业学生可能没有见过真正的银行对账单、增值税发票、纳税申报表和经济合同等经济业务资料,把原本丰富多彩、复杂多变的实际经济业务简单化。并且,多数实训教材的答案都已设计好了是唯一的,显然脱离了复杂多变的现实情况,限制了学生开放性思维,使得培养出来的学生不能很快地适应企业的需要,以至学生上手能力差。同时,用这样的实训资料去指导学生实训,也不利于培养学生的创造性,更不利于培养学生的应变能力。

(四)没有岗位实践环境,学生很难形成职场氛围

通过会计实训,增强了学生对凭证、账簿、报表的一些感性认识,也使得学生掌握了会计凭证的填制、账簿的登记等具体操作方法。但在会计实训过程中,主要还是对会计核算岗位业务的实训,缺乏出纳、稽核、税务等岗位业务的实训以及工商、税务和银行等业务的实训。由于缺乏对会计不同岗位实践的要求,使得实训环节孤立,同时也脱离了与工商、税务和银行的联系,导致学生毕业后不知道如何报税,不知道如何工商登记,不知道如何与银行进行业务往来等。由于没有相关岗位的实践环境,使得学生很难形成职场氛围,从而丧失了整合会计知识的机会,更重要的是导致学生缺乏运用所学知识去解决实际问题的能力。

二、原因分析

（一）学科体系的束缚

长期以来，中等职业学校在学科体系中的课程设置方面一味地注重理论体系的完整，强调专业理论知识的系统性，而忽视了实践内容的训练。所采用的教材大部分是普通中专的教材和大纲，职业教育专业教材严重滞后职业教育的发展，课程设置与市场联系不够紧密；教学内容落后于科学技术的发展及市场的需求，没有按照市场的要求对学科体系进行与时俱进的改革，也没有真正实现以市场为导向，以培养一线人才的岗位技能为中心的培养目标，教学内容缺乏应有的岗位针对性。

（二）专业教师缺乏实践

中职学校中绝大部分专业教师是从学校来的，甚至有些是学校里其他课程教师转行过来的，加上学校经费有限和学校对专业教师培养的重视程度不够，使得学校没有一个良好的制度和氛围促使和激励教师去更新知识。会计教师参与实践的机会很少，不少专业教师从走上讲台，就再也没机会走下讲台参与到会计实际工作中。由于专业教师没有到企业得到真正的锻炼，自然不熟悉企业复杂多变的经济业务，把握不准企业各种岗位的实际需求，导致专业教师的知识结构与职业教育所要求的知识结构不相适应，缺乏必要的工作实践能力和专业实践能力。

（三）实训基地的限制

由于中职学校办学条件的限制，实训基地缺乏，使得很多学校的会计实训仍旧安排在教室进行，条件好的学校可能安排在独立的模式实训室里进行，但仍然满足不了会计实训对实训场所的要求。由于实训基地的限制，很难使学生得到真正的锻炼机会，不利于从情景中培养学生的会计行为习惯。

三、改革会计实训教学模式的措施

在分析会计实训教学现状的基础上，为提高学生的实际操作技能，从培养实用型人才出发，笔者认为应该从以下几个方面对会计实训教学模式进行改革。

（一）打破传统的学科式教师模式

1. 改革教学时间

会计实训教学与会计理论教学的侧重点不同，会计理论教学侧重于向学生传授会计理论，实训教学侧重于提高学生的实践操作技能，培养学生的实际应用能力。因此，在教学时间安排上，会计实训教学与会计理论教学应当不一致。会计理论教学可以按照一般课堂教学时间编排，一般采取分散式教学模式；会计实训教学是在学生掌握一定的会计理论基础上所进行的集中实践训练，目的是提高学生的实际操作技能，培养学生的实际运用能力。因此，会计实训教学在时间安排上可以打破教学常规，采取集中式教学模式，在完成理论教学的基础上集中一段时间专门进行实训。

2. 改革教学方式

打破传统的教学方式，坚持"以就业为导向、以能力为本位"作为教学的方向，推行"知识与技能一体化"和"教学、实践、服务一体化"作为教学改革的方法，将"行为导向法"作为教学的实施过程，实现以学生为中心的教学互动，激发学生的学习热情，充分发挥学生的主体意识。具体来讲，在实训教学中应当尝试多种教学方法，凡是能够调动学生积极性的教学方法都可以大胆利用。譬如，可以采取"探讨—研讨"式和小组合作式等教学方法，培养学生发现问题、解决问题的能力，培养学生团结、合作的精神。

3. 改革实训内容

所设计的实训资料不应该事先给出并且是唯一的答案，而应该留有相应的问题空间，发挥学生的独立性；在设计实训教材时应当尽量考虑企业中复杂多变的情况，而不是理论教学例题的延续或翻版；所使用的实训教材应当能够体现企业与工商、税务和银行之间的业务往来，培养学生对会计知识的整体把握，增强学生的感性认识。

（二）提高教师教研水平

1. 深入企业，研究会计工作岗位要求，明确教学目标

学校应该为教师进修、学习创造条件，制订教师进修、学习计划，通过在职学习、离职进修和深入企业现场实习等形式，提高教师的实践业务水平，拓宽教师的视野。学校还要加强会计专业师资队伍建设，形成一批高素质的"双师型"教师队伍，有计划、有步骤地鼓励教师到企业现场实习。教师通过到企业现场实习，深入企业，了解企业实际经济业务，研究企业会计工作岗位对学生的实际要求，为今后明确实训教学课程目标打下坚实的基础。

2. 设计教学内容

教师通过各种途径深入企业，熟悉企业会计业务的实际操作流程，认真收集企业实际工作中的各种原始凭证。根据企业会计业务的实际需求，教师应该认真设计实训教学内容，所设计的实训教学内容既要符合学生的实际情况和知识水平，更要符合企业的实际需要，充分体现"以能力为本位、以就业为导向"的教学理念。在设计的实训教学内容中，可按实际工作需要分别设置各个会计工作岗位进行实训，再进行岗位的定期轮换，最好所有岗位能轮换一次，要求学生体验不同的岗位角色。通过岗位的真实体验，为学生实训创造职场氛围，培养学生的严谨、细致、规范的职业习惯，增强学生的责任感，提高学生的实践动手能力，

培养实用型人才,实现教学与岗位的零对接。

3. 编写实训教材

在学生实训取得一定效果的基础上,在不断地对实训教学内容修改和完善的基础上,坚持"以能力为本位、以就业为导向"的教学理念,突出职业教育特色,体现会计岗位实际需求,大力开发和编写校本实训教材。实训教材的编写要体现以"实用"、"够用"为原则,并且教材要不断地根据企业的需求、会计准则和会计制度及法律法规的变化而变化。

(三) 模拟岗位角色,营造职场氛围

为提高学生的积极性,尊重学生的主体意识,培养学生的职业意识,增强学生的责任感,在会计实训中可以采取小组合作、模拟岗位角色的实训模式。具体做法是:将实训班级分成若干小组,完全按照企业财务部门的管理模式,每组分别配有出纳员、会计员、审核员和财务主管等人员,分别由学生充当相应的角色,教师充当单位负责人,各尽其责,责任到人,责任到位,保证人人有事做,事事有人管。同时,为培养学生的法律意识,增强学生的责任感,在实训过程中必须要求学生严格遵守《企业会计准则》、《企业会计制度》和相关的会计法律、法规,不得越权,更不得违法、违纪和违规。在整个过程中,教师充当单位负责人的角色,引导每小组的成员依法进行会计核算、会计监督,对每个小组成员的会计行为最终承担法律责任。为了提高学生的积极性和参与性,可以采取竞赛的形式。具体做法是:同一个企业的业务资料分别由每个小组独立去完成,每组之间相互独立,互不干涉,最后教师根据各小组的表现,结合每小组会计核算的准确性和及时性等相关指标综合打分,评出一、二、三名,再根据各小组成员的表现,评出最佳会计核算员、最佳出纳员、最佳审核员等。

（四）加强手工实习与财务软件相结合

通过实训，可以说学生基本上掌握了手工会计核算的一般程序，但如何将手工会计转换为电算化会计，对学生来讲是个难题。为了加深学生对系统转换的认识和理解，教师应该安排手工与计算机同时进行的会计模拟实习，即在用手工方式进行核算的同时采用电算化手段进行处理。通过两种不同的会计处理，使学生熟悉手工操作和电算化操作的会计业务处理流程，并且将处理过程和结果进行比较，从而增强了学生对电子数据处理的认识，培养了学生的实际运用能力。

（五）结合企业业务处理，创设实训平台

1. 倡导工商、税务、银行和企业一体化实训教学模式

企业在日常经营活动中除了同其他企业有业务往来外，还同工商、税务和银行也有相关业务往来，即企业的经济业务是整体的，不是孤立的。因此，在会计实训中，不能将企业的经济业务孤立起来，不能仅仅教会学生如何填制会计凭证、登记会计账簿和编制会计报表，还应当设计相关的实训资料，教会学生如何进行工商登记，如何进行报税，如何同银行进行结算等，即倡导工商、税务、银行和企业一体化实训教学模式，培养学生整合会计知识的能力，增强学生综合实践技能。

2. 开设校内实训，为真账实训创设场所

传统的会计实训仍旧停留在模拟实训的水平上，并不是真正意义上的实训，所培养出来的学生与企业实际需求还有一定的差距，因此有条件的学校可以开设校内实训。比如：开设校园小超市，为学生的真账实训创设场所。具体做法是：校园小超市由学校专业部门负责管理，自主经营，自负盈亏，完全按照小型商业企业管理模式运行，聘请有一定管理能力的教师担任总负责人，聘请学生负责商品采购、商品销售和会计核算。为培养学生的竞争意识，增强学生的责任感，对学生的聘请必须采取竞争上岗和

激励制度，而对会计核算应当以周为单位定期进行轮换，确保每位学生都有一次真账实训的机会。通过这种形式，首先，增强了学生自主创业能力和经营管理能力；其次，培养了学生的竞争意识和责任意识；再次，为学生的真账实训创造了良好的场所。

3. 拓展校外实习基地，为学生实训提供平台

在会计实训教学模式改革的同时，学校应当积极拓展校外实习基地，为学生实训提供平台。学校可以同会计师事务所、代理记账公司建立校企联合，在会计师事务所、代理记账公司建立学生实习基地，为学生的会计实训提供平台，学校可以定期派学生到会计师事务所、代理记账公司进行为期1~2个月的会计实习。通过这种形式，为学生日后走向工作岗位打下基础，将所学的理论知识运用到实践中去，加深了学生对理论知识的理解，培养了学生的实际运用能力。

综上所述，中职学校中由于学科体系的束缚，专业教师实践的缺乏，再加上实训基地的不足，使得传统的会计实训课教学模式已不能更好地适应知识经济时代对会计人员的要求。因此，为提高学生的实践动手能力，培养实用型人才，必须打破传统的学科式教学模式，提高专业教师的教研水平，模拟企业岗位角色，营造职场氛围，结合企业实际业务的处理，为学生创设实训平台。

参考文献：

[1]刘尚林.会计专业实践性教学探讨.财会月刊，2006(10).

[2]吴戈.会计职业教育模式的研究.经济师，2000(3).

[3]王加林等.东陆职教论坛(2008年).昆明：云南大学出版社，2008.

中职财会技能教学五步曲

江苏省淮安市建筑工程学校 王 菊

摘 要：财会技能的特点主要是知识点分散，难度及其性质差异均较大，加之职业学校学生综合素质差的先天缺陷，导致整个技能教学过程起起伏伏，学习效果不佳，半数学生因此望而生畏，技能训练半途而废，对施教者也逐步形成消极影响，形成"职业倦怠"的心理，最终使财会技能教学陷入流于形式、有教无果的泥沼。激发式、分层次讨论式等诸多教法都在一定程度上使财会技能教学出现些许多转机，但最终黯然。问题的症结在于，作为传道授业的施教者，必须根据学生的特点培养其兴趣并及时调控，具体分为五个阶段：说、示、试、赛、整。任何方法都要根据每校每届每班每人的实际情况进行调整，更重要的是从教者面对挑战更需励志进取的精神。

关键词：财会技能教学 五个步骤

2005年，国务院明确提出：大力发展职业教育，加快人力资源开发。职业教育迎来了新的机遇和挑战，要求每一位职业教育工作者以极大的热情，敢于探索，勇于实践，不断创新，不负时代的重任。财会技能教学随着财会制度改革、社会对人才需求的变化以及学生生源状况的变化，给我们带来更大的思维空间和极严峻的考验。能否披荆斩棘，探索出一条因材、应才、应手的全新教学模式，成为当务之急。

一、职业教育概况分析

近几年，由于种种原因，中等职业学校生源、数量明显下滑，生源质量也呈下降趋势，中职学校生存已是举步维艰，学校要想生存和发展，就必须修炼好内功，提高学校知名度。修炼内功的最根本途径就是努力提高办学水平，加强学生职业技能培训，努力为社会培养合格的各类专业人才，满足市场用人的需要，满足学生就业的需要。现状是，由于现有学生整体素质参差不齐，多数学生虽有较好的道德品质和学习态度，但因基础太差，以至于学习上困难重重；相当一部分学生缺乏应有的自觉学习习惯和刻苦钻研精神；有些学生纪律较松散，经常影响正常的课堂教学秩序，对教学的进程、课堂的气氛和教师的情绪负面影响更大，使不少在中职学校任教的教师深感教学过程的艰辛与无奈，不少教师不同程度产生"职业倦怠"的心理。

国家多部委经过长期努力，逐步建立起职业资格准入制度，同时改革开放三十年来各行各业都有了长远的发展，专业技术人员的需求量也越来越大。在这种情况下，职业技能教育应该一片光明，但由于传统教育已得到社会的普遍认可，职业教育与之相比有着三方面明显的差异：其一，职业资格还不等同于学历，许多单位仍然把学历文凭作为准入的门槛，大大削弱了整个社会对职业教育的认同，优先生源仍然流向普通学历教育，形成生源综合能力差异。其二，许多职业学校都在技能教学方面加大力度，配备了实训设备器材和实训场地，培养了一批"双师"师资力量。但由于长期以来形成的惯性，仍然以考分衡量教学实绩，许多实践环节不到位，甚至走过场。更重要的一点是，实践技能教育不能得到学生家长的支持，即有可能是期望值过高而实际学习效果不理想，换句话说，就是不能得到就业单位的认可。也有的是学生不能坚持完成整个技能学习过程，半途而废。

二、财会技能教学的现状

财会技能教学中还具有更鲜明的特点：其中如珠算、点钞、计算器使用、会计凭证填制、账务处理等近十个常规单项训练相互之间密切关联。另外，会计电算化与计算机的应用关系密切，税务申报登记、银行结算凭证及相关手续办理流程复杂，导致教学组织难度大，学生学习情感与考查考核等诸多因素，也直接影响了学习效果。

大多数学校将技能教学同于一般基础理论学科，照本宣科的有，死记硬背的有，注重考试排名，更有甚者，编题练习，日日清、周周练、月月考，结果是许多高分的学生，在技能训练中不能很好地运用理论知识，不能体现出任何优势，适得其反，在理论学习阶段就出现厌学现象，认为自己根本不是这块料。这样的学生一旦在班级里占多数，整过实践环节的教学难度是可想而知的。

三、兴趣培养与教学调控五部曲

多年来，我一直在想，财会技能教学的出路在哪里？根据个人教学的一点心得，同时借鉴模拟企事业单位阶段性账务过程的教学总体安排，再从细处入手，具体做法可归纳为"说、示、试、赛、调"五步曲。

说：即利用各种机会与学生进行语言沟通。①财会技能在就业后的具体作用及相应的职业要求。②用往届学生的事例分别解说相应技能项目成功事例。如我校06级学生汤某在计算机小键盘录入20位20组达到1分21秒的好成绩，参加市中考录入成为优秀录入手，2007年就业时被某大型超市选中，先做收银员，后成为柜组领班。③个性化沟通，鼓励学生向自己有兴趣的方向发展，鼓励学生练好技能（专业的看家本领就是技能）。④精心准备第一次课，必须认真地与新生进行交流，针对其特点认真备课，上课要生动、轻松、直观。

示：打铁还需自身硬，每一阶段在利用多媒体进行技能展示后，教师必须进行技能展示。展示过程掌握三个层次：入门级，注重基本试验；提高级，重在说明练习多长时间能达到这样水平；熟练级，展示做的越好越能给学生留下深刻印象。加强学生对教师技能方面教学水平的认同，为下一步兴趣的培养打下基础。

试：以点钞为例，特别是开始，不能求全求精，以接近日常生活的双手点钞入门，逐步深入，稍有进步即可让其登台表演，进行以表扬为主的点评，到了较为熟练时才要求手法正确，提高速度准确率，并提出眼手配合。中心点就是整个过程都体现"入门不难，提高是能办得到的"。

赛：财会技能训练的显著特点就是要求达到快又准。通过比赛来提高成绩，比平时考核的效果要好得多，不妨在黑板一角设一块"标兵栏"、"风云榜"的专栏，以阶段赛、项目赛、小组赛、综合赛进行推波助澜，使中等以上成绩的学生兴趣倍增，技能成绩迅速提高。技能指导教师与上榜学生开始对技能成绩较差的进行一对一帮助辅导，以提高整体技能水平。

调：财会技能教学的过程是一个互动性很强、不断调整的过程。具体包含三个方面：①学生学习情绪的调整，训练强度、环境因素、个人状况等诸多因素都会影响训练效果。2006年春学校开运动会。04级财会班进行计算机操作技能训练，校领导决定除参赛运动员外一律正常训练，留下的30多名学生因不满学校的安排，情绪波动很大。在对诸多因素进行考虑后，校领导立即将其分组，将训练现场模拟为运动会报道统计中心，利用运动会的投稿与比赛数据，进行录入排版电子表格、统计两项综合训练，收到了出乎意料的效果。调整的过程要求施教者要有敏锐的观察判断能力，尽可能多地收集信息，并掌握多种教学方法，才能及时有效第调整到位。②上课的地点调整也是取得良好学习效果的重要因素。以珠算为例，课堂练习时此起彼伏的击珠声固然很有专业气氛，时间久了却会使人枯燥、烦躁。③教学内容的调整成为连接从课堂到就业的纽带，仅靠财会模拟综合练习册是远远不够的。针对这一点，每届学生最后一学期（即实习前）的综合训练中增加了企事业单位财会工作流程和技能实训，以周边中小型企业一个季度的真实财务账目为蓝本，用两周时间进行全真实施，多个教师分室合作进行周边服务，全程进行财会技能演练，包含书本上未做较高要求的工商、税务、保险、财政等业务，用已就业的学生话说："进单位的第一天就感觉到这些业务很熟悉，都是我们做过的。"

以上五步曲，从过程上看，既是一个不断调动培养学生兴趣的过程，又是一个教师在调整中上台阶的过程；从目的上看，是真正做到以学生学习为中心、以社会需要为教学目标的过程。

四、成果与未来展望

通过多年不懈努力，我所在的学校财会专业教学已取得很好的效果。2005年电算化考试中在校生通过率100%全市前列；2006、2007年对口单招财会理论成绩全市第一；2008年春迎来了大丰收的季节，市中考累分合分成绩录入连续11年选中我校，2月份参加职业技能大赛获淮安赛区财会技能团体第一，3月份参加江苏省财会职业技能大赛获二等奖。

我校财会专业组对历史教学的经验进行的总结，正式立项研究，成为一支更有战斗力、更能体现科学施教的团队。永不满足使我们更加清楚地认识到：一切都才刚刚开始，通过这次培训学习，我们又有了新的认识，将把各位专家的宝贵经验带回去进行研究借鉴，把财会技能教学进一步细化，不断适应变化，坚持人性化、科学化，把工作做得更好。

参考文献：

[1]蒋文斌．基于工作任务的职业教育项目课程研究．常州机电职业技术学院，2006.

[2]国务院关于大力发展职业教育的决定．2005.

[3]曹璟．关于中职财会专业课程改革的探索．南京市财经学校，2008.

[4]职业教育中提高实践能力和培养创就精神的措施．2007.

[5]黄柏江．中职课堂教学目标期望及调控对象．浙江邮电职业技术学院，2007.

中职学校财会专业模块化教学初探

河北省安新县职业技术教育中心　王海莹

摘　要： 随着市场经济的飞速发展，随之而来的是财会技能型、应用型人才的培养，面对这个越来越现实的课题，财会专业有效教学模式的研究显得尤为重要。我国中职财会专业大多沿用传统会计教学模式，即先完成整个会计理论教学，然后集中安排时间进行会计实训。传统的会计教学模式，不适合中职学生的认知规律，也无法做到因材施教，更不能适应社会经济发展对财会人才的需求。模块化教学模式是值得我们思考和借鉴的，财会专业实行模块化教学是大势所趋。

关键词： 中职　财会　模块教学　初探

财会这门技术在国民经济各部门以及人们日常生活中起着重要作用。随着市场经济的飞速发展，随之而来的是财会技能型、应用型人才的培养，面对这个越来越现实的课题，财会专业有效教学模式的研究显得尤为重要。根据会计专业核算岗位化的特点，进一步加强教学研究与教学改革，大胆地广泛推行模块式教学模式，使岗位工作能力模块化，实现专业教学的模块化，使理论教学与实践紧密结合，同时理顺专业课程之间、专业课程与职业能力之间的关系与层次。本文以模块式教材与模块式教学的基本要求作为构建模块式教学的重点。

一、我国中等职业学校财会专业教学模式的现状

近几年来,我国中等职业教育发展很快,各类中等职业技术学校在边探索、边改进的过程中,已取得可喜的成绩,初步形成了各自的办学规模和特色。然而,我国中职财会专业大多沿用传统会计教学模式,即先完成整个会计理论教学,然后集中安排时间进行会计实训。这种培养模式的优点是能够充分利用课堂教学,突出和强化课堂教学的基本操作技能的训练。但是,这种会计教学模式存在着许多不足之处:一是教学理念上认识不足,造成理论教学与实践教学的课时比例不合理,忽视了实训教学的重要性。二是理论学习和实训的时间安排不合理,理论教学课时量所占比例过多,人为造成理论和实际严重脱节。一般中职学校教学计划的安排是理论集中在几个学期,最后实训一学期,或一本教材理论部分学习结束后,剩一两周时间进行实训。这样导致财会的理论学习和实践技能的培养严重脱节,实践中需要的理论知识需重新花费不少时间重新复习。三是我国与发达国家相比,在财会职业教育方面存在一定的距离。发达国家的财会职业教育,重视财会专业运用能力、创新能力和实践能力的培养,且实训模式多是实行财会模块化教学。

传统的会计教学模式,不适合中职学生的认知规律,也无法做到因材施教,更不能适应社会经济发展对财会人才的需求。模块化教学模式是值得我们思考和借鉴的,财会专业实行模块化教学是大势所趋。

二、中等职业学校模块化教学模式的内涵与框架

中职财会专业模块化教学,就是将财会专业的某门课程,按照各章节的教学内容,根据市场对人才的需求,按照实际工作岗位划分为若干个教学模块组织教学,每一个教学模块自始至终由

专任教师从理论到实践完成,并且按照一定标准进行考核,从而达到中职财会专业的培养目标。

首先,应根据财会专业的岗位需求确定教学内容,然后将课程内容进一步分解成一个个模块,每个模块都是独立的教学单元。每个模块又相对独立、完整,都有明确的教学目标和内容,是完整的教育、学习和评价单位。这些教学模块既可按照章、节设计,又可按照教学内容归类设计,只要便于学生认知和掌握,便于提高学生学习的兴趣,便于与其他相关模块进行组合,即可大胆尝试去教、去做。

例如:在设置"基础会计"这门课的教学模块时,根据"基础会计"课程的特点以及其在财会专业的课程中所处的地位,应设置下面的实训模块:"基础会计"应知应会(理论知识)模块;工业企业主要经济业务核算实训模块;会计凭证填制和审核实训模块;会计账簿建立、启用、登记、对账、结账和错账更正实训模块;会计报表编制和审核实训模块;账务处理核算方式实训模块;"基础会计"综合实训模块等。

这样,就把比较枯燥的理论知识,通过分解转化为一个个单项技能训练。再把每一项专业技能模块科学、有序地排列起来,形成各自的教学流程,按照这个流程逐一实施,就会收到较好的教学效果。

三、中等职业学校财会专业模块化教学整体框架设计

(一) 基础模块

1. 基础模块课程的构成

专业基础模块,是学习专业模块的基础。本模块主要开设:①"基础会计"模块:"基础会计"课程是学习会计专业模块的基础;②"计算机应用基础"模块:"计算机应用基础"课程是会计专业模块进行会计电算化模块核算的基础。

2. 各模块教学内容的要求

"基础会计"和"计算机应用基础"课程的教学应力求通俗易懂,形成理论够用、实践突出的特点。

3. 课程安排

在会计专业第一学期开设,周课时为6课时。

(二)专业模块

1. 专业模块课程的构成

专业模块课程的构成:①出纳核算岗位模块;②存货核算岗位模块;③固定资产核算岗位模块;④往来款项核算模块;⑤资金核算岗位模块;⑥费用核算岗位模块;⑦销售利润核算岗位模块;⑧税金核算岗位模块;⑨总账报表核算岗位模块;⑩工业成本核算岗位模块。

2. 各模块教学内容的要求

岗位核算模块每门课程包括的主要课程为:① 阐述相关会计岗位主要职责,在会计工作中所处的地位以及对该会计岗位工作的特殊要求;② 相关会计岗位实务分为基本概念和基本知识介绍、岗位所涉及的会计凭证、使用的主要会计科目、主要核算账户和账簿介绍、主要业务核算、会计核算情景案例;③ 岗位核算模块包括简单财务管理知识;④ 岗位核算模块包括会计手工操作和会计电算化操作;⑤ 会计工作相关法规、实务练习题和实验题。

通过各岗位模块的理论学习与实践教学,使学生对各会计岗位核算模块做到基本会建账、记账,熟练电算化核算,形成学生对各会计核算岗位的职业能力。

3. 专业模块校内模拟实习

由于计划经济的校企挂钩实习现在已经变得很困难,特别是会计专业作为一门管理类学科,要在企业进行较长时间的实习显得更为困难,因而在校内进行模拟实习必然成为专业实习的主要途径。各专业模块的模拟实习,侧重于进行专业能力训练,使学生真正具有动手能力,缩短与实际需要的差距,形成会计核算各岗位的适应能力。每一模块教学结束后,均要在校内模拟实习室进行为期一周的模拟实习。

4. 专业模块校外社会实践活动

校内每一模块教学和模拟实习完成后要进行 1～2 天的分组社会实践活动,走财会与生产相结合的道路,增强学生的感性认识,使其在实践中进一步得到提高。社会实践活动结束后进行模块小型设计,将模块小型设计的方案评价作为考核成绩之一。

5. 专业模块课程教学安排

每一模块的开设根据内容的多少灵活安排,周课时 4～6 课时,在第二学期至第五学期完成教学和模拟实习。

6. 专业模块考核

增加岗位实验考核分数在学期课程考核成绩中所占比重,每个学期学生企业会计课程采用百分比制计算成绩,各个部分分数比重如下:平时成绩10%,实验成绩30%,期中考试30%,期末考试30%。会计岗位模块教学在四个学期内完成,除了理论考核外,还兼顾相应岗位的实践考核。

(三)综合实习模块

在分阶段模块教学和模拟实习的基础上进行综合模块实习,以进一步增强学生的岗位职业能力的形成,同时加强学生对各会计核算岗位之间衔接关系的认识。

1. 综合模块课程的构成

(1)校内综合模拟实习。

(2)毕业实习。

2. 各模块教学内容的要求

(1)校内综合模拟实习:即在以上对各会计核算岗位分步实习的基础上,进行综合模拟实习。综合模拟实习从内容上讲自货币资金开始到会计报表结束,从岗位上讲自出纳岗位开始到总账结束。通过会计模拟实验教学,在较短时间内使学生能够迅速熟悉用人单位财会工作,以缩短从学校到社会的距离,提高学生岗位适应能力。主要手段包括:建立仿真的会计凭证资料库;营造仿真会计工作环境;使用以企业真实业务为原始依据的仿真业务信息资料;设置银行、税务、企事业单位三个客体机构,帮助学生熟悉企业业务交往的主要工作环节。

(2)毕业实习:即学生进入企事业单位进行实习。由于中等职业会计专业学生毕业后一般进入中小企业,从事基层会计工作,会计岗位的兼容性强,因此毕业实习从出纳岗位开始,并兼顾其他岗位。

3. 各模块课程教学安排

(1)校内综合模拟实习:本项实习在第六学期利用一个月的时间完成。

(2)毕业实习:一般安排在十周左右,在第六学期校内综合模拟实习后进行。

(四)技能模块

1. 技能模块课程构成

本模块注重学生基本技能和专业技能的训练。

(1)基本技能包括书法、口才、礼仪、汉字录入等。

(2)专业技能包括珠算、点钞与验钞、会计数字的书写、记账技术(包含手工记账及电算操作)等。

2. 各模块教学内容的要求

本模块是学生从事会计工作的最基本的素质要求,教学中应做到:

(1)技能教学课程化,即各项技能安排适当的课时进行课堂教学,以便学生训练时操作规范。

(2)技能训练模块化,即各项技能项目利用一定的课时教学后，利用技能训练时间进行集中强化训练。

（3）技能考核目标化，即对各技能考核项目确定相应考核目标，特别是对需要长期训练的技能项目确定分阶段考核目标（一般按学期确定考核目标），定期进行考核。

3. 技能模块课程教学安排

本模块的教学与训练在各学期穿插进行，应确保教学课时和训练时间，以利于学生熟练的职业技能形成。

（五）辅助模块

本模块课程是专业基础模块和专业模块的必要补充，包括财经法规基础知识、统计基础知识、税收基础等课程。本模块的教学在第一、第二学期穿插进行。

四、中等职业学校财会专业实施模块教学的优势

第一，职责明确，避免了理论教师和实习指导教师之间互相推卸责任、各自为政等现象的发生。由于每一个模块由一名专任教师自始至终独立完成（包括理论教学和实训教学），从而有效地提高了工作效率和教学效果。这就要求任课教师不仅要有高度的责任感，而且要有较高的理论知识水平和较强的实训操作能力。

第二，符合中职教育的特点，同时也符合学生的认知规律。由于每一个模块是由一名教师承担教学，教学进度、讲课深浅度、学生知识掌握的程度、实习效果等非常清楚，教学由浅入深、循序渐进，完全符合中职学生的特点和中职学生的认知规律。

第三，能够使理论与实践在较短的时间内密切结合。学生在学习会计知识时，由于一些名词、术语比较抽象，因此学习上比较困难。通过模块化教学形式，可以将那些学习中较难的知识分解为若干个小模块，再通过教师的讲解和实训，使那些枯燥无味、抽象难懂的理论知识迎刃而解,而且在实训中所运用的理论知识又会重新得到复习和巩固。

第四,便于评价专业教师的教学质量和提高教师的教学能力。由于每一个模块由一名教师自始至终负责完成,因此在进行考评时,如果发现大部分学生的薄弱环节出现在某一个模块上,则该模块的任课教师的教学质量就值得考虑。

第五,模块教学方法可根据中职学生特点,灵活安排实训课程,使理论教学与实训教学具有一定的弹性,可交错进行。

第六,模块式教学适合会计专业职业教育。职业教育的特点是强化技能,中职学校招收的学生文化成绩虽然较差,但这种模块教学更适合于这部分学生的特点,能充分调动学生学习的积极性,特别对于中职教育中两年制或三年制的学生来讲,是一种比较有效的培养方式。

五、实施模块教学应注意的问题

第一,为了更好地适应财会专业学生的就业需求,应在教学方法上大胆创新和改革,寻求适合本专业特点、学生乐意接受的教学方法。在这一模式的教学过程中实行互动式教学、提问式教学、启发式教学等方法,建立教师与学生平等对话的平台。创造出一种和谐、平等的对话氛围,以激发学生的主动性,培养学生自我构建知识和发展创造新思维的能力,从而提高课堂教学效果。

第二,模块式教材的编写。模块式教学的前提是教材,而教材的编写尤为重要,这就要求财会专业教师本身首先要具备较高的素质,是"复合型"教师,能够编写体现会计模块教学的校办教材,按照模块式教学的特点、方法以及在实践中应注意的问题等方面进行详细的分析,本着"一切从学生出发,以学生为本,相信学生,尊重学生,依赖学生"的信念来开展,从而编写出既合理又适用的模块式校办教材。

第三，教学要以学生为主体，因材施教、因地制宜，即围绕模块教学的技能标准采取不同的教学方式。会计专业课的教学过程中，教师不能强硬地把知识和思想观点移植到学生的头脑中，只有尊重学生在学习过程中的积极性、自主性和独立性，启发学生积极参与教学过程，才能促使学生在知识、能力和思想方面取得进步。教师一定要从学生的"学"出发，根据学生的学设计教，真正做到"以学论教"、"为学而教"、"以教促学"。避免教学方法死板或千篇一律，要使学生能够充分动脑、动手，否则会适得其反。

第四，模块教学对教师的要求较高，需要的是理论、实训一体化的复合型教师。因此，采用财会专业模块化教学，应该有目的、有计划地培养能够胜任这种模式的"双师型"教师队伍，否则再好的模式也达不到预期的教学效果。

第五，为使模块教学真正落到实处，突出了技能训练在教学中的主导地位，学校必须有足够的实训基地或场所，如财会模拟实验室、会计电算室等，否则理论与实训必然脱节，模块化教学也就失去了它应有的作用。

第六，成绩评定。模块考核中的应知应会试题采用统考试题，并且理论、实践均采用教、考分离的形式进行，这对教学双方都是一个考验。比如，应知理论知识模块有若干次考试，实训技能有若干次考核，通过考试、考核再按一定权数进行折算，即可计算出该生这门课程的综合成绩。该种形式的考核，有利于培养学生在知识技能上的综合、全面发展。

六、总 结

总之，会计教学模块的设置都应从实际出发，以社会、企业的需求为基本依据，以就业为导向，以培养学生的职业技术能力为目标。并且要注意教学模块应与时俱进,年年更新,要每年一个"模子",跟上社会经济的不断发展,切忌将教学模块变成一成不变的万金油。只要便于学生学习积极性的提高,便于与其他相关模块进行组合,可以提高学生的实践能力,都可以大胆地去尝试、去做。

参考文献:

[1]余祖光.职业教育改革与探索.北京:高等教育出版社,2000.

[2]李向东,卢双盈.职业教育学新编.北京:高等教育出版社,2005.

[3]陈兆芳.高职会计专业实施模块化的构想.财会月刊,2007(3).

[4]何卫红.关于高等职业教育会计专业模块化培养模式的思考.职业教育研究,2004(8).

[5]仲岩.高等职业教育会计专业教学模块分析.中州大学学报,2001(4).

改进"会计学基础"教学模式，
促进学生会计思维形成

湖北省宜昌卫生学校　田贞训

摘　要："会计学基础"是会计专业及其他经济管理类专业的必修课程和基础课程，对本课程的掌握程度将直接影响学生专业学习的兴趣和能力，对学生会计思维的形成起着非常重要的作用。"会计学基础"是一门理论性、实践性很强的课程，对于初学者特别是职校生而言，学习难度较大。传统教学强调学科知识的系统性、顺序性，采用以讲授法为主的教学方法，不利于学生会计思维的形成与训练。本文从会计学基础的教学现状入手，根据加涅的教学理论，提出了以会计循环为主线、以会计恒等式为中心进行教学内容的整合，以传统教学方法为基础，大量采用理论实践一体化教学等进行多种教学方法的整合，采用总体评价和分项评价相结合的形成性教学评价，以提高教学效果，促进学生会计思维的形成。

关键词：教学现状　会计思维　教学设计

一、"会计学基础"的教学现状

"会计学基础"作为会计专业的基础课程、必修课程，学习者对其掌握程度直接影响他们专业学习的兴趣和能力。许多会计专业的学生认为，会计理论较为抽象，只能死记相关知识；对于操作技能，也是"知其然，而不知其所以然"，更谈不上形成真正的会计思维,解决实际会计问题。可见,面向实践是社会对会计专业教育的基本要求。培养学生适应新环境、解决新问题的会计思维和职业能力是会计教育的关键,而这正是"会计学基础"教学的主要任务。

目前,中职会计学基础课程的教学,主要存在教学定位偏差、教学方法单一、评价体系落后等方面的问题:

(1)教学定位存在偏差,中职教材基本上是本科与高职教材的压缩饼干,教学也成为压缩的本科与高职教学。

(2)过分强调学科理论的系统性、连续性、严密性,忽视了基本技能、基本方法的培养,不关注学生的学习基础与学习风格。

(3)普遍存在重借贷记账法、重分录而轻知识逻辑性的问题,表现为课型、课时分配不科学等。

(4)教学方法单一,缺乏创新,严格分开理论课与实验课,拘泥于传统的实验方法,教学效果较差。

(5)教学评价体系落后,不注重专业技能、综合能力的评价。

这种教学现状正是导致学生会计理论不能融会贯通、专业知识的理解与迁移力不够、实践能力差的重要原因,成为制约学生获得会计思维的瓶颈。如何引领学生进入会计思维领域,构建会计知识架构,学会运用会计思维解决实际经济问题,是会计学基础教学的重点与难点,也是会计学基础教学的关键任务。因此,改革"会计学基础"的教学模式至关重要。

二、改革传统教学模式,提高学生会计职业能力

(一)重新定位会计学基础的基础地位

"会计学基础"是会计专业的基础课程,主要包括会计学科的基础理论,教学中应强调"三基",以会计学科的基本理论、基本方法、基本技能为教学目标。教师应结合中职学生的知识结构和学习特点，讲授理论应以"实用、够用"为原则，加强基本方法与基本技能的教学。

(二) 基础理论与实践教学并重，提高学生会计职业的综合能力

1. 重视基础理论的教学，促进学生会计思维的形成

"会计学基础"课程包括了整个会计学科的基础理论。职业教育中，许多教师将重点放在技能的训练上，课时主要分配到借贷记账法的运用特别是会计分录的编制方面，而忽视了基本理论的教学，这样造成学生只能对科目及分录死记硬背，不能灵活运用、融会贯通。传统教学中，常将理论课与实验课分开，实验课主要是学生动手操作，理论课也常以分录的讲解编制为主。任何学科都有一些必备的理论知识，如果忽视理论教学，必然导致学生"知其然，而不知其所以然"，学生只能学会一些基本操作，无法形成真正的会计思维，更无法运用会计思维来解决实务中出现的新问题。因此，应重视基础理论的教学，加强学生会计思维的训练。

2. 完善实践教学体系，培养学生动手能力

培养学生的动手能力，是职业教育的重要任务。传统的实践教学，主要分为校内实验课和毕业实习。但由于多种原因，实践教学的效果并不理想。因此，完善实践教学体系，改革实践教学方法，加强实践教学的考核评价显得尤为重要。近几年，我校对实践教学进行了较大改革，取得了较好的效果。我校会计专业实践教学体系可分为课堂实验教学、见习、毕业实习三大模块。一是课堂实践教学模块，主要包括：采用"理论实验一体化"、项目教学等模式，突破传统的理论、实验课界限，让会计实务课堂化；整套账务处理的模拟实习；不同岗位的模拟实践。二是见习模块，主要包括：学生到学校的财务、后勤、附属单位等相关部

门进行见习活动,帮助整理各类会计资料;学生到校外实习基地进行为期四周的见习活动。三是安排为期四个月的毕业实习。

(三)整合教学内容与方法,提高"会计学基础"的教学效果

1. 多角度整合教学内容,促进学生专业知识的建构

(1)分类整合教学内容,进行整体教学设计。

教学设计是指在进行教学活动之前,根据教学目的的要求,运用系统方法,对教学系统即参与教学活动的诸多要素所进行的一种分析和策划的过程。任何一种教学设计均包括学习者、教学目标、教学策略、教学评价四个基本要素。不同类型的教学内容与目标,有不同的教学策略。因此,有必要对"会计学基础"的教学内容,按照教学目标进行分类、整合,设计与之相适应的教学策略及评价模式。

根据加涅的教学理论,教学内容可分为认知学习、动作技能的学习、态度形成三个方面,其中认知学习又包括言语信息、智力技能、认知策略的学习。作为会计学科的基础课程,"会计学基础"主要包括该学科的基本理论、基本方法、基本技能。会计学的基本理论,主要以言语信息的形式出现;基本方法,如记账方法等内容属于智力技能的范畴,并非单纯的动作技能;会计职业道德、职业自豪感则是职业态度的重要组成部分,也是学习者综合职业素养培养的重要内容。根据以上分类,制订合理的教学目标,结合学习者的起点能力与学习风格的分析,对相关的教学系统进行规划,进行"会计学基础"的教学设计,以提高教学效果。

(2)以会计循环为主线整合教学内容,促进学生构建专业知识体系。

会计循环是指从填制凭证到登记账簿,直至编出会计报表周而复始的变化过程。它反映了会计工作的内容与过程,是会计人

员必须掌握的基本方法。"会计学基础"作为会计入门课程，阐述会计循环是其主要任务。现行教学中，会计循环被人为分割，工作步骤与工具相分离，甚至次序颠倒，使初学者拘泥于局部内容，难识庐山真面目。因此，以会计循环为主线组织教学内容就显得尤为重要。会计循环的教学应给初学者一个完整的印象，关键在于让学生知道会计循环的过程，理解各步骤、各数据的逻辑关系。因此，应先以业务较少的企业为例，讲述一个完整的会计循环，让学生在尽可能短的时间内理解会计循环的过程及方法。

（3）以会计恒等式为核心把握教学内容的逻辑性，培养学生的迁移能力。

对于初学者而言，会计要素、会计恒等式、账户结构等内容较为抽象，难以理解。繁多的会计科目，加上不同类型账户的方向又不一致，使得初学者举步维艰。事实上，这些知识点都能够以会计恒等式为纽带联系起来。全书的主要知识点，如会计要素、记账方法、账户结构、报表结构、账务处理程序等都通过会计恒等式形成一个立体网络。通过这种知识点的关联，可促进学生迁移能力的提高，使教学内容网络化、结构化、系统化。可见，会计恒等式是"会计学基础"的关键知识点，也是会计学科理论的一个重要基础。因此，会计恒等式是教学设计的重点内容，这一知识点的理解将为其他会计知识的学习奠定坚实的理论基础。

2. 整合与创新教学方法，提高学习兴趣与效果

"会计学基础"的教学方法很多，有传统的讲授法、演示法、讨论法，有新兴的CAI辅助教学法、项目教学法等。例如，在进行生产过程核算的教学时，按照传统的方法，开篇就讲生产过程的含义及特点，接着讲授需要设置账户及结构，最后讲述例题。学生没有学习兴趣，不知道为什么要记这些账，更不知道为什么要按某些方法进行分配结转，就很难记忆相关的处理程序及

方法。因此，应针对不同教学内容、学习者的起点能力和学习风格，注意方法的整合与创新，探索"会计学基础"的教学方法，才能提高教学效果。

（1）将多种传统方法融入讲授法。结合"会计学基础"的教学内容，对讲授法、对比法、启发式、互动式等教学方法进行整合，可调动学生积极性，促进学生对知识的理解。例如，讲授权责发生制原则时，可通过学生熟悉的服装店利润计算等案例，让学生在分析计算时理解权责发生制的含义。

（2）恰当应用讨论法和谈话法，引导学生在协作中学习，从已知到新知。在教师引导下，成员围绕中心问题"各抒己见"。教师要及时小结，并注意纠正不正确的认识，使所学知识系统化、科学化。

（3）利用现代教学手段，加强演示法在教学中的作用。演示过程中，教师要注意与讲授相结合，引导学生观察，开拓学生思维。这样，演示法与多种方法完美结合，既可丰富课堂形式，让学生获得对知识的感性认识，也可节约教学课时，大大提高教学效率。

（4）当好导演，精心设计问题，开展探究式教学，引导学生用其所学解决实际问题，使学生温故而知新。设计问题时，应注意把握好新旧知识的过渡，与自学指导法相结合，注意循序渐进，发挥学生主动性，培养学生自学能力。

（5）引入任务驱动式教学、项目教学法，进行理论实验一体化的教学，让学生在做中学、学中做，逐步形成自己的经验，加深对理论知识的理解，学会合作与分享。每个学生都有机会发挥其聪明才智与创造力，在成就感中快乐学习。

（6）加强交流，强化认知策略。针对不同类型的教学内容的学习，通过分组交流等方式，总结有效的学习方法，让学生在交流与总结中学会学习。

（四）创新教学评价体系，有效促进学生综合能力

现代评价观认为，应构建一种以促进评价对象发展为根本目的，重过程、重评价对象主体的形成性教学评价方法。传统的会计学基础的教学评价主要是终结性评价，以期末的闭卷考试为主，无法较好地考核专业技能、学习策略、态度形成、综合能力等。会计学基础的教学也应采用形成性评价，通过科学的评价体系可促进学生综合能力的提高。改革现有教学评价体系，主要应从几个方面入手：①采用课堂考核、单元考核、期末考核相结合的方法；②采用卷面考试、操作考试、口试等相结合；③考核的形式及内容，应与教学目标的类型、教学内容的特点相适应；④考核成绩应由学生自评、小组评定、教师评价三个方面按不同权重计算而来；⑤结合课程特色，分析确定各级评价指标及权重。

笔者在教学中，将"会计学基础"课程学习的评价，分为总体评价及分项评价。分项评价包括作业、实验、项目教学等各项评价，评价指标根据具体内容制定。例如，原始凭证的填制，主要从书写规范性、内容准确性、手续完整性、操作速度、学习态度等各方面进行评价。总体评价包括学习自主性、学习过程、实验操作、学习效果、学习道德五项一级评价指标，并给予相应的权重。将一级指标细化为学习目标、学习态度、学习纪律、学习策略、测试成绩、合作意识等十六项二级评价指标，并对每个指标制定评价标准，对学生进行综合考核评价。

（五）加强课程开发，编写优秀教材

教学过程中，教材的作用至关重要，合适的高质量的教材，是培养优秀人才的基础条件。因此，用现代课程理论指导课程的综合化改革、编写优秀教材，是"会计学基础"的教学改革必不可少的环节。根据教学的需要，组织有经验的教师编写更为适用的教材，以避免因教材内容不合适而导致教学内容把握不当。

三、小 结

教学是一种艺术性的创造活动,选择、运用教学方法与形式要根据各方面的实际情况综合考虑。各种教学模式应根据教学对象、教学内容、教学目标、教学环境的不同进行精心挑选,运用现代教育理念和技术,对教学内容、教学方法等多种要素进行整合,从而形成一个完整的有机的教学体系。

会计知识更新速度较快,学生在校期间不可能将所有知识学会,必须进行终身学习。因此,"会计学基础"的教学中应重视方法的传授,而不仅仅是知识的传授;注重培养学生学习会计专业的兴趣和能力;促进学生会计思维的养成与训练,培养学生利用会计思维处理经济业务的能力。这样才能使学生在掌握"会计学基础"内容的同时,形成会计思维,领悟会计的真谛。

参考文献:

[1] 王琳. 中外"会计学原理"教材的比较及其启示. 石油教育,2004(4).

[2] 李海波. 会计学原理. 上海:立信会计出版社,2003.

[3] 黄新生,马杰. 会计核算原理的管理学解释. 东华理工学院学报,2006(6).

[4] 葛家澍,刘峰. 会计理论. 北京:中国财政经济出版社,1998.

[5] 汤云为,钱逢胜. 会计理论. 上海:上海财经出版社,1997.

浅谈我校会计专业教学改革

河南省平顶山市财经学校 田松森

摘　要：针对我校会计专业教学中存在问题，简单提出自己的看法，加强会计实训和模块教学的实践，提高学生学习兴趣和教学的效果。

关键词：会计　会计实账操作　模块教学　课程改革

一、目前我校会计专业教学中存在的问题

中等职业学校的学生普遍基础知识差、素质差，大部分学生在入学后的第一学期专业课学不会，然后对学习失去兴趣，只有少部分学生能学会专业课，实际上教师讲课只为这少部分学生，会计专业也是如此。另外，学校在教学中仍然采用传统的会计教学模式，即前两年先完成整个会计理论教学，然后在第五学期集中进行会计实账操作。我校普通中专的学生往往在这一学期没结束就要去实习，对他们来说，动手实践的机会很少很少，而"3+2"班的学生虽然能实训完，但因为是综合实训，大部分学生由于专业基础课没学好，动手实践也是很勉强的。当学生毕业时，大部分学生仍不知道什么是会计以及如何动手做账。

另外，在会计教学中，教学环节方面也存在一定问题：课堂教学过于呆板，启发性和互动性很低，考试及评价方式不合理；教学现代化手段运用不够，不能很好适应社会发展；作业布置不合理，过于形式化，不能达到知识巩固的效果；理论学习和实践

操作时间安排不合理,人为造成理论和实践严重脱节。在课堂教学中通过对学生的了解,特别是对学习比较好的学生的了解反映:实账操作的时间太少了。

二、中等职业教育会计专业课程改革的构想

(一)按"宽基础,活模块,多证书"的要求编制校本教材

从会计工作岗位实际需要出发,围绕每个会计工作岗位任职人员所需知识和职业能力进行调研、构思和编写。同时,教材内容必须要突出对学生职业能力的培养,注意锻炼学生的创新能力,从而开发和推广出与生产实际、技术应用密切联系的综合性、案例性课程和校本教材。

(二)以项目教学法为主,辅之以其他的教学方法组织教学

所谓项目教学,就是师生通过共同实施一个完整的"项目"工作而进行的教学活动。在职业教育中,项目是指以生产一件具体的、具有实际应用价值的产品为目的的任务,它应该满足下面的条件:

(1)该工作过程可用于学习特定教学内容,具有一定的应用价值,具有一个轮廓清晰的任务说明。

(2)能将某一教学课题的理论知识和实践技能结合在一起。

(3)与企业实际生产过程或现实商业活动有直接的关系。

(4)有明确而具体的成果展示,学生能自己处理在项目中出现的问题。

(5)学习结束时,师生共同评价项目工作成果以及工作和学习的方法。

(三)会计专业基础课、专业课、技能课、综合实习及相关知识的模块设计

根据会计专业核算岗位化的特点,应大胆地借鉴国外职业教育广泛推行的模块式教学模式,使岗位工作能力模块化,实现专

业教材编写的模块化,教学与实践紧密结合;应注意理顺专业课程之间、专业课程与职业能力之间的关系与层次,以模块式的教学基本要求与教材作为构建模块式教学的重点。

1. 基础模块

专业基础模块,是学习专业模块的基础,因而要形成理论够用、实践突出的特点。

2. 专业模块

专业模块是专业教学的核心,其应结合会计核算主要岗位设置模块课程,即从会计基础工作规范化要求出发,面向企事业单位会计核算的主要具体核算岗位,培养会计核算型人才和会计事务管理人才。在课程设计上,不过于强调知识体系的完整性,而应加强知识的职业能力针对性和有效性,注重学生岗位职业能力的形成。

第一,专业模块课程的构成:原有的会计专业主要专业课程包括:企业财务会计、成本会计、财务管理、会计电算化等。现将其按会计岗位重新组合,组合后形成下列岗位模块课程:出纳核算岗位、存货核算岗位、固定资产核算岗位、往来款项核算岗位、资金核算岗位、费用核算岗位、销售利润核算岗位、税金核算岗位、总账报表核算岗位、工业成本核算岗位。

第二,各模块教学内容的组成:岗位核算模块的每门课程包括的主要内容为:①阐述相关会计岗位主要职责,在会计工作中所处地位以及对该会计岗位工作的特殊要求;②相关会计岗位实务,它分为基本概念和基本知识介绍,岗位所涉及的会计凭证、主要会计科目、主要核算账户和账簿介绍、主要业务核算;③本模块会计电算化操作。通过各岗位模块的理论学习与实践教学,使学生对各会计岗位核算模块做到基本会建账、大致能用账、善于电算化核算,使学生形成各会计核算岗位的职业能力。

第三,各模块校外社会实践活动:校内每一模块教学和模拟实习完成后要进行1~2天的分组社会实践活动,走财会与生产相结合的道路,增强学生的感性认识,使其在实践中进一步得到提高。社会实践活动结束后进行模块小型设计,将模块小型设计的方案评价作为考核成绩之一。增加岗位实验考核分数在学期课程考核成绩中所占比重。每个学期学生企业会计课程采用百分制计算成绩,各个部分分数比重如下:平时成绩10%,实验成绩30%,期中考试30%,期末考试30%。会计岗位模块教学在4个学期内完成。这样做,除了理论考核外,还能兼顾相应岗位实践考核。操作方法是:理论课考核由任课教师负责;岗位实验考核则由任课教师、学生课代表及非课代表共同组成的考核小组进行。

3. 综合实习模块

在分阶段模块教学和模拟实习的基础上进行综合模块实习。以进一步增强学生的岗位职业能力的形成,同时加强学生对各会计核算岗位之间衔接关系的认识。

4. 技能模块

加强职业技能,强化技能水平,增强学生就业竞争优势,是职业教育的基本要求。本模块注重学生基本技能和专业技能的训练,基本技能包括:书法、口才、礼仪、汉字录入等;专业技能包括:珠算、点钞与验钞、会计数字的书写、记账技术等。本模块是学生从事会计工作的最基本的素质要求,教学中应做到:

①技能教学课程化,即各项技能安排适当的课时进行课堂教学,以便学生训练时规范操作;

②技能训练模块化,即各项技能项目利用一定的课时教学后,利用技能训练时间进行集中强化训练;

③技能考核目标化,即对各技能考核项目确定相应考核目标,特别是对需要长期训练的技能项目确定分阶段考核目标,定期进行考核。本模块的教学与训练在各学期穿插进行,应确保教

学课时和实训时间，以利于学生熟练的职业技能的形成。

三、会计教学要以实践性教学为主

中等职业教育应以能力培养为目标，其关键是实训教学，这是最难的也是最重要的教学环节。实训教学强调以企业需求为核心，以实际应用为导向，这样才能培养出受市场欢迎的人才。通过对毕业学生的调查，中等职业学校毕业的学生不可能去大企业工作，大部分到小企业工作，而小企业急需的并不是高学历的人才，而是具有一技之长的技术应用型人才，如初级会计人员、具有良好沟通能力的营销人员、能够快速进行办公事务处理的文秘人员等等。企业需求的人才只强调两个字："实"和"用"。所以我们的会计教学必须加强实践训练，加强学生动手操作的能力。

实践训练教学是以实现掌握熟练技能和形成较强实践能力为目标，以技能的学习、训练和运用为中心的教学过程。知识、技能、情意乃至能力的形成都是循序渐进的，实践性教学的组织不能孤立和分散，应是系统的和相互促进的，必须在教学的全过程贯彻实践性教学思想，提高学生应用技能。在专业教学计划制订上对实践性教学要给予足够的学时保证，要坚持学以致用，在教学环节上要强化实践性教学，采取分段实习、定期考核的办法，加大实践性课时的比重。会计是一门操作性很强的专业，在讲课时能实物演示的要实物演示，减少抽象性，避免空洞性，要边讲边让学生动手。

下面以"基础会计"为例，简单谈一下教学环节学生动手能力的实践。如讲会计凭证，在讲解的同时就让学生填制和审核凭证，锻炼学生的动手能力。在具体的会计教学中，可以推行模块式教学。模块式教学，就是按照教学过程的基本环节，把课程结构、教学内容按多元目标进行系统综合的教学方法。它旨在把一个复杂、前后相互交叉的课程结构分成若干个基本课程或教程模块,把相互渗透的教学内容组成系列知识模块。通过各模块的优化组合,使教学尽可能适应不同层次和目标的需求,以达到现代综合教育的目的。教师在吃透选定教材的基础上,以促进学生建立合理的认知结构为目的,把教材的内容按一定的知识模块重新编排。

"基础会计"课程是财会专业的基础。因此,在设置"基础会计"课程教学模块时,首先考虑中职学生的入学基础,根据学生素质低、基础差、厌学习、坐不住、好动等特点,以及考虑到为使学生具备一定的可持续发展能力,其理论课程与实践课程的比例应设置为3∶7,即理论课占30%左右,实训课占70%左右,以突出会计操作能力的培养,使学生认为的枯燥无味的理论知识在实践中能加以消化。

根据"基础会计"课程的特点以及在财会专业的课程中所处的位置,应设置如下实训模块:

(1) 理论知识(会计要素、会计账户和复式记账)模块等;
(2) 会计凭证填制和审核实训模块;
(3) 会计账簿建立、启用、登记和错账更正实训模块;
(4) 会计报表填制和审核实训模块;
(5) 账务处理程序实训模块;
(6) 工业企业主要经营过程核算实训模块。

讲完一个模块后,要进行模块演练,反复演练结束后教师要进行考评测试,检查学生的实际效果,每个模块的测评综合起来作为学生的期末成绩。

教学课程的模块主要是根据基础会计的课程特点,按照总—分—总的思维模式,将理论教学与实践教学有机地交叉、结合起来。这样,就把比较抽象的理论知识,通过分解转化为单项技能训练,再把每一项专业技能模块科学、有机地排列起来,形成各自的教学流程图，按流程图顺序逐一实施，会收到良好的教学效果。其中，基础理论知识模块主要是以理论课程为主，后面的五大模块则以实训课程为主。

在这一模式的教学过程中，应实施互动式教学、提问式教学、启发式等教学方式，建立教师与学生平等对话的平台。在这个过程中，教师和学生以交流和对话作为教学实施的核心，以此实现精神世界的拓展和学生经验的增长。该教学方法的恰当运用能够改变传统教学模式中教师主动教、学生被动听的局面，使学生成为教学环节的主体和积极参与者，创造出一种和谐、平等的对话氛围，以激发学生学习的主动性，培养自我建构知识和发展创造性思维的能力，提高课堂教学效果。这样使基础差的学生乐于学、愿意学，也能学会。"基础会计"实践操作学好了、学扎实了，学生知道了会计是干什么的，知道了整个会计工作的流程，对以后讲"企业财务会计"、"会计电算化"、"商业会计"等课程也就容易了。

对"基础会计"课程组织简单的过程实训，实训的经济业务是最基本的，涉及的凭证也是最常见的，目的在于突出会计核算从填制会计凭证到编制会计报表全过程，加强学生对会计工作过程的感性认识，掌握会计工作的基本规范。接下来是专业知识的实践训练，即对"企业财务会计"和"商业会计"课程实训，不求全过程，而是根据各课程内容的侧重点和特征，抓住各自的特点，对技能进行专门的具体化训练，采取分步实训的方式，如"企业财务会计"组织货币资金、会计岗位等分步实训，"商业会计"组织批发业务和零售业务等分步实训。最后第五学期的综合实训，则进入了属于第三阶段的毕业实习。"认识及教学——专业——综合"的实训内容和要求是阶梯式上升的。本学期主要是账簿基础知识（包括原始凭证和记账凭证的填制与审核，总账和明细账的设置与登记）、出纳基础知识、会计岗位模拟、企业会计综合模拟等的实账操作,本阶段既是以前面两阶段的实践教学以及理论教学为基础,又是前两阶段教学的升华,突出技能的综合运用,训练学生独立分析问题、解决问题的能力,为学生即将走向工作岗位奠定基础。

课程改革是教育改革的核心,以教材革新为中心,它既有利于学生专业技能和岗位职业能力的形成,更有利于实现中等职业教育以就业为导向的培养宗旨。

参考文献:

[1]张丽平.如何开展会计实训.大学时代,2006(7).

[2]杜怡萍.中职财务会计专业实践性教学改革初探.中国职业技术教育,2001(8).

[3]马丽莹.会计实践教学与学生创新能力的培养.会计之友,2005(5).

校企合作培养中职生职业能力的研究与实践

重庆市五里店高级职业中学　陶纯君

摘　要：在就业市场竞争日趋激烈的当今时代，中职学校的毕业生由于职业能力有限，不能有效地参与和适应市场竞争；中职学校培养的学生不能得到用人企业的青睐，就业不畅；中职学校缺乏有效的培养"双师型"教师的渠道；以上等问题得不到有效解决，成为制约职业教育发展的"瓶颈"。本文从分析影响中职生职业能力培养的原因入手，提出了中职生职业能力培养问题的解决办法，认为校企合作是其根本出路，并以重庆市五里店高级职业中学的实践证明其具有可操作性。

关键词：校企合作　职业教育　职业能力　订单培养

一、影响中职生职业能力培养的原因分析

（一）学生心理是影响中职生职业能力培养的重要因素

受"学而优则仕"观念的影响，"上不了重高上普高，没有办法才读职高"的现象依然存在。处在淘汰分流机制下的职校考生，分数偏低，为了保护某些普通高中的生存以及社会的和谐和稳定，职业学校不得不录取分数很低，甚至没有分数、辍学或者流失了相当长时间，相当于初中毕业的学生。"实在上不了普高才到职高"的无奈选择，影响着学生的学习心理和人格发展。而要把相当数量的不合格初中毕业生教成"学历+证书"的合

格职校生又是相当不容易的。再加上在以知识为导向教学模式下，课程安排缺乏针对性，教材改版、再版的时间不及时，造成知识脱节，"教非所用"，导致中等职业学校学生职业能力差，就业受限。

（二）资源投入不足与实际需求存在着较大矛盾

由于财力有限，各级政府的公共财政对职业教育的投入普遍不足，这直接导致很多职业学校基础薄弱、设备落后，不能满足中职生技能实训需要。但从2009年开始，国家发展改革委员会专项资金的注入，大大改善了中等专业学校的基础实训设备状况。

（三）师资培养体系仍不够完善

在师资方面，尚缺乏完善的职教师资培养体系。相当一部分专业教师从非师范院校毕业后，经招聘到学校任教，没有企业实践经验，对企业生产流程、企业实务完全陌生，上课几乎照本宣科，学生也如同嚼蜡，毫无兴趣可言，学习效果可想而知。据了解，目前只有一所位于天津的综合性大学在进行非师范专业的师资培训，可谓杯水车薪。而企业有经验的技师，由于没有教师从业资格证书，又没有进入职业学校的通道，使得理论与实务双通的"双师型"教师在职校中严重匮乏，影响了对中职生职业能力的培养。

二、校企合作是中职生职业能力培养的有效途径

职业教育在国际上主要有三种模式：以学校为主的模式、以企业为主的模式、以企业和学校相结合的模式（即校企合作）。企业与学校相结合的模式，可以使合作双方就学校的人才培养标准与市场需求达成共识，"充分发挥企业的信息优势，包括市场需求信息、实用技术信息等，根据获取的市场信息、市场需求和科技进步调整生产结构和产品技术性能的创新能力，并以此来确

定或及时调整专业设置、培养目标"。以就业为导向、以能力为根本进行课程设置和能力培养,才有可能培养出真正适应企业需要的高素质、强技能的人才。

(一) 校企合作有利于"双师型"师资队伍建设

实施校企合作,可以最大限度利用资源,使职业学校教师能够轮流到企业学习实践,企业技师作为实作指导教师进入教学环节,解决了"双师型"教师的培训和企业技术人员进入教学领域的问题,实现了理论和技能人才的整合,促进了人事制度、教师培训机制的健全。

(二) 校企合作有利于学生综合素质和职业能力的培养

通过"校企合作",中职校可以派遣学生进入企业见习,培养学生的组织纪律观念、良好的职业道德、认真负责的工作态度,以及艰苦朴素的生活作风、团结协作的团队精神和坚定乐观的生活态度,引导学生增强社会实践能力,为学生搭建起全面发展的"立交桥"。

(三) 校企合作有利于学生就业渠道的拓宽

"校企合作"通过协议方式,确定培训需求计划和培训学生录取标准,实行定向招生、定向培养、定向岗前实习。毕业时经考核合格,合作单位定向就业安置,有的放矢的目标,解决了就读学生及家长对就业的后顾之忧。

三、校企合作能培养中职生的职业实践能力

重庆市五里店高级职业中学与(招商局)蛇口友联船厂,在"校企合作"上就实验出一条成功之路。"经双方高层充分酝酿和协商,在重庆市五里店高级职业中学设立'友联(定向)班',培养专事船舶建造与维修的电焊工和铆工。为充分发挥企业设施设备的优势,经协商,企业负责提供实习场地、设备,按照生产车间(场地、设施、设备)实况在重庆市五里店高级职

业中学校内配备学生实训基地",不仅是作为学生毕业前的综合实习基地,更重要的是作为经常性的实践教学基地,有效地提高学生的职业能力。同时,让学生在合适的时间深入蛇口友联船厂,到生产服务第一线去,接受企业管理,在实际生产岗位上接受老师傅手把手地教,和企业员工同劳动、同生活,可以切身体验严格的生产纪律、一丝不苟的技术要求,感受劳动的艰辛、协作的价值和成功的快乐。为学生直接了解具体生产岗位的技术要求,提高职业能力,为毕业与就业接轨、上岗(即顶岗工作)奠定基础。另外,为了使"友联班"毕业学生的实操技能应高于一般铆、焊工班学生,企业还为学校专业教学提供实际操作指导教师及制订实习教学计划。教学计划的内容,除普通教学大纲所有要求外,增加了"初级船舶焊工和初级船舶铆工等级考核纲要要求有关内容;船舶基本结构知识;企业员工手册、船厂安全生产管理规定及企业发展史等",使学生的学习目标更加明确。为解除就读学生及家长的后顾之忧,同时也给"友联班"学生压力与动力,"友联船厂"为"友联班"学生在定向实习期间提供生活补贴,并为"友联班"提供专项教育基金,用于奖励"友联班"辛勤教学、工作出色的教师和"友联班"品学兼优的学生,鼓励"友联班"学生努力学习,积极进取;协议还约定,凡是"友联班"学生,经重庆市五里店高级职业中学严格培养,通过了"友联船厂"组织的初级船舶焊工和初级船舶铆工的特种作业操作证等级考核,并综合素质考评合格,确保予以录用,免除了家长送子女读中职学校的顾虑。

为了确保教学目标的顺利完成,在学生前往"友联船厂"实习期间,重庆市五里店高级职业中学还派出1~2名带队管理教师,一方面负责实习学生的思想工作、组织纪律及个人安全管理等工作,同时对学生生活进行帮助,负责与厂方协调和沟通,参与"友联船厂"定期对学员的综合素质考评和阶段性实习效果考核。另一方面，选派的骨干教师深入企业一线，学习实际操作技能，将理论和实践有机地结合，为"双师型"教师的打造奠定基础。

从蛇口友联船厂的角度看，有了学校这个人才培养的平台，就保证了稳定的人力资源储备，降低了人力资源开发成本，也解决了用工的燃眉之急。

四、结 语

校企合作，能使合作双方互惠互利、实现共赢。"订单培养"办学模式的构建及教育教学改革的进展，使学生的学习过程成为生产实践的过程，从而促进了技能型人才的培养，进一步健全了"双师型"教师培养制度，增加了学生的就业机会，提高了学生就业的质量。但从目前来看，校企合作模式在国内实施还有一定难度，特别是一些企业对建立校企合作关系表现出来的消极态度，还需要各方面努力和制度上的保证和支持，特别需要通过政府的力量，带动校企合作良性互动，促使职业教育的路越来越宽。

参考文献：

[1]马倩．以就业为导向的高职国贸专业课程体系改革初探．教育与职业，2006.

[2]劳动和社会保障部培训就业司，职业技能鉴定中心组织编写．技能职业资格证书(技术与实践)．北京：海洋出版社，2006.

浅议任务驱动教学法在"会计模拟实习"课教学中的应用

湖南省怀化万昌中等专业学校　谭伟勇

摘　要： 会计模拟实习是一门实践性很强，极富创造性，具有明显时代发展性特点的课程。会计模拟实习课程传授的不仅是简单的学习会计做账的技能，更主要的是培养学生利用所学会计知识解决问题的能力。任务驱动教学法，鼓励学生动手操作，倡导学生的主动探究与合作交流，并在完成既定任务的同时，引导学生产生一种学习实践活动。笔者在会计模拟实训教学中，尝试采用任务驱动教学法让学生在完成某一项具体任务的同时，掌握并运用知识。

关键词： 会计实习教学　任务驱动教学法　实践性

中等职业学校会计专业的人才培养目标是培养应用型会计工作者，向社会输送的人才应具备基本的理论知识和较强的实践能力。会计教学应该注重理论联系实际，精讲多练，讲练结合，这也是我们永远不变的主题。笔者通过不懈的创新与探索，积累了一些新的经验，特别是在会计实习课的教学方面，通过引入以工作过程为导向的任务驱动教学法，取得了新的突破，初步建立了新的教学模式。根据学校要求，结合当前会计模拟实习教学中存在的问题，下面谈谈笔者在会计模拟实习课教学中运用任务驱动教学法进行教学的一些心得和体会。

一、什么是任务驱动教学法

任务驱动教学法，就是教师联系学生实际情况根据教学要求提出任务，以完成一个个具体的任务为线索，把教学内容巧妙地设计在每个任务之中，学生在教师的指导下提出解决问题的思路和方法，然后进行具体的操作，教师引导学生边学边做完成相应的任务的教学方法。任务驱动教学法符合会计模拟实习课程的实践性、层次性和实用性等特点，提出了由表及里、由浅入深、层层推进的学习途径，便于学生循序渐进地学习会计知识和技能。在会计实习课中，体现任务驱动就是让学生在一个个典型的账务处理任务驱动下，展开合作学习活动，教师引导、帮助学生由简到繁，由易到难，循序渐进地完成一系列任务，进而获得清晰的思路、方法和知识脉络，在完成任务的过程中培养学生分析问题、解决问题以及运用会计知识进行账务处理的能力。在这个过程中，学生还会不断获得成就感，可以更大地激发他们的求知欲望，逐步形成一个感知心智活动的良性循环，从而培养出独立自主、勇于创新的自学能力。在实际教学工作中，笔者认为任务驱动教学法，能让学生在课堂上真正动起来，进而乐于学习、主动学习、创造性学习，真正实现"以学习者为中心，做中学、做中教"的教学理念。

二、任务驱动教学法在会计实习教学应用中的可行性研究

会计模拟实习是一门实践性、实用性、操作性很强的课程，因此在教学过程中，启迪学生思维，培养学生学习兴趣，形成自主、合作、探究学习和终身学习的习惯是教学的主要目的。任务驱动教学法在现实中作为一种教学方法，同时也是一种学习方法，它适用于学习各类实践性和操作性较强的知识和技能，可以帮助学生明确学习目标，使教师角色发生转换，由传统教学

"主演"转变为"配角";学生也不再把学习当做硬性任务,而是根据任务需求来学习知识,由被动地接受知识向主动地寻求知识转变。根据会计实习课程的设计内容,以及该课程的实践性、实用性和可操作性等特点,需要教师把教学内容中的关键知识点分成若干个小模块,针对学生实际水平和学校教学条件,设计出一个个任务,让学生逐个完成。学生会在具有明确目标的"任务"驱动下,自发地学习知识,完成学习任务。例如,我在平时的教学过程中按照真实会计工作岗位应具备的知识和技能将书本知识进行重排,划分出纳会计实训、往来会计实训、工资会计实训、成本会计实训等,然后采取以工作过程为导向的任务驱动教学法,使学生在动手完成的一项项任务中,获取所需的知识和技能,效果颇佳。我把采用任务驱动教学法的班级和不采用任务驱动教学法的班级进行比较,无论是理论知识还是实践技能,采用任务驱动教学法的班级明显要处于优势一些。如采用任务驱动教学法的班级在各项技能比赛中总能取得好名次,而且该班级的从业资格考试通过率也高出全省通过率20个百分点。由此可以说明,在会计模拟实习课中采用任务驱动教学法是行之有效的。

三、任务驱动教学法在会计实习教学中的具体实施

采用任务驱动教学法绝不是纸上谈兵,而是有具体的技巧和实施步骤。任务驱动教学法的一般流程或步骤是:第一,提出任务;第二,设计具体任务;第三,学习任务(如完成任务的思想、方法、操作步骤等);第四,完成任务(提议在教师的示范下边学边做);第五,任务的总结及结果分析评价(提议先小组互相评价,然后教师再综合评价)。

(一)巧设情景,唤起学生学习注意力,提出学习任务

任务的突出要使学生由好奇引出兴趣进而求知。好奇心是人类的共性,尤其是学生对一些新事物特别好奇。因此,教师在提

出任务时，要把任务进行包装设计，使其变得新奇、鲜明，让学生置身于一个真实的工作任务情景中，体会作为一名会计工作者是很值得骄傲和自豪的，进而激发他们进一步求知的兴趣和动机。以《会计模拟实习》教材的第一章"出纳岗位实训"为例，上课前，我叫学生将教室布置成仿真的会计工作环境，然后把从企业收集的银行日记账、现金日记账、相关票据和凭证、出纳现场工作视频等呈现给学生观看，激发学生的求知欲望，抓住这个机会，提出本章学习任务，此时学生将由被动学习转为主动学习，以饱满的热情接受任务。

（二）根据学生特点，精心设计任务

在任务驱动教学中，任务的设计是很重要的。因此，要求教师在设计任务时要联系企业出纳岗位人才培养要求，结合学生实际来设计任务。以《会计模拟实习》第一章"出纳会计岗位实训"为例：通过企业调查可知企业对出纳岗位工作的要求如下：①会办理现金收付和银行结算业务。②在办理现金和银行存款收付业务时，会审核有关原始凭证，再据以编制记账凭证。③能根据编制的记账凭证逐日逐笔登记现金日记账和银行存款日记账，并结出余额。④会编制银行存款余额调节表和出纳报告单。而教学大纲对这一章总的能力目标为：通过本章学习，学生要能办理现金和银行结算业务，学会现金日记账和银行日记账的登记，能进行对账、结账，并能编制出纳报告单和银行存款余额调节表。我根据企业需求、教学大纲要求，结合学生实际，设计的总任务为：完成某一公司某一月份的有关出纳业务。再把总任务分解为以下子任务：任务一，审核原始单据；任务二，办理现金和银行结算业务；任务三，登记现金日记账和银行存款日记账；任务四，与开户银行对账，编制银行存款余额调节表和出纳报告单。

（三）共同讨论，分析框架，准备材料，进行分组

以《会计模拟实习》第一章"出纳岗位实习"为例，在任

务设计好后,我不急于讲解,先让学生仔细研究、分析本任务,思考如何去完成任务,组织学生讨论,提出问题。学生自己提出的问题,也是他们想要知道的知识点,而这些问题中,有很多是以前没有掌握的技能,即隐含了新的知识点,这也正是教师要求学生去解决的。学生通过讨论找出完成此任务的方法和手段及需要的资料等,然后开始准备资料,分组实施任务。

(四)自主合作,积极探索,共同解决任务

在分组开始实习后,我到每个座位前巡视每个同学的制作过程。各小组接受任务后,顿时忙碌起来,完全融入工作当中。在巡视过程中,教师要监控各小组情况,帮助个别学生解决操作上的困难,纠正错误的账务处理,树立学生完成任务的信心。这时你会看到,教室已不仅是课堂,还是一家企业,里面有许多员工在努力地工作着,时而发出喜悦的笑声:"老师我做出来了",小组议论声:"不对吧,这样做是不是更好一些"、"看他们组快做完了,加油,团结就是力量"。通过各组成员的积极参与,学生顺利完成了"填制出纳凭证—登记日记账—银行对账—编制余额调节表"等任务。

(五)作品展示,经验交流,总结提升

待各组完成任务后,进行最后一项的交流观摩。我把各组作品收集,然后放到专门设计的展台上进行展示,先由学生评价,小组长汇报工作体会,再由我做总结性评价(注意评价时要在赏识中提出建议,效果才佳),选出优秀作品,学生完成实习报告。

通过这样的课堂教学,我在学生的实习报告中的学习感受有:"这堂课时间过得太快了,怎么那么短啊!这样的课应该多开一些,知识很容易就掌握了!这样上课真有味!……"我的教学体会是,自采取任务驱动教学,课堂不再是被动教学,学生睡觉的现象不见了,上起课来也不再吃力了,学生更容易接受和掌握所学知识，真正实现寓教于乐。

四、任务驱动教学法中应注意的几个重要问题

通过对任务驱动教学法的初步摸索与实践，我认为在任务驱动教学法中，任务的设计是关键，过程控制是重点。教师必须根据会计模拟实习课的具体内容，精心设计出一个个实际任务，让学生在完成这些任务的过程中，掌握知识、方法和技能。

第一，任务要具体明确，具有可操作性。我认为要将教学总目标分成多个小的学习目标，并将学习模块细化成若干个容易掌握的具体任务，通过完成这些小任务来最终完成总体学习目标。

第二，任务设计时，要进行学情分析，使其符合学生实际，任务的大小要适当。设计任务要从学生实际出发，充分考虑学生现有的文化知识、认知能力、年龄、兴趣等特点，遵循由浅入深、由表及里，循序渐进的原则。

第三，坚持让学生独立完成任务。在完成过程中，方式可以是合作、协作。通过完成任务，培养他们的动手能力和合作精神，提高他们解决实际困难的能力和素质。

第四，任务处理时，教师要注意过程控制，不能流于形式。在要求学生分组或独立完成任务时，教师要时刻关注学生的动手情况和思想动态，不能"放羊"，最好能下到每一个座位或小组进行具体指导，帮助每一位学生完成任务。

第五，任务评价时，教师要善于发现每一位学生身上的每一闪光点，并及时进行赏识，不仅是知识的掌握情况，还包括完成任务的态度、方法等，以树立学生的学习兴趣和信心。对待学生发生的错误要正面引导，委婉提出（如这位同学你看这样做是不是更完善、更简单一些；那位同学基本上做对了，要是在书写方面再注意一些，我相信日后的你将是一名出色的出纳工作者等）。

五、实施任务驱动教学法的效果评价

以工作过程为导向的任务驱动教学法是一种全新的教学方法，在职业教育界已引起广泛的关注。通过研究分析，采用任务驱动教学法，可以使原本生硬的课堂变得异常活跃和充满激情；一个个具体任务可以让学生在自己动手实践的过程中接受和掌握知识与技能，培养动手操作能力；可以让学生做课堂的真正主人，进而主动学习；通过小组合作，可以培养学生组织、管理、团队协作能力等。学生的评价是，能真实感受到课堂的有趣，并愉快地接受和掌握了新知识。从企业角度评价来说，以这种方式教出的学生能实现零距离上岗，减少企业的培训成本。所谓教学有法，教无定法，笔者认为任务驱动教学法是一种行之有效的教学方法，特别是对于职业学校来说是值得借鉴的。期待与同行和专家一起共同完善我们的教育教学，为我国的教育事业作出应有之贡献。

参考文献：

[1]张莲春．任务驱动教学法在教学中的应用探讨．中国校外教育论，2009(7).

[2]冯莉群．任务驱动教学法在教学中的应用．机械职业教育，2009(10).

[3]宏光磊．能力本位的职业教育与培训．外国教育资料，1998.

[4]邓泽民．职业学校学生职业能力形成与教学模式．北京：高等教育出版社，2002.

[5]吕品．什么是"任务驱动"中小学信息技术教学研究．北京：人民教育出版社，2002.

关于我校会计专业教学改革的思考

广西贵港市职教中心　覃素芳

摘　要： 本文就目前我校的会计教学所面临的困境和挑战，总结了在会计教学中存在的若干问题，并在师资队伍建设、课程体系的设置、实训基地、教学方法和教学质量评估等方面提出了自己的一些看法。

关键词： 教学改革　专业课程　教学质量　会计模拟

尽管各中等职业学校会计专业招生规模已经大幅度缩减，我校会计专业学生也由2005—2007年每届的五班减少到今年的两个班。身处如此尴尬境地，我们不得不认真思考：我们的会计毕业生难道真的不被市场需要？作为一名会计专业的教师，我们都需要反省和反思，需要改进的地方在哪里？现从我们学校的会计专业教学进行反思和思考。

一、目前我校会计专业教学存在的问题

（一）学生的现状

近年来，高校的扩招导致普高热，能上高中的一定上高中，不能上的想办法上高中，实在没办法的才进中职学校。中职学校迎来前所未有"招生大战"，就读中职学校不再受年龄和分数的限制，有的学生不用参加中考就能直接就读，我们学校招入的新生普遍是文化基础和思想品德双差的学生。在中职各专业中，会计专业是相对较难的学科，实现素质教育的难度加大。近几年，我们科组对毕业生的跟踪调查结果表明：

（1）毕业生工作信心不足，主要表现为计算机操作能力差。

（2）毕业后有80%的学生从事与专业不对口的职业。

（3）从事本专业工作的毕业生反馈对会计工作程序不熟练，账簿设置不清，业务处理不敢做，害怕出差错。

（4）对工作不安心，认为实现自我的价值不高，工作烦琐，跳槽概率高。

（5）有个别毕业生违背职业道德，做出违纪行为。

（二）师资力量的现状

目前学校会计有专业教师12人，其中6名是从学校毕业后直接走上讲台，其余6名由于办学规模的扩大使得师资紧张由文化课教师转岗过来，多数会计专业教师都处在超负荷工作状态，每周工作量平均达到20课时。对于专业教师而言，很难有机会到企业锻炼和提高，缺乏专业实践经验和必要的专业技能；转岗教师缺乏系统专业学习，大多是现炒现卖。在相关教师自身实践经验不足的情况下，对学生进行指导与培养的效果可想而知。

（三）实训基地建设状况

目前我校的会计模拟实习室是1990年建设的，由于2004、2005、2006、2007年扩招，教室不足，实习室也变成临时教室。实习室中设施条件与企业设置相差甚远，近几年来，专业实训都是在各班教室进行，采用的实训资料仿而不真，与实际业务存在较大差距；实习成绩没有科学指标考核体系，实习结束由指导教师根据学生实习过程中的表现和学生个人实习报告给予学生实习评定，经常造成班级中一人做账全班做好的现象，不能科学合理地给予评定，导致毕业生到就业单位不能很快适应工作，动手能力较弱。

（四）专业课程设置存在问题

学校现在的课程体系参照广西中等职业会计专业课程的要求

开设,从而使课程设置与市场需求脱节,过于强调学科的完整与系统,导致在课程编排上出现重理论课轻实践课的倾向。我们目前的教学基本是以理论课程为主,通常要占到总学时的70%以上,而实践操作能力的培养通常在第一学期上完"基础会计"后进行两周模拟实习和第二学年上完"企业财务会计"、"成本会计"后进行两周综合专业实训,第三学年到单位实习(岗位与专业无关)。目前学校没有各自的实训基地,在这种会计教学模式下,学生毕业后也很难零距离上岗。用人单位反馈的原因是多方面的:计算机操作能力差;知识面狭窄;缺乏对会计技能的整体掌握;缺乏对新生业务的思考和应变能力;对独立进行财会工作缺乏信心;缺乏积极的工作态度,缺乏社会就业的适应能力等。

(五)教学方法出现问题

与会计职业迅速发展相比,我们在教学计划、课程设置、教学方法等方面均显落后。在教学过程中还是以"教师为主,学生为辅",在理论教学中仍然沿袭着一块黑板、一支粉笔的教学方式。在这种模式下,教师一章节一章节地讲授课本知识,很难实现前后知识点的呼应与归纳,所以往往等到课程结束时学生也不一定能够对该门课形成一个总体认识,从而影响了教学质量。由此可见,会计教学必须利用时代的发展,充分利用现代化教学设备,否则我们的理论教学工作与会计实务的差距将越来越大。

(六)教学质量评估普教化

目前学校教务对各专业教学质量的评估还停留在普通教育的做法上,除了个别专业技能课程采用实际操作评分之外,其余专业课程都是以每学期段考和期考闭卷考试作为主要衡量标准,导致教师和学生都追求分数,忽视实践能力的培养,把职业教育普教化,造成学生学习无兴趣,考试时想办法作弊的现象。

二、改变目前现状的思路

为解决上述教学各环节中的诸多问题，笔者认为必须进行新一轮会计专业教学改革。这次教学改革应强调培养学生的终身学习能力和发展能力，强调培养学生正确的价值观以及动手实践和创新能力。为此，可以从以下几个方面进行：

（一）提高教师的素质

教育质量的高低很大程度取决于教师素质。职业教育的特色在于使学生在掌握必需的文化知识和专业知识的同时，具有熟练的职业技能和适应职业变化的能力。要获得较好教学质量必须建立一支具有教师资格和专业技术能力的"双师型"教师队伍。

第一，建立教师到企事业单位顶岗工作或实习锻炼的制度。要求专业教师每两年必须有两个月到企事业单位顶岗工作或生产服务一线实践。

第二，教师通过业余自学，考取与所教专业相同或相近的专业技术职务或资格。

第三，专业教师（含专业基础课教师）要积极学习本专业的最新业务知识和专业技能，所任课程要求学生掌握的技能教师应首先掌握。

第四，教师利用节假日时间到企事业单位搞调查研究，学习专业技能，参与企业的经营管理活动，提高全体教师指导实训、实践教学的能力。

第五，平时开展教学交流，进行科组互相评课活动，利于师资队伍教学水平的整体提高。

（二）完善现有的课程体系，合理整合课程开发校本课程

根据毕业生需求反馈和贵港当地实际情况出发，建立起自身的会计课程体系。在课程的设置过程中，不能照搬广西中等职业学校规划课程开设的课程，应结合我校学生的特点和培养目标来

设置相应的课程。理论性强，理解难度较大，在未来的实际工作中运用很少甚至不用的课程可以不设置或少设置。对于不同课程存在内容交叉的问题，采用专门的方法加以整合，编写校本教材。思路：课程体系分三块体系。

第一，理论教学体系——主要解决学生应知，培养学生职业基本能力（知识模块化）。

第二，实践教学体系——主要解决学生的应会，培养学生职业核心技能（技能岗位化）。

第三，素质教育体系——主要解决学生如何做人的问题，培养学生职业关键能力（素质职业化）。

（三）重视学生技能实训，完善学校会计专业实习基地

根据毕业生就业跟踪调查反馈，学生的动手能力是非常关键的。我校会计专业的最大缺陷在于实训基地较简陋。

1. 加强会计模拟实验基地的建设

培养学生的动手操作能力，除了安排相对应的课程之外，还要建立以计算机为核心的会计模拟实验室。课本知识如何转化为动手操作能力，最终依靠的还是理论知识在实践中的运用以及经验积累。学生通过亲自动手体验会计经济业务的处理工作，不仅加快了课本到实践的转化，而且加深了对会计这个职业的理解，在培养兴趣的同时产生认同感。虽然目前学校资金很困难，要投入的会计模拟实验室建设资金估计达到20万元，但会计模拟在中职教学中有举足轻重的作用，学校更应该重视会计实验室的建设，不仅在硬件设备上专业规范，在指导教师的配备上更应该谨慎。这样有利于学校今后的发展，没有投入就没有产出，我们应该用发展的目光做事业。

建议：

（1）在现有会计模拟实验室的基础上，增加50台计算机，营造仿真会计工作环境，建立仿真会计凭证资料库、仿真业务信

息资料,设置"银行"、"税务"、"企事业单位"、"工商"各客体机构,用于学生单项和综合模拟实习。这是实现会计实践教学目标的有力保障,对提高教学质量起着至关重要作用,同时也能提高学生计算机操作能力。

(2)仿真环境,在校内建立"商品模拟交易会",设置模拟商品、模拟机构(商品交易公司、银行机构、运输公司、代理公司等),设计好各公司、各商品的运转程序和步骤,用于学生上岗前全面掌握和熟悉全部业务,体验工作角色,为走上工作岗位更好地适应财会工作作好充分准备,同时培养学生的团队合作意识和精神。

(3)重新制定学生模拟实习量化考核标准。将会计模拟实习规范进行指标量化,实现对每一个学生运作全过程成绩考核,实现学校、教务、教师和学生对实习成绩多层次考核,是教学质量的有力保证。

2. 积极推行校企联合教学

学校在有条件的情况下,应该积极寻求和企业联合办学。一方面,联合办学对学校最大的好处在于能够与企业实现资源共享。另一方面,联合办学加深了企业与学校的联系,帮助学校和学生充分了解企业的所需所求,更好地迎合了市场需要,使我的培养目标更明确化,针对性更强,更受企业和社会欢迎。

(四)改进课堂教学方法,激发学生学习兴趣,提高教学质量

鉴于目前学校会计教学中的教学理念、教育手段、教育方式和教学方法都存在许多缺陷,进行相应的教学改革已是势在必行,重点应放在培养学生专业适应能力、实务核算操作能力和综合素质上。笔者认为应从以下几个方面做:

1. 采用多种教学方法

(1)课堂讨论法——在课堂讲授过程中,让学生对讲授的

重点、难点进一步讨论,使学生对理论知识的理解更加深刻。

(2) 启发式教学——通过启发提问,充分调动学生学习的积极性和互动性,使教师及时了解学生对教学内容的理解和掌握程度,从而更好地组织课堂教学。

(3) 模拟演练教学——通过对专业相关的岗位进行模拟演练,让学生在演练中体会岗位职业感和提高专业实际操作能力。

(4) 案例教学法——通过案例教学,以案例激发学生的学习兴趣,传授知识点,加强专业操作训练,再通过案例进行知识引申,使学生的知识得以扩展,从而培养学生的创新思维能力。

(5) 实践教学法——将课内实践与课外实践相结合,使教学内容更加生动形象化,从而提高学生的综合能力。

2. 教师与学生互动学习,教与学融为一体

教学中教师提出问题,由学生解决,根据学生不同的反馈结果,教师对教学内容作出调整,达到教师有所教,学生有所学的目的。

3. 注重过程的考核,促进学生知识积累

在考试方式上采用开卷、闭卷、半开半闭相结合、题签式、实际操作式相结合等多种考试方式,增加平时考核次数,加大总评中实际动手能力考核成绩的比重,避免学生考前突击和死记硬背现象。考核的重心应放在学生实际工作岗位能力上。

总之,以上是笔者在教学中的一些体会和想法,只供同行共议,并提出宝贵的意见,以让我校会计专业走出困境,让我们在当前中职会计教学改革浪潮中,趁着这次全国中职师资培训交流的机会,大胆设想,积极探索,不断总结,不断完善,勇于创新,迎来中职会计专业教育的春天。

参考文献：

[1]丁佟倩.基于关键能力培养的会计专业课程改革.职业技术教育，2008(20).

[2]陈维彬，李洁.高职财务会计人才培养模式的改革.职业技术教育，2008(14).

试论我国企业集团财务管理中存在的一些问题和基本对策

黑龙江省哈尔滨市第二职业学校 孙永胜

摘 要：江总书记当年在十五大报告中指出："……对国有企业实施战略性改组。以资本为纽带，通过市场形成具有较强竞争力的跨地区、跨行业、跨所有制和跨国经营的大企业集团……"总书记的讲话，指明了国有企业前进的方向和目标。由于我国企业集团总体上仍处于上升和发展的阶段，所以集中透视企业集团财务管理中存在的问题，探讨解决存在问题的途径，提高企业集团的财务管理水平，已成为我国企业集团发展中亟待解决的重要问题。

关键词：企业集团 财务管理 企业集团财务管理模式 集权式 分权式

企业集团是经济联合的高级形式。实践证明，中国从分散的地域或封闭式的生产结构走向社会化大生产，必须要经历一个专业化改造的过程，而企业集团则是实现这一过程的较为理想的形式。

一、我国企业集团的发展现状和主要问题

（一）我国企业集团的发展现状

我国企业集团的发展是从20世纪80年代开始的，企业根据生产的需要并在政府的干预和引导下进行横向经济联合，形成企业集团的雏形。进入90年代以后，企业集团在我国得到了迅猛

发展，据统计，大企业集团数目增加 70 多家，达到 2 764 家。2010 年，我国企业集团在面临国内市场能源供应紧张，主要原材料和运输价格不断上涨等各种不利因素影响的形势下，通过调整生产经营结构，实行制度化管理，积极发展对外贸易等各种举措，实现了经济规模和运营质量的共同提高。特别是超大型有实力的企业集团群体规模的进一步扩大，标志着我国产业集中度的提升速度明显加快，我国大企业集团发展呈现良好态势。

（二）我国企业集团发展中的主要问题

1. 企业集团的内部组织结构不规范

由于现在的企业集团当初很多是从行政性公司改制过来的，因此一些行政性公司的弊端被企业集团从母体的胎胞中带了过来。这主要表现在两个方面：一是在行政性公司中，公司与企业是层级组织中上、下级领导与被领导关系，"一体化"倾向严重，在集团内部只有组织手段，取消了市场交易对部分组织协调的替代。二是在行政性公司中，维系企业相互间关系的是权利纽带，一旦权利纽带解开，产权关系又不明晰，那么企业与企业之间的相互关系就迅速瓦解，由这样的行政性公司改制过来的企业集团，就会联而不合，形同一盘散沙，没有了组织协调，使集团形同虚设。

2. 存货增加回款不畅，造成资金短缺

2010 年底，2 764 家企业集团存货共计 20 375 亿元，比上年增长 25%；全部企业集团应收账款 11 297 亿元，比上年增长 2.7%，增幅比上年提高 0.8 个百分点。由于企业集团资金占压较多，造成资金短缺，67.8% 的企业集团认为这是影响企业集团生产经营的主要因素之一。

3. 研究开发薄弱

2010 年，企业集团研究开发费用占营业收入的比重为 1.0%，总体上仍处于较低的水平。其中，研究开发费用占营业收入的比重在5%以下的企业集团多达96.9%,这表明目前我国大多数企业集团研究开发投入相对较少,技术创新能力相对较弱,在发展中缺乏竞争力。

4. 集团功能不全

多数企业集团尚未具备企业集团应有的投资中心、决策中心、金融中心等方面的功能。

5. 有些集团发展急功近利,只重视规模而不讲效益

发展企业集团过程中的行政干预甚至"拉郎配"的居多,不重视市场行为,以致有的大型企业集团最短只有几十天的寿命。

上述我国企业集团面临的问题,在某种程度上表现为企业集团组建、运行和管理,其中也包括财务管理尚不适应企业集团这种高级组织形式的要求。集中透视企业集团财务管理中存在的问题,找出解决问题的途径,提高财务管理水平,已成为我国企业集团发展中急需解决的重要问题。

二、我国企业集团财务管理的主要问题

(一)财务管理体制不够完善,财务管理缺乏一体性

目前我国国有企业的财务管理模式有两种:

1. "集权式"财务管理模式

"集权式"财务管理模式是指企业集团的各种财务决策权集中于集团公司,集团公司集中控制和管理集团内部的经营和财务并作出决策,而成员企业必须严格执行。其特点是:财务管理决策权高度集中于母公司,子公司只享有少部分财务决策权;便于指挥和安排统一的财务决策,降低行政管理成本;有利于统一调剂集团资金,保证资金,降低资金成本。但是,财务管理权限高度集中于母公司,容易挫伤子公司的积极性,抑制子公司的灵活性和创造性。

2. "分权式"财务管理模式

"分权式"财务管理模式是指按照重要性原则对集团公司和各成员企业的财务控制，管理和决策权进行适当的划分，集团公司只是专注于方向性、战略性的问题。其特点是：在财务上，子公司在资本融入及投出和运用、财务收支费用开支、财务人员选聘及解聘、职工工资福利及奖金等方面均有充分的决策权，并根据市场环境和公司自身情况作出更大的财务决策。在管理上，母公司不采用指令性计划方式来干预子公司生长经营活动，而是以间接管理为主。在业务上，鼓励子公司积极参与竞争，抢占市场份额。在利益上，母公司往往把利益倾向于子公司，以增强其实力。子公司有充分的积极性，决策快捷，减少母公司干预的负面影响。但是，难以统一指挥和协调，弱化母公司财务调控功能，不能及时发现子公司面临的风险和重大问题，难以有效约束经营者，从而造成"子公司内部控制问题"挫伤广大职工积极性。

（二）财务公司尚未充分发挥企业集团"融资中心、结算中心、信贷中心"的作用

目前财务公司虽然在搞好资金服务和提高资金运用效率等方面发挥了独特作用，有利支持了集团的发展。但是，财务公司还存在着下述一些主要问题：

1. *存款来源不足*

由于资金来源主要靠集团内部，数额有限，许多企业资金紧张，存款逐年下降，这是资金来源先天不足造成的。目前财务公司资金营运总量的50%左右属于短期拆借资金，造成拆借资金膨胀，由于期限短、还款压力大，公司负担较重。

2. *许多财务公司负债经营，超负荷运转*

一方面财务公司资金实力相当薄弱；另一方面其负债结构不合理。负债中同期拆入资金远远高于吸收企业存款，使得财务公司资金运营相当脆弱，很难满足企业集团的正常资金需要。

3. 融资手段单一

财务公司承担为集团经营筹措、融通资金的职能,但缺乏实现这一职能的有效手段。从长远资金的筹措看,由于还未形成完善的金融市场,难以采用证券方式为集团的重点项目筹措长期资金。而债券发行的短期性,往往难以满足集团对长期资金运用的需要。

4. 资金运用"错位"

组建财务公司的初衷是融通集团内部闲散的专用基金,集中用于重点项目技改信贷,推进技术进步。但由于企业流动资金短缺,目前已不得不将90%的营运资金投向短期信贷,从而导致在信贷构成上,出现了长短期资金来源与资金运营"错位",不利于进一步加强对集团技术进步的支持。

(三)过度负债经营,资本结构欠合理

近年来,不论是企业集团在发展进程中,还是国有企业在进行股份制改造时,都碰到一个最突出的问题,即企业负债累累,难以消化。形成我国企业集团高负债率和高不良债务的原因是多方面的,其中主要是体制问题。

首先,"拨改贷"使国有企业背上了不该背的"债"。其次,向国有企业充实资本金受到客观条件的限制。财政收入,尤其是中央政府的财政收入在国民生产总值中所占的比重大大下降,导致国家已无力向国有企业注资;税收负担较重等问题,导致国有企业自我积累率低,企业资本金得不到用时的增加;资本市场不发达,企业难以通过直接融资渠道吸收资金来增加企业的资本金,也加速了企业负债率的不断上升。再次,本应由财政承担的负担转由企业承担,这也是导致企业过度负债的一个主要原因。实行放权让利的改革战略以来,由于财政收入在国内生产总值中所占的比重逐年下降,而财政支出并没有明显减少,因此,在财政赤字居高不下的情况下,国家常常将部分收支缺口转嫁给企业,从而使企业的负债越积越多。

(四)财务与会计职能有分别,机构设置不规范

财务是指企业有计划地形成使用和分配资金的管理活动,及其所体现的资金各方的经济关系。会计是以货币为主要计量单位,对企业的经济业务进行核算和监督的管理活动。二者虽然有联系,但它们的工作性质、职能、内容、地位等则是有所不同的。财务与会计相混淆的局面已经不能适应新情况,所以财务和会计分离已显得十分必要。

(五)财务管理在企业集团管理中的作用尚未充分发挥,地位也未真正确立

我国企业集团财务管理在集团管理中的地位、作用方面的问题主要表现在:

1. 财务管理观念落后

由于长期以来在思想上受旧体制和旧财务制度的束缚,集团财务人员的观念较为落后,尚未树立起诸如时间价值、风险价值、边际、机会成本等科学观念。反映在财务管理目标上,就是未能树立起最优化的思想;反映在管理实践中,便是滋生了许多不科学的做法,如筹资时有权衡风险报酬,不分析现金流量的表现。显然,如此的财务管理无助于提高企业集团的经济效益,也降低了财务管理在企业中的地位。

2. 财务管理应有的作用未得到充分发挥

财务管理是一项综合性经济管理,涉及企业生产经营活动方方面面,需要全体管理人员的共同参与和积极配合,但在企业集团财务管理工作上,财务人员往往孤军奋战且人微言轻,而其他职能部门的管理人员对财务管理仅略有了解,甚至知之甚少,难以做到默契配合。使得这一综合性财务管理大为逊色,应有的作用未能充分发挥。

(六)缺乏健全有效的财务监控

目前,我国国有企业存在着会计信息失真、财务滥收乱支、

国有资产流失这三个与财务工作相关的问题，始终困扰着我国经济生活和国有企业改革。这三个问题存在着内在联系：财务滥收乱支是因，国有资产流失是果，这一因果关系是这三个问题的实质内容，而会计信息失真则是因之而产生的表象。在这三个问题中，财务收支管理上的失控是最根本的一个问题，这表明我国现实企业管理中财务监督十分薄弱。造成这种状况的主要原因有：

(1) 国有企业的委托制度残缺和法人治理结构失衡。

(2) 企业集团本身没有建立起贯通母子公司的财务监控机制，财务监控往往各自为政。

(3) 内部会计监督乏力，内部审计形同虚设。

(4) 外部经济监督乏力，国家审计"讲人情"现象严重。

三、解决企业集团财务管理存在问题的基本对策

（一）充分发挥财务公司的作用

企业集团财务公司是我国经济体制改革与金融体制改革的产物，是在中央银行决策和各地专业银行支持下组建的以金融与产业结合为特点的新型金融机构。其重要任务是：按照国家产业政策实施的要求，为大型企业集团的经济发展，提供配套的金融服务，推进金融与产业的结合，支持和促进企业集团经济持续、稳定地发展。为了充分发挥其作用，应采取以下几点对策措施：

第一，适度放开存款限制，增加"造血"功能。为了改变财务公司存款萎缩、拆借资金膨胀的状况、开辟存款资金来源，在严格控制财务公司信贷规模的情况下，由人民银行下达指令性计划，适度放开限制，允许财务公司以开办储蓄的方式，吸收集团内部职工或社会居民的个人储蓄存款，以增加财务公司的造血功能又有效地防止对社会资金的冲击。

第二，条件成熟时选择适当的机会，对企业集团施行信贷计划单列，资金切块供应，将企业集团财务公司发展成为在中央银行直

接领导下,以国家控股方式组建,承担所属企业集团金融业务并独立行使专业分工职能,具有综合服务功能的专门金融机构,发展成为扶持我国大型企业集团经济发展的一支重要金融力量。

(二)优化资本结构

在现有条件下,出让一部分国有企业(集团)的产权,既引入了资本金,缓解了资金短缺之急,又起到了降低负债优化资金结构的作用。

(三)分离财务与会计职能,规范设置财务机构

财务与会计之间存在着显著区别,二者不可互相替代,各自独立的职能越来越明显。应借鉴国际案例和结合我国企业集团的实际情况,设置与财务和会计职能相匹配的职能部门或机构。开展财务与会计工作,必须有相应的部门或相关人员专司其职,充分发挥财务与会计的不同职能,以提高企业的财务管理能力。

(四)建立健全财务监控体系,积极向网路化财务转变

健全法人治理结构,加强外部经济监控。具体包括:建立和完善经理市场、资本市场,加大企业所有者的监控力度;加强银行对企业集团的监控;加强以社会管理者的身份出现的政府监督,如物价监督、工商监督和税务监督;改革社会审计体制,加大执法力度,保证注册会计师审计的独立、客观、公正性。

努力使传统的桌面财务管理方式逐渐向软件化财务管理方式转变。通过管理软件企业将可实现远程报账、报表、查账、审计等。企业财务主管可以通过财务指令实现在线管理,财务人员还可以通过在线查询各种财税法规,进行知识更新等。这不仅提高了财务管理质量,使财务管理达到原来不可企及的水平,而且提高了财务人员的工作效率和企业的竞争力。

(五)充分认识财务管理的重要性

充分认识财务管理的重要性,应加强以下几个方面的工作:

第一,树立科学的财务管理观念,确立先进的财务管理目

标。财务管理的目标是企业理财活动所希望实现的结果,是评价企业理财活动是否合理的基本标准。

第二,培训高级财务人员,努力提高财务人员素质。培训与发展正受到越来越高的重视。财务行业的变革,促使财务人员、专业组织和企业都在思索如何通过有效的培训,提高财务人员的知识与技能。

第三,培养财务管理的意识。做好财务工作,更新观念,要摒弃"财务管理仅仅是财务部门的事,仅仅是财务人员的事"的旧观念,要全员、全过程参与财务管理。

第四,从思想上高度重视财务管理工作,树立企业管理以财务管理为中心的意识。要树立财务管理的重要性的思想意识,进行科学决策,通过量化来考核。因此,企业的财务管理水平高低直接影响到企业的生存发展,财务是企业管理的核心。

四、结 论

综上所述,对于总体上仍处于发展中的我国企业集团,还面临着一系列待解决的矛盾和问题,其过程必将是长期而艰巨的,而且企业集团化的过程中也给企业的财务管理带来了许多新的问题。财务管理作为企业管理中一个非常重要且很独特的部分,它的完善和进一步系统化无疑具有重大的现实意义,还亟待进一步探讨。

参考文献:

[1] 朱正午,等.企业集团财务问题理论探讨.大连:东北财经大学出版社,1999.

[2] 曾琼芳.加强集团财务管理,提高企业经济效益.国际经贸探索,2002(5).

会计教学改革的思考

广东省惠州农业学校 孙淑丽

摘 要： 传统的教学模式已不适应现代会计工作的要求，因此，会计教学改革势在必行。本文从树立新型教学理念、推行案例教学、改革会计课程设置、采用现代化的教学手段、加强实践性教学、开发校本教材等方面对会计教学改革进行了阐述。

关键词： 会计教学改革 思考

随着社会主义市场经济的发展和会计改革的不断深化，社会的用人标准发生了深刻的变化，对会计人才的素质和能力要求不断提高。传统的那种僵化的教学模式已不适应社会发展的要求，会计教学改革势在必行。

一、会计课程设置应与社会需求、学生就业紧密联系

我国传统的会计课程体系已不能适应培养现代会计人才的要求。为实现课程体系的科学化、合理化，使学生能更好地满足用人单位的需要，真正胜任用人单位的工作岗位，我国的中职会计专业课程设置应根据市场需要和学生就业情况来制定。每学年都要进行相应的修改和替换。每当出现新理论、新政策、新法规时，教师都应及时把它们加入到授课内容里面，避免学生在学校学到的理论知识与社会需要脱节。另外，学校还应加强学生财务软件（用友、金蝶）、办公软件、数据库等计算机操作技能的熟练掌握。目前社会用人单位都非常重视学生职业专项技能，为拓

宽学生就业渠道,可充分利用学校的教学资源,鼓励与支持学生参加社会考试,如考取电算化证、统计从业证、会计从业证、计算机等级证、助理物流师证和助理会计师证等。同时,加强考核学生运用所学知识,运用与创新会计专业知识的能力,使学生在课堂学习、完成作业和社会调研等活动过程中,表现出自我管理、与人沟通合作、解决问题和应用现代科技手段等能力。

二、以就业为导向,开发会计专业校本教材

多年以来,职业学校会计专业的外购教材没有多大革新,在教材的编排上,仍然以制度或准则加解释为主,以为这样便可以使书本知识具有可操作性,能够加强学生实践能力。然而事与愿违,学生从一开始就陷入对会计处理的具体描述之中,只知其然,而不知其所以然,无法理解各种会计处理方法背后的内在规律,导致对没有学过的经济事项的账务处理一筹莫展,无法应对。因为这类教材具有普遍性而缺少用人单位所具有的特殊性,课程教学中忽视了地方经济特色对会计的影响,造成用人单位对毕业生会计实务处理能力不满意,就业竞争力下降。培养学生发现问题、解决问题的能力,既是适应用人单位对学生实际操作能力的需要,也是适应学生创造能力培养的需要。社会经济活动纷繁复杂,会计处理千变万化,会计教科书不可能对已发生和将要发生的一切详尽罗列,这就要求学校根据用人单位的要求,坚持以就业为导向,针对现代企业中出现的新岗位和原有岗位的数量、质量和规格要求,以会计专业发展和从业需求为前提,紧贴学生的发展实际,及时编写体现新知识、新技术、新工艺和新方法的具有职教特色的会计专业校本教材,增强课程的灵活性和实践性,增强学生适应岗位群的能力。

三、树立以"学生为中心"的新型教学理念

过去的那种"注入式"、"满堂灌"的教学模式,忽视了学生在学习上的主动性和积极性,学生对学习缺乏兴趣,可以说课堂教学枯燥乏味、气氛沉闷,学生应变能力差,学习的主动性与思维能动性得不到培养。教师的这种单向性的知识传播角色已经不能适应现代会计工作的要求,会计教学理念必须改变,即树立以"学生为中心"的新型教学理念。学生才是学习的主体,教学模式应以学生为中心,以需求为动因,以问题为基础,进行发现式、探索性的学习。教学的一切活动都必须以调动学生主动性、积极性为出发点,引导学生主动探索、积极思考,培养学生的创造性思维和综合分析能力,从而为社会培养有用的专业型人才。

四、积极改进教学方法和教学手段

(一)积极推行案例教学法

案例教学,首创于美国哈佛大学,它是在学生掌握了一定的会计知识的基础上,将各种会计实务案例运用到教学实践中去,以提高学生理论联系实际能力的一种教学方法。它是对传统会计教学方法的一种重要补充,它的特点在于启发性、实践性强,有利于提高学生应用能力、综合素质及发现、分析和解决实际问题能力。会计学本来就是一门应用型学科,只有将其理论性和实践性有机地结合起来,才能够真正学好。会计案例教学无疑是理论和实践性的契合点,它不仅注重会计理论教学环节,更注重实验教学环节。目前该种方法在世界各地早已受到欢迎,其实施步骤如下:一是准备工作。课前根据教学内容精心设计案例。遵循实用性原则、相关性原则和难易适度原则来进行案例设计。二是案例讨论与分析。课堂上在教师的组织和引导下,让学生对案例中提出的问题进行广泛而深入地讨论和分析,进而给出解决问题的

办法，然后由教师讲评，重点讲解分析的思路和方法，使学生学会举一反三。三是教师总结点评。课后教师可以以调查表或座谈的方式进行归纳总结，作出恰如其分的评判，点评案例分析中的重点和难点问题，指出学生评价分析结论中的优缺点。

通过以上步骤的实施，不仅培养了学生在学习过程中的有效思维，培养学生的逻辑思维能力、分析问题、解决问题、口头表达能力以及团队合作的能力，而且提高了学生在教学过程中的参与度和参与面，进一步培养了学生创新意识和实践能力。

（二）积极加强实践性教学

会计专业是一门实践性很强的专业，要求学生要有很强的实际操作能力才能胜任以后的会计工作。因此，中职会计专业的教学目的主要在于对学生动手能力的培养。首先，建立手工模拟实验室，加大手工实验环节力度。要真正培养会计专业学生的实际操作能力，手工模拟实验室必不可少。因为会计工作性质要求会计实验应在整个学生学习阶段不间断地进行，而且在手工模拟实验室中进行的效果要比随堂实验效果好得多。学生的实验要在各门专业课中进行，经过不断的会计实验，模拟实际的会计工作，使学生能熟练掌握会计工作的程序。如从基础会计的简单的实验业务中巩固学生的基本业务技能，使学生能熟练、规范地填制记账凭证、登记账簿、编制简单报表；从财务会计、成本会计不断复杂的经济业务中使学生掌握胜任繁杂实际工作的能力；毕业之前的综合实验能提高学生对所做业务进行财务分析、提出管理建议的能力。其次，建立会计电算化实验室，培养学生利用计算机做账的能力。建立以计算机为核心的"会计实习室"，主要用于财务软件的演示应用与练习，学生在实习室内的计算机上模拟联系会计实务。通过计算机给出实际的会计课题，让学生以人机对话的方式，根据具体情况作出正确的分析、判断和处理，帮助学生进行会计工作实际能力的模拟演练，为以后真正走上会计工作岗位奠定良好的基础。

(三) 积极采用现代化的教学手段

传统的教学手段主要是黑板加粉笔，教师在授课时费时费力地讲授有限的内容，展示少量的实物（如账、证、表等），示范简单的操作，这种教学效果不佳，使学生失去学习主动性，而教师则"口干舌燥"、"疲惫不堪"。现代化教学手段是指在现代信息技术条件下，采用现代教学媒体，大力引进多媒体技术，利用计算机把教学内容以人类联想的方式，把多媒体信息（文字、图像、声音、动画、视频等）有机集成并显示在屏幕上，使学习者通过交互界面完成一系列人机交互操作进行学习。它具有以下明显的优点：第一，充分考虑多样性。即信息媒体的多维化，多重感官刺激，强化知识的理解和记忆。第二，集成性。能把各种各样不同信息集成，即能把数据、文字、图像、图形、动画、声音等有机地集成在一起，并将结果综合表现出来。第三，交互性。实现传播信息者和接受信息者相互间信息的实时交换。在这种教学过程中，课堂学习气氛活跃，发挥了教师和学生的个性和创造性，同时使课堂教学的知识输出量增加，缩短教学时间，提高教学效率，避免了传统教学手段的弊端。

相信通过上列会计教学改革措施，一定会培养出既具有一定文化素养又具有扎实专业知识，既能实践操作又具有一定理论水平的高层次的会计应用人才。

参考文献：

[1] 杨彦开. 关于对会计专业教学改革的思考. 考试周刊, 2007(14).

[2] 尚红敏. 关于会计教学改革的几点思考. 时代经贸, 2006(36).

一年制财会高中专教学存在的问题及对策

陕西省第二商贸学校　孙东华

摘　要：中等职业学校举办的一年制财会专业高中专，人才培养周期短、学生接受能力强、教学和管理成本低，学校办学效益明显。然而，由于课时紧、教学任务重、学生学习目的不一致等原因，使得一年制财会专业高中专存在着培养目标不统一、课程设置不合理、教学模式单一化、实习实训无保障以及重理论轻实践等等问题，严重影响了一年制财会专业高中专的教学效果和质量。本文结合笔者所在学校的办学实际，试图分析一年制财会高中专教学现状和存在的问题，并提出解决这些问题的具体措施，以搞好一年制财会高中专的教学工作，为学生今后的就业和升学打好基础。

关键词：中职学校　高中专　会计教学　问题与对策

经教育行政管理部门审批，许多中职学校都开设了一年制财务会计专业，招收对象为高中毕业生。经过一年时间的专业训练，使其具备初级财务会计人员的基本知识和技能，为其就业和升学打好基础。与三年制初中专相比，由于学制短，时间紧，任务重，在教学过程中难免会存在一些不容忽视的问题。这就要求我们在教学和学生管理工作中，准确分析高中专学生的心理特点，正视会计专业教学过程中存在的问题和不足，积极探寻有效的方法和措施，确保一年制财会专业高中专的教学效果和质量，为社会培养更多更好的会计专业人才。

一、财会专业高中专学生现状分析

高中专学生一般经过了三年普通高中教育,其中大部分学生参加过高考,具有良好文化基础知识。其优势在于:

(一) 有较为成熟的身心条件

高中毕业生普遍年龄在 18~20 岁之间,生理上已基本发育成熟,具备了接受较大强度财会职业训练的身体条件。同时,心理发育接近成人,具有较强的自主意识、自控能力和认知思维能力,学习新知识、掌握新技能的能力要明显高于初中专学生。

(二) 有较为明确的学习目标

高中毕业生来到中职学校学习财会专业,大部分学生的主要目的是为以后升入高职院校进一步深造打基础,也有部分学生要求掌握一门专业知识和技能,尽快实现就业。无论是为下一步升学打算,还是为今后就业着想,各个学生的学习目标都是比较确定的。有了明确的目标,就有了学习的动力,表现在学习上的求知欲、紧迫感也明显高于初中专学生。

(三) 有较好的理解能力和自学能力

高中专学生由于经过了三年文化基础知识教育,知识视野开阔,善于多角度分析事物,解决矛盾,感性认知和理性认知能力显著提高。表现在专业学习上,其对会计理论知识的理解能力和对会计实践技能的掌控能力都明显高于同专业的初中专学生。同时还要看到,高中专学生具有的自我学习、自我教育能力也非普通初中专学生所能比拟。

(四) 有较为强劲的上进动力

客观地讲,大多数高中毕业生来到中职学校学习是"情势所迫",是一种"无奈的选择",是在高考落榜之后实现就业和个人发展的"最佳途径"。就业是为了生存,要想在日益激烈的竞争环境下生存,就必须学习和掌握专业知识和技能。而当前中职学校的"层次"较低,毕业生面临的就业压力更大,要想自己的事业有所发展,就必须谋求更高层次的知识和技能。可喜的是,绝大多数高中专学生对此认识明确,希望通过在中专学校一年时间的学习,不仅尽可能多地掌握生存本领,而且为今后的职业提高和事业发展打好基础,其上进心、自觉性都明显高于普通初中专学生。

当然,高中专学生在中职学校学习过程中,也有不容忽视的问题,主要表现在:

第一,学习的功利性。高中专学生普遍对中职学校期望值较高,对教学条件的要求较多,求成心切,期望经过短暂的学习,毕业后能够"安身立命"或者"事业有成"。但是,目前大多数中职学校的办学条件并非尽如人意,会计专业"硬件"和"软件"方面还存在不少问题,与高中专学生的期望还有较大的差距,再加上在校学习时间较短,易使学生产生"没有学到多少东西"的错觉,这就在一定程度上影响了学生学好专业知识和技能的积极性。

第二,恋爱的易发性。由于高中专学生身心发育基本成熟,他们精力充沛,情感丰富,易受异性吸引,处于恋爱高峰期,一旦陷入谈情说爱的"泥潭"将难以自拔,必将给短暂、紧张的专业学习带来较大的负面影响。这样的情形在中职学校的高中专学生中已非个例,应当引起学校有关方面的足够重视。

第三,思想的封闭性。和初中专学生相比,由于年龄、学历的差异,以及只占少数,在中职学校里的高中专学生群体交往圈子较小,再加上个体自主意识一般都较强,还有在校时间短暂,课余活动内容、数量有限,学习压力、就业压力等诸多因素,易使部分学生自我封闭,不愿与人交流、交往。那些因家庭贫困、身体残疾、性格内向的学生表现尤甚,更值得学校有关方面关注。

二、财会专业高中专教学现状分析

近年来,国家把大力发展职业教育摆到了科教兴国的突出位置,出台了一系列鼓励职教发展的政策和措施,不断加大对职业教育的投资。应当说,中等职业教育正处于前所未有的发展机遇期。各级各类中职学校也在专业设置、课程改革、教学管理、设施设备、师资队伍、实习实训以及招生就业等方面进行优化配置,强化管理,总体形势是好的。但是,对于中职学校个体而言,发展极不平衡。尤其是招收一年制财会高中专的中职学校,教学方面存在的问题尚未得到较好的解决。

(一)时间紧,课时较少

由于学制所限,一学年两个学期,满打满算也就 40 周的教学时间约合 1 000 个学时,仅相当于三年制初中专总课时的三分之一。要在如此短暂的时间内达到教学目标,难度可想而知。

(二)课程多,任务繁重

按照一年制财会专业教学计划,高中专一般至少要开设 8 门专业课程和 4 门专业基础课程。在极其有限的课时内,要完成这些课程的教学任务,无论对于任课教师还是学生,都是一大考验。目前,尚无一年制财会高中专的统编教材,有些课程借用的是高职高专教材,个别课程还有采用初中专教材的。就主干课程而言,内容不仅繁多,而且重复内容也较多,形成教学资源的浪费,给教和学两方面都造成了困难。

(三)理论教学与实践性教学矛盾突出

受时间因素制约,高中专的大部分学时用在了理论教学方面,只有极小部分学时用于实践性教学。仅仅这点可怜的实践性教学学时,也只是在校内进行"模拟实训",根本没有时间去企业见习或实习;学校真正的"双师型"教师较少,具有企业财务工作经历和经验的教师更为稀少;受经费等因素影响,中职学校也极少从企业聘请具有丰富实践经验的财务人员给学生上课;学校实践性教学设施设备短缺,校外实训场所缺少或不稳固。这些"重理论、轻实践"问题的存在,只能使中职学校变成培养"只会说、不会做"的学生机器。

(四)教学目标与学生自我发展目标有差异

高中专学生以升学为主要目标的人为数众多。目前,中职学校的学生要升学,最主要的渠道就是参加高职高专院校的"三校生"考试,个别学生也会参加"自考"。"三校生"考试对专业知识要求相对较低,属于"资格考试",一般由报考院校自主考试,学生需要把更大的精力用在文化课(语、数、外)的复习上。而我们的专业培养目标却是以就业为主要内容,力求使学生掌握更多的财会专业知识和技能,使专业教学严重脱离学生实际需求,不合学生"胃口"。

(五)教师教学业务水平亟待提高

由于缺乏实际财务工作经验,也缺少相关专业培训,教师的教学内容只能"从书本到书本",忽视对学生实务操作能力的培养;教学模式死板,"老师教,学生学;老师考,学生背"的旧有模式贯穿始终;教学方法单一,大多采用陈旧的"灌输式"教学方法,课堂教学缺少互动,无法启迪学生智慧;教学手段落后,缺乏多媒体、网络化等现代化教学手段,依然"一支粉笔打天下"……这些问题在中职学校还没有得到根本性的改观。

(六)实习实训基地形同虚设

中职学校财会专业实践性教学一般分为两个阶段五项内容。第一阶段是校内模拟实训:一是校内模块化实训,二是校内手工综合作业实训,三是校内电算化综合作业实训;第二阶段是校外见习实训:一是校外专业见习,二是企业顶岗实训。这就要求学校不仅要建设和完善校内专业实习实训系统,还要建立和巩固校外实习实训基地,以满足本专业实践性教学之需。令人遗憾的是，很多中职学校的校内手工实训设施简陋不堪，电算化实训没有独立机房，缺少系统实训资料和正版财务软件，也缺少富有实务经验的指导教师；校外实训基地极少且不稳固，有些甚至是为应付上级检查评估的"纸上基地"。

此外，中职学校财会专业还在校本课程与教材开发、图书资料与教学案例、学生管理与后勤服务、学生职业生涯规划与职业道德教育、就业指导与就业安置等方面存在大量不可忽视的问题。

三、做好一年制财会高中专教学工作的方法和措施

中职学校在财会专业教学过程中的问题和困难是客观存在的，有些问题并非财会高中专独有。不尽快解决这些问题，就会严重影响财会专业教学质量和人才培养，应当引起学校和社会各方面的高度重视。就学校自身而言，应当从以下几个方面入手：

（一）调整教学计划，优化课程结构

针对财会高中专学制短、时间紧的特点，学校教学管理部门和专业课教研室要在遵循教育教学规律和学生认知规律的前提下，按照培养目标，兼顾学生需要，结合高中专学生实际，本着"够用、实用"的原则，调整高中专教学计划，合理设置课程。在修订计划和设置课程时，要注意克服"大而全"的思想。对那些内容交叉重复或实际工作中极少用到的课程和内容进行整合，个别课程可以合并授课，共同内容可以分工授课。课程开设时间上也要进行研究，要适当照顾高中专学生的"考证"和参加"三校生"考试的需要。要充分考虑高中专学生已有的知识基础和求知欲强、自学能力强的实际，适当减少一些专业基础课程的教学，变成课余时间的讲座或辅导。教师在授课内容的选择上也要适当删减，突出重点，不可面面俱到。

（二）开发校本课程，优选各科教材

市场需求是一切课程设置的出发点。中职学校财会专业办学时间较长，形成了一整套模式化的"学院课程体系"，培养的学生几乎"长相一模一样"，体现不出校本特色。要突出学校特色，突出高中专教学特色，应当在开发校本课程和编写校本教材方面多做文章。要以学生就业岗位群的技能要求为重点，以财务会计实务要求为切入点，组织教师开发"短而精"的校本课程。在开发校本课程、编写校本教材时，要注意吸收企业有丰富经验的财会工作人员参加，使校本课程和校本教材更加符合市场需求，更具实用性。同时，开设的其他课程也要在教材甄别、选用上多动心思。要注意倾听任课教师的意见和企业财会人员的意见，最好把教材的选择权下放给专业课教研室。教材选定并经过一个教学循环的使用后，要对其进行评估，对不适用的教材要坚决予以更换。

（三）增加实训课时，强化操作技能

高中专学生在校学习仅有短暂的一年时间，要根据优化的教学计划，科学合理地分配有限的课时资源。一般来说，面向高中专学生的实践性教学课时比例应当更多一些，让学生边学边干、边干边学，以快速培养其动手操作能力。中职学校要重视"会计模拟实习"环节的教学，充分利用国家大力发展职业技术教育的有利政策，争取政府财政支持，建设和完善校内实习实训设施设备，强化会计实践能力的训练。还要利用一切"有效资源"，与企业建立长期稳固的合作关系，尽可能地实现"双元制"教学，即学校与企业共同办学，共享资源。对学校来说，较好地解决了学生校外见习实训和就业安置的难题，培训了教师，充实了教学内容；对企业来说，满足了人才聘用和干部储备之需，通过"师傅"与教师之间的合作与交流，在一定程度上也使企业财务人员会计理论知识得以提高，应当说这是一种

"双赢"的发展战略。

(四)加强师资培训,提高教学质量

师资队伍的建设任何时候都是学校工作的重中之重,数量上要充实,质量上要提高,而师资队伍建设的重要环节就是对教师的职业道德教育和教学业务培训。随着我国会计准则与国际会计准则的不断趋同,新的会计准则和制度不断出现和变革,势必要求中职学校要不断加强对会计课教师的培训力度。会计课教师也要树立"终身学习"的观念,不断更新专业知识。学校要有计划地对教师进行培训。一方面要争取各种校外培训机会,安排教师参加培训,另一方面要着力开展校本培训,通过集体备课、观摩教学、教材分析、教法研讨、专题调研、以老带新、征集论文和优秀教学案例等策略和方法,使任课教师的教学业务水平不断提高,从而提高教学效果和教学质量。需要特别强调的是,聘请企业有丰富实践经验的财务人员来校任教,对培训专业课教师、提高会计课教学质量具有十分显著的作用。

(五)搞好学生管理,鼓励学生发展

前已述及,大多数高中专学生的目标是升学以提高学历"层次",为更好的就业打基础。这就要求中职学校要全方位地做好各项管理和服务工作。其一,要做好班级管理工作,配备有经验的班主任(最好是本专业任课教师)对其进行日常管理,要注意做好高中专学生的心理辅导工作。其二,要及早开设与学生"考证"和"升学"相关的课程及辅导班,及时提供有关信息,鼓励学生参加课程辅导。其三,就业指导工作要提前介入,教育学生正确看待我国当前的就业形势,了解企业用人趋势,提供人才市场信息,帮助学生树立正确的择业观、就业观。其四,采取多种形式对学生进行法制和道德教育,尤其是财税法规制度和会计职业道德的教育,培养其遵纪守法意识,树立起会计职业操守,进一步提升高中专学生的综合素质。

一年制财会高中专由于生源稳定、人才培养周期短、相对教育成本低而受到中职学校的普遍关注。只要我们遵循教育教学规律，坚持"以学生为主体"、"以教师为主导"的教学原则，着眼于学生未来，为学生的就业和发展创造条件，相信会有更多高考"失利"的学生跨进中职学校的大门！

参考文献：

[1]刘国华．对会计实践教学的探讨．新课程研究（职业教育），2008(8)．

[2]田中宝．试论中等职业学校校本课程研制——以会计专业为例．科教文汇，2006(8)．

[3]王玲．高中生常见心理问题及疏导．广州：暨南大学出版社，2006．

对提高会计专业教学质量的探讨

广东省经济贸易职业技术学校　宋新波

摘　要：近几年随着国家对中等职业教育的高度重视，很多财经类中职学校会计专业的招生数逐年增加，在规模扩张后，如何确保并提高教学质量是摆在大家面前必须加以重视和认真研究的问题。本文以广东省经济贸易职业技术学校的情况为蓝本，探讨了会计专业在规模扩张后存在问题，并针对这些问题提出制定统一的课程标准，加强教研活动，重视考证课程的教学，提高学生的考证通过率和双证率等有效措施，以达到提高会计专业教学质量的目的。

关键词：会计专业　规模扩张　教学质量

一、会计专业近几年招生情况

从2004年开始，随着国家对中等职业教育的高度重视，很多财经类中职学校会计专业的招生数都在逐年增加，以广东省经济贸易职业技术学校为例，2004年有2个班，2005年有3个班，2006年有3个班，2007年有4个班，2008年有7个班（含励志班），2009年有7个班（含春季班）。招生发展势头总体良好，促进了学校规模的扩大。

二、规模扩张后存在的问题

就会计专业而言，在规模扩大的同时，能否把会计专业做强?其中最核心和最根本的问题就是确保和提高教学质量,这也关系到学校"一部一品"工程建设的办学理念和指导思想能否真正贯彻实施并得以最终实现的根本问题。但近几年的情况却需要大家一起去面对、思考和改进,存在问题主要表现在如下几个方面:

第一,由于班级数增加,经常出现几个教师在同一学期教同一门课的情况,例如"基础会计与实操"、"企业财务会计与实操"、"电算会计"和"税务会计"等。虽然每一门课程都有教学大纲,并且要求教同一门课的教师一起制订同一个授课计划,但没有对每一章节甚至每一知识点的教学内容制订具体的课程标准,即教什么?教多少?如何教?补充什么?删除什么?教师随意性较大,甚至可能出现天马行空的情况,导致教学内容容易出现偏差。

第二,虽然学校规定了每周四下午作为教师业务学习和教研活动时间,但每次教研活动的主题不够鲜明也不够突出,教研气氛不够浓厚,经常出现各人做各人的事情的现象,例如集体备课不足,表现在教同一门课的不同老师的教学进程,教学内容甚至考试命题方面出现不一致的情况,长此以往,很容易出现教学事故。

第三,由于多数教师日常教学工作量大,并且要做班主任,专业教师很少编写出校本教材,更少参加校外各种教材的编写工作,教师的教科研水平和知名度都有待提高。

第四,教师走出校门到校外(包括企业和学校)交流较少,不能做到取长补短,不了解最新的市场信息和企业要求,就可能发生教学内容与企业实际发生脱节的现象。

第五,技能比赛项目和第二课堂活动内容需要进一步开发、丰富和提高。

三、确保和提高教学质量的措施

鉴于以上出现的问题,笔者认为,在会计专业的规模扩张后,要确保和提高教学质量,应注意从以下几个方面做好工作。

第一,制定统一的课程标准。

课程标准是规定某一学科的课程性质、课程目标、内容目标、实施建议的教学指导性文件。课程标准与教学大纲相比,在课程的基本理念、课程目标、课程实施建议等几部分阐述比较详细、明确,特别是提出了面向全体学生的学习基本要求,对学生学习结果行为的描述应该尽可能是可理解的、可达到的、可评估的,而不是模糊不清的、可望而不可即的。课程标准隐含着教师不是教科书的执行者,而是教学方案(课程)的开发者,即教师是"用教科书教,而不是教教科书"。课程标准的范围应该涉及作为一个完整个体的发展的三个领域:认知、情感与动作技能,而不仅仅是知识方面的要求。只有制定了统一的课程标准,就算不同教师教同一门课,都有一个详细、操作性强的实施标准可以作为依据,不会出现大的偏差,同时有利于教学的检查和控制。

第二,加强教研活动。

特别是上同一门课的教师要充分利用每周四下午集体坐班的教研活动时间对每一章节内容都进行经常性的集体备课,统一授课计划、统一教学进程、统一教案内容、统一考试命题、统一改卷等,同时加强教学方法的交流。

教师之间还应主动加强相互听课,专业部和教研组积极开展公开课、示范课等活动,并进行认真的、开诚布公的评价,促进全体教师的教学水平的提高,才能更好地服务学生。

第三,重视考证课程的教学,提高学生的考证通过率和双证率。

专业技能证书和专业资格证书是检验学生对所学专业掌握程度的最好证明,因此,作为教师首先要重视考证课程的教学,想尽一切办法让大多数学生掌握考试大纲规定的教学内容,并做到融会贯通。同时,在教学过程中要结合专业要求和学生未来就业发展需要经常对学生进行思想教育,使学生重视考证,认真学习,从而带动学生对其他课程的学习积极性,才能提高学生的考证通过率和双证率。

第四,加强技能培训、比赛以及第二课堂活动的实施工作。

虽然每个学期都开展了技能比赛活动,但技能比赛的项目需要全体教师进一步开发和丰富,技能比赛的水平需要进一步加强和提高,才能让多数学生积极主动参加进来,乐在其中。目前学校已经颁布了第二课堂活动实施细则,作为专业部、教研组和每位教师,都应积极贯彻落实,要不怕困难、不辞辛劳地组织和开展各项经过审批的活动方案,丰富学生的第二课堂,有利于促进和提高学生的学习积极性和学习水平。

第五,不断改进教学方法,提高学生的学习兴趣。

作为职业学校的教师,要做到与时俱进,结合学生的特点,对不同的教学内容选择适合自己和学生的教学方法,使教学效果最大化。在教学过程中,应注意实践联系理论原则、遵循学生学习规律原则、学生为主体和教师为主导原则以及教学系统化原则。

在教学中,还应注意激发学生的学习兴趣。爱因斯坦说:"兴趣是最好的老师。"陶行知先生也认为:"学习有了兴趣,就肯用全部精神去做事,学与乐不可分。"因此,作为会计专业的教师不要怕学生底子薄,要担心的是学生对会计专业课程的学习兴趣到底有多少。

第六,与时俱进,结合实际,制订或完善实施性教学计划。

作为专业部、教研组和每位教师,要有计划、有组织、有目的地走出校门，走进企业和其他兄弟学校进行参观、调研和交流，了解企业会计和财务人员的就业情况和工作实际，了解企业对会计和财务人员的最新要求，了解其他兄弟学校的会计专业情况，并对调研情况进行认真的总结和对比，从而对本校会计专业的实施性教学计划开展情况进行认真的反思和分析，发现问题及时作出必要的调整，使之更加完善，更加有效，更加符合实际。

参考文献：

邓泽民，侯金柱．职业教育教材设计．北京：中国铁道出版社，2006.

谈 ERP 沙盘在中职会计实训教学中的应用

广东省汕头市澄海职业技术学校　沈冬英

摘　要：中职学生整体素质低、基础知识薄弱、学习能力差，如何组织有效的会计实训教学成为一个现实的难题。ERP 沙盘作为目前世界上比较先进的企业资源管理系统，将其管理理念引入中职会计课堂，能有效地提高会计实训教学效率。

关键词：ERP 沙盘　会计　实训教学　运用

中职学生整体素质低、基础知识薄弱、学习能力差，如何组织有效的会计实训教学成为一个现实的难题。ERP 沙盘是目前世界上比较先进的企业资源管理系统，将 ERP 沙盘管理理念引入中职会计课堂，能有效地提高会计实训教学效率。它能够培养学生之间相互沟通和团队合作的能力，最终实现培养具有社会竞争力的应用型会计人才的目标，是中职会计实训教学改革的一项创新之举。

一、什么是 ERP 沙盘

ERP（企业资源管理）沙盘是一种源于战争沙盘的新型教学工具，最早由瑞典皇家工学院的 Klas Mellan 于 1978 年开发而成，主要用于大企业管理人员的培训。由于在实际运用中 ERP 沙盘具备了参与性、互动性、竞争性、趣味性、知识性、实战性的特点，使之成为一种"看得见，摸得着，想得到，做得到"的新型体验式教学模式。通过 ERP 沙盘模拟教学活动真正实现以"教"为中心转向以"学"为中心,学生成为教学活动的主体,学习活动成为教学活动的中心,教师的作用从以课堂讲授为主转向以教学设计与组织、指导、监控、考核学生的学习活动为主,从根本上突破了传统教学的单向、枯燥,更大程度地调动了学生学习的积极性、主动性,更有利于考察学生的分析、判断和应变能力,有利于更好地培养学生团队意识、竞争意识。

二、ERP 沙盘模拟的操作流程

ERP 沙盘模拟是将企业的主要流程缩小在整张沙盘上。企业的物流:下原料订单、原料入库、组织生产、接订单销售;企业的资金流:现金、贷款、应收账款、人工成本、设备维修、固定资产折旧等制造费用支出,广告投入、市场开拓、产品研发、ISO 认证等管理费用支出等;企业的信息流:市场预测分析、竞争环境、竞争对手经营情况分析等。

在 ERP 沙盘模拟中,5~8 位学生被分为六个小组,每个小组代表一个企业。每个企业的主要职能定位分别为:公司总裁 CEO,负责企业长期经营战略决策,制定每年经营规划,分配成员角色,协调团队沟通合作等;财务总监 CFO,负责企业资金筹措、资金运用、费用成本控制、现金流管理、财务核算等;生产总监,负责企业生产战略制定,编制和执行生产计划、设备更新计划等;采购总监,负责采购计划制定和执行、企业内部物流控制等;营销总监,负责企业营销战略、新市场开拓规划、新产品研发计划、广告投放策略制定和执行等。

每个小组都拥有等同的资金、设备和固定资产。通过用现金为企业做广告,从市场上赢得订单,用现金购买原材料入库和新生产线,投入生产,完工交货,从客户手中获得现金,用现金开发新的产品和新的市场,用现金支付员工工资、税收等。当资金短缺时可向银行申请贷款或变卖固定资产。经过六年的经营,最终根据每个企业的所有者权益多少评出优胜企业。

三、ERP 沙盘在会计实训教学中的运用

（一）利用 ERP 沙盘模拟，提高学生会计综合实战能力

ERP 沙盘模拟教学，突破了传统的实训课程的局限性，让学生通过模拟企业运行状况，在制定战略、分析市场、组织生产、整体营销和财务结算等一系列活动中体会企业经营运作的全过程，认识到企业资源的有限性，在各种决策的成功和失败的体验中，学习、巩固和融会贯通各种管理知识，掌握管理技巧，从而深刻理解 ERP 的管理思想，领悟科学的管理规律，提升管理能力。其目标是让学生从企业整体资源配置的角度去理解会计，摆脱会计就是核算技术的思维约束，而以全局的观念在企业竞争发展的动态环境中理解会计与企业运作的关系，理解团队协作在会计工作中的重要性。

ERP 沙盘模拟作为一种体验式的教学方式，是继传统教学及案例教学之后的一种教学创新。借助 ERP 沙盘模拟，可以强化学生的管理知识、训练管理技能、全面提高学员的综合素质。沙盘模拟教学融理论与实践于一体，集角色扮演与岗位体验于一身，可以使学生在参与、体验中完成从知识到技能的转化。

（二）利用 ERP 沙盘模拟，明确会计岗位职责

将任务落实到个人，能明确责任，提高效率。在 ERP 沙盘中，团队成员分别担任公司中的 CEO、CFO、销售主管、生产主管、采购主管等职务，分工明确，相互合作，各司其职，各负其责；而我们的课堂教学同样可以根据实际需要进行具体分工，在"会计实务"教学时将学生每 5 人分成一组，组内成员各有具体职务、职责分工（见表1）。

表1 组内成员具体职务、职责分工

职务	职责
CFO（财务总监）	总协调、审核
会计师	总账、报表
会计师助理	会计凭证填制、明细账、装订
出纳	现金、银行存款日记账
仓库主管	存货、固定资产明细账、整理

这样的分工更容易让学生理解会计实际工作中各自的职责。所谓的职责是上课前教师要精心设计好课堂教学用的每一项目，尽可能让团队内的每位成员有事可做、有责可负。财务工作责任重大，我们应让每位学生动起手来、负起责来，安排好职务，教学中以职务相称呼，让学生时时刻刻明确他们各自所肩负的责任。

所谓的职务是为了让学生走进社会后能胜任不同的职务，我们在教学中要不断转换各自的角色。在"会计实务"教学中，每隔一段时间引入一个项目，在不同的项目核算过程中，学生相应的职务也要进行转换，原出纳可转任会计师，原会计师可转任CFO，让每位学生轮流担任各个职务，有利于学生的全面发展。

（三）利用ERP沙盘模拟，创设仿真的工作环境

大部分中职生都有厌学情绪，怕作业和考试，如何改变这种现状呢？ERP沙盘改变以往课堂教学常规，以模拟公司形式组织课堂教学，而我们的会计实训课中能不能给学生创造一个仿真的公司工作环境呢？笔者认为，我们的实训课教师是能做到的。

我们可以从称呼上进行改变。学生听烦了上课、考试等词语，那我们就改变这种称呼，引用实际工作中的用语来代替，营造一个仿真公司环境，部分称呼可作如下改变（见表2）。

表2 仿真公司环境

教室	公司
学生	工人、职员
上课	上班
考试	业务考核
作业	项目、任务
分数	工资

加上原团队中的 CFO、会计师、出纳、仓库主管等职务称呼,让学生倍感新鲜、亲切,在一定程度上可降低学生的厌学情绪,学生的课堂参与度会有明显提高。

(四)利用 ERP 沙盘模拟,培养学生竞争意识

竞争能促使企业更好更快地发展。在 ERP 沙盘中,以公司形式展开多年的经营,各团队每年上报公司利润进行比较,有很强的竞争性和对抗性,这符合年轻人的好胜心理。针对中职的学生特点,我们可引入合理的竞争机制,改变以往好的学生没人比、差的学生没法比的状况,尽可能给每一层次的学生有一个竞争的平台,尽情地发挥各自的才能。

课堂上我们强调团队的力量,以团队为形式展开教学,引入项目教学法、任务驱动法等教学方法,设计好每个项目、每项任务,由团队共同完成,培养团队实际解决问题的能力。队内相互协作,队外相互竞争,形成一个有效的课堂良性竞争机制,让过去乏味的课堂教学变得更为活跃,让我们的学生在竞争中掌握更多的专业知识。课堂上我们强调专业知识的竞争,同时也强调表现力的竞争,每个团队的表现用分数来衡量,每月测试以团队的平均成绩加上该月的表现成绩为基础进行比较,对成绩好、表现佳的团队予以一定的表扬和奖励,以提高学生的学习积极性。

（五）利用 ERP 沙盘模拟，合理评价学生实训成果

客观、公正的评价能使人上进。ERP 沙盘以利润来评价团队，以团队来评价个人，而我们的课堂教学效果又如何评价呢？最后还得看学生的成绩和进步。综合考虑团队和个人的成绩及表现，给出学生评价公式：

学生个人成绩 = 学生个人测试成绩（100 分 × 30%）+ 团队平均成绩（100 分 × 45%）+ 团队表现及浮动成绩（25 分）

浮动成绩是指以团队平均成绩排名，本次测试名次比上次测试名次每提高 1 名可外加 2 分，团队成绩对个人成绩的影响还是比较大的。我们在组建团队时应考虑优、良、中、差相结合，尽可能减少团队间的差距，确保团队间有一定的可比性，对原始平均成绩偏低的团队来说，只要齐心协力、共同进步，他们获得浮动成绩的机会就更多。

总之，将 ERP 沙盘运用于中职会计实训课堂教学，不仅在教学方式上采用模拟与仿真结合的形式，更以团队的形式组织教学，增强学生的团队协作能力和沟通能力。团队内进行具体分工，引入适当的竞争机制，创设仿真的公司情景，进行科学考核评价，能有效地降低中职学生的管理难度，激发学生的学习积极性，提高课堂教学效率。

参考文献：

[1] 王新玲，柯明，耿锡润. ERP 沙盘模拟学习指导书. 2005（9）.

[2] 李刚. ERP 沙盘模拟与会计实验教学创新. 2007（2）.

[3] 腾佳东. ERP 沙盘模拟实训教程. 大连：东北财经大学出版社，2009（4）.

借款费用准则的国际比较

陕西省商业学校 邱社军

摘　要：2006年2月15日，财政部颁布了《企业会计准则第17号——借款费用》，该准则共3章15条，从总则、确认和计量、披露等三个方面对借款费用进行了详细的规范。本文通过对国际会计准则第23号（IAS23）：借款费用和我国企业会计准则第17号（CAS17）：借款费用进行了简要的比较，发现我国现行的借款费用准则已经和国际会计准则达到实质上的趋同，并且充分考虑我国国情，更具实用性和操作性。

关键词：借款费用　准则　国际比较

借款费用（Borrowing Costs），是指企业因借款而发生的利息及其他相关成本。借款费用是企业因借入资金所付出的代价，它包括借款利息、折价或者溢价的摊销、辅助费用以及因外币借款而发生的汇兑差额等。

一直以来，借款费用是某些企业调节利润的手段，尤其是上市公司，把尽可能多的借款费用计入资产，从而达到虚增收入和利润的目的。为了增强企业会计报表的可比性，提高会计信息质量，财政部多次颁布法规规范借款费用的处理：1992年颁布了《工业企业会计制度》，2000年颁布了《股份有限公司会计制度》，2001年颁布了《企业会计准则——借款费用》，2006年2月15日又重新颁布了《企业会计准则第17号——借款费用》，于2007年1月1日起在上市公司范围内施行，鼓励其他企业执行。现就中外会计准则对借款费用的有关规定作以下比较分析。

一、关于定义

我国企业会计准则第 17 号中的借款费用是指企业因借款而发生的利息及其他相关成本，包括：①借款利息；②折价或者溢价的摊销；③辅助费用；④因外币借款而发生的汇兑差额等。

国际会计准则第 23 号规定的借款费用包括：①银行透支、短期借款和长期借款的利息；②与借款相关的折价或溢价的摊销；③安排借款发生的辅助费用的摊销；④按照《国际会计准则第 17 号——租赁》确认的与融资租赁有关的财务费用；⑤作为外币借款利息费用调整额的汇兑差额。

CAS17 号第三条规定："与融资租赁有关的融资费用，适用《企业会计准则第 21 号——租赁》。"这样看来，我国企业会计准则和国际会计准则在借款费用定义方面已经基本一致。

二、关于处理原则

国际会计准则第 23 号阐述了借款费用的处理原则："本号准则通常要求将借款费用立即予以费用化，然而，作为所允许的备选处理方法，本号准则也允许将那些可直接归属于相关资产的购置、建造或生产的借款费用予以资本化。"可见，国际会计准则对借款费用以费用化为主，也允许资本化。

借款费用的费用化符合稳健性原则和一致性原则，操作比较简单，避免了同是借款费用有的计入损益，有的计入资产的情况。但是，如果全部费用化，必将影响收益的合理反映和会计信息使用者的盈利预测，这也是企业所难以承受的。因此，我国企业会计准则在借鉴国际会计准则的基础上，考虑了我国的实情，对借款费用的确认以资本化为主。CAS17 第四条规定："企业发生的借款费用，可直接归属于符合资本化条件的资产的购建或者生产的,应当予以资本化,计入相关资产成本;其他借款费用,应当在发生时根据其发生额确认为费用,计入当期损益。"

三、关于资本化对象

国际会计准则规定,符合资本化条件的资产有:①需要相当长时间才能够达到可销售状态的存货;②厂房和设备,如制造车间、发电设施;③投资性房地产;④正在开发中,需要相当长时间的无形资产。可以资本化的资产不仅包括固定资产,而且包括存货、投资性房地产和无形资产。

在我国,与融资租赁有关的融资费用已经在《企业会计准则第21号——租赁》中加以规范,而且我国银行贷款制度不允许透支,所以我国企业会计准则不包括以上内容。为了便于会计监管,同时保持会计准则的一致性,我国会计实务对于应予资本化的资产范围限制得比较严格。同时,考虑到与国际会计准则的趋同,CAS17第四条又规定:"符合资本化条件的资产,是指需要经过相当长时间的购建或者生产活动才能达到预定可使用或者可销售状态的固定资产、投资性房地产和存货等资产。"CAS17第十条规定:"专门借款发生的辅助费用,在所购建或者生产的符合资本化条件的资产达到预定可使用或者可销售状态之前发生的,应当在发生时根据其发生额予以资本化,计入符合资本化条件的资产的成本;在所购建或者生产的符合资本化条件的资产达到预定可使用或者可销售状态之后发生的,应当在发生时根据其发生额确认为费用,计入当期损益。一般借款发生的辅助费用,应当在发生时根据其发生额确认为费用,计入当期损益。"

四、关于资本化的起点

国际会计准则规定,借款费用开始资本化的时间是:①资产支出发生时;②借款费用发生时;③为使资产达到其预定可使用或可销售状态所必要的准备工作正在进行中。

在借鉴国际通用做法的基础上,结合我国的实际情况,CAS17第五条规定:"借款费用同时应满足下列条件的,才能开始资本化:①资产支出已经发生,资产支出包括为购建或者生产符合资本化条件的资产而以支付现金、转移非现金资产或者承担带息债务形式发生的支出;②借款费用已经发生;③为使资产达到预定可使用或者可销售状态所必要的购建或者生产活动已经开始。"这样规定虽然使资本化金额的计算比较复杂,但却体现了配比原则,避免了在所借款项未用于建造相关资产而用于其他用途时,其借款费用也计入该资产成本的可能。

显然,国际会计准则所规定的资本化的期间不但包括工程的建造阶段,而且包括工程的预备建造阶段。由于预备建造阶段的界定比较模糊,加之在实际操作过程中,人为因素比较多,需要会计人员有良好的职业操守和较强的职业判断能力。从这个角度讲,我国企业会计准则的规定更注重会计实践中的可操作性。

五、关于资本化的金额

国际会计准则规定:"对于专门为获取某项相关资产借入的资金,符合资本化条件而计入该资产成本的借款费用的金额,应为借款期内发生的实际借款费用,减去该借款用于临时投资所带来的任何投资收益。"国际会计准则对资本化金额规定:"对于不是专门为获取相关资产而借入和使用的资金,符合资本化条件的借款费用的金额,应采用将资本化率乘上发生在该项资产上的支出的方式来确定。资本化率应是借款费用相对于企业当期尚未偿还的所有借款,而不仅仅是为获得某项资产而专门借入的借款的加权平均数。一个期间予以资本化的借款费用的金额不能超过在这期间内发生的借款费用的金额。"

我国企业会计准则借鉴了国际上比较通用的做法,CAS17第六条规定:"在资本化期间内,每一会计期间的利息(包括折价或溢价的摊销)资本化金额,应当按照下列规定确定:(1)为购建或者生产符合资本化条件的资产而借入专门借款的,应当以专门借款当期实际发生的利息费用,减去将尚未动用的借款资金存入银行取得的利息收入或进行暂时性投资取得的投资收益后的金额确定。(2)为购建或者生产符合资本化条件的资产而占用了一般借款的,企业应当根据累计资产支出超过专门借款部分的资产支出加权平均数乘以所占用一般借款的资本化率,计算确定一般借款应予资本化的利息金额。资本化率应当以一般借款加权平均利率计算确定。"第八条规定:"在资本化期间内,每一会计期间的利息资本化金额,不应当超过当期相关借款实际发生的利息金额。"

六、关于暂停资本化

对于固定资产在构建过程中暂停资本化的处理原则,我国企业会计准则与国际会计准则基本上是一致的,具体表现在两个方面:一是中断时间。如果中断时间较短,不论其是由于什么原因导致的中断,在该期间所发生的借款费用都可继续资本化,不必暂停;反之,如果中断时间较长,则应暂停资本化。二是中断原因。如果所发生的中断是正常中断,也就是使所购建的固定资产达到预定可使用状态所必需的程序,或者由于可预见的不可抗力因素(如雨季或冰冻季节等原因)导致施工停顿,借款费用的资本化应当继续进行;如果所发生的中断是非正常中断,即由于企业管理决策上的原因或者其他不可预见的原因(如生产有关的劳动纠纷等)导致工程中断等,企业应当暂停借款费用的资本化。

与国际会计准则不同的是,国际准则未规定较长中断期的具体时间界限,而我国企业会计准则为了便于实务操作,增强企业之间会计信息的可比性，统一规定了该中断期间为三个月的时间界限。

七、关于停止资本化

国际会计准则和世界各国或地区的会计准则，一般都根据实质重于形式原则来具体规范借款费用停止资本化的时间问题。国际会计准则规定："当为使相关资产达到预定用途或销售状态的所有准备工作实际上已完成时，应停止借款费用的资本化。"在界定时间时主要是看经济实质，而不是法律表现形式。我国企业会计准则对借款费用停止资本化的时间问题作了进一步变革，以固定资产达到预定可使用状态为界。这一改变使借款费用资本化的金额进一步减少，稳健性原则的贯彻力度得到进一步加强。

国际会计准则认为资产达到预定用途或销售状态时应停止资本化，并对预定用途或销售状态给出了具体的判断："当资产的实体建造结束时，尽管日常管理工作仍在继续，一项资产已准备用于预定用途或准备销售。如果有少数工作尚未完成，也表明所有工作实质上已经完成。当相关资产的建造的各个部分分别完成，并且每个部分在其他部分继续建造中已可使用时，则在为使那一部分达到预定用途或销售状态的所有必需的准备工作实际上已完成时，应停止对借款费用的资本化。"

CAS17 第十二条规定："购建或者生产符合资本化条件的资产达到预定可使用或者可销售状态时，借款费用应当停止资本化。在符合资本化条件的资产达到预定可使用或者可销售状态之后所发生的借款费用，应当在发生时根据其发生额确认为费用，计入当期损益。"以资产达到预定可使用或者可销售状态作为借款费用资本化的终点，而对预定可使用状态的判断标准规定得更加详细：实体建造（包括安装）或者生产工作已经全部完成或者实质上已经完成；与设计要求、合同规定或者生产要求相符或者基本相符，即使有极个别与设计、合同或者生产要求不相符的地方，也不影响其正常使用或者销售；继续发生的资产支出金额很少或者几乎不再发生。CAS17 与 IAS23 的表述虽略有不同，但其本质是一致的。

八、关于披露

由于国际会计准则提供了两种借款费用的处理方法，即基本处理方法和备选处理方法，所以国际会计准则规定企业必须披露借款费用所采用的会计政策。而我国只有一种处理方法，因此没有要求企业披露借款费用所采用的会计政策。对于资本化的金额，国际会计准则和几乎所有已制定借款费用会计准则的国家都要求披露，因为通过这一信息可以及时了解到借款费用在固定资产中的比重，进而可以考查资金成本构成的合理性。我国企业会计准则也要求披露当期资本化的借款费用金额。对于资本化率，国际会计准则和我国企业会计准则都要求披露，因为报表使用者通过对资本化率与市场利率的比较，可以了解企业资金成本的高低，进而判断企业筹资的效率。

九、关于衔接

对于新会计准则实施前后的衔接问题，国际会计准则第 23 号提出："当采用本号准则构成了会计政策的变更时，企业应根据国际会计准则第 8 号'本期净损益、基本错误和会计政策的变更'来调整其财务报表。企业还可以根据所允许的备选处理方法，只是在本号准则生效以后，将已发生的符合资本化标准的借款费用予以资本化。"即费用化时，要追溯调整；资本化时，采用未来适用法即可。我国《企业会计准则第 38 号：首次执行企业会计准则》规定，在借款费用确认与计量上，因新旧准则之间的差异而对有关财务报表项目的影响金额在首次执行日，均不再追溯调整。首次执行日后，企业新发生的借款费用应当按照新准则的规定进行确认和计量。即如果按照原准则规定计算的、计入已完工固定资产或在建工程等资产成本的借款费用,相对于新准则的规定而言少资本化了借款费用的,不再追溯调整有关资产、损益项目。

十、结 论

综上所述,我国2006年2月颁布的《企业会计准则第17号——借款费用》,在准则框架体系、内容以及实务操作方法的应用等方面,已经与《国际会计准则第23号——借款费用》保持基本一致,达到实质趋同。同时,充分考虑我国国情,使我国的会计准则更具实用性和操作性。

参考文献:

[1]财政部.企业会计准则(2006).北京:经济科学出版社,2006.

[2]财政部.企业会计准则——应用指南.北京:中国财政经济出版社,2006.

[3]王松年.国际会计.上海:复旦大学出版社,2007.

[4]David Alexander & Simon Archer.国际会计准则指南.北京:中信出版社,2004.

[5]张学谦.国际会计准则与惯例.北京:对外经济贸易大学出版社,2004.

[6]张学谦.会计计量理论与规则.北京:人民出版社,2006.

[7]沈颖玲.国际财务报告准则——阐释与应用.上海:立信会计出版社,2007.

企业文化思路在职业院校班级文化建设中的应用

江苏省常州旅游商贸高职校　徐　芬

摘　要：班级是学生成长、学习的基本场所。班级文化建设的核心是形成共同的价值观。在新课程文化视野下，基于对班级文化的理解和对学生个性发展的思考，我们提出了本课题研究。企业文化是企业的灵魂，是推动企业发展的不竭动力。它包含着非常丰富的内容，其核心是企业的精神和价值观。这里的价值观不是泛指企业管理中的各种文化现象，而是企业或企业中的员工在从事商品生产与经营中所持有的价值观念。在研究过程中，我们针对职业院校学生的特点，具体从价值观、企业精神、企业道德、团体意识、企业形象、企业制度等几个企业文化的主要内容着手，扩大文化内涵的维度进行深入研究，把企业文化建设的基本理念和方法运用到班级文化建设之中，一定能取得很好的效果。

关键词：职业院校　班级文化　企业文化建设思路

人类学家克拉克洪说过，集团的人员所共同拥有的某种观点、感受方式、信仰方式，这便是文化。对于学校，要根据班级实际、工作个性、学校德育工作要求所进行的富有个性的班级建设内容，做好学校常规德育的方方面面的工作。要从环境文化建设、制度文化建设、活动文化建设、精神文化建设等几方面做好班级文化建设，以形成具有特色的班级工作风格，培养具有美德、眼光、创新的学生。

那么,文化到底是什么?企业文化和班级文化又是什么呢?笔者认为,广义上的文化是人类社会历史实践过程中所创造的物质财富与精神财富的总和;狭义上的文化是社会的意识形态以及与之相适应的组织机构与制度。而企业文化则是企业在生产经营实践中逐步形成的,为全体员工所认同并遵守,带有本组织特点的使命、愿景、宗旨、精神、价值观和经营理念,以及这些理念在生产经营实践、管理制度、员工行为方式与企业对外形象的体现的总和。班级文化建设更是一项复杂的系统工程,它具有多侧面、多角度、多层次的特点,它所包含的内容之广、渗透力之强是一般教育因素难以达到的。如今,它已被视为班级建设的灵魂,并日益成为推动班级不断创新发展的动力源泉。

根据企业文化的定义,不难看出,其内容是十分广泛的。但其中最主要的应包括价值观、企业精神、企业道德、团体意识、企业形象、企业制度等几个方面。如果我们从这几个方面来开展职业院校的班级文化建设,想必一定会取得很好的效果。

一、价值观

所谓价值观,是人们基于某种功利性或道义性的追求而对人们(个人、组织)本身的存在、行为和行为结果进行评价的基本观点。可以说,人生就是为了价值的追求,价值观决定着人生的追求行为。价值观不是人们在一时一事上的体现,而是在长期实践活动中形成的关于价值的观念体系。企业的价值观,是指企业职工对企业存在的意义、经营目的、经营宗旨的价值评价和为之追求的整体化、个异化的群体意识,是企业全体职工共同的价值准则。只有在共同的价值准则基础上,才能产生企业正确的价值目标。有了正确的价值目标,才会有奋力追求价值目标的行为,企业才有希望。因此,企业价值观决定着职工行为的取向,关系企业的生死存亡。只顾企业自身经济效益的价值观，就会偏离社会主义方向，不仅会损害国家和人民的利益，还会影响企业形象；只顾眼前利益的价值观，就会急功近利，搞短期行为，使企业失去后劲，导致灭亡。我国老一代的民族企业家卢作孚（民生轮船公司的创始人）提倡："个人为事业服务，事业为社会服务，个人的服务是超报酬的，事业的服务是超经济的。"从而树立起"服务社会，便利人群，开发产业，富强国家"的价值观念，这一为民为国的价值观念促进了民生公司的发展。北京西单商场的价值观念以求实为核心，即"实实在在的商品、实实在在的价格、实实在在的服务"。在经营过程中，严把商品进货关，保证商品质量；控制进货成本，提高商品附加值；提倡"需要理解的总是顾客，需要改进的总是自己"的观念，提高服务档次，促进了企业的发展。

二、企业精神

企业精神是指企业基于自身特定的性质、任务、宗旨、时代要求和发展方向，经过精心培养而形成的企业成员群体的精神风貌。

企业精神要通过企业全体职工有意识的实践活动才能体现出来，因此，它又是企业职工观念意识和进取心理的外化。

企业精神是企业文化的核心，在整个企业文化中起着支配的地位。企业精神以价值观念为基础，以价值目标为动力，对企业经营哲学、管理制度、道德风尚、团体意识和企业形象起着决定性的作用。可以说，企业精神是企业的灵魂。

企业精神通常用一些既富于哲理又简洁明快的语言予以表达，便于职工铭记在心，时刻用于激励自己；也便于对外宣传，容易在人们脑海里形成印象，从而在社会上形成个性鲜明的企业形象。如王府井百货大楼的"一团火"精神，就是用"大楼人"

的光和热去照亮、温暖每一颗心,其实质就是奉献服务;西单商场的"求实、奋进"精神,体现了以求实为核心的价值观念和真诚守信、开拓奋进的经营作风。

班级文化建设,从根本上讲也就是要培养一种班级精神。没有班级精神作指导,离开班级精神文明建设,班级环境布置再漂亮也是华而不实,班级制度再规范也是一纸空文。

三、企业道德

企业道德是指调整本企业与其他企业之间、企业与顾客之间、企业内部职工之间关系的行为规范的总和。它是从伦理关系的角度,以善与恶、公与私、荣与辱、诚实与虚伪等道德范畴为标准来评价和规范企业。

企业道德与法律规范和制度规范不同,不具有那样的强制性和约束力,但具有积极的示范效应和强烈的感染力,当被人们认可和接受后具有自我约束的力量。因此,它具有更广泛的适应性,是约束企业和职工行为的重要手段。中国老字号同仁堂药店之所以三百多年长盛不衰,在于它把中华民族优秀的传统美德融于企业的生产经营过程之中,形成了具有行业特色的职业道德,即"济世养身、精益求精、童叟无欺、一视同仁"。

四、团体意识

团体即组织,团体意识是指组织成员的集体观念。团体意识是企业内部凝聚力形成的重要心理因素。企业团体意识的形成使企业的每个职工把自己的工作和行为都看成是实现企业目标的一个组成部分,使他们对自己作为企业的成员而感到自豪,对企业的成就产生荣誉感,从而把企业看成是自己利益的共同体和归属。因此,他们就会为实现企业的目标而努力奋斗,自觉地克服与实现企业目标不一致的行为。

五、企业形象

企业形象是企业通过外部特征和经营实力表现出来的,被消费者和公众所认同的企业总体印象。由外部特征表现出来的企业的形象称表层形象,如招牌、门面、徽标、广告、商标、服饰、营业环境等,这些都给人以直观的感觉,容易形成印象;通过经营实力表现出来的形象称深层形象,它是企业内部要素的集中体现,如人员素质、生产经营能力、管理水平、资本实力、产品质量等。表层形象以深层形象为基础,没有深层形象这个基础,表层形象就是虚假的,也不能长久地保持。流通企业由于主要是经营商品和提供服务,与顾客接触较多,所以表层形象显得格外重要,但这绝不是说深层形象可以放在次要的位置。北京西单商场以"诚实待人、诚心感人、诚信送人、诚恳让人"来树立全心全意为顾客服务的企业形象,而这种服务是建立在优美的购物环境、可靠的商品质量、实实在在的价格基础上的,即以强大的物质基础和经营实力作为优质服务的保证,达到表层形象和深层形象的结合,以赢得广大顾客的信任。

六、企业制度

企业制度是在生产经营实践活动中所形成的,对人的行为带有强制性,并能保障一定权利的各种规定。从企业文化的层次结构看,企业制度属中间层次,它是精神文化的表现形式,是物质文化实现的保证。企业制度作为职工行为规范的模式,使个人的活动得以合理进行,内外人际关系得以协调,员工的共同利益受到保护,从而使企业有序地组织起来为实现企业目标而努力。

班级制度文化作为班级文化的内在机制,是维系学生正常秩序必不可少的保障机制,是班级文化建设的保障系统。班级文化组织机构的健全和完善,班级文化队伍的勤奋与能干,对正常开展班级文化活动,加强校园文化建设具有十分重要的、决定性的作用。班主任在班级管理中,按照社会学管理和教育规律,让学生主动参与一系列模拟社会组织形态的运作,最大限度地为学生提供各种交互的条件保证,使其个性得到张扬,能力和素质得以充分发展。

  总之,伴随着我国经济的不断发展,和国际交流不断加强,越来越多的企业开始认识并重视企业文化建设,把企业文化建设提升到一个战略高度。成功的企业都有成功的企业文化。职业学校的学生直接面临就业,校园文化、班级文化的企业化熏陶在日常德育教育中也就日益被重视。现代学校是以班级授课制为基本模式的,把班级作为一个特殊的社会体系来考察研究,具有促进学生社会化与个性化两大基本功能。故此可以断言,班级作为一个教育基本单位,乃是给学生进行预期社会化教育的重要载体。职业院校要是能将企业文化建设的思路引入班级文化建设,必定能培养出适应社会需要的优秀人才。

"基础会计"课堂教学中项目教学法的应用

山东省青岛财经职业学校 朱君玲

摘 要：本文通过打破传统的"教师讲授会计理论"的教学模式，依据"任务驱动"的思想，按照"从项目中来，到项目中去"的思路，通过分析设计项目来激发学生的学习兴趣，整个学习过程是一个不断的推进成功的过程，即师生互动共同实施一个完整的"项目"。通过项目任务的完成过程来带动学生思考、研究、利用资源、操作实践，进行创作，从而达到学习和掌握知识的目的。

关键词：基础会计 课堂教学 项目教学法 应用

现代教学观提出：在教学活动中，以教师为主导，以学生为主体，主张教师充当学生获得知识的"引路人"，组织学生积极参与教学过程，主动地获取知识，真正实现托尔斯泰说过的："成功的教学所必需的不是强制，而是激发学生兴趣。"在会计课课堂教学中笔者试探性地采用项目教学法，努力将知识具体化、形象化、趣味化，使学生在真实、形象、愉快的情境中激起学习兴趣，提高学习主动性，教学效果明显提高。

一、项目教学法的概念及教学模式

项目教学法在工程一体化教学中应用非常广泛，而近几年来，项目教学法所推行的实践性、自主性、发展性、综合性、开放性等特点，吸引我们在会计教学中不断探索使用该教学法。在使用中发现，中职职业教育中，项目教学法具有实际应用价值，非常适应于会计课堂教学。

项目教学法是依据"任务驱动"的思想，按照"从项目中来，到项目中去"的思路，通过分析、设计项目来激发学生的学习兴趣，整个学习过程是一个不断的推进成功的过程，即通过师生互动共同实施一个完整的"项目"。通过项目任务的完成过程来带动学生思考、研究，利用资源，操作实践，进行创作，从而达到学习和掌握知识的目的。项目教学法有利于学生掌握科学的思维方法，锻炼思维能力和判断分析能力。

项目教学模式为：提出项目问题及命题——项目基础理论导入——学生思考讨论——学生探索性实践尝试——师生研究讨论——项目结论成果展示——教师点评——自我改进完善——完成项目目标。

二、项目教学法的具体操作

（一）精心设计，提出项目任务

精心设计项目任务，是开展项目教学法的前提条件，"项目任务"的好坏直接影响教学效果，因此，"项目"的设计、编排非常关键。项目任务应围绕教材的教学大纲，紧密结合教材中每一章节的教学内容，并根据学生的特点、学校的教学资源、培养目标精心设计。项目任务应该具有可操作性，贴近学生生活实际，注重职业能力培养等。例如在学习"错账更正"一节内容时，笔者没有按照传统的教学模式讲述，而是将授课内容作了合理整合，设计了一个项目任务让同学思考：查找凭证、账簿中的错误，尝试将查出的错账类型予以归类。这时所用凭证、账簿是教师有意设计的，每套隐藏了三种错账类型。在学生动手查找、激烈讨论的过程中，教师应适时点拨，得出结论。在明确了错账类型的基础上进一步引导大家一起分析，查出错账应如何处理，进而指导学生带着问题和任务去学习，从而提高课堂效率。

（二）适时引导，分析项目要素

每一个项目中都包含着新、旧知识，学生接受项目后首先思考如何去完成项目，在完成项目的过程中会遇到哪些不能解决的问题，这些是他们想要知道的知识点，教师适时将新知识传授给他们，就调动了学生主动求知的欲望。比如在讲授"待处理财产损溢"这一账户内容时，教师设计了这样一个项目："如果出现现金长款，库存现金账户应如何登记？"接受项目任务后，学生经过讨论确定如出现现金长款首先应登记"库存现金"借方，自然引出贷方应计入"待处理财产损溢"这一账户。然后引导学生继续进行现金短款的业务处理，从而引出盘盈、盘亏的术语描述，进一步引领学生得出"待处理财产损溢"这一账户的具体结构，顺利完成财产清查结果的账务处理。在这一过程中，教师针对学生可能会产生的问题及时地引导，并寻求解决问题的方法，帮助学生解决遇到的问题。使用这种方法，学生对所学知识理解深刻，不容易混淆。

（三）互动合作，完成项目计划

实施项目计划，进行项目实践，是项目教学法的重要环节。在开展项目实践中应重视互动合作，它包括"师生协作"、"生生协作"，活动应以小组的形式展开。为了使活动顺利、有效地进行，进行合理的人员编排至关重要。分组的依据一般为：学生的学习成绩、知识结构、学习能力、性格特点、男女搭配等，其中主要的是以互补的形式为主，成绩好的与成绩差的搭配，性格内向的与外向的搭配等。在实际教学过程中，学生的互助性能很好地表现出来，碰到的工作难题可展开质疑和验证。例如，讲述账簿使用规则时，首先展示往届学生填写完成的账簿，由学生以小组为单位，边观察边梳理出账簿启用规则及账簿登记规则，进而引导学生自主登记账簿,具体的登记内容可能存在各种问题,教师边纠正边梳理出本节课重点。这一过程中,学生的主动性得到充分展现,是学生解决问题能力、实施动手能力培养的主要过程,也是学生职业能力逐步形成的重要阶段。

(四)汇报评价,体验成功快乐

项目成果的汇报,学生的自我总结,项目完成的评价,是项目教学法的最后环节,也是中心环节。具体来说,这一过程包括两大步骤:质量控制与评定及成果展示。所谓质量控制与评定,是指学生和教师对每一关键步骤进行质量监督,教师协助学生及时发现错误、认识错误的根源,进行过程性评价。比如现金日记账登记质量控制,一方面在于登记凭证数据的正确性和完整性(这一点要在登记账簿前通过审核记账凭证来控制);另一方面在于登记的规范性,将学生制作的现金日记账账簿,以学生本人自评、同学互评与教师点评等方式展开过程性的评价,检查登记的项目是否完整,书写格式是否符合规定要求,出错更正是否符合会计处理规范,月末结账通栏红线有无遗漏等环节进行工作质量控制。继而根据学生出现的错误讲解账簿登记的相关规则,制作正确的结果来对照。通过检查评估,对各组学习成绩作出全面评定,这里教师应该重视过程性评价对学生学习发展所起的影响作用。所谓成果展示:会计项目教学的成果能以凭证、账簿、报表等形式展示和保存。如错账更正完成后,使用实物投影的形式对操作准确、完整、书写规范的凭证和账簿予以展示,教师给予赏识性评价,使学生感受到成功的快乐!由此可以看出,项目结果的好坏、成功与否并不重要,关键是对学生活动过程的评价,通过活动遇到了什么问题,如何利用所学知识解决,教材要求掌握的内容得以深层次地理解和深化,将所学的知识与实际工作和生活紧密结合起来。

三、项目教学法在课堂教学中应注意的问题

（一）引导学生独立自主学习

学生学习计划的制订在实施项目教学过程初期是比较困难的，这一点很大程度上与职教学生本身的能力、长期学习习惯有关。在项目教学法实施中如何突破这一点呢？考虑学生学习能力的高低，尽量压缩要突破内容数量，便于学生理解、归纳，逐步引导学生养成自主探索的学习习惯，并可以解决传统教学中学生不知道学习内容在实际工作中有什么作用的困惑。通过解决自己设计的问题，能帮助学生明了完成工作的过程，清楚完成任务应该通晓什么知识，应该具备哪些技能，有利学生制订学习工作计划并展开实施。

（二）转变

教师要自觉从传统的知识传授向组织辅导、咨询角色转换；工作向设计策划学习过程、组织学习方式，设计、提供学习资源转变。在学生学习中更多观察、记录、监督和评估，帮助学生有针对性学习，培养学生自主学习的能力。这种转变使教师承担了更多的责任，工作更加复杂，要求更高了。学习项目的设计与引导是这一教学方法工作过程中难度最大的，需要教师去突破。

（三）注意理论讲授与实验教学的结合

"基础会计"是一门基础理论课，具有很强的应用性和操作性，与会计实际也有很大差别。如"基础会计"做业务用的都是根据题目做业务，而实践中则是根据原始凭证做业务。学生参加实习在这一环节上就会感到差异很大，甚至感到无从下手。因此，必须对"基础会计"教学进行教学改革，讲授主要经济业务时，直接让学生使用仿真会计原始凭证进行登记记账凭证，继而登记日记账、总账、明细账，编制会计报表，从而最大限度地拉近理论与实践的距离，提高中职学生的就业率。

四、项目教学法的局限性

在具体实施项目教学时,应结合会计课程特点,兼顾学生现有的理论水平和实际能力。选择的项目要小而精,才有一定的研究性。

总之,在会计教学中实施项目教学法,要合理制订项目计划,认真组织项目实施,做好检查评估,这是实施项目教学法需要特别重视的三个方面。项目教学促进学生在"做"中"学",通过"做"来贴近实际工作的项目,来加强专业课的学习,这对激发学生兴趣,使之感受工作要求,培养学生独立思考,与他人合作协调,解决学生职业能力的养成都具有十分重要的意义,同时也促使学生了解专业动向,以适应职业需求。

参考文献:

[1]陈伟清.基础会计教程,北京:高等教育出版社,2009.

[2]杨长亮.职业教育项目课程实施研究.职教论坛,2007(6).

[3]洪长礼.项目教学法的培训效果初探.扬州大学学报,1998(3).

[4]唐菊萍.项目教学中教师应把握三个要点//江苏省教育学会2006年年会论文集,2006.

[5]张皓明.职业技术教育中行动导向教学模式研究.上海:华东师范大学,2006.

浅析农村职校"双师型"教师的队伍建设

安徽省明光市职业高级中学　赵泽洲

摘　要： 中等职业教育的质量，加强中职学校师资队伍建设，提高专业教师素质，是当前推动中等职业教育又好又快发展的一项重大而紧迫的任务。目前，建设一支"双师型"教师队伍，还存在着很多认识及培养上的误区。本文从农村职高"双师型"队伍建设存在的问题出发，提出了如何有效建设"双师型"队伍的方法，阐述了相应的一些对策。

关键词： 中职教育　双师　队伍建设

温总理说"在当前形势下，不失时机地进一步加快发展中等职业教育，扩大高素质劳动者和技能型人才的培养规模，可以说是保证我国经济社会持续平稳较快发展的当务之急和一举多得的重大举措，意义十分重大"。中等职业教育面临着新的发展机遇，正站在一个新的起点上，在当前金融危机对我国经济社会带来的不利影响下，加快发展中职教育也是国家实施积极就业政策的重要内容，实现中职教育又好又快的发展呼唤着我们每一个职教人的共同努力。

我们知道，中职教育的质量提高，离不开学校办学条件的改善，教师的质量更是关键。我国在实施《中等职业学校教师素质提高计划》中，近三年共培训1.8万名中职学校骨干教师，今后两年还要继续完成1.2万名教师的培养。安徽省是一个人口大省，而中职教育担负着培养生产服务一线高素质劳动者和技能型人才的重要职责和任务，是落实科教兴国战略和人才强国战略，全面提高国民素质的技能，把我省的巨大人口压力转化为人力资源优势的重要途径。那么，在农村职校如何切实有效地以科学发展观为指导来实现职教的新发展呢？本文仅从"双师"的角度来谈谈农村职校的"双师型队伍建设"中存在的问题及对策。

一、"双师型"教师队伍建设中存在的问题

（一）双师教师标准不一，没有一个通用的界定

"双证"（教师资格证、技能等级证）即"双师"的认识，就是以教师是否持有"双证"为判断标准，从形式上强调了"双师型"教师注重实践的特点。但在职业资格证书制度还不健全、不完善的今天，资格证书与实践能力的等值性值得怀疑，以此为依据作为判断教师是否是"双师型"教师的做法在实践中将会导致教师积极投入考证行列，结果出现为拿证而拿证的现象。

"双师型"教师就是"教师+工程师"的认识，这种说法强调了"双师型"教师的教育教学能力和实践能力，但忽视了"双师型"教师与技师或工程师的区别。从工作对象看，技师或工程师面对的是物；"双师型"教师面对的是有思想、有感情的人。从在生产中的地位和作用看，技师或工程师在生产活动中占决定地位，起决定作用；"双师型"教师在生产活动中占主导地位，起主导作用。教师的外部作用必须通过学生的内部作用发挥效力。

（二）双师队伍质量参差不齐

我省职业教育大省建设规划（2008—2012年）中提出，中等职业学校专任教师学历合格率达90%以上，其中国家级重点中等职业学校达95%以上的目标，教师岗位及高、中、初级专

业技术职务结构比例符合国家和省规定的岗位设置要求；专业课教师和实习指导教师占专任教师的比例达65%左右，其中"双师型"教师达到专业课教师和实习指导教师总数的60%。而以我校（明光职高）为例，由于受地域及经济发展的制约，一部分青年教师缺乏专业实践经验和必需的专业技能，缺乏职业教育教学基本素质，文化课教师所占比例大，有实践经验的老教师偏少，"骨干教师和专业带头人"体制仍然没有形成。同时，还有一些专业课教师并没有达到双师的资格认定，尽管双师队伍数量不少，但在质量上却是参差不齐，有的是与学生同级的等级技能证书，有的已是行业的执业资格，比如注册会计师、注册心理咨询师、注册建筑师等。

（三）双师结构分散，不成体系

因为我校开设专业只有机电、电子、会计、计算机等十余个，各专业教师配备层次不一，有的专业专业课教师及实习指导教师全部达到了双师标准。比如我校的会计专业，有注册会计师、有会计师、有会计从业资格，而且全部教师都取得了计算机系统操作工的高级技能证书，而某些专业只有几个具备了资格，甚至有的专业根本没有"双师型"的教师，如园林工艺、现代物流管理和工民建等专业，因为没有专业胜任能力的教师而只好放弃开设。另外，即使在一个专业里，双师对应的专业胜任能力也因相差较大而不利于全校整体综合的需求。同时，在知识结构上某专业的双师是否能一专多能，是否符合学校长期发展的目标，还是一个亟待解决的现实问题。

（四）双师管理上存在不足

就我校来说，通过各种培训进修方式，我们的教师可以在一个不太长的时期内获得可以认定的双师条件，比如考证，比如进厂培训。然而，如果我们不从本质上对教师的专业胜任能力、创新研究能力、沟通协调能力进行研究，而只是为了达标采取的应急之举，就会造成临时"繁荣兴盛"的假象。缺乏对双师队伍的长效管理，使得管理上存在着不尽如人意的地方。我们的双师可能会在取得了认证后，舒服地享有着各种荣誉，不注重知识技能的更新，只看到眼前的现象，必然面临持续发展动力不足的问题。一旦随着经济发展的变化，我们的专业设置不能跟上市场的节奏，那我们曾经的成绩都将成为一个过去的"辉煌"。

二、"双师型"教师队伍有效建设的对策

（一）结合校情，制定一个相对稳定的双师认定标准

我校贯彻教育部《关于进一步深化中等职业教育教学改革的若干意见》（教职成〔2008〕8号），结合学校的实际情况，制定了我校双师教师的标准。

具有中等职业学校教师或高级中学教师资格，取得中学二级教师及以上专业技术职务，或从事教学工作满三年，能胜任文化课、专业课理论或实训教学工作，并具备下列条件之一者。

（1）取得国家承认的非教师系列专业技术职务任职资格。

（2）取得国家承认的执业资格证书。

（3）取得劳动保障部门或行业主管部门颁发的中级工以上或相当的技能等级证书。

（4）参加市级及以上专业技能教学竞赛获得市级二等奖（省级三等奖）及以上的；或指导学生参加市级及以上专业技能竞赛获得市级二等奖（省三等奖）及以上的。

（5）参与市级以上教育部门组织的累计不少于260学时的教师专业实践技能培训取得合格证书。

（6）通过国家组织的各类专业中、高级水平的能力考试，如计算机二级能力考试等，取得相应证书。

（7）累计有两年以上在企业生产、建设、管理和服务第一线专业实际工作经历，胜任专业实践教学工作。

(8) 主持一项专业应用技术研究，成果已被企业使用，效果良好；或主持一项校内实践教学设施建设、提升技术水平的设计安装工作，使用效果良好，在市内职业学校中居先进水平。

(9) 主持市级以上专业科研课题，并通过鉴定；或获市级以上科技进步奖；或本人科技成果获技术转让费一万元以上；或在科技开发、科技服务方面获项目经费一万元以上。

(10) 主持专业校本教材开发并在教学中使用的或参与教育部门组织专业教材的编写并正式出版发行。

（二）注重数量向质量的转化

按照教育部、财政部实施的"中等职业学校教师素质提高计划"，三年来我校已累计派出7名教师参加国家级培训。同时，还有21名教师参加省级培训。另外，包括机电、电子、计算机等专业在内的所有专业课教师都参加了地级培训；学校还制定了每年定期向校外实习基地派出专业课教师到车间培训学习的制度。这些举措不仅从数量上保证了队伍的壮大，更为重要的是强调要在质量上求提升，要求每一个参加培训学习的教师制订计划，回校汇总学习经验、相互交流，提高自身的专业能力，以及实际操作能力。通过实践操作、教师之间传、帮、带以及专业理论课与技能实训课"双肩挑"进行校本培训，以科研、生产加工、技术服务、技术开发等方式带动教师参与工程实践和科研开发，促使教师掌握专业的新技术、新工艺并运用于教学之中，促进技能教学的标准化、规范化，并鼓励一专多通，不单纯地局限在自己的专业上，积极支持教师取得跨专业的认证资格，提升综合素养与能力。

（三）调整结构由单一向塔式转化

建立有效的激励机制，激发教师的内在动力，促进教师自学自培，并积极组织教师参加国家组织的各类执业资格、专业技能等级和专业技术职务资格的培训考核。通过参加"中等职业学校教师素质提高计划",鼓励教师参加职业资格证书的认证考核,选派青年教师下企业进行实习和挂职锻炼等方法,我校双师队伍不断的更新,以老带新,逐步建立起全面的塔式的师资结构,而不是停留在某几个人某几个专业上;要从不同渠道积极引进有一定学历层次、具有丰富实践经验的工程技术人员来校任教,优化教师来源结构,使双师教师来源一点点做到多元化。

(四)建立管理动态化、长效化机制

为了避免双师静态管理可能形成的惰性,建立双师培养的考核、评职、聘任等相结合的长期机制,应实行定期聘任,择优上岗,管理由静态向动态转化,由短期向长期转化。"双师型"教师资格绝不能实行终身制,要设定有效期,并且实行年检制度,除了要建立"走出去"的定期知识更新体系;还要"请进来",完善具有职教特点的教师继续教育制度、教师到企业实践与企业专业技术人员到校任教的双向交流机制,聘请部分校外专家、专业技术人员、能工巧匠来校担任兼职教师,形成竞争机制,优胜劣汰,从而做到以外促内。积极引进相关企事业单位中有丰富实践经验和教学能力的工程技术人员来做兼职教师,他们可以给学校带来生产、科研第一线的新技术、新工艺及社会对从业人员的素质的新要求。他们在和学校教师共同进行的教学活动中,可以促进学校双师的优化。

总之,要解决好农村职高的双师队伍建设,要有长期的培养目标,要建立有效的管理体制,要从发展的角度,全校齐心合力,抓住一切机会,切实提高教师的素质和能力,努力打造出一支素质高可持续发展的双师队伍来,要创新职业学校教师继续教育制度。笔者相信有我们每一个人的不懈努力,为了我们光荣而共同的职教事业,一定能探索出一条适合我校发展的双师师资队伍建设的新路子,一定能建立一支符合现代教育理念的双师队伍。我们将为完成我省到2012年中等职业学校教师队伍建设的总体目标而努力不止!

参考文献:

[1]关于加强中等职业学校教师队伍建设的意见.教职成〔2009〕6号.

[2]安徽省职业教育大省建设规划(2008—2012年).

[3]周济.以科学发展观为指导实现中等职业教育又好又快发展.中国职业技术教育,2009.

[4]鲁昕.师资队伍建设是职业教育又好又快发展的关键.中国职业技术教育,2009(19).

生活化教学法在财务会计教学中的应用

浙江省嘉善县中等专业学校　赵永芳

摘　要：财务会计教学是中职会计教学中的一个核心，本文介绍了生活化教学在财务会计中的应用，分别从业务举例生活化，专业语言生活化、幽默化，多利用生活中现实物品，以及生活模拟演习四个方面进行介绍。生活化教学激发了学生学习的情趣，使学生积极汲取了会计知识，掌握了实际处理经济业务的能力。

关键词：生活化教学法　财务会计

财务会计课程是会计教学的主干课程，处于核心地位，其教学效果直接影响学生分析和解决实际问题的能力。会计知识是来源于实践，又服务于实践，它与实际生活联系十分密切。财务会计教学如果能注重联系实际，有意识地从学生的生活经验去引导教学，会对学生更好地理解经济业务和掌握会计基础知识起到非常好的效果。财务会计中采取生活化的教学法，第一，主要是中职学生无社会经验的实践，对企事业经济实体不了解，很难理解书上的理论与经济运行的规律。第二，目前教学中，无论是教学难易度还是教学方式，基础会计与财务会计脱轨较大。学生说基础会计还能听得懂，到了财务会计就听不明白了，这不是学生不用心学，而是财务会计知识难度确实是在基础会计上做了一个跳跃。另外，据了解，现在大部分学校在"基础会计"教学中都运用了理论联系实践的教学思想，学生对会计实践操作能力较强,但是进入"财务会计"的教学,实践性很少,大部分都是教师讲解题目,学生练习做分录、做计算等,学生往往一知半解,考试成绩不理想。财务会计知识是一门专业性很强的学科,枯燥的原理、繁杂的业务、难懂的计算,加上实践性操作又不强,这需要我们教师在教学上动点脑筋。在财务会计教学中,我用了生活化教学法,起到了良好的效果。

一、业务举例贴近学生生活

财务会计书里,除了基本概念性的知识掌握外,主要是许多经济业务例题,学生看着这些从来没有接触过或者听过的事例,就是搞不明白。心理学研究表明,当学习内容和学生熟悉的生活情境越贴近,学生自觉接纳知识的程度就越高。所以,教师要善于挖掘教学内容中的生活情境,让会计知识贴近生活,让学生感悟到会计问题的存在,引起一种学习的需要。例如坏账准备是财务会计的一个难点,以前我用了许多企业的例子来讲解,学生还是不明白。后来我就将"坏账准备"题说成了学生的生活费题。原例:某企业从 2005 年起按 0.5% 计提坏账准备,2005 年末应收账款余额 1 000 万元,学生不理解,于是变换为"甲学生月生活费从 2009 年 1 月起与家庭收入成 5% 比例,2009 年 1 月末,家里收入为 1 000 元,问甲学生应向父母要多少生活费?"学生很快地回答出了问题。我继续将原题中发生坏账转化为甲某不小心把生活费 20 元丢了,2 月末家里的收入是 2 000 元,在保证甲某口袋里的钱与家里的收入成比例的情况下,他父母应给他多少钱?3 月 5 日,甲某又将 20 元找回来了(收回坏账损失的转化)。3 月末家庭收入为 1 500 元,请问他父母应给他多少钱?还是叫甲某从口袋拿出钱?一个很难以理解的题,通过学生的生活费举例,将专业语言直接转化为生活化语言,学生不但理解得快而且记得更牢。还有许多例子都可以用学生生活化的事例来讲：如将现金折扣与商业折扣讲成了去商场买东西看到的打折销售来讲；将利润的形成与分配说成了储蓄罐题，在储蓄罐里放进今年的压岁钱（净利），你打算拿今年压岁钱的10%是买学习用品（提取盈余公积）……所以说，对于一些学生难以理解的企业经济业务内容，结合教学内容，编写接近生活、学生感兴趣的案例准备题，让学生事先分析解答，以帮助学生更好理解解答，这会大大提高课堂教学效果。

二、将专业语言生活化、风趣幽默化

会计术语很多，如果将会计术语同现实生活相联系，通过会计问题生活化，就能把会计教学中出现的复杂会计问题简单化，抽象会计问题具体化，深奥会计问题通俗化；如果能再风趣幽默一点，那更是一种乐趣教育，犹如课堂的"味精"一样；如果投放适量的话，一定会使课堂"这锅菜"其味无穷，充满活力。举例："甲企业接受乙单位投入的机器一台"，先让两个学生上台做这个题，老师要求请A同学做接受题，B同学做投资题，结果A同学做成了投资题，B同学做了投资题，老师请下面其他学生评议这个题谁做对？有没有问题？学生纷纷发表看法，然后，我在"甲企业"下划线，问："A同学，你是哪个企业的会计员？"生答："我是甲企业的会计？"我说："乙企业发生了什么业务，关你什么事？你拿甲企业的工资做乙企业的账，看来A同学立场不够坚定，吃里爬外，在革命战争年代，A同学不是叛徒就是汉奸……"该学生大笑，全班学生大笑。（当然，开玩笑要看对象，不能太随意，也绝无不尊重学生自尊心之意）在学习"资金的筹集与取得"过程时，"谁知道企业资金的是从哪里来？"学生半天没反应，师问："你的现金从何而来？"这一问，好像一盘点燃的爆竹在教室炸响。同学你一言，我一语，人人争相发言，为下面讲授新课创造了良好的课堂氛围，使学生马上投入愉快的学习活动中。在分析企业资金从哪里来时,学生分析了"投入、借入、接受捐赠"三条渠道后,我说:同学们绝对不可能去"偷"、"抢"、"骗"、"走私",对吗?全班哗然大笑,气氛相当活跃。生活化的语言,加上幽默化的点缀,对调动学生的学习积极性及启迪智慧、陶冶情操等方面是重要的。

三、多利用生活中现实物品作道具

财务会计书里的经济业务举例都是企业中的业务,而学生没有进入过企业,只能凭着想象,听教师讲企业里的经济业务是如何如何运行?讲了半天,他还是糊里糊涂,还不如利用教室里、学校里、寝室里现成的物品来举例。有一句话说的好:耳听为虚,眼见为实,让学生看着面前的物品去理解经济业务是比较简单的。如残料回收时的贷方账户,学生往往会搞不清楚,我用教室里的饮水机作解释,师问:"这个饮水机是我们班的对吗?"学生答:"对。""我们花了100元钱购买了这个饮水机,费用算在我们班头上,对吗?""对。""万一这个饮水机坏了,当废品卖了10元,归我班所有,还是其他班所有?"学生答:"当然归我班所有。"老师总结:废品的10元冲减我班饮水机的费用,师问:"我班在这个饮水机花费上最终花了多少钱?"学生答:"花了90元。"老师归纳:当初谁承担的费用,废料回收就冲减谁的费用,这一句话起到了画龙点睛的作用。又如,出租包装物题,我拿讲台上的粉笔盒出租给隔壁班作例子,引出一系列的题解,什么收取包装物押金、没收押金等疑点都可以得到解决。在讲"商业汇票"时用"借条"比喻商业汇票,把给人家打借条叫"应付票据",收到别人的借条叫"应收票据",用"借鸡下蛋卖蛋还钱"来比喻"融资租赁"。总之,通过会计问题生活化不仅做到了教学通俗易懂、易学易会之目的,而且活跃了课堂气氛,激发了学生的积极性,收到了较好的教学效果。

四、多利用生活中的模拟演习来示范

有句话说:"坐着学,不如起来行。"也就是说,实践操作比理论学习更直接,中职学生更喜欢"起来行"。他们动手能力很强,感性认识比理论认识掌握的快。在基础会计教学中有很多实践操作的资料,但进入财务会计,实践资料少,动手资料与实践演练,需要老师去创造、去开发。教师,本身就是一部活生生的教科书,一部非常生动、非常丰富、非常深刻、生活化的教科书,教师在吃透学生、吃透教材的要求下,通过一些随手拈来,贴近生活实际的举例,把教材内容转变成学生最易吸收的知识结构,将深奥、复杂、抽象的程序,变得有趣,变得通俗、简明、形象而易学。例如,在材料购入的核算教学中,材料的实际成本包括买价、运杂费、途中保险费、入库前的挑选整理费、运输途中的合理损耗、进口关税等。我上课前叫一个学生打的去买几种水果,回来后,让学生说说买进这水果的实际成本,让学生算算水果的单位成本,为什么单位成本比当初的买价高了,途中的合理损耗为什么计入成本等等问题,都迎刃而解了。学生对能看到的东西容易想象出实际经济业务的概况,比你直接用企业的经济业务讲更直观更容易理解。财务会计中的产品成本的计算是个难题,单工序倒还好,学生能理解,但是出现多道工序,学生就是搞不明白。我用了分组演习的方式,教室里的桌子分成两组,安排第一组学生为木工组,第二组为油漆组,进行模拟实战,课桌第一组做完了,搬到第二组进行油漆演示(用水),最后教师归纳总结:一次性投料的核算与逐步投料的不同之处,又结合多道工序完工率进行讲解,将一个较难的复杂的问题归纳总结,眼前生活化的模式让学生直观理解,更容易帮助记忆,快速解答题目。所以说,只要我们教师讲课时多注重学生的实际活动能力,借助他们头脑中已经积累的生活经验和会计知识,加上实际生活的会计模拟活动与演示,学生就会有一种如身临其境的感觉。这样的教学设计,不仅贴近学生的生活,符合当代学生的心理特征,使得学生把会计知识和实际生活联系得更紧密,更是留给学生一些实际工作的遐想和期盼。

教学从生活中来,到实际生活中去。会计教学是一门学以致用的学科,多利用生活中的例子、实际的情境去教学,让学生体验会计知识就在身边,学生就能自觉地运用会计知识解决生活情境中的各种实际问题,从而全面提高学生的职业素质和综合能力。其实,不仅仅是财务会计教学可以生活化教学,我们许多会计学科都可以生活化、案例化教学,笔者这里只是起到抛砖引玉的作用。

参考文献:

[1]肖满香.尝试教学法在职校财务会计教学中的体会.绍兴市职教中心,2006-10-27.

[2]陈瑞宝.浅谈"兴趣教学法"在会计教学中的应用.财务与会计导刊(实务),月刊.

[3]李志文.联系生活实际,让会计教学生活化.科技资讯,2007(17).

中职教育发展面临的问题与对策

河南省农业经济学校 赵艳丽

摘 要：随着中等职业教育规模不断地扩大，提高中等职业教育成为教育瓶颈问题。本文针对中等职业教育存在社会分层、经费不足、传统教学模式、学生消极情绪等问题，提出了"提高意识、完善资助体系、建立新的教学模式"等策略，以期我国中等职业教育健康、可持续发展。

关键词：社会分层 教育经费 中职教育 就业导向

近年来，我国中等职业教育发展已经进入快车道，招生规模迅速扩大，中等职业教育与普通高中教育基本达到1∶1比例。2009年招生人数达到860万人，这是十分可喜的成绩。但是，喜中也有忧，中等职业教育的发展事实上还存在诸多的困难和问题。这些问题不解决，势必影响中等职业教育的可持续发展，影响我国劳动力素质的提高，进而影响经济社会的发展。

一、我国中等职业教育发展过程中存在的问题

（一）社会分层制约着中等职业教育的发展

社会分层差距大，职业教育地位低，给职业教育的发展带来了极为不利的影响。中等职业学校毕业生工作一般比较辛苦，不稳定，待遇也偏低，以至于有企业发出了"10个博士好找，1个八级工难觅"的感慨。此外，人们把职业教育视为低层次的教育，认为职业教育是一种为了收集落榜于高、中考独木桥下的

"败卒"的教育,是诞生于考试制度中的畸形儿。从中等职业学校学生入学的成绩、入学意愿以及适应职业教育的情况看,状况都很不理想,这是导致中等职业教育发展缓慢、特色与优势难以形成的根本原因之一。人们普遍认为,职业院校的毕业生难以找到好工作,只能辛苦地从事回报较低的体力工作,这反映了社会对职业教育的普遍不认同。

(二)中等职业教育经费支出在各级各类教育支出中比例过低

长期以来,我国的教育经费支出存在着投资比例不合理的问题:投资整体向高等教育倾斜,而在中等教育中又向普通高中教育倾斜,导致对中等职业教育投资比例过低。从2005年全国教育经费支出来看,高等教育投入占31.57%,中等专业学校占3.22%,技工学校占0.69%,中学占30.81%,职业中学占2.84%,小学占24.14%,特殊教育学校占0.28%,幼儿园占1.24%,其他占5.21%。我国中等职业教育(包括中等专业学校、技工学校、职业中学)只占全部教育经费的6.75%(2001年占10.36%),远远低于国家对高等教育的投入比例,也远远低于国家、政府对普通中学的投入比例。

(三)学校教育沿袭传统的教育模式

现行的中等职业教育的教学方法沿袭了普通教育的教学方法,以教师在课堂上的传授为主,实际的演示和让学生自己动手摆弄的教学方法很少,教学方法太死板,使学生失去了兴趣,学生最关心的"怎么做"被放到最后,大量的时间用在对"为什么"的解释之中。课程设置不合理,无关的、重复的课程多,教材更新慢,科技含量低,技术落后,实用性差,适应市场需求的能力差,这样的职业教育不是人们愿意接受的职业教育,也不是社会需要的职业教育。衡量职业教育成功与否的标准,要以社会效益和经济效益的双重实现水平作为标准,就是要看职业教育对经济发展的贡献率之大小,看接受了这种教育的人能否比没接受的人更快的就业和更积极的创业。

（四）学生的消极情绪严重

在20世纪90年代以前，当时职业教育的龙头——中专的社会地位几乎超过今天的普通大学。而从90年代中期以后，中等职业教育发生了从地位教育到生存教育的蜕变。在人们把职业教育视为低层次的教育的同时，职校学生的心理素质发生了很大的变化，加之原有的不良习惯，学生的消极情绪低落到了极点，以至于在中职教育出现了"蝴蝶效应"。（混沌学的创始人之一爱德华·洛伦在他的演讲中提出：一只南美洲亚马孙河流域热带雨林中的蝴蝶，偶尔扇动几下翅膀，可能在两周后引起美国得克萨斯州的一场龙卷风。蝴蝶翅膀的运动，导致其自身边的空气系统发生变化，并引起微弱气流的发生，而微弱气流的产生又会引起它四周空气或其他系统产生相应的变化，由此引起连锁反应，最终导致其他系统的极大变化。）

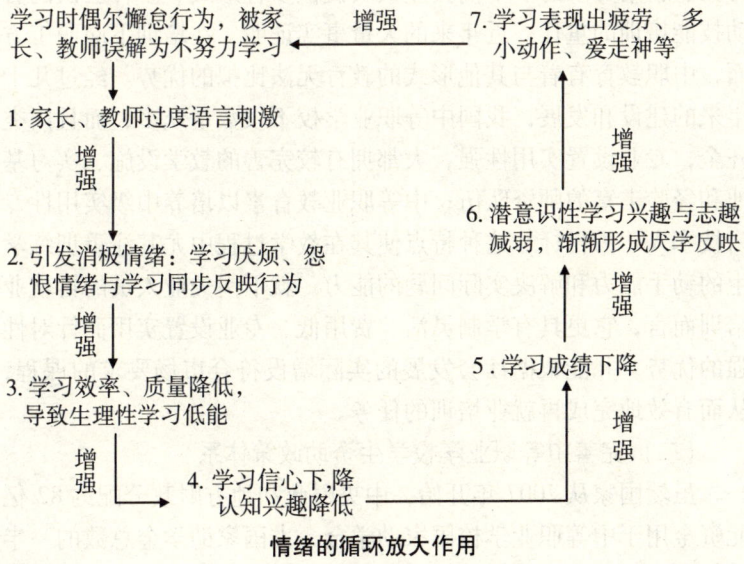

情绪的循环放大作用

二、我国中等职业教育应该采取的对策

（一）提高人们对发展中等职业教育重要性的意识

1. 中职教育对推进大农业和农民脱贫致富作用突出

我国是农业大国，70%以上的人口在农村，要实现全面小康的宏伟目标，大幅度提高农村经济效益，增加农民收入是基本前提。这就要求对整个农业和农村经济结构作战略性调整，加快传统农业向现代化农业转变的步伐，从而显著地提高农产品的科技含量。但是，没有高素质的农业劳动大军作基础，这一切都将流于空谈。因此，大力发展农村职业教育，是我国职业教育义不容辞的责任。

2. 中职教育是下岗职工实现再就业和创业的重要途径

职业教育是教育事业中与经济社会发展联系最直接、最密切的部分，担负着培养高素质劳动者和各类具有专门技能的人才，为城乡新增劳动力、下岗失业人员提供多种形式、多种层次的劳动技能培训的重任。近年来的大量事实证明，在培训下岗职工方面，中职教育有着与其他形式的教育无法比拟的优势。经过几十年来的建设和发展，我国中等职业学校不仅数量众多，而且门类齐全，专业设置实用性强，大都拥有较完善的教学设施、实习基地和经验丰富的师资队伍；中等职业教育素以培养中级实用性专门技术人才为目标，这种特点使其在教学过程中尤其注重训练学生的动手能力和解决实际问题的能力。就下岗失业人员的再就业培训而言，它更具有学制灵活、费用低、专业设置实用而针对性强的优势，并能根据社会发展的实际增设符合市场要求的课程，从而有效地完成再就业培训的任务。

（二）完善中等职业学校学生资助政策体系

虽然国家从2007年开始，中央财政和地方财政分配约82亿元资金用于中等职业学校国家助学金，占国家助学金总数的一半

以上，但与经济和社会发展的要求相比仍有较大差距，在整个教育事业中仍属薄弱环节。因此，我国应完善职业院校学生资助政策体系，逐步实行中等职业教育免费。

2009年3月，温家宝总理在十一届全国人大二次会议的政府报告中再次指出：大力发展职业教育，特别要重点支持农村中等职业教育。逐步实行中等职业教育免费，先从农村家庭经济困难学生的涉农专业做起。据中新网报道：教育部原部长周济在教育部召开的落实中职国家资助政策座谈会上表示，中等职业教育将由依靠国家助学金体系和工学结合、顶岗方式转向免费教育。

（三）建立以"就业为导向"的教学模式

1. 改变我国中等职业学校教育办学目标

在计划经济体制下的职业教育，带有强烈的计划经济色彩，招生和就业依靠国家的指令性计划，培养的学生由国家分配到正规部门。而在市场经济体制下，国家包分配的时代已过去，正规部门吸收劳动力的数量下降，如果还坚持原先的办学目标和就业观念，已经不能适应社会发展的要求，因而职业学校要改变办学目标，要了解非正规部门用人的特点，有针对性地进行培养。还要通过职业指导或职业生涯设计等手段，在充分了解就业形势和个人身心特点的基础上，教导学生改变传统的就业观念，进行创业教育。并不是到正规部门就业就是唯一的出路，到外企、私企就业或者自己创业也是实现自身价值的一条渠道，为人们的非正规就业打好思想观念上的基础。

2. 改变我国中等职业学校教育办学模式

目前我国职业学校办学模式的一个特点就是模仿普通教育的办学模式，这样的弊端是：失去了职业教育的实用性、技能性和实践性的特点；正规的学校职业教育增加了学生学习的成本，使一些没有较强经济支撑的人对职业教育望而却步；正规的职业教育的服务对象是有限的，大量的需要接受短期、非正规的技术和职业教育与培训的人得不到必要的培训,不利于提高劳动者的素质,阻碍了人们的非正规就业。如果没有一定的知识和技能,农村剩余劳动力就不能顺利地流动,城镇下岗人员就不能顺利再就业,特殊群体(如残疾人)就不能通过就业实现自食其力,但限于条件,他们又不能接受长时段的正规学校职业教育,短时间、有针对性的培训就是成本低、效益高的最好选择。因此,职业教育要改变过去的办学模式,适应市场需求,密切关注劳动力市场的变化,采用灵活的办学模式,如"校企合作,工学结合"、"半工半读"和"送教上门"等形式。这也是我国职业教育摆脱目前的困境,适应市场经济发展和劳动力市场变化的需要。

3. 改变我国中等职业学校教育教学方法

提高职业学校教育教学质量,提高毕业生的就业能力,需要改变教学方法,调整课程设置和教学内容。教师要少讲,学生要多做,在做中学,在学中练。要顺应时势,及时调查和掌握市场需求和技术信息的变化,在教学内容的安排上,注重以实用性为主兼顾系统性,压缩或取消与就业关系不大的课程,加大实用的市场经济知识和创业知识的教学,如帮助想自谋职业的劳动者,使他们掌握怎样定项目、怎样获得资金支持、怎样进入市场、怎样规避风险等。

(四)关注学生的心理健康问题

中等职业教育的作用和意义不仅表现在促进社会发展方面,更表现在促进人的发展方面,只有全面认识中等职业教育对于人的发展和社会发展这两方面的价值,并始终以人为本,才能真正实现中等职业教育的功能。

1. 学校应提供条件

配合一定的心理课程与学校专门的心理咨询措施,加强人文素养和健康心理素质培养,要紧密结合学科(专业)特点,组织教职工开展主题鲜明、形式多样的学科竞赛和文艺活动,培养学生的人文素养;针对学生实际,开设心理健康教育选修课程,发挥心理咨询室功能,及时发现和疏解学生的心理困惑,培养其健康心理素质。

2. 教师应加强心理辅导

"教师应当是心理医生"是现代教育对教师的新要求。现代教育的发展要求教师"不仅仅是人类文化的传递者,也应当是学生心理的塑造者,是学生心理健康的维护者"。作为一名教育工作者,能否以科学而有效的方法把握学生的心理,因势利导地促进各种类型学生的健康成长,将对教育工作成败有决定性的作用。笔者也是从教十余年的职业教育者,深知在教学和班主任管理学生过程中心理健康的重要性。作为职教工作者,应帮助学生克服自卑心理,消除学生的逆反情绪,提高学生的自理能力;帮助学生建立积极自信的心理状态,没有什么比成功更能增加满足的感觉,也没有什么东西比成功更能进一步鼓起追求成功的努力;帮助学生树立自尊自爱的心理状态,努力挖掘学生的"闪光点"。教师应特别注意多用几把尺子去衡量学生,力求使每一位学生各取所需,各尽所能,树立起自尊和自爱的心态,认为自己并不是一无是处,相信自己有自己的优点。

3. 家长应主动配合

家长是学生的"第一任"老师,是最了解学生的,应注意吸收父母参加心理辅导过程。有些学生的心理与行为问题与父母的教育观念和教育方式有很大关系,因此,吸收父母参与到辅导过程中来,可以有机会观察子女与父母沟通的特点,改变父母的教育观念与教养方式,从而间接促进学生心理与行为的改善。

参考文献：

[1]张万朋．对我国中等职业教育经费现状的分析及相关思考．清华大学教育研究，2010(4)．

[2]庄西真．试论我国中等职业教育的发展策略．中国职业技术教育，2009(12)．

[3]杨丽萍．我国实施免费中等职业教育制度的可行性研究．教育理论与实践，2010(2)．

[4]朱晓英．浅探中职教育发展新思路．职成教育研究，2007(3)．

[5]欧建良．中职教育滑坡的内因分析．职教论坛，2000(9)．

[6]张冬梅．关于深化中职教育改革的思考．中国冶金教育，2001(4)．

[7]王彩英．中职生常见的心理问题和处理方法．职业教育，2009(8)．

[8]金洪源．学习行为障碍的诊断与辅导．上海：上海教育出版社，2005．

对《企业会计准则第 18 号——所得税》准则的认识

内蒙古巴彦淖尔市职业技术学校　赵美玲

摘　要：所得税会计的形成和发展是所得税法规和会计准则规定相互分离的必然结果，两者分离的程度和差异的种类、数量直接影响和决定了所得税会计处理方法的改进。本文从新《企业会计准则第 18 号——所得税》的先进性出发，对所得税会计改革的关键点进行分析，并举例说明其应用，最后阐述了此项改革产生的影响及应对办法。

关键词：新会计准则　所得税　资产负债法

新的会计准则采用资产负债法替代原来的所得税会计处理方法，与国际会计准则充分协调，体现了资产负债法在我国会计准则中的应用，是我国所得税会计的重大改革，也对广大会计从业人员提出了更高的要求。

一、所得税准则的先进性

（一）采用"暂时性差异"的概念

在旧会计准则中，多以"时间性差异"替代"暂时性差异"；为了与国际惯例接轨，新准则摒弃了"时间性差异"的概念，引进了"暂时性差异"。暂时性差异，是指资产负债表内某项资产或负债的账面价值与其按照税法规定的计税基础之间的差额，该项差异在以后年度资产收回或负债清偿时，会产生应税所得或可抵扣金额。这一变化充分反映出当前会计界认识水平的提高，对包括所得税会计处理在内的企业财务会计视角已经由利润表观转变到了资产负债表观。

(二) 明确资产和负债的计税基础

新的所得税会计准则从资产和负债的定义出发，明确了资产和负债的计税基础，这是新旧所得税会计准则在基本理论上的差别。资产计税基础，是指企业收回资产账面价值过程中，计算应纳税所得额时按照税法规定可以自应税经济利益中抵扣的金额，即未来不需要缴税的资产价值。

(三) 采用资产负债表债务法

旧准则规定企业可以采用应付税款法和纳税影响会计法（包括递延法和债务法）核算所得税，这里的债务法为损益表债务法；而新准则明确废止了以前的会计核算方法，要求企业一律采用资产负债表债务法核算所得税。损益表债务法是对时间性差异进行跨期核算的会计方法。由于时间性差异产生会计收益与应税所得之差，因而损益表债务法是从损益表出发的，据以核算的所得税负债和递延所得税资产要依据税法和税率的变更进行调整，才符合资产和负债的定义；而资产负债表债务法是对暂时性差异进行跨期核算的会计方法。由于暂时性差异产生于资产和负债的账面金额与税基之差，因而资产负债表债务法是从资产负债表出发的，所以核算的递延所得税资产和负债必然更加符合资产和负债的定义。

(四) 体现谨慎性原则

新准则设定了可确认递延所得税资产的上限："企业应当以可能获得的应税所得为限，确认由可抵扣暂时性差异产生的递延所得税资产。"这避免了在债务法下如果预计未来会计利润不能大于应税所得，资产负债表中确认的递延所得税资产就是虚增资产的情况。而且，新准则规定递延所得税资产需要计提减值准备。为了与其他资产项目的会计处理保持一致,新准则要求在"每一个资产负债表日,企业应对递延所得税资产的账面价值进行复核,如果企业未来期间不可能获得足够的应税所得可供抵扣,应当减记递延所得税资产的账面价值"。

二、所得税准则对会计处理的影响

（一）会计处理方法规范统一

新准则颁布前,企业在进行所得税会计处理时,可以选择应付税款法或纳税影响会计法,这两种所得税会计处理方法都不影响本期应交所得税的计算和缴纳,差别在于企业财务报表中的"所得税"费用项目不同。作为会计报表中的费用项目,应当根据会计准则,按照权责发生制和配比原则反映企业当期创造的收益中应负担的所得税费用。但是,很多企业在实务中为了按照税法的规定核算所得税,避免复杂的纳税调整,习惯采用应付税款法,即按照税法规定计算应交所得税。

例如,某企业 2008 年全年营业收入 9 000 万元,营业成本 6 500 万元,营业税金及附加 300 万元,管理费用 800 万元,销售费用 1 500 万元,财务费用 50 万元,投资收益 10 万元,营业外收入 8 万元,营业外支出 38 万元。该企业全年计税工资 240 万元,实际发放工资 280 万元,直接对外捐赠 10 万元,业务招待费 35 万元。

解：2008 年不允许扣除的工资 = 280 - 240 = 40(万元)

2008 年不允许扣除的业务招待费 = 35 - (1 500 × 0.5% + 7 500 × 0.3%) = 5(万元)

2008 年对外直接捐赠不允许扣除 10 万元。

2008 年会计利润 = 9 000 - (6 500 + 300 + 800 + 150 + 50) + 10 + 8 - 38 = 1 180(万元)

2008 年应纳税所得额 = 1 180 + 40 + 5 + 10 = 1 235(万元)

2008年应纳所得税 = 1 235 × 25% = 308.75(万元)
会计分录
 借:所得税费用   308.75
  贷:应缴税费   308.75

以相同的数额确认所得税费用。这样计算出来的所得税费用不是依据会计利润所应该负担的本期所得税费用,而根据本期利润总额减去本期所得税费用而求得的净利润,也不是真正的可供分配的利润,不符合权责发生制和配比原则。新的所得税会计准则摒弃了应付税款法,对包括所得税会计处理在内的企业财务会计的视角已由利润表观转变到资产负债表观,要求企业一律采用资产负债法来核算递延所得税,在理论上更符合会计要素确认的要求。同时,新所得税会计准则体现了与国际惯例趋同的原则,实现了与国际通行做法的接轨。

(二)引入"计税基础"概念,明确暂时性差异确认方法

会计利润与应税所得两者对收入与费用确认和计量标准、所遵循的原则、反映的对象等不尽相同,原因是一项资产或负债的账面价值与该项资产或负债的税基可能不一致。损益表债务法用"收入/费用"观定义收益,强调从收入或费用角度分析会计利润和应税所得之间的差异,揭示的是某个会计期间内产生的此类差异或某个时期内存在的此类差异;资产负债法则是根据"资产/负债"观定义收益,强调从资产或负债的角度分析会计利润和应税所得之间的差异,揭示的是某个时点上存在的此类差异。

资产负债法要确认递延所得税资产或递延所得税负债,这就要求企业在取得资产、负债时,应当确定其计税基础,并引入"计税基础"的概念。在这种方法下,从暂时性差异出发核算递延税款,表现为一种直接性,暂时性差异与使用税率的乘积可直接得出递延所得税资产和递延所得税负债余额。在资产负债表上列示该余额能直接反映其对未来的影响,但是当期发生数要用本

期余额与上期余额的差计算得出。同时，新准则设定了递延所得税资产确认的上限，并要求企业在资产负债表日对递延所得税资产的账面价值进行复核。如果未来期间很可能无法获得足够的应纳税所得额用于抵扣递延所得税资产的利益，就应当对递延所得税资产计提减值准备。

（三）对报表项目列示和披露内容作出明确规定

损益表债务法采用"递延税款"的概念，其借方余额和贷方余额分别代表预付税款和应付税款，但在资产负债表中作为一个独立项目，以资产和负债抵销后的余额反映，就混淆了资产与负债的内涵。因为抵销后的递延税款无法完全真实地反映企业的财务状况，不利于企业对资产负债表的财务状况进行分析评价。新所得税准则从资产负债表观出发，要求企业将递延所得税资产和递延所得税负债分别作为非流动资产和非流动负债在资产负债表中列示，并且将递延所得税资产和负债与当期所得税资产和负债分开列示，所得税费用在利润表中单独反映。这样就可以清晰地反映企业的财务状况，更有利于企业的正确决策。同时，新所得税准则还对所得税会计信息披露作出了明确规定，要求企业在会计报表附注中披露与所得税有关的信息，这将为报表使用者提供更为有用的决策信息。

过去，在所得税会计处理的几种方法中，应付税款法最简单、工作量最小，而债务法最复杂、工作量最大。随着新准则的颁布实施，必然有大量的企业所得税会计处理方法从应付税款法和递延法更改为债务法，这就要求企业必须按照"企业会计准则——会计政策、会计估计变更和差错更正"的规定，重新梳理所得税费用，调整有关的报表项目。

现以资产的计税基础为例说明：某企业2004年末购入一台设备800万元，预计使用寿命20年，净残值为零，假定税法规定的折旧年限、折旧方法、净残值与会计规定相同，以直线法折旧，2008 年 12 月 31 日该企业估计该项固定资产的可收回金额为 620 万元。

2008 年 12 月 31 日该固定资产账面价值 = 800 - 800 ÷ 20 × 4 - 20 = 620（万元）

2008 年 12 月 31 日该固定资产计税基础 = 800 - 800 ÷ 20 × 4 = 640（万元）

该固定资产账面价值 620 万元与计税基础 640 万元之间产生 20 万元差额，作为可抵扣暂时性差异，产生递延所得税资产，在往来期间会减少企业的应纳税所得额和应交所得税。

三、用资产负债法进行所得税会计处理

资产负债法采用资产负债观定义收益，收益的定性和定量都要服从资产负债表中对资产、负债确认的要求。该方法用暂时性差异取代了时间性差异，并从暂时性差异产生的原因出发，分析暂时性差异的内容及对期末资产负债表的影响。

我国新制定的所得税会计准则使用了资产的计税基础、负债的计税基础和暂时性差异等概念。资产或负债的账面价值与计税基础的差额就是暂时性差异。如果存在暂时性差异就表明资产或负债将在未来期间导致所得税流入或流出企业，资产负债法要求将这一影响确认为资产或负债。根据差异对未来期间应税金额影响的不同，暂时性差异又分为应纳税暂时性差异和可抵扣暂时性差异。

如果资产的账面价值比计税基础高，或是负债的账面价值比计税基础低，就会产生应纳税暂时性差异，两者的差额作为未来期间应纳税所得额应计算交纳所得税，从而导致经济利益流出企业，要将其确认为一项递延所得税负债。如果资产的账面价值比计税基础低，或负债的账面价值比计税基础高，就会产生可抵扣暂时性差异，两者的差额可抵减未来期间应纳税所得额，表现为

支付的所得税额减少而使经济利益流入企业,要将其确认为一项递延所得税资产。

在税率变动时,企业要对递延所得税资产或递延所得税负债按新的税率进行调整。在资产负债表日,企业应当对递延所得税资产的账面价值进行复核。如果企业未来期间不可能获得足够的应税利润可供抵扣,应当减记递延所得税资产的账面价值。

下面笔者对新会计准则下所得税的账务处理举例进行说明。

例题:某上市公司2007年初存货账面余额1 000万元,未提减值。2007年末该存货账面余额500万元,进行减值测试,估计可变现1 300万元。2008年末,该存货账面余额1 400万元,估计可变现净值为1 280万元。设该上市公司利润总额分别为800万元、900万元,所得税率33%。采用资产负债表债务法核算所得税,计算各年暂时性差异及纳税所得、应交所得税、所得税费用,并做所得税费用分录。

解:2007年纳税所得:800+200=1 000(万元)

1 000×33%=330(万元)

分录:

借:所得税费用　　　　　　　　　　330

　　贷:应交税费——应交所得税　　　330

借:递延所得税资产　　　　　　　　66(200×33%)

　　贷:所得税费用　　　　　　　　　66

2008年纳税所得:900-80=820(万元)

820×33%=270.6(万元)

分录:

借:所得税费用　　　　　　　　　　270.6

　　贷:应交税费——应交所得税　　　270.6

借:所得税费用　　　　　　　　　　26.4(80×33%)

　　贷:递延所得税资产　　　　　　　26.4

四、执行新所得税准则面临的挑战

(一) 企业面临的挑战

所得税准则用资产负债法取代应付税款法等现行的所得税会计处理方法,会对上市公司和企业的财务报表数据产生影响。原来以应交税金的数额确定利润表上的所得税费用,现在要确认由于暂时性差异而产生的递延所得税资产或递延所得税负债,当税率发生变化时,还要对已确认的递延所得税资产或递延所得税负债进行重新计量。新准则的实施必然影响利润表中的所得税费用,并最终影响企业的净利润。新会计准则要求2007年1月1日起首先在上市公司范围内执行,并鼓励其他企业执行,以后逐步扩大范围,最后推广到所有的大中型企业。因此,企业必须接受新的会计准则体系,评估实行所得税准则对于企业财务报表的影响,对可供选择的会计处理方法作出决策,制定出企业自身的会计政策。企业要对有关管理人员和会计人员进行培训,熟悉和掌握新所得税准则的主要内容,确定新所得税会计与现行做法的差异,按照要求设置和调整会计科目、账务系统和财务报表编制系统。

(二) 会计人员面临的挑战

会计人员的业务水平对顺利实施所得税会计准则有着重要的影响,新所得税会计准则的理念和做法与现行会计实务有着较大的差异。笔者在东陆会计事务所进行了一个月的实践学习,发现从2007年1月1日起,只有上市公司执行了新会计准则资产负债法,其他企业仍以旧会计准则应付税款法核算所得税。虽然上市公司以资产负债法核算,但仍与理论的要求不一致,主要的原因是会计人员对新的会计准则认识不够,理解不深。会计人员面临专业技术和实务操作方面的挑战,主要体现在以下三个方面:①所得税会计处理方法从应付税款法等简单方法改为资产负法，新旧转换中企业要按照首次执行企业会计准则的规定，对资产、负债账面价值与计税基础不同形成的暂时性差异对所得税的影响进行追溯调整，并将影响金额调整留存收益。②目前我国正在进行企业所得税制度的改革，很快将会实现内资企业与外商投资企业所得税的"两税合一"，"两税合一"后所得税税率的变动也要对所得税进行调整。这些均会增加所得税会计核算的难度，提高会计处理的成本。③所得税会计准则中增加了职业判断和信息披露方面的内容，如判断递延所得税资产可确认上限、判断期末递延所得税资产减值等，都需要会计人员具有较高的业务素质和专业水平。

参考文献：

[1]刘文辉．所得税会计的重大改革．中国农业会计，2006(9)．

[2]孙丽芳，张华．新会计准则第3号规定下的所得税处理．商场现代化，2006(34)．

行为引导教学理念的研究与实践

——以河南省洛阳经济学校"315学导式"课堂教学为例探讨

河南省洛阳经济学校财经教研室　赵　梅

摘　要：行为引导教学法是在教育教学改革中出现的一种科学的教学方法。河南省洛阳经济学校以行为引导教学法理论为基础，探索性地提出了"315学导式"课堂教学模式，改变了传统的学科型课堂教学模式，把"选择适合教育的学生"转变为"适合学生的教育"。笔者就是这种教学模式的践行者，本文就这种教学模式进行研究和探讨。

关键词："315学导式"　行为引导教学法　个体差异

随着课程改革的逐步深入，传统的学科体系下建立起来的"讲授—接受"课堂教学方法在实施过程中的弊端已日益显现。探究适合现代职业教育所要求的课堂教学模式，是职业学校迫切需要解决的现实问题。河南省洛阳经济学校在不断的教学实践摸索中提出了"315学导式"课堂教学模式，实践表明，这种教学模式具有前瞻性和现代教学意义，可供地方中等职业学校借鉴与学习。

一、"315学导式"课堂教学模式的理论内涵

"315学导式"课堂教学模式是建立在自学辅导和启发式教学基础上的一种教学模式，它是指学生在教师的指导下，从学生

自学入手，以开发学生的智力和能力为目的的一种教学形式。"315"中的"3"是指"让教师导起来，让学生学起来，让课堂活起来"，这是模式的指导思想和基本原则；"1"是指"1个课堂设计"，这是模式实施的关键；"5"是指"5个教学环节"，这是模式的具体保证措施。

（一）"315学导式"课堂教学模式的理论依据

行为引导教学法也是能力本位的教学法，确切地说更是一种指导思想。正如德国职业教育学者T. tram所讲的，"行为导向是一种指导思想，培养学习者将来具备自我判断能力，懂行和负责的行为，这一途径可视为主体得以持续发展的过程，也就是说在这一过程中，他们所获得的知识和能力在实践活动中得以展现"。

行为引导教学法认为，学习是指学习者因经验而导致的个体比较持久的变化，即素质变化。在职业教育中，个体学习具有自己的特点，如成年人或具有一定经验的人只有在特定的相互关联中才能学习。学习的方式越自由，知识越有用，学习效果就越好。职业教育与普通教育相比，学习的效果更加取决于学习者本人，而不是教师。

按照行为引导教学法，现代教育应当帮助学生去获得知识，这不是强调单纯传授事实和技能，而是扩大个体的认知结构，提高反馈能力，以快速、灵活地应对外界环境的变化；学习不再是外部控制，而是一个自我控制的过程。在现代职业教育中，学习的目的是获得职业（行动）能力，包括在工作中非常重要的关键能力。行为引导教学法将认知学习过程与职业行动结合在一起，将学习者个体活动和学习过程与适合外界要求的"行动空间"结合起来，扩展学习者的行动空间，提高个体行动的"角色能力"，对创新意识和解决问题能力的发展具有极大的促进作用。

行为引导教学法的核心是有目的地扩大和改善个体活动模式,其关键是学习者的主动性和自我负责,即学习者在很大程度上对学习过程进行自我管理。

(二)"315学导式"课堂教学模式的教学内涵

河南省农业经济学校在长期的教学改革的探索过程中,不断吸收先进的教育理念,形成了与实施行为引导教学法相符合的"315学导式"课堂教学模式,即教师的教和学生的学。

教师的教关键是把教师的传授、讲解转化成"导学"——意即引导学生去学。传统教学方式下学生不愿意学,一个十分重要的原因就是教师只管讲自己的,很少发挥学生的主观能动性,课堂气氛比较沉闷,缺乏生气。久而久之,学生就逐渐产生了厌学情绪。为了上好课,让学生进入积极的学习状态,教师应当根据教学目的和授课内容,对"怎么教"进行精心的课堂设计。那么,究竟怎样引导学生去学呢?教师是关键。教师必须具有驾驭教材的能力,把握知识的重难点,精心备课,理清知识的来龙去脉和衔接点,找到突破口,一步一步引导学生从已学过的知识中提炼出新的知识来,这样就水到渠成了,学生的兴趣和求知欲自然而然就产生了,变被动为主动,由"讨"和"要"变为"求"和"取",这才是真正意义上的主体。

学生学的关键是学习方法和行为的学习。传统教学方式下学生不愿意学,除了教师教的原因之外,还在于学生不知道怎样学。学生的学主要包括:①学习方法的学习。行为引导教学法所倡导的学习方法同传统教育的学习方法不同。传统教育模式下的学习方法重点在于单纯地学习知识,教师是课堂的主体,学生是被动的客体。行为导向教学法把学生当做教学活动的主体,学习的重点已不是单纯的知识,而是学习掌握一种行为,一种能力或方法。两种学习体现在学习方法上也是不一样的。运用行为引导教学法对学生的学习方法有特定的要求。在由传统教育方式向素质教育的转换中,对学生的学习观念以及这种学习观念下形成的学习方法的改造是一项艰巨的任务。②行为的学习。行为包括学生的学习行为和思考行为,是能力的体现。在实际教学中,学生通过自己动手或一定的思考行为,学习效果会大大提高。据有关学习理论家研究证明,一个人通常的学习途径包括听觉、视觉以及自己动手实践等,而学习效果分别为:听觉20%,视觉30%,视和听50%,自己动手90%。由此可见,手脑并用的实践可获得更好的学习效果。心理学研究表明,人的行为是人的思想、情绪、情感、能力和动机的综合反映。而行为引导教学法正是从教学生"学会学习"这一目的出发,从注重"教法"转到注重"学法"上来,将学生的学习与学生的发展密切结合起来。我国古代教育学倡导的"以学为本,因学论教"的原则,早已在行为引导教学法的实践中得到验证。因为行为引导教学法正是以学生的"学"为中心,运用学生的思考和行为同其学习相结合的方法,去提高学生的学习效果的。学生在学习中采取一定的行为,不仅仅提高了学习效果,更重要的是在学习的过程中,学会了一种科学的实践行为,而这种行为是综合能力的重要体现。联合国教科文组织总干事马约尔博士在一份报告中指出:要教育学生不仅仅要学习知识,而且要"学会求知,学会做事,学会生存,学会与他人共处"。"求知"的重点不是"知",而是"求";是一种行为,一种方法。因此,学习和思考的行为也应成为行为引导教学法学习的一项重要任务。

二、"315学导式"课堂教学模式的探索与实践

(一)充分调动了教师授课的积极性,发挥了教师的引导和指导作用

教师为指导学生进行自主学习而要提前进行课堂设计。一次课有一个课堂设计,其内容包括教学内容、教学目的、教学重

点、教学难点、学法指导、教学过程、思考题、知识拓展、探究活动、学习总结等条目。课堂设计的核心是教学过程设计,教学过程设计要贴近教学目的,具体的措施是:①创设情景、引入新课;②出示目标、明确任务;③加强导学、自主学习;④交流分享、汇总归纳;⑤反馈监测、总结拓展。

通过课堂教学的改革使教师敢于采取不同的教学方式进行尝试,在课堂教学有了很大的自主权,如有的教师采取案例教学形式、角色扮演教学形式、模拟法教学形式和项目教学形式等,教师在吃透教材和了解学生接受能力的前提下,课前精心设计出符合学生实际水平的导学方案,在课堂上想方设法创设教学情境,引导和指导学生在学习过程中探索知识的发生与发展过程,使整个学习过程成为学会创造的过程。学生好比是演员,教师好比是导演。课堂教学是师生的双边活动,从学生的认知活动来说,必须动口、动手、动脑,才能学习和领会知识,在教师的引导下,才能充分发挥其主观能动性的作用。教师"导"的好,学生才能"演"的好,才能透彻理解好知识、更好地掌握知识、运用知识,才能发挥他们的潜能,探索创新能力也就相应地培养出来了。

(二)极大提高了学生学习的兴趣,激发了学生学习的主动性

为了体现"315学导式"课堂教学模式以及以学生为主体的课堂教学特色,方便学生之间的讨论和交流,把学生分成若干组。分组的原则是:一个班一般分为4至8组,每组人数以6至8人为宜,并采取适当的办法确定各个小组的成员。一个小组成员的课桌集中在一起,并摆放在教室内规定的区域。这种摆放方式,一改传统的上课坐法,方便了学生谈话,更调动了学生学习的积极性。当然,为了使这种教学模式操作规范,学校对此采取了以下措施:①组内学生分工:一个组内可设以下职务:组长、

副组长、纪律员、发言员、记录员等,所有任职要定期轮换,以便组内的所有成员都有锻炼提高的机会。②学期总成绩评定:学期总成绩=平时成绩(满分为50分)+期终考试卷面成绩(满分为50分),其中:平时成绩=个人作业分(满分为15分)+个人课堂考勤分(满分为15分)+小组得分(满分为20分,根据该小组平时的表现给分,一个小组的成员该项得分相同)。③对班、组的要求:班级是一个团队,小组也是一个团队,集体荣誉与团队之间的竞争必不可少。班级要有班名、班呼、班徽、班歌,小组要有组名、组训、誓词等,不仅要写下来,画出来,还要喊出来,并且经常喊。

这种教学模式一改传统的做法,通过教师的导学、必要的管理措施和给学生提供展示其才华的机会和平台,极大提高了学生的自信心,真正调动了其积极性,使学生不再把关注的目光紧盯在期末考试成绩上,而是更重视平时的学习和团队的力量。他们热情高涨,积极投身到学习中,学生想学、乐学和不得不学,在较为愉快的气氛下不断获取新的知识和能力。

三、"315学导式"课堂教学模式的启示

通过实践,同时不断地组织教师和学生的座谈会以及采取对不同教学班级调查问卷等方式得出:100%的教师认为这种方式有助于提高学生的学习积极性,但操作起来难度很大;30%的教师对组织学生难以驾驭;80%以上的教师在这种模式下难以完成教学任务,课堂讲的少了,需要补充的内容也少了等。100%的学生认为课堂气氛活跃了,上课睡觉人少了;87%的学生认为学习积极性、动手能力和语言表达能力提高了;但20%的学生认为上课谈话机会多,但并不是探讨学习问题,而是觉得好玩,还是不愿意学习。

当然,教学模式改革毕竟是一项非常复杂的长期工程。从

"复杂"来看，教学模式改革是牵一发而动全身的，无论是学校层面还是教师层面的较小模式改革，都要做到周密计划、全面考察。从"长期"来看，教学模式改革不可能一蹴而就，课堂中师生任何一个行为的改革都非常困难，更何况以行为导学为主导思想的根本性变革。重要的是，只要我们在努力，就一定会离目标越来越近。这对当前中等职业学校正在进行的教学模式改革实践提供了以下启示。

（一）需要学校持续不断地大力支持

校领导普遍认识到，职业教育模式到了非改不可的时候，但这种课堂教学模式改革对师资和实训条件提出了高得多的要求，将使教学设备、场地、管理等大大增加，是全面实施课堂模式的一个亟待解决的问题。当然，我们也不可能等师资和实训条件完全储备好了再进行模式的改革，而是在改革过程中来完备师资和实训条件。

学校需要加大基础设施的建设，诸如多媒体（本校已安装，马上投入使用）、实验实训室、专业培训基地等，实现"教、学、做"一体，使学生感受理论与实践的结合；学校需要对教师进行心理学知识和实践技能方面的培训。职业学校的教师大多不是师范院校毕业，心理学知识严重不足，而这正是教师所必备的知识，是教师授课的重要基础和基本前提，也是课堂教学模式改革对职业学校教师提出的更高要求；学校应该鼓励并采取措施使教师轮流深入各实验室和实习车间锻炼、深入企业搞项目、做课题或是通过企业兼职、乡镇挂职、基地锻炼、科技服务等形式有计划地派专业教师参加生产实践锻炼，使教师的实践技能进一步提高。

（二）构建以教师为主体的改革力量

在以往的教学改革中，教师并不拥有对教学改革的理解以及专业发展的权利，而是被动地接受由行政领导或是校外专家所构建的"先定的理解",而且往往这种"先定的理解"以否定教师已有的教育经验和教育现实的方式呈现到教师面前,通过"洗脑式"的培训要求教师接受。同时,研究发现,教师在理解教学改革过程中,那种"洗脑式"培训并没有什么效果,而学校领导一些脱离教师实践的解读也让教师感觉到他们是教学改革的被动接受者,有着诸多的困惑。富兰曾指出,教学改革如何得以实施,决定于教师的所思和所为。教学改革应该以教师为主体,让他们主动地投入其中并以自己的经验为基础进行新的成长,外界专家以及学校领导所起的作用只是激励和支持。只有教师才是学校教育价值的真正体现者和实践者,只有教师才是价值的主体。真正的教育价值应该从教师的实践中生发出来,而不是从外界引入。也就是说,要引导教师从自己的成功实践经验出发,提出符合教学模式价值追求的理念,并使之进一步系统化、规范化,然后重新审视自我的实践。只有经历过自身作为主体的价值构建过程,教师对教育价值才更具有拥有感,才会更积极地投入到教学改革之中。

因此,学校应提倡教师别出心裁,支持教师积极尝试,并对尝试过程中出现的错误予以包容。为此,学校需要有民主参与的文化,领导能够接纳意见,而教师也愿意提供自己的智慧;学校以及有关部门能够为教师提供心理保障,让教师在发出自己声音的时候具有安全感;学校要有一定的决策机制进行保障,而这种决策机制能够让教师参与进来,并发出有影响的声音。

(三)组织新教材的编写

教材是反映教学内容的重要工具,是实现教学目标的重要载体,是教师与学生教学活动的依据。只有教材与教学方法的有效结合,才能达到预期的教学效果。而现行教材除了内容过于科学化、过深过难不实用,没有反映职业性内容外,在内容组织与内容陈述方面也存在较大问题。绝大多数教材尚停留在直接地、静态地、单向地陈述知识的局面，因而应彻底打破这种以知识传授为主要特征的传统学科模式，大力推行以适应学生为核心的教学模式。行为引导教学法需要根据不同专业、学生的特点、授课的内容来重新编写教材，增加实践应用方面的内容等，才能解决教师教学任务完不成、课堂组织难以驾驭等问题。

（四）促进实践教学的个性化

在崇尚个性、张扬个性的当今时代，中等职业教育的实践教学应如何顺应时代的潮流，丰富实践的内涵，在有限的训练时间内，提高学生的技能素质，走实践教学个性化的道路，是目前迫切需要解决的问题。其要求把教育的重点放在培养学生个性的全面发展上，尊重学生个性，以学生的身心发展为教学的根本目标，打破呆板的教学方式，用多样化的教学方法，通过教学来促进学生主动自由发展，造就富于个性的一代新人。

为此，教师在学生学习理论和操作技能方面，需要根据学生存在"个体差异"的基础上，做好分层教学工作，如学生分层、目标分层、教学过程分层、教学评价分层等，提供给学生类似"自助餐"式的学习，如自由选择工种、自由选择内容、自由选择教师等，满足学生发展实践技能特长和个性特长的需要。这就要求学校在借鉴高等院校学分制的基础上，制定适合自己的教学模式学分制，但在实践中还有很大的难度，关于学校的基础设施和师资的配备等还需要在教学模式的改革中不断地去探索。

总之，针对职业学校学生基础知识薄弱，学习不得法，以至于厌学、弃学的现象，通过引导教学法可以有效指导学生形成正确的学习动机，引起浓厚的学习兴趣，增强学习毅力，调动非智力因素的积极性，培养学生形成良好的学习习惯，使学生由厌学、弃学到愿学、会学的过程，掌握终身学习的思维方式和能力，达到教书育人的目的。

参考文献：

[1]徐琤颖．高等职业教育实践教学体系建设研究．上海：立信会计出版社，2006．

[2]马元方，谢峰，刘毅，等．地方高师院校人才模式的研究与实践．教育研究，2008(8)．

[3]石伟平，徐周庆．以就业为导向的中等职业教育教学改革理论探索．中国职业技术教育，2008(11)．

[4]郭军明．行为导向教学法之学习方法研究．开封教育学院学报，2001(1)．

[5]兰杏芳．谈课堂教学中隐性课程的开发．中国职业技术教育，2008(19)．

[6]章振周，唐成棉．职业教育任务驱动课程模式的建构．中国职业技术教育，2008(19)．

[7]董丞明．现代教育技术培训教程．郑州：大象出版社，2008．

[8]于泽元，田慧生．让教师走上充满意义的课程改革旅程．教育研究，2008(10)．

[9]河南省洛阳经济学校"315学导式"课堂教学模式方案．

如何做好职业中专学校会计模拟实习

河北省河北商贸学校 张兴华

摘 要：会计模拟实习教学是会计教学环节中很重要的一环，但是在目前的教学过程中由于存在实习资料、实习条件、实习方法等问题，造成会计模拟实习的教学效果不佳，本文将对如何处理好这些问题作一些探讨。

关键词：中职学校 会计模拟 实习教学 方式方法

一、目前会计模拟实习教学中存在的问题

（一）会计模拟实习的教材体系不尽合理

现在职业中专学校使用的教材中普遍存在过分强调会计核算，忽视会计监督的问题。在现有会计实习教材中一般都是要求完成从凭证—账簿—报表的循环，根据原始凭证填制记账凭证，再根据记账凭证登记账簿，最后根据账簿编制会计报表，而省略了审核监督环节。这说明在教材中没有给出不合理、不合法的会计资料供学生选择鉴别，造成学生在观念上忽视对会计业务的审核工作，这样的会计人员走上工作岗位是不合格的。另外，在新会计标准下的账务处理中需要有更多会计人员的职业判断，如一项资产是否采用谨慎性原则，是否计提减值准备，但在现有的会计模拟实习中，根本没有会计职业判断的体现。

（二）会计模拟实习内容多，实习时间紧，学生不堪重负，实习效果不佳

传统的会计模拟实习往往是学生每人一套实习资料，相当于一个中型制造企业一个月的业务量，一个人充当企业的各种人员的角色，既是仓库管理员又是销售人员，既是会计又是出纳等等，给学生感觉混乱，理不清头绪，做起来也很烦琐。一个多月的实习下来，实习资料在教师辅导下算是勉强完成，但要学生对实习进行总结时，却讲不出个所以然来，企业财务是如何运作的没有一个清晰的思路，甚至有一些学生对做财务人员产生了畏惧的心理。

（三）只重视手工模拟，忽视了计算机模拟

目前，大多数企业都已全部或部分实现了会计电算化，掌握相关的会计知识和计算机知识的操作技能已经成为会计人员的基本要求。但在会计模拟实习方面，多数学校还仅仅停留在手工模拟阶段，运用计算机模拟实习的相对较少，学生工作后依然要经过长时间的适应期，才能胜任一定的会计工作。造成这一差距的原因，并非都是物质方面的，更多的是人们的意识观念问题。

（四）部分指导教师缺乏会计实际工作经验

模拟实习的指导教师由会计专业的教师或实验员担任，这些专业教师平时教学任务重，往往疲惫于教学及管理，没有时间和精力到企业真正亲临会计工作，其指导与解释缺乏实用性和权威性，他们当中部分人对具体的业务环境由于未亲身经历，在模拟实验过程中只能靠自己的知识和能力来想象，造成学生模拟实习操作和企业发生的真实业务的处理往往存在一些差距，甚至会给学生造成负面影响。

二、改进会计模拟实习教学

(一) 完善会计模拟实习教材

所选会计模拟实习资料的题型应具有代表性、全面性、合理性。在实际资料的基础上，经过综合加工整理而确定的，要考虑到经济业务的真实性、全面性、代表性和逻辑性。要对企业供、产、销各个阶段所涉及的业务进行整理，对一些业务进行有客观依据的虚构，编制出一套完整的涉及各方面经济业务的模拟实习资料。首先，在基本资料中设有少量的有问题的原始凭证，如假发票等，以解决目前模拟实习重核算、轻审核、轻监督的问题。问题原始凭证或外露或隐含，让学生自己去思考、去挖掘，以引发学生对这些问题的重视，并能及时、正确地进行有关业务的处理。其次，增加一份临时资料，以适应不同学生对知识的不同掌握程度。可以在模拟实习单位增加某一业务，如接受了审计，发现了问题，并要进行调账；准备进行一项投资，进行投资决策；企业准备融资，选择融资方式；企业改制或合并，改制或合并后出现了资产减值；企业内部管理变革，改变了会计核算方式等，让企业的非常规业务在模拟实习中有所体现。

(二) 改进实习的方式方法

改进实习的方式方法，使其成为学生容易和乐意接受的，使学生能按要求完成实习任务，达到预定的教学目标。笔者认为，采用分工式、阶段式的实习模式正好解决了这个问题。所谓分工式就是在模拟实习时，根据模拟单位的经济特点、组织结构、规模大小模拟设立不同的工作岗位，主要是与财务关系密切的部门岗位，如仓管员、销售人员、车间统计人员、出纳、统计、主管会计等等。要让学生分别担任不同的角色并能各司其职，让模拟单位运转起来，并在适当的时候对学生在模拟企业担任的岗位进行轮换，使学生体验各个岗位的工作任务、职责及其联系，最终完成会计实习。为进行分岗位会计模拟实践，应建立起相应的会计模拟实验室，将企业的机构设置整体浓缩在实验室中。同时，还要配套与企业有相关业务联系的外部机构，如企业的开户银行、运输部门、税务部门等。这样，在进行教学时，就可以根据需要进行模拟实习。例如：商品购进业务的核算，在上课时只能讲凭证如何从供货单位开出来，传到购货单位，购货单位又如何收货，办理结算，这些讲授都只能是纸上谈兵，学生听起来一知半解。如果我们把学生带到模拟实验室，分组模拟供货单位、运输单位、购货单位的业务部门、储运部门、财会部门的人员，进行收货单等有关凭证的传递，并有财会部门的出纳人员凭单到企业的开户银行办理结算。这样给学生进行操作，寓教于乐，大大活跃了教学气氛，使学生轻轻松松地学到了知识，增强了学生的感性认识。所谓的分段式就是将学生三年的会计学习根据教学进度分成若干阶段，并在不同阶段安排与之相适应的模拟实习。这样，克服了以往只等到所有课程上完才安排实习的特点，并能更好地锻炼学生的动手能力，激发学生对该学科的兴趣。

（三）在手工模拟的基础上，开展计算机模拟

会计实习计算机模拟是会计模拟实习教学发展的方向，并不是简单地在手工基础上的重复。会计实习计算机模拟可以进行仿真，包括财务科、有关企业的场景，除了会计岗位外，其他业务、银行、税务、出纳等岗位都可让计算机充当。同时，会计实习计算机模拟可以选择不同类型的企业或单位，使学生对不同单位都能适应。在有限的条件下，可以利用现有会计模拟实验室，在手工模拟核算资料的基础上，重新进行计算机模拟，从原始凭证的输入、记账凭证的编制到自动登记账簿和生成会计报表，从而让学生从计算机上体验到会计工作的乐趣，体会到会计电算化下会计人员分工协作的必要性和严肃性。

三、提高会计专业教师的素质和实际操作能力

首先,要营造一个良好的学术氛围。教师应根据不同层次的需要走出校门深入社会,进行全方位的会计实践活动,以提高自己的实际操作能力。或者根据教学需要聘请专家走进校园进行示范性讲学,以使会计专业学术气氛浓厚,提高教师的专业技术水平。其次,应经常组织专业教师进行岗位练兵及实际操作比赛。由于会计专业大多数课程都有与实践相关的技能项目,如审核票据、记账、编制报表及进行财务分析等,通过组织竞赛的方式可以推动专业课教学活动的深化,增强教学的针对性和适用性。

总之,我们在会计模拟实习教学中,要根据学校、学生本身的具体情况,通过多方面的努力,完善会计教学体系,提高会计模拟实习教学效果,为社会培养应用型的会计专业人才。

参考文献:

[1]孔菊丽. 浅谈对中职学校开展会计模拟实习的几点认识//东陆职教论坛(2006年). 昆明:云南大学出版社,2006.

[2]张丽平. 如何开展会计实训课教学. 大学时代,2006(7).

会计学科中创造性教学模式的探究

山西省太原市财政金融职业中专学校　张　新

摘　要：素质教育是以人为出发点和最终归宿的以人为本的教育。人的素质受先天因素和后天因素、后天环境的影响，教育的作用对人的素质培养起决定性的作用。学生既是遗传、环境、教育的产物，更是自身成熟发展的产物。我们不能把学生看成是"知识的容器"或是单纯的"传道、授业、解惑"的对象。在会计学科的教学中，基于"主导—主体"教学结构的创造性教学模式，必须以人为本，从尊重、平等、自由的人格出发，挖掘人的潜能，才能促进学生自主或协作发展。江泽民指出："我们必须以提高国民素质教育为根本宗旨，以培养学生的创新精神和实践能力为重点。"素质教育是以创新精神为灵魂的教育，构建为素质教育服务的新型教育模式，必须以创新精神为指导，以创新的教学模式为培养具有创新能力的人才服务。

关键词：创造性　策略　模式

全面深化素质教育，就是要以培养学生的创新意识和实践能力为重点。自20世纪90年代以来，知识经济在美国等少数西方发达国家兴起并迅速发展的实践表明：能否不断创新是知识经济最关键的问题。我国目前无论从哪方面看，都处于发展中国家的水平，要赶超国际先进水平，就需要一大批勇于开拓、勇于创新的人才。而人的创新意识和创新精神，都是由后天教育和培养的结果。因此，在实施素质教育的过程中，必须从基础抓起，努力培养学生的创新意识和创新精神,进而培养创新的能力。这样,如何培养学生的创新意识和创新精神,即如何进行创造性教学,就摆在了我们教育工作者的面前。

一、创造性教学模式的依据

帕尼斯(S. J. Parnes)创造性地将扩散性与集中性有机地结合起来,创造出一种以培养创造性解决问题的能力为目标的教学模式。该模式的基本理论依据是:每个学生都有不同程度的创造潜力,因而在教学中都能表现出创造性;而创造性集中表现在教学中的问题解决中,特别强调学生在选择或执行解决方案之前,应尽可能想出多种多样的方法,所以问题解决教学是发挥和培养创造力的有效途径。

我们知道,随着年龄的增长,人们的独立自主性得到不断的发展,而独立自主性与创造性是相关联的,创新是人的自身发展的内在需要。对于中学生来说,他们要求自己有独立自主的能力,也渴望得到独立自主的权力,而不是一味地随声附和,点头称是。同时,如今的升学与社会就业都向学生提出了相应的创新精神和创新能力的要求,这种要求又转化为学生自身发展的内在要求,这就为创造性教学提供了有利的条件。

国际学术组织罗马俱乐部的研究报告《回答未来的挑战》,提出了面向未来的创造学习的理论:要求教师带领学生走向自主创新的学习之路。他们认为学习既是获得知识又是生活的一种形式,它提倡人的首创精神和积极态度,强调对未来的预期性与参与性。教育心理学和社会心理学依据自己所研究的不同对象,得出的研究结果表明:人们在集体教育的情境及条件下,会受到他人或团体的影响,反过来又影响他人和团体,从而使团体中的每个个体不断完善自己的思想品德、知识、技能、情感、智慧和整个个性,有利于人们独立自主性的培养。所有这些,都为创造性教学模式提供了有力的理论依据。

二、实施创造性教学模式的基本途径

世界上的事情往往就是这样：解决问题需要有正确的途径和方法，而方法与途径又是多种多样、因人而异的。笔者认为，培养学生创造性思维的教学应注意以下几点：

（一）以兴趣为中心设置课程，激发创造性思维

古人云：知之者不如好之者，好之者不如乐之者。可见，求知与志趣相伴而生。兴趣是进取和创造的内驱力，如何提高学生对学科教学的兴趣是每一位教师所孜孜以求的。我认为，实施创造性目标教学模式，兴趣是激发创造性思维的关键。如何在教学中积极引发学生对会计学科的学习兴趣呢？我的做法是除了注重教学过程的艺术和技巧外，在设置课程的准备阶段就要了解学生阶段性的心理和生理状态以及课余生活中的活动兴趣中心，以制定一个切实可行、新颖而有创意的目标教学模式。过节赠贺卡是近年来中学校园里流行的时尚节拍，其热衷的程度可以说是中学生课余娱乐、交往中的一个兴趣焦点。贺卡的种类有生日卡、圣诞卡、新年卡、友谊卡等等，名目繁多，其中互赠圣诞卡是横扫校园之最时髦的流行风。我做过一项调查，校门口小卖部在圣诞节前半个月里，每天贺卡的销售量是 200~400 张，这样的贺卡销售点在校门周围有两处。一位班主任对我说，他们班同学迎圣诞节没有人不买贺卡的。高一 2 班的王同学告诉我，今年圣诞节前，她已花了 50 元钱购买圣诞卡，班里同学每人送一张，小学、初中里要好的同学每人寄一张，还要买几张送给教过她的老师。学生购买贺卡的消费行为及贺卡文化的传播所潜在的社会教育现象，给我们教育工作者带来了一系列的思索。这个问题值得做专门的研究。但我从中悟出的道理是：学生课余娱乐，交往的兴趣热点，能否引导转化为会计学科教学中的动力因素呢？为此，我

跑遍了市区几处规模较大的贺卡销售点,将比较有代表性的各类形式的贺卡买回来一大沓,每种贺卡的单位进价成本、费用以及销售价格等逐一列示出来,经过短促的酝酿,一堂以"启迪思维,引导消费,提高学生参与、思考、动手操作能力,培养创造力"为教学目标的教学活动计划在我的脑海里形成雏形。

(二)改变教学方式,营造创新氛围

众所周知,教育是一种社会现象,是一种培养人的活动。会计,作为一门管理学科,有其独特的要求。在会计学科教学中,培养学生的创新意识,首先要尊重学生的主体地位,创造民主平等的气氛,鼓励学生自由探索、标新立异。"思维是从惊讶和问题开始的"(亚里士多德),学生的探究过程往往来自于对某个问题的兴趣和好奇心,而兴趣和好奇心又往往来自于教师创设的问题情境。民主、和谐的教学气氛是当今素质教育的要求,因此,营造一个宽松、和谐、民主、生动活泼的学习知识和思考问题的环境与氛围,就为学生提供了适宜发展的条件和环境,这既是学习知识的必须,也是培养学生创新意识的重要前提之一。

例如在讲"会计凭证的审核"这一课时,通过实际生活中的许许多多实例,首先让学生大胆想象,而后让学生自己进行审核和处理,最后告诉学生在生活中碰到这类事情时应如何正确处理,同时也要适时地将职业道德的理念贯穿进去,帮助学生树立正确的职业道德观。在整个教学过程中,对于教师来说,只是起一个导向与激励的作用。教师应该强调学生在学习中的主体地位,让他们敢于做冠军梦,敢于发现、创造。同时,教师还要善于从学生微弱的思维火花中,发现创造的苗头与价值。我们知道,创造是需要灵感的,而灵感是知识、经验、追求和思索综合在一起升华后的产物,它往往是由某一外界因素诱发而产生,又往往以较为微弱的一闪念的形式出现。在"会计凭证的审核"这一课,学生对实际生活中的许许多多实例的分析过程中,可能有许许多多的意念一闪而过。教师就要善于捕捉这一点，并加以肯定，使之光大，帮助他们设计、编排，这样，就能得到许多意想不到的收获。而学生在这一宽松、和谐、民主、生动活泼的师生情感交流中，就能在学到知识的同时，充分发挥出创造思维的能力。

(三) 教学形式和手段要刻意求新，促进多维流畅的思维

现代教学论认为，一个完整的课程设计必须包括教学目标、教学内容、教学形式与手段及教学评估四个要素。"编制会计报表"一课的教学核心目标是综合应用，培养创造力。笔者认为，达成核心目标的前提是教学形式和手段要有利于促进学生多维流畅的创造性思维，使学生的头脑在课堂教学中随时处于一种兴奋活跃的状态。按传统的常规教学模式，这种技能型的课堂教学先是通过教师演示，后讲解操作技巧，再让学生照着课本说明或按教师演示的步骤练习操作。这种教师权威论的教学模式将会使组织教学秩序井然，学生安分守己。最后完成的作业也将会非常迅速整齐，但依样画葫芦的结果是全体学生的操作水平皆出于一个标准模式，缺乏综合运用能力和创造性。显然，这种教学模式不是教学所追求的，要培养学生的综合运用能力和创造性，必须扬弃以模仿为基础的传统教育模式，突破课堂教学中的单向思维定势，促进逆向思维和发散性思维的撞击，开发创造力。

为寻求一个新颖的角度，这节课我采用了逆向思维导入法。首先，我出具教具实物——各种账簿，有总账、明细账、日记账，让学生观看，在认知领域提高学生的观察能力，并同时引领学生回想这些账簿的登记方法和登记过程。当学生对这些账簿的登记娓娓道来、激情有余时，我提出了一个问题：请每一个同学认真思考：企业、单位的领导要了解企业的财务状况和经营成果，一本本翻阅账簿可行吗？有什么可行的方法吗？学生在回忆过后都陷入了对问题的冷思考。一些学生小声嘟哝着，登记完账

簿就行了，领导不会翻账簿吧！一个学生脑筋急转弯后，第一个勇敢地回答："老师，翻账簿了解企业单位的财务状况和经营成果太麻烦了，应该采用一种简便的方法。"好！我立即对这个学生的"发现"给予了肯定和赞同，并用鼓励的目光促使更多的学生参与发言。"老师，领导肯定不会翻账簿的！""能不能把账簿中的内容摘录出来呢？""用一张纸将领导需要了解的内容写出来"……

逆向思维导入法，使学生的思维机器迅速启动，并进入发散性状态，学生争着发表自己的不同看法。诱发课堂教学中学生学习的自主性和积极性是教学过程的"催化剂"，我抓住契机因势利导：会计报表就是通过一张纸将账簿中记录的企业单位的财务状况和经营成果反映出来，利于领导的了解、分析和管理，同时也利于企业单位的主管机关，如：银行、税务、审计等部门了解和掌握其财务状况和经营成果。一张纸虽小却能反映出企业单位的全貌，那么学生在实际生活中遇到各种各样的问题，只要肯动脑筋肯下工夫，相信一切问题都会迎刃而解的！学生对我的开导似有省悟和感触，纷纷发表自己的看法。之后我进行了本节课的教学内容，如何编制会计报表。

（四）善于运用舞台，使学生学有成就感

会计学科的教学应该尽量为学生创设实现自我价值，证明自我能力的舞台。在讲"编制会计报表"一课时我组织学生踊跃参加，认真准备，将编制好的会计报表送给我，这样可以通过收集学生编制的报表了解其对本节课的掌握程度，同时对收集过来的优秀作品在全校学生内予以展示，充分肯定，提出部分作品的不成功之处，通过训练、比赛、交流、总结、成功、失败，就会开阔视野、丰富知识、磨炼意志、总结经验、提高能力。

（五）丰富学生想象，培养学生敢于质疑的精神，从而培养学生创新思维

想象力是创造力的基础，善于想象才善于创造。因此，注重学生想象力的培养，已成为世界先进教育思想的重要内容和目标。有关研究证明：创造性地解决问题是集中思维和创新思维的结合，与个体的创新思维能力的关系更为密切。在进行科学教学中，力求引导学生做到：多尝试、多例证、多联系实际，鼓励他们独立思考、大胆质疑，给他们广阔的想象空间，引导他们从多角度看问题，养成求异和创新的思维习惯，努力把他们培养成敢于探索、敢于创新、善于思考的综合素质良好的创造型人才。

"提出一个问题往往比解决一个问题更重要。因为解决问题也许只是一个教学上或实验上的技能而已。而提出新问题、从新的角度看问题更需要创造性的想象力。"（爱因斯坦）因此，教师要有意识设疑，使学生因"疑"生奇，因"疑"生趣，去积极探究。在教学时，我们应重视学生的学法研究，以更大的宽容心和更热忱的鼓励精神去引发学生的学习活动，培养学生的创新精神。质疑问难是创造的种子，"疑"是经过深入思考、主动探究而产生的。在"会计凭证的审核"、"编制会计报表"的教学过程中，要注重给学生发表独立见解的机会，鼓励他们提出问题，激发他们学习的欲望，点燃他们探究的火花。

在职业学校中，学生基础差，底子薄，厌学贪玩，兴趣不高，传统的灌输式教学模式使他们更觉乏味，因此，倘若能根据职校特点，大胆尝试创造性教学模式，既提高了学生学习的兴趣，又培养了学生的创造性思维，在教改这条大道上一定会开辟出一片新天地！

参考文献：

[1] 邵瑞珍. 教育心理学. 上海：上海教育出版社，1997.
[2]〔英〕弗里德利希·冯·哈耶克. 自由秩序原理. 邓正来，译. 上海：三联书店，1997.

如何在实训中培养合格的出纳员

广西桂林市财贸中专学校 张松献

摘 要：中等职业教育是我国高中阶段教育的重要组成部分，担负着培养数以亿计的高素质劳动者的重要任务，是我国经济社会发展的重要基础，而中等职业学校会计专业教学的目标和任务就是要培养初级财会实务人员，满足中小企业对财会人才的需要。当前，会计专业的岗位群主要有：会计岗位、出纳岗位、收银员岗位和统计员岗位，在这一岗位群中，又主要以后三者为市场所需，它们均是财务工作的基础工作，是每一位从事会计工作的人员基本需要熟悉、经历的重要岗位。本文主要结合就业市场所需，仅对专业岗位群中的出纳员的培养谈了一些看法，对如何培养合格的出纳人员，从出纳工作的性质及这一岗位的特点和相关职责，并针对出纳人员须具备的基础知识及基本技能进行了阐述。

关键词：实训 培养 合格 出纳员

教育部在《面向二十一世纪职业教育教学改革的原则意见》中明确提出："职业教育要培养同二十一世纪我国社会主义现代化建设要求相适应的，具有综合职业能力和全面素质的，直接在生产、服务、技术和管理第一线工作的应用型人才。"而作为直接培养职业人才的职业学校，必然要确立以能力为本位的教学指导思想，在专业设置、课程开发以及专业教学方面必须要以社会和市场经济需求为导向，从劳动力市场分析和职业岗位分析着手,科学合理地进行岗位技能教育。诚然,中等职业教育是我国高中阶段教育的重要组成部分,担负着培养数以亿计的高素质劳动者的重要任务,是我国经济社会发展的重要基础,而中等职业学校会计专业教学的目标和任务就是要培养初级财会实务人员,满足中小企业对财会人才的需要。当前,会计专业的岗位群主要有:会计岗位、出纳岗位、收银员岗位和统计员岗位,在这一岗位群中,又主要以后三者为市场所需,它们均是财务工作的基础工作,是每一位从事会计工作的人员基本需要熟悉、经历的重要岗位。笔者结合就业市场所需,仅对专业岗位群中的出纳员的培养谈谈自己的看法。而想培养合格的出纳人员,必然要先了解出纳工作的性质,了解这一岗位的特点及相关职责,从而针对出纳人员必须具备的基础知识及基本技能进行培养。

一、出纳的特性

出纳工作是企事业等单位的票据和货币资金等的收付、保管、核算工作的总称。而出纳人员,则是担任此工作的人员。出纳作为财务部门的重要岗位,既具有特定的技能,又有其作为其中专门岗位的特性。

(一)政策性强

作为单位的出纳,其担负着整个单位的货币资金的收付、存取及核算等多项工作,每天都涉及与货币资金相关的各项业务,同时,与各种各样不同的对象发生业务往来,因而,必须熟知国家及各行业对这一岗位的相关规定,如"会计法"、"支付结算制度"、"票据法"等,理解并熟练掌握。只有这样,才能保证出纳工作的原则性和规范性。

(二)专业性强

作为出纳岗位的人员,必须掌握专门的操作技能和熟知相关的工作规则。比如:点钞技术、珠算的基本运用、假币的识别、与银行的业务往来、填制相关凭证等这些最基本的业务素质。同时，这些相关技能都有不同级别的鉴定，鉴定证书的级别可以在一定程度上证明出纳员的专业技能水平，因此，一定要尽量去努力获取，提升这一岗位的技能、理论水平。

（三）时间性强

出纳员主要负责单位的货币资金，货币资金的最大特点就是流动性快，所以要求出纳工作要及时、准确地进行货币资金的收付、核算，不得延误，且需随时提供货币资金核算的会计信息，满足单位临时及专项需要，保证货币资金的安全。

（四）账实兼管

一般出纳在保管现金的同时，还要负责与银行办理结算、收付现金及登记相关的明细账。这就要求出纳必须具备一些会计专业的基础知识及相关的会计法规。

二、出纳岗位的职责和权限

作为实行独立核算并在银行开户的企业单位，都应配有专职或兼职的出纳人员，对单位的货币资金进行专项管理。为便于管理，必然会赋予出纳一定的职责和权限。

（一）出纳岗位的主要职责

1. 收付职责

企业单位的经营活动必然会涉及各种货币资金的收付、往来款项的收付、银行结算等。而这些收付业务又必须通过出纳工作来完成，因此，收付职责是出纳岗位的最基本职责。

2. 反映职责

出纳工作作为提供会计数据的岗位，必须通过账务的记录、计算提供企业单位货币资金的收付、结算等相关的会计信息，以满足经营管理者进行有效决策的需要。

3. 监督职责

出纳工作在进行会计核算的同时，必须发挥监督职责。在为企业单位经营管理提供完整、系统的经济管理信息的同时，还要对货币资金收付业务的合理性、合法性和有效性等进行全过程的监督。

4. 管理职责

对货币资金、银行存款和各种票据进行日常管理，参与企业单位货币资金计划的制度、筹资和资金运用的分析、研究等。

（二）出纳岗位的一般权限

第一，按照有关法规，办理各项货币资金的收支结算，维护财经纪律，执行财会制度，抵制不合法的收支和弄虚作假的行为。

第二，根据会计制度，正确及时地进行货币资金的核算，行使管好、用好货币资金的权利。

第三，保管好库存现金、结算所用印鉴、空白票据，积极参与货币资金的管理工作。

三、出纳所必须具备的基本技能

（一）书写技能

出纳人员所填制的会计凭证、登记的账簿及填写的其他会计相关报告，是载明经济业务、明确经济责任并具有法律效力的书面证明，是提供财务信息、收付款项的直接依据。因此，必须根据财政部制定并颁布的《会计基础工作规范》的要求，做到清楚、工整。如阿拉伯数字的规范书写、汉字大写数字一律用正楷或行书书写等。

（二）点钞技能

现金的收入、付出，工作的正确性、工作质量都是一项基本功，是业务素质之一。点钞的主要方法有手工点钞和机器点钞。

(三)计算技能

计算技能包括珠算等级鉴定、计算器的使用和电脑的熟练运用等。

(四)识别假钞技能

必须掌握识别假币的基本技能,包括纸张识别、水印识别、凹印技术识别、荧光识别和安全线识别等方法。在工作中,如遇小额假币,应立即通知或送交就近银行,由银行开具没收收据,予以没收处理;如为大额货币,应报警处理。

四、出纳账务处理的基本技能

(一)会计凭证的填写与复核

企业里各式各样的凭证,是出纳记账的依据,又是办理各项经济事项、收付货币资金的依据。

1. 原始凭证的填写与复核

(1)普通发票:商业零售发票、餐费、订阅报纸杂志费、广告费等。

(2)差旅费报销单:该报销单为单位自制原始凭证。在实际工作中,由于所附原始凭证数量、种类较多,一般需要加以整理、粘贴。为便于装订、保管,对所附凭证要进行必要的外形加工,以便今后翻阅及保持内容完整。

(3)现金交款单。为保证企业单位现金的安全,国家规定由其开户银行根据实际需要和距离银行远近等情况给企业单位核定每天的库存现金限额。当企业单位收取现金超出库存现金限额时,必须规定于当日送存银行。现金交款单是出纳员经常填写的原始凭证,因此,在填写时必须注意以下几点:

第一,必须如实填写有关内容,特别是款项的来源。

第二,交款日期应当填写送存银行当日的日期。

第三,券面的明细张数和金额必须与各券别的实际数一致。

第四,在填写"现金交款单"时,必须采用双面复写纸,字迹要清楚、规范,不得涂改。

(4)转账支票。在填写转账支票时,应按有关规定认真填写支票中的有关栏目。如转账支票需填写的内容:收款人和开户行名称、支票号码、签发日期、签发人账号、大小写金额、用途等项目。填写时要规范、工整。签发支票应使用墨汁或碳素墨水填写,未按规定填写,被涂改冒领的,由签发人负责。支票的大小写金额和收款人不得涂改。其他内容如有更改,必须由签发人加盖预留银行印鉴予以证明。

2. 记账凭证的填写与复核

(1)收款凭证。收款凭证是用来反映现金和银行存款收入的记账凭证,是根据现金和银行存款收款的原始凭证编制的。收款凭证一般按照现金和银行存款分别编制,即分为现金收款凭证和银行存款收款凭证。在实务中,出纳员根据审核批准的收款凭证,作为记录收入的依据,同时,在完成收款的凭证上加盖"收讫"戳记,以免出错。

(2)付款凭证。付款凭证是用来反映现金和银行存款支出业务的记账凭证,是根据支出业务的原始凭证填制而成的。付款凭证一般也按照现金和银行存款分别编制,出纳员应根据审核批准的付款凭证,作为记录付款的依据,在完成付款后,要在凭证上加盖"付讫"戳记,以免重付。

(二)日记账的登记方法

日记账是一种序时账,是指按照经济业务发生的先后顺序逐日逐笔连续进行登记的账簿,分为"普通日记账"和"特殊日记账"。在出纳工作中应用的日记账,属于特种日记账,还有专门反映现金收付业务的"现金日记账",专门记录银行存款业务的"银行存款日记账"。

1. 日记账的启用与交接

出纳日记账是各单位重要的会计档案。为了保证账簿使用的合法性和账簿记录的正确性、完整性，明确经济责任，在启用出纳日记账时，必须在账簿的扉页上填写"账簿启用和经管人员一览表"，详细记录登记启用的日期、账簿页数、记账人员和会计主管人员的姓名等，并加盖单位出纳专用章和个人名章，以明确经济责任。出纳员调动工作时，应按规定办理移交手续，并在"账簿启用和经管人员一览表"上注明移交和接管的日期，由交接双方和监交人员签名盖章。

2. 日记账的登记

《会计基础盖章规范》中规定，出纳日记账必须采用订本式账簿，不能用银行对账单或其他方法代替日记账。登记时应注意：

（1）根据负荷无误的收、付款记账凭证记账。

（2）登记时，应将收、付款记账凭证的日期、编号、业务内容摘要、金额和其他有关资料逐项计入账内，做到数字准确，摘要清楚，登记及时，字迹工整。登记完毕后，要在记账凭证上签名或盖章，并注明已经登账的标识符号，表示已经登记入账。

（3）逐笔、序时登记。为及时掌握现金和银行存款的收、付及结存情况，必须做到当日账务当日记录，并于当日结出余额。

（4）要做到日清月结。现金日记账和银行日记账必须逐日结出余额，每月月末必须按规定结账。

3. 日记账的对账

对账一般是定期进行的，根据实际需要，也可以在日常工作中随时进行。主要从以下几个方面入手：

（1）账证核对：将出纳日记账中的记录与据以登记入账的收、付款核对。这种核对主要是将凭证与账簿记录的内容、数量、金额和会计科目等相互核对，以保证二者相符。

(2) 账账核对：将现金日记账和银行日记账的发生额和期末余额与现金总账和银行总账的发生额、期末余额相互核对。

(3) 账实核对。每天工作结束后，现金日记账的账面余额与实际库存现金相符；月终，银行日记账账面余额与开户行对账单核对，并编制"银行存款余额调节表"与银行账目核对相符。

(4) 账表相符。出纳日记账的余额要定期与会计期间的相关会计报表相符，如资产负债表、现金流量表等核对。

4. 错账查找

出纳工作是一项细致特殊的工作，百密一疏，实际工作中难免会出错。一旦出现错误，即可核查账簿记录，检查容易出错的环节，重点查找范围，主要方法有顺查法、逆查法等。

五、具体培训方案及相关措施

针对上述所说的出纳的特性、权限、职责以及应掌握的基本技能和账务基本技能，作为职业学校，如何进行培养，保证学校培养出来的学生真正具备合格的出纳所具备的基本素质，笔者认为需从以下几方面进行：

（一）合理、科学的教学计划

作为培养出纳的学校，首先必须制订一套行之有效的专业教学计划。因为出纳仅为会计专业岗位群里的其中一个就业方向，学校在制订教学实施方案时，应该在教学时间安排上加以重视。时间一般安排在新生入学第一个学期，专业理论课时与实训课时最好能保证1:1的比例，适当情况可以加大实训的课时比重。

（二）教师安排

为了保证培养出合格的出纳，必须安排专业技能较强、认真负责且最好具有一定的专业实践经验的专业教师进行教学，根据该岗位所需具备技能制定严格的教学进度。同时，对于从事该专业教学的教师，尽量保证每年都能安排到企业进行专业对口实习,使日常的理论教学更能与实践工作相结合,传授的知识才更具备实际工作的操作需要。

(三)专业实训设备

专业实训设备包括:教学所需的算盘,需保证每生一个;计算器保证在教学时一人一个;实训室中应保证教学所需的一定数量的验钞机、捆钞机;教学实训班级最好能保证2~3人一台收银机;专用的出纳岗位实训室;会计软件、会计模拟岗位实训室等。

(四)专业技能鉴定

对于该专业的所有学生,学校要求都必须参加该岗位所必须拥有的专业技能鉴定,获取该专业的岗位从业资格证书,一般需要获取珠算等级证、电算化合格证和会计从业资格证等。

六、教学、管理中应注意的事项

第一,教学计划中,一定要重视出纳职业道德教育的教学,在教学学时上切忌仅为应付检查而形同虚设,要落到实处,让学生切实认识到职业道德教育在工作岗位中的重要性。作为专业教师,在平时的教学中要将职业道德的相关理念贯穿于平时的专业教学中。只有这样,才能使学生真正理解只有扎实专业技能知识是不完善的,还必须有职业道德做引导,才不至于在工作中迷失方向。

第二,做好就业指导和就业安排。学生来学校学习的目的很明确,学生家长送子女到职业学校学习的目的也很明确,就是要学有所用,能掌握一技之长,能对口就业。就业指导可以培养学生对未来的信心,而良好的就业单位和就业率,可以促进本专业学生学习的兴趣,促进学校的教学改革,提高专业教学质量。所以,学校不能仅仅关心学生的毕业率,还必须把学生的就业率及提高学历层次的升学率作为教学最终的导向。

第三,实训教学是整个专业教学的重中之重。出纳、会计是文科性质专业岗位,不像工科类专业学生,就业可以规模输送,因而,在教学实训设备上有相当部分学校是不重视、不愿意投入的。学生仅有实训安排而没有亲自进行实际操作,就无法保证技能教学的质量,影响学生对学习的信心,同时也会影响学校的声誉。所以,必须要根据专业及学生数量安排实训设备,保证实训教学的正常需要。

第四,出纳岗位在政策性、专业性、纪律性等方面具有很强的严肃性,学校、教师、班主任等应尽可能地营造一个良好的专业环境,使学生能在专业浓厚的氛围中更好地学习。环境育人的道理,已是一个老生常谈的教育理念。

总之,职业学校只有本着以生为本,以就业为导向,以专业技能培养为教学核心,不断的根据就业市场对出纳人员素质的要求进行培养,才会培养出适应社会需要的合格的出纳员。

参考文献:

[1] 张玉森,陈传清. 基础会计. 北京:高等教育出版社, 2008.

[2] 人力资源和社会保障部教材办公室. 财经法规与职业道德. 北京:中国劳动社会保障出版社, 2009.

可供出售金融资产的会计处理方法

广西壮族自治区广西物资学校 张丽珍

摘 要：新准则颁布并在上市公司实施后，如何准确理解新准则的精神，正确处理相关的会计业务就成为财会人员的头等大事。本文从《企业会计准则讲解》中的相关内容入手，根据自己的学习心得和实务操作的体会，详细介绍了可供出售金融资产的计量、减值和会计处理方法，并试图进一步分析和总结，供大家分享并指教。

关键词：可供出售金融资产 计量 减值 会计处理

《新会计准则》于2007年1月1日起在上市公司实施，同时成为其他企业会计业务处理的标杆。但新准则与旧准则相比，发生了很大的变化，可以说很多地方颠覆了传统的会计观念；并且，由于社会经济的快速发展，各种新型的经济活动在不断涌现，财政部的《企业会计准则讲解》也未能涵盖所有的经济活动。所有这一切，都对会计人员提出了很大的挑战，因此准确理解新准则的精神，正确处理相关的会计业务就成为财会人员的头等大事。

细读新准则，不难发现《新会计准则》对资产的分类更加具体，突出表现在对金融资产的规定上。对于金融资产的确认，企业应结合自身业务特点、投资策略和风险管理要求，将取得的金融资产在初始确认时划分为四类。其中可供出售金融资产由于会计处理的复杂性，使其在实务操作中需要较多的技巧，这在其后续计量和减值会计处理上表现得更加突出,从而使可供出售金融资产计量及会计处理方法成为难点之一。笔者从《企业会计准则讲解》中的相关内容入手,根据自己的学习心得和实务操作的体会,试图进一步分析和总结,供大家分享并指教。

一、可供出售金融资产的概念

根据《企业会计准则第 22 号——金融工具确认和计量》中第十八条对可供出售金融资产的定义,在实务操作中,我们可以从两个方面来把握可供出售金融资产:第一个方面:根据管理者的意图即被指定为可供出售的非衍生金融资产;第二个方面:除下列各类资产以外的金融资产:①贷款和应收款项;②持有至到期投资;③以公允价值计量且其变动计入当期损益的金融资产。

例如,购买三年期的国债,存在活跃的交易市场。分三种情况:①如果打算立即出售,则划分为以公允价值计量且其变动计入当期损益的金融资产;②如果打算三年后到期时再出售,应划分为持有至到期投资;③如果持有意图不是很明确,则应划分为可供出售金融资产。可以说,金融资产的划分体现了管理者的意图和管理的需要,因此,当企业管理者持有金融资产的目的不明确时,即既不想将金融资产短期出售,也不想持有至到期时,就可以将其划分为可供出售金融资产。

二、可供出售金融资产的计量

(一) 初始计量

第一,可供出售金融资产按公允价值进行初始计量,交易费用计入初始确认金额。对于交易费用的处理,从可供出售金融资产的内容和形式上来看,要区分股票投资和债券投资两种情况。

如果是股票投资,则与公允价值一起记入"可供出售金融资产——成本"科目;如果是债券投资,由于"可供出售金融资产——成本"科目按照面值计量,所以交易费用应记入"可供出售金融资产——利息调整"科目,均构成金融资产的初始确认金额。

第二,企业取得可供出售金融资产所支付的价款中包含已宣告但尚未发放的现金股利或已到付息期但尚未领取的债券利息——应当单独确认为应收项目(应收股利或应收利息)。

(二)后续计量

第一,可供出售金融资产持有期间取得的利息或现金股利,应当确认为投资收益。该利息或现金股利,并不包括购买价款中包含的已宣告但尚未发放的现金股利或已到付息期但尚未领取的债券利息。

第二,资产负债表日,可供出售金融资产应当以公允价值进行后续计量,公允价值变动计入所有者权益(资本公积——其他资本公积)。

第三,出售(终止确认)时,售价和账面价值的差额计入投资收益;同时,将"资本公积——其他资本公积"转出,计入当期损益。

可供出售金融资产是外币货币性金融资产,其形成的汇兑差额计入当期损益。

采用实际利率法计算的可供出售金融资产的利息,应计入当期损益。

三、可供出售金融资产的会计处理

(一)企业取得金融资产

1. 企业取得的可供出售金融资产为股票投资的

借:可供出售金融资产——成本(公允价值与交易费用之和)

应收股利(支付的价款中包含的已宣告但尚未发放的现金股

利)

  贷：银行存款等（实际支付的金额）
 2. 企业取得的可供出售金融资产为债券投资的
 借：可供出售金融资产——成本（债券面值）
   应收利息（支付的价款中包含的已到付息期但尚未领取的利息）
  借或贷：可供出售金融资产——利息调整（差额）
   贷：银行存款等（实际支付的金额）
（二）资产负债表日
1. 可供出售金融资产为分期付息、一次还本债券投资
 借：应收利息（债券面值×票面利率）
 借或贷：可供出售金融资产——利息调整（差额）
   贷：投资收益（期初摊余成本×实际利率）
2. 可供出售金融资产为一次还本付息债券投资
 借：可供出售金融资产——应计利息（面值×票面利率）
 借或贷：可供出售金融资产——利息调整（差额）
   贷：投资收益（期初摊余成本×实际利率）
3. 可供出售金融资产的公允价值高于其账面余额的差额
 借：可供出售金融资产——公允价值变动
   贷：资本公积——其他资本公积

公允价值低于其账面余额的差额——做相反会计分录。

  由于可供出售金融资产采用公允价值进行后续计量，而税法规定，以公允价值计量的金融资产在持有期间市价的波动在计税时不予考虑，有关金融资产在某一会计期末的计税基础为其取得成本。

  因此，当可供出售金融资产的公允价值上升时，账面价值大于其初始取得成本，即账面价值大于计税基础，形成应纳税暂时性差异，要确认递延所得税负债：

借：资本公积——其他资本公积
　　　　贷：递延所得税负债
　　当可供出售金融资产的公允价值下降时，账面价值小于其初始取得成本，即账面价值小于计税基础，形成可抵扣暂时性差异，要确认递延所得税资产：
　　借：递延所得税资产
　　　　贷：资本公积——其他资本公积
　　（三）将持有至到期投资重分类为可供出售金融资产
　　借：可供出售金融资产（金融资产的公允价值）
　　　　贷：持有至到期投资（账面余额）
　　贷或借：资本公积——其他资本公积（差额）
　　可供出售金融资产应按照公允价值入账，具体来讲，应按照面值记入"可供出售金融资产——成本"科目，公允价值减去面值的差额应记入"可供出售金融资产——公允价值变动"科目。
　　（四）出售可供出售金融资产
　　借：银行存款等（实际收到的金额）
　　借或贷：资本公积——其他资本公积（公允价值累计变动额）
　　　　贷：可供出售金融资产——成本
　　　　　　可供出售金融资产——公允价值变动等（账面余额）
　　　　贷或借：投资收益（差额）
　　【例】2007年1月1日，甲公司从证券市场上购入丙公司于2006年1月1日发行的5年期债券，划分为可供出售金融资产，面值为2 000万元，票面年利率为5%，实际利率为4%，每年1月5日支付上年度的利息，到期日一次归还本金和最后一次利息。实际支付价款为2 172.6万元，假定按年计提利息。
　　2007年12月31日，该债券的公允价值为2 040万元。

2008年1月20日，甲公司将该债券全部出售，收到款项1 990万元存入银行。

相关账务处理如下：

（1）2007年1月1日：

借：可供出售金融资产——成本　　　　　2 000
　　应收利息　　　　　　　　　　　　　　100（2 000×5%）
　　可供出售金融资产——利息调整　　　　72.60
　　　贷：银行存款　　　　　　　　　　　　　　2 172.6

（2）2007年1月5日：

借：银行存款　　　　　　　　　　　　　100
　　　贷：应收利息　　　　　　　　　　　　　　100

（3）2007年12月31日：

应确认的投资收益＝期初摊余成本×实际利率＝（2 000＋72.60）×4%＝82.9（万元）

借：应收利息　　　　　　　　　　　　　100
　　　贷：投资收益　　　　　　　　　　　　　　82.9
　　　　　可供出售金融资产——利息调整　　　　17.1

分析：此处计算摊余成本，并不表明可供出售金融资产是按照摊余成本后续计量的，只是由于债券投资存在按照实际利率法计算投资收益的问题，所以需要计算摊余成本。并且，摊余成本的改变导致可供出售金融资产的账面价值发生变化，进而产生公允价值变动的处理问题。所以，可供出售金融资产仍然是按照公允价值进行后续计量的。

可供出售金融资产账面价值＝2 000＋72.60－17.1＝2 055.5（万元），公允价值为2 040万元，应确认公允价值变动损失＝2 055.5－2 040＝15.5（万元）

借：资本公积——其他资本公积　　　　　15.5
　　　贷：可供出售金融资产——公允价值变动　　15.5

(4) 2008年1月5日：
借：银行存款　　　　　　　　　　　100
　　贷：应收利息　　　　　　　　　　　100
(5) 2008年1月20日：
借：银行存款　　　　　　　　　　　1990
　　可供出售金融资产——公允价值变动　　15.5
　　投资收益　　　　　　　　　　　　70
　　贷：可供出售金融资产——成本　　　2 000
　　　　可供出售金融资产——利息调整
　　　　　　　　　　　　55.5（72.6－17.1）

这里需要注意的是：当可供出售金融资产为债券时，同时存在计算公允价值变动和摊余成本，就要分清楚，当计算公允价值变动额时是用此时点上可供出售金融资产的公允价值与账面价值比较，而不是用公允价值和摊余成本比较；当计算摊余成本时，不考虑暂时性的公允价值变动，要考虑可供出售金融资产发生的减值损失。

四、可供出售金融资产减值

(一) 可供出售金融资产减值的判断

资产的主要特征之一是必须能够为企业带来经济利益的流入，当企业资产的可收回金额低于其账面价值时，即表明资产发生了减值，企业应当确认资产减值损失，并把资产的账面价值减记至可收回金额。因此，对于可供出售金融资产来说，企业应当在资产负债表日对其的账面价值进行检查，有客观证据表明该金融资产发生减值的，应当确认减值损失，计提减值准备。

由于对资产减值的判断更多地依赖判断人的主观因素，难免会出现判断失误的现象，尤其在判断人对需判断的事物所掌握的材料不全面的情况下，这种情况出现的几率就更高了。依笔者的体会,在实际操作中,一般而言,由于交易性原因导致可供出售金融资产的公允价值的下降可判断为公允价值暂时性下跌,而非减值;由于企业自身的原因导致的可供出售金融资产的公允价值的长期下降可判断为减值。因为判断失误而作了相关的会计处理的,在后来的资料表明先前的处理有误时,应依据新的判断对之前的处理作修正。

(二) 可供出售金融资产减值的确认与计量

根据可供出售金融资产的种类不同,减值确认一般可以分为以下两类进行处理:

一是已确认减值损失的可供出售债务工具,在随后的会计期间公允价值已上升且客观上与确认原减值损失确认后发生的事项有关的,原确认的减值损失应当予以转回,计入当期损益。

二是可供出售权益工具投资发生的减值损失,不得通过损益转回。

例:ABC 公司 2007 年 5 月 1 日通过拍卖方式取得 M 上市公司法人股 100 万股作为可供出售金融资产,每股 3 元,另支付相关费用 2 万元。2007 年 6 月 30 日每股公允价值为 2.8 元,9 月 30 日每股公允价值为 2.6 元,ABC 公司预计该股票价格下跌是暂时的。2007 年 12 月 31 日,由于 M 上市公司发生严重财务困难,每股公允价值为 1 元,ABC 公司应对 M 上市公司的法人股计提减值准备。2008 年 1 月 5 日,ABC 公司将上述法人股对外出售,每股售价为 0.9 元。假定 ABC 公司对外提供季度财务报告。

(1) 2007 年 5 月 1 日:

借:可供出售金融资产——成本　　3 020 000 (3×100+2)
　　贷:银行存款　　3 020 000

(2) 2007 年 6 月 30 日,正常的股价变动,不需要确认减值准备：

借：资本公积——其他资本公积
　　　　　　　220 000（302 – 100×2.8）
　贷：可供出售金融资产——公允价值变动　220 000

（3）2007年9月30日，由于ABC公司判断M公司的股票价格下跌是暂时性的，因此不需要确认减值准备：

借：资本公积——其他资本公积　200 000（280 – 100×2.6）
　贷：可供出售金融资产——公允价值变动　200 000

（4）2007年12月31日，由于M公司自身发生了严重的财务困难，从而导致M公司股价下跌，这时应该判断为资产减值，需要进行减值损失确认，并对之前的会计处理作修正：

借：资产减值损失　　　　　　　　2 020 000
　贷：资本公积——其他资本公积　　　420 000
　　　可供出售金融资产——公允价值变动
　　　　　　　　　　　　　1 600 000（260 – 100×1）

该分录的相关数据为：资产减值损失在数额上等于可供出售金融资产的初始取得成本扣除已收回本金、已摊余金额和原已计入损益的减值损失后的余额与当前公允价值的差额，即202万元（302 – 100），其中302万元为可供出售金融资产的初始取得成本扣除已收回本金、已摊余金额和原已计入损益的减值损失后的余额，100万元为2007年12月31日可供出售金融资产的当前公允价值。其在数额上包括两个部分：一是"资本公积——其他资本公积"42万元，即原直接计入所有者权益中的因公允价值下降形成的累计损失；二是可供出售金融资产考虑了之前确认公允价值变动的账面价值与当前公允价值的差额，即160万元（260 – 100×1），260万元表示的是可供出售金融资产考虑了之前确认公允价值变动的账面价值。

(5) 2008 年 1 月 5 日：

借：银行存款　　　　　　　　　　 900 000
　　可供出售金融资产——公允价值变动　2 020 000
　　投资收益　　　　　　　　　　　100 000
　　　贷：可供出售金融资产——成本　　3 020 000

综上所述，对可供出售金融资产的计量，在初始确认时，按其公允价值以及交易费用之和入账，持有期间获取的股利等收益计入当期损益，公允价值变动则先计入所有者权益，待最终出售时再转出计入当期损益。但是，如果可供出售金融资产的公允价值发生非暂时性下跌，即资产真正减值了，则必须计提减值准备，原有的因公允价值下降而计入所有者权益的累计损失也一并转出计入当期损益。

还有一个问题需要注意：一般情况下，金融资产的摊余成本可以理解成账面价值，只有可供出售金融资产比较特殊。当可供出售金融资产为债券时（为股票时不存在摊余成本的问题），如果期末公允价值发生了变动，不计提减值时，计算摊余成本时不考虑由于公允价值的暂时变动的影响；而当发生了减值，计提了资产减值损失时，对"可供出售金融资产——公允价值变动"的金额就应考虑在内，因为此时是相对较长时间内的减值问题，其对成本的影响应考虑在内，考虑的金额就是资产减值损失中核算的金额。

参考文献：

[1] 中华人民共和国财政部. 企业会计准则第 22 号——金融工具确认和计量. 北京：经济科学出版社，2006.

[2] 中华人民共和国财政部. 企业会计准则第 8 号——资产减值. 北京：经济科学出版社，2006.

[3] 财政部会计司编写组. 企业会计准则讲解. 北京：人民出版社，2008.

教学质量监控与评价机制研究

湖北省襄樊市襄城区职业高级中学　袁　芳

摘　要：教学质量是学校发展的永恒主题，也是职业教育改革与发展的重要课题。在充分认识到教学质量监控与评价机制研究与实践的重要性的基础上，把保证和提高教学质量作为教学研究的重心，大力改进和加强教学质量监控与评价工作，对构建和完善教学质量监控与评价体系进行了积极研究与实践探索，建立起了一套较为科学合理、公平高效的教学质量监控评价机制，确保了教学质量、教学管理水平的不断提高与持续改进。

关键词：教学质量　监控与评价　制度体系　试题库

学校的中心工作是教学工作。教学质量是学校发展的永恒主题，也是教育改革与发展的重要课题。中等职业教育作为我国现代教育体系的重要组成部分，肩负着培养数以亿计高素质劳动者的重任。在当前的社会经济环境下，中等职业教育面临着许多前进中的困难，其教学质量呈现非常明显的下降趋势。因此，中等职业学校如何加强教学质量管理，提高教学质量，已是当务之急。

中等职业学校建立完善的教学质量监控制度和评价机制，是切实保证教学质量稳步上升的基础，是实现良性循环的运行机制的重要保证。一个完整的教学质量监控和评价体系应包括外部、内部两个方面的监控评价。其中，外部的监控评价：一是政府或上级主管部门代表自身利益委派专家和责成学校对教学质量监控评价,二是社会媒介代表学生利益对专家和学校的监控进行检查和评估;内部的监控评价则是职业学校内部自我质量监控与评价体系。在推进中等职业学校的教学质量和办学水平不断提高方面,学校内部自身的教学质量监控显得更为重要。

如何实施有效的教学质量监控与评价体系对职业学校的教学质量进行监控与评价,并不断促进职业学校教学质量的提高与持续改进,是这一课题的研究宗旨。

一、我国中等职业教育教学质量监控与评价的依据和现状

（一）中等职业学校的教学质量及其影响因素

在质量评价中,一般把质量定义为:"质量是顾客对所提供的产品或服务所感知的优良程度。"它强调质量的评价主体是"顾客",是"顾客"的感知。中等职业学校教育面向的直接"顾客"是学生,间接的"顾客"是政府和社会,所以可以认为中等职业学校的教学质量是指"顾客"（学生、政府和社会）对学校所提供的教学服务所感知的优良程度。

影响教学质量的因素是多方面的,既有内部因素又有外部因素,既有主观因素又有客观因素。就学校内部来说,影响教学质量的因素主要有人的因素、物的因素和管理因素。

1. 影响教学质量的人的因素

教学活动主要是教师教、学生学的共同活动。在这个共同活动中,教师起主导作用,保证了教学按照规定的目的、内容来进行。教师的学术水平、治学态度、为人师表和授课方法对教学质量起着根本的作用。学生在教学过程中是主体,只有在学生积极主动的参与下,才能实现知识和能力的转化以及素质的提高。学生的基础、学习态度、求知欲望、刻苦精神、学习方法等是学生学习质量好坏的关键因素。

2. 影响教学质量的物的因素

学校为了保障教师传授知识及学生迅速大量地掌握知识，提供一个特定的教学环境所需要的物质条件，包括教室、实验室、图书馆、运动场地、教学设备、教材、图书资料及其生活条件等。这些都是维持教学活动正常运转不可缺少的条件，其中任何一项达不到一定标准都会影响学校的教学质量。

3. 影响教学质量的管理因素

在教学系统中，人的因素和物的因素虽然有各自独立的地位和作用，但要使各因素之间形成最佳结合，发挥最佳效果，就离不开科学化、规范化、制度化的管理。管理水平高，管理手段、方法先进，规章制度健全，组织严密，人和物就能充分发挥作用，保证教学质量的提高；管理水平低，人和物不但不能发挥正常的作用，甚至会产生负作用。因此，管理水平的高低也是影响教学质量的重要因素。

总之，教学质量监控与评价的作用，就在于通过对影响教学质量各因素的监控与评价，使其不断改善，保证人才培养质量目标的实现。

（二）中职学校教学质量监控与评价的基本情况

我国的中等职业学校由于多数建校历史较长，都曾多次接受国家教委的评估和各有关部委、各省市行业主管部门的评估，在教学质量监控和评价方面积累了一定的经验，大多数职业学校基本上建立了适应本校实际情况的教学质量监控与评价体系。主要包括：

1. 听课、评课制度

由有关领导、教学管理部门、年级主任及教研室主任组成听课小组，进行听课、评课等活动，主要目的是对青年教师、新聘任教师开展资格认定、进行常规教学检查、开展公开课、教学观摩等活动。

2. 日常教学检查制度

为保证教学文件和学校规章制度的顺利执行和实施，以及教学任务的顺利开展，由教务处提出计划和意见，对教师各个教学环节的教学情况进行检查，检查通常定期进行，结束后教务处通报检查结果。

3. 学生评教制度

每学期结束，由教导处采用问卷打分或学生座谈等方式，让学生对教师的教学态度、业务水平、方式方法及教学效果等方面进行量化或非量化评价。

4. 教学效果评价制度

由教务处组织和安排，通过对学生理论知识的考试、学生实践技能的考核或者是参加技能比赛等方式评价教师的教学效果。

（三）各中职学校开展教学质量监控与评价的作用

首先，许多中职学校通过内部、外部相结合的教学质量监控与评估活动，使得学校与社会的沟通及联系得到加强，社会对学校教学的监督作用得到加强，能够帮助学校及时调整人才培养工作的适应性，同时也有效地提高了社会对职业学校教育的认可度。其次，通过教学质量的监控与评价，促进了学校间的良性竞争和学习交流，有利于上级主管部门及时掌握学校的教学质量及相关信息，及时校正管理方略，实施更为有效的宏观管理。再次，部分职业学校由于已经建立和实施了比较完善的教学质量监控体系，能够使不同类型、层次的评价在时空上有机结合，有效地保证了教学工作的中心地位，使学校领导与师生员工能够经常地、自动地检查与评价其教育教学活动的效果是否能达到办学宗旨、培养目标的要求，为调整、改进教育教学活动提供信息和依据，从而达到了提高教学质量的目的。

（四）中职学校教学质量监控与评价存在的问题

质量观念还比较陈旧，对评价工作重视不够，只求其有，不求其质,很多时候将质量监控和评价变成了走过场;缺乏全员参与和系统管理;理论课教学质量的监控与评估办法相对较多,而实践教学的监控与评估普遍较弱;对教学监控与评估过程中发现的问题缺乏及时反馈、跟踪验证和有效的解决措施;教学质量监控范围较狭窄,主要局限于办学条件和设施及教师教学效果的评价,对影响教学质量的其他因素关注较少;教学质量评价指标体系不健全、不规范,缺乏科学性、可行性和可比性;教学质量监控机构不健全;教学质量监控管理制度不完善,评价多,监控少,缺乏监控意识等。

在生源的日益减少、竞争的压力越来越大的条件下,"生存"已经成为中等职业学校面临的最大危机。现如今,硬件设施已经不再是中职学校吸引生源的关键因素,和其他任何行业一样,"以质量求生存"成为每一个中职学校的必然选择。因此,我们需要加大力度组织研究职业学校的教学质量监控与评价体系,使之进一步科学化、系统化,提高其可信度与有效性。

二、建立与完善职业学校教学质量监控与评价体系的原则

教学质量不是检验出来的,而是在教学过程中产生出来的;教育质量责任可延伸到直接教学环节以外的工作;教学质量应当通过预防,而不是检查得以实现的。建立教学质量监控与评价机制,应遵循以下原则:

(1)系统性原则,即建立教学质量监控与评估体系,应采取系统论的观点和方法,全面地考察质量保障活动的各个要素和要素关系,使影响教学质量各因素、教学过程各环节紧密联系,形成有机整体,以便有效控制。职业学校教育质量贯穿于人才培养的整个过程,即从市场调研、专业设置、人才培养计划、入学教育、基础教育、专业基础教学、专业教学、实习教学、社会实践直到毕业教育及就业指导全过程。这一完整的过程是一个螺旋式上升的过程,它是在各种因素的相互作用下进行的,每经过一个环节,人才培养质量就能得到一定的提高。

(2) 全员性原则,即各个部门、各个单位的全体教职员工都参与的质量管理,做到"质量第一,人人有责"。任何一种质量管理最终都要落实到人,管理的一个重要理念就是以人为本,调动人的积极性和主动性,并且要强化团队精神,加强凝聚力和战斗力。职业学校每一个科室的每一个员工的工作质量都将直接或间接影响到人才培养的质量,所以要求全体教职员工都要参与到质量管理工作中来,把学校制定的各种类型人才培养质量目标,层层分解落实到各部门、各环节,直到每个岗位,建立各种规范标准,让全体教职员工都参与到质量管理的过程中去。

(3) 目标性原则,即建立教学质量监控与评价体系要紧紧围绕培养技术应用型专门人才这一教学活动总目标,合理地选择体系要素,组织协调各种保障力量以有效达成培养目标。

(4) 动态性原则,即要从持续提高教学质量的发展管理观出发,把握教学质量的不断改进、持续发展。制约教学质量的诸条件是在不断变化的,因而与之相应的监控与评价体系也应不断地改进,才能确保教学质量持续提高。

(5) 可操作性原则,即教学质量监控从理论上做到完整是比较容易的,但在实际操作过程中遇到的影响因素较多。因此,我们的教学监控要做到可操作性强,删繁就简,既体现监控体系的指导性,又要适应各校实际性,使我们的教学监控与评价体系既不断完善又容易实施。

三、教学质量监控与评价机制有效实施的途径与方法

(一) 建立教学质量监控与评价的目标体系

(1) 人才培养目标系统:主要为人才培养目标定位、人才培养模式、人才培养方案、学科专业改造和发展方向等。

（2）人才培养过程系统：主要为教学大纲的制定和实施、教材的选用、师资的配备、课堂教学质量、实习教学质量、教学内容和手段的改革、考核方式和试卷质量等。

（3）人才培养质量系统：主要为课程合格率、各项竞赛获奖率、毕业率、就业率、学生对就业单位满意率、用人单位评价等。

（二）建立教学质量监控与评价的组织体系

建立由七大系统组成的教学质量监控与评价组织体系，由学校、教务处和教育督导室、专业科、教研室构成四级监控组织，根据管理的职能，在不同层面上实施质量监控。教务处、教育督导室是监控执行的中心，起组织协调、分析反馈作用；专业科是实施教学及管理的实体，也是实施教学质量监控最重要的组织；教研室是最基层的教学单位，是实施教学及管理的最小单位，也是实施教学质量监控最直接、关键的组织。

（1）教学决策系统：校长办公会、校党委会、教学指导委员会等。

（2）教学指挥系统：教务处、各专业科等。

（3）教学评价与诊断系统：教育督导室、教务处教学检查组。

（4）教学信息收集与调控系统：教育督导机制、领导干部及管理干部听课机制、学生联络员机制等为主的教学信息收集系统；教务处和各专业科为主的调控系统。

（5）教学质量信息反馈系统：教育督导室、教务处和各专业科通过教学工作会等途径，对教学过程中存在的问题给予及时通报与解决。

（6）教学条件保障系统：教务处、图书馆、后勤管理处等部门。

（7）宣传教育系统：教务处、学生处、各教学单位等部门，加强质量文化建设与宣传。

(三) 建立教学质量监控与评价的制度体系

(1) 三段式教学检查制度——建立定期检查和随机抽查的三段式教学检查制度。每学期初主要检查教师和学生的到位情况以及执行计划到位情况；期末主要检查教师是否缩短教学进程、教师监考是否履行监考职责及学生考试纪律等情况；期中检查是全面教学检查工作的重点，主要对教师备课情况、课堂教学情况、教学计划执行情况、学生学习情况等方面进行检查，提出改进措施，帮助进行整改。通过教学检查，保证教学工作的正常进行。

(2) 听课制度——学校领导、督导室工作人员、专业科领导和同行相结合的听课制。

(3) 学生联络员制度——学生评教工作是学校教学评估工作的主要内容，学生评教为教学管理部门提供了决策依据，为教师改进教学提供了可靠的信息，为教学质量评估提供了相对客观评价依据，对提高教学质量起到了重要的作用。但是，常规的学生评教工作还有一些值得研究和改进的地方，如由于学生评教工作每学期进行一次，造成了信息反馈不及时、信息陈旧，不能及时解决教学中存在的一些问题。在每个班级设立一位学生联络员，每月以书面形式向教育督导室汇报本班教与学的情况。教育督导室将学生意见汇总，反馈到教务处及各专业科，起到及时掌握全校教学情况并解决存在问题的作用。

(4) 学科负责人制度——学科负责人负责本学科课程的各项教学工作：安排授课计划的编写工作，审核授课计划，组织教材选用工作，负责教案检查、教学进度检查、作业检查、试验课开出率检查，参与外聘教师聘任工作，组织考试命题、补考命题及试题审核工作，了解学生对教学情况的反映，及时向任课教师反馈，对重点课程（2门以上）进行教学质量综合分析，负责教学研究活动,指导本学科课程的教学工作,负责本学科课程的教学质量。

(5) 教师评学制度——教师每学期进行两次评学工作,对自己所任课的班级从班风、学风、班级管理等多方面进行评价,教育督导室将教师评学情况汇总,反馈学生科,由学生科负责有关问题的落实改进工作。教师评学是教学工作水平评估的重要内容,也是保障教学质量的必要环节。一方面我们增加了有效收集教学一线信息的途径,同时也促使广大教师更加关注学风状况,教师评学已成为促进学生积极主动学习的有效渠道。

(6) 三级教学质量分析制度——教学质量分析是改进教学的重要参考资料,是提高教学质量的重要环节,它对教学过程起到反馈和调控作用。三级教学质量分析机制为:任课教师—教研组—专业科。任课教师对所任课的班级进行期末考试质量分析,是对阶段性教学情况进行反思,是评价和调整教学策略的有效途径。在任课教师的质量分析基础上,学科负责人对所负责的各门课程进行质量分析,专业科对全科所承担课程的教学质量进行分析、总结。

三级教学质量分析一方面为学校课程改革提供了相关信息,另一方面通过传阅教师的教学质量分析,使教学管理人员对本科室及全校一学期的教学工作有了全面的了解,为我们深化教学管理、进行教学改革指明了方向。

(7) 教学反思制度——教学反思即回头思考教学过程,对教学设计的有效性进行反思,总结亮点和问题,决定改进教学的策略,教学反思是经验型教师向科研型教师转变的必由之路,是教师专业成长的重要途径。

(8) 教学督导制度。

(9) 教学奖励制度。

(10) 毕业生跟踪调查制度。

(四) 建立教学质量信息收集和反馈体系

教学质量信息系统是为了全面及时地掌握教学过程各环节，教学活动各因素在教、学、管过程中基本状况的网络组织系统，其工作任务是为教学质量评价提供全方位的信息反馈，保障信息工作的真实性、全面性、群众性。

建立以学生联络员、教师评学、教育督导室教学督导检查、领导干部听课、阶段性教学检查等为主的师生员工共同参与的教学信息收集机制；建立以教务处、教育督导室、各专业科等为主的反馈机制，通过以上机制的有效运行，能够及时了解和解决教学工作中出现的问题，指导教学工作向规范的方向发展。

（1）建立教师教学质量信息系统，其主要任务是收集教师对教学质量状况的评价信息及教师对教学工作的建议、意见。

（2）建立学生教学质量信息系统，其主要任务是收集学生对教学质量状况的评价信息和学生对教学工作的建议、意见。

（3）建立教学管理人员教学质量信息系统，其主要任务是收集教学管理人员对教学质量的评价信息和教学管理人员的建议、意见。

（4）建立校外用人单位教学质量信息系统，其主要任务是收集有关毕业生质量评价信息。

（5）建立教学质量信息系统的运行机制，主要是指教学信息系统的工作形式、工作规则、工作程序及奖惩制度等。

（6）建立教学质量信息处理系统，其主要任务是负责教学质量信息的整理、分类、分析和反馈。

(五) 建立试题库，实行考教分离

1. 试题库系统的功能和特点

完成试题库系统软件开发须具备很高的计算机软件知识，且是一个艰辛而漫长的过程。试题库系统的核心是题库系统软件，试题库系统应该具有良好的界面，包括科学、合理的页面设计和友好的操作提示，可以让初次接触题库的人不会觉得陌生。它的任何操作都和使用 Windows 一样熟悉，并且在必要的地方有详细的操作提示。另外，试题库很注重个人试题的保密性，进入题库必须输入个人密码，删除题库时要删除密码，这些除防止错误操作和恶意操作外还起到了保密作用。试题库中的试题都有详细的"难"、"中"、"易"标识，可根据不同考试层次的学生选择不同难易程度的试题，保证了题库的适用性和灵活性。下面就题库的建立和使用两个重要方面作介绍。

本题库系统提供了一个方便、快捷的题库建立平台，在输入新的题库内容时，可以在题库里直接输入，也可以从 Word 文档中复制到题库，对不需要的试题可以在题库里直接删除。输入完成后，题库可对输入的数据按序号或章节号等不同形式自动排序。题库系统从人性化的角度细微地考虑到，多个人同时在不同计算机上完成同门题库的建立工作时，题库系统提供了一个导入数据和合并数据的功能。

（1）试题库使用的灵活，多变。

试题库系统提供了三种命题方式：在考试范围内自动命题、按章节自动命题和手动命题。①在考试范围内自动命题是先选定考试的章节范围，输入不同类型题的分数或题数和这些试题的难易程度，计算机会按照你的要求自动选题，并且题库自动将所选的试题以试卷的形式保存到 Word 文档。在题库选定试题的同时，题库将所选试题的答案和评分标准一并选定，自动地保存到 Word 文档。②按章节自动命题是比在考试范围内自动命题更细的一种命题方式，具体到每章每节，如我们要在第八章第二节命题，就要打开按章节自动命题的主页面，找到第八章第二节，从页面上浏览到题库中第八章第二节各题型的试题总数和各题型"难、中、易"的题目数和分数。然后根据你的需要，选择好题目的难易程度、命题的分数或题数。计算机会按在考试范围内自动命题的方式，输出你所选择的试题、答案和评分标准。③手动命题是这三种命题形式中最细致的一种，它与上两种命题方法不同之处还在于，这种命题方式可以同时出 A、B、C 三套试卷。打开手动命题的主页面，选定好章节，本节试题内容就会一个一个地展示在计算机页面上，你可根据你的要求，将本题选入到 A 试卷、B 试卷或 C 试卷。所有试题选择完成后，计算机会自动输出试题、答案和评分标准。

（2）使用试题库命题流程。

为了真正意义上实现教考分离，实现对学生学习情况的正确检测和对老师教学情况的公正评价，使用试题库命题的流程为：由教研室填写命题单，即书写考试的章节范围、各题型的数目和分数及相应内容的难易程度。交由教务组命题小组从题库中抽题、排版、制卷和组织考试。最后，由教研室统一组织流水改卷。在此操作中，有效地杜绝了复习和考试过程中有可能出现的一些不良现象的发生，将教学与考试完全分开，为教考分离搭建了一个理想的平台。

（3）试题库的使用效果。

试题库使用后的优越性主要表现在：①命题的灵活性：职业教育与普教的最大区别在于它的灵活性，每一学期要针对学生的学习基础，灵活地调整教学计划和教学深度，本试题库刚好满足了这一要求，保证了有针对性的命题。②激发了教师工作中的积极性。职业教育，各自为政，很少有普教的纵向可比性，大多数学校，任课老师复习、命题和改卷，操作灵活。当使用题库命题后，教师不知道试题内容，要让学生考出好的成绩或在同行中有一个较好的名次，就必须认真对待教学的各个环节，从而有效地激发了老师的工作热情。③达到了考试和考评的公正性。用题库命题后，学生能在一个公平的环境下竞争，既能有效的检验出学生的学习情况，又能公正的评价一个教师的教学情况。

2. 成绩分析和评价办法

成绩分析分三个层次：一是任课教师本人对所带班级的成绩分析；二是学科负责人对本学科所有班级的纵向分析；三是由督导室组织的教学讨论会。

（1）任课教师本人对所带班级的成绩分析。

任课教师本人对所带班级的成绩分析包括各班成绩的正态分布特点、平均分、及格率，学生平时表现、基础知识情况、学生哪些知识掌握较好、哪些知识有待加强、教师本人在教学中的优点及不足和对后继课程的建议。

（2）学科负责人对本学科所有班级的纵向分析。

学科负责人对本学科所有班级的纵向分析包括：①对试卷质量的分析，从所有班考试成绩的正态分布情况，分析试卷的难度、重点和知识面情况是否理想，为下一年的命题作铺垫。②对学生的分析，纵向比较各班、各专业学生的及格和平均分情况，分析各专业学生的总体情况，从而制订出行之有效、更科学的授课计划或提出更合理的教学指导思路。③对教师的分析，纵向比较不同教师所带班级的总体情况，评价教师本学期的教学情况，分析存在的问题，找出不同教师的优点和缺点，取长补短，共同进步。

（3）由督导室组织的教学研讨会。

下一学期开学时由督导室组织各教研室主任及学科负责人，开展教学研讨会，就上学期的两级成绩分析进行公开讨论，找出不同专业同一门课中所存在的问题，分析各任课教师上学期所取得的成绩和存在的不足，在综合、全面的基础上制订出下一个学年度的授课计划和对各教师提出合理的建议。

试题库的建立，实验讨论和对成绩的分析等方面进行的建设研究，是建立在长期教学实践基础上的。它是一个完整的考试考核评价体系，完成了一个有效的循环，即教学由这种体系进行评价,评价的结果将指导下一年度教学计划的编写,计划又指导着新的教学。这个体系,在今后的教学中还将不断完善、不断发展,以建立起一套更完善的职业教育考试评价制度,推动职业教育的进一步发展。

参考文献:

[1]沈玉顺. 现代教育评价. 上海: 华东师范大学出版社, 2002.

[2]王晓江. 高职教学质量监控与评价体系研究与实践. http://www.tech.net.cnly-zljk/pgyj/5469.shtml, 2006-3-3.

[3]惠亚爱. 浅谈如何建立科学的教学质量评估体系. 陕西职业技术教育, 2004(2).

[4]聂嘉恩. 高职高专教育教学质量监控与评估——国内现状调研//教育部高等教育司编. 高职高专院校人才培养工作水平评估. 北京: 人民邮电出版社, 2004.

[5]缪兴锋. 建立科学的教学质量评价模式. 中国职业技术教育, 2005(27).

以技能比赛提升中职学生专业实践技能

重庆市重庆教育管理学校 尹朝艳

摘 要：随着高校扩招，职业院校的增多，中职学生生源素质的下降，中职教育面临前所未有的困难。作为中职教育中的传统重点专业之一的会计专业，如何突破原有的教学局限，改善教学效果，培养企业需要的会计人才，是中职会计教育面临的现实问题。同时，我国经济不断深化发展，经济结构的调整变革，迫切需要大量的专业技术人才，中职学校又面临一个前所未有的发展契机。本文通过我校最近几年对会计专业改革的摸索取得一些成绩，结合本人会计专业教学的经验，希望对职业教育的发展改革有所突破。

关键词：中职 中职教育 会计专业 技能比赛

1998年大学扩招，紧随其后的是普通高中规模的扩大，中职学校由以前统招统分到学校自主招生，学生自主择业，中职学校经历了从以前的社会宠儿到无人问津的地步。特别是2000—2003年，中职学校可以说是在夹缝中生存，以我校会计专业为例，从以前每年至少招收4个班，到2002年、2003年都只勉强招收到一个班。面对这种严峻情况，我们不得不进行思索变革，以突破当前的困境。从2004年开始，我校就进行了一系列的课程调整，特别是针对实践技能这一块，变化最多。虽然也取得了一些成绩，不过仍然处于摸索阶段，但在这个过程中，笔者也得到了一些认识和体会。

一、当前会计教学中面临的困难

(一) 学生生源存在的问题

大学扩招以后,普通高中也随着扩招。成绩稍好、行为习惯好、家里经济条件好的初中毕业生,基本都进入高中学习;而进入中职学校的学生,基本都是学习成绩差,行为习惯差,家里经济条件差的学生,同时心理素质特别脆弱。要在短短两年的时间内,把这些学生培养成有知识、有技能、有职业道德的合格劳动者,其难度可想而知。

(二) 会计课程体系整体面临的困难

1. 课程设置过于传统,缺乏创新

近几年来,会计新业务不断涌现,我国会计制度、会计准则也发生了很大的改变,然而所用的教材不能及时与之配套,教学内容严重滞后。以重庆会计从业资格考试为例,新会计准则在2006年都已更新,会计从业资格考试的内容直到今年12月开始才更新。同时,现有专业主干课程在内容上还存在着相互割据、过多重复的问题。并且,中等职业学校现在的课程体系还犯了一个战略性的错误,即未从职业本身出发,而是从学科派生出来。在我国,从事课程设置开发的主要来自教育界的专家、学者,来自企业界的人士很少,从而使课程设置与市场需求脱节,职业学校毕业生岗位胜任能力不强。因此,中职会计专业课程设置必须打破传统模式,不断创新,以培养符合社会用人市场要求的综合性会计人才。

2. 传统的公共基础课过多,专业实践技能课偏少

目前,一般中职会计专业各课程教学实际安排中,有35%左右的课时安排的是公共基础课,如数学、语文、英语、政治经济等;其他65%安排的是专业理论课,比例基本是1:1。专业技能课程开的比重很小,有的学校基本没有开设专业技能课程。因

此,中职会计专业的毕业生所学的知识差不多,没有个体差异,使得在就业过程中,竞争加剧。

3. 专业课程设置与学生就业所需的实践技能之间存在矛盾

中职会计专业课设置,基本上照搬了计划经济体制下普通中专会计学校的模式,与那时急需经济管理人才的年代具有一定的适应性。但随着会计专业从短线发展为长线,中职学生的就业趋向发生变化,矛盾就逐步显露出来。会计专业课程设置偏重学科建设,理论性较强,专业会计实务方面侧重于大中型企业。而当前中职会计专业毕业生的就业趋向主要是各类小型企业的会计、出纳、收银员、储蓄员等其他岗位。目前中职学校会计专业开设财会课的现状是:没有涉及或很少涉及小型民营企业的特性。小型民营企业招聘会计的要求是必须具有一定的专业实践技能水平,能尽快顶岗,而会计课程设置偏重于理论知识,轻实践技能。这既不符合当前中职学生本身素质特点,也不符合小型企业对中职毕业生综合素质的要求。如何寻找会计教学与会计实践技能的切合点,并以专业实践技能来指导会计教学,以学生就业趋向改革中职会计教学,成为当前迫切需要解决的问题。

(三)缺少专业实践环节,学生无法真正掌握专业实践技能

现在大多数学校会计实践往往在最后一个学期安排。由于课时紧、实习内容多,学生在规定时间内不能按部就班地完成全部实习内容;有的学校干脆把学生"放羊"到社会上,自行联系实习单位,名义上是让学生参加社会实践活动,实际上很多学生因联系不到实习单位而无法进行实习,最后只能找个假单位、盖个假公章了事;有部分学生虽然联系到实习单位,但由于自身所学的知识、技能缺乏而无法接触到真正的会计业务处理,只能是走马观花似的看一看,根本达不到会计实习的目的,使学生学习的会计理论知识无法与会计实践有效地结合起来。这种情形不仅直接影响学生学习会计专业知识的兴趣,也加大了集中实践活动

的难度，学生往往学到后面忘了前面，眼高手低，动手能力较差，根本没有会计从业人员应有的专业技能。

二、中职学生技能比赛的强化

正是基于中职学校所面临以上的一系列困难，根据学生文化知识底子较差，行为习惯差，不喜欢纯粹的理论课程的特点，再结合中职学生个性发展特点，我校采取了以下的专业技能比赛，以强化学生的专业理论知识，提高实际操作技能。

（一）单项技能比赛

根据会计专业本身的特点，结合学生专业知识学习的进度，掌握专业技能的程度，在全年有效的教学月度内，开展5次单项专业技能比赛。分别是：

1. 每学年上学期三个单项的技能比赛

（1）10月是财经书法比赛。财经书法比赛包括数字大小写的书写，在凭证、账簿、支票、银行进账单等票据中的填写。财经书法比赛放在10月，对新进校的学生有很大的吸引力，并且也容易掌握，同时对上一年级的学生，也可以对比一年之后通过平时训练得到提高。通过财经书法比赛，不仅可以让学生练习书法，还可以培养会计类学生的严谨、细致的职业素养。

（2）11月是点钞比赛。点钞比赛包括点钞、扎钞等方面的比赛，比赛主要让学生展示点钞的准确度和速度。通过点钞比赛，可以让学生锻炼大脑和双手协调配合。

（3）12月是珠算比赛。珠算比赛展示学生的速度和准确度。珠算比赛可以训练学生对数字的敏感度，同时也是大脑和手的高度协调配合，具有增强心算的能力。

2. 每学年下学期两个单项的技能比赛

（1）3月是录入计算比赛。具体包括：计算器的加、减、乘、除运算比赛，计算机数字小键盘的录入比赛，以及计算机中英文录入的比赛。通过比赛，可以展示的是学生对会计现代常用工具掌握的速度和准确度。

（2）4月是财会电算化的比赛。具体包括：基本计算机知识的比赛，开设账套、录入会计凭证、试算平衡、结转科目余额、编制会计报表等相关会计电算化方面技能的比赛。通过比赛，可以展示学生运用财务软件处理会计业务的技能。

除了开展以上的会计专业技能外，还开展了普通话、辩论、演讲、公文写作等相关比赛，以培养学生的其他综合能力。

（二）综合技能比赛

综合技能比赛不仅包括以上的单项技能比赛，而且还有手工记账比赛。手工记账比赛是根据经济业务，编制会计记账凭证，登记总分类账簿和明细分类账簿，登记现金日记账和银行存款日记账，试算平衡，编制银行余额调节表，编制资产负债表和利润表等。综合比赛把学生所学会计专业知识基本都涵盖进去了，通过比赛这种形式，促进学生去熟练掌握会计手工记账的相关技能。

单项比赛时间为半天，综合比赛的时间是一整天，所有的学生都要观摩。无论是单项比赛还是综合比赛，都对学生设置个人奖和班级奖，这样既展示了学生个人的技能水平，同时能激发学生的集体观念，加强学生团结。并且学生也可以根据自身的情况，参加一项或者多项比赛，以展示学生各方面的能力。单项比赛和多项比赛，基本涵盖了学生在校的时间。每个月基本都有个主题内容，学生每个月都有不同的目标，这样学生也不会感到枯燥。在我校开展会计专业技能比赛以后，会计专业的学生把自习时间和平时课后时间都利用起来，准备相关会计技能比赛的内容，大大激发了学生学习的积极性。

三、以技能比赛为主的相关课程改革

我校为了配合会计技能比赛的有效开展,在课程方面也做了一些变革。《基础会计》是以我校教师多年的授课教案为主,融理论和实践而编制的校本教材,"基础会计"课程第一学期每周6课时,第二学期每周2课时,理论教学和相关的实践技能同时进行;"企业财务会计"课程参照高教版教材,以本校任课教师根据理论教学和技能教学需要自己编写的教案为主进行教学;书法课贯穿所有在校时间,每学期每周1课时;珠算课程、点钞课程、计算机录入课程第一、二学期都开设,每学期都是每周2课时;其他课程的开设要考虑技能比赛。在教学中,所有的任课教师,都要在教学中有效贯彻技能优先的教学理念。通过近5年的变革,每年技能比赛都在不断完善,这种变革取得不错的成绩。毕业生就业情况逐年好转,特别是近两年,有些企业、单位主动到我校招聘学生;考过会计从业资格证书的学生也逐年增加;参加重庆市举办的会计技能比赛我们都能获奖;报名就读会计专业的学生也逐年增加。

笔者相信,职业教育是根据社会的发展需要,开发智力、发展个性、训练职业能力、持续提升职业素质,培养有职业道德的合格劳动者的一系列教育活动。并且,在第十一届全国人民代表大会第五次会议上,温家宝在《政府工作报告》中指出:"要把发展专业教育放在更加突出的位置,使教育真正成为面向全社会的教育,这是一项重大变革和历史任务。重点发展中等职业教育,健全覆盖城乡的职业教育和培训网络。"在国家都重视职业教育的今天,职业学校的教师更应该身先士卒,为中等职业教育的发展发挥自己的能力。特别是作为既需要理论基础知识又需要实践技能的会计行业的一线教师,要以提高会计专业学生专业技能的运用能力、体现会计技能培养特色、激发学生的学习兴趣和

培养学生的学习积极性、启发学生创新思维、提升学生知识运用和创新能力、培养更多更好中等职业技术人才为己任，从而为社会作出应有的贡献。

综合收益确定系统的构成

广西钦州市合浦师范学校　叶彩霞

摘　要: 由于经济环境、会计目标和收益观念的变化,收益的确定系统会发生相应改变。与传统收益相比,综合收益会计从收益概念、收益确定系统、收益确认计量原则等各方面进行了改进,能提供与信息使用者的决策更相关、更可靠的信息,提高了收益信息的评价与预测功能,从而提高了收益信息的决策有用性。英、美等西方发达国家已开始应用综合收益的理念确认会计收益。本文从综合收益确定系统的含义、资本保全概念、资产和负债的计价模式、收益的确定等方面探讨了综合收益确定系统的构成。

关键词: 综合收益　系统　会计确认　会计计量

综合收益是指一个主体在某一期间与非业主方面进行交易或发生其他事项和情况所引起的权益的一切变动。综合收益全面地反映了报告期内产生全部净资产的变动,英、美等西方发达国家已开始应用综合收益的理念确认会计收益。

系统是由相互作用、相互联系和依赖的若干组成部分结合起来的具有特定功能的有机整体。"会计是一个系统"已成为公认的观点,包括会计记录、报告、准则和财务会计理论四个子系统。收益确定系统（System of Income Determining）就是财务会计理论系统中的子系统。任何收益确定系统都包括资本保全概念、资产和负债计价模式两个主要部分。收益确定系统会随着企

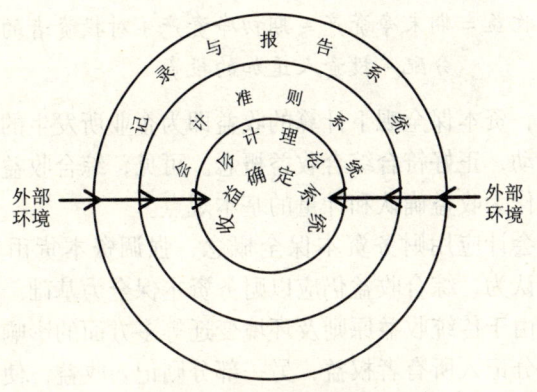

图1 收益确定系统

业环境的变化而被迫发生改变。随着经济的发展、环境的变迁，综合收益应运而生，并成为业绩报告的改革趋势，因此研究综合收益的确定问题有其重要的现实意义。

一、资本保全

资本保全概念是收益确定系统中必不可少的一个部分，其基本含义是保持投入资本的完整，认为只有在资本得到维持后，超出资本的部分才确认为收益。根据对资本的不同理解，资本保全可分为财务资本保全和实物资本保全。坚持资本保全观念是正确计量收益，确保资本保值增值的一项重要财务会计政策。资本保全概念要求区分资本补偿和资本报酬。资本保全的思想始终或明或暗地贯彻在会计理论、准则的发展过程中，是企业持续经营和发展的前提，是企业的根本保证。资本保全观认为，收益应比较期末和期初净资产来确定。而交易观认为，必须在发生交易时才根据权责发生制确认收益。两种观念下，计算收益的方法分别如下：

收益＝收入－费用

收益＝期末净资产－期初净资产＋对投资者的利润分配－投资人追加的投资

可见，资本保全观下计算的收益即为企业所发生的非业主的净资产变动，正好符合综合收益概念。可见，综合收益会计以资本保全观作为收益确认和计量的基本观点。

传统会计应用财务资本保全概念，强调资本货币价值的保全。笔者认为，综合收益仍应以财务资本保全为基础。现行实务中，各国由于传统收益原则及环境变迁等多方面的影响，将未实现收益部分记入所有者权益，另一部分则记入收益，使收益确定处于两难境地。现行收益既非以实物资本保全为基础，也不是建立在完全的财务资本保全基础上。综合收益恰好在理论上为会计回到完全的财务资本保全的轨道创造了条件，也只有财务资本保全概念符合多种计量属性并用的综合收益理论。因而，综合收益应采用财务资本保全概念。

二、计价模式

收益确定系统的另一个必需的部分就是资产和负债的计价模式。有了特定的资本保全概念，还必须有恰当的资产和负债计价模式才能共同决定企业收益。任何计价方法包括计量属性和计量单位两个方面。不同的计价模式关注不同的计量属性和计量单位，计量属性是指一个项目要予以数量化的方面，如历史成本等。对于每种计量属性，又分别可采用两种不同的计量单位进行计量。

（一）资产和负债的计价模式

国际会计准则委员会 IASC 认为共有四种计量属性：历史成本、现行成本、可实现价值和未来现金流量现值。历史成本以外的其他三种属性常被统称为现行价值，作为与历史成本相对的计量属性。历史成本面向过去，是实际交易及其他事项的结果，可靠性强但相关性相对较差；现行价值面向现在和未来，反映现时价值，相关性强但可靠性较差。实务中还有由这些典型的属性演变而来的属性，如摊余成本、公允价值等。传统会计常被称为历史成本会计，一般以历史交易价进行计量。实务中多种计量属性并存，现行会计是以历史成本为主、同时采用多种计量属性的模式，多种属性并存的局面将会继续下去。

财务会计有名义货币和购买力两种计量单位。大多数国家财务报表都用名义货币单位表达，一般假定币值不变，只有严重通货膨胀时才使用购买力计量单位。计量属性和计量单位相互作用形成了各种不同的资产负债的计价模式。不同计价模式会产生对使用者具有不同意义和相关性的报表，因此，实务中应根据具体情况选择合适的计价模式。

（二）公允价值与综合收益的确定

现值是对资产和负债定义最本质的反映，但其计量需大量估计，实务中很难实行完全的现值会计，而现行成本、市价和可实现净值可以是现值的良好替代。这些替代属性和现值本身统称为公允价值（Fair Value），可见，公允价值是一种复合的计量属性。所谓公允价值，是指在公平交易中，熟悉情况的自愿双方，进行资产交换或债务清偿的金额。公允价值应以市场信息为基础进行确定。

公允价值全面地反映了现行经济情况，经济情况的变更也会引起公允价值变更。而历史成本只是反映交易发生时的经济情况，因此公允价值提供了更好的基础，它面向市场，更具有可比性。公允价值具有明显的概念优势，充分发挥了各种计量属性的优势。综合收益要求确认的未实现损益，几乎都是由于脱离历史成本采用公允价值计量而形成的。因而，综合收益的计量需要更多地依靠公允价值，正如谢诗芬在其专著《公允价值：国际会计前沿问题研究》中指出的，综合收益的真正实施有赖于公允价值在计量中的广泛应用。近年来,各国对公允价值的应用加速了综合收益会计的实现。可见,综合收益与公允价值有着密切的联系。

三、企业收益的确定模型

资本保全与资产负债计价方法之间相互作用,共同决定企业收益。计价方法用来确定企业期末净资产的金额,资本保全概念决定在企业期末净资产中有多少必须用来保全资本,有多少是企业收益。

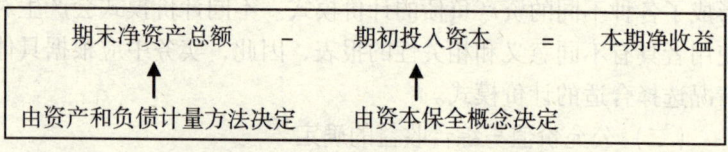

图2 资本保全概念与资产负债计价方法对收益确定的影响

传统会计中,资本保全几乎被淡忘,然而资本保全对收益计量具有决定性作用。不同的计价方法与资本保全结合可构成多种收益确定系统,经济环境的变迁,会计观念的发展,也会影响收益确定系统的组成。

四、综合收益确定系统的构成

收益确定理论是在一定的会计目标和收益思想指引下形成的,以资本保全和计价方法为主要内容的理论系统。收益思想的发展促成了收益决定理论的丰富,不同的会计目的导致不同的收益观点,进而影响收益确定系统的组成。现行实务仍采用传统会计模式,以反映受托责任为主要目的,主要采用历史成本计价方法。环境的变迁、会计目标向决策有用观的转变引发了人们对传统收益确定系统的质疑,由于实务中公允价值的引入和实现原则的突破而出现的综合收益对收益确定系统提出了严峻的挑战。综合收益在一定程度缓解了实务与理论的矛盾,持产收益在综合收益中得到确认,但囿于传统收益决定理论的局限,各国对综合收益的确认和计量均未作出可操作的规范。因此,实行综合收益,必须改进传统的收益确定理论。

第一,综合收益仍应坚持财务资本保全观。理论上,实物资本保全更利于企业发展,但对"生产能力"的计量难以操作,且实物资本保全观将持产收益作为资本调整处理,而财务资本保全观将物价变动作为持产收益确认,正好符合综合收益概念。同时,也只有财务资本保全观满足综合收益计量中多种属性并用的需要,因此,综合收益应以财务资本保全为基础,将经营收益与持产收益均列入收益表,并按性质进行适当分类,以提高信息的决策有用性,有效控制企业管理当局的盈余管理。

第二,综合收益要求改进传统收益确定系统中的历史成本计价方法。综合收益是由于应用公允价值所导致的持产收益问题而提出的,因而公允价值理应成为综合收益的主要计量属性。但这并不意味着抛弃历史成本,历史成本有着其他任何属性无法比拟的优势,它仍然是综合收益计量中重要的计量属性。笔者认为,随着经济环境的变化,可以在向信息使用者提供公允价值和历史成本信息时,提供以一般购买力为计量单位的会计信息,以提高会计信息的相关性。

第三,综合收益确认原则也发生了一定的变化。综合收益确定系统的组成内容具体见图3。

与传统收益相比,综合收益确定系统由于经济环境、会计目标和收益观念的变化而在资本保全、计量属性和计量单位各方面均有相应变化。总之,综合收益会计从收益概念、收益确定系统、收益确认计量原则等各方面进行了改进,能提供与信息使用者的决策更相关、更可靠的信息,提高了收益信息的评价与预测功能,从而提高了收益信息的决策有用性。

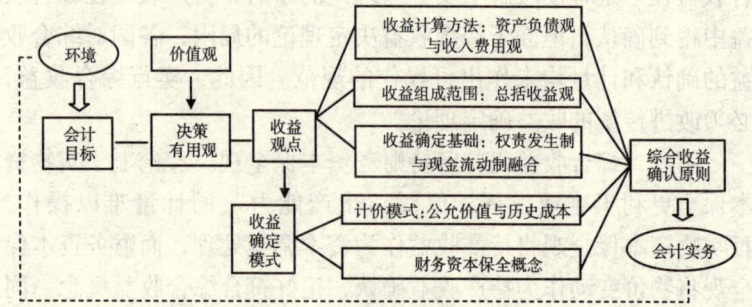

图3 综合收益确定系统图

参考文献：

[1] IASB，1AS32. Financial Instruments. 1995，para. 5.

[2] 张文贤. 会计理论创新. 北京：中国财政经济出版社，2002.

特色班级 特色管理
——职业中学班级管理办法初探

湖南省湘潭县第二职业中专 杨顺其

摘 要：班集体是教育的集体，是学生成长的重要园地，是初始化的社会群体。搞好班集体建设，能培养学生的集体观念和集体责任感、荣誉感。本文结合笔者从事职业教育教学与管理工作实践，探讨职业学校班级管理的问题。

关键词：班级 特色管理 赏识教育 特色班级形象

职业中学与普通高中最大的不同就在于其办学的主要目的是为社会培养、输送初级技术人才。因而中职学校中的专业设置也是丰富多彩的。职校的班级管理如能注意到与学生的专业相结合，注重专业班级的特色管理，将会收到事半功倍的效果。

一、实施班级特色管理的可行性

审视目前的职校班级管理模式，由于学生素质等原因，特别是在陈旧落后的教育观念思想的影响下，基本上未能摆脱以班主任为中心的管理方式。具体表现为：缺乏民主，班级的事情一切都由教师说了算，学生仅仅作为被管理者；管理机制成人化、僵化，很少考虑到每一个学生在班级管理中的主体地位、作用和需要；班级管理的目的是为了维持正常秩序，严重忽视学生发展的需要；评价机制单一，遵纪守法就行。因而，班集体缺乏个性和活力，学生在班级生活中处于被动地位，自主性和创造性受到压抑，缺乏主动精神。这对学生今后的发展、社会适应和成才等都可能带来极为不利的影响。

职校生是受教育群体中比较特殊的一类，从调查结果看，职校学生多数学习上自信心不足，学习基础薄弱，学习习惯较差，自制力不强，不够踏实；心理较脆弱，自尊心强，情绪易波动，偏激易冲动，个性强，有一定的表现欲；是非观念强，有自己对事物的看法和一定的是非鉴别观点，能预感到生存压力，寻求理解与开导；同时精力充沛，活动表现积极；在学校的日常学习、生活中，则表现为常犯纪律、厌学、精神萎靡不振等等。但是，不同专业的学生又呈现出不同的群体性格特征。旅游财会专业女生居多，生性活泼大方，爱说爱笑，具有语言方面的天赋，争强好胜，有优越感，文艺才能出众；电工电信专业男生大体上稍显内向、含蓄，集体荣誉感强，团结、合作、动手能力强；英语专业的学生文化基础相对较好，英语口语、写作、演讲是他们的强项，爱学习、勤动脑，言行举止有礼貌，是遵守校规校纪的典范。既然每个专业的学生都有不同的特点，这就使依据专业特色来管理班级成为可能。并且，通过班主任及学生的努力，完全可以形成一个具有鲜明"个性"的班集体，即形成自己的班级特色、学校的特色班级。

二、班级特色管理的具体实施方法

班级管理包括教师对班集体的管理和学生集体的自我管理两个密切相关的方面。伏契克说："生活是没有观众的。幕已经拉开。"每一个学生都是班级管理的主角，这里没有观众。班级管理就是通过班主任对班级集体活动关系和地位结构的管理，使班集体与每一个学生都拥有主体性发挥、发展的有利余地。因此，班级特色管理的过程，是一种特殊的主体性实践活动，是发挥学生主体作用，表现学生主体价值，锻炼多种能力，进行自我教育和创造，表现自己，张扬个性的舞台。班级特色管理应更多地关注学生主体的需要和主体性发展，形成自我特色，在校园中独树一帜，个性鲜明。

要使班级有特色，首先要在观念上更新班级概念，用发展的眼光来看待学生，用发展的眼光来看待班级。班集体作为一个学生集体，是一个正处于不断成长，具有自我个性发展需要和特点的主体，班集体建设不能按统一要求、统一模式简单地训练，而应通过班级管理机制、活动创新，不断地引导学生集体自我成长和发展，最终形成自己的班级特色。

(一) 寻找一种适合本班学生的管理机制

一种适合本班学生的班级管理机制，是一个能够充分发挥学生自主性、能动性、创造性的平台。学生成为集体真正的主人，主动参与和积极创新集体的生活，才是最理想的管理机制。例如，我所带的会计班，曾一度实行学生德育操行评分制度，委派各位班干负责学习、出勤、卫生等各方面的登记、打分，由班长每周统计各人的操行分并予以公布，做到奖罚分明。操行分数基本上反映了学生在校的学习、纪律等各方面的表现，是约束学生行为、鼓励学生上进的最有力工具。但一个学期下来，由于班干全权负责登记、评定操行分，难免有错漏或执法尺度不一、不够公正的现象，这引起了学生的极大不满，使班级内部的关系变得极为紧张。我找班干谈话，个个都说不想干了，吃力不讨好。如何解决这一问题呢？新学期，我通过召开学生民主讨论会，决定改变班级管理制度，实行值周班长轮值制。每周轮两位值周班长，全班同学都有一次当班长的机会，一是锻炼学生的自我管理、管理班级的能力，二是为了分担班干部的工作，弱化原任班干与同学间的摩擦。班上只设固定班干两名，即团支书和纪律委，负责团支部、考勤工作。对于值周班长，班级制定了详细的"值周班长工作职责"，奖惩分明，要求严格按班规办事，记录班级日志、累计操行分，负责本周一切班级事务。

通过实施值周班长轮值制，每一位学生都有了受重用、能表现的机会。作为班主任，我也有意识地多亲近值周班长，多与他们接触，委以重任，以弥补许多原来不是班干的学生心中的失落感，让许多学生体会到教师一直是关注他们的。有了教师的鼓励和同学的信任，大多数学生都有了长足的进步，提高了自主管理能力。一个学期下来，历任值周班长尽职尽责，能够自觉带领同学进行常规的班级管理、班级活动，我也相应减少了下班次数，而通过课间聊天、宿舍谈心等渠道了解值周班长的工作情况，检查到他们工作的不足就及时指出、督促改进，使学生有实践、提高的机会。我班的班级管理就由班主任、班干共管转变为学生自主管理，由于平衡了班级内部各方面的关系，管理效果反而更好了。

（二）让学生在班级管理中成长

力求在集体、社会中表现和确证自我价值是主体性发展的根本动力。每个学生都渴望成功，都希望自己在班内发挥作用，得到价值认可。以我所带会计班为例，学生在担任值周班长的过程中，受到很好的锻炼，班级特色管理也初见端倪。

由于值周班长要负责一周的事务，主题班会也就是其中的重头戏。我班在值周班长的带领之下组织了多次别开生面的主题班会。例如，开学初的学雷锋活动，按学校要求召开班会。当时的值周班长仿照"焦点访谈"的形式开展了访谈活动。她亲自担任主持，同学们围坐在一起谈论对雷锋的看法，谈学"雷锋月"的行动，教室里气氛融融，场面动人。在这样的活动中，学生普遍受到教育、受到震撼，开始学会考虑今后的打算和更长远的问题。经过组织多次这样有意义的主题班会，值周班长们受到了不同程度的锻炼，充分展示了个人的能力与才华，增强了自信心，同时在班级的威信也大增。

(三) 组织富有专业特色、班级特色的活动

班级活动是发展学生能力和个性特长的重要途径，也是培养学生集体感和个性主动性、创造性的舞台。针对会计班女生多、生性活泼、喜爱活动的特点，我与学生一道开展了许多结合专业知识、有利学生身心发展、大家积极参与的活动。

首先，将活动的主动权交给学生，让学生有自主活动和自由创造的空间，开展各种富有创造性的活动，积极倡导学生自主参与班级活动的模式，即由学生自主制定活动目的，自主设计活动方案，自行组织主持，自主参与活动，进行自主评价。如让学生自主组织和开展的以专业知识为依托的 IQ 大赛、元旦迎新会、学习经验交流会、说句心里话等活动，充分展示了学生的组织才能、专业才能，体现了班级特色。

其次，拓宽班级集体活动的空间。把班级活动向校外延伸，可以使学生在实践中增加才干，拓展集体教育的空间。如学生参加青年志愿者的活动，上街搞卫生、做环保宣传；暑假期间，班上学生积极参与社会实践活动，广泛接触了生活，接触了社会。在校外活动中，学生学有所用，发挥专长，深化了自我认识，拓展了自我教育、自我发展的空间，促进了主体性的全面发展。

三、独显赏识教育的魅力

采用赏识教育与后进生谈心，可以从其闪光点入手，以此作为谈话激励的中心，引导他拾自尊、自信，从而端正其纪律、学习态度。班里曾有这样一位后进生，他对学校的日常行为规范要求不加理会，常有迟到、缺课等违纪行为，导致班里周评比难夺得流动红旗，同学们对他恨之入骨。我找他谈话时，他摆出一副"天不怕地不怕"的样子，等着挨批。我对他说："坐下来，老师有话对你说。"他一脸疑惑地坐了下来。"老师当你们的班主任不久，对同学们还不了解，你能讲讲自己身上的优点吗？"

"我哪有优点,我身上全是缺点。""怎么会呢?我觉得你身上的优点挺多的。你乐于助人,善解人意……"我把开学以来寻找到的闪光点,一一讲了出来。听着听着,他的眼神从疑惑变为感动,竟然感动得哭了。原来,他因为成绩不好,人长得肥胖,许多同学便给他起绰号,骂他是大笨猪。他因此产生了逆反心理:通过违反纪律使班里得不到流动红旗来报复同学。我指出他这种想法、行为的错误,同时鼓励他别灰心消极,勇敢地面对自己的错误,用实际行动改变同学们的看法。他连连称是,决心痛改前非,重新做人。从此在我和班上同学的帮助下,他严格要求自己,积极上进,不断取得进步。

班干部是班集体的中坚、班集体建设的核心、班主任的得力助手。激发这部分学生的工作热情,注意培养并发挥其作用,是树立良好班风的关键。我的具体做法是:

首先,民主推选班干。在学生相互熟悉了解的基础上,班干采用先民主推举、后口头竞选、最后全班投票表决的方式产生。这样做有利于提高班干部的自信心:因为我优秀,故我当选。

其次,定期召开班干会。新班委产生后,我便定期召开班干会,鼓励他们:你们是班中最为优秀的同学,所以一定能起好带头作用。对班干做得好的地方进行表扬;做得不好的地方,我不是严厉批评,而是从正面指导其应该怎样做,使班干的工作能力逐渐提高,并保持对工作积极、热情。

再次,为班干树立威信。如果班干部工作出现差错,班主任若在同学面前对其批评将会大大挫伤班干部的自信心,也降低其在同学中的威信。所以,应私下批评班干。而对于班干的工作成果,班主任在班中要大加表扬,这有助于树立班干的威信。如获得流动红旗时,我便大力表扬班干对班级纪律、卫生等方面的管理,告诉学生:夺得红旗,班干们功不可没。当同学们信任班干时,他们便会团结在班干周围,服从班干的管理。

每周班会课时,我都对那些做了好事、为班级争得荣誉的学生进行表扬。这样做能给学生一种感觉:班里的好人好事真多,优秀的同学真多,我也应该为集体争光,从而激发学生对班集体的热爱和信心,增强班集体凝聚力。

"没有爱就没有教育。"同样可以说,"没有赏识就没有教育"。赏识源于发自内心地对学生的钟爱,对教育事业的挚爱。如果学会尊重、赏识自己的学生,便能走进学生的心灵,在班集体这一方沃土上培养出绚丽的花朵。

四、特色班级形象的建设工程

学生置身于班级之中,班级形象工程建设既是学生集体意识的表现,又是发挥学生主体创造性的重要途径,对学生主体性发展起着潜移默化的作用。在班级管理中,应注意在学校中树立自己班级的独特形象。

将班级作为一个品牌来建设,是特色班级形象建设工程的重要思路。在职业学校不同的专业中,如何体现自己的专业品牌,在同一专业中,如何体现自己的班级特色,是特色班级建设的重点。针对专业要求和班级实际情况,我将自己的班级设计为:全面发展、健康活泼的班集体,能充分表现自己、展示自己的特长和才华,具备会计专业要求的优雅仪态、沉稳细致,熟练掌握本专业技能,有较强的自控能力、辨识能力,有服务意识、竞争意识、合作意识,毕业后能胜任本专业工作并不断发展自己、提高自己。这一目标在班级建立之初就被提出来,并要求学生在校三年朝此方向努力。在许多校级的重大活动中,学生积极参与,向全校师生展示了会计班学生独特的风采。校级、市级许多大型舞蹈比赛,有我班学生婀娜的舞姿;校运会,女生云集的会计班健将辈出,在女子项目中摘金夺银;每年一度的专业技能大比武,班上涌现了点钞之星、珠算之星……这些技能明星将会计专业、本班级点缀得熠熠生辉。

马卡连柯说过，最主要的教育手段，就是良好的教师集体和组织完善的、统一的学生集体。建设特色班级，就是尽量满足学生的心理需要，激发学生学习的主体性，活跃学生的思维，开发学生的潜能。"特色管理"是一种手段，更是一种教育。良好的班级管理是形成优良校风、班风，培养优秀人才的基础。一切"管"都应关注学生素质的提高，重视发挥学生的主体作用，发扬学生的个性特长，认真落实到"育人"的效果上。

浅谈应收账款的管理

四川省江油市职业学校　杨　屏

摘　要：随着经济的不断发展，企业安全持续的发展显得尤为重要。在目前，有许多企业因未对应收账款采取有效的事前、事中和事后控制，导致企业的资金紧张，甚至陷入财务危机。为此，对企业应收账款的管理研究已迫在眉睫。本文将从应收账款的形成原因、应收账款管理的成本和应收账款管理的方法等方面对应收账款加以阐述。

关键词：应收账款　管理应收账款的成本　管理方法

作为企业资金管理的一项重要内容，应收账款管理直接影响到企业营运资金的周转和经济效益。数据显示，目前我国企业应收账款总量大约有 5.5 万亿元人民币，占企业总资产的 30% 左右，而大多数中小企业资产价值的 60% 以上是应收账款。国际知名信用保险及信用管理服务机构科法斯此前发布的《2009 年中国企业信用风险管理调查报告》显示：36.9% 的受访企业认为，买家逾期付款情况到 2010 年底都不会改善。因此，针对企业应收账款管理上可能存在的种种风险，结合企业自身的实际情况，如何管好、用好和盘活应收账款，从而加强资金安全，提高资金使用效率，防范经营风险，已成为企业不容忽视的重要问题。

一、应收账款形成的原因

应收账款是指企业在正常的生产经营过程中,由于销售商品或提供劳务而形成的债权。它是以商业信用为基础,债务人没有出具付款的书面承诺,因而账款的偿付缺乏法律约束力。可以说,加强应收账款管理,对提高资金使用率、降低经营风险具有十分重要的意义。造成企业应收账款居高不下的原因可以从两个方面来归纳:

一方面是企业外部原因。社会信用体系尚未建立。良好的社会信用是建立规范的社会主义市场经济秩序的保证,是社会主义市场经济健康发展的前提和保证。我国缺乏有效的社会信用监督机制,对违背信用的商户监管力度不够。法院对已生效的判决执行力度不够,加上地方保护主义的干扰,形成法律白条情况屡见不鲜,造成违约企业欠债有理、欠债有利可图的思想占据上风,也助长了一些企业欺诈行为的产生,破坏市场经济环境,恶意拖欠货款的思想在一定时期形成一股风气,见惯不怪已成为一种时尚,严重地破坏了社会的信用环境。

另一方面是由于企业自身的问题。企业领导不懂管理,制度虚设、监督失控,有许多企业的一把手不懂财务管理,从而造成企业财务管理意识淡薄、管理方法落后;或者没有健全的应收账款管理制度,财务部门与业务部门未能及时核对账目,从而使核算与销售相脱节的问题不能及时暴露,进而造成企业的应收账款始终居高不下,账龄老化,企业没有监控或失去控制;激励机制设计不合理,加剧了应收账款的形成,有些企业为了鼓励销售人员完成销售任务,往往将销售完成情况与工资报酬挂钩,而未将应收账款纳入考核体系,一些销售人员为了超额完成销售指标,往往采取赊销、回扣等手段强销商品,导致应收账款大幅度上升,而企业并未组织相关部门和经销人员全权负责追回货款,使得企业的应收账款大量沉积,给企业经营背上沉重包袱,影响了企业再生产的正常进行。从主观上我国企业管理者普遍只重销售,而忽视包括应收账款管理在内的内部管理,客观上他们对于应收账款管理无论是经验还是理论都十分缺乏。

市场竞争日益激烈,企业为了保留客户,对于信用状况较好者,通常给予一定的付款期,以扩大销售,增加了企业的销售收入和净利益,就是应收账款形成的一个重要原因。而赊销本身是有风险的,这种赊销风险就是企业应收账款风险形成的原因。

二、管理应收账款的成本

应收账款的发生,可以扩大企业产品销量,减少存货占用,降低存货管理成本,但同时要注意成本效益原则,即采用赊销所增加的收入必须超过为此所增加的管理应收账款的直接成本和间接成本,主要是指机会成本、管理成本、坏账成本。这主要体现在:

(一)管理成本

这是应收账款的间接成本,指企业对应收账款的全程管理所耗费的开支,包括对顾客的信用状况进行调查所需的费用、收集各种信用的费用、催收账款的费用以及其他用于应收账款的管理费用。

(二)坏账成本

这是应收账款的直接成本,指由于应收账款不能按时收回发生坏账而给企业造成的损失。坏账损失的大小取决于社会一般经济状况和企业的信用政策,在经济繁荣时期,坏账比较少;经济危机时期,大多企业不景气,坏账比较多。如果企业的信用政策比较宽松,会增加销货额,同时也会增加坏账损失;信用政策比较严格,坏账损失少,但会减少企业的销货额。因此,制定合理的信用政策是企业财务管理的重要内容。坏账损失的确认有两个条件：一是债务单位撤销，依法清偿后确实无法追加的部分；二是债务人死亡，以其遗产清偿后不能收回的部分。现行工业企业财务制度在此基础上还增加了债务人逾期未履行债务超过三年确实不能收回的应收账款。

（三）机会成本

它是指企业由于投放占用于应收账款而放弃的投资于其他方面的收益。作为企业用于强化竞争、扩大市场占有率的一项短期投资占用，明显丧失了该部分资金投入证券市场及其他方面的收入。企业用于维持赊销业务所需要的资金乘以市场资金成本率（一般可按有价证券利息率），便可得出应收账款的机会成本。例如，某企业应收账款年平均占用额为1 000万元，同期资金市场的利率为10%，则机会成本就是100万元。

（四）资金成本

它是指企业筹集和使用资金而所付出的代价。应收账款的资金成本主要体现为因应收账款拖欠而造成的利息成本，以及因应收账款长期被客户占用，企业不得不增加借款而增加的利息支出。

三、加强应收账款管理的方法

应收账款作为流动资产的一部分，着重强调提高其流动性，促使应收账款尽快收回，实现应收账款向现金的快速和足额的转换。为了减少或降低应收账款风险，加速企业资金周转，提高资金使用效率，企业必须采取相应的对策，建立有效的管理模式，加强对应收账款风险的防范与控制。

（一）完善应收账管理制度，严抓核准控制

企业必须重视应收账款管理制度建设，建立健全应收账款监督、控制等管理体系；对于企业的每项应收账款的发生都有专人负责规划、审查及回收。应收账款的内部监督控制要贯穿事前、事中和事后全过程，严格应收账款发生的程序，避免产生过多的经营风险。特别是核准阶段，赊销业务必须经企业负责人或授权核准的人员核准才能签订销货合同。实施恰当的核准程序，能尽可能地减少差错的发生。

（二）制订赊销计划，做好资信调查控制

确定赊销客户之前，要建立客户资信调查评估制度，科学评估客户的资信程度，为保证货款能按期收回，在决定货款的结算方式时，必须以购货方的财务信用为依据。企业应重视对往来客户资信程度的评估，并利用计算机建立有关档案管理系统，选择重点客户、长期合作客户作为重点评估对象，通过各种渠道如银行等了解和确定客户的信用等级，然后决定是否向客户提供商业信用及赊销限额。

（三）财会部门要随时监控应收账款的变动状况，及时清欠货款控制

向决策层传递应收账款的动态信息，出具应收账款账龄分析表；财会部门要定期会同业务部门对应收账款的对方单位定时发送询证函，核实应收账款的真实性、完整性并确保诉讼的时效性，对于欠款逾期未还或欠款额度加大，应通知相关部门停止供货。注意应收账款入账前的有关票据、凭证的审核，并且不能忽略销售退回和销售折扣与折让时应收账款的变化，保证应收账款账户正确的记录。

（四）结合销售指标考核，建立应收账款的业绩考核体系

有很多企业是采用的传统应收账款管理方法，销售和财务是分开的，没有人明确自己的职责，导致管理真空，应收账款无人管理，产生大量的拖欠和呆账、坏账。为防止销售人员片面追求完成销售任务而强销、盲销，企业应在内部明确追讨应收账款不是财务人员而是销售人员的责任。同时，制订严格的资金回款考核制度，以实际收到货款数作为销售部门的考核指标，每个销售

人员必须对每一项销售业务从签订合同到回收资金全过程负责。坚持"谁经办、谁催收、谁负责"的原则，做到人员、岗位、责任三落实，在经办人、责任人调离换岗时，应向部门主管报告清欠工作进展情况，这样就可使销售人员明确风险意识，加强货款的回收。

（五）追踪应收账款账龄

一般而言，客户拖欠款项时间越长，账款催收的难度越大，成为呆坏账的可能性也就越高。公司必须做好应收账款的账龄分析，密切注意应收账款的回收进度和出现的变化。在应收账款的账龄结构分析中，公司财务管理人员要把过期债权款项纳入工作重点。随时掌握以下信息：即有多少客户在折扣期限内付款；有多少客户在信用期限内付款；有多少客户在信用期限过后才付款；有多少客户拖欠太久可能会成为坏账。如果账龄分析显示公司的应收账款的账龄开始延长或者过期账户所占比例逐渐增加，那么就必须及时采取措施，调整公司信用政策，努力提高应收账款的收现效率。对尚未到期的应收账款，也不能放松监督，以防发生新的拖欠。

（六）建立健全公司机构内部监控制度

应收账款的监控体系应包括赊销的发生、收账、逾期风险预警等各个环节。财务部门对应收账款的分析管理，计提坏账准备金，计入当期费用。信用部门和销售部门进行应收账款跟踪管理服务，在工作中信用部门和销售部门要互相配合，分清各自在跟踪服务中的职责，达到相互监督相互促进，提高应收账款回收率，促进企业销售的目的。同时发挥内部审计的监督作用，不断完善监控体系，改善内控制度；检查内控制度的执行情况，检查有无异常应收账款现象，有无重大差错、玩忽职守、内部舞弊、故意不收回账款等情况，确保应收账款的回收。

(七) 采取合理的收账政策

公司在回收账款前,应该拟定好收账策略,逐步进行账款的回收,尽量做到既收回账款又不影响与客户之间的关系。针对不同的客户,公司需要采取相应不同的收账政策。对于信用较差有恶意拖欠货款的客户,公司催收账款时态度要坚决。如果催收失败,可以诉诸法律。在账款回收后,停止对其进行信用赊销。而对于信用记录一向较好的客户,公司尽量与其协商解决,妥善友好地解决货款问题。制定收账政策就是要在增加收账费用与减少坏账损失、减少应收账款机会成本之间进行权衡。

总之,上述"核准"和"及时清欠"两个控制电位关键控制点,"核准"是控制应收账款形成的源头,把住这一控制点,可以防止不良债权的形成;"及时清欠"可以是已经形成的应收款或存在问题的应收款能及时催收,促使应收款尽早收回。经营部门应树立全新的营销观念,加强客户信用管理,明确有关部门和人员职责;财务部门应加强监督,确保内部控制制度的有效实施,使企业应收账款的风险降低到最低程度。

参考文献:

[1]王书力. 内部会计控制实务与案例. 北京:中国物价出版社,2002.

[2]袁秀兰. 当前企业应收账款管理的现状与对策. 会计之友,2005(5).

[3]李清祖. 强化企业应收账账款的日常管理. 商业会计,2005(7).

[4]赵改玲. 对中小型企业加强财务信用管理的探讨. 经济问题,2005(8).

怎样在会计教学中提高学生学习兴趣

湖南省洞口县第一职业中学 杨 静

摘 要：会计专业学生往往觉得会计课程枯燥乏味，理论深奥，缺乏感性认识，兴致索然，甚至厌烦。本文从职业学校学生学习的基础状况出发，通过理论讲授、案例等教学方式，结合职业教育特点，分析、探索提高学生学习兴趣和热情的途径。

关键词：会计教学 学习兴趣 途径

随着我国国民经济持续快速地发展，国家对职业教育投入力度的加大，职业教育也迎来了新的发展机遇。但职业学校学生由于各种原因大多数学习基础不扎实，学习兴趣不高，尤其是会计专业学生往往觉得会计课程枯燥乏味，理论深奥，缺乏感性认识，致使学生对会计专业课兴致索然，甚至厌烦。要改变这种现状，提高学生学习的积极性和热情，实现教育目标，为社会发展培养出所需要的人才。根据笔者的教学感受，在中职会计教学中可以尝试从以下几个方面着手。

一、通过榜样的作用，激发学生学习会计的直接兴趣

直接兴趣是由于对事物本身或活动本身感到需要而引起的兴趣。在接任新班的会计教学时，第一节课，我不急于讲授新课，而是树立学生的信心，打消学生学习的疑虑，可以介绍以往学生学习这门功课的经验和奋斗史，为他们提供借鉴和参考；世界500强企业中的首席执行官中大约有29%的教育背景是会计专

业，有35％的人是由财务执行官升任的。榜样的力量是伟大的，也是有说服力的，可以通过这一系列的例子来激发学生学习会计的直接兴趣。接着，我再让他们亲口说说会计在日常生活中如何与我们息息相关？通过热烈的讨论，再次激起了学生对会计的直接兴趣，为今后认真学习会计迈出了坚实的第一步。

二、精心设计教学过程，激发学生的学习兴趣

（一）教学前，创设情趣

导入要讲究趣味性、启发性，要有吸引力。如果教师在教前能精心设计好教学，使学生既轻松自然又饶有趣味地进入学习情境，就可以从一开始就把学生的心像磁铁一样牢牢吸住，起到先声夺人和事半功倍的效果。如在"现金的核算"这节内容时，为了活跃课堂气氛，我艺术地采用了投石问路的教学方法，首先问道："谁知道企业现金是如何管理的？你的现金又是如何管理及收付的？"问题刚一提出，学生便争相发言，为下面讲授新课创造了良好的课堂氛围，投入到愉快的学习活动中。

（二）教学中，激发兴趣

我在课堂中组织以"以思导学"、"以情引学"、"以练展学"的教学活动，让学生在思考、解惑和练习中获取知识，强化学习兴趣，提高自己的创新意识和创新能力。如在原始凭证的填制和审核、记账凭证的填制和审核、会计账簿的登记、会计报表的编制时，要在讲解完基础理论知识后，让学生自己到模拟实验室进行操作，通过自己的摸爬滚打，把课堂上学到的知识，亲自参与有机地结合起来。同时，我们要把学生遇到的问题进行总结，组织学生一起讨论解决，让学生在实践中把疑问一个一个地吃透和掌握。这样，不仅提高了学生学习的兴趣，使理论与实践接轨，还提高了学生的动手能力。

在会计专业课程教学中，可根据教学内容适当穿插一些案例教学,尤其是对会计一般原则的理解和运用,案例具有重要的意义,这就需要教师广泛查阅资料,寻找合适的案例。如在讲授会计人员岗位职责时,要教育学生坚持国家法律法规和财经制度,依法办事,严格规范职业行为,不做违法乱纪的事。可引用现实生活中案例,某出纳利用自己职务之便,挪用单位十几万元给男朋友炒股票,结果身陷囹圄。通过实际案例既教育学生认识到会计工作的严肃性、重要性,又促使学生去思考,启发学生的思维活动。在讨论中锻炼学生的胆量和口头表达能力,不仅使学生从枯燥乏味的理论知识中走出来,还可以激发学生学习热情,使学生从"不怕学"到"愿意学",由被动变主动,往往获得意想不到的效果。

(三)教学后,增强兴趣

"温故而知新",学习新知识后,我总是及时对已讲的内容进行总结和复习,使学生加深记忆。因此,在每一堂课结束前要让学生仍保持兴趣,掌握课堂要点,这要求教师设计课堂教学的结尾时,使结尾与开场前后衔接,成为新旧知识的纽带,把整个教学过程联系起来。比如我在教完应交税金时,是这样启发学生思考的:如果你是企业的会计人员,你会怎样申报与缴纳主要税种呢?这样大大激发了学生深入思考的积极性,为以后会计知识的学习起到了很好的铺垫作用。

三、教学灵活,形式多样,充分调动学生的积极性

(一)化难为易,把枯燥的内容变得生动有趣

在教学中将现实生活中与会计问题相关的成语、故事、比喻、小笑话、典故等引入课本,将课本中复杂、深奥的会计哲理、会计术语同现实生活相联系。比如,在讲"资产"的概念时就用"巧妇难为无米之炊"来比喻资产的重要性;在讲"负债"的概念时就用生活中的"拉饥荒"来比喻负债;在讲"商

业汇票"时用"借条"比喻商业汇票,把给人家打借条叫"应付票据",收到别人的借条叫"应收票据",用"借鸡下蛋卖蛋还钱"来比喻"融资租赁";在讲"利润的形成和利润的分配"时,把企业利润的形成过程形容为"做蛋糕",把企业的利润分配过程形容为"切蛋糕"等等。总之,通过会计问题生活化不仅做到了教学通俗易懂、易学易会之目的,而且活跃了课堂气氛,激发了学生的积极性,收到了较好的教学效果。

(二)灵活运用多种教学方法,进一步培养学生的学习兴趣

例如,在讲授"会计凭证和会计账簿"时,可以通过网络搜集资料、制作课件和解说,形象地把所讲内容显示出来,全面调动学生视、听、说、手、脑等,丰富学生的视听感觉,使学生积极思维,激发学生的学习热情。在讲授"会计核算程序"时,也可以根据核算程序中的几个环节编制课件,通过多媒体课件演示会计核算过程,使学生对会计工作有一个初步的了解,再到系统、全面认识会计工作。教师讲授起来轻松,学生学习起来也方便。

(三)让学生感受成功的喜悦,增强学习的兴趣

学习兴趣与成绩之间是密切相关的。学生由于学习兴趣进而取得了好成绩,强化了学习兴趣,使兴趣产生了更大效能,就能为学习提供更强的推动力量。我们可以根据学生特点由3~5人组成一个小组,让他们互帮互学,对学习中的问题随时展开讨论,提高学习效果。如在学习会计科目表时,可互相默写会计科目;进行账务处理时,互相检查会计分录正确与否;学习会计核算程序时,可明确分工共同完成。这种分组分享教学法使学生在学习时不会感到孤独,能取人之长补己之短,提高学习的积极性。

四、注意课堂教学的艺术性,吸引学生学习

教师的主要职责是"传道、授业、解惑","传道、授业、解惑"的方式方法直接影响着教学效果的好坏,而学生对某一专业、某一门课程的兴趣高、低与教师的授课方式、艺术性也有一定的关系。教师除讲授清、讲授完教学内容外,还要注意教学的艺术性,在教学组织、教学环节、教学语言的运用上精心设计。俗话说:话有三说,看你说的妙不妙。同样的道理,教学方式、艺术性如何,可以通过学生的反应体现出来。一节课能吸引学生去听、去学,逐渐地学生才会产生兴趣,进而热爱学习。作为教师,不只要传授知识,还要注意知识传授过程中艺术性的运用和发挥,使学生在学习过程中轻松学习,享受学习,在学习中得到快乐和满足。

五、师生沟通情感,培养兴趣

在会计教学中,师生之间的情感是十分重要的。只有师生间的情感发生共鸣,教学互动、教学效果和课堂效益才能达到最优化。因此,在教学中,教师要充分利用情感调控。为调控学生情感,激发学生学习会计的兴趣,我们应该让会计课堂教学的每个环节都充满对学生的理解、尊重和希望,体现民主与平等的教学意识;同时,我们教师要从多方面去关心学生,与学生进行角色置换,站在学生的位置上,设身处地去体验、理解学生的各种感受,以真诚的爱唤起学生的情感共鸣。这样,师生之间容易沟通思想感情,学生易于接受教师的教育,从而达到提高学生兴趣和教学效果的目的。

总之,学以致用是会计教学的一个原则,我们要坚持以人为本,根据学生的具体情况,针对不同的教学内容,适时调整教学策略和手段,让学生在有限的时间掌握更多的知识,为社会培养高素质的人才,从而走出一条具有中职特色的教学之路。

参考文献:

[1]〔美〕布鲁纳. 教育过程. 邵瑞珍,译. 深圳:文化教育出版社,1982.

[2]潘菽. 教育心理学. 上海:华东师范大学出版社,1980.

中职学校会计专业实践教学的改进

广西钦州商贸学校 杨 丹

摘 要：实践教学是中职学校会计专业教学的一个重要环节，在其整体专业教学中占据无可替代的重要地位。随着市场经济的发展，社会对会计人员综合素质的要求越来越高，培养出符合社会需要的实用型会计技术人才，是摆在我们中职会计教师面前的一个非常现实而迫切的问题。在新形势下应面对各种困难，积极探索多种实现形式，采取适应新形势下的实践教学内容、教学手段，以提高学生实际操作能力，提高会计专业教学水平，也是办好中等职业学校的会计教育，促进会计理论水平的提高，实现中职会计专业培养目标的关键。

关键词：会计专业 实践教学 改进

会计是一门技术性较强的经济管理应用学科，实践性教学是必不可少的内容。传统的会计实践性教学形式单一，技术手段落后，而且仅仅停留在会计核算这一环节上，这种实践性教学与新时期要求培养"能力强、素质高、富有创新精神"的会计专业人才的目标是不相适应的。笔者根据中职学校会计专业教学的特点，结合自己的实践，对会计专业实践性教学的改进作了一些探讨。

一、中职学校会计专业实践性教学改进的几点思路

（一）运用现代化教学手段和方法

这里所强调的现代化教学手段和方法是指以教育思想的转变和先进科学技术的运用为特征，在强调教学"硬件"现代化的同时，也强调教学主体（教育者）思想现代化。只有将现代化的管理思想和先进、科学的教学设备结合起来，才能最大限度在实践性教学中发挥作用。强调运用现代化的教学手段和方法并不是对传统的教学手段和方法的否定，而是要求做到传统教学手段和方法与现代化教学手段和方法的有机结合。

（二）应贯穿于整个会计教学活动

传统的会计实践性教学，就其形式一般是指各种校内实训和校外生产实习，其目的主要在于理论联系实际，培养学生的实际动手能力。会计由于其学科的特殊性，使许多中职学校在实践性教学或实习实训的组织安排上尚不能形成一个完整的体系。如校内实习实训，由于各种理论知识的脱节和实习实训条件的限制，使实践性教学内容显得单一，或没有很好地联系结合。有些学校在实践教学中只重视会计核算方面的实训，有的学校则根据理论内容的顺序来安排实训；这学期上到了会计就安排会计实训，下学期上到了财务管理再安排财务管理实训。其实这两种组织方式都不能达到实践性教学系统性、完整性的要求，从而导致许多学生毕业后很难达到在会计岗位上熟悉各种业务、独当一面的结果。

会计实践性教学在时间安排上往往采用课间分散实训和毕业前一学期或一学年集中实习两种形式。课间实训一般根据课堂讲解的理论知识通过练习、实验的形式来验证一下，由于时间较短，学生在操作过程中也很难从真正意义上掌握实践技能。如在会计核算的操作上，往往是教师用文字罗列一些经济业务，让学

生根据这些业务做会计分录,或由学生自己编制一些简单的会计凭证进行核算流程操作演练。这样学生对会计核算的整个程序实际上还只是一个理性上的了解,不能做到真正感性上的认识。再者,根据课堂内容做的一些分散实训,由于内容的独立性,很难将前后过程紧密地联系起来。

校外集中实习是学生理论联系实践、提升实践技能的最好途径。而许多学校都把校外生产实习安排在毕业前一学期或一学年进行,这样设计的初衷也是想让学生在实践的同时能逐渐落实今后的工作单位,但与中职学校培养能力强、素质高、富有创新精神的会计人才是不相符的。应把实践性教学作为一种基本的教学手段贯穿于人才培养的全过程,真正做到校内与校外、课堂内与课堂外、日常教学活动与测试检查实际操作比赛相结合等,认真拟订方案,因材施教,付诸教学的每个环节。

(三) 与各专业课同步开展实践性教学

时常有这样一种认为,实践性教学主要是针对计算机、美术设计、市场营销或电子商务等专业课程,会计专业只要掌握课本当中的理论知识,多做些课堂练习就没问题了。其实这种理解是片面性的,除了以上课程外,会计与其他专业课如统计、法律、证券、金融、税收等课程一样,根据其自身的特点和规律采用不同的实践性教学方式。只有重视开展实践性教学活动,才能真正发挥中职会计教学的优势,培养社会所需要的符合中职培养目标的会计人才。

二、中职学校会计专业实践性教学形式

会计实践性教学应包括以下几个方面,即演示教学、案例教学、单元练习、模拟实习、校外生产实习、社会调查、项目设计等。现分述如下:

(一)演示教学

这是一种通过现代化的教学手段演示和解说实务操作过程的实践性教学形式,如幻灯演示教学、电视录像演示教学、多媒体教学软件演示教学等。这种方式一般与日常课堂教学活动结合运用,以帮助学生对所学(或即将学)的知识建立感性认识,并为进一步的学习打下基础。这种方式可根据教学需要安排在课堂教学之前、之中或之后。它有利于增加课堂教学容量,压缩课堂教学时间,增强学生学习兴趣,大大提高教学内容的直观性和可理解性,提高教学效果。

(二)案例教学

这是一种在教学过程中学生围绕某教学案例,综合运用所学知识与方法对其进行分析、推理,提出解决方案,并在师生之间、同学之间进行探讨、交流的实践性教学形式,如商业会计、财务管理、审计学等课程均可采用此种教学形式。案例教学的关键在于案例设计,要求案例来自实践,同时又要经过加工提炼。案例应尽可能多地包含各方面的信息资料,包括直接和间接、确定和不确定的资料,且答案应是多元的。另外,案例教学能改变学生被动、消极地接受知识的状况,通过让学生自己分析问题和解决问题的方式,培养学生主动学习、独立思考、综合分析和创造性地解决问题的能力。

(三)单元练习

这是一种在完成课程某一单元教学内容后所进行的阶段性实务训练的实践性教学形式。单元练习是为课堂教学内容服务的,在内容设计上应系统地反映本单元的教学内容,使学生能理论联系实际,完整、系统地掌握本单元的教学内容;练习中既要有确定解的问题,也要考虑能反映复杂多变的现实情况并有多个解的问题,以培养学生充分运用提供的资料全面思考问题、发现问题并提出多元化解决方法的能力;要考虑不局限于某一单元的综合问题,以培养学生利用本课程已学知识,甚至其他前导课程的知识、方法解决问题的能力。

(四)校内模拟实习

这是一种在校内实验室进行的以一个企业一个生产经营周期的基本业务以及前期的有关资料为基础,通过一整套真实的会计凭证、账簿、报表,模拟企业财会部门会计实务处理的实践性教学形式。校内模拟实习的关键是实习资料的仿真性和内容的完整性以及对模拟实习的指导和考核。从模拟实习内容上看,不仅包括会计核算,还应包括财务管理和财务分析;从实习手段上看,既要进行手工模拟实习,又要进行电算化模拟实习,一般先进行手工模拟实习,后进行电算化模拟实习。校内模拟实习,其目的在于培养学生根据会计学的基本原理和方法进行实务操作的适应能力和执业判断能力。

(五)校外生产实习

这是一种直接让学生到校外实习基地跟班或顶班参加会计实务工作的实践性教学形式。校外实习一般属岗前练兵,是教学环节不可缺少的重要组成部分,它属于综合性实习,其实习内容涉及广,包括会计核算、财务管理、审计、税收、金融等方面的业务。除此之外,通过校外实习,还可锻炼学生语言表达能力、社会交往能力、团结协作能力等。校外实习的目的主要是对学生综合能力和素质的锻炼和培养。

(六)社会调查

这是一种利用假期或校外实习机会或特定安排一定时间开展多种形式的专题调查,并撰写专题报告的实践性教学形式。社会调查一般由学生独立完成,调查的内容和形式也可由学生自主选择,学校和教师主要做好组织、动员和事后的交流、检查工作。社会调查是学生深入实际了解社会获取信息的有效途径,是对学生理论联系实际和观察、分析、表达、交际、合作及解决现实问题能力的培养。

(七) 项目设计

这是一种让学生综合运用所学知识和方法,亲自动手,完成某一实际或模拟系统(项目)设计,并撰写设计报告的实践性教学形式。如根据会计原则对某些特殊业务进行确认、计量,并设计会计科目、会计核算程序和方法;根据国家有关方针、政策、法律、法规和企业管理的需要设计会计制度、财务制度、企业内部控制制度;对商品化会计软件进行修改、完善和对某一模块进行开发等。项目设计可以一人独立完成,也可以一个项目小组完成;可以在校内完成,也可以与企业联合完成。教师一般只提出目标和要求,不要有固定的模式和答案。

三、结束语

当前,我国中职学校会计专业实践教学存在很多缺陷,如实践教学未被重视;缺乏系统、实用的模拟实训教材及实践教学基地;实践教学指导师资缺乏;实践性教学缺乏有效的质量评价标准;实践教学方式不能适应现代职业教育改革需求等等,是导致会计专业学生动手能力"差"的主要原因。我们要深化中职会计专业教学改革,关键在于进一步转变教育思想,更新教学观念,树立以培养应用型技术人才为目标的新观念,构建教学新体系,探索适合中职教育的教学模式。通过改革课程体系设置,凸显实践教学的主体地位,及时关注国内外会计发展方向,更新实践教学资料,加强研究与实施"产学结合"办学模式,建立与实践要求相适应的实践教学基地,多途径培养"双师型"实践教学师资,建立有效的实践考核机制措施等等。

实践性教学是中职会计专业教学环节的重中之重,是中职教育的特色所在。我们要充分发挥实践性教学是中职教育教学过程中的主要环节和精髓所在,在中职学校人才培养过程中,应不断强化、创新实践教学,使其更加科学、规范,从而促进中职学校会计专业教学的健康发展。

参考文献:

[1]黄英.试论会计教学中的情景教学.职业教育研究,2005(10).

[2]王雪飞.关于高校会计学科实践性教学的研究.职业教育研究,2005(11).

[3]娄迎春.浅谈计算机与会计教学的整合.职业教育研究,2005(11).

[4]徐丹琦.中职会计简化式技能教学初探.职业教育研究,2005(9).

工业会计手工模拟教学难点突破

湖北省武汉市财政学校 杨 超

摘 要: 会计是一门实践性、技术性强的学科,学习会计的最终目的是在掌握会计理论的基础上,胜任会计实际工作。达到以上目的必须有一定量的实践做基础,会计模拟实习正是会计教学中实践环节的重要组成部分。

关键词: 会计模拟 教学 难点突破

工业会计模拟实习是在会计教学中,为做到理论联系实际,培养学生动手操作能力而组织的专门训练。通过在校建立会计模拟实验室,把企业财务部门的业务活动浓缩于事先设计好的会计模拟实习资料之中,在进行写、算、做三项基本功的独立操作的同时获得知识和能力,巩固学习内容,掌握基本技能,提高工作能力,培养学生严谨的科学态度和求实精神,为学生毕业走上工作岗位后缩短"适应期"、胜任工作任务奠定基础。由于本课程是近几年在各职业院校内兴起的一门新兴课程,因此,在教学上难免存在着一些问题及困难,现就如何指导学生做好综合模拟实习,突破教学中的难点,谈几点想法。

一、选择合适的综合模拟实习教材,贴近实际工作

现在很多学校所采用的会计模拟实习教材,主要存在以下两个问题:一是不够贴近实际工作,有些教材不选用真实的记账凭证、会计账页,以表格代替记账凭证,原始凭证也不能单独裁下

来,导致记账凭证后面不能附原始凭证,会计凭证不能单独装订成册,学生尽管已经模拟实习过了,但在填制真实的会计凭证、会计账页时仍会存在填写错误。二是教材修订不够及时。近几年我国会计制度在不断改革、完善,而有些教材仍未修订,不利于学生按新会计制度进行账务处理。例如,我校现行教材为中国财政经济出版社出版的《会计模拟实训》,该教材贴近实际工作、账务处理程序完整、业务类型丰富全面、配套资料完善,是一本不可多得的好教材。我们组织实习时应采用最新修订的教材,并一律采用真实的会计账簿,保证了学生模拟实习与实际操作相联系,便于掌握会计基础工作的技能,为以后的工作打下基础。

二、建立模拟实验室,给学生一个初步的感性认识

模拟实习室既是学生进行会计模拟实习的场所,也是学生了解会计工作、认识会计工作的场所,除配备必要的手工操作所需的各种会计用具(如模拟实习资料、财会记账文具等)外,还应陈列有关的会计资料,主要内容有《会计法》、《会计基础工作规范》、《企业会计制度》,分行业的财务制度、会计凭证、会计账簿、会计报表等,以及部分图表(如会计机构、会计岗位设置图,会计业务流程图等)。对《会计基础工作规范》,除了逐条以文列示外,还要配以各种会计实物资料进行解释和说明,如规范的各种类型的原始凭证、记账凭证和账簿,让学生进入实验室后,首先对一些财经法规、会计工作的基本内容产生初步的感性认识。

目前在很多院校都设有会计模拟实验室,大致有两种设置方法。第一种是不分岗位,学生在实习时,仅仅在每一组设置一个会计主管,负责审核会计凭证和账簿,每个座位上所需的会计用品,如公章、科目章等等一应俱全,教室内设有投影机、复印机、装订机、电脑等设备。这种设置方法的优点在于学生可以全面系统连续的练习,其不足之处在于学生对会计分工认识模糊,仅靠教师在课堂上强调。第二种是分岗位,将学生分为几大组,如材料组、工资组、往来组、综合组、出纳组等,并且每一组设置一个主管、配备一台电脑,使手工操作与电算化操作相结合。这种设置方法的优点在于分工明确,学生可以分类系统练习,模拟真实的凭证传递过程,可以与电算化结合,仿真性强。但这种方法在操作上的难度较大,各方面要求较高。首先,教材要配套,业务要按分组情况分别列出,并且各组业务量要相当;其次,操作时仅一位老师可能是不够的;再次,在实习开始之前教师必须把所有的业务讲完,才能使各组学生同时开始工作。以上方法各有利弊,各校应结合情况来进行设置和改进。

三、做好具体操作辅导,突破教学难点

(一)精心备课

会计模拟课程有它的特殊性,教师要指导学生操作,必须自己亲自动手操作,在上课之前完整地完成一套账,才能发现问题,才能在辅导中掌握重点,突出难点,有的放矢,使学生在操作中少走弯路。

(二)注意与专业理论课程的衔接

"会计模拟"是在学生学习了"基础会计"、"财务会计"、"成本会计"以后开设的课程,应该说学生已经完全具备了相关的理论知识。如在实际教学中,我发现很多业务如果用理论课出会计分录题的方式出,学生就能很准确地做出凭证,而一旦只给出原始凭证,由学生自己分析是什么业务时,往往学生很难看懂题。又如,如果学生回答科目汇总表循环形式的程序时,一般学生稍作回忆都可以正确回答,但当账簿和凭证放在学生面前时,有的学生甚至连哪个是账、哪个是凭证都分不清。这暴露出来的种种问题表明,我们在会计日常的教学中过于理论化,将原本生

动的实务工作，变成了一本本作业和一张张试卷，强加于学生。因此，会计模拟课程与理论课的结合还有待于一系列的教学改革来进行完善，才能让会计真正的生动起来。

(三) 熟悉操作要求

会计模拟在操作上是非常复杂的，表现在教材的使用方法、用品的准备等各个方面，所以在动手操作前，一定要将这些问题向学生一一强调清楚。第一，教材的使用方法。我校会计模拟的教材在使用上仿真性很强，学生有两本教材，一本是双面印刷，一本是单面印刷。我在操作前会告诉学生，双面印刷的教材用于记笔记，单面印刷的教材前半本是各业务的外来原始凭证，后半本是各种需要本单位填制的凭证和会计报表，这一本是专门供学生裁下原始凭证和会计报表的，模拟完成后，单面印刷的教材就没有了。通过这些讲解，不仅可以使学生明确两本教材的使用方法，更可以通过一定的激励，激发学生学习的兴趣和动力。另外，会计模拟实习所需要的会计用品也比较多，如胶水、剪刀、尺、红笔、夹子、资料袋、图章等，而这些用品是每次课都要用的，如果有的学生没带，上课互相借用，会严重影响课堂纪律和教学效果。因此，我们应在课前注意完善大量的细节工作，以保证课堂教学的顺利进行。

(四) 汇总和分类各种原始凭证的填制和传递方法

会计模拟所涉及的原始凭证是很多的，而各种凭证的传递方法又极为复杂，通过实际教学，我发现这一点几乎是所有学生最头疼的一点，所以如何解决这一问题成为现在会计模拟教学中的一大难题。我在教学中采用的汇总和分类的方法将原始凭证的填制和传递以表格的形式全部列出，上课前发放给学生，在做业务时，要求学生自己查询，然后予以讲解。通过反复多次的练习和提问，大多数学生经过一段时间后，可以熟练地掌握各种原始凭证的填制和传递方法，起到了比较好的教学效果。以增值税专用

发票和银行承兑汇票为例,如下表:

增值税专用发票和银行承兑汇票表

银行承兑汇票	银行承兑汇票一式四联,第一联(卡片),第二联,联行往账付出传票,第三联解讫通知,第四联签发人存查。
开出	第一联送交开户银行,第二联送交客户,第三联送交客户,第四联记账凭证附件。
收到	第二、三联送交银行贴现,另填写贴现凭证;不需贴现时另行保管。
增值税专用发票	增值税专用发票一般分为四联,第一联是存根联,第二联是发票联,第三联为抵扣联,第四联为记账联。
开出	第一联留存备查,第二、三联送交客户,第四联记账。
收到	第二联记账,第三联交税务机关抵扣税款。

(五)写出实习报告,并记入总成绩

针对模拟实习中存在的问题,通过几年的摸索和总结,我认为进行操作后,让学生写出实习报告,可以弥补模拟实习中的一些不足。经过几次实践,这样的做法确实在保证实习质量上起到了很大的作用。

首先,实习报告是学生对模拟实习工作进行的自我总结,能加深他们对整个会计工作过程的认识和了解。在总结经验的同时,也可对实习中出现的问题或者不足进行自我检查,巩固会计理论知识,避免了边学边忘、丢三落四的现象。

其次,在上课前就提出写实习报告的要求,能促使他们观察、思考,避免埋头做账。如果抄袭或由别人"代劳"的,就不熟悉实习资料，不熟悉有关数据的来源、计算方法、程序，也就不能写出实习报告。只有亲自动手、动脑，才能把所学的理论灵活地运用到实际中去；在提高操作水平的同时，也提高了理论水平。

再次，对事物的正确认识，往往需要经过由实践到认识、由认识到实践的多次反复过程，会计的学习也不例外。对会计理论的学习，是学生理性认识阶段，是在接受前人总结的经验和教训的基础上，完成认识过程的第一个飞跃。进行模拟操作实习，是把所学的理论知识运用于实践，即理性认识到感性认识。这是完成认识过程的第二次飞跃。而实习报告则是对实践的再总结，是从实践又回到认识中，它符合辩证唯物主义的认识论，即实践、认识、再实践、再认识的认识规律。通过理论到实践，再从实践到理论的过程，促使学生对会计的理论、方法的理解更清楚、更深刻、更透彻。

综上所述，会计模拟实习是会计教学的一个重要组成部分，是理论与实际结合的关键环节，为了让学生更好地学习会计知识，掌握会计实际操作方法，会计模拟实习必不可少。同时，结合目前中等职业学校的就业形势，专业技能扎实的学生深受企业欢迎，合理安排会计模拟实习，让学生能够学以致用，为学生今后走上会计岗位打好了基础。

参考文献：
[1] 职教论坛，2002(12).
[2] 财会月刊，2001(4).

浅谈会计电算化下会计核算方法的发展和变化

四川省凉山民族师范学校 邹雪松

摘 要: 根据笔者多年来从事会计电算化实践和教学工作的经验,浅谈一下会计电算化环境下会计核算方法的主要内容,引起大家对会计电算化环境下会计方法的充分重视,有力地指导会计电算化的实践。

关键词: 会计电算化 会计核算方法

会计核算方法是会计学中的主要内容。在会计电算化环境下,传统的会计核算方法由于实现手段与载体的变化,出现了相应的发展与演进。传统的会计核算方法随着新问题、新情况的出现而变化。传统会计核算方法在会计电算化环境下有哪些变化,有哪些不同的体现形式,是否需要重新加以命名等,新的会计核算方法如何确认,所有这些都需要认真地研究和总结,正确地把握会计电算化的发展方向,使之最大限度地发挥其优势和作用。

会计核算方法是对经济业务进行完整、连续和系统的记录和计算,为经营管理提供必要的信息所应用的方法,一般包括设置账户、复式记账、填制会计凭证、登记账簿、成本计算、财产清查、报表编制和会计资料的分析利用等,我们称之为传统会计方法。在会计电算化环境下,为完成会计核算任务而采用的新方法,我们称之为电算化会计方法。传统会计方法与电算化会计方法综合运用并不断提高,才是会计电算化发展的必要保证。不能简单地把会计电算化说成是在计算机环境下传统会计方法的模拟，电算化会计方法只有建立在传统会计方法的基础之上，才能得到发展和提高。同时，也要以电算化环境下特有的方法去解决出现的新问题。在此，根据笔者多年来从事会计电算化实践和教学工作的经验，浅谈一下会计电算化环境下会计方法的主要内容。

一、明确会计主体与会计对象："建立账套"的电算化会计方法

在电算化会计信息系统中，一般采用商品化通用会计软件来建立自己的系统。不同会计主体在核算上的差异，不同会计对象适用的具体会计方法，必须通过软件的"设置"来加以区别和明确。在运用会计核算软件开展会计核算工作的开始，第一件事就是要在系统中建立当前会计主体独立使用的一套核算数据，并明确有关事项以适应当前会计主体的核算要求，这就是"建立账套"。建立账套时，一般至少要明确下列事项：①账套编号：为便于计算机的数据处理，以区别不同的账套或据以命名并建立相应的文件夹、数据文件名或数据库名称等；②账套名称：一般为核算单位名称；③会计主管：电算化系统主管的姓名，以便进行全面的操作授权；④起始会计期间：在电算化系统中进行会计核算的开始期间；⑤具体核算方法或计算方法的选用：如会计科目编码规则、固定资产折旧方法、存货成本计价方法、会计凭证分类方法等；⑥选择所属行业以预置会计科目。以上内容在电算化系统中称之为账套参数。建立账套完成后，就具备了在电算化系统中开展会计核算的物质基础。在传统会计方法中当然也有账套的概念，但只有在电算化系统中才需要把它列为一个重要的会计核算方法。在编制会计软件时，需要以特定的技术方法才能实现。有了建立账套这一方法，就可以在同一电算化系统中为多个

会计主体完成会计核算任务。这给学习与掌握会计电算化技术、开展代理记账、划小核算单位并分别进行独立核算等带来了方便。

二、电算化会计核算的起点:"初始化"的电算化会计方法

建立账套完成以后,首先要进行一些日常核算之前的准备工作,主要是三个方面的任务:一是操作人员设置,将会计人员的职责分工在系统中加以明确,同时使系统具有合法的使用者;二是会计科目设置(即设置账户),在系统中建立起用于进行会计核算的会计科目(账户)体系;三是输入初始余额,是指将原来已经存在于手工系统的数据转入到电算化系统中,连续开展以后的会计核算。

初始化是会计软件中建立账套后必须首先完成的,并且只有正确完成了初始化设置,才能进行以后的操作。其中较典型的方式是输入初始余额后进行试算平衡,初始余额平衡后,正式启用账套。启用账套后,即进入日常业务处理阶段,不能再行修改初始余额。

初始设置中的操作人员设置、会计科目设置和输入初始余额都需要采用具体的方法来实现。其效果的好坏对会计核算的大部分内容都有着重要的影响。可以说是系统中最为关键的部分,是系统设计水平的集中体现。

在应用中,初始化设置工作应尽可能做到准确、恰当、周到、细致,才能取得更好的会计核算质量。

三、会计核算体系的建立:"会计科目设置"的电算化会计方法

"设置账户"这一传统会计方法在电算化系统中一般称之为"会计科目设置",是对传统会计方法的发展。运用账户是会计

科目在核算中的具体形式,而会计科目是会计要素的进一步细化。通过对会计科目开设账户的方法,分别对会计对象的不同内容进行反映和监督,是会计核算的主要形式。在大部分会计资料(如凭证、账簿、报表等)中,都要以会计科目作为直接对象来加以反映,从而建立了一个完整的核算体系。

电算化系统在运用这个传统会计方法时,在形式上进行了变通,在结构上进行了突破,使电算化系统的会计核算体系较之手工会计核算更全面、更完整、更合理。具体有以下几个方面:①从形式上,以"会计科目表"代替了所有分列在不同账簿或账页上的"账户"。在计算机数据处理系统中,数据主要以"表"的形式存在,无论是设置的账户,还是输入的凭证。"会计科目表"中,对会计科目首先要分级编号并顺序排列;其次以每一会计科目的"属性"来表示该科目所适用的账页格式或核算要求。还有,在会计核算软件中,总是由多个相当于"会计科目表"的部分,共同构成了完整的核算体系。它们主要是"会计科目主表"、"部门目录"、"客户往来目录"、"个人往来目录"、"项目目录"等,它们之间以从属或交叉的关系,组合成一个大的"会计科目表"。②从内容上,丰富了传统"设置账户"的方法。系统内部处理数据时,以科目编码作为会计科目的唯一标识和所属关系的判定依据,使分级核算更加紧凑、严格、清晰;可以根据需要产生新的账页格式或核算内容;"会计科目表"各部分之间在使用时随时组合,既保证了科目设置的完整性,又具有较强的灵活性,巧妙地解决了事先不可知会计目的设置。如"营业费用/通讯费",按部门设置明细科目进行核算时,到底哪些部门实际上真的会发生"通讯费"呢?在电算化核算系统中,只有真的发生时,该账户才正式存在。电算化系统中"部门目录"、"往来目录"等,本身可以继续分类或分级,而且"部门目录"与"会计科目主表"之间是交叉关系,所有级次的会计科目都可以同时进行"总分类核算"和"明细分类核算",即同时具有本期累计发生额、本年累计发生额、余额等概括性数据和含有业务事项(会计分录)的详细数据(明细账),从而提高了会计核算的详细程度,使会计核算体系更加完善。

四、业务处理的核心:"填制凭证"与"登记账簿"的电算化会计方法

电算化会计之所以仍然只是会计,而不是另外一个新的学科,就在于它仍然是以形成"凭证"、"账簿"、"报表"等会计档案资料为主要任务形式。"填制凭证"和"登记账簿"这样的传统会计方法仍然是电算化会计系统的业务处理的核心。电算化会计系统与手工会计系统形式上的主要差别就是这些会计档案的存在形式的不同,这就决定了"填制凭证"与"登记账簿"直接对象有着明显的区别,在使用时,自然也因其对象属性的变化而有所变化。

在电算化会计系统中,"填制凭证"有两种情形:一种是直接在系统中填制凭证,另一种是手工制好凭证后的输入凭证,两种情形都体现为会计软件的一个较为重要的输入功能。与传统会计方法相比,电算化会计系统中的"填制凭证"及"登记账簿"主要有以下几个方面的特点:①凭证中各数据项根据类型、范围和勾稽关系进行有效控制。如会计分录中的会计科目必须在设置的会计科目表中已经存在,并且是最底层的明细科目;根据当前科目的属性确定是否具有某些项目,如往来单位、结算单据号码等;借贷方金额必须相等才能保存;事先确定的借方或贷方必有或必无科目、非法对应科目等;编号可以自动连续、日期可以限制顺序等。②键盘操作较之手工处理的"笔误"更容易发生"误操作",因而"凭证填制"在操作功能上分为"填制"、"修改"、"删除"等步骤，以进行正确性控制。③填好的凭证同样需要"审核"，电算化系统的审核可在程序中再次检验凭证的正确性。④"登记账簿"之前可以"汇总"，而不是必须汇总；电算化系统可根据需要随时对任意范围的凭证进行汇总，汇总速度较快且准确；计算机不会因疏漏出现总账与明细账登记结果不一致的情况，当然在记账之前则不必进行"试算平衡"。⑤"登记账簿"只是凭证数据的确认过程，而不是抄写或复制过程。这一简单的过程改变了传统会计方法的工作内容，明确了"工作底稿"与正式会计档案之间的界限，具有非常重要的意义。

五、自动化处理的充分体现："自动转账"的电算化会计方法

根据用户定义，由系统自动生成转账凭证的方法称为"自动转账"，它已经成为电算化会计系统非常成熟的方法之一。自动转账有两种情形：一种是直接从账项数据中取数生成记账凭证，如结转期间损益；另一种是要通过函数进行较为复杂的运算才能得到凭证上所需的数值，如计算并分配应付福利费。自动转账又分为两个层次：一个层次是在总账系统（或称账务处理系统）中定义并使用的自动转账；另一个层次是在各个子系统中定义和使用的自动转账，如工资系统中的工资费用分配、固定资产系统的折旧费用分配等。

"自动转账"一旦完成定义，即可在不同会计期间重复使用，大大提高了系统的效率。

六、会计信息的集中与概括："会计报表编制"的电算化会计方法

会计报表编制，是会计工作中的重要组成部分，也是阶段性地完成会计核算任务的标识性工作。在电算化会计系统中，更给这一传统工作任务赋予了新的活力。

在会计核算软件中，会计报表编制分为两个步骤。第一步是设计阶段，有两方面的设计任务：一是"会计报表格式设计"；二是"数据来源定义"。第二步是使用阶段，在一定会计期间，即可自动生成当期会计报表的结果。设计完成的会计报表可以长期使用。生成会计报表的过程快速准确，可以进行正确性检验和审核。会计报表之间随时可以进行横向或纵向的汇总或比较分析。

由于会计报表软件带来的方便性，较之传统会计方法，可以编制更多、更详细的会计报表，为管理提供更及时、更有用的会计信息。

以上对电算化环境下的会计方法的主要内容进行了简述，可以看出，这些方法在电算化环境下，在形式上产生了明显的变化，也出现了很多新的内容和要求，值得我们在实践中不断总结，在理论上进行深入研究，充分发挥会计电算化的优势，为会计核算和管理工作提供更有力的手段。

图书在版编目（CIP）数据

东陆职教论坛.2011年/康耘坤主编.—昆明：云南大学出版社，2011
ISBN 978-7-5482-0543-2

Ⅰ.①东… Ⅱ.①康… Ⅲ.①职业教育—中国—2011—文集 Ⅳ.①G719.2-53

中国版本图书馆 CIP 数据核字（2011）第 155526 号

东陆职教论坛（2011 年）

康耘坤 主编

策划编辑：徐 曼
责任编辑：徐 曼 李 平
封面设计：丁群亚
出版发行：云南大学出版社
印　　装：昆明宝王印务有限公司
开　　本：850mm×1168mm 1/32
印　　张：31.625
字　　数：790 千
版　　次：2011 年 8 月第 1 版
印　　次：2011 年 8 月第 1 次印刷
书　　号：ISBN 978-7-5482-0543-2
定　　价：62.00 元（上下两册）

地　　址：昆明市翠湖北路 2 号云南大学英华园内
邮　　编：650091
发行电话：0871-5031071　5033244
网　　址：http://www.ynup.com
E-mail：market@ynup.com